Die Verwirkung im Individualarbeitsrecht

Schriften zum deutschen und europäischen Arbeitsrecht

Herausgegeben von Frank Bayreuther

Band 15

PL ACADEMIC RESEARCH

Oliver Deeg

Die Verwirkung im Individualarbeitsrecht

PL ACADEMIC RESEARCH

Bibliografische Information der Deutschen Nationalbibliothek
Die Deutsche Nationalbibliothek verzeichnet diese Publikation in der Deutschen Nationalbibliografie; detaillierte bibliografische Daten sind im Internet über http://dnb.d-nb.de abrufbar.

Zugl.: Passau, Univ., Diss., 2014

Gedruckt auf alterungsbeständigem,
säurefreiem Papier.

D 739
ISSN 1865-634X
ISBN 978-3-631-66051-5 (Print)
E-ISBN 978-3-653-05384-5 (E-Book)
DOI 10.3726/978-3-653-05384-5

PL Academic Research ist ein Imprint der Peter Lang GmbH.

Peter Lang – Frankfurt am Main · Bern · Bruxelles · New York ·
Oxford · Warszawa · Wien

Diese Publikation wurde begutachtet.

www.peterlang.com

Meinen Eltern

Danksagung

Herrn Prof. Dr. Frank Bayreuther danke ich für die Annahme des Promotionthemas und die Aufnahme in die Reihe der Schriften zum deutschen und europäischen Arbeitsrecht. Herrn Prof. i. R. Dr. Ulrich Manthe danke ich für die rasche Erstellung des Zweitgutachtens.

Meine Familie hat mich in all den Jahren immer unterstützt. Ihr gilt mein besonderer Dank.

Inhaltsübersicht

Inhaltsverzeichnis

Literaturverzeichnis

Rechtsprechung und Literatur wurden bis einschließlich November 2012 berücksichtigt.

aba Arbeitsgemeinschaft für betriebliche Altersversorgung (Hrsg.): Handbuch der betrieblichen Altersversorgung, Teil I: Grundlagen und Praxis, Heidelberg, Loseblatt, Stand: 51. Ergänzungslieferung Juli 2012 (zitiert: H-BetrAV/*Bearbeiter* Ordnungsziffer)

Adam, Roman: Die Unterrichtung des Arbeitnehmers über einen Betriebsübergang (§ 613a Abs. 5 BGB) und sein Recht auf Widerspruch (§ 613a Abs. 6 BGB), ArbuR 2003, 441–445

Aden, Menno: Ständige Rechtsprechung und Gewohnheitsrecht, JZ 1994, 1109–1110

Adomeit, Klaus: Rechtsquellenfragen im Arbeitsrecht, München 1969 (zitiert: *Adomeit*)

Ahl, Karl-Hans: Die Verwirkung – ein notwendiger Rechtsbegriff?, München 1948, (zugl. München, Univ., Diss. 1948) (zitiert: *Ahl*)

Ahlborn, Ilkka-Peter: Europäisierung des Arbeitsrechts, ZfA 2005, 109–164

Andresen, Boy-Jürgen/*Förster*, Wolfgang/*Rößler*, Norbert/*Rühmann*, Jochen: Arbeitsrecht der betrieblichen Altersversorgung, Köln, Loseblatt, Stand: 13. Ergänzungslieferung Februar 2011 (zitiert: A/F/R/R)

Annuß, Georg/*Thüsing*, Gregor: Kommentar zum Teilzeit- und Befristungsgesetz, 3. Aufl. Frankfurt 2012 (zitiert: Annuß/Thüsing/*Bearbeiter*)

Anzinger, Rudolf/*Koberski*, Wolfgang: Kommentar zum Arbeitszeitgesetz, 3. Aufl. Frankfurt 2009 (zitiert: *Anzinger/Koberski*)

Arnold, Christian: Anmerkung zu BAG, Urteil vom 19.06.2012 – 9 AZR 652/10, ArbRAktuell 2012, 314

Arnold, Manfred (Hrsg.)/*Gräfl*, Edith (Hrsg.): Teilzeit- und Befristungsgesetz, 3. Aufl. Freiburg 2012 (zitiert: Arnold/Gräfl/*Bearbeiter*)

Arnold, Manfred (Hrsg.)/*Tillmanns*, Christoph (Hrsg.): Bundesurlaubsgesetz, 2. Aufl. Freiburg 2010 (zitiert: Arnold/Tillmann/*Bearbeiter*)

Ascheid, Reiner (Hrsg.)/*Preis*, Ulrich (Hrsg.)/*Schmidt*, Ingrid (Hrsg.): Kündigungsrecht, 4. Aufl. München 2012 (zitiert: A/P/S/*Bearbeiter*)

Backmeister, Thomas/*Trittin*, Wolfgang/*Mayer*, Udo R.: Kündigungsschutzgesetz, 4. Aufl. München 2009 (zitiert: Backmeister/Trittin/Mayer/*Bearbeiter*)

Bamberger, Heinz Georg (Hrsg.)/*Roth*, Herbert (Hrsg.): Kommentar zum Bürgerlichen Gesetzbuch, Band 1: §§ 1–610, 3. Aufl. München 2012 (zitiert: Bamberger/Roth/*Bearbeiter*)

Bartenbach, Kurt/*Volz*, Franz-Eugen: Arbeitnehmererfindungen, 5. Aufl. Köln 2010 (zitiert: *Bartenbach/Volz*, Erfindungen)

Bartenbach, Kurt/*Volz*, Franz-Eugen: Arbeitnehmererfindungsgesetz, 5. Aufl. Köln (u.a.) 2012 (zitiert: *Bartenbach/Volz*, ArbNErfG)

Bauer, Jobs-Hubertus/*Steinau-Steinrück*, Robert von: Neuregelung des Betriebsübergangs: Erhebliche Risiken und viel mehr Bürokratie!, ZIP 2002, 457–466

–: Betriebsübergang: Haftungsrisiken und Handlungsvorschläge, NZA-Beil. 16/2003, 72–76

Baumbach, Adolf/*Hopt*, Klaus: Handelsgesetzbuch, 35. Aufl. München 2012 (zitiert: *Baumbach/Hopt*)

Baumbach, Adolf/*Lauterbach*, Wolfgang/*Albers*, Jan/*Hartmann*, Peter: Zivilprozessordnung, 71. Aufl. München 2013 (zitiert: B/L/A/H)

Baumgärtel, Gottfried: Die Verwirkung prozessualer Befugnisse im Bereich der ZPO und des FGG, ZZP 67 (1954), 423–451

–: Die Unverwirkbarkeit der Klagebefugnis, ZZP 75 (1962), 385–407

Bayreuther, Frank: Böswilliges Unterlassen eines anderweitigen Erwerbs im gekündigten Arbeitsverhältnis, NZA 2003, 1365–1370

–: Was schuldet der Arbeitnehmer? - Möglichkeiten und Grenzen einer vertraglichen Ausgestaltung der Leistungspflicht des Arbeitnehmers, NZA-Beil. 1/2006, 3–13

–: Übertragung von Urlaub bei längerer Arbeitsunfähigkeit nach dem KHS-Urteil des EuGH, DB 2011, 2848–2849

Beck, Matthias: Die Erklärung von Kündigung und Abmahnung durch den Arbeitgeber, Frankfurt 1997 (zugl. Saarbrücken, Univ., Diss. 1996) (zitiert: *Beck*)

Becker, Friedrich/*Wulfgramm*, Jörg: Kommentar zum Arbeitnehmerüberlassungsgesetz, 3. Aufl. Neuwied (u.a.) 1985 (zitiert: *Becker/Wulfgramm*)

Becker-Schaffner, Reinhard: Die Abwicklung des beendeten Arbeitsverhältnisses, Berlin 1983 (zitiert: *Becker-Schaffner*)

–: Die Abmahnung in der Praxis, ZTR 1999, 125–130

Beckerle, Klaus: Die Abmahnung, 10. Aufl. München 2009 (zitiert: *Beckerle*)

Beckschulze, Martin: Der Wiedereinstellungsanspruch nach betriebsbedingter Kündigung, DB 1998, 417–422

Bender, Erwin: Die dauernde außerordentliche Einrede der unbilligen verspäteten Geltendmachung im allgemeinen bürgerlichen Recht (Rechtliche Folgerungen der sogenannten Verwirkung), o.O. 1944 (zugl. Erlangen, Univ., Diss. 1944) (zitiert: *Bender*)

Bengsch, Karen: Der verfassungsrechtlich geforderte Mindestkündigungsschutz im Arbeitsverhältnis, Berlin 2005 (zugl. Jena, Univ., Diss. 2003) (zitiert: *Bengsch*)

Berkowsky, Wilfried: Die betriebsbedingte Kündigung, 6. Aufl. München 2008 (zitiert: *Berkowsky*)

Bernstein, Rainer: Die Abmahnung im System des Kündigungsschutzes, München 1992 (zugl. Marburg, Univ., Diss. 1991) (zitiert: *Bernstein*)

Best, Werner: Verwirkung? JW 1932, 1801–1805

Bieder, Marcus: Grundfragen der Auslegung arbeitsrechtlicher Willenserklärungen, RdA 2011, 142–154

Blomeyer, Wolfgang/*Rolfs*, Christian/*Otto*, Klaus: Betriebsrentengesetz, 5. Aufl. München 2010 (zitiert: Blomeyer/Rolfs/Otto/*Bearbeiter*)

Boecken, Winfried/*Joussen*, Jacob: Teilzeit- und Befristungsgesetz, 3. Aufl. Baden-Baden 2012 (zitiert: *Boecken/Joussen*)

Boehmer, Gustav: Grundlagen der bürgerlichen Rechtsordnung, Zweites Buch. Zweite Abteilung, Tübingen 1952 (zitiert: *Boehmer*)

Boemke, Burkhard/*Lembke*, Mark: Arbeitnehmerüberlassungsgesetz, 2. Aufl. Frankfurt 2005 (zitiert: *Boemke/Lembke*)

Boewer, Dietrich: Die Durchsetzbarkeit des Urlaubsanspruchs, DB 1970, 632–640

–: Teilzeit- und Befristungsgesetz, Frechen 2002 (zitiert: *Boewer*)

Böhm, Eva-Martina: Der Beschäftigungsanspruch des Arbeitnehmers, Berlin 2007 (zugl. Siegen, Univ., Diss. 1944) (zitiert: *Böhm*)

Bommel, Enno: Die Entstehung der Verwirkungslehre in der Krise des Positivismus, Frankfurt am Main 1992 (zugl. Bielefeld, Univ., Diss. 1991) (zitiert: *Bommel*)

Bösche, Burchard: Die Rechte des Betriebsrats bei Kündigungen, Köln 1979 (zitiert: *Bösche*)

Böttcher, Inge: Bundeselterngeld- und Elternzeitgesetz, Frankfurt 2007 (zitiert: *Böttcher*)

Bram, Rainer/*Rühl*, Werner: Praktische Probleme des Wiedereinstellungsanspruchs nach wirksamer Kündigung, NZA 1990, 753–758

Braun, Manuel: Arbeitsrechtlicher Kündigungsschutz durch zivilrechtliche Generalklauseln, Aachen 2001 (zugl. Berlin, Univ., Diss. 2001) (zitiert: *Braun*)

Brenner, Willy: Die exceptio doli generalis in den Entscheidungen des Reichsgerichts, Frankfurt 1926 (zugl. Frankfurt, Univ., Diss. 1926) (zitiert: *Brenner*)

Brill, Werner: Verwirkung und Wirkungslosigkeit von Abmahnungen, NZA 1985, 109–110

Bröhl, Knut: Die außerordentliche Kündigung mit notwendiger Auslauffrist, München 2005 (zugl. Gießen, Univ., Diss. 2004/05) (zitiert: *Bröhl*)

Brox, Hans (Hrsg.)/ *Walker*, Wolf-Dietrich: Allgemeines Schuldrecht, 36. Aufl. München 2012 (zitiert: *Brox/ Walker*)

Buchner, Herbert/*Becker*, Ulrich: Mutterschutzgesetz, Bundeselterngeld- und Elternzeitgesetz, 8. Aufl. München 2008 (zitiert: *Buchner/Becker*)

Burger, Ernst: Abmahnung im Arbeitsverhältnis, DB 1992, 836–839

Burkardt, Nicole: Der arbeitsrechtliche Aufhebungsvertrag, Frankfurt 2004 (zugl. Saarbrücken, Univ., Diss. 2003) (zitiert: *Burkardt*)

Busemann, Andreas/*Schäfer*, Horst: Kündigung und Kündigungsschutz im Arbeitsverhältnis, 5. Aufl. Berlin 2006 (zitiert: *Busemann/Schäfer*)

Busse, Reinhard: Die Ausschlußfrist im Geflecht arbeitsrechtlicher Gestaltungsfaktoren, Frankfurt 1991 (zugl. Köln, Univ., Diss. 1991) (zitiert: *Busse*)

Bydlinski, Franz: Privatautonomie und objektive Grundlagen des verpflichtenden Rechtsgeschäftes, Wien 1967 (zitiert: *Bydlinski*)

Canaris, Claus-Wilhelm: Die Vertrauenshaftung im deutschen Privatrecht, München 1971 (zitiert: *Canaris*)

Caspers, Georg: Rechtsfolgen des Formverstoßes bei § 623 BGB, RdA 2001, 28–37

Commandeur, Gert/*Kleinebrink*, Wolfgang: Betriebs- und Firmenübernahme, 2. Aufl. München 2002 (zitiert: *Commandeur/Kleinebrink*)

Dahms, Axel: Das Widerspruchsrecht der Arbeitnehmer im Rahmen des Umwandlungsrechts, Berlin 2003 (zugl. Berlin, Univ., Diss. 2002) (zitiert: *Dahms*)

Dahns, Peter: Die Unmöglichkeit der Klageverwirkung im deutschen Recht, München 1966 (zugl. Hamburg, Univ., Diss. 1966) (zitiert: *Dahns*)

Dau, Dirk (Hrsg.)/*Düwell*, Franz Josef (Hrsg.)/*Joussen*, Jacob (Hrsg.): Sozialgesetzbuch IX, 3. Aufl. Baden-Baden 2010 (zitiert H/D/J/*Bearbeiter*)

Däubler, Wolfgang (Hrsg.)/*Hjort*, Jens Peter (Hrsg.)/*Schubert*, Michael (Hrsg.)/ *Wolmerath*, Martin: Arbeitsrecht. Individualarbeitsrecht mit kollektivrechtlichen Bezügen, 2. Aufl. Baden-Baden 2010 (zitiert: D/H/S/W/*Bearbeiter*)

Däubler, Wolfgang (Hrsg.)/*Kittner*, Michael (Hrsg.)/*Klebe*, Thomas (Hrsg.)/*Wedde*, Peter (Hrsg.): BetrVG – Betriebsverfassungsgesetz mit Wahlordnung und EBR-Gesetz, 13. Aufl. Frankfurt am Main 2012 (zitiert: D/K/K/W/*Bearbeiter*)

Dauner-Lieb, Barbara (Hrsg.)/*Heidel*, Thomas (Hrsg.)/*Ring*, Gerhard (Hrsg.): NomosKommentar BGB: Band 2/Teilband 1: Schuldrecht: §§ 241–610, 2. Aufl. Baden-Baden 2012 (zitiert: NK-BGB/*Bearbeiter*)

Degel, Volker: Die Abmahnung – eine systematische Darstellung mit Hinweisen für die Praxis, in: *Hilpert*, Horst (Hrsg.): 50 Jahre saarländische Arbeitsgerichtsbarkeit: Festschrift, 2. Aufl. Ottweiler 1997, 201–242 (zitiert: FS Arbeitsgerichtsbarkeit/*Degel*)

Deister, Wilhelm: Handbuch des Urlaubsrechts, 12. Aufl. Hannover 2004 (zitiert: *Deister*)

Dette, Hans Walter: Venire contra factum proprium nulli conceditur: zur Konkretisierung eines Rechtssprichworts, Berlin 1985 (zugl. Mainz, Univ., Diss. 1985) (zitiert: *Dette*)

Diehn, Thomas: Rückkehrzusagen beim Betriebsübergang, Berlin 2009 (zugl. München, Univ., Diss. 2008) (zitiert: *Diehn*)

Dieterich, Thomas (Hrsg.)/*Hanau*, Peter (Hrsg.)/*Schaub*, Günter (Hrsg.)/*Müller-Glöge*, Rudi (Hrsg.)/*Preis*, Ulrich (Hrsg.)/*Schmidt*, Ingrid (Hrsg.): Erfurter Kommentar zum Arbeitsrecht, 13. Aufl. München 2013 (zitiert: ErfK/*Bearbeiter*)

Dieterich, Thomas (Hrsg.)/*Neef*, Klaus (Hrsg.)/*Schwab*, Brent (Hrsg.): Arbeitsrecht-Blattei Entscheidungssammlung, Heidelberg, Loseblatt, Stand: 174. Ergänzungslieferung Dezember 2007 (zitiert: AR-Blattei ES Ordnungsziffer/*Bearbeiter*)

Dieterich, Thomas (Hrsg.)/*Neef*, Klaus (Hrsg.)/*Schwab*, Brent (Hrsg.): Arbeitsrecht-Blattei Systematische Darstellungen, Heidelberg, Loseblatt, Stand: 174. Ergänzungslieferung Dezember 2007 (zitiert: AR-Blattei SD Ordnungsziffer/*Bearbeiter*)

Diller, Martin: Einstellungsdiskriminierung durch Dritte – Im Irrgarten von Entschädigung, Auskunft, einstweiliger Verfügung, Ausschlussfrist und Rechtsweg, NZA 2007, 649–653

–: Klage gegen Abmahnung – ein Kunstfehler?, ArbRAktuell 2010, 595–597

Dreier, Horst (Hrsg.): Grundgesetz, Band I Artikel 1 – 19, 2. Aufl. Tübingen 2004 (zitiert Dreier/*Bearbeiter*)

Dreschers, Martin: Die Entwicklung des Rechts des Tarifvertrags in Deutschland. Eine rechtshistorische Untersuchung über den Verlauf der Durchsetzung des Kollektivvertragsgedankens, Frankfurt am Main 1994 (zugl. Freiburg, Univ., Diss. 1993) (zitiert: *Dreschers*)

Dütz, Wilhelm: Rechtsstaatlicher Gerichtsschutz im Privatrecht, Bad Homburg (u.a.) 1970 (zugl. Münster, Univ., Habil.-Schr., 1969) (zitiert: *Dütz*)

–: Verwirkung des Rechts auf Anrufung der Gericht, NJW 1972, 1025–1028

Düwell, Franz Josef (Hrsg.)/*Lipke*, Gert-Albert: Arbeitsgerichtsgesetz, 3. Aufl. Köln 2012 (zitiert Düwell/Lipke/*Bearbeiter*)

Dzida, Boris: Die Verwirkung des Widerspruchsrechts als Korrektiv zur uferlosen Unterrichtungspflicht beim Betriebsübergang?, NZA 2009, 641–646

Eberle, Catrin: Geltendmachung der Unwirksamkeit der mündlichen Kündigung, NZA 2003, 1121–1126

Eckert, Michael: Arbeitszeugnisse schreiben und verstehen, München 2000 (zitiert: *Eckert*)

Elz, Dirk: Der Wiedereinstellungsanspruch des Arbeitnehmers nach Wegfall des Kündigungsgrundes, Köln 2002 (zugl. Köln, Univ., Diss. 2001) (zitiert: *Elz*)

Enneccerus, Ludwig/*Nipperdey*, Hans Carl: Lehrbuch des Bürgerlichen Rechts. Bd. 1., Allgemeiner Teil des Bürgerlichen Rechts; Halbbd. 2. Entstehung, Untergang und Veränderung der Rechte. Ansprüche und Einreden. Ausübung und Sicherung der Rechte, 14. Aufl. Tübingen 1955 (zitiert *Enneccerus/Nipperdey*)

Erdmann, Fritz: Die Verwirkung, Wertheim 1933 (zugl. Jena, Univ., Diss. 1933) (zitiert: *Erdmann*)

Erman, Walter (Hrsg.)/*Westermann*, Peter (Hrsg.)/*Grunewald*, Barbara (Hrsg.)/*Maier-Reimer*, Georg (Hrsg.): Bürgerliches Gesetzbuch, 13. Aufl. Köln 2011 (zitiert Erman/*Bearbeiter*)

Ernst, Karl-Friedrich (Hrsg.)/*Adlhoch*, Ulrich (Hrsg.)/*Seel*, Helga: Sozialgesetzbuch IX, Band 2, Stuttgart, Loseblatt, Stand: 21. Ergänzungslieferung März 2012 (zitiert: E/A/S/*Bearbeiter*)

Etzel, Gerhard/*Bader*, Peter/*Fischermeier*, Ernst (u.a.): Gemeinschaftskommentar zum Kündigungsschutzgesetz und zu sonstigen kündigungsschutzrechtlichen Vorschriften, 10. Aufl. Köln 2012 (zitiert: KR/*Bearbeiter*)

Falkenberg, Rolf-Dieter: Die Abmahnung, NZA 1988, 489–493

Feichtinger, Peter (Hrsg.)/*Malkmus*, Hans (Hrsg.): Entgeltfortzahlungsrecht, 2. Aufl. Baden-Baden 2010 (zitiert Feichtinger/Malkmus/*Bearbeiter*)

Fiebig, Stefan (Hrsg.)/*Gallner*, Inken (Hrsg.)/*Mestwerdt*, Wilhelm (Hrsg.)/*Nägele*, Stefan (Hrsg.): Kündigungsschutzrecht, 4. Aufl. Baden-Baden 2012 (zitiert F/G/M/N/*Bearbeiter*)

Finken, Helmut: Die Ausschlußfrist des § 626 Abs. 2 BGB für die Erklärung der außerordentlichen Kündigung, o.O. (zugl. Köln, Univ., Diss. 1988) (zitiert: *Finken*)

Fischer, Otto-Wolfgang: Die dogmatischen Grundlagen der Verwirkung, Würzburg 1936 (zugl. Erlangen, Univ., Diss. 1936) (zitiert: *Fischer*)

Fitting, Karl/*Kaiser*, Heinrich/*Heither*, Friedrich/*Engels*, Gerd/*Schmidt*, Ingrid/ *Trebinger*, Yvonne/*Linsenmaier*, Wolfgang: Betriebsverfassungsgesetz mit Wahlordnung – Handkommentar, 26. Aufl. München 2012 (zitiert: *Fitting*)

Flume, Werner: Gewohnheitsrecht und römisches Recht, Opladen 1975 (zitiert: *Flume*)

Förster, Wolfgang/*Cisch*, Theodor B./*Karst*, Michael: Betriebsrentengesetz – Gesetz zur Verbesserung der betrieblichen Altersversorgung – Kommentar, 13. Aufl. München 2012 (zitiert: Förster/Cisch/Karst/*Bearbeiter*)

Franz, Einiko B.: Der Abschluss eines Aufhebungsvertrags, Frankfurt 2006 (zugl. Köln, Univ., Diss. 2005) (zitiert: *Franz*)

Franzen, Martin: Informationspflichten und Widerspruchsrecht beim Betriebsübergang nach § 613a Abs. 5 und 6 BGB, RdA 2002, 258–272

Freitag, Hans Otto: Gewohnheitsrecht und Rechtssystem, Berlin 1976 (zugl. Bochum, Univ., Diss. 1975/76) (zitiert: *Freitag*)

Frühauf, Matthias: Zur Legitimation von Gewohnheitsrecht im Zivilrecht unter besonderer Berücksichtigung des Richterrechts, Berlin 2006 (zugl. Tübingen, Univ., Diss. 2006) (zitiert: *Frühauf*)

Fuhlrott, Michael/ *Ritz*, Sebastian: Anforderungen an Unterrichtungsschreiben bei Betriebsübergängen, BB 2012, 2689–2694

Galperin, Hans: Die Rechtsmängel der Kündigung des Arbeitsverhältnisses, BB 1966, 1458–1465

Gaul, Björn: Das Arbeitsrecht der Betriebs- und Unternehmensspaltung, Köln 2002 (zugl. Köln, Univ., Habil.-Schr., 2002) (zitiert: *Gaul*)

Gaul, Björn/*Otto*, Björn: Unterrichtungsanspruch und Widerspruchsrecht bei Betriebsübergang und Umwandlung, DB 2002, 634–640

Gaul, Björn/*Niklas*, Thomas: Wie gewonnen, so zerronnen: Unterrichtung, Widerspruch u Verwirkung bei § 613a BGB, DB 2009, 452–458

Gaul, Dieter: Tarifliche Ausschlussfristen, Heidelberg 1964 (zitiert: *Gaul*, Frist)

Gehlhaar, Daniel: Widerspruch gegen Betriebsübergang nach Verfügung über das Arbeitsverhältnis, BB 2009, 1182–1185

–: Neue Regeln für die Anzeige der Schwerbehinderung nach einer Kündigung, NZA 2011, 673–676

Gehring, Steffen: Das Recht auf Teilzeitarbeit – Anspruch und Wirklichkeit, Baden-Baden 2006 (zugl. Tübingen, Univ., Diss. 2005) (zitiert: *Gehring*)

Geigel, Robert: Die Verwirkung von Rechten durch Nichtausübung, Speyer 1938 (zugl. München, Univ., Diss. 1938) (zitiert: *Geigel*)

Genenger, Angie: Die beschränkte Reichweite der einheitlichen Klagefrist des § 4 Satz 1 KSchG, RdA 2010, 274–280

Germakowski, Gudrun: Der allgemeine Wiedereinstellungsanspruch, Frankfurt 2004 (zugl. Bochum, Univ., Diss. 2004) (zitiert: *Germakowski*)

Gierke, Otto von: Der Entwurf eines Bürgerlichen Gesetzbuches und das deutsche Recht, Nachdruck der Ausgabe Leipzig 1889, Goldbach 1997 (zitiert: *Gierke*)

Giesing, Elmar: Inhaltskontrolle und Abschlusskontrolle arbeitsrechtlicher Aufhebungsverträge, Baden-Baden 2008 (zugl. Tübingen, Univ., Diss. 2007) (zitiert: *Giesing*)

Goetzmann, Markus: Betriebsübergang: Die Verwirkung des entfristeten Widerspruchs, ArbRB 2009, 176–178

Göpfert, Burkard /*Siegrist*, Carolin: BB-Kommentar zu LAG München, Urt. v. 12.10.2006–2 Sa 990/05, BB 2007, 506–508

Gotthardt, Michael: Teilzeitanspruch und einstweiliger Rechtsschutz, NZA 2001, 1183–1189

Grau, Timon: Unterrichtung und Widerspruchsrecht der Arbeitnehmer bei Betriebsübergang gem. § 613a Abs. 5 und 6 BGB, Köln 2005 (zugl. Köln, Univ., Diss. 2004) (zitiert: *Grau*)

–: Rechtsfolgen von Verstößen gegen die Unterrichtungspflicht bei Betriebsübergang gemäß § 613a Abs. 5 BGB, RdA 2005, 367–376

Griebeling, Arnim: Die Verwirkung prozessualer Befugnisse, Frankfurt 1966, (zugl. Frankfurt, Univ., Diss. 1966) (zitiert: *Griebeling*)

Griebeling, Gert/*Griebeling*, Stefan: Betriebliche Altersversorgung, 2. Aufl. München 2003 (zitiert: *Griebeling*/*Griebeling*)

Griesbeck, Michael: Venire contra factum proprium. Versuch einer systematischen und theoretischen Erfassung, Bamberg 1978, (zugl. Würzburg, Univ., Diss. 1978) (zitiert: *Griesbeck*)

Grimm, Jacob/*Grimm*, Wilhelm: Das Deutsche Wörterbuch, http://woerterbuchnetz.de/DWB/ (zitiert: *Grimm*)

Grobys, Marcel: Die Neuregelung des Betriebsübergangs in § 613a BGB, BB 2002, 726–731

Grobys, Marcel (Hrsg.)/*Panzer*, Andrea (Hrsg.): Stichwortkommentar Arbeitsrecht, Baden-Baden 2012 (zitiert: Grobys/Panzer/*Bearbeiter*)

Groscurth, Hans Adolf: Die Verwirkung im öffentlichen Recht, Düsseldorf 1937 (zugl. Göttingen, Univ., Diss. 1937) (zitiert: *Groscurth*)

Grüll, Ferdinand: Der Verwirkungsgedanke im neuzeitlichen Arbeitsrecht, Berlin 1936 (zugl. Erlangen, Univ., Diss. 1935) (zitiert: *Grüll*)

Güntner, Hans: Die besondere (gesetzliche) Verwirkung der Feiertagsvergütung, ArbuR 1956, 144–146

–: Der Bestandsschutz des Arbeitsverhältnisses und seine Rechtsverwirklichung, ArbuR 1974, 97–117

Haferkamp, Hans-Peter: Bemerkungen zur deutschen Privatrechtswissenschaft zwischen 1925 und 1935 - dargestellt an der Debatte um die Behandlung der exceptio doli generalis, http://fhi.rg.mpg.de/articles/9707haferkamp.htm#Fn156 (zitiert: *Haferkamp*)

Hamann, Wolfgang: Zur Verwirkung von Arbeitnehmerrechten aus § 613 a BGB in: *Bork*, Reinhard (Hrsg.)/*Hoeren*, Thomas (Hrsg.)/*Pohlmann*, Petra (Hrsg.): Festschrift für Helmut Kollhosser, Karlsruhe 2004, Bd. II Zivilrecht, 185–199 (zitiert: FS Kollhosser /*Hamann*)

–: Der Anspruch auf Reduzierung der Arbeitszeit, BB-Spezial 6/2005, 2–13

Hamburger, Max: Treu und Glauben im Verkehr, Mannheim (u.a.) 1930 (zitiert: *Hamburger*)

–, o.T., JW 1932, 2973 - 2975

Hansen, Jessica (Hrsg.)/*Kelber*, Markus (Hrsg.)/*Zeißig*, Rolf (Hrsg.): Neues Arbeitsrecht. Teilzeit- und Befristungsgesetz, Bundeserziehungsgeldgesetz, Schwerbehindertenrecht, Neue Formvorschriften, München 2002 (zitiert: *H/K/Z*)

Hauck, Karl (Hrsg.)/*Noftz*, Wolfgang (Hrsg.): Sozialgesetzbuch IX, Band 2, Köln, Loseblatt, Stand: 23. Ergänzungslieferung März 2012 (zitiert: Hauck/Noftz/*Bearbeiter*)

Hauer, Ulrich: Die Abmahnung im Arbeitsverhältnis, Baden-Baden 1990 (zugl. Gießen, Univ., Diss. 1990) (zitiert: *Hauer*)

Heinrich, Christian: Formale Freiheit und materiale Gerechtigkeit, Tübingen 2000 (zugl. Passau, Univ., Habil.-Schr., 1999) (zitiert: *Heinrich*)

Heissmann, Ernst: Die betrieblichen Ruhegeldverpflichtungen, 6. Aufl. Köln 1967 (zitiert: *Heissmann*)

Henckel, Wolfram: Prozessrecht und materielles Recht, Göttingen 1970 (zitiert: *Henckel*)

Hennige, Susanne: Rechtliche Folgewirkungen schlüssigen Verhaltens der Arbeitsvertragsparteien, NZA 1999, 281–291

Henssler, Martin (Hrsg.)/*Willemsen*, Josef (Hrsg.)/*Kalb*, Heinz-Jürgen (Hrsg.): Arbeitsrecht Kommentar, 5. Aufl. Köln 2012 (zitiert: H/W/K/*Bearbeiter*)

Hergenröder, Curt: Dezentralisierung der Produktion und Arbeitsrecht, RdA 2007, 218–231

Herschel, Wilhelm: Verzicht und Verwirkung des Tariflohns während der Dauer des Arbeitsverhältnisses, DArbR 1936, 184–190

Herschel, Wilhelm/*Löwisch*, Manfred: Kommentar zum Kündigungsschutzgesetz, 6. Aufl. Heidelberg 1984 (zitiert: *Herschel/Löwisch*)

Hess, Harald (Hrsg.)/*Schlochauer*, Ursula (Hrsg.)/*Worzalla*, Michael (Hrsg.)/*Glock*, Dirk (Hrsg.)/*Nicolai*, Andrea (Hrsg.)/*Rose*, Franz-Josef (Hrsg.): Kommentar zum Betriebsverfassungsgesetz, 11. Aufl. Köln 2011 (zitiert: HSWGNR/*Bearbeiter*)

Hiebert, Tanja: Verfahrensprobleme im Rahmen des Sonderkündigungsschutzes für schwerbehinderte Menschen nach den §§ 85 bis 92 SGB IX, Frankfurt 2011 (zugl. Köln, Univ., Diss. 2010) (zitiert: *Hiebert*)

Hilger, Marie Luise: Verwirkung von Lohnansprüchen, BB 1948, 475–476

Hinrichs, Lars/*Plitt*, David: Die Abfindung von Betriebsrenten in der Insolvenz, ZinsO 2011, 2109–2114

Höfer, Reinhold/*Veit*, Annekatrin/*Verhuven*, Thomas: Gesetz zur Verbesserung der betrieblichen Altersversorgung, Band I: Arbeitsrecht, München, Loseblatt, Stand: 12. Ergänzungslieferung Juni 2011 (zitiert: *Höfer/Veit/Verhuven*)

Hoffmann, Hans Joachim: Die Zeugnisberichtigung, Köln 1966 (zugl. Köln, Univ., Diss. 1966) (zitiert: *Hoffmann*)]

Hohmeister, Frank: Bundesurlaubsgesetz, Heidelberg 1995 (zitiert: *Hohmeister*)

Hohmeister, Frank/*Goretzki*, Susanne/*Oppermann*, Angelika: NomosKommentar Bundesurlaubsgesetz (zitiert: NK-BUrlG/*Bearbeiter*)

Höhn, Ernst: Gewohnheitsrecht im Verwaltungsrecht, Bern 1960 (zitiert: *Höhn*)

Hohner, Margret: Der Übergang von Arbeitsverhältnissen wider Willen bei einer Unternehmensumwandlung, Frankfurt 2004 (zugl. Regensburg, Univ., Diss. 2003/04) (zitiert: *Hohner*)

Hoyningen-Huene, Gerrick von: Anm. zu BAG, Urt. v. 23.06.1994–2 AZR 617/93, EzA § 242 BGB Nr. 39

–: Die Abmahnung im Arbeitsrecht, RdA 1990, 193–212

Hoyningen-Huene, Gerrick von/*Linck*, Rüdiger: Kündigungsschutzgesetz, 14. Aufl. München 2007 (zitiert: *v. Hoyningen-Huene/Linck*)

Hromadka, Wolfgang: Anfechtung von Aufhebungsverträgen und Verwirkung in: *Lieb*, Manfred (Hrsg.): Festschrift für Wolfgang Zöllner, Köln (u.a.) 1998, 785–798 (zitiert: FS Zöllner/*Hromadka*)

–: Das neue Teilzeit- und Befristungsgesetz, NJW 2001, 400–405

–: Grenzen des Weisungsrechts, NZA 2012, 233–239

Hromadka, Wolfgang/*Maschmann*, Frank: Arbeitsrecht Band 1 – Individualarbeitsrecht, 5. Aufl. Berlin 2012 (zitiert: *Hromadka/Maschmann*)

Huber, Günter/*Müller*, Waltraud: Das Arbeitszeugnis in Recht und Praxis, 14. Aufl. Freiburg (u.a.) 2012 (zitiert: *Huber/Müller*)

Hueck, Alfred/*Hueck*, Götz: Kündigungsschutzgesetz, 10. Aufl. München 1980 (zitiert: *Hueck/Hueck*)

Hueck, Alfred/*Nipperdey*, Hans Carl: Lehrbuch des Arbeitsrechts. Erster Band, 7. Aufl. Berlin (u.a.) 1963 (zitiert: *Hueck/Nipperdey*)

Huke, Reiner: Die Unterrichtung der von einem Betriebsübergang betroffenen Arbeitnehmer gem. § 613a Abs. 5 BGB, FA 2002, 263–268

Hümmerich, Klaus/*Boecken*, Winfried/*Düwell*, Franz Josef: NomosKommentar Arbeitsrecht, 2. Aufl. Baden-Baden 2010 (zitiert: H/B/D/*Bearbeiter*)

Hunold, Wolf: Individual- und betriebsverfassungsrechtliche Probleme der Abmahnung, BB 1986, 2050–2056

Isensee, Josef (Hrsg.)/*Kirchhof*, Paul (Hrsg.): Handbuch des Staatsrechts der Bundesrepublik Deutschland: Band V: Rechtsquellen, Organisation, Finanzen, 3. Aufl. Heidelberg 2007 (zitiert: Isensee/Kirchhof/*Bearbeiter*)

Jacobsen, Kay/*Menke*, Johan-Michel: Arbeitgeber auf Abruf? Zum Inhalt von Unterrichtungsschreiben nach § 613a BGB und zur Verwirkung des Widerspruchsrechts beim Betriebsübergang, NZA-RR 2010, 393–397

Jobs, Friedhelm: Grundsätze und Probleme des Schwerbehindertengesetzes, ArbuR 1981, 225–230

Jonas, Kurt: Das Gewohnheitsrecht als Rechtsquelle der Verwaltung, Lippstadt 1934 (zugl. Göttingen, Univ., Diss. 1934) (zitiert: *Jonas*)

Jung, Eberhard: Verjährung, Ausschluß und Verwirkung von sozialrechtlichen Ansprüchen, ZfSH/SGB 1988, 16–23

Kaiser, Heinrich/*Dunkl*, Hans/*Hold*, Dieter/ *Kleinsorge*, Georg: Entgeltfortzahlungsgesetz, 5. Aufl. Köln 2000 (zitiert: Kaiser/Dunkl/Hold/Kleinsorge)

Karakantas, Stellios: Die Verwirkung. Ein Beitrag zur Lehre von den zeitlichen Schranken der Ausübung der subjektiven Rechte, Hamburg 1938 (zugl. Hamburg, Univ., Diss. 1938) (zitiert: *Karakantas*)

Kettler, Gero: Vertrauenstatbestände im Arbeitsrecht, NZA 2001, 928–933

Kittner, Michael (Hrsg.)/*Däubler*, Wolfgang (Hrsg.)/*Zwanziger*, Bertram (Hrsg.): Kündigungsschutzrecht, 8. Aufl. Frankfurt 2011 (zitiert K/D/Z/*Bearbeiter*)

Kittner, Oliver: Die Verwirkung des Widerspruchsrechts beim Betriebsübergang, NJW 2012, 1180–1185

Klausing, Friedrich: Anm. zu RG, Urt. v. 01.02.1935 – II 223/34, JW 1935, 1841–1842

Klebe, Thomas/*Schumann*, Manfred: Das Recht auf Beschäftigung im Kündigungsschutzprozeß, Köln 1981 (zitiert: *Klebe/Schumann*)

Kliemt, Michael: Neue Spielregeln für Massenentlassungen? in: *Bauer*, Jobs-Hubertus (Hrsg.)/*Beckmann*, Paul Werner (Hrsg.)/*Lunk*, Stefan (Hrsg.)/*Meier*, Hans-Georg (Hrsg.)/*Schipp*, Johannes (Hrsg.)/*Schütte*, Reinhard (Hrsg.): Arbeitsgemeinschaft Arbeitsrecht im Deutschen Anwaltverein. Festschrift zum 25-jährigen Bestehen, Bonn 2006, 1237–1254 (zitiert: FS DAV/*Kliemt*)

Knittel, Bernhard: Sozialgesetzbuch IX, 6. Aufl. Köln 2012 (zitiert: *Knittel*)

Knödler, Christoph: Mißbrauch von Rechten, selbstwidersprüchliches Verhalten und Verwirkung im öffentlichen Recht, Herbolzheim 2000 (zitiert: *Knödler*)

Köbler, Gerhard: Etymologisches Rechtswörterbuch, Tübingen 1995 (zitiert: *Köbler*)

Koller-van Delden, Martin: Unterrichtungspflichten und Widerspruchsrecht beim Betriebsübergang, DStR 2008, 776–782

Kontusch, Oliver: Der Wiedereinstellungsanspruch des Arbeitnehmers, Berlin 2004 (zugl. Heidelberg, Univ., Diss. 2004) (zitiert: *Kontusch*)

Konzen, Horst, Rechtsverhältnisse zwischen Prozeßparteien, Berlin 1976 (zugl. Mainz, Univ., Habil.-Schr., 1974) (zitiert: *Konzen*)

Kopp, Ferdinand/*Schenke*, Wolf-Rüdiger: Verwaltungsgerichtsordnung, 17. Aufl. München 2011 (zitiert: *Kopp/Schenke*)

Korinth, Michael: Einstweiliger Rechtsschutz im Arbeitsgerichtsverfahren, 2. Aufl. Köln 2007 (zitiert: *Korinth*)

–: Rechtliche und taktische Probleme bei Teilzeitverlangen, ArbRB 2010, 129–132

Köst, Ewald: Ausgewählte Fragen des Urlaubsrechts, BB 1956, 564–567

Kranig, Andreas: Das Gesetz zur Ordnung der nationalen Arbeit (AOG). Grundgesetz der nationalsozialistischen Arbeitsverfassung?, in: Steindl (Hrsg.), Wege zur Arbeitsrechtsgeschichte, Frankfurt am Main 1984, 441-500 (zitiert: Steindl/*Kranig*)

Krause, Hermann: Schweigen im Rechtsverkehr, Marburg 1933 (zugl. Berlin, Handels-Hochschule., Habil.-Schr., 1933) (zitiert: *Krause*)

Krause, Rüdiger: Vereinbarte Ausschlussfristen (Teil 1), RdA 2004, 36–47

Krieger, Steffen/*Willemsen*, Eva Maria: Der Wiedereinstellungsanspruch nach Betriebsübergang, NZA 2011, 1128–1134

Krügermeyer-Kalthoff, Rolf/*Reutershan*, Simon: Betriebsübergang – Unterrichtungspflicht des Arbeitgebers nach § 613a Abs. 5 BGB n.F., MDR 2003, 541–545

Krüll, Armin: Der Wiedereinstellungsanspruch des Arbeitnehmers, Frankfurt 2003 (zugl. Jena, Univ., Diss. 2002) (zitiert: *Krüll*)

Kühn, Thomas: Die Anwendbarkeit des Grundsatzes venire contra factum proprium im Arbeitsrecht, NZA 2008, 1328–1333

Kukat, Klaus: Wiedereinstellungsanspruch nach betriebsbedingter Kündigung, BB 2001, 576–578

Kunz, Olaf/*Wedde*, Peter: Entgeltfortzahlungsrecht, 2. Aufl. Frankfurt 2005 (zitiert: *Kunz/Wedde*)

Kurz, Dieter/*Schellen*, Norbert: Zu Rechtsfragen bei der Gewährung von Arbeitgeberdarlehen, in: *Boewer*, Dietrich (Hrsg.): Aktuelle Aspekte des Arbeitsrechts. Fest- und Jubiläumsschrift zum 65. Geburtstag und zum 30jährigen Bestehen der Arbeitsrechtlichen Arbeitskreise Dieter Gaul, Berlin (u.a.) 1987, 121–139 (zitiert: FS Gaul/*Kurz/Schellen*)

Küttner, Wolfdieter/*Röller*, Jürgen (Hrsg.): Personalbuch 2012, 19. Aufl. München 2012 (zitiert: Küttner/Bearbeiter)

Laber, Jörg/*Roos*, Christoph: § 613a Abs. 5 und 6 BGB – ein unlösbares Problem? Teil 2: Das Widerrufsrecht, ArbRB 2002, 303–306

Langer, Karl A.: Gesetzliche und vereinbarte Ausschlußfristen im Arbeitsrecht, München 1993 (zitiert: *Langer*)

Langohr-Plato, Uwe: Betriebliche Altersversorgung, 5. Aufl. Münster 2010 (zitiert: *Langohr-Plato*)

Lansnicker, Frank (Hrsg.): Prozesse in Arbeitssachen, 2. Aufl. Baden-Baden 2011 (zitiert: Lansnicker/*Bearbeiter*)

Larenz, Karl: Lehrbuch des Schuldrechts. Band I. Allgemeiner Teil, 14. Aufl. München 1987 (zitiert: *Larenz*)

Laux, Helga/*Schlachter*, Monika: Teilzeit- und Befristungsgesetz, 2. Aufl. München 2011 (zitiert: Laux/Schlachter)

Lehmann, Heinrich: Zur Lehre von der Verwirkung, JW 1936, 2193–2197

Leinemann, Wolfgang/*Taubert*, Thomas: Berufsbildungsgesetz, 2. Aufl. München 2008 (zitiert: *Leinemann/Taubert*)

Leinemann, Wolfgang/*Linck*, Rüdiger: Urlaubsrecht, 2. Aufl. München 2001 (zitiert: *Leinemann/Linck*)

Leisner, Anna: Kontinuität als Verfassungsprinzip: unter besonderer Berücksichtigung des Steuerrechts, Tübingen 2002 (zugl. München, Univ., Habil.-Schr., 2001) (zitiert: *Leisner*)

Lepke, Achim: Zum Wiedereinstellungsanspruch nach krankheitsbedingter Kündigung, NZA-RR 2002, 617–624

Lessner-Sturm, Jan: Gewerkschaften als Arbeitgeber, München 2009 (zugl. München, Univ., Diss. 2008) (zitiert: *Lessner-Sturm*)

Letzgus, Ernst: Ausdehnung oder Einschränkung der Verwirkung von Leistungsansprüchen?, DR 1941, 2325–2326

Lohmeyer, Andreas: Die Abmahnung im Arbeitsverhältnis, o.O. (zugl. Bielefeld, Univ., Diss. 1988) (zitiert: *Lohmeyer*)

Lorenz, Mathias: Die Verringerung der Arbeitszeit auf Wunsch des Arbeitnehmers, Hamburg 2005 (zugl. Saarbrücken, Univ., Diss. 2005) (zitiert: *Lorenz*)

–: Verwirkung des allgemeinen Teilzeitanspruchs, Anm. zu ArbG Düsseldorf, Urt. v. 19.11.2007–3 Ca 4863/07, AiB 2009, 312–316

Löwisch, Manfred: Bewältigung eines nach Beendigung des Arbeitsverhältnisses beim Betriebserwerber erhobenen Widerspruchs mit allgemeinen zivilrechtlichen Gestaltungsmitteln, BB 2009, 326–328

Löwisch, Manfred/*Göpfert*, Burkard /*Siegrist*, Carolin: Verwirkung des Widerspruchsrechts beim Betriebsübergang, DB 2007, 2538–2541

Löwisch, Manfred/*Rieble*, Volker: Tarifvertragsgesetz – Kommentar, 3. Aufl. München 2012 (zitiert: *Löwisch/Rieble*)

Löwisch, Manfred/*Spinner*, Günter: Kommentar zum Kündigungsschutzgesetz, 9. Aufl. Heidelberg 2004 (zitiert: *Löwisch/Spinner*)

Lüders, Holger: Teilzeitarbeit nach § 8 TzBfG – Das Ablehnungsrecht des Arbeitgebers, Berlin 2007 (zugl. Rostock, Univ., Diss. 2007) (zitiert: *Lüders*)

Mäcke, Ilse: Die Verwirkung, 1935 Leipzig (zugl. Halle, Univ., Diss. 1935) (zitiert: *Mäcke*)

Makulik, Hans: Verwirkung im Arbeitsrecht, Bad Salzdetfurth 1933 (zugl. Köln, Univ., Diss. 1933) (zitiert: *Makulik*)

Mangoldt, Hermann von/*Klein*, Friedrich/*Starck*, Christian (Hrsg.): Kommentar zum Grundgesetz: Band 1: Artikel 1 bis 19, 5. Aufl. München 2005, Band 2: Artikel 20 bis 82, 6. Aufl. München 2010 (zitiert: Mangoldt/*Bearbeiter*)

Marienhagen, Rolf/*Künzl*, Reinhard: Entgeltfortzahlung, Neuwied (u.a.), Loseblatt, Stand: 8. Ergänzungslieferung August 2004 (zitiert: *Marienhagen/Künzl*)

Matthiessen, Michael: Arbeitsvertragliche Ausschlussfristen, Baden-Baden 2007 (zugl. Greifswald, Univ., Diss. 2007) (zitiert: *Matthiessen*)

Maurer, Hartmut: Allgemeines Verwaltungsrecht, 18. Aufl. München 2011 (zitiert: *Maurer*)

Medicus, Dieter: Allgemeiner Teil des BGB, 10. Aufl. Heidelberg (u.a.) 2010 (zitiert: *Medicus*)

Meinel, Gernod/*Bauer*, Thorsten: Der Wiedereinstellungsanspruch, NZA 1999, 575–581

Meinel, Gernod/*Heyn*, Judith/*Herms*, Sascha: Teilzeit- und Befristungsgesetz, 4. Aufl. München 2012 (zitiert Meinel/Heyn/Herms/*Bearbeiter*)

Menze, Sandra: Das Widerspruchsrecht der Arbeitnehmer beim Betriebsübergang, Frankfurt 2000 (zugl. Köln, Univ., Diss. 2000) (zitiert: *Menze*)

Menzel, Andreas: Grundfragen der Verwirkung dargestellt insbesondere anhand des Öffentlichen Rechts, Frankfurt 1987 (zugl. Mainz, Univ., Diss. 1987) (zitiert: *Menzel*)

Meyer, Cord: Betriebsübergang. Die Novelle im Praktikerblick, AuA 2002, 159–164

–: Neue Fragen einer Kündigung bei Widerspruch gegen „Betriebsübergang", NZA 2005, 9–15

–: Unterrichtungspflichten des Arbeitgebers und Widerspruch des Arbeitnehmers – Erfahrungen aus der Praxis und Rechtsprechung, NZA-Beil. 4/2008, 173–176

Meyer, Wolfgang: Betriebliche Rügen und ihre Folgen, 6. Aufl. Planegg 1995 (zitiert: *Meyer*)

Meys, Tilman: Rechtsfortbildung extra legem im Arbeitsrecht, Frankfurt 2009 (zugl. Frankfurt, Univ., Diss. 2009) (zitiert: *Meys*)

Mittenzwei, Ingo: Anmerkung zu BVerwG, Urteil vom 25.01.1974 – IV C 2/72, NJW 1974, 1884–1885

Möhl, Wolfgang: Verzicht auf verdienten Tariflohn und Verwirkung, JW 1935, 3522–3524

Moll, Wilhelm (Hrsg.): Münchener Anwaltshandbuch Arbeitsrecht, 3. Aufl. München 2012 (zitiert: Moll/*Bearbeiter*)

Möller, Ruth: Die Rückforderung überbezahlten Arbeitsentgelts, ZTR 1989 S. 306–309

Monjau, Herbert: Das Zeugnis im Arbeitsrecht, 2. Aufl. Düsseldorf 1969 (zitiert: *Monjau*)

Mues, Werner/*Eisenbeis*, Ernst/*Laber*, Jörg: Handbuch Kündigungsrecht, 2. Aufl. Köln 2010 (zitiert: Mues/Eisenbeis/Laber/*Bearbeiter*)

Mugdan, Benno: Die gesammten Materialien zum Bürgerlichen Gesetzbuch für das Deutsche Reich, Berlin 1899 (zitiert: *Mugdan*)

Müller, Bernd: Der Anspruch des Bewerbers auf Erstattung seiner Vorstellungskosten, ZTR 1990, 237–242

Müller, Stefan: Widerspruchsrecht bei Betriebsübergang (§ 613a Abs. 6 Satz 1 BGB) und Verwirkung nach § 242 Abs. 1 BGB, ArbuR 2007, 341–343

Müller-Bonanni, Thomas/*Grau*, Timon: Neues zum Widerspruchsrecht (§ 613a BGB), ArbRB 2007, 146–150

Müllereisert, Franz Arthur: Ehre im deutschen Privatrecht, Berlin 1931

Müller-Wenner, Dorothee/*Winkler*, Jürgen: SGB IX Teil 2, 2. Aufl. München 2011 (zitiert: *Müller-Wenner/Winkler*)

Musielak, Hans-Joachim (Hrsg.): Kommentar zur Zivilprozessordnung, 9. Aufl. München 2012 (zitiert Musielak/*Bearbeiter*)

Nabholz, Peter: Verjährung und Verwirkung als Rechtsuntergangsgründe infolge Zeitablaufs, Aarau 1958 (zugl. Zürich, Univ., Diss. 1958) (zitiert: *Nabholz*)

Nägele, Stefan: Die Renaissance des Wiedereinstellungsanspruchs, BB 1998, S. 1686 – 1689

Natter, Eberhard/*Groß*, Roland: Arbeitsgerichtsgesetz, Baden-Baden 2010 (zitiert Natter/Groß/*Bearbeiter*)

Neumann, Dirk/*Biebl*, Josef: Arbeitszeitgesetz, 15. Aufl. München 2008 (zitiert: *Neumann/Biebl*)

Neumann, Dirk/*Fenski*, Martin: Bundesurlaubsgesetz, 10. Aufl. München 2011 (zitiert: *Neumann/Fenski*)

Neumann, Dirk/*Pahlen*, Dirk/*Majerski-Pahlen*, Monika: Sozialgesetzbuch IX, 12. Aufl. München 2010 (zitiert: *N/P/MP*)

Nikisch, Arthur: Arbeitsrecht. I. Band: Allgemeine Lehren und Arbeitsvertragsrecht, 2. Aufl. 1955, 3. Aufl. 1961 Tübingen (zitiert: *Nikisch*)

Nolting-Hauff, Wilhelm: Verwirkungs-Dämmerung, GRUR 1932, 1088–1093

Novara, Fabian: Sonderkündigungsschutz nach dem Pflegezeitgesetz, DB 2010, 503–507 *o.V.*, Verjährung und Verwirkung im Arbeitsrecht, DB 1948, 531–532

Oberhofer, Hermann: Der Wiedereinstellungsanspruch, RdA 2006, 92–98

Oertel, Clemens: Der Zeitfaktor im öffentlichen Wirtschaftsrecht, Köln (u.a.) 1992 (zugl. Münster, Univ., Diss. 1991) (zitiert: *Oertel*)

Oetker, Hartmut: Das Dauerschuldverhältnis und seine Beendigung, Tübingen 1994 (zugl. Kiel, Univ., Habil.-Schr., 1993/94) (zitiert: *Oetker*)

–: Der Wiedereinstellungsanspruch des Arbeitnehmers bei nachträglichem Wegfall des Kündigungsgrundes, ZIP 2000, 643–653

Olbertz, Klaus/*Ungnad*, Simone: Zeitliche Grenze des Widerspruchsrechts nach § 613a Abs. 6 BGB im Falle fehlerhafter Unterrichtung der Arbeitnehmer, BB 2004, 213–218

Otto, Alexander: Der Wegfall des Vertrauens in den Arbeitnehmer als wichtiger Grund zur Kündigung des Arbeitsverhältnisses, Berlin 2000 (zugl. Potsdam, Univ., Diss. 2000) (zitiert: *Otto*)

Otto, Hansjörg: Die Präklusion, Berlin 1970 (zugl. Hamburg, Univ., Diss. 1969) (zitiert: *Otto*, Präklusion)

–: Grünes Licht für die Wiedereinstellung bei betriebsbedingten Entlassungen? in: *Hönn*, Günther (Hrsg.): Festschrift für Alfons Kraft, Neuwied (u.a.) 1998, 451–475 (zitiert: FS Kraft/*Otto*)

Overbeck, Norbert: Die Verwirkung im geltenden Recht, Essen 1934 (zugl. Freiburg, Univ., Diss. 1934) (zitiert: *Overbeck*)

Palandt, Otto: Bürgerliches Gesetzbuch, 72. Aufl. München 2013 (zitiert: Palandt/*Bearbeiter*)

Pauly, Stephan/*Osnabrügge*, Stephan: Teilzeitarbeit und geringfügige Beschäftigung, 2. Aufl. Bonn 2007 (zitiert: *Pauly/Osnabrügge*)

Pawelek, Arthur: Die Verwirkung – ein neues Rechtsinstitut, Quakenbrück 1934 (zugl. Jena, Univ., Diss. 1934) (zitiert: *Pawelek*)

Pflaum, Annette: Die Abmahnung im Arbeitsrecht als Vorstufe zur Kündigung, Heidelberg 1992 (zugl. Kiel, Univ., Diss. 1989) (zitiert: *Pflaum*)

Piekenbrock, Andreas: Befristung, Verjährung, Verschweigung und Verwirkung, Tübingen 2006 (zugl. Freiburg, Univ., Habil.-Schr., 2004/05) (zitiert: *Piekenbrock*)

Pielsticker, Wilhelm: Der Schutz in Ausbildung befindlicher Mitglieder von Betriebsverfassungsorganen nach § 78a BetrVG, Spardorf 1987 (zugl. Münster, Univ., Diss. 1986) (zitiert: *Pielsticker*)

Popp, Klaus: Ausschlußfrist gem. § 626 Absatz II 1, 2 BGB – ein gesetzlich konkretisierter Verwirkungstatbestand?, NZA 1987, 366–369

Possienke, Christian: Der Weiterbeschäftigungsanspruch Auszubildender nach § 78a BetrVG, Göttingen 2011 (zugl. Hannover, Univ., Diss. 2011) (zitiert: *Possienke*)

Powietzka, Arnim/*Rolf*, Christian: Bundesurlaubsgesetz, Köln 2012 (zitiert: *Powietzka/Rolf*)

Preis, Ulrich: Arbeitsrecht. Individualarbeitsrecht, 4. Aufl. Köln 2012 (zitiert: *Preis*, Individualarbeitsrecht)

– (Hrsg.): Der Arbeitsvertrag, 4. Aufl. Köln 2011 (zitiert: Preis/*Bearbeiter*)

–: Prinzipien des Kündigungsrechts bei Arbeitsverhältnissen, München 1987 (zugl. Köln, Univ., Diss. 1985/86) (zitiert: *Preis*, Prinzipien)

Preis, Ulrich/*Steffan*, Ralf: Neue Konzepte des BAG zum Betriebsübergang nach § 613a BGB, DB 1998, 309–315

Prütting, Hanns (Hrsg.)/*Gehrlein*, Markus (Hrsg.): ZPO Kommentar, 4. Aufl. Köln 2012 (zitiert: P/G/*Bearbeiter*)

Prütting, Hanns (Hrsg.)/*Wegen*, Gerhard (Hrsg.)/*Weinreich*, Gerd (Hrsg.): BGB Kommentar, 7. Aufl. Köln 2012 (zitiert: PWW/*Bearbeiter*)

Quecke, Martin: Die Änderung des Kündigungsschutzgesetzes zum 1. 1. 2004, RdA 2004, 86–106

Raab, Thomas: Der Wiedereinstellungsanspruch des Arbeitnehmers bei Wegfall des Kündigungsgrundes, RdA 2000, 147–165

–: Der erweiterte Anwendungsbereich der Klagefrist gemäß § 4 KSchG, RdA 2004, 321–333

Regelsberger, Ferdinand: Pandekten, 1. Band, Leipzig 1893 (zitiert: *Regelsberger*)

Reidel, Katharina: Die Weiterbeschäftigungsverfügung nach § 102 Abs. 5 Satz 1 BetrVG, Frankfurt (u.a.) 1999 (zugl. Erlangen, Univ., Diss. 1998) (zitiert: *Reidel*)

Reimer, Eduard/*Schade*, Hans/*Schippel*, Helmut: ArbEG. Gesetz über Arbeitnehmererfindungen und deren Vergütungsrichtlinien, 8. Aufl. Berlin 2007 (zitiert: R/S/S/*Bearbeiter*)

Reinecke, Gerhard: Die gerichtliche Feststellung der Arbeitnehmereigenschaft und ihre Rechtsfolgen für Vergangenheit und Zukunft, RdA 2001, 357–368

–: Betriebsübergang: Rettungsanker Verwirkung des Widerspruchsrechts?, DB 2012, 50–53

Reinhard, Barbara: Inhaltskontrolle vertraglicher Ausschlussfristen im Arbeitsrecht, Hamburg 2004 (zugl. Münster, Univ., Diss. 2004) (zitiert: *Reinhard*)

–: Die Pflicht zur Unterrichtung über wirtschaftliche Folgen eines Betriebsübergangs – ein weites Feld, NZA 2009, 63–69

Renaud, Werner: Die Abgeltung von Urlaubsansprüchen nach dem Mindesturlaubsgesetz für Arbeitnehmer, Berlin 1977 (zugl. Heidelberg, Univ., Diss. 1975/76) (zitiert: *Renaud*)

RGRK: Kommentar zum Bürgerlichen Gesetzbuch, herausgegeben von Mitgliedern des Bundesgerichtshofes, früher Kommentar der Reichsgerichtsräte, Band II, 3. Teilband § 611–620, 12. Aufl. Berlin (u.a.) 1997 (zitiert: RGRK/*Bearbeiter*)

Ribbert, Friedo: Die gerichtliche Nachprüfung von Arbeitgeber- und Unternehmerentscheidungen bei der betriebsbedingten Kündigung, Düsseldorf 1967 (zugl. Köln, Univ., Diss. 1967) (zitiert: *Ribbert*)

Richardi, Reinhard (Hrsg.): Betriebsverfassungsgesetz: BetrVG mit Wahlordnung – Kommentar, 13. Aufl. München 2011 (zitiert: Richardi/*Bearbeiter*)

Richardi, Reinhard (Hrsg.)/*Wlotzke*, Otfried (Hrsg.)/*Wißmann*, Hellmut (Hrsg.)/*Oetker*, Hartmut (Hrsg.): Münchener Handbuch zum Arbeitsrecht Band 2: Kollektivarbeitsrecht/Sonderformen, 3. Aufl. München 2009 (zitiert: MüArbRHb/*Bearbeiter*)

Rieble, Volker: Widerspruch nach § 613a VI BGB – die (ungeregelte) Rechtsfolge, NZA 2004, 1–9

–: § 613a Abs. 5 BGB – Informationspflicht und Verstoß in: *Bauer*, Jobs-Hubertus (Hrsg.)/*Beckmann*, Paul Werner (Hrsg.)/*Lunk*, Stefan (Hrsg.)/*Meier*, Hans-Georg (Hrsg.)/*Schipp*, Johannes (Hrsg.)/*Schütte*, Reinhard (Hrsg.): Arbeitsgemeinschaft Arbeitsrecht im Deutschen Anwaltverein. Festschrift zum 25-jährigen Bestehen, Bonn 2006, 687–719 (zitiert: FS DAV/*Rieble*)

Rieble, Volker/*Wiebauer*, Bernd: Widerspruch (§ 613a VI BGB) nach Aufhebungsvertrag, NZA 2009, 401–408

Riesenhuber, Karl: Keine Rettung der formnichtigen Befristungsabrede im Arbeitsvertrag?, NJW 2005, 2268–2270

Riezler, Erwin: Venire contra factum proprium, Leipzig 1912 (zitiert: *Riezler*)

Röder, Heinz: Die Verwirkung im Arbeitsrecht, Leipzig 1937 (zugl. Leipzig, Univ., Diss. 1937) (zitiert: *Röder*)

Rödder, Thomas/*Hötzel*, Oliver/*Mueller-Thuns*, Thomas: Unternehmenskauf, Unternehmensverkauf, München 2003 (zitiert: *R/H/MT*)

Rolfs, Christian: Erweiterte Zulässigkeit befristeter Arbeitsverträge durch das arbeitsrechtliche Beschäftigungsförderungsgesetz, NZA 1996, S. 1134–1141

–: Das neue Recht der Teilzeitarbeit, RdA 2001, 129–143

Rolfs, Christian (Hrsg.)/*Giesen*, Richard (Hrsg.)/*Kreikebohm*, Ralf (Hrsg.)/*Udsching*, Peter (Hrsg.): Beck'scher Online-Kommentar Arbeitsrecht, Internetpublikation, Edition 23 Stand: 01.03.2012 (zitiert: BeckOKArbR/*Bearbeiter*)

Rosenberg, Leo/*Schwab*, Karl Heinz/*Gottwald*, Peter: Zivilprozessrecht, 17. Aufl. München 2010 (zitiert R/S/G)

Rudkowski, Lena: Das „ewige" Widerspruchsrecht des Arbeitnehmers nach § 613a VI BGB und seine Grenzen, NZA 2010, 739–743

Rüdy, Hermann: Der Rechtsmißbrauch, Murnau 1934 (zugl. München, Univ., Diss. 1934) (zitiert: *Rüdy*)

Rüthers, Bernd: Die unbegrenzte Auslegung: Zum Wandel der Privatrechtsordnung im Nationalsozialismus, 7. Aufl. Tübingen 2012 (zitiert: *Rüthers*)

Sachs, Michael (Hrsg.): Grundgesetz Kommentar, 6. Aufl. München 2011 (zitiert: Sachs/*Bearbeiter*)

Säcker, Franz Jürgen (Hrsg.)/*Rixecker*, Roland (Hrsg.)/*Oetker*, Hartmut (Hrsg.): Münchener Kommentar zum Bürgerlichen Gesetzbuch: Band 1/Teilband 1: Allgemeiner Teil: §§ 1-240. ProstG, 5. Aufl. München 2006; Band 2: Schuldrecht Allgemeiner Teil: §§ 241-432, 5. Aufl. München 2007, 6. Aufl. München 2012; Band 4: Schuldrecht Besonderer Teil II §§ 611-704. EFZG. TzBfG. KSchG, 6. Aufl. München 2012; Band 8: Familienrecht II, §§ 1589-1921. SGB VIII, 5. Aufl. München 2009 (zitiert: MüKo/*Bearbeiter*; zitiert wird die jeweils aktuellste Auflage, soweit nichts anderes angegeben ist)

Sagan, Adam: Unterrichtung und Widerspruch beim Betriebsübergang aus deutscher und europäischer Sicht, ZIP 2011, 1647–1650

Sandmann, Georg/*Marschall*, Dieter/*Schneider*, Tobias: Arbeitnehmerüberlassungsgesetz, Neuwied (u.a.), Loseblatt, Stand: 58. Ergänzungslieferung Oktober 2012 (zitiert: *Sandmann/Marschall/Schneider*)

Sayatz, Andre/*Wolff*, Alexander: Neuregelungen beim Betriebsübergang nach §613a - Unterrichtungspflicht und Widerspruchsrecht, DStR 2002, 2039–2046

Schäfer, Horst: Die Abwicklung des beendeten Arbeitsverhältnisses, 2. Aufl. Berlin 1999 (zitiert: *Schäfer*)

Schaub, Günter/*Koch*, Ulrich/*Linck*, Rüdiger/*Treber*, Jürgen/*Vogelsang*, Hinrich: Arbeitsrechts-Handbuch – Systematische Darstellung und Nachschlagewerk für die Praxis, 14. Aufl. München 2011 (zitiert: Schaub/*Bearbeiter*)

Schellhammer, Kurt: Schuldrecht nach Anspruchsgrundlagen, 8. Aufl. Heidelberg (u.a.) 2011 (zitiert: *Schellhammer*)

Schellhammer, Kurt: Zivilprozess, 14. Aufl. Heidelberg 2012 (zitiert: *Schellhammer*, Prozess)

Schenke, Wolf-Rüdiger: Verwaltungsprozessrecht, 12. Aufl. Heidelberg 2009 (zitiert: *Schenke*)

Schewiola, Sascha: Der arbeitsrechtliche Aufhebungs- und Abwicklungsvertrag, Hamburg 2006 (zugl. Köln, Univ., Diss. 2005/2006) (zitiert: *Schewiola*)

Schiefer, Bernd/*Worzalla*, Michael: Unterrichtungspflicht bei Betriebsübergang nach § 613a V BGB – Eine Bestandsaufnahme, NJW 2009, 558–563

Schilken, Eberhard: Zivilprozessrecht, 6. Aufl. München 2010 (zitiert: *Schilken*)

Schirmer, Carl Heinrich: Verwirkung und Beendigung des Arbeitsverhältnisses, Dresden 1939 (zugl. Leipzig, Univ., Diss. 1939) (zitiert: *Schirmer*)

Schleßmann, Hein: Das Arbeitszeugnis, BB 1988, 1320–1326

–: Das Arbeitszeugnis, 20. Aufl. Frankfurt 2012 (zitiert: *Schleßmann*)

Schlosser, Hans: Grundzüge der neueren Privatrechtsgeschichte, 6. Aufl., Heidelberg 1988 (zitiert: *Schlosser*)

Schmidt, Bettina M.: Der Wiedereinstellungsanspruch nach Beendigung des Arbeitsverhältnisses, Frankfurt 2003 (zugl. Hannover, Univ., Diss. 2002) (zitiert: *Schmidt*, Wiedereinstellung)

Schmidt, K. H.: Zur Behauptungs- und Beweislast, insbesondere bei Ausschlußfristen und Verwirkung, RdA 1963, 88–92

Schmidt, Klaus/*Koberski*, Wolfgang/*Tiemann*, Barbara/*Wascher*, Angelika: Heimarbeitsgesetz, 4. Aufl. München 1998 (zitiert: *Schmidt/Koberski/Tiemann/Wascher*)

Schmitt, Jochem: Entgeltfortzahlungsgesetz und Aufwendungsausgleichsgesetz, 7. Aufl. München 2012 (zitiert: *Schmitt*)

Schmitt, Walter: Der Pensionsanspruch des Angestellten gegen den Arbeitgeber, Urach 1936 (zugl. Heidelberg, Univ., Diss. 1936) (zitiert: *Schmitt*, Pensionsanspruch)

Schmitz, Thomas: Verhaltensbedingte Kündigung und Abmahnung – Ausschlussfristen, Verwirkung, Verzicht, ZMV 2005, 125–130

Schnitker, Elmar/*Grau*, Timon: Unterrichtung der Arbeitnehmer gemäß § 613a Abs. 5 BGB im Spiegel der Betriebsübernahmepraxis, BB 2005, 2238–2243

Schöbener, Burkhard/*Knauff*, Matthias: Allgemeine Staatslehre, 2009 (zitiert: *Schöbener/Knauff*)

Scholz, Richard: Analyse der Entstehungsbedingungen der reichsgerichtlichen Aufwertungsrechtsprechung, Frankfurt 2001 (zugl. Frankfurt, Univ., Diss. 2000) (zitiert: *Scholz*)

Schomburg, Gerhard: Zeitliche Grenzen für Ausspruch und Abwehr der Arbeitgeberkündigung, Hamburg 1989 (zugl. Göttingen, Univ., Diss. 1988) (zitiert: *Schomburg*)

Schrader, Peter: Abmahnung und „Vertrauenskapital", NJW 2012, 342–348

Schröder, Sebastian: Das Verhältnis von Direktionsrecht und Änderungskündigung, Frankfurt 2012 (zugl. Köln, Univ., Diss. 2011) (zitiert: *Schröder*)

Schulte, Bernhard: Lohneinbehaltung und Lohnverwirkung im gewerblichen Arbeitsverhältnis, Dortmund 1911 (zugl. Erlangen, Univ., Diss. 1910) (zitiert: *Schulte*)

Schulz, Georg-R.: Alles über Arbeitszeugnisse, 8. Aufl. München 2009 (zitiert: *Schulz*)

Schulze, Reiner (Schriftleitung): Bürgerliches Gesetzbuch, 7. Aufl. Baden-Baden 2012 (zitiert: Schulze/*Bearbeiter*)

Schumann, Hans-Heinrich: Dynamisierte Anpassung von Betriebsrenten – unmittelbare Last für den Arbeitgeber?, ZIP 1985, 841–849

–: Anmerkung zu BAG, Urteil vom 20.04.2010 – 3 AZR 225/08, DB 2010, 1591–1592

Schumann, o.N.: Der Zusammenbruch der Verwirkungslehre, GRUR 1933, 81–97

Schüren, Peter (Hrsg.): Arbeitnehmerüberlassungsgesetz, 4. Aufl. München 2010 (zitiert: Schüren/*Bearbeiter*)

Schütz, Friedrich/*Hauck*, Friedrich: Gesetzliches und tarifliches Urlaubsrecht, Neuwied (u.a.) 1996 (zitiert: *Schütz/Hauck*)

Schwab, Brent: Arbeitnehmererfindungsrecht, 2. Aufl. Baden-Baden 2010 (zitiert: *Schwab*)

Schwarze, Roland/Eylert, Mario/Schrader, Peter: Kündigungsschutzgesetz, München 2011 (zitiert: Schwarze/Eylert/Schrader/*Bearbeiter*)

Schwerdtner, Peter: Betriebsverfassungsrechtliches Anhörungsverfahren und Nachschieben von Kündigungsgründen, ZIP 1981, 809–820

Sedlmayr, Rolf Joachim: Die Ausübung der Rechte und ihre allgemeinen Schranken, Radolfzell 1937 (zugl. Tübingen, Univ., Diss. 1937) (zitiert: *Sedlmayr*)

Sieber, Anke/*Wagner*, Ralph: Keine Zahlungspflicht des Arbeitgebers bei Vorstellungsgesprächen, NZA 2003, 1312–1314

Siebert, Wolfgang: Verwirkung und Unzulässigkeit der Rechtsausübung. Ein rechtsvergleichender Beitrag zur Lehre von den Schranken der privaten Rechte und zur exceptio doli (§§ 226, 242, 826 BGB), unter besonderer Berücksichtigung des gewerblichen Rechtsschutzes (§ 1 UWG), Marburg 1934 (zitiert: *Siebert*)

Sieg, Rainer/*Maschmann*, Frank: Unternehmensumstrukturierung aus arbeitsrechtlicher Sicht, 2. Aufl. München 2010 (zitiert: *Sieg/Maschmann*)

Singer, Reinhard: Das Verbot widersprüchlichen Verhaltens, München 1993 (zugl. München, Univ., Diss. 1992) (zitiert: *Singer*)

Sodan, Helge (Hrsg.)/*Ziekow*, Jan (Hrsg.): Verwaltungsgerichtsordnung, 3. Aufl. Baden-Baden 2010 (zitiert: S/Z/*Bearbeiter*)

Soergel, Hans Theodor: Bürgerliches Gesetzbuch, Band 2 §§ 104–240 (Allgemeiner Teil 2), 13. Aufl. Stuttgart 1999 (zitiert: Soergel/*Bearbeiter*)

Speer, Niklas: Das Rechtsschutzbedürfnis im arbeitsgerichtlichen Beschlußverfahren, o.O. 1993 (zugl. Berlin, Univ., Diss. 1995) (zitiert: *Speer*)

Stadler, Traugott: Die Versetzung des Arbeitnehmers, Augsburg 1968 (zugl. Würzburg, Univ., Diss. 1968) (zitiert: *Stadler*)

Stahlhacke, Eugen/*Bachmann*, Bernward/*Bleistein*, Franzjosef/*Berscheid*, Ernst-Dieter: Gemeinschaftskommentar zum Bundesurlaubsgesetz, 5. Aufl. Neuwied (u.a.) 1992 (zitiert: GK-BUrlG/*Bearbeiter*)

Stahlhacke, Eugen/*Preis*, Ulrich/*Vossen*, Reinhard: Kündigung und Kündigungsschutz im Arbeitsverhältnis, 10. Aufl. München 2010 (zitiert: S/P/V)

Statistisches Bundesamt: Rechtspflege, Arbeitsgerichte, Fachserie 10 Reihe 2.8, Stand 2010, https://www.destatis.de/DE/Publikationen/Thematisch/Rechtspflege/GerichtePersonal/Arbeitsgerichte2100280107004.pdf?__blob=publicationFile (zitiert: *Statistik*)

Stauder, Tobias: Die Verwirkung zivilrechtlicher Rechtspositionen, Frankfurt am Main 1995 (zugl. Mainz, Univ., Diss. 1994) (zitiert: *Stauder*)

Staudinger, Julius von: Kommentar zum Bürgerlichen Gesetzbuch mit Einführungsgesetz und Nebengesetzen: Einleitung zum Bürgerlichen Gesetzbuch, Allgemeiner Teil §§ 1–14, Verschollenheitsgesetz, Neubearbeitung Berlin 2004; Allgemeiner Teil §§ 90–124; 130–133, Neubearbeitung Berlin 2012; Allgemeiner Teil §§ 164–240, Neubearbeitung Berlin 2009; Recht der Schuldverhältnisse §§ 315–326, Neubearbeitung Berlin 2009; Recht der Schuldverhältnisse §§ 613a–619a, Neubearbeitung Berlin 2011; Recht der Schuldverhältnisse §§ 616–630, Neubearbeitung Berlin 2012 (zitiert: Staudinger/*Bearbeiter*)

Steinau-Steinrück, Robert von/*Hurek*, Christoph: Arbeitsvertragsgestaltung, Frankfurt 2007 (zitiert: *Steinau-Steinrück/Hurek*)

Steinke, Tina: Die Verwirkung im Immaterialgüterrecht, Göttingen 2006 (zugl. Kiel, Univ., Diss. 2005) (zitiert: *Steinke*)

Steinmeyer, Heinz-Dietrich: Die Anpassung von Gesamtversorgungssystemen bei sinkendem Leistungsniveau der gesetzlichen Rentenversicherung, RdA 2005, 345–354

Stern, Klaus: Das Staatsrecht der Bundesrepublik Deutschland, Band II: Staatsorgane, Staatsfunktionen, Finanz- und Haushaltsverfassung, Notstandsverfassung, München 1980, Band III/2: Allgemeine Lehren der Grundrechte, München 1994 (zitiert: *Stern*, Bd.)

Stocks, Alwin: Die Verwirkung und das Verbot gegensätzlichen Verhaltens, Emsdetten 1939 (zugl. Köln, Univ., Diss. 1939) (zitiert: *Stocks*)

Strathmann, Stephanie: Der Wiedereinstellungsanspruch eines wirksam gekündigten Arbeitnehmers, Frankfurt 2001 (zugl. Bielefeld, Univ., Diss. 2001) (zitiert: *Strathmann*)

Straub, Dieter: Erste Erfahrungen mit dem Teilzeit- und Befristungsgesetz, NZA 2001, 919–927

Streich, Rudolf: Die Entwicklung des Arbeitsrechts in der amerikanischen Besatzungszone unter Berücksichtigung der Bizone vom Zeitpunkt der Kapitulation am 8.5.1945 bis zum Inkrafttreten des Grundgesetzes am 24.5.1948, o.O. 1973 (zugl. Gießen, Univ., Diss. 1973) (zitiert: *Streich*)

Stück, Volker: Das Arbeitszeugnis, MDR 2006, 791–799

Stürmer, Klaus: Der Rechtsweg in Fragen der Zusatzversorgung, NJW 2004, 2480–2483

Suckow, Jens/*Striegel*, Bernhard/*Niemann*, Jan-Malte: Der vorformulierte Arbeitsvertrag, Köln 2011 (zitiert: *S/S/N*)

Thomas, Heinz/*Putzo*, Hans: Zivilprozessordnung, 33. Aufl. München 2012 (zitiert: Thomas/Putzo/*Bearbeiter*)

Thüsing, Gregor: Arbeitnehmerüberlassungsgesetz, 2. Aufl. München 2008 (zitiert: Thüsing/*Bearbeiter*)

Thüsing, Gregor (Hrsg.)/*Laux*, Helga (Hrsg.)/*Lembke*, Mark (Hrsg.): Kündigungsschutzgesetz, 2. Aufl. Freiburg 2011 (zitiert: Thüsing/Laux/Lembke/*Bearbeiter*)

Tiedemann, Jens/*Triebel*, Volker: Warum dürfen sich Arbeitgeber nicht auf die Unwirksamkeit ihrer AGB-Vertragsklauseln berufen?, BB 2011, 1723–1725

Tschischgale, Max: Die Rechtsnatur der Verwirkung. Ein neuzeitlicher Beitrag zur Lehre von der exceptio doli, Berlin 1937 (zugl. Halle, Univ., Diss. 1937) (zitiert: *Tschischgale*)

Tschöpe, Ulrich: Formelle und prozessuale Probleme der Abmahnung, NZA Beil. 2/1990, 10–21

Ulber, Jürgen: Arbeitnehmer in Zeitarbeitsfirmen, 2. Aufl. Frankfurt 2004 (zitiert: *Ulber*)

–: Arbeitnehmerüberlassungsgesetz, Frankfurt 2006 (zitiert: *Ulber*, AÜG)

–: Arbeitnehmerüberlassungsgesetz. Basiskommentar zum AÜG, Frankfurt 2008 (zitiert: BK-*Ulber*)

Ülger, Damla: Der Teilzeitanspruch und seine prozessuale Durchsetzung, Hamburg 2004 (zugl. Mannheim, Univ., Diss. 2003) (zitiert: *Ülger*)

Urban, Sandra: Der Kündigungsschutz außerhalb des Kündigungsschutzgesetzes, Berlin 2001 (zugl. Bochum, Univ., Diss. 1999/2000) (zitiert: *Urban*)

Urban-Crell, Sandra/*Germakowski*, Gudrun: Kommentar zum Arbeitnehmerüberlassungsgesetz, Köln 2010 (zitiert: Urban-Crell/Germakowski/*Bearbeiter*)

Urban-Crell, Sandra/*Schulz*, Christian: Arbeitnehmerüberlassung und Arbeitsvermittlung, München 2003 (zitiert: *Urban-Crell/Schulz*)

Vossen, Reinhard: Die Befristungsklage nach § 1 V 1 BeschFG, NZA 2000, 704–711

Waltz, Heinz: Die Verwirkungsklausel im Arbeitsrecht, Düsseldorf 1938 (zugl. Köln, Univ., Diss. 1938) (zitiert: *Waltz*)

Weber, Hansjörg: Die Ausschlußfrist im Arbeitsrecht, Berlin1983 (zitiert: *Weber*)

Weber, Hansjörg/ *Weber*, Jörg-Andreas: Zur Dogmatik eines allgemeinen Beschäftigungsanspruchs im Arbeitsverhältnis, RdA 2007, 344–352

Weinbrenner, Lars: Der Sonderkündigungsschutz im Pflegezeitgesetz, Frankfurt 2011 (zugl. Berlin, Univ., Diss. 2011) (zitiert: *Weinbrenner*)

Wendeling-Schröder, Ulrike: Aktuelle Rechtsfragen zum Zeugnis und zur Auskunftserteilung, AiB 1998, 570–575

Westermann, Harm Peter (Hrsg.)/*Bydlinski*, Peter/ *Weber*, Ralph: BGB – Schuldrecht. Allgemeiner Teil, 7. Aufl. Heidelberg (u.a.) 2010 (zitiert: Westermann/ *Bearbeiter*)

Weuster, Arnulf/*Scheer*, Brigitte: Arbeitszeugnisse in Textbausteinen Deutsch – Englisch, 10. Aufl. München (u.a.) 2010 (zitiert: *Weuster/Scheer*)

Wickede, René von: Sonderkündigungsschutz im Arbeitsverhältnis, Berlin 2009 (zugl. Mainz, Univ., Diss. 2008) (zitiert: *Wickede*)

Wieacker, Franz: Privatrechtsgeschichte der Neuzeit, 2. Aufl. Göttingen 1967 (zitiert: *Wieacker*)

–: Zur rechtstheoretischen Präzisierung des § 242 BGB, Recht und Staat Bd. 193/194, Tübingen 1956 (zitiert: *Wieacker*, Präzisierung)

Wiedemann, Herbert (Hrsg.): Tarifvertragsgesetz mit Durchführungs- und Nebenvorschriften, 7. Aufl. München 2007 (zitiert: Wiedemann/*Bearbeiter*)

Wiencke, Alexander: Der Schutz Auszubildender in besonderen Fällen – § 78a BetrVG, o.O. 1984 (zugl. Berlin, Univ., Diss. 1984) (zitiert: *Wiencke*)

Wiese, Günther/*Kreutz*, Peter/*Oetker*, Hartmut/*Raab*, Thomas/*Weber*, Christoph/*Franzen*, Martin: Gemeinschaftskommentar zum Betriebsverfassungsgesetz (GK-BetrVG), 9. Aufl. Köln 2010 (zitiert: GK-BetrVG/*Bearbeiter*)

Willemsen, Josef: Aktuelles zum Betriebsübergang - § 613a BGB im Spannungsfeld von deutschem und europäischem Recht, NJW 2007, 2065–2075

Willemsen, Josef (Hrsg.)/*Hohenstatt*, Klaus-Stefan (Hrsg.)/*Schweibert*, Ulrike (Hrsg.)/*Seibt*, Christoph (Hrsg.): Umstrukturierung und Übertragung von Unternehmen, 4. Aufl. München 2011 (zitiert: W/H/S/S/*Bearbeiter*)

Willemsen, Josef//*Lembke*, Mark: Die Neuregelung von Unterrichtung und Widerspruchsrecht der Arbeitnehmer beim Betriebsübergang, NJW 2002, 1159–1165

Wirlitsch, Michael/*Lindemann*, Claudia: Rechtsfolgen nachträglicher Unterrichtung beim Betriebsübergang, ArbRAktuell 2011, 450–453

Wisskirchen, Gerlind: Erleichterte Zulassung befristeter Arbeitsverträge nach dem Beschäftigungsförderungsgesetz 1996, DB 1998, 722–728

Wolf, Ernst: Allgemeiner Teil des bürgerlichen Rechts, 3. Aufl. Köln (u.a.) 1982 (zitiert: *Wolf*)

Worzalla, Michael: Neue Spielregeln bei Betriebsübergang - Die Änderungen des § 613a BGB, NZA 2002, 353–358

Zeiss, Walter: Die arglistige Prozesspartei, Berlin 1967 (zugl. Mainz, Univ., Habil.-Schr., 1967) (zitiert: *Zeiss*)

Zimmerling, Jan: Freiwillig angebotene Weiterbeschäftigung, Hamburg 2011 (zugl. Würzburg, Univ., Diss. 2010) (zitiert: *Zimmerling*)

Zimmermann, André: Folgen illegaler grenzüberschreitender Arbeitnehmerüberlassung aus Sicht des Entleihers, Berlin 2009 (zugl. Münster, Univ., Diss. 2008) (zitiert: *Zimmermann*)

Zmarlik, Johannes/*Zipperer*, Manfred/*Viethen*, Peter/*Vieß*, Gerhard: Mutterschutzgesetz – Mutterschaftsleistungen, 9. Aufl. Köln 2006 (zitiert: *Z/Z/V/V*)

Zöller, Richard: Zivilprozessordnung, 29. Aufl. Köln 2012 (zitiert: Zöller/*Bearbeiter*)

Zwanziger, Bertram: Neue Tatsachen nach Zugang einer Kündigung, BB 1997, 42–46

Abkürzungsverzeichnis

§	Paragraph
§§	Paragraphen
%	Prozent
AA	Arbeitsrecht aktiv (Zeitschrift)
a.A.	andere Ansicht
a.a.O.	am angegebenen Ort
a.F.	alte Fassung
Abs.	Absatz
AE	Arbeitsrechtliche Entscheidungen (Zeitschrift)
AEntG	Gesetz über zwingende Arbeitsbedingungen für grenzüberschreitend entsandte und für regelmäßig im Inland beschäftigte Arbeitnehmer und Arbeitnehmerinnen (Arbeitnehmer-Entsendegesetz)
AGB	Allgemeine Geschäftsbedingung/Allgemeine Geschäftsbedingungen
AiB	Arbeitsrecht im Betrieb (Zeitschrift)
Alt.	Alternative
AP	Nachschlagewerk des Bundesarbeitsgerichts – Arbeitsrechtliche Praxis
Arb.Erf.	Arbeitnehmer-Erfindungssache zum Aktenzeichen der Schiedsstelle
ArbRAktuell	Arbeitsrecht Aktuell (Zeitschrift)
ArbRB	Der Arbeits-Rechts-Berater (Zeitschrift)
ArbG	Arbeitsgericht
ARS	Entscheidungen des Reichsarbeitsgerichts und der Landesarbeitsgerichte – Bensheimer Sammlung (bis Band 18) (Entscheidungssammlung) Arbeitsrechtssammlung (ab Band 19) (Entscheidungssammlung)
ARST	Arbeitsrecht in Stichworten (Zeitschrift)
Art.	Artikel
AS	Amtliche Sammlung (Entscheidungssammlung)
Aufl.	Auflage
AufwRspr.	Aufwertungsrechtsprechung (Entscheidungssammlung)
ArbuR	Arbeit und Recht (Zeitschrift)
AuA	Arbeit und Arbeitsrecht (Zeitschrift)
Az.	Aktenzeichen
BAG	Bundesarbeitsgericht
BAGE	Sammlung der Entscheidungen des Bundesarbeitsgerichts (Entscheidungssammlung)
BAT	Bundes-Angestelltentarifvertrag

BayObLG	Bayerisches Oberstes Landesgericht
BayVGH	Bayerischer Verwaltungsgerichtshof
BB	Betriebs-Berater (Zeitschrift)
Bd.	Band
BDSG	Bundesdatenschutzgesetz
BEEG	Gesetz zum Elterngeld und zur Elternzeit (Bundeselterngeld- und Elternzeitgesetz)
BEG	Bundesgesetz zur Entschädigung für Opfer der nationalsozialistischen Verfolgung (Bundesentschädigungsgesetz)
Beil.	Beilage
BErzGG	Gesetz zum Erziehungsgeld und zur Elternzeit (Bundeserziehungsgeldgesetz)
BeschFG	Beschäftigungsförderungsgesetz
Beschl. v.	Beschluss vom
BetrAVG	Gesetz zur Verbesserung der betrieblichen Altersversorgung (Betriebsrentengesetz)
BetrVG	Betriebsverfassungsgesetz
BFH	Bundesfinanzhof
BFH/NV	Sammlung der Entscheidungen des Bundesfinanzhofs, die nicht in der amtlichen Sammlung veröffentlich werden (Entscheidungssammlung)
BFHE	Sammlung der Entscheidungen des Bundesfinanzhofs (Entscheidungssammlung)
BGB	Bürgerliches Gesetzbuch
BGBl.	Bundesgesetzblatt
BGH	Bundesgerichtshof
BImSchG	Gesetz zum Schutz vor schädlichen Umwelteinwirkungen durch Luftverunreinigungen, Geräusche, Erschütterungen und ähnliche Vorgänge (Bundes-Immissionsschutzgesetz)
BKR	Zeitschrift für Bank- und Kapitalmarktrecht (Zeitschrift)
BR-Drucks.	Bundesratsdrucksache
BSG	Bundessozialgericht
BSGE	Entscheidungen des Bundessozialgerichts (Entscheidungssammlung)
bspw.	beispielsweise
BT-Drucks.	Bundestagsdrucksache
Buchholz	Sammel- und Nachschlagewerk der Rechtsprechung des Bundesverwaltungsgerichts (Loseblattwerk)
BUrlG	Mindesturlaubsgesetz für Arbeitnehmer (Bundesurlaubsgesetz)
BVerfG	Bundesverfassungsgericht
BVerfGE	Entscheidungen des Bundesverfassungsgerichts (Entscheidungssammlung)
BVerwG	Bundesverwaltungsgericht

BVerwGE	Entscheidungen des Bundesverwaltungsgerichts (Entscheidungssammlung)
BVSG NW	Gesetz über einen Bergmannsversorgungsschein im Land Nordrhein-Westfalen (Bergmannsversorgungsscheingesetz)
bzgl.	bezüglich
bzw.	beziehungsweise
d.h.	das heißt
DArbR	Deutsches Arbeitsrecht (Zeitschrift)
DB	Der Betrieb (Zeitschrift)
ders.	derselbe
dies.	dieselbe/dieselben
Diss.	Dissertation
DJZ	Deutsche Juristenzeitung (Zeitschrift)
DM	Deutsche Mark
DÖV	Die Öffentliche Verwaltung (Zeitschrift)
DStR	Deutsches Steuerrecht (Zeitschrift)
DVBl.	Deutsches Verwaltungsblatt (Zeitschrift)
DZWIR	Deutsche Zeitschrift für Wirtschafts- und Insolvenzrecht (Zeitschrift)
EEK	Entscheidungssammlung zur Entgeltzahlung an Arbeiter und Angestellte bei Krankheit, Kur und Mutterschaft (Entscheidungssammlung)
EFZG	Gesetz über die Zahlung des Arbeitsentgelts an Feiertagen und im Krankheitsfall (Entgeltfortzahlungsgesetz)
EGAO	Einführungsgesetz zur Abgabenordnung
EGR	Entscheidungssammlung Gewerblicher Rechtsschutz (Entscheidungssammlung)
Einf.	Einführung
EinigVtr	Vertrag zwischen der Bundesrepublik Deutschland und der Deutschen Demokratischen Republik über die Herstellung der Einheit Deutschlands (Einigungsvertrag)
Einl.	Einleitung
ERA-TV	Tarifvertrag über das Entgelt-Rahmenabkommen
EStG	Einkommenssteuergesetz
etc.	et cetera
EuGH	Gerichtshof der Europäischen Gemeinschaften
EuZW	Europäische Zeitschrift für Wirtschaftsrecht (Zeitschrift)
EV	Einigungsvorschlag
EzA	Entscheidungssammlung zum Arbeitsrecht
EzAÜG	Entscheidungssammlung zum Arbeitnehmerüberlassungsgesetz
EzBAT	Entscheidungssammlung zum Bundes-Angestelltentarifvertrag und den ergänzenden Tarifverträgen
f.	folgende
FA	Fachanwalt Arbeitsrecht (Zeitschrift)

FamRZ	Zeitschrift für das gesamte Familienrecht (Zeitschrift)
ff.	fortfolgende
FHI	forum historiae iuris – Erste europäische Internetzeitschrift für Rechtsgeschichte (elektronische Zeitschrift)
Fn.	Fußnote
...G	...gesetz
G. v.	Gesetz vom
gem.	gemäß
GewArch	Gewerbe Archiv (Zeitschrift)
GewO	Gewerbeordnung
GG	Grundgesetz für die Bundesrepublik Deutschland
ggf.	gegebenenfalls
Grundeigentum	Das Grundeigentum (Zeitschrift)
GRUR	Gewerblicher Rechtsschutz und Urheberrecht (Zeitschrift)
GS	Großer Senat des Bundesarbeitsgerichts
HAG	Heimarbeitsgesetz
Halbs.	Halbsatz
HFR	Höchstrichterliche Finanzrechtsprechung (Entscheidungssammlung)
HGB	Handelsgesetzbuch
h.M.	herrschende(r) Meinung
HRR	Höchstrichterliche Rechtsprechung (Entscheidungssammlung)
Hrsg.	Herausgeber
i.d.F.v.	in der Fassung vom
i.d.R.	in der Regel
i.E.	im Ergebnis
i.R.d.	im Rahmen des/im Rahmen der
i.S.d.	im Sinne des/im Sinne der
i.V.m.	in Verbindung mit
insbes.	insbesondere
InsO	Insolvenzordnung
InstGE	Entscheidungen der Instanzgerichte zum Recht des geistigen Eigentums (Entscheidungssammlung)
juris	Juristische Internetdatenbank der juris GmbH (abrufbar unter: http://www.juris.de/jportal/index.jsp)
JuSchG	Jugendschutzgesetz
JW	Juristische Wochenschrift (Zeitschrift)
KG	Kammergericht
KSchG	Kündigungsschutzgesetz
LAG	Landesarbeitsgericht
LAGE	Entscheidungen der Landesarbeitsgerichte (Entscheidungssammlung)
LFZG	Gesetz über die Fortzahlung des Arbeitsentgelts im Krankheitsfall (Lohnfortzahlungsgesetz)

lit.	littera
LM	Lindenmaier-Möhring (Zeitschrift)
LPVG	Landespersonalvertretungsgesetz
LZ	Leipziger Zeitschrift für das deutsche Recht (Zeitschrift)
MDR	Monatsschrift für Deutsches Recht (Zeitschrift)
MiArbG	Gesetz über die Festsetzung von Mindestarbeitsbedingungen (Mindestarbeitsbedingungengesetz)
MitbestG	Gesetz über die Mitbestimmung der Arbeitnehmer (Mitbestimmungsgesetz)
MTV	Manteltarifvertrag
MuW	Markenschutz und Wettbewerb – Monatsschrift für Marken-, Patent- und Wettbewerbsrecht (Zeitschrift)
M.M.	Mindermeinung
m.w.	mit weiteren
m.w.N.	mit weiteren Nachweisen
MarkenG	Gesetz über den Schutz von Marken und sonstigen Kennzeichen (Markengesetz)
n.F.	neue Fassung
n.v.	nicht veröffentlicht
NJ	Neue Justiz (Zeitschrift)
NJW	Neue Juristische Wochenschrift (Zeitschrift)
NJW-RR	Neue Juristische Wochenschrift Rechtsprechungs-Report (Zeitschrift)
Nr.	Nummer
NStZ	Neue Zeitschrift für Strafrecht (Zeitschrift)
NVwZ	Neue Zeitschrift für Verwaltungsrecht (Zeitschrift)
NVwZ-RR	Neue Zeitschrift für Verwaltungsrecht Rechtsprechungs-Report (Zeitschrift)
NZA	Neue Zeitschrift für das Arbeitsrecht (Zeitschrift)
NZA-RR	NZA-Rechtsprechungs-Report Arbeitsrecht (Zeitschrift)
NZS	Neue Zeitschrift für das Sozialrecht (Zeitschrift)
NZWehrr	Neue Zeitschrift für Wehrrecht (Zeitschrift)
o.N.	ohne Name
o.O.	ohne Ort
o.T.	ohne Titel
o.V.	ohne Verfasser
OLG	Oberlandesgericht
PersR	Der Personalrat (Zeitschrift)
preuß. ABergG	Allgemeines Berggesetz für die *preußischen* Staaten
RAG	Reichsarbeitsgericht
RAGE	Entscheidungen des Reichsarbeitsgerichts (Entscheidungssammlung)
RdA	Recht der Arbeit (Zeitschrift)
RFH	Reichsfinanzhof

RFHE	Entscheidungen des Reichsfinanzhofs (Entscheidungssammlung)
RG	Reichsgericht
RGZ	Entscheidungen des Reichsgerichts in Zivilsachen (Entscheidungssammlung)
RL 2001/23/EG	Richtlinie 2001/23/EG (Betriebsübergangsrichtlinie)
Rn.	Randnummer
ROHG	Reichsoberhandelsgericht
ROHGE	Entscheidungen des Reichsoberhandelsgerichts (Entscheidungssammlung)
RzK	Rechtsprechung zum Kündigungsrecht (Loseblattwerk)
RzW	Rechtsprechung zum Wiedergutmachungsrecht (Zeitschrift)
S.	Seite
s.o.	siehe oben
SchwBeschG	Schwerbeschädigtengesetz
SchwbG	Gesetz zur Sicherung der Eingliederung Schwerbehinderter in Arbeit, Beruf und Gesellschaft (Schwerbehindertengesetz)
Seuff. Arch.	Seufferts Archiv für Entscheidungen der obersten Gerichte in den deutschen Staaten (Zeitschrift)
SGB	Sozialgesetzbuch
Slg.	Sammlung der Rechtsprechung des Europäischen Gerichtshofes und des Gerichts Erster Instanz (Entscheidungssammlung)
sog.	sogenannt/sogenannte/sogenannten/sogenannter/sogenanntes
Sp.	Spalte
st. Rspr.	ständige Rechtsprechung
str.	streitig
StVG	Straßenverkehrsgesetz
TV	Tarifvertrag
TVG	Tarifvertragsgesetz
TVöD	Tarifvertrag für den öffentlichen Dienst
TzBfG	Gesetz über Teilzeitarbeit und befristete Arbeitsverträge
u.	und
u.a.	unter anderem
u.U.	unter Umständen
Unterabs.	Unterabsatz
Urt. v.	Urteil vom
v.	vor/von
VG	Verwaltungsgericht
vgl.	vergleiche
Vorbem	Vorbemerkung
VwGO	Verwaltungsgerichtsordnung
Warn.	Warneyer. Die Rechtsprechung des Reichsgerichts auf dem Gebiete des Zivilrechts (Jahrbuch)
WM	Zeitschrift für Wirtschafts- und Bankrecht (Zeitschrift)

z.B.	zum Beispiel
ZBR	Zeitschrift für Beamtenrecht (Zeitschrift)
ZfA	Zeitschrift für Arbeitsrecht (Zeitschrift)
ZfPR	Zeitschrift für Personalvertretungsrecht (Zeitschrift)
ZFSH/SGB	Zeitschrift für die sozialrechtliche Praxis (Zeitschrift)
ZHR	Zeitschrift für das gesamte Handels- und Wirtschaftsrecht (Zeitschrift)
Ziff.	Ziffer
ZinsO	Zeitschrift für das gesamte Insolvenzrecht (Zeitschrift)
ZMR	Zeitschrift für Miet- und Raumrecht (Zeitschrift)
ZMV	Die Mitarbeitervertretung (Zeitschrift)
ZPO	Zivilprozessordnung
ZTR	Zeitschrift für Tarifrecht (Zeitschrift)
zugl.	zugleich
ZUM-RD	Zeitschrift für Urheber- und Medienrecht – Rechtsprechungsdienst (Zeitschrift)

Kapitel 1: Zur vorliegenden Untersuchung

A. Einleitung

„Auch wenn die Verwirkung mit einer liberalen Rechtsordnung grundsätzlich kompatibel ist, bleibt [...] die Aufgabe, das Rechtsinstitut wenigstens so weit zu typisieren, daß seine Anwendung rational begründbar und für den betroffenen Rechtsinhaber vorhersehbar ist."[1] Diese Aufgabe soll mit vorliegender Arbeit für das Individualarbeitsrecht bewältigt werden.

Das Arbeitsrecht eignet sich hierfür aus mehreren Gründen besonders. Zunächst handelt es sich um eines derjenigen Rechtsgebiete, in denen die Rechtsprechung bereits frühzeitig auf die Verwirkung zurückgriff. Hinzu kommt eine Vielzahl von arbeitsgerichtlichen Entscheidungen, die einen ersten Rückschluss auf ein gewisses Gewicht der Verwirkung im Arbeitsrecht zulassen. Gestützt wird dieser auch dadurch, dass mit Ausnahme von § 21 Abs. 4 MarkenG und § 19 Abs. 3 Satz 4 HAG sämtliche Normen, die die Verwirkung gesetzlich ausschließen, solche des Arbeitsrechts sind oder wenigstens Bezüge hierzu aufweisen.[2]

Ausgehend von der Rechtsprechung soll untersucht werden, inwieweit sich allgemeine Leitlinien für die Verwirkung im Individualarbeitsrecht gewinnen lassen. Über die Konkretisierung der Verwirkungsvoraussetzungen hinaus, sollen speziell zur Verwirkung im Arbeitsrecht getätigte Aussagen einer Überprüfung unterzogen werden. Nach vielfach vertretener Auffassung sollen einzelne Arbeitnehmerrechte überhaupt nicht[3] oder nur unter sehr eingeschränkten Voraussetzungen verwirken. Insbesondere solange das Arbeitsverhältnis besteht, soll aufgrund der Abhängigkeitssituation eine Verwirkung zu Lasten des Arbeitnehmers nur ausnahmsweise in Betracht kommen.[4] Demgegenüber soll der Arbeitgeber Maßnahmen, die für den Arbeitnehmer besonders einschneidend sind, unverzüglich,

---

1 *Piekenbrock*, S. 197.

2 Vgl. § 77 Abs. 4 Satz 3 BetrVG, § 4 Abs. 4 Satz 2 TVG, § 9 Satz 2 AEntG, § 8 Abs. 3 Satz 2 MiArbG, § 19 Abs. 3 Satz 4 HAG.

3 Staudinger/*Looschelders/Olzen*, § 242 Rn. 824 und Bamberger/Roth/*Sutschet*, § 242 Rn. 145 (jeweils m.w.N.) verneinen wegen einer vorrangigen Schutzwürdigkeit des Arbeitnehmers die Verwirkbarkeit von Versorgungsbezügen, Lohnansprüchen und des gesetzlichen Urlaubsanspruchs; ebenso bzgl. Lohn und Urlaub AR-Blattei SD 1720/*Kossens* Rn. 47, 51. Noch enger *Hilger*, BB 1948, 475 (476), der im bestehenden Arbeitsverhältnis die Verwirkung ausschließen will, da dem Arbeitnehmer die Anspruchsgeltendmachung mit Blick auf eine damit einhergehende Belastung des Arbeitsverhältnisses unzumutbar sei (unter Verweis auf *LAG Hamburg*, Urt. v. 13.01.1947 – 20 Sa 108/46, n.v.).

4 Bamberger/Roth/*Sutschet*, § 242 Rn. 145 m.w.N.; MüKo/*Roth/Schubert*, BGB § 242 Rn. 374 m.w.N.; ähnlich Staudinger/*Looschelders/Olzen*, § 242 Rn. 827.

jedenfalls aber kurzfristig geltend machen müssen.[5] D.h. einzelne Rechte sollen zu Lasten des Arbeitgebers schneller verwirken, insbesondere Schadensersatzansprüche und Ansprüche auf Erstattung überzahlter Beträge.[6] Auch soll der Aussage nachgegangen werden, wonach „Streitigkeiten aus dem Arbeitsverhältnis [...] grundsätzlich möglichst schnell geklärt werden [müssen], weil der Arbeitgeber im Interesse einer geordneten Betriebsführung bald wissen muss, was er zu tun hat und andererseits der Arbeitnehmer ebenfalls hinsichtlich seiner Lebensführung über seine Rechtsstellung Gewissheit haben muss"[7] und inwieweit sich dies auf die Verwirkung auswirkt. Anhand der Gesamtschau der Ergebnisse soll zudem untersucht werden, inwieweit die Besonderheiten des jeweiligen Rechtsgebiets – hier also des Arbeitsrechts – bei der Verwirkung zu berücksichtigen sind.[8]

Soweit Berührungspunkte über das Arbeitsrecht hinaus bestehen, sollen allgemeine Aussagen untersucht werden, so z.B. dass Schadensersatzansprüche aus vorsätzlicher unerlaubter Handlung nicht verwirken[9] und dass es sich bei der Verwirkung um einen außerordentlichen Rechtsbehelf handele, dessen Rechtswirkung auf Ausnahmefälle zu beschränken sei.[10] Ebenfalls ist der Aussage nachzugehen, wonach angesichts der regelmäßigen Verjährungsfrist von drei Jahren (§ 195 BGB) nach der Schuldrechtsreform sowie der häufig noch kürzeren, im Arbeitsrecht geltenden Ausschlussfristen nur selten Raum für die Verwirkung bleibe.[11]

B. Gang der Untersuchung

Die Untersuchung der Verwirkung beschränkt sich in erster Linie auf das Individualarbeitsrecht. Zunächst wird die Terminologie der Verwirkung dargestellt. Zum besseren Verständnis wird anschließend auf die rechtshistorische Entwicklung der Verwirkung eingegangen, um basierend darauf die zutreffende Rechtsgrundlage der Verwirkung herausarbeiten zu können. Die Rechtsgrundlage der Verwirkung erlaubt es dann über ihre einzelnen Tatbestandsmerkmale die Verwirkung von Rechten im Einzelfall zu untersuchen.

---

5 Bamberger/Roth/*Sutschet*, § 242 Rn. 146 m.w.N.; MüKo/*Roth/Schubert*, BGB § 242 Rn. 377 m.w.N.

6 MüKo/*Roth/Schubert*, BGB § 242 Rn. 374, 377 jeweils m.w.N.

7 *BAG*, Urt. v. 10.01.1956 – 3 AZR 245/54, AP Nr. 3 zu § 242 BGB Verwirkung.

8 Vgl. *BGH*, Urt. v. 12.12.1975 – IV ZR 101/74, WM 1976, 187.

9 Bamberger/Roth/*Sutschet*, § 242 Rn. 146 m.w.N.; Staudinger/*Looschelders/Olzen*, § 242 Rn. 825 m.w.N; AR-Blattei SD 1720/*Kossens* Rn. 52 f. m.w.N.

10 Erman/*Hohloch*, BGB § 242 Rn. 125 m.w.N.; AR-Blattei SD 1720/*Kossens* Rn. 53; Bamberger/Roth/*Sutschet*, § 242 Rn. 135; F/G/M/N/*Fiebig/Spengler*, BGB § 623 Rn. 42; MüKo/*Hergenröder*, KSchG § 7 Rn. 6; BeckOKArbR/*Kerwer*, KSchG § 7 Rn. 14; *Becker-Schaffner*, S. 115.

11 MüArbRHb/*Krause*, § 64 Rn. 10; MüKo/*Roth/Schubert*, BGB § 242 Rn. 337. Erman/*Hohloch*, BGB § 242 Rn. 126.

Das Hauptaugenmerk der Arbeit liegt dabei auf der Untersuchung der Verwirkungsvoraussetzungen der einzelnen Rechte. Diese werden hierzu kurz dargestellt. Anschließend werden Rechtsprechung und Literatur zur Verwirkung des Rechts untersucht und bewertet.

In erster Linie hat die Rechtsprechung die Entwicklung der Verwirkung geprägt. Daher soll die Verwirkung im Arbeitsrecht in erster Linie anhand der Analyse der höchstrichterlichen Rechtsprechung untersucht werden. Lediglich so können ausgehend vom Einzelfall für typische Fallkonstellationen Gemeinsamkeiten aufgezeigt werden, um die Verwirkung rational begründbar zu machen und mehr Rechtssicherheit zu gewinnen. Soweit keine (ausreichende) höchstrichterliche Rechtsprechung existiert, wird auf unterinstanzliche Rechtsprechung zurückgegriffen. Das Schrifttum wird dargestellt, sofern dort abweichende Auffassungen bestehen. Abschließend werden eigene Lösungen entwickelt.

Aufgrund der Vielzahl von Entscheidungen und zur besseren Vergleichbarkeit innerhalb der einzelnen Fallgruppen wird die Rechtsprechung überwiegend tabellarisch dargestellt.[12] Die tabellarische Darstellung untergliedert sich in die Tatbestandsmerkmale der Verwirkung, d.h. Zeit- und Umstandsmoment. Mit „(-)" bzw. „(+)" versehene Tatbestandsmerkmale hat das Gericht als (nicht) erfüllt betrachtet. Bei einer Kennzeichnung mit „(offen)" hat das Gericht das Vorliegen des Tatbestandsmerkmals entweder ausdrücklich offen gelassen oder den Entscheidungsgründen lassen sich hierzu keine näheren Ausführungen entnehmen. Tatbestandsmerkmale ohne weitere Kennzeichnung hat das Gericht als erfüllt erachtet. Bei den stichpunktartig genannten Aspekten in der jeweiligen Tabellenspalte handelt es sich großteils um wörtliche Übernahmen aus dem jeweils angegebenen Urteil, ohne dass diese jeweils als gesonderte Zitate durch Anführungszeichen ausgewiesen werden. Wörtliche Übernahmen außerhalb der tabellarischen Darstellung werden dagegen jeweils gesondert als Zitat ausgewiesen.

12 Die tabellarische Darstellung erfolgt in Anlehnung an *Jacobsen/Menke*, NZA-RR 2010, 393 (397).

Kapitel 2: Das Rechtsinstitut der Verwirkung

Bevor ihre Anwendung im Einzelfall untersucht werden kann, ist auf die Verwirkung als Rechtsinstitut einzugehen. Aus Gründen der Klarheit sowie zur Eingrenzung des Untersuchungsgegenstandes ist zuerst auf die Terminologie der Verwirkung einzugehen.

A. Begrifflichkeit

I. Allgemeiner Sprachgebrauch

Der Begriff der Verwirkung lässt sich sprachgeschichtlich bis ins Gemeingermanische zurückverfolgen. Dort war „verwirken" (gotisch *frawaúrkjan*) mit der Bedeutung „schlecht handeln", „etwas Böses tun", „sich vergehen" besetzt.[13]

Der Bedeutungsgehalt verschiebt sich im Althochdeutschen (*firwirken*) zu „verlieren". Im Mittelhochdeutschen wurde „verwirken" ebenfalls in der Bedeutung „verlieren", aber auch „einfassen" verwendet.[14]

In neuerer Zeit ist der Begriff des „Verwirkens" erstmals im Frühneuhochdeutschen des 15. Jahrhunderts belegt. Im damaligen Sprachgebrauch bedeutet „verwirken" insbesondere „sich ein Übel durch eigene Handlung zuziehen", „verdienen".[15]

Abseits vom juristischen Sprachgebrauch wird „verwirken" derzeit in der Bedeutung „durch eigene Schuld einbüßen", „sich verscherzen" verwendet.[16]

II. Juristischer Sprachgebrauch

1. *Entwicklung des Verwirkungsbegriffs*

Im juristischen Sprachgebrauch lässt sich der Verwirkungsbegriff erstmals im Frühneuhochdeutschen nachweisen. So bezeichnete Verwirkung sowohl den „aus Treu und Glauben folgende[n] Verlust eines Rechts infolge verspäteter Geltendmachung"[17] als auch das „durch eigene Schuld des Rechts auf einen Besitz oder einen Anspruch verlustig gehen".

Mit § 72 der Einleitung des preußischen ALR wurde der Verwirkungsbegriff erstmalig gesetzlich erwähnt.[18] Im 19. Jahrhundert griff die Rechtswissenschaft den

---

13 *Grimm*, Bd. 25, Sp. 2289.

14 http://www.duden.de/rechtschreibung/verwirken. Zu weiteren Einzelnachweisen vgl. http://www.kali.uni-hannover.de/?mmc=2&smc=1&such=2&searchType=hlemma&sample=25&query= verwirken.

15 *Grimm*, Bd. 25, Sp. 2288, 2293.

16 http://www.duden.de/rechtschreibung/verwirken.

17 *Köbler*, S. 445.

18 Als Ausdruck des Rechtsverlusts infolge rechtswidrigen Verhaltens, *Bommel*, S. 7.

Begriff der Verwirkung auf.[19] Sie bezeichnete mit ihm allgemein den Verlust eines Rechts wegen eines rechtswidrigen Verhaltens.[20]

In der Rechtsprechung bezeichnete erstmals das Reichsoberhandelsgericht die verspätete Geltendmachung eines Rechts 1877 ausdrücklich als Verwirkung.[21] Das Schrifttum allerdings fasste die „Verwirkung" terminologisch in einem weiteren Sinne auf. So stand „verwirken" für das unbeabsichtigte Herbeiführen eines Nachteils durch eine rechtswidrige Handlung. Der Nachteil bestand dabei im Verlust eines Rechts.[22]

Für die illoyal verspätete Geltendmachung eines Rechts griff das Reichsgericht ab 1925 die Verwirkung terminologisch wieder auf.[23] Spätestens in den 30iger Jahren war der Verwirkungsbegriff allgemein etabliert.[24] Er war jedoch nicht auf die illoyal verspätete Geltendmachung eines Rechts beschränkt.[25] Der Ansatz zwischen einer allgemeinen und besonderen Verwirkung zu unterscheiden, konnte sich nicht durchsetzen.[26]

2. *Der Gebrauch des Verwirkungsbegriffs durch den Gesetzgeber*

Der Gesetzgeber gebraucht keinen einheitlichen Verwirkungsbegriff im geltenden Recht. Soweit er nicht auf das Rechtsinstitut der Verwirkung Bezug nimmt (so z.B. in § 77 Abs. 4 Satz 3 BetrVG, § 4 Abs. 4 Satz 2 TVG, § 9 Satz 2 AEntG, § 8 Abs. 3 Satz 2 MiArbG, § 19 Abs. 3 Satz 4 HAG, § 21 Abs. 4 MarkenG), bezeichnet „Verwirkung" als Rechtsfolge entweder den Verlust eines Rechts als Folge eines rechtlich missbilligten Verhaltens (z.B. in Art. 18 Satz 1 GG, § 654 BGB, § 15 Satz 1 StVG, § 6 Abs. 3 Satz 1 BEG) oder das Entstehen eines Rechts (z.B. in § 339 Satz 1 BGB, § 240 Abs. 4 Satz 2 AO, § 16 Abs. 2 Nr. 1 EGAO).[27]

---

19 *Köbler*, S. 445.

20 *Bommel*, S. 7 m.w.N.

21 *ROHG*, Urt. v. 20.10.1877, ROHG 23, 83; *Bommel*, S. 7. Die die Verwirkung begründende Argumentation findet sich jedoch bereits bei *ROHG*, Urt. v. 10.06.1877, ROHG 20, 335.

22 *Schulte*, S. 27 zu § 134 Abs. 1 GewO 1908.

23 *RG*, Urt. v. 27.01.1925, RGZ 110, 127; *Bommel*, S. 7 m.w.N.

24 *Bommel*, S. 7 m.w.N.

25 Weder Gesetzgeber noch Schrifttum gebrauchten den Verwirkungsbegriff einheitlich, vgl. zu Einzelheiten *Krause*, S. 167 ff.

26 *Güntner*, ArbuR 1948, S. 42 (48), wonach die allgemeine Verwirkung auf jedem gegensätzlichen Verhalten des Berechtigten gegenüber dem Verpflichteten beruhen könne, und der besonderen, bei der unter Umständen selbst eine unangebracht verspätete Geltendmachung von Rechten und Ansprüchen als gegensätzliches Verhalten zur Beeinträchtigung der Rechtsausübung führen sollte.

27 Zu Einzelheiten des Verwirkungsbegriffs im kodifizierten Recht vgl. *Piekenbrock*, S. 148 ff.; zu weiteren, insbesondere öffentlich-rechtlichen Normen vgl. *Menzel*, S. 2 f.

3. *Dispositiver Verwirkungsbegriff, insb. Ausschlussklauseln*

In Arbeits- und Tarifverträgen[28] wird der Begriff der Verwirkung häufig im Rahmen von Ausschlussklauseln[29] verwendet. Üblicherweise vereinbaren die Parteien dabei, dass ein Recht „verwirkt", d.h. erlischt, wenn es nicht unter bestimmten Voraussetzungen (Zeit, Form) geltend gemacht wird. Demgegenüber vermeidet der Gesetzgeber den Verwirkungsbegriff bei den gesetzlichen Ausschlussfristen im Arbeitsrecht.[30]

4. *Verwirkung im Sinne illoyal verspäteter Rechtsausübung*

Jenseits von Gesetz und Parteivereinbarung haben Rechtsprechung und Literatur im deutschen Recht[31] die Verwirkung als Rechtsinstitut auf der Grundlage des Grundsatzes von Treu und Glauben entwickelt. So führte das Bundesarbeitsgericht in einem seiner ersten Urteile zur Verwirkung aus: „Danach ist die Geltendmachung von Ansprüchen als gegen Treu und Glauben verstoßend und rechtsmißbräuchlich anzusehen, wenn nach dem früheren Verhalten des Gläubigers der Schuldner annehmen mußte, daß der Gläubiger Ansprüche nicht mehr stellen würde, und er sich hierauf eingerichtet hatte, so daß ihm aus diesem Grunde die Befriedigung des Gläubigers nicht mehr zugemutet werden kann".[32]

Soweit daher im Folgenden von „Verwirkung" die Rede ist, wird auf die Verwirkung im Sinne der verspäteten Rechtsausübung bzw. auf deren (noch näher zu bestimmende) Rechtsfolge Bezug genommen, sofern sich nichts anderes aus dem Kontext ergibt. Die Verwirkung ist nicht auf Ansprüche beschränkt ist.[33] Sie erfasst

---

28 Z.B. § 30 Nr. 2 Satz 1 MTV für die Arbeitnehmerinnen und Arbeitnehmer in den technischen Betrieben für Film und Fernsehen vom 15.01.2008; § 18.1.3 MTV für Beschäftigte zum ERA-TV vom 14.06.2005; § 21 MTV für den Hamburger Einzelhandel vom 09.09.2004; § 25 Nr. 1 TV Unterhaltungskünstler/Artisten vom 29.04.1988.

29 Auch als Verfalls-, Verwirkungs- oder Präklusionsklauseln bzw. kassatorische Klauseln bezeichnet. Ausführlich hierzu *Matthiessen*: Arbeitsvertragliche Ausschlussfristen, 2007.

30 Vgl. § 19 Abs. 2 S. 2 BetrVG, § 76 Abs. 5 S. 4 BetrVG, § 99 Abs. 3 S. 1 BetrVG, § 99 Abs. 4 i.V.m. § 100 Abs. 2 S. 3 BetrVG; § 102 Abs. 2 BetrVG; § 626 Abs. 2 BGB; §§ 4, 7, 13 KSchG; § 17 TzBfG.

31 Die schweizerische Rechtsprechung behandelt die verspätete Rechtsausübung als Unterfall des Rechtsmissbrauchs i.S.d. § 2 Abs. 2 ZGB. Der Verwirkungsbegriff bezeichnet im schweizerischen Recht jeden durch Zeitablauf bedingten Untergang eines privaten Rechts, der keine Verjährung ist. vgl. hierzu *Nabholz*, Verjährung und Verwirkung als Rechtsuntergangsgründe infolge Zeitablaufs, 1958. Im österreichischen Recht wird die Verwirkung als Rechtsinstitut abgelehnt, vgl. *Bydlinski*, S. 184 Fn. 329 m.w.N. Zum englischen Recht vgl. *Piekenbrock*, S. 197 Fn. 343 m.w.N.

32 *BAG*, Urt. v. 10.01.1956 – 3 AZR 245/54, AP Nr. 3 zu § 242 BGB Verwirkung.

33 S.u. Kap.2 B.III.

insbesondere auch Gestaltungsrechte. Daher werden hier die Begriffe „Berechtigter“ (Rechtsinhaber) und „Verpflichteter“ verwendet.[34]

B. Rechtshistorische Entwicklung der Verwirkung unter besonderer Berücksichtigung der Rechtsprechung

Zum besseren Verständnis ist zunächst auf die rechtshistorische Entwicklung der Verwirkung einzugehen. *Bommel* hat zutreffend darauf hingewiesen, dass die Verwirkung in ihrer heutigen Form das Ergebnis einer Auseinandersetzung zwischen einer Vielzahl von Lösungsansätzen ist. Diese waren jeweils maßgeblich von den herrschenden politischen und ökonomischen Verhältnissen beeinflusst.[35]

Schwerpunkt dieser Arbeit ist die Verwirkung im Arbeitsrecht. Zu deren besseren Verständnis soll zunächst die allgemeine Entwicklung der Verwirkung in der Rechtsprechung dargestellt werden, um später das Augenmerk verstärkt auf den Bereich der arbeitsgerichtlichen Rechtsprechung zu legen. Ausgehend von diesem rechtssprechungsorientierten Ansatzes erfolgt die Darstellung daher nicht nach Lösungsansätzen, sondern chronologisch.[36]

I. Dogmengeschichtlicher Hintergrund

Die Verwirkung wurzelt dogmatisch in der *exceptio doli generalis*, dem Verbot des *venire contra factum proprium* und dem stillschweigenden Verzicht.[37]

1. *exceptio doli generalis*

a) Inhalt

Die Möglichkeit des Rechtsverlusts infolge illoyal verspäteter Ausübung war bereits im römischen Recht anerkannt, ohne eigens (als Verwirkung) bezeichnet zur werden.[38] Die *exceptio doli generalis* diente im römischen Formularverfahren als prozessuale Einrede. Mit ihr konnten zwei Formen arglistigen Verhaltens geltend

---

34 Terminologisch uneinheitlich Palandt/*Grüneberg*, § 242 Rn. 87, 95. *Menzel*, S. 6, weist grundsätzlich zutreffend darauf hin, dass „verwirken“ passivische Bedeutung hat, die Formulierung, wonach „Rechte verwirken können“, also falsch ist. Da der zwingende Gebrauch des Passivs jedoch teils gekünstelt wirkt, wird nachfolgend zur besseren Lesbarkeit auch das (unzutreffende) Aktiv verwendet.

35 *Bommel*, Die Entstehung der Verwirkungslehre in der Krise des Positivismus, 1991.

36 Ebenso *Piekenbrock*, Befristung, Verjährung, Verschweigung und Verwirkung, 2006.

37 *Piekenbrock*, S. 155 ff. Zu kurz greift dagegen *Stauder*, S. 31 ff., wonach sich die Verwirkung allein aus der *exceptio doli generalis* entwickelt haben soll. *Stauder* verkennt insoweit die komplette Entwicklung, die die Verwirkung in der Rechtsprechung erfahren hat (hierzu s.u. Kap.2 B.II).

38 *Bommel*, S. 7 m.w.N.

gemacht werden. Der Gegenseite konnte arglistiges Verhalten beim Rechtserwerb entgegen gehalten werden (*exceptio doli specialis seu praeteriti*).[39] Zudem fand sie in Form der *exceptio doli generalis seu praesenti* in Fällen Anwendung, in denen der Verpflichtete sich auf Umstände aus der Zeit nach dem Rechtserwerb berief, die den Berechtigten von der Rechtsausübung billigerweise abhalten sollten.[40] Daneben erfasste die *exceptio doli generalis* Mängel bei Rechtsgeschäften, die nicht durch bloßen Zeitablauf geheilt werden konnten.[41]

Im gemeinen Recht[42] wurde die *exceptio doli generalis* später teilweise kodifiziert. Sie wurde jedoch bewusst nicht als allgemeines, die Rechtsausübung beschränkendes Prinzip im BGB kodifiziert. Denn man befürchtete, dass der Richter das geschriebene Recht nach Gutdünken gestaltend korrigieren könnte und dadurch Recht und Moral vermischt würden.[43]

b) Rezeption durch die Rechtsprechung

Mit der Abkehr vom römischen Formularprozess fand die *exceptio doli generalis* erstmalig im gemeinen Recht Eingang in die Rechtsprechung. Soweit sie nicht in einzelnen Fällen kodifiziert worden war, wendete die Rechtsprechung die *exceptio doli generalis* als allgemeines Rechtsinstitut in Fällen an, in denen ein Klagebegehren an sich gesetzlich begründet, seine Erfüllung jedoch offenbar unbillig war, unabhängig von subjektiven Merkmalen.[44]

Auch in der Folgezeit hielt die Rechtsprechung entgegen der bewussten Nichtkodifikation im BGB (s.o.) an der *exceptio doli generalis* fest. Als Vorbehalt der zulässigen Rechtsausübung bestand das Rechtsinstitut nach Auffassung des Reichsgerichts fort. Denn jeder habe sein Tun und Handeln so einzurichten, wie es Treu und Glauben mit Rücksicht auf die Verkehrssitte erfordern und dürfe nicht gegen die guten Sitten verstoßen, auch wenn dieser Grundsatz nur vereinzelt im BGB ausdrücklich niedergelegt worden sei.[45] Die Rechtsprechung beschränkte den Anwendungsbereich der *exceptio doli generalis* jedoch überwiegend auf die Geltendmachung formeller Rechte (z.B. gegenüber dem Einwand der Verjährung, der

39 *Piekenbrock*, S. 156 m.w.N.; *Bommel*, S. 80 m.w.N.

40 *Bommel*, S. 80 m.w.N. *Piekenbrock*, S. 156 jeweils m.w.N., verweist auf das Zurückbehaltungsrecht (§ 273 Abs. 1 BGB), die Einrede des nicht erfüllten Vertrages (§ 320 Abs. 1 BGB), die auflösende Befristung einer Verbindlichkeit (§§ 158 Abs. 2, 163 BGB) sowie den Schuldnerschutz nach § 407 Abs. 1 BGB.

41 Ausführlich zum römischen Recht: *Piekenbrock*, S. 155 ff. m.w.N.

42 Ausführlich zum gemeinen Recht: *Piekenbrock*, S. 159 ff. m.w.N.

43 Ausführlich zum bürgerlichen Recht: *Piekenbrock*, S. 164 ff. m.w.N.

44 *Piekenbrock*, S. 160 m.w.N.; *Bommel*, S. 81 f. m.w.N.; eine Übersicht zur Rechtsprechung des Reichsgerichts gibt *Hamburger*, S. 18. Kritisch hierzu entgegen der damals h.M.: *Brenner*, Die exceptio doli generalis in den Entscheidungen des Reichsgerichts, 1926.

45 *RG*, Urt. v. 17.09.1904, RGZ 58, 425. Zum Ganzen: *Piekenbrock*, S. 166 ff. m.w.N.

Formnichtigkeit, dem Aufrechnungsverbot etc.).[46] Als Rechtsfolge blieb das in Widerspruch zu Treu und Glauben geltend gemachte Recht formell bestehen. Seine Geltendmachung war jedoch durch eine dauernde oder zeitlich beschränkte Einrede gehemmt.[47] Bei der unbillig verspäteten Geltendmachung von Rechten griff die Rechtsprechung demgegenüber lediglich vereinzelt auf die *exceptio doli generalis* sowie die Arglisteinrede in Verbindung mit § 242 BGB zurück. Sie bildete jedoch keine einheitliche Systematik heraus.[48]

2. *Verbot des venire contra factum proprium*

a) Inhalt

Das Verbot des *venire contra factum proprium* war weder im römischen noch im späteren Recht als Rechtsinstitut anerkannt. Vielmehr handelte es sich um ein Rechtssprichwort bzw. eine Rechtsidee, auf die teilweise in Fällen zurückgegriffen wurde, in denen es um die Durchsetzung vertraglicher Bindungen ging.[49] *Riezler* griff diese Idee auf und entwickelte die Lehre vom Verbot des *venire contra factum proprium* für das deutsche Recht.[50]

b) Rezeption durch die Rechtsprechung

Die Rechtsprechung legte den Rechtsgedanken hinter dem Verbot des *venire contra factum proprium* einzelnen Entscheidungen zu Grunde, ohne ein allgemeines Rechtsinstitut anzuerkennen.[51] Noch nach heutiger Rechtsprechung reicht widersprüchliches Verhalten für sich genommen regelmäßig nicht aus, einen Verstoß gegen Treu und Glauben zu begründen.[52] Ein rechtsmissbräuchliches Verhalten bejaht sie nur dann, wenn durch das widersprüchliche Verhalten bei der anderen Partei ein Vertrauenstatbestand geschaffen worden ist oder wenn andere besondere Umstände die Rechtsausübung als treuwidrig erscheinen lassen.[53]

---

46 Vgl. *RG*, Urt. v. 26.05.1914, RGZ 85, 108; Urt. v. 09.11.1915, RGZ 87, 281; Urt. v. 28.11.1923, RGZ 107, 357; *Hamburger*, S. 107 ff. m.w.N.

47 *Brenner*, S 1.

48 *Bommel*, S. 81 m.w.N. Im Schrifttum konnte sich die *exceptio doli generalis* zur Begründung der Verwirkung ebenfalls nicht durchsetzen. *Bommel*, S. 82 ff m.w.N. begründet dies damit, dass die subjektive Voraussetzung der *exceptio doli generalis* (doloses Verhalten) dem Wunsch nach breiter Anwendbarkeit der Verwirkung in der Praxis zuwider lief.

49 Ausführlich zum römischen Recht: *Piekenbrock*, S. 170 ff. m.w.N.

50 *Riezler*, Venire contra factum proprium, 1912; zu weiteren Einzelheiten s.u. Kap.2 B.I.3.c)bb).

51 Zum Ganzen: *Piekenbrock*, S. 172 f. m.w.N.

52 *BGH*, Urt. v. 21.06.1961 – V ZR 194/59, WM 1961, 1172.

53 *BGH*, Urt. v. 17.02.2005 – III ZR 172/04, NJW 2005, 1354; Urt. v. 05.06.1997 – X ZR 73/95, NJW 1997, 3377; Urt. v. 17.03.2004 – VIII ZR 161/03, WM 2004, 1219; Urt. v. 14.09.2004 – XI ZR 248/03, ZIP 2004, 2273.

3. *Stillschweigender Verzicht*

a) Inhalt

Der stillschweigende Verzicht steht in engem Zusammenhang mit den vorgenannten Rechtsfiguren. So wurde die *exceptio doli generalis* teils mit der Annahme eines stillschweigenden Verzichts begründet.[54]

b) Rezeption durch die Rechtsprechung

Die Rechtsprechung griff zunächst insbesondere im Handels-, später dann auch im Mietrecht auf den stillschweigenden Verzicht zurück, sowohl in Form des einseitigen Verzichts wie auch des Verzichtsvertrages.[55] Sie nahm z.B. einen Verzicht des Kündigungsrechts des Vermieters an, der trotz Zahlungsverzug des Mieters das Mietverhältnis fortsetzte.[56] Hierzu legte die Rechtsprechung das Verhalten der Parteien nach Vertragsabschluss gem. §§ 157, 133 BGB aus (s.o., fortdauernde Duldung des Gebrauchs in Kenntnis der Rechtsverletzung). So gelangte sie zu stillschweigend abgegebenen, rechtsgeschäftlich erheblichen Erklärungen.[57]

II. Entwicklung der Verwirkung durch die Rechtsprechung bis zum Dritten Reich

1. *Entwicklung bis zum Ersten Weltkrieg*

In der Rechtsprechung hat erstmals das Reichsoberhandelsgericht 1877 einen Anspruch infolge einer zeitlichen Begrenzung als „verwirkt" bezeichnet.[58] Der Entscheidung lag die Frage zugrunde, innerhalb welcher Frist der Verkäufer sein Wahlrecht nach Art. 354 ADHGB 1861[59] ausüben muss. Das Reichsoberhandelsgericht urteilte, dass aus dem Fehlen einer gesetzlichen Frist für die Ausübung des Wahlrechts nicht auf das Fehlen jeglicher zeitlichen Grenze geschlossen werden könne Vielmehr begrenze die „bona fides" und die „Natur der Sache" die Rechtsausübung.[60] Zur Begründung führte das Reichsoberhandelsgericht an, dass die Parteien wenigstens stillschweigend vereinbart hätten, dass bei Geltendmachung

---

54 Während sie in anderen vergleichbaren Fälle auf das Verbot des *venire contra factum proprium* gestützt wurde, *Piekenbrock*, S. 175 f. m.w.N.

55 *Piekenbrock*, S. 175 ff m.w.N.; *Bommel*, S. 24 ff. m.w.N.

56 *Piekenbrock*, S. 177 m.w.N.

57 Ausführlich: *Bommel*, S. 24 ff. m.w.N.

58 *ROHG*, Urt. v. 20.10.1877, ROHGE 23, 83; *Bommel*, S. 7 f., 22.

59 Art. 354 ADHGB 1861 lautete: „Wenn der Käufer mit der Zahlung des Kaufpreises in Verzug ist und die Ware noch nicht übergeben ist, hat der Verkäufer die Wahl, ob er die Erfüllung des Vertrages und Schadensersatz wegen verspäteter Erfüllung verlangen, oder ob er statt der Erfüllung die Ware unter Beobachtung der Bestimmung des Art. 343 für Rechnung des Käufer verkaufen und Schadensersatz oder ob er von dem Vertrag abgehen will, gleich als ob derselbe nicht geschlossen wäre."

60 *ROHG*, Urt. 10.06.1876, ROHGE 20, 334; *Karakantas*, S. 16.

der vertraglichen Ansprüche dort eine zeitliche Grenze bestehe, wo infolge der Preisentwicklung eine Partei den Vertragsgegenstand nicht mehr sinnvoll wirtschaftlich nutzen könne.[61]

In einem weiteren Fall übertrug das Reichsoberhandelsgericht die Begründung eines stillschweigenden Vertragsschlusses auf die Erfüllung eines Kaufvertrages. Es bejahte die Verwirkung, da der Kläger „die Geltendmachung des Anspruchs auf Erfüllung bis zum 1. September 1875 [anderthalb Jahre] hinausgeschoben hat."[62]

Später bestätigte das Reichsgericht in zwei Entscheidungen das Urteil des Reichsoberhandelsgerichts zum Selbsthilfeverkauf. Für die (so allerdings nicht bezeichnete) Verwirkung setzte es „ein arglistiges, illoyales, gegen die bona fides verstoßendes Verhalten" voraus.[63]

Die Rechtsprechung löste zu dieser Zeit die verspätete Geltendmachung eines Rechts jedoch bloß selten über einen Verstoß gegen Treu und Glauben. In der Regel ging sie von einem stillschweigenden Verzichtsvertrag aus.[64] Nur vereinzelt finden sich Entscheidungen, in denen der verspäteten Geltendmachung eines Rechts Treu und Glauben bzw. nach Inkrafttreten des BGB § 242 BGB entgegengehalten wurde.[65] Die Verwirkung im Sinne einer illoyal verspäteten Geltendmachung eines Rechts erlangte erst allmählich mit dem Ersten Weltkrieg Bedeutung, insbesondere im Zuge der Aufwertungsrechtsprechung aufgrund der Hyperinflation.

2. *Einfluss des Ersten Weltkrieges*

a) Kriegseintritt

Vor dem Hintergrund des Ersten Weltkrieges griff der II. Zivilsenat des Reichsgerichts auf die „Verwirkung der von dem Schweigen betroffenen Rechtsstellung" zurück.[66] Ausgangspunkt war ein Kaufvertrag zwischen zwei Kaufleuten. Darin war ein Rücktrittsrecht für den Verkäufer vereinbart, u.a. für den Fall eines Kriegseintritts. Der Rücktritt musste binnen acht Tagen erklärt werden. Die Beklagte übte das Rücktrittsrecht verspätet aus. Fünf Wochen später wies der Kläger den Rücktritt zurück und setzte vergeblich eine Frist zur Nachlieferung. Das Reichsgericht wies die Klage auf Schadensersatz wegen Nichterfüllung ab.

61 *ROHG*, Urt. v. 20.10.1877, ROHGE 23, 83; *Bommel*, S. 22, der zudem darlegt, dass das Reichsoberhandelsgericht teils ebenfalls auf den stillschweigenden Verzicht zurückgriff (S. 25 f. m.w.N.).

62 *ROHG*, Urt. v. 20.10.1877, ROHGE 23, 83; *Karakantas*, S. 16.

63 *RG*, Urt. v. 08.11.1893, RGZ 35, 61; Urt. v. 11.11.1895, RGZ 36, 83; *Karakantas*, S. 16.

64 *ROHG*, Urt. v. 08.04.1873, ROHGE 9, 406; *RG*, Urt. v. 10.10.1911, LZ 1911, Sp. 911; Urt. v. 30.06.1918, LZ 1918, Sp. 615; *RAG*, Urt. v. 07.03.1928, JW 1928, 1464; *Bommel*, S. 67.

65 *RG*, Urt. v. 01.02.1895, Seuff. Arch. Bd. 50, Nr. 156; Urt. v. 30.10.1913, Warn. 1913/14, Nr. 44; Urt. v. 12.10.1915, Warn. 1915, Nr. 277; Urt. v. 21.12.1917, RGZ 91, 345; *Bommel*, S. 67.

66 *RG*, Urt. v. 23.05.1916, RGZ 88, 261; *Piekenbrock*, S. 179.

Wegen der kriegsbedingten äußerst schwierigen Ereignisse sei es nicht mit den Gepflogenheiten des kaufmännischen Geschäftsverkehrs (§ 346 HGB) zu vereinbaren, dass der Kläger mit der Zurückweisung des Rücktritts fünf Wochen zugewartet und sich die in der Zwischenzeit erfolgten Preissteigerungen zunutze gemacht habe. Wenn „der Schweigende den – nicht nach seiner subjektiven Meinung, sondern nach den objektiven Merkmalen zu beurteilenden – Anforderungen von Treu und Glauben zuwiderhandelt, kann nur die Verwirkung der von dem Schweigen betroffenen Rechtsstellung in Betracht kommen."[67]

Soweit die Parteien demgegenüber keine ausdrückliche Frist zur Rechtsausübung vereinbart hatten, löste das Reichsgericht die verspätete Geltendmachung über die Annahme einer bei Vertragsschluss stillschweigend vereinbarten Frist.[68]

b) Rechtsprechung zur richterrechtlichen Aufwertung

Im Rahmen der Hyperinflation nach dem Ersten Weltkrieg schuf das Reichsgericht auf Grundlage von § 242 BGB einen richterrechtlichen Aufwertungsanspruch.[69] Dieser berechtige den Gläubiger die Aufwertung seiner Forderung entsprechend der Entwicklung der Goldmark verlangen.[70] In diesem Zuge entwickelte das Reichsgericht auch die Verwirkung als Teilaspekt der Aufwertungsrechtsprechung aus.[71]

Einem der ersten hierzu entschiedenen Fälle lag ein Werklieferungsvertrag über eine Mühle zugrunde. Die Parteien hatten vertraglich vereinbart, dass bei gestiegenen Herstellungskosten der Werklohn sich entsprechend erhöhe. Im Zuge der Geldentwertung stiegen die Herstellungskosten tatsächlich. Allerdings verlangte die spätere Beklagte erstmals zweieinhalb Monate nach dem vereinbarten Liefertermin die vertraglich vereinbarte Erhöhung des Werklohns. Die Bestellerin lehnte dies ab und klagte auf Erfüllung.[72]

Das Reichsgericht gab der Klage statt. Wolle der Unternehmer den Werkpreis infolge gestiegener Herstellungskosten erhöhen, erforderten Treu und Glauben, dass er den Besteller hiervon unverzüglich in Kenntnis setzt, damit dieser sich hierauf entsprechend einrichten könne. Da die Beklagte das Zuwarten von über

---

67 *RG*, Urt. v. 23.05.1916, RGZ 88, 261.

68 Vgl. *RG*, Urt. v. 29.02.1916, RGZ 88, 142;Urt. v. 21.03.1919, LZ Sp. 637; *Bommel*, S. 22 f. In der Folgezeit wurde diese „Vertragslösung" nicht weiter verfolgt. *Bommel*, S. 23 f., mutmaßt, dass dies der Beschränkung des Lösungsansatzes auf vertragliche Ansprüche geschuldet sei. Dieser versagte bei den damals praktisch relevanten Bereichen der Aufwertung (Geldentwertung war bei Vertragsschluss für die Parteien nicht ersichtlich) und des Warenzeichenrechts (mangels Vertragsbeziehung).

69 Ausführlich zur Entwicklung der Aufwertungsrechtsprechung: *Scholz*, S. 71 ff.

70 *RG*, Urt. v. 28.11.1923, RGZ 107, 78; zu Einzelheiten vgl. *Rüthers*, S. 66 ff. sowie *Bommel* S. 67 ff. Ausführlich auch unter Berücksichtigung der wirtschaftlichen Bedingungen: *Scholz*, Analyse der Entstehungsbedingungen der reichsgerichtlichen Aufwertungsrechtsprechung, 2001.

71 *Bommel* S. 69.

72 *RG*, Urt. v. 05.07.1923, RGZ 117, 106.

zwei Monaten nicht mit „triftigen Gründen" rechtfertigen könne, „ist ihr Recht auf Erhöhung des Vertragspreises verwirkt. Ihr Schweigen muß als Verzicht angesehen werden."[73]

Eine weitere typische Fallgestaltung der Verwirkung des Aufwertungsanspruchs betraf die vorbehaltlose Annahme einer Geldzahlung.[74] Dabei prüfte das Reichsgericht, inwieweit der Gläubiger durch die Entgegennahme der Zahlung „nach dem Grundsatz des § 242 BGB seinen Anspruch verwirkt habe".[75] Dabei ordnete es erstmals 1925 die verspätete Geltendmachung eines Rechts als Anwendungsfall von § 242 BGB ein.[76] Mit Urteil vom 23.09.1927 bejahte das Reichsgericht eine solche Verwirkung.[77] In dem entschiedenen Fall hatte der Kläger über drei Jahre, nachdem der Beklagte ein Darlehen zurückgezahlt hatte, die nachträgliche Aufwertung der Darlehensforderung verlangt.

Das Reichsgericht begründete den Verwirkungseinwand damit, dass „niemand mit der Verfolgung seiner Rechte so lange zuwarten [darf], daß darin ein Verstoß gegen Treu und Glauben, also ein illoyales Verhalten zu finden ist." Dies gelte insbesondere dann, wenn „außergewöhnliche Verhältnisse einem der Beteiligten einen außergewöhnlichen Rechtsbehelf" (gemeint: der richterrechtliche Aufwertungsanspruch) gewährten. In solchen Fällen bestehe die Verpflichtung, „den Gegner alsbald von dem beabsichtigten Gebrauch dieses Rechtsbehelfs zu verständigen, damit nicht dieser sich darauf einrichte und hinterher in seinen geschäftlichen Berechnungen und Maßnahmen empfindlich gestört werde".[78]

Die Rechtsprechung entwickelte demnach die Verwirkung als Korrektiv zum richterrechtlichen Aufwertungsanspruch. Wie für den Aufwertungsanspruch auch, bildete § 242 BGB Rechtsgrundlage für sein Korrektiv, die Verwirkung.[79] Damit beschränkte die Rechtsprechung jedoch nur einen außergesetzlichen, außerordentlichen Rechtsbehelf, nicht aber gesetzliches oder vertragliches Recht.[80]

Dem bislang ungeregelten Rechtsinstitut der Verwirkung verlieh die Rechtsprechung in der Folge weitere Konturen. Bereits 1927 hatte das Reichsgericht ausgeführt, dass die Einschränkung bzw. der Ausschluss des nachträglichen Aufwertungsverlangens und damit die Verwirkung den Interessen des Schuldners und der Sicherheit des Rechtsverkehrs dienen.[81] Da jedoch auch die Interessen des Gläubigers bei der Aufwertung zu berücksichtigen seien, handele es sich jeweils

73 *RG*, Urt. v. 05.07.1923, RGZ 117, 106.

74 *Piekenbrock*, S. 180 m.w.N.

75 *RG*, Urt. v. 27.01.1925, RGZ 110, 127.

76 *Bommel*, S. 71.

77 *RG*, Urt. v. 23.09.1927, RGZ 117, 358; *Piekenbrock*, S. 180 f. m.w.N.

78 *RG*, Urt. v. 23.09.1927, RGZ 117, 358.

79 *RG*, Urt. v. 23.09.1927, RGZ 117, 358: „[...] seinen Anspruch gemäß § 242 BGB verwirken kann" unter Verweis auf *RG*, Urt. v. 27.01.1925, RGZ 110, 127.

80 *Piekenbrock*, S. 181.

81 *RG*, Urt. v. 23.09.1927, RGZ 117, 358 unter Verweis auf *RG*, Urt. v. 20.11.1926, RGZ 114, 399; *RG*, Urt. v. 18.06.1927 – V 22/27, JW 1927, 2115.

um eine einzelfallabhängige Entscheidung.[82] So sei die Sachlage bei einer Erbauseinandersetzung oder der Verkauf eines Handelsgeschäfts vor der Inflation anders zu würdigen sei, als bei den Geschäften des kaufmännischen Verkehrs oder des sonstigen täglichen Wirtschaftslebens.[83] Es seien die Einzelfallumstände zu berücksichtigen, z.B. die wirtschaftlichen Interessen und Verhältnisse der Parteien[84], die Art des Rechtsverhältnisses[85] sowie die Bedeutung des Vertrags[86]. Später arbeitete das Gericht heraus, dass nicht allein der Zeitablauf und die Einzelfallumstände für die Verwirkung maßgeblich seien. Vielmehr müsse sich der Gläubiger während der verstrichenen Zeit der Aufwertungsmöglichkeit auch bewusst gewesen sein.[87] Hierfür bedurfte es jedoch keiner konkreten Kenntnis des Gläubigers. Die Rechtsprechung ließ abstrakt die „Erkennbarkeit in den Kreisen der Rechtssuchenden" ausreichen.[88]

c) Entwicklung der Verwirkung in der Rechtsprechung nach dem AufwG 1925

Auch nach Inkrafttreten des AufwG 1925[89] entwickelte die Rechtsprechung die Verwirkung im Aufwertungsrecht fort. Grund hierfür war nicht zuletzt § 62 AufwG 1925. Danach sollten sich Ansprüche nach den „allgemeinen Vorschriften" richten, soweit im AufwG 1925 keine Regelung getroffen worden war. Da solche Regelungen nicht existierten, sahen die Gerichte ihre Rechtsprechung zur Verwirkung als gesetzlich legitimiert an.[90] Der I. Zivilsenat entschied, dass sich für die Verwirkung „die einzig mögliche rechtliche Grundlage nur aus § 242 BGB entnehmen läßt."[91] Ausgehend von diesem gesetzlichen Anknüpfungspunkt nahm das Reichsgericht allmählich Abstand davon, die Verwirkung als „negatives" Tatbestandsmerkmal des Aufwertungsanspruchs zu begreifen. Stattdessen prüfte sie den „Einwand der Verwirkung" als Gegenrecht des Beklagten.[92]

---

82 *RG*, Urt. v. 23.09.1927, RGZ 117, 358 unter Verweis auf *RG*, Urt. v. 06.04.1927, RGZ 116, 306; *RG*, Urt. v. 07.05.1927, RGZ 116, 313.

83 *RG*, Urt. v. 23.09.1927, RGZ 117, 358 unter Verweis auf Urt. v. 20.11.1926, RGZ 114, 399; Urt. v. 03.06.1927, RGZ 117, 211.

84 *RG*, Urt. v. 24.10.1927, JZ 1927, 2910.

85 *RG*, Urt. v. 09.12.1927, RGZ 119, 231.

86 Brauereikaufvertrag als „lebenswichtiges Geschäft": *RG*, Urt. v. 09.12.1927, RGZ 119, 231.

87 *RG*, Urt. v. 11.01.1928, RGZ 118, 375; *Piekenbrock*, S. 181.

88 *RG*, Urt. v. 27.01.1925, RGZ 110, 127; *Piekenbrock*, S. 181.

89 Ausführlich zur Aufwertungsgesetzgebung: *Scholz*, S. 119 ff.

90 *Piekenbrock*, S. 181 f. m.w.N. Ausführlich zum Meinungsstand zur Verwirkung im Aufwertungsrecht nach Erlass des AufwG 1925 *Krause*, S. 105 ff.

91 *RG*, Urt. v. 11.01.1928, RGZ 118, 375.

92 *RG*, Urt. v. 29.10.1929, JW 1929, 1643; Urt. v. 10.12.1929, AufwRspr. 1930, 173; *Bommel*, S. 74.

Im Urteil vom 04.12.1931 betonte das Reichsgericht, dass „der Untergang des Aufwertungsanspruchs kraft Verwirkung [...] als Erlöschungsgrund selbstständig und unabhängig neben dem des Verzichts [steht]; er ist allein aus § 242 BGB herzuleiten [...]".[93] Damit löste sich die Rechtsprechung im allgemeinen Zivilrecht vom rechtsgeschäftlichen Begründungsansatz der Verwirkung, insbesondere vom stillschweigenden Verzicht. Gleichzeitig ließ sie damit auch die Verwirkung von unveräußerlichen und unverzichtbaren Rechten zu.[94]

Die maßgebliche Bedeutung der Verwirkung in der Aufwertungsrechtsprechung spiegelt die Vielzahl von Urteilen wieder: Bis zur Zeit des Nationalsozialismus setzte sich das Reichsgericht in über einhundertzwanzig (veröffentlichten) Entscheidungen mit der verspäteten Geltendmachung von Aufwertungsansprüchen auseinander.[95]

3. *Gewerblicher Rechtsschutz*

Neben der Aufwertung griff die Rechtsprechung insbesondere im Bereich des gewerblichen Rechtsschutzes auf die Verwirkung zurück. In diesem Rechtsgebiet spielen Unterlassungsansprüche eine zentrale Rolle. Diese entstehen bei jeder Zuwiderhandlung neu. Die gesetzlichen Verjährungsvorschriften stellten daher aus damaliger Sicht keine zeitlich effektive Beschränkung dar. Dies wurde von der Praxis als unzureichend empfunden. Daher bedienten sich die Gerichte der Verwirkung, ohne diese jedoch tatbestandlich – über Verweis auf den Grundsatz von Treu und Glauben hinaus – zu konkretisieren.[96] Für die Verwirkung erachtete das Reichsgericht dabei den bloßen Zeitablauf nicht allein als maßgeblich. Vielmehr stellte es darauf ab, ob der Verletzte trotz individueller Kenntnis der Verletzungshandlung diese über einen längeren Zeitraum hinweg geduldet hatte.[97] Zudem verlangte das Reichsgericht gutgläubiges Handeln aufseiten des Verletzers. Die Verwirkung war daher bei vertraglichen oder rechtskräftig festgestellten Ansprüchen ausgeschlossen.[98]

4. *Arbeitsrecht*

Auch im Arbeitsrecht griff die Rechtsprechung früh auf die Verwirkung zurück, trotz der z.B. für den Arbeitslohn kurzen Verjährungsfrist von zwei Jahren (§ 196 Nr. 9 BGB 1900). Dort fand sie ebenfalls zunächst in Form des stillschweigenden

---

93 *RG*, Urt. v. 04.12.1931, RGZ 134, 262.

94 *Piekenbrock*, S. 182 m.w.N.

95 *Bommel*, S. 70 m.w.N.

96 Ausführlich zum Ganzen: *Piekenbrock*, S. 182 ff. m.w.N.

97 *RG*, Urt. v. 29.10.1926, RGZ 114, 360; *Piekenbrock*, S. 185 m.w.N.

98 *RG*, Urt. v. 13.03.1928, MuW 1927/28, 342; Urt. v. 04.11.1930, MuW 1930, 96; *Piekenbrock*, S. 189 m.w.N.

Verzichts Eingang.[99] Ausgehend hiervon erfolgten allmählich fallabhängig Rückgriffe auf die unzulässige Rechtsausübung, Arglist, widersprüchliches Verhalten oder den Grundsatz von Treu und Glauben. Die Rechtsprechung ist dabei terminologisch wie auch dogmatisch von Inhomogenität geprägt.

a) Tarifwesen

aa) Untertarifliche Entlohnung

§ 1 Abs. 1 Satz 1 TVVO 1918 ließ ebenso wie jetzt § 4 Abs. 3 Alt. 2 TVG eine individualvertragliche Abweichung vom Tarifvertrag nur zu Gunsten des Arbeitnehmers zu. Verpflichtete sich der Arbeitnehmer daher individualvertraglich zur Arbeit unter Tarif, konnte er grundsätzlich die Differenz zum Tariflohn nachfordern.[100] Ein nachträglicher Verzicht sollte nach der zunächst h.M. jedoch möglich sein. Denn § 1 Abs. 1 Satz 1 TVVO 1918 sollte nur die Entstehung des Tariflohnanspruchs sichern, nicht seine tatsächliche Durchsetzung.[101]

Die Rechtsprechung hatte nunmehr über Fälle zu entscheiden, in denen Arbeitnehmer widerspruchslos ihre untertarifliche Entlohnung entgegengenommen und erst später die Differenz zum Tariflohn nachgefordert hatten. Dabei prüfte sie zunächst, ob der Arbeitnehmer konkludent auf seinen weitergehenden Lohnanspruch verzichtet habe. Den für einen rechtsgeschäftlichen Verzicht erforderlichen Verzichtswillen nahm das Reichsarbeitsgericht jedoch nur zurückhaltend an. Grund hierfür war die wirtschaftliche Drucksituation des Arbeitnehmers, der bei einer Nachforderung des Differenzlohnes mit einer ordentlichen Kündigung rechnen musste.[102] Die Rechtsprechung hielt den nachträglichen Tariflohnverzicht allerdings dann für wirksam, wenn der Arbeitnehmer diesen nicht unter „wirtschaftlichem Druck“ erklärt hatte. Denn ein Tarifvertrag sei das Ergebnis eines Machtkampfes zwischen den Tarifvertragsparteien unter den jeweiligen politischen Verhältnissen. Dieser berücksichtige jedoch nicht die Belange des einzelnen Betriebs. Daher sei der Tariflohnverzicht als Korrektiv zulässig.[103]

Ausgehend vom Verzicht prüfte die Rechtsprechung darüber hinaus teils, ob der Arbeitnehmer mit der Geltendmachung des Lohnanspruchs gegen Treu und Glauben verstoße.[104] Teils bemühte das Reichsarbeitsgericht Treu und Glauben schon

---

99 *Piekenbrock*, S. 191. Ausführlich zur Entwicklung im gewerblichen Rechtsschutz: *Siebert*, S. 8 ff.

100 *Piekenbrock*, S. 191 f. m.w.N.

101 Zum damaligen Streitstand: *Makulik*, S. 37 m.w.N.

102 *RAG*, Urt. v. 04.01.1928, RAGE 1, 118; Urt. v. 04.01.1928, ARS 2, 1; Urt. v. 26.06.1928, RAGE 2, 159; Urt. v. 13.04.1929, ARS 6, 130; *Piekenbrock*, S. 192 m.w.N.

103 Vgl. *RAG*, Urt. v. 04.01.1928, ARS 2, 1; Urt. v. 15.02.1928, ARS 2, 85; Urt. v. 27.06.1928, ARS 3, 125; Urt. v. 27.11.1929, ARS 7, 464; Urt. v. 22.03.1930, ARS 8, 468.

104 Vgl. *RAG*, Urt. v. 28.11.1928, ARS 4, 376; Urt. v. 13.03.1929, ARS 5, 456; Urt. v. 13.04.1929, ARS 6, 130.

für die Frage, ob der Arbeitgeber das Verhalten des Arbeitnehmers als Kundgabe eines Verzichtswillens aufzufassen hatte, sodass ein stillschweigender Verzicht anzunehmen sei.[105] An der Konstruktion des stillschweigenden Verzichts hielt die arbeitsrechtliche Rechtsprechung für die untertarifliche Entlohnung auch dann noch fest, als das Reichsgericht die Verzichtslösung schon aufgegeben hatte.[106]

bb) Tarifliche Überstundenvergütung

Die dogmatische Inhomogenität findet sich auch im Bereich der tariflichen Überstundenvergütung wieder. U.a. griff das Reichsarbeitsgericht im Urteil vom 06.06.1928 auf den Einwand der allgemeinen Arglist zurück. Über zwei Jahre hinweg hätten die Kläger die Geltendmachung ihrer Ansprüche unterlassen. In dieser Zeit hätten sie sich nicht gegenüber dem Arbeitgeber darauf berufen, dass sie einen Teil der Arbeitszeit als Überstunden ansehen. Das frühere Verhalten sei mit der jetzigen Rechtsverfolgung nach Treu und Glauben nicht vereinbar.[107]

cc) Unkenntnis des Arbeitgebers von der Gewerkschaftszugehörigkeit

Verwirkungsaspekte kamen auch in Fällen zum Tragen, in denen Arbeitnehmer ihre Gewerkschaftszugehörigkeit verschwiegen hatten oder im laufenden Arbeitsverhältnis der Gewerkschaft beigetreten waren und später dann tarifliche Rechte geltend machten.

Das Reichsarbeitsgericht ging davon aus, dass die Geltendmachung eines gesetzlichen[108] Anspruchs weder arglistig sei noch gegen Treu und Glauben verstoße. Ein Verstoß gegen Treu und Glauben könne nur dann vorliegen, wenn besondere Umstände hinzukämen.[109] Diese seien jedoch nicht schon deshalb erfüllt, weil der Arbeitnehmer dem Arbeitgeber seine Gewerkschaftszugehörigkeit und damit die Anwendbarkeit des Tarifvertrages verschweige.[110]

Später modifizierte das Reichsarbeitsgericht jedoch seine Rechtsprechung. Es leitete eine aus Treu und Glauben mit Rücksicht auf die Verkehrssitte folgende Verpflichtung des Arbeitnehmers her, den Arbeitgeber über wesentliche Änderungen in Zusammenhang mit dem Vertragsverhältnis (hier: Gewerkschaftsbeitritt)

---

105 RAG, Urt. v. 15.02.1928, ARS 2, 85.

106 *Bommel*, S. 29 m.w.N. *RG*, Urt. v. 04.12.1931, RGZ 134, 262; vgl. hierzu oben Kap.2 B.II.2.c).

107 *RAG*, Urt. v. 06.06.1928, ARS 3, 58.

108 Nach Ansicht des RAG gewährte § 1 TVVO 1918 ein gesetzlich unabdingbares Recht auf tarifliche Entlohnung (vgl. *RAG*, Urt. v. 04.01.1928, ARS 2, 1). *Piekenbrock*, S. 193 Fn. 305, weist jedoch zu Recht darauf hin, dass es sich richtigerweise um einen vertraglichen Lohnanspruch handelt, der lediglich auf einer gesetzlich zwingenden Inhaltsbestimmung des Vertrages beruht.

109 *RAG*, Urt. v. 04.01.1928, ARS 2, 1.

110 *RAG*, Urt. v. 08.12.1928, ARS 4, 379; Urt. v. 22.06.1929, ARS 6, 471; Urt. v. 02.07.1930, ARS 9, 496; vgl. *Piekenbrock*, S. 193.

binnen angemessener Frist zu informieren.[111] Unterlasse der Arbeitnehmer dies schuldhaft, handelt er arglistig.[112]

b) Außerordentliche Kündigung

Eine Frist zur außerordentlichen Kündigung eines Dienst- bzw. Arbeitsverhältnisses[113] wurde mit § 626 Abs. 2 BGB erstmalig 1969[114] gesetzlich geregelt. Schon vorher war jedoch allgemein anerkannt, dass der Fortbestand eines Arbeitsverhältnisses (insbesondere vom Arbeitgeber) nicht unbegrenzt in der Schwebe gehalten werden durfte. Daher griff die Rechtsprechung auf eine als stillschweigender Verzicht deklarierte Verwirkung zurück. Das Kündigungsrecht war danach verwirkt, wenn der Kündigende mit der außerordentlichen Kündigung in Kenntnis des Kündigungsgrundes zu lange zugewartet hatte.[115]

c) Tariflicher Urlaubsanspruch

Die Rechtsprechung griff auch im gesetzlich nicht geregelten Urlaubsrecht[116] auf die Verwirkung zurück. In einem vom Reichsarbeitsgericht entschiedenen Fall hatte die Arbeitgeberin ihre Arbeitnehmer im September aufgefordert, noch ausstehenden Tarifurlaub bis zum Ablauf des Urlaubsjahres zu nehmen. Der Kläger verweigerte dies und erkrankte zudem von Dezember bis April des Folgejahres. Klageweise machte er den Resturlaub bzw. Entschädigung geltend. Das Reichsarbeitsgericht führte aus, dass es „denkbar wäre, dass [der] Kläger durch sein Verhalten nach Treu und Glauben (§ 242 BGB) seinen Anspruch verwirkt hätte".[117] Im Ergebnis verneinte das Gericht jedoch die Verwirkung. So konnte der Kläger bei Ablehnung des Urlaubs nicht damit rechnen, aufgrund einer Erkrankung an der Urlaubsnahme gehindert zu werden. Daher liege kein Verstoß gegen Treu und Glauben vor.

---

111 *RAG*, Urt. v. 02.07.1930, ARS 9, 496; Urt. v. 02.07.1930, ARS 9, 492; *Dreschers*, S. 426 f.

112 *RAG*, Urt. v. 02.07.1930, ARS 9, 496 mit Anm. *Nipperdey*, der Verwirkung statt Arglist annimmt (S. 501).

113 Ausdrückliche Fristen existierten lediglich im Gewerbe- und Bergrecht (§ 123 Abs. 2 GewO 1878, § 82 Abs. 2 preuß. ABergG 1892: Wochenfrist); § 355 BGB 1900 war nicht unmittelbar einschlägig, vgl. *Piekenbrock*, S. 194 m.w.N.

114 Gesetz zur Änderung des Kündigungsrechtes und anderer arbeitsrechtlicher Vorschriften (Erstes Arbeitsrechtsbereinigungsgesetz) vom 14.08.1969, BGBl. I S. 1106.

115 *RAG*, Urt. v. 07.03.1928, RAGE 1, 222; Urt. v. 09.07.1930, SAE 1930, 528; *Piekenbrock*, S. 194 m.w.N.

116 Über § 21 JuSchG 1938 hinaus entwickelte sich ein gesetzliches Urlaubsrecht – zunächst länderspezifisch – erst nach dem Zweiten Weltkrieg, vgl. *Streich*, S. 108 ff.

117 *RAG*, Urt. v. 13.06.1931, ARS 12, 382.

d) Schadensersatzanspruch des Arbeitgebers

Auch bei Schadensersatzansprüchen[118] des Arbeitgebers griff die Rechtsprechung auf die Verwirkung zurück. Das Reichsarbeitsgericht hatte über einen Fall zu entscheiden, in dem ein Großteil der Belegschaft am 1. Mai 1930 nicht zur Arbeit erschienen war. Die Arbeitgeberin erhob im März 1931 Klage auf Schadensersatz gegen die Arbeitnehmer wegen der „nutzlos verfeuerten Kohle“ und der „unproduktiven Löhne“. Das Reichsarbeitsgericht führte u.a. aus, dass es Treu und Glauben erforderten, dass der Arbeitgeber nicht ohne Not mit der Geltendmachung seiner vermeintlichen Schadensersatzansprüche gegen einen bei ihm beschäftigten Arbeitnehmer zuwarte.[119] Dem Bedürfnis des Arbeitgebers an einer baldigen Klarstellung, das vielfach in tarifvertraglichen Verwirkungsklauseln zum Ausdruck komme, stehe ein mindestens ebenso großes Interesse der Arbeitnehmer gegenüber, nicht nach längerer Zeit mit einer Schadensersatzklage konfrontiert zu werden.[120]

5. Die Entwicklung der Verwirkung begünstigende rechtliche Gegebenheiten

Abgesehen von den wirtschaftlichen und sozialen Umständen bestärkten auch die rechtlichen Gegebenheiten die Rechtsprechung in der Ausweitung der Verwirkung: Zum einen hatten die Verfasser des BGB den Einfluss der Zeit auf Rechte nur unvollständig geregelt. Zum anderen fehlten Rechtsfiguren, die diese Lücke hätten schließen können.[121]

Der Einfluss der Zeit auf Rechte ist im BGB in erster Linie in Form der Verjährung (Rechtsverlust) und der Ersitzung (Rechtserwerb) geregelt. Dabei sind Erwerb und Verlust von Rechten durch Zeitablauf nicht zusammenhängend normiert (vgl. §§ 194 ff., 900, 927, 937 ff., 1033 BGB).[122] Auch existiert keine umfassende Regelung des Einflusses der Zeit auf Rechte. Die Verjährung gem. §§ 194 ff. BGB ist auf materiell-rechtliche Ansprüche beschränkt. Sie erfasst weder absolute Rechte noch Gestaltungsrechte[123]; nur für vereinzelte Gestaltungsrechte existieren Fristen (z.B. §§ 124 Abs. 1 und 3, 613a Abs. 6, 864 BGB etc.).[124] Die Ersitzung beschränkt sich auf den Eigentumserwerb an (un)beweglichen Sachen und auf einzelne geschützte Besitzrechte an Immobilien (§ 900 Abs. 2 BGB).[125] In einigen Rechtsgebieten wie dem

---

118 Ebenso zur Verwirkung eines Anspruchs des Arbeitgeber wegen ungerechtfertigter Bereicherung vgl. *ArbG Frankfurt*, Urt. v. 21.12.1933, ARS 21, 179.

119 *RAG*, Urt. v. 23.02.1932, ARS 15, 41 f. Im Ergebnis ließ das Gericht die Frage der Verwirkung offen und verwies die Angelegenheit zur weiteren Entscheidung an das Landesarbeitsgericht zurück.

120 *RAG*, Urt. v. 23.02.1932, ARS 15, 41.

121 *Bommel*, S. 17.

122 *Bommel*, S. 11.

123 Zu Einzelheiten vgl.: MüKo/*Grothe*, BGB § 194 Rn. 2 ff.

124 *Bommel*, S. 15.

125 *Bommel*, S. 12.

Aufwertungs- und Warenzeichenrecht[126] existierte ursprünglich überhaupt keine wirksame Beschränkung des Einflusses des Zeitablaufs auf Rechte.[127]

Nach Schaffung des BGB existierte zunächst kein rechtliches Instrumentarium, um diese Lücke zu schließen. Generalklauseln hatten die Verfasser des BGB eine untergeordnete Rolle zugewiesen.[128] So wurde eine dem Wortlaut des § 242 BGB vergleichbare Regelung mit § 224 BGB-E erst von der Zweiten Kommission in den Entwurf aufgenommen.[129] Die Norm sollte der Ermittlung des tatsächlichen Vertragsinhaltes dienen bzw. hilfsweise den nicht zum Ausdruck gekommenen Parteiwillen durch das Gesetz ergänzen.[130] Demgegenüber war keine Rechtsfortbildung vorgesehen.[131]

Die Aufnahme der *exceptio doli generalis* hatten die Verfasser ebenfalls ausdrücklich abgelehnt.[132] Die Rechtsfigur der unvordenklichen Zeit war bereits aufgrund ihrer Tatbestandsvoraussetzungen ungeeignet.[133]

6. Zwischenergebnis

Die dogmatischen Wurzeln der Verwirkung liegen in der *excepitio doli generalis*, dem Verbot des *venire contra factum proprium* und dem stillschweigenden Verzicht. Ihre originäre Entwicklung erfuhr die Verwirkung zunächst jedoch ausschließlich durch die Rechtsprechung. Vor dem Hintergrund der wirtschaftlichen und sozialen Verhältnisse begünstigte insbesondere die Aufwertungsrechtsprechung diesen Vorgang. Die rechtlichen Gegebenheiten leisteten der Entwicklung ebenfalls Vorschub. Im neu geschaffenen BGB war die zeitliche Begrenzung von Rechten nur unzureichend geregelt. Rechtliche Instrumentarien zur Lückenfüllung waren nicht vorhanden. In der Konsequenz setzte sich die Verwirkung bis zum Nationalsozialismus besonders in den Rechtsgebieten durch, die vom Richterrecht stark geprägt bzw. deren Zeitenregime nur unzureichend gesetzlich geregelt waren.[134]

---

126 Vgl. hierzu bereits oben Kap.2 B.II.2.b).

127 *Bommel*, S. 14. Soweit *ders*, S. 13, auf die im BGB für die Teilrechtsgebiete unterschiedlich geregelten Verjährungsfristen verweist, hat das „Gesetz zur Modernisierung des Schuldrechts“ vom 26.11.2001 (BGBl. I S. 3138) mit Einführung einer regelmäßigen Verjährungsfrist und Streichung von Sonderfristen zwischenzeitlich zu einer gewissen Vereinheitlichung geführt. Zu den noch bestehenden Sonderverjährungsfristen inner- und außerhalb des BGB vgl. MüKo/*Grothe*, BGB § 195 Rn. 18 ff.

128 Schlosser, S. 222; *Bommel*, S. 16.

129 *Bommel*, S. 16 m.w.N.

130 *Mugdan*, S. 522; *Bommel*, S. 16.

131 *Bommel*, S. 16.

132 Vgl. hierzu bereits oben Kap.2 B.I.1.a).

133 Der als Recht beanspruchte Zustand muss vierzig Jahre unverändert sein, *Bommel*, S. 16 f. m.w.N.

134 So zutreffend bereits *Piekenbrock*, S. 195.

III. Entwicklung der Verwirkung im Dritten Reich

1. *Allgemeines Zivilrecht*

Die Verwirkung entwickelte sich maßgeblich im Dritten Reich zu einem allgemein anerkannten Rechtsinstitut. Dabei war die Rechtsentwicklung geprägt vom (national-)sozialistischen, kollektivistischen Staats- und Gesellschaftsverständnis sowie der Verwirklichung des Staatszwecks.[135] Subjekt-öffentliche Rechte des Einzelnen gegenüber dem Staat existierten ebenso wenig wie subjektiv-private Rechte gegenüber anderen Volks- und Rechtsgenossen.[136] Die Lehre vom Rechtsmissbrauch und damit auch von der Verwirkung diente der „völkischen Rechtserneuerung".[137] Im ideologischen Sinne konsequent begriff das Schrifttum die Verwirkung daher dogmatisch als rechtsimmanente Schranke, nicht als Rechtsendigungsgrund.[138]

Während der VII. Zivilsenat des Reichsgerichts zunächst noch die Anerkennung der Verwirkung verweigerte, da die zeitliche Anspruchsbegrenzung allein durch das Verjährungsrecht geregelt werde[139], schloss er sich später[140] der Rechtsprechung des II. Zivilsenats an.[141]

Im Schrifttum war die Verwirkung als unentbehrlicher Bestandteil[142] bald allgemein anerkannt. Anwendbarkeit, dogmatische Konstruktion, Voraussetzungen und Folgen wurden demgegenüber breit diskutiert.[143] Ziel und Zweck der Verwir-

---

135 Ausführlich: *Rüthers*, Die unbegrenzte Auslegung, 2005; *Piekenbrock*, S. 195.

136 *Piekenbrock*, S. 195 m.w.N.

137 *Siebert*, S. 113 f., insbesondere unter Verweis auf *Carl Schmitt*, Fünf Leitsätze für die Rechtspraxis, 1933, wonach „im deutschen Staat der Gegenwart [...] die nationalsozialistische Bewegung führend [ist]. Von ihren Grundsätzen aus muß daher bestimmt werden, was gute Sitten, Treu und Glauben, zumutbare Anforderungen, öffentliche Sicherheit und Ordnung usw. sind."; *Piekenbrock*, S. 195.

138 Grundlegend zur Verwirkung: *Siebert*, Verwirkung und Unzulässigkeit der Rechtsausübung, 1934; *Piekenbrock*, S. 195.

139 *RG*, Urt. v. 17.04.1934, RGZ 144, 22; Urt. v. 10.11.1936, JW 1937, 610. Zu den die Verwirkung ebenfalls ablehnenden Stimmen in der Literatur dieser Zeit vgl. *Karakantas*, S. 23 m.w.N.

140 *RG*, Urt. v. 04.06.1937, RGZ 155, 148. Demgegenüber war nach *Krause*, S. 41, die Verwirkung 1932 „von der Praxis auf verschiedenen Gebieten schon seit langer Zeit anerkannt." Die überwiegende Instanzrechtsprechung erkannte die Verwirkung an, vgl. *KG*, Urt. 04.11.1936, JW 1937, 320 m.w.N.

141 *RG*, Urt. v. 01.02.1935, JW 1935, 1841; *Piekenbrock*, S. 196 m.w.N.; zu weiteren divergierenden Entscheidungen der einzelnen Senate vgl. *Stocks*, S. 5 f. m.w.N.

142 Vgl. *Lehmann*, JW 1936, 2193; *Pütz*, JW 1937, 910; die Verwirkung als „allgemeingültigen Rechtssatz" und insbesondere für den Bereich des Arbeitsrechts ablehnend *Mäcke*, S. 40 ff.

143 Vgl. das vorliegend verwendete Schrifttum. Maßgebende Bedeutung bis heute kommt dabei dem Werk von *Siebert*, Verwirkung und Unzulässigkeit der Rechtsausübung (1934), zu; zu Leben und Werk *Sieberts* vgl. *Bommel*, S. 86 ff., der u.a.

kung waren nach einhelliger Meinung wirtschaftlich bestimmt. Sie sollte die wirtschaftliche Funktionsfähigkeit des Verpflichteten erhalten und ihn vor Schäden durch die verspätete Inanspruchnahme schützen. Zudem sollte sie wirtschaftliche Beeinträchtigungen verhindern oder auch die nach dem Einzelfall gebotene Klärung des Rechtsverhältnisses fördern.[144] § 242 BGB als Grundlage der unzulässigen Rechtsausübung und damit der Verwirkung eröffnete zudem die Möglichkeit, die Verwirkung im gesamten Privatrecht zur Anwendung zu bringen.[145]

2. *Arbeitsrecht*

Am 20.01.1934 wurde das Gesetz zur Ordnung der nationalen Arbeit (AOG 1934) erlassen. Mit dem AOG 1934 setzten die Nationalsozialisten die arbeitsrechtliche Gesetzgebung der Weimarer Zeit außer Kraft. Sie schufen eine Arbeitsverfassung, die die Arbeitgeberbefugnisse zu Lasten der Arbeitnehmerinteressen stark ausweitete.[146]

Das Reichsarbeitsgericht ließ zunächst offen, ob die Verwirkung unter der Geltung des AOG 1934 noch anwendbar sei. Jedenfalls verlangte das Reichsarbeitsgericht erstmals für die Verwirkung im Arbeitsrecht, dass dem Verpflichteten nach Treu und Glauben die nachträgliche Erfüllung nicht mehr zumutbar sein dürfe.[147] Unter Verweis auf § 242 BGB bejahte das Reichsarbeitsgericht kurz darauf die Anwendbarkeit der Verwirkung im gesamten Arbeitsrecht, auch unter Geltung des AOG 1934.[148]

In der Folgezeit suchte das Reichsarbeitsgericht die Verwirkung von der „gegenwärtigen (allgemeinen) Arglist oder der unzulässigen Rechtsausübung" zu unterscheiden.[149] Letztere greife durch, wenn das gegenwärtige Verhalten des Berechtigten mit Rücksicht auf das bisherige Verhalten gegen Treu und Glauben verstoße. Demgegenüber liege der Schwerpunkt bei der Verwirkung auf der verzögerten Geltendmachung des Anspruchs.

darlegt, dass *Sieberts* Werk maßgeblich auf Gedanken *Otto v. Gierkes* zurückgeht, während *Haferkamp*, V., demgegenüber auf das Werk von *Oppenheimer*, Der Gesetzesmißbrauch, 1930, verweist. Unabhängig davon beherrschte *Sieberts* Werk das Schrifttum und erlangte dadurch schnell weitere Bedeutung, dass das Reichsgericht sich ihm ausdrücklich anschloss (*RG*, Urt. 22.01.1935, RGZ 146, 385).

144 *Stocks*, S. 10 m.w.N.; eine allgemeine Darstellung zur Aufarbeitung und Präzisierung der Verwirkung im damaligen Schrifttum findet sich bei *Bommel*, S. 77 ff.

145 *Bommel*, S. 127.

146 Steindl/*Kranig*, S. 454 ff.

147 *RAG*, Urt. v. 11.03.1936, JW 1936, 2107; *Stocks*, S. 52.

148 *RAG*, Urt. v. 09.05.1936, ARS 27, 79. Zum Schrifttum, das die Verwirkung unter Geltung des AOG ablehnte vgl. *Herschel*, DArbR 1936, S. 184 ff. m.w.N.

149 *RAG*, Urt. v. 08.07.1936, ARS 27, 289.

Auch im Arbeitsrecht bestimmten wirtschaftliche Gesichtspunkte die Anwendbarkeit der Verwirkung. In den Fällen der untertariflichen Entlohnung[150] sollte die Verwirkung den Unternehmer vor dem „schweren Schaden" schützen, den die plötzliche Inanspruchnahme auf den aufgelaufenen Differenzlohn mit sich bringen konnte.[151] Die Verwirkung im Rahmen der fristlosen Kündigung[152] sollte dagegen die wirtschaftlichen Belange des Gesamtbetriebes und damit der Allgemeinheit schützen, die durch die Unsicherheit über den Arbeitsplatz gefährdet seien.[153] Neben der wirtschaftlichen Zielsetzung wurde der Verwirkung auch ein erzieherischer Wert beigemessen. Denn sie verlangt „von allen Arbeitern [...] alsbald die Ansprüche zu offenbaren."[154] Auch die Verwirkbarkeit des (tariflichen) Urlaubsanspruchs bejahte das nationalsozialistische Schrifttum.[155] Im Ergebnis führte dies dazu, dass die h.M. die Anwendbarkeit der Verwirkung auf alle Ansprüche aus dem Arbeitsverhältnis[156] bejahte, unabhängig davon, ob sich diese zu Lasten des Arbeitgebers oder des Arbeitnehmers auswirkte.[157]

3. Zwischenergebnis

Mitte der dreißiger Jahre hatte sich die Verwirkung endgültig in der zivilrechtlichen[158] Rechtsprechung etabliert. Über § 242 BGB als Rechtsgrundlage hielt die Verwirkung im gesamten Privatrecht Einzug, verstärkt auch im Arbeitsrecht. Auch im Schrifttum fand die Verwirkung starken Anklang. Anwendbarkeit, dogmatische Konstruktion, Voraussetzungen und Folgen wurden breit diskutiert. Einigkeit herrschte über Ziel und Zweck der Verwirkung, nämlich den Schutz

---

150 Vgl. hierzu oben Kap.2 B.II.4.a)aa).

151 *Stocks*, S. 10. Mit Urteil vom 13.07.1935 (ARS 24, 93) erklärte das RAG den Tariflohnverzicht im laufenden Arbeitsverhältnis unter Verweis auf § 32 Abs. 2 AOG 1934 erstmals generell für unzulässig; vgl. auch *Grüll*, S. 24, 27, der die Verwirkbarkeit von Tariflohnansprüchen unter Verweis auf das „Gemeinschaftsinteresse" ablehnte. Zum Ganzen: *Esche*, Hinnahme von Arbeitslöhnen, die unter der Tarif-oder Betriebsordnung liegen, 1936.

152 Vgl. hierzu oben Kap.2 B.II.4.b).

153 *Stocks*, S. 11. *Karakantas*, S. 19, sah dagegen die wirtschaftliche Existenz des Arbeitnehmers gefährdet, der im Unklaren darüber sei, ob er sich um eine anderweitige Anstellung bemühen müsse.

154 *Stocks*, S. 58 m.w.N., unter Betonung des nationalsozialistischen Gemeinschaftsgedankens.

155 *Röder*, S. 48 f.; *Karakantas*, S. 19; ebenso *Grüll*, S. 30 f., der allerdings die tarifvertragliche Überstundenvergütung für unverwirkbar hielt.

156 Zur Auflistung der einzelnen Teilrechtsgebiete, in denen die Rechtsprechung die Verwirkung bis dahin bejaht hatte, vgl. *Geigel*, S. 18 ff.

157 Vgl. statt vieler *Grüll*, S. 19, 34 f.

158 Zum öffentlichen Recht s.u. Kap.2 B.IV.3.

wirtschaftlicher Belange. Mit Blick auf die Zeit konsequent, wurde die Verwirkung dabei zur „völkischen Rechtserneuerung“ ideologisch dienstbar gemacht.

IV. Entwicklung der Verwirkung nach 1945

1. Ausgangslage

Auch nach 1945 griff die Rechtsprechung in allen Bereichen[159] auf die Verwirkung als allgemeines Rechtsinstitut zurück. Es fand keine kritische Auseinandersetzung mit der Verwirkung statt, die unter der „völkischen Rechtserneuerung“[160] maßgeblich fortentwickelt worden war. Neben der personalen Kontinuität von Rechtslehrern und -anwendern[161] war dies insbesondere der Kompatibilität der Rechtsmissbrauchslehre mit der neu geschaffenen liberalen Rechtsordnung geschuldet.[162] Als Teil der Rechtsmissbrauchslehre gründete die Verwirkung nach h.M. in § 242 BGB. Gleichzeitig hatte sich die sog. gesellschaftliche Deutung als Grund, Umfang und Maßstab des Eingriffs in Schuldverhältnisse über § 242 BGB durchgesetzt.[163] Mit § 242 BGB als Einbruchstelle konnte die Rechtsprechung daher objektive gesellschaftliche Wertungen berücksichtigen, als lückenhaft und (auch unter der zeitlichen Fortentwicklung) ungerecht empfundenen Regelungen ergänzen und kontrollieren.[164] Da die Rechtsprechung die gesellschaftliche Deutung von § 242 BGB auch in der Nachkriegszeit fortführte, konnte sie die nationalsozialistische Weltanschauung ohne umfangreiche Änderungen durch die neue Anschauung ersetzen.[165] Das Festhalten an der Verwirkung wurde zudem da-

---

159 Sozialrecht: *BSG*, Urt. v. 20.05.1958 – 2 RU 285/56, BSGE 7, 199; Steuerrecht: *BFH*, Urt. v. 23.03.1953 – I 147/52 U, BFHE 57, 354, *Piekenbrock*, S. 261 m.w.N.; gewerblicher Rechtsschutz: *BGH*, Urt. v. 15.06.1956 – I ZR 71/54, BGHZ 21, 66; allgemeines Zivilrecht: *OGH*, Urt. 02.12.1948, OGHZ 1, 279; *BGH*, Urt. 02.02.1951 – I ZR 22/50, MDR 1951, 281; Arbeitsrecht: *LAG Hessen*, Urt. v. 29.07.1947 – II LA 66/47, NJW 1947/48, 234; *LAG Dresden*, Urt. v. 24.10.1947 – Sa 134/47, NJW 1947/48, 236; *LAG Bremen*, Urt. v. 19.05.1948 – Sa 4/48, RdA 1949, 231; *Piekenbrock*, S. 197. Allgemein zur Entwicklung des Arbeitsrechts nach 1945 vgl. *Streich*, Die Entwicklung des Arbeitsrechts in der amerikanischen Besatzungszone unter Berücksichtigung der Bizone, 1973.

160 Siehe hierzu oben Kap.2 B.III.

161 Vgl. hierzu *Rüthers*, Geschönte Geschichte – geschonte Biographien, 2001. Zum Eigenverständnis des BGH und seiner gegenüber dem RG selbstständigen Rechtsentwicklung vgl. *Wieacker*, S. 525 ff.

162 *Piekenbrock*, S. 197.

163 Staudinger/*Looschelders*/*Olzen*, § 242 Rn. 40 ff. m.w.N.

164 Staudinger/*Looschelders*/*Olzen*, § 242 Rn. 46 f.

165 Staudinger/*Looschelders*/*Olzen*, § 242 Rn. 79 m.w.N., die u.a. auf BGHZ 12, 357 (*BGH*, Urt. v. 27.01.1954) verweisen: „Jede Rechtsausübung muß nicht nur auf die eigenen Belange und die Belange des Volksganzen, sondern auch auf die jedes einzelnen Rücksicht nehmen, denn sie ist dem für die ganze Rechtsordnung

durch erleichtert, dass die Verwirkung keine Erfindung der nationalsozialistischen Rechtswissenschaft war.[166] Daher konnte auch *Siebert* sein für die Verwirkung dogmatisch maßgebendes Werk „entnazifizieren“ und in seiner Kommentierung zur 9. Auflage des *Soergel/Siebert* fortführen. Auf diese setzt(e) die heute ganz herrschende Kommentarliteratur auf.[167]

2. *Zivilrechtliche Rechtsprechung*

a) Rechtsprechung des Bundesgerichtshofs

In seiner soweit ersichtlich ersten Entscheidung zur Verwirkung aus dem Jahr 1950 ging der Bundesgerichtshof nicht näher auf ihre dogmatische Begründung ein. Vielmehr prüfte er den „Einwand der Verwirkung“ als selbstverständlich. Im Ergebnis wies er den Verwirkungseinwand zurück. Denn für Kaufleute wie Juristen sei die Rechtslage nach der Währungsunion unklar gewesen. Diese habe „eine rasche und endgültige Abwickelung der bestehende Rechtsverhältnisse verhindert.“[168] In seiner zweiten, zum Warenzeichenrecht ergangenen Entscheidung verwies der Bundesgerichtshof darauf, dass „nach der neueren Entwicklung der Rechtsprechung [...] die Verwirkung nichts anderes als die Ablehnung einer verspäteten Rechtsverfolgung als wider Treu und Glauben verstoßend [bedeutet].“[169]

Mit der illoyal verspäteten Rechtsausübung griff der Bundesgerichtshof die Rechtsprechung des Reichsgerichts auf. Hierzu führte er aus: „Nach dem das Recht der Schuldverhältnisse beherrschenden Grundsatz von Treu und Glauben ist es nicht zulässig, daß der Gläubiger Ansprüche geltend macht, die die Gegenseite nach dem früheren Verhalten des Gläubigers als erledigt ansehen durfte und auf deren Nichterfüllung die Gegenseite sich dieser Auffassung entsprechend eingerichtet hat.“[170] Kurze Zeit später urteile das Gericht, dass dem Anspruchsbegehr der „aus den Grundsätzen von Treu und Glauben (§ 242 BGB)“ sich ergebende Einwand der „Verwirkung oder der unzulässigen Rechtsausübung“ entgegensteht. Bei diesem handele es sich um eine von Amts wegen zu berücksichtigende „echte

---

maßgebenden Grundsatz von Treu und Glauben unterworfen, wie er in § 242 BGB niedergelegt ist.“

166 *Piekenbrock*, S. 197. Kritisch hierzu *Haferkamp*, V.

167 *Haferkamp*, IV. 3.

168 *BGH*, Urt. v. 05.12.1950 – I ZR 41/50, BGHZ 1, 4.

169 *BGH*, Urt. v. 19.12.1950 – I ZR 62/50, juris.

170 *BGH*, Urt. 02.02.1951 – I ZR 22/50, MDR 1951, 281 unter Verweis auf *RG*, Urt. v. 04.06.1937, RGZ 155, 148; Urt. v. 17.12.1937, RGZ 158, 100. Mittelbar war damit auch die Übernahme der Lehre *Sieberts* verbunden, auf die im Urt. v. 04.06.1937, RGZ 155, 148 (152) ausdrücklich verwiesen wird und damit die Anerkennung der Verwirkung als Sonderfall der unzulässigen Rechtsausübung. Unterstützt wurde die Aufnahme der *Siebertschen* Lehre auch durch dessen Kommentierung von § 242 im BGB-Kommentar von *Soergel*.

Beschränkung von Rechten".[171] Damit knüpfte der Bundesgerichtshof sprachlich und inhaltlich an das Urteil des Reichsgerichts vom 17.12.1937 an. In diesem hatte es den Verwirkungsgedanken als einen „Sonderfall der unzulässigen Rechtsausübung" anerkannt.[172]

Auch in der Folgezeit beschränkte sich der Bundesgerichtshof zumeist auf Allgemeinplätze. So stelle der Verwirkungseinwand nur einen besonderen Anwendungsfall des „das bürgerliche Recht beherrschende[n] Grundsatz[es] von Treu und Glauben" dar[173], die Rechtsprechung habe den Rechtsgedanken der Verwirkung aus allgemeinen Billigkeitsgrundsätzen entwickelt[174] oder in der verspäteten Geltendmachung eines Anspruchs könne „gerade ein Verstoß gegen Treu und Glauben liegen", der den Einwand der Verwirkung rechtfertige.[175]

Mit der Verwirkung setzte sich der Bundesgerichtshof erstmals ausführlich in seiner Entscheidung vom 27.06.1957 auseinander.[176] Hierin führte er aus, dass „mit der Verwirkung [...] die illoyal verspätete Geltendmachung[177] von Rechten gegenüber dem Verpflichteten ausgeschlossen werden [soll]." Des Weiteren betonte das Gericht, dass für die Verwirkung in erster Linie das Verhalten des Berechtigten maßgeblich sei.

Im Übrigen verwies der Bundesgerichtshof auf die wichtigsten vom Reichsgericht entwickelten Aspekte der Verwirkung. So sei für das Verhalten des Berechtigten maßgebend, „ob bei objektiver Beurteilung der Verpflichtete aus dem Verhalten des Berechtigten entnehmen durfte, daß dieser sein Recht nicht mehr geltend machen wolle, ob er sich also darauf einrichten durfte, daß er mit einer Rechtsausübung durch den Berechtigten nicht mehr zu rechnen brauche."[178] Zudem sei erforderlich, „daß sich der Verpflichtete mit Rücksicht auf das Verhalten des Berechtigten auch darauf eingerichtet hat, daß dieser das ihm zustehende Recht nicht mehr geltend machen werde, und daß es gerade deshalb mit den Grundsätzen von

171 *BGH*, Beschl. v. 12.06.1951 – V BLw 58/50, MDR 1951, 605 u.a. mit Verweis auf Urt. v. 19.12.1951, MDR 1951, 235 in dem auf *OLG* Hamburg, Urt. v. 20.04.1950, MDR 1950, 420, verwiesen wird. Die letzten beiden Urteile setzten sich jedoch nur allgemein mit der Frage auseinander, wann ein Auseinandersetzungsverlangen gem. § 2042 BGB gegen Treu und Glauben verstößt.

172 *RG*, Urt. v. 17.12.1937, RGZ 158, 100 unter Verweis auf Urt. v. 04.06.1937, RGZ 155, 148.

173 *BGH*, Urt. v. 22.02.1952 – I ZR 117/51, BGHZ 5, 189.

174 *BGH*, Beschl. 28.02.1955 – GSZ 4/54, WM 1955, 621.

175 *BGH*, Urt. v. 02.10.1956 – VI ZR 179/55, BGHZ 5, 189 unter Verweis auf *RG*, Urt. v. 24.11.1937, JW 1938, 525.

176 *BGH*, Urt. v. 27.06.1957 – II ZR 15/56, NJW 1957, 1358.

177 Die Wendung „illoyale Verspätung" geht auf *Staub*, Kommentar zum ADHGB, 1. Aufl. 1893, Art. 354 Rn. 31, zurück. Rechtsprechung und Literatur nahmen sie bereits früh auf, vgl. *Krause*, S. 41 Fn. 151 m.w.N.

178 *BGH*, Urt. v. 27.06.1957 – II ZR 15/56, NJW 1957, 1358 unter Verweis auf *RG*, Urt. v. 04.06.1937, RGZ 155, 148.

Treu und Glauben nicht zu vereinbaren ist, daß der Berechtigte später doch noch mit der Geltendmachung des ihm zustehenden Rechts hervortritt."[179] Unter diesem Gesichtspunkt müsse die Leistung für den Verpflichteten nicht mehr zumutbar sein. D.h. für den Tatbestand der Verwirkung komme es auch auf das Verhalten des Verpflichteten an. Gerade dieses sei unter dem rechtlichen Gesichtspunkt von Treu und Glauben zu prüfen und zu beurteilen.[180]

Die Verwirkung könne auch gegen den Willen des Berechtigten eintreten. Denn insoweit sei die an Treu und Glauben ausgerichtete objektive Bewertung, nicht aber der subjektive Willensentschluss des Berechtigten entscheidend. Dies unterscheide die Verwirkung rechtlich vom stillschweigenden Verzicht.[181] Die fehlende Kenntnis des Berechtigten des ihm zustehenden Anspruchs schließe die Verwirkung nicht aus.[182] Anderes gelte nur, wenn die Unkenntnis auf einem „unredlichen und heimlichen Verhaltens des Verpflichteten" beruhe. Denn eine dadurch bedingte verspätete Geltendmachung des Anspruchs könne bei objektiver Beurteilung niemals als ein Verstoß gegen Treu und Glauben betrachtet werden.[183]

Spätestens mit diesem Urteil war die Verwirkung als Anwendungsfall von § 242 BGB im Zivilrecht in den 50er Jahren etabliert.[184] Der Bundesgerichtshof hatte die Rechtsprechung des Reichsgerichts und damit mittelbar die Lehre von *Siebert* übernommen. In der Folgezeit entwickelt er lediglich Teilaspekte weiter. Eine dogmatische Begründung der Verwirkung enthalten die Urteile bis heute nur teilweise. So wurde und wird für die Verwirkung bzw. ihre Tatbestandsmerkmale auf „Treu und Glauben" bzw. § 242 BGB[185], die Rechtsprechung des Reichsgerichts[186] oder

---

179 *BGH*, Urt. v. 27.06.1957 – II ZR 15/56, NJW 1957, 1358 unter Verweis auf *RG*, Urt. v. 17.12.1937, RGZ 158, 100.

180 *BGH*, Urt. v. 27.06.1957 – II ZR 15/56, NJW 1957, 1358 unter Verweis auf *Lehmann* JW 1936, 2193 (2197); *Herschel*, DR 1939, 1004.

181 *BGH*, Urt. v. 27.06.1957 – II ZR 15/56, NJW 1957, 1358 unter Verweis auf *RG*, Urt. v. 04.12.1931, RGZ 134, 262.

182 *BGH*, Urt. v. 27.06.1957 – II ZR 15/56, NJW 1957, 1358 unter Verweis auf *RG*, Urt. v. 27.10.1931, RGZ 134, 38.

183 *BGH*, Urt. v. 27.06.1957 – II ZR 15/56, NJW 1957, 1358.

184 Im Ergebnis ebenso *Bommel*, S. 96. Auch *Boehmer*, S. 114 f., stellt fest, dass an der Verwirkung „Rechtstheorie und Rechtspraxis nicht gerüttelt" haben. Einschränkende Tendenzen sind lediglich bei *Ahl*, Die Verwirkung – ein notwendiger Rechtsbegriff?, 1948, vorhanden.

185 Vgl. z.B. *BGH*, Beschl. v. 31.10.1972 – NotZ 3/72, LM Nr. 1 zu § 25 BNotO; Urt. v. 06.11.1972 – KZR 63/71, BB 1973, 59; aus neuerer Zeit vgl. z.B. Urt. v. 15.09.2010 – XII ZR 148/09, NJW 2010, 3714; Beschl. v. 07.06.2011 – VIII ZR 333/10, ZMR 2011, 938; Urt. v. 05.07.2011 – XI ZR 306/10, WM 2011, 2088.

186 Vgl. z.B. *BGH*, Urt. v. 20.12.1968 – V ZR 97/65, WM 1969, 182; Urt. v. 21.12.1978 – III ZR 93/77, juris; aus neuerer Zeit vgl. z.B. Urt. v. 16.03.2007 – V ZR 190/06, NJW 2007, 2183; Beschl. v. 30.11.2010 – VI ZB 30/10, MDR 2011, 62.

die (eigene) obergerichtliche Rechtsprechung[187] verwiesen. Teils wird die Verwirkung als „Unterfall der unzulässigen Rechtsausübung aufgrund widersprüchlichen Verhaltens“[188], d.h. als Anwendungsfall des Verbots des *venire contra factum proprium* eingeordnet. Teilweise subsumiert der Bundesgerichtshof lediglich die Tatbestandsmerkmale, ohne die Rechtsgrundlage der Verwirkung näher zu begründen.[189] Im Ergebnis greift die zivilrechtliche Rechtsprechung heute in allen Teilrechtsgebieten auf die Verwirkung zurück.[190]

b) Rechtsprechung des Bundesarbeitsgerichts

Nach Kriegsende fanden sich auch in der arbeitsgerichtlichen Instanzrechtsprechung schnell erste Urteile zur Verwirkung als illoyal verspätete Rechtsausübung. Die Gerichte begründeten die Verwirkung mit einem Verstoß „gegen die Grundsätze von Treu und Glauben“[191]. Oder sie verwiesen auf die in Rechtsprechung und Lehre allgemein anerkannte Meinung, wonach sich die Verwirkung als Rechtsendigungsgrund „aus § 242 BGB ergibt.“[192]

In der Rechtsprechung des Bundesarbeitsgerichts taucht die Verwirkung demgegenüber zunächst als Rechtsfolgebegriff im Rahmen des § 242 BGB auf. Das Gericht bezeichnete mit ihm allgemein den Verlust eines Rechts infolge einer Rechtsverletzung.[193] So urteilte es, „dass die Verwirkung als Rechtsfolgebegriff im Rahmen des § 242 BGB sich nicht [...] auf den Fall der illoyal verspäteten Geltendmachung eines Anspruchs [beschränkt].“[194]

---

187 Vgl. z.B. *BGH*, Urt. v. 13.07.1966 – V ZR 167/63, WM 1966, 1104; Urt. v. 16.06.1967 – V ZR 122/64, NJW 1967, 1902; Urt. v. 20.12.1968 – V ZR 97/65, WM 1969, 182. Zuletzt vgl. z.B. Beschl. v. 07.06.2011 – VIII ZR 333/10, ZMR 2011, 938; Urt. v. 05.07.2011 – XI ZR 306/10, WM 2011, 2088.

188 *BGH*, Urt. v. 19.10.2005 – XII ZR 224/03, NJW 2006, 219; Urt. v. 16.06.1982 – IVb ZR 709/80, NJW 1982, 1999.

189 *BGH*, Urt. v. 20.07.2010 – EnZR 23/09, NJW 2011, 212.

190 Vgl. die Einzelfallnachweise bei Palandt/*Grüneberg*, § 242 Rn. 97 ff.

191 *LAG Bremen*, Urt. v. 19.05.1948 – Sa 4/48, RdA 1949, 231 mit ablehnender Anmerkung von *Neumann-Duesberg* (RdA 1949, 232, [233]). Er verweist zutreffend darauf, dass dem Fall eigentliche eine tarifliche Ausschlussfrist zu Grunde liegt. Ähnlich *LAG Dresden*, Urt. v. 24.10.1947 – Sa 134/47, NJW 1947/48, 236, das von den „Anforderungen von Treu und Glauben“ spricht und den „Rechtsgrundsatz“ der Verwirkung als das gesamte Rechtsleben beherrschend einstuft. *LAG Hessen*, Urt. v. 15.05.1951 – IV LA 15/51, BB 1951, 615; *Nikisch*, 2. Aufl., S. 320 m.w.N.

192 *LAG Hessen*, Urt. v. 29.07.1947 – II LA 66/47, NJW 1947/48, 234.

193 *BAG*, Urt. v. 15.09.1954 – 1 AZR 258/54, DB 1955, 196; Urt. v. 24.06.1955 – 1 AZR 429/54, ArbuR 1955, 318. Beide Entscheidungen betrafen Fälle, in denen der Arbeitgeber vor Ausspruch der Kündigung den Betriebsrat entgegen § 66 Abs. 1 BetrVG 1952 vorsätzlich nicht angehört hatte.

194 *BAG*, Urt. v. 30.11.1955 – 1 AZR 217/54, JZ 1956, 322 unter Verweis auf Urt. v. 15.09.1954 – 1 AZR 258/54, DB 1955, 196; Urt. v. 24.06.1955 – 1 AZR 429/54, ArbuR 1955, 318.

In Form der illoyal verspäteten Rechtsausübung griff das Bundesarbeitsgericht erstmals 1955 die Verwirkung auf. Der Kläger war 1942 zum Wehrdienst einberufen worden. Nach Kriegsende konnte er seine Arbeit nicht wieder antreten, da der Arbeitsort in besetztem Gebiet lag. Auf seine schriftliche Bitte um Weiterbeschäftigung teilte die spätere Beklagte ihm im Dezember 1945 mit, dass sie ihn derzeit aufgrund der politischen Verhältnisse nicht beschäftigen könne. Bis 1949 wandte sich der Kläger mehrfach vergeblich wegen einer Weiterbeschäftigung an die Beklagte. Die im März 1952 erhobene Klage auf Feststellung des Fortbestehens seines Arbeitsverhältnisses wies das Bundesarbeitsgericht ab. Es hielt den grundsätzlich bestehenden Wiederbeschäftigungsanspruch für verwirkt. Die dreijährige Untätigkeit des Klägers zwischen 1949 bis zur Klageerhebung 1952 verstoße gegen Treu und Glauben. Angesichts der sich bessernden Wirtschaftsverhältnisse im Versicherungsgewerbe musste der Kläger davon ausgehen, dass damit auch die Möglichkeit einer Wiederbeschäftigung wuchs. Daraus musste der Kläger folgern, dass die Beklagte – wenn er nicht bei ihr vorstellig werde – mit Recht annehmen werde, dass er auf eine Wiedereinstellung bei ihr keinen Wert lege.[195]

Das Urteil enthält keine dogmatische Herleitung der Verwirkung. Demnach erachtete das Bundesarbeitsgericht die Existenz eines Rechtsinstituts der Verwirkung als selbstverständlich. Lediglich für den Aspekt, dass gerade der Widerspruch zu dem eigenen früheren Verhalten des Berechtigten die Ausübung des Rechtes im Falle der Verwirkung unzulässig mache, verwies das Gericht auf *Nikisch*.[196] Auch das zweite Urteil zur Verwirkung enthält keine dogmatische Begründung. Das Bundesarbeitsgericht griff lediglich auf die Definition im Schrifttum zurück. Danach könne der Ausübung eines Rechts mit dem der Einwand der Verwirkung widersprochen werden, wenn „die verspätete Geltendmachung nach dem das Verkehrsleben beherrschenden Grundsatz von Treu und Glauben als illoyal empfunden worden wäre."[197]

---

195 *BAG*, Urt. v. 08.09.1955 – 2 AZR 9/54, AP Nr. 1 zu § 242 BGB.

196 *Nikisch*, 2. Aufl., S. 320, geht von einem nach dem Ersten Weltkrieg ausgebildeten Rechtsinstitut aus. Danach verstößt die Ausübung eines Rechts gegen Treu und Glauben (§ 242) und stellt einen Rechtsmissbrauch dar, „wenn der Schuldner dem früheren Verhalten des Gläubigers entnehmen musste, dass dieser den Anspruch nicht mehr geltend machen werde, wenn er sich hierauf eingerichtet hatte und wenn ihm aus diesem Grunde die nachträgliche Erfüllung nicht mehr zugemutet werden kann" (S. 319). Belege gibt *Nikisch* nur in Form einer Liste am Kapitelende (S. 320 f.) an. Er zählt ausschließlich arbeitsgerichtliche Rechtsprechung auf. *Sieberts* Werke dominieren die zitierte Literatur.

197 *Obiter dictum BAG*, Urt. v. 12.04.1956 – 2 AZR 247/54, AP Nr. 11 zu § 626 BGB unter Verweis auf *Enneccerus/Nipperdey*, § 228 IV, S. 989; *Nikisch*, 2. Aufl., S. 605; teils verweist das *BAG* auch nur auf eines der beiden Werke, vgl. Urt. v. 10.01.1956 – 3 AZR 245/54, AP Nr. 3 zu § 242 BGB Verwirkung; Urt. v. 21.02.1957 – 2 AZR 410/54, AP Nr. 22 zu § 1 KSchG; Urt. v. 03.04.1957 – 4 AZR 270/54, DB 1957, 1200; Urt. v. 17.04.1957 – 4 AZR 315/54, AP Nr. 1 zu § 2 TOA.

In den Folgeentscheidungen enthielt sich das Bundesarbeitsgericht teils jeglicher Hinweise auf Literatur oder Rechtsprechung.[198] Nur vereinzelt zitierte es überhaupt Rechtsprechung zur Verwirkung.[199] Es erkannte jedoch die Verwirkung im Sinne der illoyal verspäteten Rechtsausübung bereits damals als eigenständiges Rechtsinstitut an. Konsequent unterschied es die Verwirkung von der „Einwendung der vergangenen Arglist“ (*exceptio doli specialis*).[200]

Ausführlicher ging das Bundesarbeitsgericht erstmals in seinem Urteil vom 23.12.1957 auf den dogmatischen Hintergrund und die Bedeutung der Verwirkung ein. Die Verwirkung leite sich als Rechtsinstitut aus § 242 BGB ab. Sie sei Ausfluss des Grundsatzes, dass Gläubiger und Schuldner in jedem Schuldverhältnis hinsichtlich Inhalt und Erfüllung an die sich aus der Rücksichtnahme auf Treu und Glauben ergebenden Schranken gebunden seien. „Deshalb greift der in der Anerkennung des Rechtsinstituts der Verwirkung liegende Vertrauensschutz sowohl gesetzlichen wie vertraglichen Ansprüchen gegenüber durch. Die Verwirkung als Rechtsinstitut hat insoweit allgemeine Bedeutung.“[201]

Rechtsgrundlage und Bedeutung der Verwirkung standen damit fest. Kurz darauf nahm das Bundesarbeitsgericht ausführlich „zu den Voraussetzungen der Verwirkung“[202] Stellung. In Verbindung mit einem Zeitablauf (Zeitmoment) trete die Verwirkung durch ein bestimmtes Verhalten des Gläubigers zusammen mit dem sich Einrichten des Schuldners auf dieses Verhalten des Gläubigers (Umstandsmoment) ein. Eines auf den Eintritt der Verwirkung gerichteten Willen des Schuldners bedürfe es nicht. Die Verwirkung vernichte das Recht. Sie greife nicht nur bei Ansprüchen, sondern ganz allgemein ein.[203]

Der Schwerpunkt des Verwirkungsbegriffs liege dabei auf dem Umstandsmoment.[204] Das gegen Treu und Glauben verstoßende Verhalten des Gläubigers

---

198 *BAG*, Urt. v. 13.11.1956 – 3 AZR 363/56, AP Nr. 20 zu § 242 BGB Ruhegehalt; Urt. v. 01.02.1957 – 1 AZR 478/54, AP Nr. 5 zu § 13 KSchG; Urt. v. 17.09.1957 – 1 AZR 312/56, AP Nr. 4 zu § 1 TVG Auslegung; Urt. v. 08.11.1957 – 1 AZR 123/56, AP Nr. 2 zu § 242 BGB Betriebliche Übung.

199 *BAG*, Urt. v. 13.11.1957 – 4 AZR 228/55, BB 1958, 117; Urt. v. *BAG*, Urt. v. 13.11.1957 – 4 AZR 280/55, AP Nr. 30 zu § 3 TOA, jeweils zudem unter Verweis auf die Kommentierung *Sieberts* bei *Soergel*, 8. Aufl., § 242 Anm. C II 4 a.

200 *BAG*, Urt. v. 07.12.1956 – 1 AZR 480/55, BB 1957, 293. Im Urt. v. 16.04.1958 – 4 AZR 288/56, AP Nr. 35 zu § 3 TOA, spricht das BAG dann nur noch vom „Einwand der allgemeinen Arglist“.

201 *BAG*, Urt. v. 23.12.1957 – 1 AZR 565/56, AP Nr. 4 zu § 242 BGB Verwirkung.

202 So der 1. Leitsatz *BAG*, Urt. v. 09.07.1958 – 2 AZR 438/56, AP Nr. 9 zu § 242 BGB Verwirkung. Im Urteil finden sich zahlreiche Nachweise zur Rechtsprechung des RG, BGH und BAG sowie zur zivilrechtlichen Literatur.

203 *BAG*, Urt. v. 09.07.1958 – 2 AZR 438/56, AP Nr. 9 zu § 242 BGB Verwirkung unter Verweis auf *Enneccerus/Nipperdey*, § 228 IV; *Lehmann*, Allgemeiner Teil des BGB, 9. Aufl., S. 341.

204 *BAG*, Urt. v. 09.07.1958 – 2 AZR 438/56, AP Nr. 9 zu § 242 BGB Verwirkung unter Verweis auf *BGH*, Urt. v. 27.06.1957 – II ZR 15/56, BGHZ 25, 47; *Lehmann*,

sei darin zu sehen, dass er zunächst beim Schuldner die berechtigte Annahme hervorgerufen habe, er werde sein Gläubigerrecht endgültig nicht mehr geltend machen. Dann trete er aber doch mit der Geltendmachung an den Schuldner heran. Dieser habe sich dagegen mit Rücksicht auf das Verhalten des Gläubigers darauf eingerichtet, dass er das ihm zustehende Recht nicht mehr geltend machen werde. Mit der Verwirkung werde dem Verbot des gegensätzlichen Verhaltens (*venire contra factum proprium*) Geltung verschafft. Zudem werde der Grundsatz gewahrt, dass jeder zu schützen sei, der dem Verhalten eines anderen Rechtsgenossen berechtigterweise vertraue.

Die Beurteilung der Umstände, unter denen das Verhalten des Gläubigers (Nichtgeltendmachung seines Rechts) und des Schuldners (sich Einrichten) auszulegen sei, stehe ganz unter dem Grundgedanken des § 242 BGB. Hierzu gehöre auch eine Beurteilung der Art des Anspruchs, und zwar sowohl in rechtlicher als auch in wirtschaftlicher Hinsicht in dem Sinne. Demnach trete bei rechtlich schwierigen und wirtschaftlich bedeutsamen Ansprüchen, die auch bei ihrer Feststellung tatsächlichen Schwierigkeiten begegnen (Nachlassforderungen, schwierige Ursachen und Schadensermittlungen bei Unfallforderungen), die Verwirkung nicht so leicht ein. Anderes gelte bei Ansprüchen aus den Geschäften des täglichen Lebens.[205]

Damit hatte das Bundesarbeitsgericht erstmals umfassend zu den Tatbestandsvoraussetzungen der Verwirkung Stellung genommen. Die Bedeutung des Urteils beschränkt sich jedoch nicht auf das Arbeitsrecht. Es handelt sich um das erste Urteil des Bundesarbeitsgerichts, auf das auch der Bundesgerichtshof zur Begründung seiner Verwirkungsrechtsprechung verwies.[206] Auch der Bundesfinanzhof griff mehrfach auf die Entscheidung zurück.[207]

Nicht zuletzt vor dem Hintergrund dieses Urteils war die Verwirkung in der Rechtsprechung des Bundesarbeitsgerichts Ende 1958 fest etabliert. Das Bundesarbeitsgericht ging verstärkt dazu über, auf eigene Entscheidungen Bezug zu nehmen[208] und nur noch Teilaspekte der Verwirkung im Arbeitsrecht weiterzuentwickeln.

Allgemeiner Teil des BGB, 9. Aufl., S. 341; *Enneccerus/Lehmann*, 14. Aufl., Recht der Schuldverhältnisse, S. 22.

205 *BAG*, Urt. v. 09.07.1958 – 2 AZR 438/56, AP Nr. 9 zu § 242 BGB Verwirkung, unter Verweis auf *Erman/Goerke*, BGB, 2. Aufl., § 242 Erl. 18.

206 *BGH*, Urt. v. 13.07.1960 – V ZR 66/59, WM 1961, 800.

207 *BFH*, Urt. v. 24.02.1961 – III 267/60, HFR 1962, 40; Urt. v. 30.10.1962 – I 235/61 U, BFHE 76, 76; Urt. v. 14.09.1978 – IV R 89/74, BFHE 126, 130.

208 Vgl. *BAG*, Urt. v. 01.08.1958 – 1 AZR 475/55, AP Nr. 10 zu § 242 BGB Verwirkung unter Verweis auf Urt. v. 01.02.1957 – 1 AZR 478/54, AP Nr. 5 zu § 13 KSchG sowie Urt. v. 30.05.1958 – 1 AZR 478/57, AP Nr. 13 zu § 13 KSchG; Urt. v. 23.09.1958 – 3 AZR 33/56, NJW 1959, 310, unter Verweis auf Urt. v. 21.02.1957 – 2 AZR 410/54, AP Nr. 22 zu § 1 KSchG.

3. *Öffentlich-rechtliche Rechtsprechung*

Abschließend soll der Vollständigkeit halber noch kurz auf die Verwirkung in der öffentlich-rechtlichen Rechtsprechung eingegangen werden.

Während die Verwirkung im öffentlichen Recht zunächst allgemein aufgrund der Rechtsnatur öffentlich-rechtlicher Ansprüche abgelehnt wurde, erkannte das Reichsgericht zunehmend die Verwirkung in Teilbereichen des öffentlichen Rechts an.[209]

Im Beamtenrecht verneinte das Reichsgericht zunächst die Verwirkbarkeit von Beamtenbezügen,[210] bejahte sie jedoch später.[211] Für das Dienstentlassungsstrafverfahren hielt das Reichsgericht demgegenüber an seiner ablehnenden Haltung gegenüber der Verwirkung fest. Trotz Opportunitätsprinzip und Verzichtbarkeit überwiege das öffentliche Interesse an Reinhaltung des Beamtenkörpers jedes private Schutzinteresse.[212]

Auch im Steuerrecht lehnte der Reichsfinanzhof unter Verweis auf das öffentliche Interesse am Steueraufkommen eine Verwirkung der Steuerpflicht ab.[213]

---

209 *RG*, Urt. v. 17.12.1937, RGZ 158, 100 (Gebührenanspruch eines Rechtsanwalts); Urt. v. 19.09.1938, RGZ 158, S. 235 (Ansprüche eines Beamten aus der Verletzung der Fürsorgepflicht oder der Amtspflicht seiner Vorgesetzten); allgemein zu verwaltungsrechtlichen Ansprüchen vgl. *Geigel*, S. 28, m.w.N. zur Instanzrechtsprechung. Zum alten Schrifttum vgl. *Groscurth*, Die Verwirkung im öffentlichen Recht, 1937. Zur Verwirkung im öffentlichen Recht zwischen 1920 und 1930 vgl. *Boehmer*, S. 102 m.w.N. Zur Anwendbarkeit von § 242 BGB im öffentlichen Recht vgl. aus dem zeitgenössischen Schrifttum die Nachweise bei *Siebert*, S. 126 Fn. 43; zur Verwirkung *ders.*, S. 244 Fn. 67.

210 *RG*, Urt. v. 07.05.1929, RGZ 124, 229; Urt. v. 17.10.1930, JW 1932, 491; Urt. v. 05.05.1933, HRR 1933 Nr. 1458; Urt. v. 08.02.1935, JW 1935, 1617.

211 *RG*, Urt. v. 09.09.1938, JW 1938, 3295.

212 *RG*, Urt. v. 23.03.1928, JW 1928, 1503; Urt. v. 12.07.1929, JW 1929, 3377; Urt. v. 22.11.1929, JW 1930, 1188; Urt. v. 17.10.1930, JW 1932, 491; Urt. v. 28.03.1935, JW 1935, 2999; vgl. *Fischer*, S. 10.

213 *RFH*, Urt. v. 28.06.1935, JW 1935, 2990; Urt. v. 28.06.1935, RFHE 38, 77 unter Verweis auf *RG*, Urt. v. 17.04.1934, RGZ 144, 22. Diese Rechtsprechung anzweifelnd Sächsisches OVG, Urt. v. 10.10.1935, JW 1936, 767; differenzierend *Pütz*, Zur Lehre von der Verwirkung im Steuerrecht, JW 1937, 910, der die Verwirkung ablehnt, soweit allein der staatliche Vollzug der Steuergesetze betroffen sei, da der Staat nicht unsittlich oder unbillig handele. Im Übrigen bejaht er eine Verwirkbarkeit, soweit die Betätigung des persönlichen Willens im Steuerrecht möglich sei.

Heutzutage ist die Verwirkung in der Rechtsprechung des Bundesverfassungsgerichts[214], des Bundesverwaltungsgerichts[215], des Bundessozialgerichts[216] sowie des Bundesfinanzhofes[217] allgemein anerkannt.[218]

V. Zwischenergebnis

Die Verwirkung wurde maßgeblich von der Rechtsprechung entwickelt. Auch wenn sie dogmatisch in der *exceptio doli generalis*, dem Verbot des *venire contra factum proprium* und dem stillschweigenden Verzicht wurzelt, handelt es sich doch

214 Zur Verwirkung prozessualer Befugnisse vgl. *BVerfG*, Beschl. v. 26.01.1972 – 2 BvR 255/67, NJW 1972, 675; juris; Beschl. v. 28.10.1972 – 1 BvR 442, 444, 446/72, juris; *Knödler*, S. 36 f. Zur Verwirkung materieller Rechte vgl. Beschl. v. 14.12.2005 – 1 BvR 2874/04, Grundeigentum 2006, 438; Beschl. v. 14.11.1989 – 1 BvR 956/89, NJW 1990, 566; Beschl. v. 02.12.1969 – 2 BvR 560/65, RzW 1970, 154; *Knödler*, S. 38 f. Zur Verwirkung im Verfahrensrecht vgl. Beschl. v. 19.12.2007 – 1 BvR 1984/06, MDR 2008, 640; vgl. dagegen zur Verwirkung im Sinne des Art. 18 GG: Beschl. v. 29.07.1968 – 1 BvL 20/63, 31/66, 5/67, DÖV 1968, 765; *Knödler*, S. 33 ff.

215 Zur Verwirkung prozessualer Befugnisse vgl. *BVerwG*, Beschl. v. 17.02.1989 – 4 B 28.89, Buchholz 406.19 Nachbarschutz Nr. 87 S. 38; Urt. v. 24.09.1992 – 7 C 6.92, NJW 1993, 342. Zur Verwirkung materieller Rechte vgl. Beschl. v. 18.10.1996 – 7 B 239.96, Buchholz 406.19 Nachbarschutz Nr. 139, S. 47; Beschl. v. 05.10.1990 – 4 CB 1/90, NVwZ-RR 1991, 129; *Knödler*, S. 101 f. m.w.N. Dagegen will das BVerwG die Verwirkung dort ausschließen, wo sie dem Regelungsgehalt des zugrundeliegenden Rechtsgebiets zuwiderlaufe (zum Disziplinarrecht: Urt. v. 26.02.1988 – 2 WD 37/87, NZWehrr 1989, 110; Beschl. v. 06.07.1984 – 1 DB 21.84, BVerwGE 76, 176) oder es an einem verwirkbaren Recht fehle (Beschl. v. 20.08.1987 – 6 B 2.87, ZfSH/SGB 1988, 262), vgl. *Knödler* S. 97 f. *Menzel*, S. 8 Fn. 37 ff. m.w.N. zur Rechtsprechung.

216 Zur Verwirkung prozessualer Befugnisse vgl. *BSG*, Urt. v. 02.12.1987 – 1 RA 23/87, NZA 1988, 665; Urt. v. 23.11.1962 – 8 RV 305/59, BVBl. 1963, 90; vgl. *Knödler* S. 139 ff. m.w.N. Zur Verwirkung materieller Rechte vgl. Urt. v. 27.07.2011 – B 12 R 16/09 R, BSGE 109, 22; Urt. v. 14.07.2004 – B 12 KR 1/04 R, NZS 2005, 538; Urt. v. 05.12.1972 – 10 RV 441/71, BSGE 35, 91; Urt. v. 29.10.1968 – 4 RJ 245/67, NJW 1969, 767; vgl. *Knödler* S. 142 ff. m.w.N. Allgemein: *Trescher*, Die Verwirkung im Sozialrecht, 1975.

217 *BFH*, Urt. v. 27.06.2006 – VII R 34/05, BFH/NV 2006 S. 2024 Nr. 11; Urt. v. 14.09.1978 – IV R 89/74, BFHE 126, 130; Urt. v. 30.10.1962 – I 235/61 U, BFHE 76, 76; Urt. v. 24.02.1961 – III 267/60, HFR 1962, 40; Urt. v. 23.03.1953 – I 147/52 U, BFHE 57, 354. Allgemein: *Kreibich*, Der Grundsatz von Treu und Glauben im Steuerrecht, 1992; *Beermann*, Verwirkung und Vertrauensschutz im Steuerrecht, 1991; *Rath*, Die Verwirkung im Steuerrecht, 1981.

218 Allgemein: *Menzel*, Grundfragen der Verwirkung dargestellt insbesondere anhand des Öffentlichen Rechts, 1987. Zum Rechtsmissbrauch: *Knödler*, Mißbrauch von Rechten, selbstwidersprüchliches Verhalten und Verwirkung im öffentlichen Recht, 2000.

um eine originäre Entwicklung der Rechtsprechung. Solange sich die verspätete Rechtsausübung lediglich in einem Spezialrechtsproblem (Ausübungsfrist beim kaufmännischen Selbsthilfeverkauf) erschöpfte, war ihre Bedeutung allerdings gering. Erst unter dem Einfluss der wirtschaftlichen und sozialen Verhältnisse (Krieg, Aufwertung etc.) nahm ihre Bedeutung zu. Begünstigt wurde dies dadurch, dass im neu geschaffenen BGB die zeitliche Begrenzung von Rechten nur unzureichend geregelt war. Der Fokus verschob sich von einem Spezialrechtsproblem hin zu einem Problem der alltäglichen Rechtspraxis. Die Verwirkung entwickelte sich besonders in den richterrechtlich geprägten Rechtsgebieten fort. Bis Mitte der dreißiger Jahre hatte sie sich allmählich etabliert. Über § 242 BGB als Rechtsgrundlage hielt die Verwirkung im gesamten Privatrecht Einzug. Auch insoweit war die Rechtsprechung der treibende Faktor. Das Schrifttum griff die Verwirkung dagegen verstärkt erst dann auf, als sich diese bereits in weiten Teilen der Rechtsprechung durchgesetzt hatte. Es übernahm die Aufgabe, die Verwirkung nachträglich in das bestehende Rechtssystem einzupassen und fortzuentwickeln.[219]

Auch nach 1945 griffen Rechtsprechung und Literatur auf die Verwirkung zurück. Bis Ende der 50iger Jahre finden sich in der Rechtsprechung aller letztinstanzlichen Gerichte Entscheidungen zur Verwirkung, 10 Jahre später dann auch in der Rechtsprechung des Bundesverfassungsgerichts. Zu diesem Zeitpunkt war die Verwirkung zuletzt 33 Jahre zuvor von einem höchstinstanzlichen Gericht abgelehnt worden.

C. Dogmatische Begründung der Verwirkung

Ausgehend von der rechtshistorischen Entwicklung soll nachfolgend die dogmatische Grundlage der Verwirkung herausgearbeitet werden.

I. Vorhandene Lösungsansätze

Zur dogmatischen Einordnung der Verwirkung existieren mehrere Ansätze. Diese sind nicht zuletzt von den jeweiligen ökonomischen, politischen und sozialen Verhältnissen geprägt.[220]

---

219 Ebenso *Bommel*, S. 77 ff.

220 In diesem Kontext vgl. *Bommel*, Die Entstehung der Verwirkungslehre in der Krise des Positivismus, 1992. *Piekenbrock* sucht in seiner Arbeit (Befristung, Verjährung, Verschweigung und Verwirkung, 2006) Rechtsänderungen durch Zeitablauf *de lege ferenda* neu zu definieren und zu gestalten, um sie in ein widerspruchsfreies System zu bringen. Hierzu untersucht er die Rechtsinstitute der „Befristung“, „Verjährung“, „Verschweigung“ und „Verwirkung“ und zeigt auf, wie diese in einem widerspruchsfreien System *de lege ferenda* auszuformen seien (*Piekenbrock*, S. 25; die Rechtsinstitute *de lege ferenda* nachfolgend daher im *Kursivdruck*). Nach diesem System sei die *Verwirkung* eine qualifizierte *Verschweigung*; d.h. eine Kombination von *Verjährung* und *Verschweigung*. Die *Verwirkung*

1. *Rechtsgeschäftliche Lösungsansätze*

Insbesondere die Rechtsprechung zog zunächst rechtsgeschäftliche Lösungsansätze zur Begründung der Verwirkung heran.

Soweit die Parteien keine ausdrückliche Frist zur Rechtsausübung vereinbart hatten, ging das Reichsgericht teilweise von einer bei Vertragsschluss stillschweigend vereinbarten Frist aus.[221] Später verfolgte es diese „Vertragslösung“ nicht weiter. Denn sie war auf vertragliche Ansprüche beschränkt. Damit versagte die Begründung in Hauptanwendungsgebieten der Verwirkung, namentlich bei der Aufwertung (Geldentwertung war bei Vertragsschluss für die Parteien nicht ersichtlich) und im Warenzeichenrecht (mangels Vertragsbeziehung).[222]

Ein weiterer rechtsgeschäftlicher Lösungsansatz bestand in der Annahme eines stillschweigenden einseitigen Verzichts oder eines zweiseitigen Verzichtsvertrages.[223] Diesen besonders von der Rechtsprechung verfolgte Ansatz lehnte das Schrifttum überwiegend ab. Es führte gegen eine rechtsgeschäftliche Verwirkung insbesondere die dann aus §§ 119 ff. BGB folgende Anfechtbarkeit an. Zudem kritisierte es die gekünstelte Auslegung einer länger währenden Untätigkeit als Willenserklärung.[224] Allgemein verdrängte die Rechtswissenschaft rechtsgeschäftliche Lösungsansätze zu Gunsten von Treu und Glauben. Dies war Ausdruck einer gängigen Kritik an der Willenstheorie der Pandektenlehre Anfang des 20. Jahrhunderts.[225] Unter dem Primat des Gemeinschaftsgedankens und der Lösung vom „Willensdogma“ verloren privatautonome Willenserklärungen und damit rechtsgeschäftliche Lösungsansätze im Nationalsozialismus zudem weiter an Bedeutung.[226]

---

solle dort greifen, wo die *Verschweigung* als reine Säumnissanktion unabhängig von der Redlichkeit des Verpflichteten unverhältnismäßig sei (*Piekenbrock*, S. 381, 506). Diesem System ist seine – auch als Ziel postulierte – Konsistenz zu Gute zu halten. Gleichwohl handelt es sich um ein in sich geschlossenes System, das durch Änderung der bestehenden Rechtslage zu schaffen wäre. Kritik kann daher nur innerhalb des Systems erfolgen oder an dessen Vereinbarkeit mit der Rechtslage *de lege lata*. Letzteres geht über den Umfang der vorliegenden Arbeit hinaus. Zudem ist damit kein Erkenntnismehrwert über die dogmatische Begründung der Verwirkung *de lege lata* verbunden. *Piekenbrocks* System wird daher im Folgenden nicht berücksichtigt.

221 Vgl. *RG*, Urt. v. 29.02.1916, RGZ 88, 142; Urt. v. 21.03.1919, LZ Sp. 637; vgl. Kap.2 B.II.2.b).

222 *Bommel*, S. 22 ff.

223 Vgl. bereits oben Kap.2 B.I.3.

224 Vgl. statt vieler *Bommel*, S. 30 f. m.w.N. Zum damals zeitgenössischen Schrifttum: *Tschischgale*, S. 39, Fn. 43 m.w.N.

225 *Bommel*, S. 31 f. m.w.N.

226 *Bommel*, S. 33 m.w.N., der insbesondere für das Arbeitsrecht auf die Versuche von *Siebert* und *Nikisch* verweist, Abschluss und Abwicklung des Arbeitsvertrages vollständig von §§ 145 ff. und 320 ff. BGB zu lösen.

Der maßgebliche Grund für das Scheitern rechtsgeschäftlicher Lösungsansätze besteht jedoch darin, dass die Rechtsprechung die Verwirkung als eigenständiges Rechtsinstitut auf Grundlage von § 242 BGB anerkannte.[227] Rechtsgeschäftliche Lösungen waren damit obsolet. Zudem hatten sich diese aufgrund der zahlreichen Wirksamkeitsvoraussetzungen von Willenserklärungen als zu unflexibel und damit nicht praxisgerecht erwiesen.[228] Konsequent werden nunmehr rechtsgeschäftliche Lösungen zur Begründung der Verwirkung von der Rechtsprechung überhaupt nicht und in der Literatur nur sehr vereinzelt vertreten.[229]

2. Analogie zu gesetzlichen Regelungen

Teils griff man zur Begründung der Verwirkung auf die analoge Anwendung von Rechtsgedanken, Tatbestandsmerkmalen und Rechtsfolgen bestehender gesetzlicher Regelungen zurück. Dies barg gegenüber rechtsgeschäftlichen Lösungsansätzen zwei Vorteile: Bei der Rechtsanwendung konnte auf bereits Vorhandenes (Tatbestandsmerkmale, Literatur und Rechtsprechung) zurückgegriffen werden. Zudem erübrigte sich eine ausdrückliche positiv-rechtliche Normierung. Im Ergebnis konnten sich die nachfolgenden Lösungsansätze jedoch deshalb nicht durchsetzen, weil sie speziellen Rechtsgebieten entlehnt waren und zu spezifische Voraussetzungen aufwiesen.[230] Sie konnten die Verwirkung nicht als ein für die gesamte Rechtsordnung allgemeingültiges und flexibel handhabbares Rechtsinstitut begründen.

a) Mobiliarersitzung (§§ 937 ff. BGB)

Insbesondere im Wettbewerbs- und Warenzeichenrecht wurden im Schrifttum vereinzelt die Grundgedanken der Mobiliarersitzung (§§ 937 ff. BGB) zur Begründung der Verwirkung herangezogen.[231] Anknüpfungspunkte waren Gemeinsamkeiten (Rechtsänderung durch Zeitablauf, Zeitablauf als wesentliches Tatbestandsmerkmal) und Rechtsfolge (Rechtsverlust [des ursprünglichen Eigentümers]) von Ersitzung und Verwirkung. Rechtsprechung[232] und Literatur[233] lehnten den Lösungsansatz der Mobiliarersitzung mehrheitlich ab, u.a. wegen der umfangreichen Modifikation von Tatbestand (u.a. Unanwendbarkeit der zehnjährigen Ersitzungsfrist und des Gutgläubigkeitserfordernisses gem. § 937 Abs. 2 BGB) und Rechtsfolge

227 I.E. ebenso *Bommel*, S. 33 f.

228 *Bommel*, S. 34.

229 So PWW/*Schmidt-Kessel*, § 242 Rn. 59; ebenfalls für einen stillschweigende Verzicht: *Wieling* AcP 176 (1976), 334 ff. Vgl. dazu Kap.2 C.II.1.b)bb)(1).

230 Zum Ganzen *Bommel*, S. 34 f.

231 *Seligsohn*, GRUR 1930, 101; *Oppenheim*, Die Verwirkung im gewerblichen Rechtsschutz, 1932.

232 Vgl. *RG*, Urt. v. 27.10.1931, MuW 1932, 10; Urt. v. 27.10.1931, RGZ 134, 38.; *Bommel*, S. 39.

233 Ausführlich zum damals zeitgenössischen Schrifttums: *Tschischgale*, S. 52, Fn. 6.

(Verwirkung als Ausübungsbeschränkung, d.h. relative Rechtseinbuße). Zudem war der für das Wettbewerbs- und Warenzeichenrecht entwickelte Lösungsansatz nicht auf die Verwirkung von sonstigen Rechten, insbesondere schuldrechtlichen Ansprüchen, übertragbar.[234]

b) Verarbeitung (§ 950 BGB)

Beschränkt auf das Wettbewerbs- und Zeichenrecht wurde die Verwirkung teils aus der Regelung über den Eigentumserwerb des Verarbeitenden gem. § 950 BGB hergleitet.[235] Während diese Lösung in der Rechtsprechung keine ausdrückliche Erwähnung fand, lehnte das weit überwiegende Schrifttum sie aufgrund zahlreicher Kritikpunkte ab.[236]

c) Berechtigter Eingriff in fremde Interessen gem. §§ 904, 912, 917 BGB analog

Ein weiterer Lösungsansatz im Wettbewerbs- und Zeichenrecht griff zu Begründung der Verwirkung auf die analoge Anwendung der §§ 904, 912, 917 BGB zurück. Diese beinhalten ein allgemeingültiges Prinzip zur Regelung einer Güter- und Pflichtenkollision beim Eingriff in fremde Rechte. Unabhängig vom wiederum nur sehr beschränkten Anwendungsbereich, erwies sich diese Lösung auch aufgrund ihrer Rechtsfolge als nicht praxistauglich: Statt die verspätete Rechtsausübung zeitlich zu begrenzen, sehen die §§ 904 Satz 2, 912 Abs. 2, 917 Abs. 2 BGB eine Entschädigungsverpflichtung vor.[237] Das mit der Verwirkung bezweckte Ziel, die zeitliche Begrenzung von Rechten, konnte damit nicht erreicht werden.

d) Schadensersatz und Mitverschulden

Vereinzelt leitete man die Verwirkung aus einem Schadensersatz- oder Unterlassungsanspruch (§ 826 BGB, § 1 UWG) her. Die Rechtsprechung griff zunächst teils für einen derartigen Unterlassungsanspruch auf einen Verstoß gegen die guten Sitten bzw. Treu und Glauben zurück, der mit dem Verstoß gegen den lauteren

---

234 Zur ausführlichen Darstellung: *Bommel*, S. 35 ff. m.w.N.

235 Vgl. die Einzelnachweise bei *Bommel*, S. 42 Fn. 112.

236 U.a. beschränkter Anwendungsbereich, Übertragung sachenrechtlicher Regelungen ins Wettbewerbs- und Zeichenrecht, Beschränkung des Schutzbereichs des Rechts gegenüber dem Verarbeitenden ohne vollständigen Rechtsverlust als Rechtsfolge, unberechtigte Zeichennutzung führt nicht über Umarbeitung zur Erzeugung eines neuen Zeichens, sodass der Grundgedanke der Verarbeitung bereits nicht greift etc. Zudem war diese Lösung auf Fälle beschränkt, in denen der Inhaber verspätet gegen die unberechtigte Nutzung seines Namens- oder Zeichenrechts vorging und die Verwirkung als Rechtsfolge die Beschränkung des Schutzbereichs des Rechts gegenüber dem Verarbeitenden, nicht aber den vollständigen Rechtsverlust nach sich ziehen sollte, *Bommel*, S. 42 ff. m.w.N.

237 Zur ausführlichen Darstellung: *Bommel*, S. 45 f. m.w.N.

Wettbewerb einhergehe. Später stützte sie die Verwirkung allein auf § 242 BGB. Teils berücksichtigte die Rechtsprechung die Verwirkung über ein Mitverschulden (§ 254 BGB). Spätestens mit der allgemeinen Anerkennung der Verwirkung auf Grundlage von § 242 BGB, insbesondere durch die Rechtsprechung in den dreißiger Jahren, wurden diese vereinzelt vertretenen Lösungsansätze jedoch obsolet.[238]

e) Ausschlussfrist, Sonderverjährung

Andere Ansätze begriffen die Verwirkung ausgehend von gesetzlichen Ausschlussfristen als flexible Ausschlussfrist oder ordneten sie als gesetzlich nicht geregelten Anwendungsfall der Verjährung ein. Wann die Rechtsausübung verspätet sei, sollte ein Richter anhand bestimmter Kriterien für den jeweiligen Einzelfall bestimmen. In der Rechtsprechung fanden diese Ansätze keinen Widerhall. Die Literatur lehnte sie überwiegend ab.[239]

f) Verzeihung

Ausgehend von §§ 532 Satz 1, 2337 und 2343 BGB ordnete eine andere Auffassung die Verwirkung als Anwendungsfall der Verzeihung ein. Bei der Verzeihung verliert der Rechtsinhaber die Möglichkeit, das Recht im Widerspruch zu seinem früheren Verhalten auszuüben. Zudem erschien die Verzeihung gegenüber den rechtsgeschäftlichen Lösungsansätzen dogmatisch stringenter: Da die Verzeihung keine Willenserklärung ist, war die Ermittlung stillschweigender Willenserklärungen aus dem tatsächlichen Parteiverhalten entbehrlich. Zudem stellte sich das Problem der Anfechtbarkeit nicht.[240]

Überwiegend die Rechtsprechung diskutierte die Verwirkung als Verzeihung, jedoch beschränkt auf die außerordentliche Kündigung von Dauerschuldverhältnissen.[241] Das Schrifttum lehnte dies ab. Hauptkritikpunkt war, dass die Verzeihung

---

238 Zur ausführlichen Darstellung: *Bommel*, S. 46 ff. m.w.N.

239 Vgl. bspw. *Tschischgale*, S. 41 ff. Kritisiert wurde das Fehlen von Tatbestandsmerkmalen und Anknüpfungspunkten der Einzelfallkriterien sowie die Einordnung als Ausschlussfrist bzw. in die Verjährung, deren beider wesentliches Merkmal die Starrheit der Frist sei. Ausführlich: *Bommel*, S. 49 ff. m.w.N. Als Grundlage der Verwirkung dachten Teile der Literatur noch § 226 BGB an, verwarfen dies i.E. aber, vgl. *Bommel*, S. 52 f. m.w.N.

240 *Bommel*, S. 53 f. m.w.N.

241 *RG*, Urt. v. 22.01.1904, RGZ 56, 372; Urt. v. 21.12.1909, JW 1910, S. 117; Urt. 09.06.1911, LZ 1911, 695; *RAG*, Urt. v. 07.03.1928, JW 1928, 1464; *RG*, Urt. v. 01.03.1935, JW 1935, 2490; *Bommel*, S. 54 f. Unter Verweis auf die Urteile des RAG vom 23.10.1936 (ARS 28, 121) und vom 26.06.1942 (ARS 45, 56) meint *Bommel*, S. 56, dass die arbeitsrechtliche Rechtsprechung an dem Lösungsansatz der Verzeihung für die außerordentliche Kündigung des Arbeitsverhältnisses festgehalten hatte, auch nachdem die Verwirkung allgemein auf Grundlage des § 242 BGB anerkannt worden war. Dies ist unzutreffend. Das RAG differenziert in beiden Urteilen zwischen „Verwirkung" und „Verzeihung" (ARS 28, 121, [123])

aufseiten des Berechtigten ein schuldhaftes, vertragswidriges Verhalten voraussetzt. Bei der Verwirkung seien jedoch alle Einzelfallumstände zu berücksichtigen. Daher würde das Verschuldenserfordernis den Anwendungsbereich der Verwirkung bei der Einordnung als Verzeihung zu sehr beschränken.[242]

3. Gesetzesübersteigende Rechtsfortbildung

Anstatt auf Analogien zu Rechtsgedanken, Tatbestandsmerkmalen und Rechtsfolgen bestehender Regelungen zurückzugreifen, leiteten andere Lösungsansätze die Verwirkung aus allgemeinen Rechtsprinzipien her. Von konkreten gesetzlichen Vorgaben hinsichtlich Tatbestand und Rechtsfolge befreit, boten sie gegenüber den anderen Theorien den Vorteil, die zeitliche Begrenzung der Rechtsausübung flexibel und praktisch gestalten zu können.[243] Gleichwohl konnten sich diese Lösungen im Ergebnis nicht durchsetzen. Dies lag maßgeblich daran, dass die h.M. die Verwirkung als Unterfall des Verbots des *venire contra factum proprium* und damit als Fallgruppe des Verbots unzulässiger Rechtsausübung betrachtet. Diese beruht auf § 242 BGB. Mit § 242 BGB lag eine im Gesetz positiv geregelte Norm vor, die zudem in der Handhabung dieselbe praktische Flexibilität bot.

a) Verschweigung

Einzelne Stimmen im Schrifttum leiteten die Verwirkung aus dem historischen Vorbild der deutschrechtlichen Verschweigung ab.[244] Die Rechtsprechung ließ sie nahezu unbeachtet. Die Verschweigung eröffnete den Eigentumserwerb, wenn nach Durchführung eines Aufgebotsverfahrens der Eigentümer nicht innerhalb einer Frist von „Jahr und Tag" widersprochen oder nachträglich Entschuldigungsgründe vorgebracht hatte. Das überwiegende Schrifttum lehnte diese Herleitung ab. Im deutschen Recht existiere kein allgemeingültiges Prinzip der Verschweigung. Zudem sei das streng formale Verfahren der Verschweigung mit dem Wunsch nach flexibler Handhabbarkeit der Verwirkung für den jeweiligen Einzelfall nicht

---

bzw. „Verzeihung (als den Ausdruck, daß der Dienstherr den Vorgang nicht als so schwerwiegend empfinde, um der Fortsetzung des Vertragsverhältnisses enthoben zu sein)" und „Zeitablauf (insofern das übermäßige Zuwarten mit der Geltendmachung des Kündigungsgrundes gegen die gebotene Rücksichtnahme auf den Angestellten verstößt)" (ARS 45, 56 [60]). Im Urteil vom 26.06.1942 (ARS 45, 56) hielt das RAG ausdrücklich fest, dass die Kündigungsbefugnis auf dreifache Weise entfallen kann: „durch Verzicht auf das Recht zur Kündigung, durch Verzeihung und durch Zeitablauf". Auch das Schrifttum differenzierte damals zwischen Verzeihung und Verwirkung, vgl. *Röder*, S. 34 f.; *Grüll* S. 36.

242 *Bommel*, S. 55 f. m.w.N.

243 *Bommel*, S. 53.

244 Insbesondere *Krause*, Schweigen im Rechtsverkehr, 1933; eine ausführliche Auflistung des zeitgenössischen Schrifttums findet sich bei *Tschischgale*, S. 44.

vereinbar.[245] Zuletzt weise die Verschweigung – anders als die Verwirkung- Strafcharakter auf, da der Rechtsverlust aus der Nichtbefolgung des öffentlichen Aufgebotsverfahrens resultiere.[246]

b) Verwirkung infolge freier Interessenabwägung

Vereinzelt wurde die Verwirkung auch als Ergebnis einer Abwägung zwischen dem Interesse des Berechtigten am zeitweiligen Unterlassen der Rechtsausübung und dem Interesse des Verpflichteten an der Rechtsausübung binnen einer angemessenen Frist gesehen. Gerade die fehlende Anknüpfung an gesetzliche Regelungen, aber auch prognostizierte Schwierigkeiten bei der praktischen Handhabung, führten zur Ablehnung dieses Ansatzes in der Literatur.[247]

c) Unzulässige Rechtsausübung und Treu und Glauben (§ 242 BGB)

Im Rahmen der Aufwertungsrechtsprechung hatten die Gerichte die Verwirkung als Teil des Aufwertungsanspruchs auf § 242 BGB gestützt.[248] Die Kommentarliteratur erörtert die Verwirkung ebenfalls bis heute im Rahmen von § 242 BGB.[249]

aa) Grundsatz von Treu und Glauben (§ 242 BGB)

Soweit ersichtlich, wird die Verwirkung nunmehr[250] von nahezu keinem Autor mehr direkt auf § 242 BGB gestützt.[251] Gängig sind gerade in der Rechtsprechung allerdings Leerformeln, wonach die Verwirkung „Ausprägung des Grundsatzes von Treu und Glauben (§ 242 BGB)“[252] sei, sich aus den „Grundsätzen von Treu und Glauben (§ 242 BGB)“ ergebe[253], „Rechtsfolgebegriff im Rahmen des § 242 BGB“

245 Zur ausführlichen Darstellung: *Bommel*, S. 57 ff. m.w.N.; *Tschischgale*, S. 44 ff.
246 *Overbeck*, S. 37.
247 Zur ausführlichen Darstellung: *Bommel*, S. 62 ff. m.w.N.
248 S.o. Kap.2 B.II.2.b).
249 Vgl. statt vieler Staudinger/*Looschelders/Olzen*, § 242 Rn. 302 ff.
250 So aber die früher im Schrifttum h.M., vgl. z.B. *Overbeck*, S. 43; *Karakantas*, S. 49 ff.; *Röder*, S 22 ff.; *Stocks*, S. 17. Zu den unterschiedlichen Auffassungen damals: *Erdmann*, S. 12 ff.; *Krause*, S. 120 ff.; *Siebert*, S. 3 ff., 180 ff., dem jedoch über § 242 BGB hinaus §§ 226, 826 BGB als Ausgangspunkt seiner Lehre von den Schranken der Rechtsausübung dienten. Gegen die Anwendung von § 242 BGB damals schon *Müllereisert*, S. 129. Zur historischen Entwicklung vgl. auch *Bommel*, S. 67 ff.
251 Ausnahme scheint hier AR-Blattei SD 1720/*Kossens* Rn. 4, der „die Generalklausel des § 242 BGB“ als „rechtliche Grundlage und Ausgangspunkt“ der Verwirkung erachtet.
252 *BSG*, Urt. v. 27.07.2011 – B 12 R 16/09 R, BSGE 109, 22.
253 *BGH*, Beschl. v. 12.06.1951 – V BLw 58/50, MDR 1951, 605; Urt. v. 15.09.2010 – XII ZR 148/09, NJW 2010, 3714; *BSG*, Urt. v. 05.12.1972 – 10 RV 441/71, BSGE 35, 91.

sei[254], als „Rechtsinstitut aus dem § 242 BGB abgeleitet" sei[255], „Rechtsinstitut auf der Grundlage des Satzes von Treu und Glauben" sei[256], „Ausfluß des [...] Rechtsgrundsatzes von Treu und Glauben" sei[257], etc.[258]

Das Bundesverfassungsgericht begründete die Verwirkung ebenfalls nicht gesondert, sondern knüpfte an „der auf § 242 BGB gestützten ständigen Rechtsprechung des Bundesgerichtshofs"[259] an oder ging von „dem aus dem Grundsatz von Treu und Glauben abgeleiteten Einwand der Verwirkung"[260] aus.

Insbesondere das Reichsgericht entwickelte die Verwirkung als außerordentlichen Rechtsbehelf der ebenfalls auf § 242 BGB beruhenden Aufwertungsrechtsprechung.[261] Der Gebrauch von Leerformeln verwundert daher nicht. Für das Fehlen einer ordnungsgemäßen Begründung verweist *Stauder* zutreffend darauf, dass die Anknüpfung an § 242 BGB bereits von jeher ohne Kritik erfolgte.[262] Die Rechtsmissbrauchslehre war zudem zu der nach 1945 neu geschaffenen liberalen Rechtsordnung kompatibel. Die Verwirkung wiederum wurde als Unterfall der Rechtsmissbrauchslehre in § 242 BGB verortet.[263] Nicht zuletzt macht der Gebrauch von Leerformeln wie die „Grundsätze von Treu und Glauben (§ 242 BGB)" o.ä. dogmatische schwierige Abgrenzungsfragen (Gewohnheitsrecht, *venire contra factum proprium*, Rechtsmissbrauch etc.) vermeintlich entbehrlich. Auch mag ein gewisses Sicherungsbedürfnis gegen den Vorwurf der Gesetzesuntreue bei Heranziehung der Verwirkung mitspielen.[264] Schließlich wird der Verweis der Rechtsprechung auf Leerformeln einer gewissen Bequemlichkeit geschuldet sein: Die Verwirkung war bereits vor 1945 allgemein anerkannt[265] und in der Rechtsprechungspraxis wirkte sich die dogmatische Unterscheidung in der Regel nicht aus.

Mögen die Motive gerade vor dem Hintergrund der maßgeblich rechtsprechungsgeprägten Entwicklung der Verwirkung auch nachvollziehbar sein: Leerformeln stellen ebenso wenig eine tragfähige Begründung dar wie das Berufen auf

---

254 *BAG*, Urt. v. 30.11.1955 – 1 AZR 217/54, JZ 1956, 322.
255 *BAG*, Urt. v. 23.12.1957 – 1 AZR 565/56, AP Nr. 4 zu § 242 BGB Verwirkung.
256 *BAG*, Urt. v. 09.07.1958 – 2 AZR 438/56, AP Nr. 9 zu § 242 BGB Verwirkung.
257 *BGH*, Beschl. v. 31.10.1972 – NotZ 3/72, LM Nr. 1 zu § 25 BNotO.
258 Weitere Nachweise bei Stauder, S. 35; weitere Leerformeln zu „Treu und Glauben" bei *Menzel*, S. 27 ff.; *ders.* zu „allgemeine Rechtsgedanken", „Rechtsprinzipien" und „Rechtsgrundsätze", S. 17 ff.
259 *BVerfG*, Beschl. v. 14.12.2005 – 1 BvR 2874/04, Grundeigentum 2006, 438.
260 *BVerfG*, Beschl. v. 14.11.1989 – 1 BvR 956/89, NJW 1990, 566.
261 S.o. Kap.2 B.II.2.c).
262 *Stauder*, S. 35.
263 S.o. Kap.2 B.IV.
264 *Menzel*, S. 28, unter Verweis auf *de Boor*, JW 1933, S. 2276; *Tegtmeyer*, AcP 142 (1936), S. 203 (210).
265 S.o. Kap.2 B.III.3; *OVG Rheinland-Pfalz*, Urt. v. 07.06.1983 – 10 C 26/82, AS 18, 159, wonach die Verwirkung aufgrund der langen Anerkennung keiner weiteren Begründung bedürfe.

die h.M. Da soweit ersichtlich § 242 BGB direkt als Rechtsgrundlage für die Verwirkung nicht mehr herangezogen wird und die Berufung auf Leerformeln keine dogmatisch Grundlage birgt, scheidet der „Grundsatz von Treu und Glauben (§ 242 BGB)" zur dogmatischen Begründung der Verwirkung aus.

bb) Venire contra factum proprium

(1) H.M.

Eng verbunden mit § 242 BGB und daher in der Kommentarliteratur ebenfalls überwiegend dort kommentiert[266], ist das Verbot des *venire contra factum proprium.*

Die Lehre vom Verbot des *venire contra factum proprium* geht maßgeblich auf *Riezler* zurück. Später griff sie *Siebert* auf.[267] Danach setzt sich eine Partei der Einrede der allgemeinen Arglist (*exceptio doli generalis*) aus, wenn sie ein Recht dergestalt ausübt, dass dies mit ihrem früheren Verhalten nach den Grundsätzen von Treu und Glauben sowie den guten Sitten unvereinbar ist.[268] Nach heute gängiger Definition ist ein widersprüchliches Verhalten missbräuchlich, wenn „für den anderen Teil ein Vertrauenstatbestand entstanden ist oder wenn andere besondere Umstände die Rechtsausübung als treuwidrig erscheinen lassen".[269]

Das Verbot des *venire contra factum proprium* ordnet die h.M. als eigenständige Fallgruppe der unzulässigen Rechtsausübung ein.[270] Die unzulässige Rechtsausübung bzw. der Rechtsmissbrauch sind eine Ausprägung des § 242 BGB.[271] So stellt nach der sog. „Innentheorie" Treu und Glauben eine allen Rechten, Rechtslagen und Rechtsnormen immanente Inhaltsbegrenzung dar. Die gegen § 242 BGB verstoßende Rechtsausübung oder Ausnutzung einer Rechtslage ist daher als Rechtsüberschreitung missbräuchlich und damit unzulässig.[272]

Nach der h.M. im Schrifttum[273] soll die Verwirkung wiederum ein Sonder-, Unter- oder Anwendungsfall des Verbots des *venire contra factum proprium* sein.[274]

---

266 Vgl. statt vieler Staudinger/*Looschelders/Olzen*, § 242 Rn. 286 ff.

267 *Riezler*, Venire contra factum proprium, 1912; *Siebert*, S. 6 Fn. 18, m.w.N. Ausführlich zu den dogmatischen Grundlagen des Verbots des *venire contra factum proprium*: *Singer*, S. 21 ff.

268 *Siebert*, S. 6; *Riezler*, S. 132.

269 Palandt/*Grüneberg*, § 242 Rn. 55 m.w.N.

270 Vgl. statt vieler *Singer*, S. 223, Fn. 2, 3 m.w.N.

271 Statt vieler: Staudinger/*Looschelders/Olzen*, § 242 Rn. 214; a.A. Soergel/*Teichmann*, § 242 Rn. 11 ff., wonach es sich um eine eigenständige Rechtsfigur handelt. Ausführlich s.u. Kap.2 B.I.3.c)cc).

272 Statt vieler: Palandt/*Grüneberg*, § 242 Rn. 38 m.w.N.

273 Der Rechtsprechung lässt sich keine klare Linie entnehmen. Die Entscheidungen, die die Verwirkung als Sonder-, Unter- oder Anwendungsfall widersprüchlichen Verhaltens einordnen sind ebenso Legion (vgl. *Stauder*, S. 42 Fn. 100 m.w.N.) wie Entscheidungen, die überhaupt keine Begründung liefern oder auf § 242 BGB bzw. „Treu und Glauben" (vgl. *Menzel*, S. 27 f. Fn. 137 ff.) verweisen.

274 Staudinger/*Looschelders/Olzen*, § 242 Rn. 302; MüKo/Roth/Schubert, BGB § 242 Rn. 329, die allerdings von einer eigenständigen Entwicklung der Verwirkung

Die obergerichtliche Rechtsprechung verfolgt insoweit dogmatisch keine einheitliche Linie, sofern sie überhaupt die Verwirkung gesondert begründet.[275]

(2) Eigene Auffassung
Selbst wenn man die Verwirkung als Unterfall der unzulässigen Rechtsausübung einordnen will, folgt daraus entgegen der h.M. nicht, dass es sich um einen Unterfall des Verbots des *venire contra factum proprium* handelt.

(a) Art der Rechtsausübung
Beide Rechtsinstitute verwirklichen zwar Gesichtspunkte des Vertrauensschutzes.[276] Während die Verwirkung allerdings die illoyal verspätete Geltendmachung von Rechten ausschließt, bezweckt das Verbot des *venire contra factum proprium* unter besonderen Umständen[277] den Ausschluss der Rechtsausübung, die im Widerspruch zu einem früheren Verhalten steht. Damit ist die Beschränkung der Rechtsausübung beim Verbot des *venire contra factum proprium* jedoch enger als diejenige der Verwirkung. Dennoch soll letztere ein Unterfall des *venire contra factum proprium* sein.

(b) Zeitablauf
Zudem ist das Zeitmoment der Verwirkung beim Verbot widersprüchlichen Verhaltens irrelevant.[278] Vielmehr erachtet die h.M. das Zeitmoment nur dann als

---

ausgehen (Rn. 330); Palandt/*Grüneberg*, § 242 Rn. 55, 87; *Larenz*, § 10 II b, S. 133; *Brox/Walker*, § 7 Rn. 17; *Singer*, 223; *Dette*, S. 58; *Wieacker*, Präzisierung, S. 28; *Stauder*, S. 43; *Heinrich*, S. 414 f.; *Schewiola*, S. 24; *Becker-Schaffner*, S. 115; *Kettler*, NZA 2001, 928 (931); wohl auch *Kühn*, NZA 2008, 1328 ff.; zum Schrifttum bis 1945: *Ahl*, S. 28 Fn. 76, m.w.N. A.A. *Bydlinski*, S. 184 ff. und *Wieling*, AcP 176, 334 ff., die die Verwirkung als rechtsgeschäftlichen Verzicht einordnen; dagegen *Stauder*, S. 36 f. m.w.N.

275 Ausdrücklich auf widersprüchliches Verhalten stellen z.B. ab: *BAG*, Urt. v. 09.07.1958 – 2 AZR 438/56, AP Nr. 9 zu § 242 BGB Verwirkung; *BGH*, Urt. v. 19.10.2005 – XII ZR 224/03, NJW 2006, 219; Urt. v. 16.06.1982 – IVb ZR 709/80, NJW 1982, 1999. Demgegenüber Verwirkung und widersprüchliches Verhalten trennend: *BAG*, Urt. v. 23.09.2009 – 4 AZR 220/08, ZTR 2010, 298; Urt. v. 01.12.2004 – 7 AZR 198/04, NZA 2005, 575; Urt. v. 07.11.1995 – 9 AZR 541/94, juris; *BGH*, Urt. v. 06.03.1985 – IVb ZR 7/84, NJW 1985, 2589; Urt. v. 16.07.2004 – V ZR 222/03, NJW 2004, 3330.

276 Vgl. jeweils statt vieler: Für die Verwirkung NK-BGB/*Krebs*, § 242 Rn. 99 m.w.N.; für das Verbot des *venire contra factum proprium Dette*, S. 45 ff. Ebenso *Canaris*, S. 266.

277 Grundsätzlich steht jeder Partei widersprüchliches Verhalten frei. Daher greift das Verbot nach h.M. erst, wenn ein besonderer Vertrauenstatbestand existiert oder sonstige besondere Umstände die Rechtsausübung treuwidrig erscheinen lassen, NK-BGB/*Krebs*, § 242 Rn. 92 m.w.N.

278 Ebenso NK-BGB/*Krebs*, § 242 Rn. 93 m.w.N.; *Krause*, S 165 f.

maßgeblich, wenn das frühere (widersprüchliche) Verhalten in einem Unterlassen besteht. Allgemein wird beim Verbot des *venire contra factum proprium* für die Annahme eines Unterlassens als widersprüchliches Vorverhalten verlangt, dass dieses einem positiven Tun gleichzusetzen ist. Dies soll dann der Fall sein, wenn eine entsprechende Handlung geboten gewesen wäre (so bspw. wenn Hinweis-, Aufklärungs- oder Kundgabepflichten bestanden hätten) und das Unterlassen von gewisser Dauer war.[279] So müsse sich das Unterlassen über einen gewissen Zeitraum erstrecken, um vertrauensbildend wirken zu können.[280]

Dies ist unzutreffend. Auf die Unterlassensdauer kommt es nicht an. Zunächst ist von dem Grundsatz auszugehen, dass die bloße Untätigkeit, insbesondere die Nichtausübung eines Rechts, nach der Rechtsordnung an sich neutral ist.[281] Seine Neutralität verliert die Untätigkeit erst dann, wenn ein Gebot zum Handeln besteht. Nur in diesem Fall kann beim *venire contra factum proprium* ein gebotswidriges Unterlassen dem positiven Tun gleichgesetzt werden. Damit begründet aber bereits das gebotswidrige Unterlassen allein für sich genommen (in Verbindung mit dem späteren Handeln) das widersprüchliche Verhalten. Auf einen Zeitablauf zwischen dem gebotswidrigen Unterlassen und späteren Handeln kommt es nicht an. Das widersprüchliche Verhalten besteht vielmehr allein im jetzigen Handeln nach vorausgegangenem Nichthandeln trotz „Hinweis-, Aufklärungs- oder Kundgabepflichten“[282], also im gebotswidrigen Unterlassen. Spielt das Zeitmoment daher beim *venire contra factum proprium* keine Rolle, kann die Verwirkung, bei der der Zeitablauf gerade maßgeblich ist, nicht als Unterfalls des *venire contra factum proprium* qualifiziert werden.

(c) Keine vergleichbare Grundkonstellation

Die Einordnung der Verwirkung als Sonder-, Unter- oder Anwendungsfall des *venire contra factum proprium* gründet im Wesentlichen darin, dass die „Geltendmachung eines Rechts nach längerer, vertrauensbegründender Nichtausübung“ pauschal als widersprüchliches Verhalten qualifiziert wird. Wie bereits ausgeführt, kann jedoch lediglich ein gebotswidriges Unterlassen ein widersprüchliches Verhalten darstellen. Wo es aber an „Hinweis-, Aufklärungs- oder Kundgabepflichten“[283] fehlt, scheidet ein widersprüchliches Verhalten aus. Insoweit kann dem Berechtigten dann allein sein jetziges Verhalten zum Vorwurf gemacht werden, nämlich die verspätete Rechtsausübung. Beim *venire contra factum proprium* geht es um also die Divergenz zwischen vorausgegangenem und

---

279 *Dette*, S. 59; a.A. *Griesbeck*, S. 71 f., der allein auf eine Rechtspflicht zum Tätigwerden abstellt.

280 MüKo/*Roth*, 5. Aufl., BGB § 242 Rn. 256.

281 *Dette*, S. 72 f. m.w.N.

282 *Dette*, S. 59.

283 *Dette*, S. 59.

jetzigem Verhalten. Bei der Verwirkung ist dagegen allein das jetzige Verhalten (verspätete Rechtsausübung) maßgeblich.

(d) Vertrauensschutz und Zeitablauf

Entsprechendes gilt für den mit dem Verbot des *venire contra factum proprium* bezweckten Vertrauensschutz. So rührt der Vertrauensschutz nicht wie bei der Verwirkung auch aus dem Zeitablauf. Vielmehr ist er direkte Folge der Untätigkeit trotz „Hinweis-, Aufklärungs- oder Kundgabepflichten"[284]. Auf diese hat sich die Gegenseite eingestellt, ohne dass es auf die Dauer des Unterlassens ankäme. Sanktioniert werden soll allein das widersprüchliche Verhalten, d.h. das gebotswidrige Unterlassen. Dieses ist von der Zeitdauer jedoch völlig unabhängig. Insbesondere ist nicht ersichtlich, warum dasselbe gebotswidrige Unterlassen nach „kurzer" Zeitdauer noch kein widersprüchliches Verhalten darstellen soll, sondern erst nach „gewisser" Dauer. Wollte man dies anders sehen, käme es beim *venire contra factum proprium* nicht mehr maßgeblich auf die Gebotswidrigkeit des Unterlassens an, sondern auf die Dauer des Unterlassens. Der Zeitablauf ist daher beim Verbot des *venire contra factum proprium* im Gegensatz zur Verwirkung kein konstitutives Merkmal. Dies schließt nicht aus, dass in Einzelfällen die Tatbestandsmerkmale beider Rechtsfiguren verwirklicht sein können.[285]

(e) Rechtlich missbilligtes Verhalten

Während bei der Verwirkung der rechtliche missbilligte Vorwurf den Zeitablauf (verspätete Geltendmachung) betrifft, ist dies beim *venire contra factum proprium* der Gegensatz zwischen gegenwärtigen und früheren Verhalten.[286] Die h.M. verkennt diesen Unterschied, indem sie die frühere Nichtausübung des Rechts als gegensätzliches Verhalten zur jetzigen Rechtsausübung einstuft. Der Unterschied soll an einem Beispielsfall[287] verdeutlicht werden: Der Berechtigte macht sein Recht außergerichtlich vergeblich geltend. Erst nach langem Zuwarten erhebt er Klage. In diesem Fall liegt kein widersprüchliches Verhalten vor. So wie keine grundsätzliche Verpflichtung zur Rechtsausübung besteht, so besteht keine Verpflichtung, ein außergerichtlich vergeblich geltend gemachtes Recht klageweise geltend zu machen. Die Klage ist aufgrund der verspäteten Geltendmachung des Rechts

---

284 *Dette*, S. 59.

285 Ebenso *Griesbeck*, S. 103. Neben dem Zeitmoment, stießen sich die wenigen kritischen Stimmen im früheren Schrifttum hauptsächlich daran, dass ein „gegensätzliches Verhalten" nicht durch Untätigkeit verwirklicht werden könne. Vielmehr verlange das Verbot des *venire contra factum proprium* ein Tätigwerden, vgl. *Overbeck*, 40; *Pawelek*, S. 72; *Letzgus*, DR 1941, 2324 (2325); mit Einschränkungen auch *Fischer*, S. 33; für die Verwirklichung durch Unterlassen damals schon: *Ahl*, S. 78 f. m.w.N.

286 Ebenso *Bender*, S. 14.

287 Nach *Bender*, S. 14.

abzuweisen (Verwirkung), nicht weil der Kläger sich widersprüchlich verhalten hätte (*venire contra factum proprium*).[288]

(f) Widersprüchlichkeiten bei der dogmatischen Konstruktion

Auch konstruktiv erscheint es wenig plausibel, die Verwirkung als Sonder-, Unter- oder Anwendungsfall des Verbots des *venire contra factum proprium* einzuordnen und in den Fällen des Unterlassens mit dem Zeitablauf ein zusätzliches Tatbestandsmerkmal aufzustellen.[289] Dies gilt umso mehr, als die Gleichsetzung von Tun und Unterlassen aus der Gebotswidrigkeit des Unterlassens hergeleitet wird. Die Gebotswidrigkeit ist aber von der Dauer des Unterlassens unabhängig. Sie besteht oder sie besteht nicht. Ein Unterlassen wird nicht deshalb „gebotswidriger", weil ein bestimmter Zeitraum vergeht.

Zuletzt unterscheiden sich das Verbot des *venire contra factum proprium* und die Verwirkung in Bezug auf die Zurechenbarkeit[290], d.h. unter welchen Voraussetzungen dem Rechtsinhaber das frühere Verhalten zuzurechnen ist, das die spätere Widersprüchlichkeit begründet[291] (*venire contra factum proprium*) bzw. die verspätete Rechtsausübung (Verwirkung). Bei der Zurechenbarkeit im Rahmen des *venire contra factum proprium* muss dem Berechtigten erkennbar gewesen sein, dass sein Verhalten vertrauensbegründend wirkt.[292] Dagegen genügt bei der Verwirkung eine rein objektive Zurechenbarkeit des Vertrauenstatbestandes[293]. So tritt Verwirkung auch dann ein, wenn die verspätete Rechtsausübung dem Berechtigten subjektiv nicht zurechenbar ist, z.B. bei nicht zu vertretender Unkenntnis von seinem Recht.[294] Demnach ist der Eintritt der Verwirkung im Gegensatz zum Verbot widersprüchlichen Verhaltens von subjektiven Zurechenbarkeitsvoraussetzungen des Berechtigten unabhängig.

---

288 Ebenso *Bender*, S. 14 f.

289 Ebenfalls kritisch zu der Einordnung der Verwirkung als „Unterfall" bei gleichzeitig erhöhten Tatbestandsvoraussetzungen *Menzel*, S. 14.

290 *Griesbeck*, S. 100.

291 MüKo/*Roth*, 5. Aufl., BGB § 242 Rn. 259.

292 MüKo/*Roth/Schubert*, BGB § 242 Rn. 288; *Dette*, S. 72; a.A. Staudinger/*Looschelders/Olzen*, § 242 Rn. 293, 310, die in beiden Fällen ausreichen lassen, dass der Handelnde die vertrauensbegründenden Umstände beherrscht und sie hätte vermeiden können, worüber objektive Kriterien entscheiden sollen; ebenso Soergel/*Teichmann*, § 242 Rn. 319.

293 Ähnlich MüKo/*Roth/Schubert*, BGB § 242 Rn. 330, die die Voraussetzungen für die subjektive Zurechnung bei der Verwirkung ebenfalls als für geringer als beim widersprüchlichen Verhalten erachten.

294 MüKo/*Roth/Schubert*, BGB § 242 Rn. 342; *BGH*, Urt. v. 27.06.1957 – II ZR 15/56, NJW 1957, 1358; Urt. v. 16.03.2007 – V ZR 190/06, NJW 2007, 2183.

(3) Zwischenergebnis

Die Verwirkung ist kein Sonder-, Unter- oder Anwendungsfall des Verbots des *venire contra factum proprium.*[295] Im Gegensatz zum *venire contra factum proprium* ist das Zeitmoment ein konstitutives Tatbestandsmerkmal der Verwirkung. Die Verwirkung schließt die illoyal verspätete Geltendmachung von Rechten aus. Maßgeblich ist allein das jetzige Verhalten (verspätete Rechtsausübung). Dagegen bezweckt das Verbot des *venire contra factum proprium* den Ausschluss der Rechtsausübung, die im Widerspruch zu einem früheren Verhalten steht. Somit geht es beim *venire contra factum proprium* um die Divergenz zwischen vorausgegangenem und jetzigem Verhalten. Zuletzt reicht für den Eintritt der Verwirkung die objektive Zurechenbarkeit des vertrauensbegründenden Handelns aus. Beim Verbot widersprüchlichen Verhaltens muss dagegen für den Berechtigten erkennbar gewesen sein, dass sein Verhalten vertrauensbegründend wirkt.

cc) Rechtsmissbrauch/unzulässige Rechtsausübung

(1) Grundsätzliches

Bei der Anwendung von § 242 BGB haben Rechtsprechung und Literatur Fallgruppen gebildet. Besondere Bedeutung hat dabei der Gedanke des Rechtsmissbrauchs bzw. der unzulässigen Rechtsausübung erlangt.[296] Dieser geht auf die römisch rechtliche *exceptio doli* zurück, die bewusst nicht im BGB kodifiziert wurde.[297] Dogmatisch führte die Rechtsprechung das Verbot unzulässiger Rechtsausübung auf §§ 242, 826 BGB zurück.[298]

Heute leitet die h.M. das Verbot des Rechtsmissbrauchs in erster Linie aus dem Wortlaut des § 242 BGB ab. Danach steht die Bewirkung der Leistung nach Treu und Glauben (Konkretisierungsfunktion) im untrennbaren Zusammenhang mit dem Gebot der gegenseitigen Rücksichtnahme (Beschränkungsfunktion).[299] Dabei bezeichnet „Rechtsmissbrauch" üblicherweise den Tatbestand der missbilligten Inanspruchnahme eines Rechts, während „unzulässige Rechtsausübung" stärker

---

295 I.E. ebenso: *Griesbeck*, S. 102; *Siebert*, S. 183 ff.; *Krause*, S. 163 ff.; *Overbeck*, S. 39 f.; *Röder*, S 16 f.; *Menzel*, S. 13 ff. Unklar *Canaris*, der teils von der Eigenständigkeit der Verwirkung ausgeht (S. 266), sie teils als Unterfall des Verbots des widersprüchlichen Verhaltens oder zumindest als ein „damit aufs engste verwandte Institut" bezeichnet (S. 372); von einer „Verwandtschaft" gehen auch NK-BGB/*Krebs*, § 242 Rn. 103 und Erman/*Hohloch*, BGB § 242 Rn. 123 aus.

296 Staudinger/*Looschelders/Olzen*, § 242 Rn. 211, 214, auch zu der Frage, ob es sich um eine eigenständige Rechtsfigur (so Soergel/*Teichmann*, § 242 Rn. 11) oder eine „Ausprägung des § 242 BGB" handelt. Der *EuGH* erachtet das Verbot des Rechtsmissbrauchs als „allgemeinen Grundsatz des Gemeinschaftsrechts", vgl. Urt. v. 05.07.2007 – C-321/05, EuZW 2007, 641.

297 Die Rechtsprechung hielt jedoch an ihr fest, s.o. Kap.2 B.I.1.b).

298 MüKo/*Roth/Schubert*, BGB § 242 Rn. 204 m.w.N.

299 Staudinger/*Looschelders/Olzen*, § 242 Rn. 215.

die Rechtsfolge kennzeichnet.[300] Nach h.M. besteht jedoch kein allgemeines, von § 242 BGB losgelöstes Missbrauchsverbot. Vielmehr ist es auf die bestehende Sonderverbindung beschränkt.[301] Insoweit stellt der Grundsatz von Treu und Glauben eine allgemeine Schranke der Rechtsausübung dar.[302] Dabei wird zumeist zwischen zwei Ausprägungen unterschieden: Dem institutionellen und dem individuellen Rechtsmissbrauch.[303]

Rechtsprechung wie auch Literatur ordnen die Verwirkung häufig pauschal als Fall unzulässiger Rechtsausübung ein, zumeist ohne deren Ausprägungen zu unterscheiden.[304]

(a) Verwirkung: Kein Fall des institutionellen Rechtsmissbrauchs

Institutioneller Rechtsmissbrauch („Normen- bzw. Institutsmissbrauch")[305] liegt vor, wenn die Rechtsfolgen, die sich aus einem Rechtsinstitut ergeben, deshalb zurücktreten müssen, weil sie zu einem untragbaren Ergebnis führen. Im Gegensatz zum individuellen Rechtsmissbrauch ergibt sich der Vorwurf bereits aus Sinn und Zweck des Rechtsinstituts.[306] Anerkannte Fälle des institutionellen Rechtsmissbrauchs sind z.B. die Durchgriffshaftung wegen Missbrauchs der Rechtsform der juristischen Person und die missbräuchliche Berufung auf die Nichtigkeit von Rechtsgeschäften.[307]

Die Verwirkung ist kein Fall des institutionellen Rechtsmissbrauchs. Der institutionelle Rechtsmissbrauch betrifft allein den zweckwidrigen Gebrauch eines Rechtsinstituts oder einer Rechtsnorm. Beim institutionellen Rechtsmissbrauch geht es darum, ob die Rechtsfolgen, die an sich aus einem Rechtsinstitut folgen, im Einzelfall dessen Sinn und Zweck widersprechen. Demgegenüber geht es bei der Verwirkung um die Ausübung subjektiver Rechte.[308]

---

300 MüKo/*Roth/Schubert*, BGB § 242 Rn. 152.

301 Staudinger/*Looschelders/Olzen*, § 242 Rn. 214, 216.

302 *BGH*, Urt. v. 18.11.1955 – I ZR 176/53, BGHZ 19, 72; *BAG*, Urt. v. 23.06.1994 – 2 AZR 617/93, NZA 1994, 1080.

303 Vgl. statt vieler Staudinger/*Looschelders/Olzen*, § 242 Rn. 218 m.w.N.; eine einheitliche Terminologie hat sich bis heute nicht durchgesetzt, vgl. Bamberger/Roth/*Sutschet*, § 242 Rn. 57 m.w.N.

304 Vgl. bspw.: *BGH*, Urt. v. 05.07.2011 – XI ZR 306/10, WM 2011, 2088, Verwirkung als „ein Fall der unzulässigen Rechtsausübung (§ 242 BGB)"; *Menzel*, S. 15 ff. m.w.N., der diese Einordnung generell ablehnt. Aus der Literatur vgl. bspw.: *Boehmer*, S. 103: „[...] so erscheint die Geltendmachung des verwirkten Rechts als eine unzulässige Rechtsausübung, die Berufung auf den noch nicht vollendeten Ablauf der gesetzlichen Verjährungsfrist oder auf das völlige Fehlen einer solchen als Rechtsmißbrauch." *Rüdy*, S. 86, bezeichnet die Verwirkung als „einen Sonderfall von Rechtsmißbrauch".

305 NK-BGB/*Krebs*, § 242 Rn. 69.

306 Staudinger/*Looschelders/Olzen*, § 242 Rn. 218.

307 NK-BGB/*Krebs*, § 242 Rn. 69.

308 I.E. ebenso *Stauder*, S. 29.

(b) Verwirkung: Kein Fall des individuellen Rechtsmissbrauchs

Individueller Rechtsmissbrauch („Rechtsfehlgebrauch")[309] liegt vor, wenn die Ausübung eines Rechtes nach Abwägung im Einzelfall gegen Treu und Glauben verstößt. Dabei soll sich der Missbrauchsvorwurf aus dem Verhalten des Gläubigers ergeben.[310]

Letzterer Aspekt ist zu eng formuliert. Als Fall des institutionellen Rechtsmissbrauchs ist u.a. die Inhaltskontrolle von formularmäßigen Regelungen jenseits von §§ 305 ff. BGB (Wirksamkeitskontrolle) anerkannt.[311] Der Verwender der (unwirksamen) Formularregelung kann abhängig von deren Inhalt Gläubiger wie auch Schuldner sein. Räumt sich der Verwender bspw. formularmäßig ein Forderungsrecht ein, ist er insoweit Gläubiger. Gleichwohl liegt ein Fall des institutionellen, nicht des individuellen Rechtsmissbrauchs vor. Eine Unterscheidung hat daher allein nach formalen Gesichtspunkten zu erfolgen: Beim Fehlgebrauch eines subjektiven Rechts liegt individueller Rechtsmissbrauch vor, während den institutionellen Rechtsmissbrauch der Fehlgebrauch von Rechtsinstituten und Rechtsnormen kennzeichnen.[312]

Die h.M. begreift die Verwirkung unzutreffend[313] als Sonder-, Unter- oder Anwendungsfall des Verbots des *venire contra factum proprium*, welches sie wiederum als eigenständige Fallgruppe des individuellen Rechtsmissbrauchs einordnet. Gleichwohl liegt es nahe, nach Ablehnung des institutionalisierten Rechtsmissbrauchs die Verwirkung im Ergebnis mit der h.M. als Form des individuellen Rechtsmissbrauchs zu begreifen. So kann die Verwirkung unter den Begriff des Rechtsfehlgebrauchs im Sinne einer missbräuchlichen Ausnutzung individueller, subjektiver Rechte subsumiert werden.[314] Dadurch würde auch die Unterscheidung zwischen den Rechtsfolgen zulässiger (rechtzeitiger) Rechtsausübung und unzulässiger (verspäteter) Rechtsausübung (Verwirkung) zum Ausdruck gebracht. Zu-

---

309 NK-BGB/*Krebs*, § 242 Rn. 69.

310 Staudinger/*Looschelders/Olzen*, § 242 Rn. 218.

311 Bamberger/Roth/*Sutschet*, § 242 Rn. 51; NK-BGB/*Krebs*, § 242 Rn. 69.

312 In diesem Sinne auch die Ausführungen bei Bamberger/Roth/*Sutschet*, § 242 Rn. 51.

313 S.o. Kap.2 B.I.3.c)bb)(3).

314 *Stauder*, S. 29, geht von individuellem Rechtsmissbrauch aus. Denn die Verwirkung meine nicht die „unzulässige Rechtsausübung aufgrund der generellen Beschränkung von Rechten, sondern die Unzulässigkeit der Rechtsausübung in einem konkreten Einzelfall." *Stauder* verkennt, dass auch der institutionalisierte Rechtsmissbrauch einzelfallabhängig ist: Die sich aus der Anwendung eines Rechtsinstituts oder ein Rechtsnorm ergebenden Folgen müssen *im konkreten Fall* zu einem untragbaren Ergebnis führen (so zutreffend NK-BGB/*Krebs*, § 242 Rn. 69). Rechtsmissbrauch ist somit immer einzelfallabhängig, unabhängig von seiner Ausprägung. Unzutreffend ist daher auch seine Behauptung, dass der institutionalisierte Rechtsmissbrauch die generelle Beschränkung von Rechten betreffe.

letzt wäre dies auch mit Blick auf die historische Entwicklung der Verwirkung konsequent, wonach die Rechtsprechung ausdrücklich an § 242 BGB angeknüpft hat[315]. Demnach wäre die Verwirkung als eigenständige Fallgruppe des individuellen Rechtsmissbrauchs einzuordnen.

Dennoch erscheint diese Einordnung dogmatisch wenig aussagekräftig. Vereinfacht formuliert ist Rechtsmissbrauch nach h.M. eine „Unterfallgruppe", „Ausprägung"[316] o.ä. von § 242 BGB. Letztlich ersetzt die h.M. damit die geschriebene Norm des § 242 BGB durch eine ungeschriebene Fallgruppe „Rechtsmissbrauch". Der Austausch von Begrifflichkeiten kann für die Verwirkung jedoch dogmatisch nicht überzeugend begründen.

Zu demselben Ergebnis gelangt man, wenn man zu der Grundannahme zurückkehrt, wonach der Grundsatz von Treu und Glauben (§ 242 BGB) eine allgemeine Schranke der Rechtsausübung bildet.[317] In diesem Fall bildet das Verbot des Rechtsmissbrauchs ebenfalls einen Teil dieser allgemeinen Schranke. Einer allgemeinen Schranke der Rechtsausübung bedarf es jedoch dort nicht, wo bereits eine spezielle Schranke die Rechtsausübung regelt. Unabhängig davon wäre die Einordnung der Verwirkung als Rechtsmissbrauch unzutreffend, wenn sie zwischenzeitlich zum Gewohnheitsrecht erstarkt sein sollte.[318]

(2) Zwischenergebnis

Die Verwirkung ist kein Fall des institutionellen Rechtsmissbrauchs. Dieser betrifft allein den zweckwidrigen Gebrauch eines Rechtsinstituts oder einer Rechtsnorm. D.h. widersprechen die Rechtsfolgen, die an sich aus einem Rechtsinstitut folgen, im Einzelfall dessen Sinn und Zweck? Dagegen geht es bei der Verwirkung um die Ausübung subjektiver Rechte.

Die Verwirkung ist auch kein Fall des individuellen Rechtsmissbrauchs. Sie dergestalt einzustufen, bedeutet lediglich Begrifflichkeiten auszutauschen. Eine dogmatisch überzeugende Begründung ist damit nicht verbunden.

d) Richterrecht

Das „Richterrecht" gehört zu den nicht organisierten Rechtsquellen.[319] Die Legitimation der Rechtsprechung zur Schaffung von Richterrecht rührt aus ihrer konkretisierenden und lückenfüllenden Funktion. Sie umfasst auch die normative

---

315 S.o. Kap.2 B.II.2.b).

316 Staudinger/*Looschelders/Olzen*, § 242 Rn. 214. Zu Recht kritisch zu derartigen Begrifflichkeiten *Menzel*, S. 17 ff., 27 ff.

317 *BGH*, Urt. v. 18.11.1955 – I ZR 176/53, BGHZ 19, 72; *BAG*, Urt. v. 23.06.1994 – 2 AZR 617/93, NZA 1994, 1080.

318 S.u. Kap.2 B.II.

319 Isensee/Kirchhof/*Ossenbühl*, § 100 Rn. 50. Ausführlich zum Richterrecht: *Kruse*, Das Richterrecht als Rechtsquelle des innerstaatlichen Rechts, 1971.

Ergänzung und Weiterführung des geschriebenen Rechts.[320] Existenz und Legitimation des Richterrechts sind anerkannt. Umstritten sind seine Definition und die Frage, wo die Rechtsfindung durch den Richter im Wege der Gesetzesauslegung und Gesetzesanwendung endet und wo er beginnt, rechtsschöpfend tätig zu werden.[321]

Gleichwohl sind vier Erscheinungsformen des Richterrechts anerkannt: Gesetzeskonkretisierendes, gesetzeskonkurrierendes, gesetzesvertretendes und gesetzeskorrigierendes Richterrecht.[322] Mit Blick auf die maßgebliche Rolle der Rechtsprechung bei der Entwicklung der Verwirkung liegt es nahe, ihre Rechtsgrundlage im „Richterrecht" zu sehen.[323] Dies gilt umso mehr, als sich „Richterrecht" aufgrund der Überzeugungskraft und Gefolgschaft der Gerichte erst durchsetzen muss[324], wie dies gerade bei der Verwirkung auch der Fall war.[325]

aa) Gesetzeskonkretisierendes Richterrecht

Gesetzeskonkretisierendes Richterrecht knüpft an geschriebenes Gesetzesrecht an. Bedient sich der Gesetzgeber bei der Gesetzesfassung Generalklauseln oder unbestimmter Rechtsbegriffe, hat der Richter die Aufgabe, gesetzeskonkretisierend tätig zu werden.[326]

Die Rechtsprechung kann bis heute für die Verwirkung auf keinen eigenständig gesetzlich geregelten Tatbestand zurückgreifen. Gleichwohl knüpfte bereits das Reichsgericht für die Verwirkung an geschriebenes Gesetzesrecht in Form von § 242 BGB an.[327] Insoweit liegt es nahe, die Verwirkung als gesetzeskonkretisierendes Richterrecht zu begreifen.

Dass die Verwirkung kein Anwendungsfall von § 242 BGB ist, wurde bereits dargelegt.[328] Damit entfällt die für das gesetzeskonkretisierende Richterrecht erforderliche Grundlage zur Anknüpfung. Auch stellen § 77 Abs. 4 Satz 3 BetrVG, § 4 Abs. 4 Satz 2 TVG, § 9 Satz 2 AEntG, § 8 Abs. 3 Satz 2 MiArbG, § 19 Abs. 3

---

320 Sachs/*Degenhart*, Art. 70 Rn. 28 m.w.N.

321 Isensee/Kirchhof/*Ossenbühl*, § 100 Rn. 50.

322 *Stern*, Bd. III/2, § 95 II 3 S. 1670; Isensee/Kirchhof/*Ossenbühl*, § 100 Rn. 51, der den Terminus „lückenfüllendes" statt „gesetzeskonkurrierendes" Richterrecht verwendet.

323 So tatsächlich die vereinzelt gebliebene Entscheidung des *BGH*, Urt. 26.05.1992 – VI ZR 230/91, NJW-RR 1992, 1240, in der die Verwirkung ohne nähere Begründung als ein „durch Richterrecht geschaffene[s] Institut" bezeichnet wird. Die Qualifikation von „Richterrecht" als Rechtsquelle ist str., jedoch bejaht sie die h.M. grundsätzlich, vgl. Sachs/*Degenhart*, Art. 70 Rn. 28 m.w.N. Ausführlich: *Kruse*, Das Richterrecht als Rechtsquelle des innerstaatlichen Rechts, 1971.

324 *Stern*, Bd. II, § 37 II 2 e) ε) S. 586.

325 S.o. Kap.2 B.III.3.

326 Isensee/Kirchhof/*Ossenbühl*, § 100 Rn. 51.

327 *RG*, Urt. v. 27.01.1925, RGZ 110, 127; im Übrigen s.o. Kap.2 B.II.2.b).

328 S.o. Kap.2 B.I.3.c)cc)(2).

Satz 4 HAG, § 21 Abs. 4 MarkenG keine anknüpfungsfähige Grundlage dar. Die Vorschriften schließen die Verwirkung in bestimmten Anwendungsfällen aus. Im Hinblick auf die Verwirkung selbst weisen sie jedoch keinen eigenständigen Regelungsgehalt auf. Damit kann nicht an sie angeknüpft werden.

Gegen die Einordung der Verwirkung als (gesetzeskonkretisierendes) Richterrecht spricht, dass sich „Richterrecht" „zu einer stetigen Anwendung und Geltung verfestigt haben [muss], die aber erneut auf den Prüfstand der Gerichte gebracht werden kann".[329] Dies ist bei der Verwirkung gerade nicht der Fall. Auch wenn der Gesetzgeber keinen eigenständigen Tatbestand der Verwirkung geregelt hat, so erkennt er die Verwirkung gesetzlich ausdrücklich an (vgl. nur § 77 Abs. 4 Satz 3 BetrVG, § 4 Abs. 4 Satz 2 TVG, § 9 Satz 2 AEntG, § 8 Abs. 3 Satz 2 MiArbG, § 19 Abs. 3 Satz 4 HAG, § 21 Abs. 4 MarkenG). Mit der gesetzlichen Anerkennung kann die Verwirkung nicht mehr „auf den Prüfstand der Gerichte gebracht werden".

bb) Gesetzeskonkurrierendes Richterrecht

Gesetzeskonkurrierendes Richterrecht tritt neben das Gesetzesrecht oder ergänzt es, insbesondere um unbeabsichtigte Gesetzeslücken zu schließen.[330] Mit § 77 Abs. 4 Satz 3 BetrVG, § 4 Abs. 4 Satz 2 TVG, § 9 Satz 2 AEntG, § 8 Abs. 3 Satz 2 MiArbG, § 19 Abs. 3 Satz 4 HAG, § 21 Abs. 4 MarkenG hat der Gesetzgeber die Verwirkung in Form der illoyal verspäteten Rechtsausübung anerkannt. Insbesondere hat er bereits 1951 die Verwirkung in § 19 Abs. 3 Satz 4 HAG erwähnt[331], ohne die Verwirkung im Weiteren einer eigenständigen gesetzlichen Regelung zuzuführen. Eine unbeabsichtigte Gesetzeslücke liegt somit nicht vor. Daher scheidet gesetzeskonkurrierendes Richterrecht als Rechtsgrundlage für die Verwirkung aus.

cc) Gesetzesvertretendes Richterrecht

Gesetzesvertretendes Richterrecht ersetzt den Gesetzgeber, wenn dieser in Kenntnis des regelungsbedürftigen Tatbestandes eine Regelung bewusst unterlassen hat.[332] Der Richter betreibt insoweit keine Rechtsfortbildung in Einzelfragen, sondern stellt durch im Wesentlichen freie richterliche Würdigung ein umfassendes Regelwerk für einen bestimmten Bereich auf.[333] Im Arbeitsrecht gilt die Arbeitskampfrechtsprechung zu Art. 9 Abs. 3 GG als Paradebeispiel gesetzesvertretenden Richterrechts.[334]

329 *Stern*, Bd. II, § 37 II 2 e) ε) S. 586.
330 *Stern*, Bd. III/2, § 95 II 3 S. 1670.
331 Gesetz vom 14.03.1951, BGBl. I S. 191.
332 *Stern*, Bd. III/2, § 95 II 3 S. 1670.
333 *Meys*, S. 144.
334 Kritisch hierzu insbesondere mit Blick auf die Rechtssicherheit und Vorhersehbarkeit von Arbeitskämpfen *Meys*, S. 146 ff.; zur Rechtsprechung der nichtehelichen Lebensgemeinschaften vgl. *Stern*, Bd. III/2, § 95 II 3 S. 1671 Fn. 168 m.w.N.

Die Verwirkung ist nicht als gesetzesvertretendes Richterrecht einzuordnen. Zwar hat der Gesetzgeber bereits 1951 erstmals in § 19 Abs. 3 Satz 4 HAG die Verwirkung gesetzlich erwähnt[335] und hat dies später mit § 77 Abs. 4 Satz 3 BetrVG, § 4 Abs. 4 Satz 2 TVG, § 9 Satz 2 AEntG, § 8 Abs. 3 Satz 2 MiArbG, § 21 Abs. 4 MarkenG wiederholt. Hieraus kann aber nicht ohne weiteres geschlossen werden, dass der Gesetzgeber eine eigenständige Regelung der Verwirkung bewusst unterlassen hat. Rechtsprechung und Schrifttum hielten nach 1945 nahtlos an der Verwirkung fest.[336] Somit bestand bereits 1951 bei Erlass von § 19 Abs. 3 Satz 4 HAG ein umfassendes Regelwerk zur Verwirkung. Insoweit ist weder ersichtlich, dass überhaupt eine Regelungsbedürftigkeit bestand noch finden sich Anzeichen dafür, dass der Gesetzgeber bewusst die eigenständige Normierung der Verwirkung unterlassen hat.

Zweifelhaft erscheint zudem, ob in Bezug auf die Verwirkung überhaupt von gesetzesvertretendem Richterrecht gesprochen werden kann. Mag die Verwirkung zwar in der gesamten Rechtsordnung Anwendung finden, so existiert insoweit jedoch kein umfassendes Regelwerk. Im Gegensatz beispielsweise zum Arbeitskampfrecht ist die Verwirkung für sich genommen eine nur sehr eingeschränkt gesetzlich regelbare Materie. Eine gesetzliche Normierung der Verwirkung müsste sich zwangsläufig auf die Formulierung einer Generalklausel beschränken. Diese müsste wiederum durch die Rechtsprechung ausgefüllt werden.

Da die Verwirkung also einem umfassenden Regelungswerk nicht zugänglich ist, scheidet eine Einordnung unter gesetzesvertretendes Richterrecht aus; unabhängig wurde bereits ausgeführt, dass mit der gesetzlichen Anerkennung die Verwirkung nicht mehr als „Richterrecht" „auf den Prüfstand der Gerichte gebracht werden" kann.

dd) Gesetzeskorrigierendes Richterrecht

Beim gesetzeskorrigierenden Richterrecht entscheidet der Richter offen gegen Wortlaut und Zweck eines Gesetzes.[337] Mit der Anwendung der Verwirkung verstößt die Rechtsprechung weder gegen Wortlaut noch Zweck eines Gesetzes. Vielmehr hat der Gesetzgeber mit § 77 Abs. 4 Satz 3 BetrVG, § 4 Abs. 4 Satz 2 TVG, § 9 Satz 2 AEntG, § 8 Abs. 3 Satz 2 MiArbG, § 19 Abs. 3 Satz 4 HAG, § 21 Abs. 4 MarkenG die Verwirkung ausdrücklich anerkannt.[338]

---

335 Gesetz vom 14.03.1951, BGBl. I S. 191.

336 S.o. Kap.2 B.IV.

337 *Stern*, Bd. III/2, § 95 II 3 S. 1670.

338 Die erste höchstrichterliche Entscheidung zur Verwirkung stammt soweit ersichtlich vom BGH (Urt. v. 05.12.1950 – I ZR 41/50, BGHZ 1, 4, s.o. Kap.2 B.IV.2.a)). Der Gesetzgeber erkannte die Verwirkung erstmals mit § 19 Abs. 3 Satz 4 HAG (Gesetz vom 14.03.1951, BGBl. I S. 191) an. Die Entscheidung des BGH erfolgte insoweit zwar „ohne", jedoch nicht „gegen" das Gesetz.

ee) Zwischenergebnis
„Richterrecht" scheidet als Rechtsgrundlage der Verwirkung aus.[339]

II. Eigener Lösungsansatz: Gewohnheitsrecht

Als Gewohnheitsrecht bezeichnet man Rechtsregeln, die nicht von einem Gesetzgeber erlassen wurden. Die Überzeugung der Mitglieder der Rechtsgemeinschaft von ihrer Geltung drückt sich unmittelbar in deren Verhalten (insbesondere Übung, Gewohnheit) aus.[340]

Das Grundgesetz lässt im Rahmen seiner Rechtsordnung die Neuentstehung von Gewohnheitsrecht[341] zu, soweit dies keinen grundrechtswidrigen Inhalt aufweist. Auch vorkonstitutionelles Gewohnheitsrecht wird in die grundgesetzliche Rechtsordnung nach Art. 123 Abs. 1 GG wie auch nach Art. 9 Abs. 1 EinigVtr übergeleitet, soweit es inhaltlich grundgesetzkonform ist und in der abgelösten Rechtsordnung als Gewohnheitsrecht anerkannt war.[342] Das Bürgerliche Gesetzbuch verbietet die Bildung von Gewohnheitsrecht ebenfalls nicht. Nach h.M. kommt es neben dem Gesetz als Rechtsquelle in Betracht.[343]

In den dreißiger Jahren wie auch Ende der vierziger Jahre diskutierten einzelne Stimmen im Schrifttum die gewohnheitsrechtliche Anerkennung der Verwirkung an. Aufgrund der kurzen Zeitspanne zwischen der Entwicklung der Verwirkung in der Aufwertungsrechtsprechung, ihrer geringen Festigung und damit mangels gleichförmiger Übung lehnten sie dies jedoch ab.[344] In neuerer Zeit bejahte erstmals *Menzel* ihre gewohnheitsrechtliche Anerkennung.[345]

Umstritten sind jedoch die Voraussetzungen, unter denen Gewohnheitsrecht entsteht.

---

339 Dies schließt nicht aus, dass „Richterrecht" ursprünglich tatsächlich die Rechtsgrundlage bildete. „Richterrecht" ist mitunter Vorstufe des Gewohnheitsrechts, vgl. Mangold/*März*, Art. 31 Rn. 35.

340 Staudinger/*Coing*/*Honsell*, Einl. zum BGB Rn. 238.

341 Zur Dogmengeschichte und den Gewohnheitsrechtstheorien: *Freitag*, Gewohnheitsrecht und Rechtssystem, 1976; *Frühauf*, Zur Legitimation von Gewohnheitsrecht im Zivilrecht, 2006.

342 *Stern*, Bd. III/2, § 80 IV 3 b) γ) δδ) S. 442 f. Zur Anerkennung vorkonstitutionellen Verfassungsrechts im Rahmen von Gesetzesvorbehalten vgl. *BVerfG*, Beschl. v. 16.06.1959 – 1 BvR 71/57, NJW 1959, 1579; Beschl. v. 19.12.1962 – 1 BvR 163/56, MDR 1963, 468; Beschl. v. 18.02.1970 – 1 BvR 226/69, NJW 1970, 851; Beschl. v. 01.07.1980 – 1 BvR 23/75, NJW 1980, 1900; *Stern*, Bd. III/2, § 80 IV 3 b) γ) δδ) S. 442 Fn. 251 m.w.N.

343 Staudinger/*Coing*/*Honsell*, Einl. zum BGB Rn. 241.

344 *Overbeck*, S. 40; *Tschischgale*, S. 16; *Ahl*, S. 17. Soweit ersichtlich hat das Reichsgericht demgegenüber nie eine gewohnheitsrechtliche Anerkennung der Verwirkung erwogen. Allgemein zur Gewohnheitsrechtsprechung des Reichsgerichts vgl. *Frühauf*, S. 113 ff.

345 *Menzel*, S. 27 ff.

1. *Tatbestandsvoraussetzungen des Gewohnheitsrechts nach dem BVerfG*

Nach der Rechtsprechung des Bundesverfassungsgerichts zeichnet sich Gewohnheitsrecht dadurch aus, dass es „nicht durch förmlich Setzung, sondern durch längere tatsächliche Übung entstanden ist, die eine dauernde und ständige, gleichmäßige und allgemeine sein muß und von den beteiligten Rechtsgenossen als verbindliche Rechtsnorm anerkannt wird".[346]

a) Objektives Element: Langandauernde Übung

Das Bundesverfassungsgericht verlangte zunächst lediglich eine „langjährige Übung"[347] als objektives Element[348] für das Entstehen von Gewohnheitsrecht. Zwischenzeitlich hat das Gericht dies dahingehend „konkretisiert", dass es sich um eine „längere tatsächliche Übung" handeln müsse, die eine „dauernde und ständige, gleichmäßige und allgemeine" sei.[349] Eine weitere Präzisierung der Übung unterlässt das Bundesverfassungsgericht. Die Literatur fordert allgemein eine kontinuierliche, einheitliche und nach außen erkennbare Praxis.[350]

Auch hinsichtlich des Zeitraums, der für die Entstehung von Gewohnheitsrecht verstreichen muss, lässt sich den Entscheidungen des Bundesverfassungsgerichts keine eindeutige Antwort entnehmen. Das Bundesverwaltungsgericht meint, dass es „einer erheblichen Zeit bedürfe".[351] Die Literatur knüpft teilweise an die un-

---

346 So *BVerfG*, Beschl. v. 28.06.1967 – 2 BvR 143/61, BVerfGE 22, 114; vgl. zuvor bereits: Beschl. v. 08.01.1959 – 1 BvR 296/57, BVerfGE 9, 109; Beschl. v. 19.12.1962 – 1 BvR 163/56, BVerfGE 15, 226; später: Beschl. v. 18.02.1970 – 1 BvR 226/69, BVerfGE 28, 21; Beschl. v. 14.02.1973 – 2 BvR 667/72, BVerfGE 34, 293; Beschl. v. 13.05.1981 – 1 BvR 610/77 und 451/80, BVerfGE 57, 121; Urt. v. 19.10.1982 – 2 BvF 1/81, BVerfGE 61, 149. Damit knüpft das BVerfG an die Entstehungsvoraussetzungen für das römische Recht an, d.h. an die langandauernde Übung (*longa consuetudo*), das Bewusstsein der Beteiligten, dass Recht geübt wird (*opinio iuris et necessitas*) und die stillschweigende Übereinkunft (*tacitus consensus omnium*), Mangoldt/*Rozek*, Art. 70 Rn. 32; vgl. hierzu *Flume*, Gewohnheitsrecht und römisches Recht, 1975. In der Pandektenlehre wurde Gewohnheitsrecht als „die längere Zeit hindurch fortgesetzte gleichförmige Betätigung einer Norm" definiert, *Regelsberger*, S. 94.

347 *BVerfG*, Beschl. v. 08.01.1959 – 1 BvR 296/57, BVerfGE 9, 109.

348 Allgemein zur Übung als objektivem Element vgl. *Freitag*, S. 40 ff.

349 *BVerfG*, Beschl. v. 28.06.1967 – 2 BvR 143/61, BVerfGE 22, 114; Beschl. v. 18.02.1970 – 1 BvR 226/69, BVerfGE 28, 21; Beschl. v. 14.02.1973 – 2 BvR 667/72, BVerfGE 34, 293; Beschl. v. 13.05.1981 – 1 BvR 610/77 und 451/80, BVerfGE 57, 121; Urt. v. 19.10.1982 – 2 BvF 1/81, BVerfGE 61, 149. Gegen das Erfordernis einer „tatsächlichen Übung", die nur Folge der Rechtsüberzeugung, nicht aber Entstehungsvoraussetzung des Gewohnheitsrechts sei *Menzel*, S. 26 Fn. 135 m.w.N.

350 *Schöbener/Knauff*, § 7 Rn. 8.

351 *BVerwG*, Urt. v. 26.05.1959 – VII C 135.57, BVerwGE 8, 317. In der Literatur wird teilweise auch eine Wechselwirkung zwischen Dauer und Intensität der Übung

vordenkliche Verjährung an und verlangt einen Zeitraum von 80 Jahren für die Entstehung von Gewohnheitsrecht.[352]

Vor diesem Hintergrund gilt für die Verwirkung Folgendes: In der zivilrechtlichen Rechtsprechung war die Verwirkung spätestens Mitte der dreißiger Jahre vollständig etabliert, in der öffentlich-rechtlichen Rechtsprechung zumindest in Teilbereichen.[353] Das Schrifttum knüpfte hieran nahtlos an. Es bemühte sich um eine Präzisierung der einzelnen Tatbestandsvoraussetzungen und der dogmatischen Herleitung der Verwirkung. Spätestens Ende der dreißiger Jahre stellten keine ernsthaften Stimmen in der Literatur die Verwirkung mehr in Frage. Nach Ende des Zweiten Weltkrieges übernahmen Literatur und Rechtsprechung, allen voran die Obergerichte, später auch das Bundesverfassungsgericht, die Verwirkung.

Rechtsprechung, Literatur und Rechtsanwender wenden die Verwirkung seit Jahrzehnten in der täglichen Praxis an. Eine „längere, tatsächliche Übung" ist somit zu bejahen. Da die Verwirkung in einzelnen Rechtsgebieten teilweise sogar seit mehr als 80 Jahren Anwendung findet, existiert auch eine „dauernde und ständige" Übung. Gleichzeitig liegt insoweit auch eine „erhebliche Zeit" vor. Teilweise übersteigt diese sogar den für die unvordenkliche Verjährung geforderten Zeitraum von 80 Jahren. Zuletzt wenden alle Rechtsbeteiligte die Verwirkung seit Ende des Zweiten Weltkrieges in sämtlichen Rechtsgebieten an. Demnach liegt auch eine „gleichmäßige und allgemeine" Übung vor.

Der „Gleichmäßigkeit" und „Allgemeinheit" der Übung steht nicht entgegen, dass Detailfragen der Verwirkung in der Literatur bis heute umstritten sind.[354] Die Rechtsprechung verlangt für die Entstehung von Gewohnheitsrecht lediglich, dass sich die allgemeine Anerkennung und Übung nicht lediglich auf ein begriffliches Gerüst beziehen dürfe. Vielmehr müsse sich diese auf einen überwiegend einheitlich vollzogenen Inhalt erstrecken.[355] Mit anderen Worten setzt die Rechtsprechung nur die allgemeine Anerkennung und Übung des Kerns eines Rechtsinstituts voraus.[356] Dies ist in Bezug auf die Verwirkung zu bejahen. Es handelt sich um ein

---

befürwortet, d.h. eine intensive Übung soll eine kurze Dauer kompensieren können, vgl. *Höhn*, S. 44; *Jonas*, S. 21.

352 Wenig überzeugend *Leisner*, S. 131 f., wonach nicht anzunehmen sei, dass generell geltende Rechtsregeln nicht innerhalb eines kürzeren Zeitraums zur Entstehung gelangen könnten, als sich eine spezielle Rechtsbeziehung rechtsverändernd wandeln könne, die ihrerseits auf Normen beruhe.

353 S.o. Kap.2 B.III.3.

354 Zu Rechtsfolge und Einordnung der Verwirkung als Einwendung oder Einrede, s.u. Kap.2 E.

355 *BGH*, Beschl. v. 03.05.1994 – GSSt 2/93 und GSSt 3/93, NJW 1994, 1663.

356 So zutreffend *Frühauf*, S. 163, unter Verweis auf *BGH*, Urt. v. 03.07.1984 – X ZR 34/83, NJW 1984, 2822.

Rechtsinstitut, das hinsichtlich Tatbestand (Zeit- und Umstandsmoment) und Rechtsfolge (Versagung der Rechtsausübung) fest umrissen ist.[357]

Eine gewisse Unsicherheit besteht, da bei der Anwendung der Verwirkung die Umstände im Einzelfall zu berücksichtigen sind. Dies steht der Annahme eines Rechtsinstituts mit einheitlich vollzogenem Inhalt jedoch nicht entgegen. Insoweit spiegelt sich lediglich die rechtshistorische Entwicklung der Verwirkung als außerordentlicher Rechtsbehelf auf der Grundlage von § 242 BGB wieder. Zudem ist eine gewisse Unschärfe dem weiten Anwendungsbereich der Verwirkung (gesamte Rechtsordnung, nahezu sämtliche Rechte) geschuldet. Insoweit ist auf zwei allgemeine Grundsätze zu verweisen. Erstens: (Gewohnheitsrechtliche) Rechtsgrundsätze sind keine mathematischen Sätze, sondern vielmehr auslegungsbedürftig und -fähig. Zweitens: In Bezug auf beinahe jeden geschriebenen wie auch gewohnheitsrechtlichen Rechtssatz lässt sich der Rechtsprechung kein einheitliches Bild entnehmen.[358] Eine gewisse Unsicherheit bei der Anwendung der Verwirkung steht damit nicht in Widerspruch zu der Anerkennung und Übung eines festen Rechtsinstitutskerns.

Auch die Reform der Verjährungsvorschriften im Zuge der Schuldrechtsreform 2002 hat die Bedeutung der Verwirkung nicht gravierend verringert.[359] Jedenfalls im Arbeitsrecht ist in der Rechtsprechung kein Bedeutungsverlust zu erkennen. Dies folgt schon aus der nach 2002 nicht geringer werdenden Zahl von Entscheidungen. Demnach wenden die beteiligten Rechtskreise auch nach der Schuldrechtsmodernisierung die Verwirkung tatsächlich weiter an.

Zusammenfassend ist festzuhalten, dass in Bezug auf die Verwirkung eine „längere tatsächliche Übung“ vorliegt, die auch eine „dauernde und ständige, gleichmäßige und allgemeine“ ist.

b) Subjektives Element: Gemeinsame Rechtsüberzeugung der Beteiligten

In subjektiver Hinsicht verlangte das Bundesverfassungsgericht für das Entstehen von Gewohnheitsrecht zunächst, dass die Beteiligten bei der langjährigen Übung in der Überzeugung gehandelt haben, es bestehe ein Recht.[360] Dies hat es später dahingehend präzisiert, dass die Übung „von den Beteiligten als verbindliche

357 *Stauder*, S. 215, hat zutreffend nachgewiesen, dass die Rechtsprechung bis auf einzelne Ausnahmen durchweg einheitliche Tatbestandsmerkmale für die Verwirkung annimmt. „Streit“ besteht hinsichtlich der Rechtsfolge, insbesondere bzgl. der Frage, ob die Verwirkung auf Dauer eintritt (Erlöschen bzw. dauerndes Ausübungshindernis) oder nur vorübergehend (Hemmung oder vorübergehendes Ausübungshindernis), vgl. hierzu: Kap.2 E.

358 Vgl. *Aden*, JZ 1994, 1109.

359 So aber MüKo/*Roth*/*Schubert*, BGB § 242 Rn. 337. Erman/*Hohloch*, BGB § 242 Rn. 126.

360 *BVerfG*, Beschl. v. 08.01.1959 – 1 BvR 296/57, BVerfGE 9, 109.

Rechtsnorm anerkannt“ wird.[361] Erforderlich ist mit anderen Worten eine „gemeinsame Rechtsüberzeugung“.[362]

Den Kreis der Beteiligten, die die gemeinsame Rechtsüberzeugung teilen müssen, legt das Bundesverfassungsgericht nicht ausdrücklich fest. Dem Beschluss vom 14.02.1973 lässt sich jedoch entnehmen, dass es sich um die gemeinsame Überzeugung der Rechtsprechung, der unmittelbar Beteiligten (Verfahrensbeteiligte, Anwälte) und des Schrifttums handeln muss.[363]

aa) Allgemeine Überzeugung von der Rechtmäßigkeit der Übung

Breite Ablehnung hatte die Verwirkung zuletzt Anfang der dreißiger Jahre erfahren.[364] Seitdem erkennen und wenden Rechtsprechung, Literatur und die beteiligten Rechtskreise die Verwirkung an. Eine „gemeinsame Rechtsüberzeugung“ ist daher zu bejahen.

Diese kommt nicht nur in der täglichen Anwendungspraxis zum Ausdruck. Vielmehr hat auch der Gesetzgeber mit § 77 Abs. 4 Satz 3 BetrVG, § 4 Abs. 4 Satz 2 TVG, § 9 Satz 2 AEntG, § 8 Abs. 3 Satz 2 MiArbG, § 19 Abs. 3 Satz 4 HAG, § 21 Abs. 4 MarkenG die Verwirkung allgemein anerkannt.[365] Da der Gesetzgeber die Verwirkung lediglich für Teilbereiche ausschließt, lässt dies nur den Rückschluss zu, dass er von der allgemeinen Anwendbarkeit der Verwirkung ausgeht. Für eine allgemeine Rechtsüberzeugung spricht auch, dass der Gesetzgeber die o.a. Normen über Jahrzehnte hinweg erlassen hat.[366]

---

361 *BVerfG*, Beschl. v. 28.06.1967 – 2 BvR 143/61, BVerfGE 22, 114; Beschl. v. 18.02.1970 – 1 BvR 226/69, BVerfGE 28, 21; Beschl. v. 14.02.1973 – 2 BvR 667/72, BVerfGE 34, 293; Beschl. v. 13.05.1981 – 1 BvR 610/77 und 451/80, BVerfGE 57, 121; Urt. v. 19.10.1982 – 2 BvF 1/81, BVerfGE 61, 149. Ähnlich die Pandektenlehre, wonach die Übung „aus dem Bewußtsein der Handelnden hervorgegangen ist, damit in Anwendung des bestehenden Rechts zu handeln“, *Regelsberger*, S. 96. Zum subjektiven Element vgl. auch Staudinger/*Looschelders*/*Olzen*, § 242 Rn. 167 m.w.N.

362 Isensee/Kirchhof/*Ossenbühl*, § 100 Rn. 59.

363 *BVerfG*, Beschl. v. 14.02.1973 – 2 BvR 667/72, BVerfGE 34, 293; im Beschl. v. 19.12.1962 – 1 BvR 163/56, BVerfGE 15, 226, führte es lediglich Rechtsprechung und Schrifttum an. Das BVerwG (Urt. v. 26.05.1959 – VII C 135.57, BVerwGE 8, 317) verweist neben den unmittelbar Beteiligten auf die Allgemeinheit, die Behörden und die Gerichte.

364 *Nolting-Hauff*, Verwirkungs-Dämmerung, GRUR 1932, 1088; *Best*, Verwirkung? JW 1932, 1801; *Schumann*, Der Zusammenbruch der Verwirkungslehre, GRUR 1933, 81; *Fischer*, Die dogmatischen Grundlagen der Verwirkung, 1936.

365 Ebenso *Menzel*, S. 31 f.

366 § 19 Abs. 3 Satz 4 HAG: Gesetz vom 14.03.1951, BGBl. I S. 191; § 77 Abs. 4 Satz 3 BetrVG: Geltung ab 19.01.1972; § 4 Abs. 4 Satz 2 TVG: Geltung ab 25.08.1969; § 9 Satz 2 AEntG: Geltung ab 24.04.2009; § 8 Abs. 3 Satz 2 MiArbG: Geltung ab 28.04.2009; § 21 Abs. 4 MarkenG: 01.01.1995.

Somit ist im Hinblick auf die Verwirkung von einer „gemeinsamen Rechtsüberzeugung" von Rechtsprechung, Literatur und Rechtsanwender auszugehen, die durch die gesetzliche Anerkennung der Verwirkung gestützt wird.

bb) Die Verwirkung ablehnende Einzelstimmen

Gleichwohl gibt es vereinzelte Stimmen in der Literatur, die die Verwirkung ablehnen.

(1) Zur Auffassung von Wieling *und* Schmidt-Kessel

Nach Ansicht von *Wieling* und *Schmidt-Kessel* ist die Verwirkung als stillschweigender Verzicht zu qualifizieren.[367] Unabhängig von den bereits angeführten Gründen, ist die Einordnung der Verwirkung als Rechtsgeschäft dogmatisch abzulehnen[368]: Die Annahme eines rechtsgeschäftlichen Verzichts widerspricht dem eindeutigen Wortlaut der § 77 Abs. 4 Satz 2, 3 BetrVG, § 4 Abs. 4 Satz 1, 2 TVG, § 9 Satz 1, 2 AEntG, § 8 Abs. 3 Satz 1, 2 MiArbG, § 19 Abs. 3 Satz 3, 4 HAG. Bereits im Wortlaut der genannten Normen differenziert der Gesetzgeber zwischen Verzicht und Verwirkung. Wäre die Ansicht von *Wieling* und *Schmidt-Kessel* zutreffend, bedürfte es dieser Differenzierung bereits nicht. Zudem bringen die genannten Vorschriften auch inhaltlich eindeutig zum Ausdruck, dass Verwirkung und rechtsgeschäftlicher Verzicht hinsichtlich ihrer Rechtsnatur nicht identisch sein können. So statuieren § 77 Abs. 4 Satz 2 BetrVG, § 4 Abs. 4 Satz 1 TVG, § 9 Satz 1 AEntG, § 8 Abs. 3 Satz 1 MiArbG, § 19 Abs. 3 Satz 3 HAG ein grundsätzliches Verzichtsverbot mit Ausnahmevorbehalt. Demgegenüber ist nach § 77 Abs. 4 Satz 3 BetrVG, § 4 Abs. 4 Satz 2 TVG, § 9 Satz 2 AEntG, § 8 Abs. 3 Satz 2 MiArbG, § 19 Abs. 3 Satz 4 HAG die Verwirkung der genannten Rechte in jedem Fall ausgeschlossen. Ein Ausnahmevorbehalt existiert für die Verwirkung nicht.

Die Ansicht von *Wieling* und *Schmidt-Kessel* ist also nicht nur dogmatisch unzutreffend. Sie widerspricht auch der eindeutigen Gesetzeslage. Eine offensichtlich gesetzeswidrige Rechtsauffassung kann jedoch einer „gemeinsamen Rechtsüberzeugung" nicht entgegenstehen.

(2) Zur Auffassung von Wolf

Wolf hält die Verwirkung für gesetzeswidrig. Ein Recht, das bestehe, aber nicht ausgeübt werden könne, existiere nicht. Ein Verbot widersprüchlichen Verhaltens

---

367 PWW/*Schmidt-Kessel*, § 242 Rn. 59; mittelbar auch *Wieling*, AcP 1976, 334 ff., der die Verwirkung als Unterfall des Verbots des *venire contra factum proprium* einstuft (unter Verweis auf Palandt/*Heinrichs*, BGB, 35. Aufl. 1976, § 242 Rn. 9 a, d) und das *venire contra factum proprium* selbst als rechtsgeschäftliches Handeln wertet.

368 S.o. Kap.2 B.I.1. Ausführlich gegen die Auffassung *Wielings*: *Stauder*, S. 36 ff. m.w.N.

gebe es nicht. Die für die Verwirkung angenommenen Tatbestandsmerkmale seien „wegen ihrer Unbestimmtheit keine möglichen Tatbestandsmerkmale". Denn eine Vergleichbarkeit der Fälle und damit Einheitlichkeit der Rechtsprechung sei mangels objektiver Merkmale nicht möglich.[369]

Unrichtig ist die Aussage, wonach Rechte, die bestehen, aber nicht ausgeübt werden können, nicht existieren. Rechtsfolge einer jeden peremptorischen Einrede ist, dass das Recht weiterhin besteht, der Rechtsinhaber an der Ausübung jedoch dauerhaft gehindert ist. Erhebt der Schuldner z.B. die Verjährungseinrede gem. § 214 Abs. 1 BGB, hat dies nicht das Erlöschen des Rechts zur Folge. Vielmehr besteht es weiter, ohne dass es der Gläubiger ausüben könnte.

Auch die Behauptung, wonach ein Verbot widersprüchlichen Verhaltens nicht existiere, ist in ihrer Absolutheit unzutreffend. Selbst unter Vernachlässigung des Verbots des *venire contra factum proprium* existieren zahlreiche Normen, die widersprüchliches Verhalten verbieten.[370]

Der Verweis auf eine zu große Unbestimmtheit der Tatbestandsmerkmale, eine fehlende Vergleichbarkeit der Fälle und damit einhergehend das Fehlen einheitlicher Rechtsprechung, geht ebenfalls fehl. Nicht nur, dass *Wolf* diese Behauptung nicht substantiiert. Vielmehr müsste die Richtigkeit dieser Aussage die Gesetzwidrigkeit jeder Generalklausel wie auch jeder gerichtlichen Interessenabwägung zur Folge haben.

Unabhängig davon gilt im Ergebnis auch für die Auffassung von *Wolf* das bereits zu *Wieling* und *Schmidt-Kessel* Gesagte: Der Gesetzgeber selbst erkennt mit § 77 Abs. 4 Satz 3 BetrVG, § 4 Abs. 4 Satz 2 TVG, § 9 Satz 2 AEntG, § 8 Abs. 3 Satz 2 MiArbG etc. die Verwirkung an. Die Auffassung von *Wolf*, die Annahme der Verwirkung sei gesetzeswidrig, muss sich daher selbst den Vorwurf der Gesetzeswidrigkeit gefallen lassen. Als solche kann sie somit ebenfalls der „gemeinsamen Rechtsüberzeugung" nicht entgegenstehen.

cc) Kein Erfordernis einer einheitlichen Überzeugung

Selbst wenn man den o.a. Ausführungen nicht folgen wollte und mit den genannten Autoren die geltende Gesetzeslage ignorieren wollte, hindert dies nicht die Annahme der für die Entstehung von Gewohnheitsrecht erforderlichen „gemeinsamen Rechtsüberzeugung".

Die „gemeinsame Rechtsüberzeugung" setzt nach der Rechtsprechung des Bundesverfassungsgerichts nicht voraus, dass es sich um die „einzige"

---

369 *Wolf*, § 2 D III c 4 S. 121 f., der zudem in Bezug auf die Verwirkung von „einer im Schrifttum vertretenen Meinung" spricht (S. 121).

370 Die Bindung an früheres Verhalten und damit das Verbot widersprüchlichen Verhaltens kommt u.a. in §§ 311 b Abs. 1 Satz 2, 766 Satz 3, 1310 Abs. 3 BGB (Heilung nichtiger Rechtsgeschäfte) und § 202 BGB (Verlust der Verjährungseinrede für die Dauer des Verhandelns) zum Ausdruck, vgl. PWW/*Schmidt-Kessel*, § 242 Rn. 54.

Rechtsüberzeugung handeln muss. Vielmehr fordert das Bundesverfassungsgericht lediglich eine „herrschende Meinung im Sinne der Billigung dieser Rechtsprechung“[371] bzw. die „billigende [...] Aufnahme dieser Rechtsprechung durch die beteiligten Kreise“[372].

Dies ist in Bezug auf die Verwirkung zweifellos der Fall. Rechtsprechung, Literatur und Rechtsanwender erkennen und wenden die Verwirkung ganz überwiegend seit Ende der dreißiger Jahre an. Dies erstreckt sich auf sämtliche Rechtsgebiete. Bei den o.a. Literaturmeinungen handelt es sich demgegenüber um Einzelstimmen, die in der Rechtsprechung keinen bzw. in der herrschenden Literatur – wenn überhaupt nur – ablehnenden Widerhall gefunden haben. Mit der Anerkennung der Verwirkung auch durch den Gesetzgeber erweisen sich die vereinzelten Literaturmeinungen zudem als gesetzeswidrig.

Demnach schließen die vereinzelt gebliebenen Auffassungen von *Wieling* und *Schmidt-Kessel* wie auch von *Wolf* die Entstehung von Gewohnheitsrecht nicht aus.[373]

c) Formales Element

Über die o.a. Voraussetzung des Bundesverfassungsgerichts hinaus werden häufig noch formale Elemente für die Entstehung von Gewohnheitsrecht gefordert.

aa) Durchsetzung durch Richterspruch

Nach teils vertretener Ansicht soll formal die Durchsetzung durch Richterspruch und damit die richterliche Anerkennung der gewohnheitsrechtlichen Rechtsnorm erforderlich sein.[374]

Die Urteile zur Verwirkung sind Legion. Von der richterlichen Anerkennung der Verwirkung ist daher auszugehen, auch wenn sie nicht ausdrücklich als

371 *BVerfG*, Beschl. v. 19.12.1962 – 1 BvR 163/56, BVerfGE 15, 226.

372 *BVerfG*, Beschl. v. 14.02.1973 – 2 BvR 667/72, BVerfGE 34, 293; Palandt/*Sprau*, vor 1 Einl. 22, verlangt die Anerkennung durch die „beteiligten Verkehrskreise“; *Menzel*, S. 32 m.w.N.

373 Soweit *Haedrich*, Atomgesetz mit Pariser Atomhaftungs-Übereinkommen, Baden-Baden 1986, § 32 Rn. 13 für das Atomrecht aufgrund langer Latenzzeiten nach Atomschäden auf die Verwirkung verzichten will, verkennt er, dass es sich um eine Frage der Einzelfallanwendung (Dauer des Zeitmoments) handelt; hinzu kommt, dass er die Verwirkung nicht per se ablehnt. *Gusy*, GewArch 1988, S. 324, bezweifelt die Existenzberechtigung der Verwirkung im Wirtschaftsrecht, da deren Voraussetzung nicht oder zu spät eingriffen. Damit kritisiert *Gusy* aber lediglich die Tatbestandsvoraussetzung der Verwirkung, beschränkt auf das Wirtschaftsrecht, geht jedoch i.E. von ihrer Existenz aus.

374 *BGH*, Urt. v. 15.12.1960 – VII ZR 141/59, NJW 1961, 313; *Adomeit*, S. 56 ff.; *Stern*, Bd. II, § 37 II 2 b) S. 580; Isensee/Kirchhof/*Ossenbühl*, § 100 Rn. 60; *Maurer*, § 4 Rn. 29.

Gewohnheitsrecht bezeichnet wird. Unabhängig davon steht mit der gesetzlichen Erwähnung der Verwirkung ihre Anerkennung bereits durch den Gesetzgeber fest.

bb) Formulierbarkeit als Rechtssatz

Darüber hinaus wird vielfach verlangt, dass die Übung als Rechtssatz formulierbar sein muss.[375] Die Verwirkung lässt sich in folgenden Rechtssatz kleiden: Verwirkung ist der Verlust eines Rechts, das der Berechtigte einen gewissen Zeitraum nicht ausgeübt hat, wobei sich der Verpflichtete in schutzwürdiger Weise darauf eingerichtet hatte, nicht mehr in Anspruch genommen zu werden.[376]

Dagegen soll nach Ansicht von *Menzel* aufgrund der Unterschiede in der Rechtsprechung keine aussagekräftige Formulierung möglich sein.[377] Insoweit überspannt er jedoch die Anforderungen, die an die Formulierung des Rechtssatzes zu stellen sind. Die „Unterschiede in der Rechtsprechung" sind allgemein der Tatsache geschuldet, dass es sich bei der Verwirkung um einen auslegungsbedürftigen und -fähigen Rechtsgrundsatz handelt und nicht um einen mathematischen Satz. Zudem lässt sich der Rechtsprechung in Bezug auf nahezu keinen geschriebenen wie auch gewohnheitsrechtlichen Rechtssatz ein einheitliches Bild entnehmen.[378] Zudem hat bereits *Stauder* zutreffend nachgewiesen, dass die Rechtsprechung bis auf einzelne Ausnahmen durchweg einheitliche Tatbestandsmerkmale für die Verwirkung annimmt.[379]

d) Zwischenergebnis

Die Verwirkung erfüllt die objektiven und subjektiven Voraussetzungen, die das Bundesverfassungsgericht an die Entstehung von Gewohnheitsrecht stellt; entsprechendes gilt für etwaig darüber hinaus geforderte formalen Voraussetzungen. Rechtsprechung, Literatur und Rechtsanwender wenden und erkennen die Verwirkung seit Ende des Zweiten Weltkrieges in sämtlichen Rechtsgebieten an. Damit liegt eine längere tatsächliche Übung vor, von deren Rechtsmäßigkeit die Beteiligten überzeugt sind. Vereinzelt abweichende Stimmen stehen dem nicht entgegen, zumal auch der Gesetzgeber die Verwirkung anerkannt hat (vgl. § 77 Abs. 4 Satz 3 BetrVG, § 4 Abs. 4 Satz 2 TVG etc.).

---

375 *BVerwG*, Urt. v. 26.05.1959 – VII C 135.57, BVerwGE 8, 317, 321; Beschl. v. 31.08.1979 – 7 B 127.77, DVBl. 1979, 116; Isensee/Kirchhof/*Ossenbühl*, § 100 Rn. 57; *Leisner*, S. 131.

376 Vgl. statt vieler Staudinger/*Looschelders*/*Olzen*, § 242 Rn. 302 m.w.N.

377 *Menzel*, S. 33.

378 Vgl. *Aden*, JZ 1994, 1109.

379 *Stauder*, S. 215.

2. *Tatbestandsvoraussetzungen des Gewohnheitsrechts nach* Frühauf

In neuerer Zeit hat sich *Frühauf* mit der Legitimation von Gewohnheitsrecht im Zivilrecht befasst.[380] Nach seiner Ansicht können weder die bisher entwickelten Modelle der Rechtstheorie noch die Rechtsprechung[381] die faktische und normative Geltung von Gewohnheitsrecht befriedigend erklären. Daher formuliert er eine eigene Theorie zu den konstitutiven Voraussetzungen von Gewohnheitsrecht. Hierfür greift er ebenfalls auf einen dualistischen Ansatz (objektives und subjektives Element) zurück. Insoweit soll geprüft werden, ob auch nach der Theorie von *Frühauf* die Verwirkung als Gewohnheitsrecht anzuerkennen ist.

a) Objektives Element

Für die Entstehung von Gewohnheitsrecht verlangt *Frühauf* in objektiver Hinsicht eine bestätigende stetige Rechtsprechung. Angesichts dieser soll die sonst allgemein geforderte Übung (*longa consuetudo*) als empirische Feststellung einer Verkehrsübung entbehrlich sein.[382]

Die Verwirkung ist seit Jahrzehnten Teil der ständigen Rechtsprechung aller Gerichte in sämtlichen Rechtsgebieten.[383] Somit ist das von *Frühauf* statuierte objektive Element zur Entstehung von Gewohnheitsrecht für die Verwirkung zu bejahen.

b) Subjektives Element

In subjektiver Hinsicht verlangt *Frühauf* eine Richtigkeitsüberzeugung. Demgegenüber sei keine Geltungsüberzeugung erforderlich. Die Richtigkeitsüberzeugung könne in zweierlei Gestalt auftreten. Zum einen in Form einer Zweckmäßigkeitsüberzeugung. D.h. eine bestimmte Rechtsfigur hat ihren Ausgang im Rechts- bzw. Wirtschaftsverkehr genommen und weite Verbreitung gefunden, sodass sie zum selbstverständlichen Bestandteil der Rechts- bzw. Wirtschaftspraxis geworden ist (sog. genuine Verkehrsübung). Zum anderen in Form einer Gerechtigkeitsüberzeugung, d.h. wenn ein beliebig ausgewählter Rechtsgenosse eine von der in Frage stehenden Norm abweichende Entscheidung als ungerecht bezeichnet oder bezeichnen würde (sog. ethisch begründetes Gewohnheitsrecht).[384]

---

380 *Frühauf*, Zur Legitimation von Gewohnheitsrecht im Zivilrecht, 2006.

381 Insoweit ist jedoch einschränkend darauf hinzuweisen, dass sich *Frühauf* auf die Untersuchung der zivilrechtlichen Rechtsprechung (Reichsgericht und Bundesgerichtshof) beschränkt.

382 *Frühauf*, S. 191 ff.

383 S.o. Kap.2 B.V.

384 *Frühauf*, S. 190 f.

Die Verwirkung gründet nicht in einer genuinen Verkehrsübung im o.a. Sinn. So sollen nach *Frühauf* nur solche Rechtsfiguren in Frage kommen, die ihren Ursprung im Rechtsverkehr selbst, d.h. im Wirtschafts- und Privatverkehr und damit außerhalb der Rechtsprechung genommen haben.[385] Dies ist bei der Verwirkung nicht der Fall. Vielmehr entspringt sie – wie bereits gezeigt[386] – gerade der Rechtsprechung.

Gleichwohl kann die Verwirkung als ethisch begründetes Gewohnheitsrecht verstanden werden.[387] Zwar ist die Beantwortung der Frage letztlich spekulativ, ob ein beliebig ausgewählter Rechtsgenosse eine von der fraglichen Norm abweichende Entscheidung als ungerecht bezeichnet oder bezeichnen würde. Andererseits bejahen alle beteiligten Rechtskreise[388] Rechtmäßigkeit und Notwendigkeit der Verwirkung. Zudem existiert mit ihrer gesetzlichen Anerkennung vor dem Hintergrund von Art. 20 Abs. 3 GG ein gewichtiges Indiz für ihre ethische Notwendigkeit. Dies gilt umso mehr, als die Verwirkung in sämtlichen Rechtsgebieten angewendet wird und der Gesetzgeber ihre Nichtanwendbarkeit als Ausnahmetatbestand normiert hat. Dass sich die Verwirkung auf derart breiter Basis durchgesetzt hat, kann jedoch nicht anders gedeutet werden, als dass ein beliebig ausgewählter Rechtsgenosse eine von der Verwirkung abweichende Entscheidung als ungerecht bezeichnet oder bezeichnen würde.

Demnach liegen die von *Frühauf* in subjektiver Hinsicht aufgestellten Voraussetzungen für die Entstehung von Gewohnheitsrecht vor. Für die Verwirkung existiert eine Richtigkeitsüberzeugung in Form des ethisch begründeten Gewohnheitsrechts.

c) Zwischenergebnis

Auch nach der von *Frühauf* vertretenen Theorie ist die Verwirkung als Gewohnheitsrecht zu qualifizieren. Die Verwirkung ist seit Jahrzehnten Teil der ständigen Rechtsprechung aller Gerichte in sämtlichen Rechtsgebieten. Damit liegt das objektive Element zur Entstehung von Gewohnheitsrecht vor. In subjektiver Hinsicht existiert für die Verwirkung eine Richtigkeitsüberzeugung in Form des ethisch begründeten Gewohnheitsrechts.

---

385 *Frühauf*, S. 185, der hierunter die Sicherungsübereignung und –abtretung einordnet (S. 222). A.A. *Flume*, S. 40 f., wonach gerade die vom Rechtsverkehr übernommenen, richterrechtlich entwickelten Rechtsfiguren Gewohnheitsrecht darstellen.

386 S.o. Kap.2 B.II.

387 *Frühauf*, S. 222, ordnet hierunter die (früher nicht kodifizierte) positive Forderungsverletzung sowie die Drittschadensliquidation im Falle der mittelbaren Stellvertretung ein.

388 Mit Ausnahme der unter Kap.2 B.II.1.b)bb) genannten Autoren.

III. Zwischenergebnis

Die Verwirkung basiert auf Gewohnheitsrecht.[389] „Richterrecht" scheidet als Rechtsgrundlage der Verwirkung aus.[390] Die dogmatisch fragwürdige Herleitung der Rechtsgrundlage über § 242 BGB ist damit überholt. Mit der Herauslösung der Verwirkung aus § 242 BGB muss auch nicht mehr auf Leerformeln wie „Treu und Glauben" zur Entscheidungsbegründung zurückgegriffen werden. Insoweit folgt der hier vertretene Lösungsansatz der allgemeinen Entwicklung in der Rechtswissenschaft, § 242 BGB als Grundlage durch andere Rechtsinstitute zu ersetzen.[391]

D. Tatbestand der Verwirkung

Zum besseren Verständnis der weiteren Untersuchung sollen nunmehr kurz die Tatbestandsmerkmale der Verwirkung dargestellt werden. Die inhaltliche und

---

389 I.E. ebenso *Menzel*, S. 31 ff.; ihm ohne Begründung folgend *Oertel*, S. 167. *Menzel* ist zuzugestehen, erstmals die Verwirkung dogmatisch zutreffend als Gewohnheitsrecht eingeordnet zu haben. Kritikwürdig ist seine Herleitung. Methodisch beschränkt er sich überwiegend darauf, die zutreffend als Scheinbegründungen erkannten Ansätze der Rechtsprechung zu kategorisieren (*venire contra factum proprium*, unzulässige Rechtsausübung, allgemeine Rechtsgedanken, Rechtsprinzipien und Rechtsgrundsätze, Treu und Glauben) und diese dann unter Verweis auf „Ungereimtheiten" (S. 13), „sprachliche[...] Gedankenlosigkeit" (S. 14) und „Begriffsspielereien" (S. 19) abzulehnen. *Stauder*, S. 35, kritisiert an *Menzel*, dass dies eine „dogmatische Herleitung" und „exakte dogmatische Einordnung" nicht überflüssig mache. Dabei verkennt er, dass mit der Annahme von Gewohnheitsrecht die Verwirkung hergeleitet und eingeordnet ist. Nach *Bydlinski*, S. 189, hat sich die Verwirkung „gewohnheitsrechtlich durchgesetzt, und zwar ohne Anhalt im Gesetzestext". Unabhängig davon, dass *Bydlinski* dies nicht begründet, verkennt er auch § 4 Abs. 4 Satz 2 TVG und § 19 Abs. 3 Satz 4 HAG, die bei Erscheinen seiner Monographie bereits existierten. Unklar: *Lessner-Sturm*, S. 70, der die Verwirkung als „ein aus § 242 BGB hergeleitetes, gewohnheitsrechtlich verfestigtes Rechtsinstitut" bezeichnet; *Knödler*, S. 238, wonach die Verwirkung Teil des „Verbots des Rechtsmissbrauchs" sei, welches wiederum „als gewohnheitsrechtlich anerkanntes Rechtsinstitut Bestandteil der verfassungsmäßigen Ordnung" sei.

390 Allerdings ist aufgrund der starken Prägung durch die Rechtsprechung davon auszugehen, dass die Verwirkung zeitweise tatsächlich dogmatisch als Richterrecht einzuordnen war. „Richterrecht" war insoweit eine Vorstufe des Gewohnheitsrechts (vgl. dazu Mangold/*März*, Art. 31 Rn. 35; *BGH*, Urt. v. 12.04.1951 – III ZR 87/50, BGHZ 1, 369; *Frühauf*, S. 7; a.A. Staudinger/*Coing*/*Honsell*, Einl. zum BGB Rn. 232 f. Gegen diese *Adomeit*, S. 58.).

391 Die gewohnheitsrechtliche Ersetzung von § 242 BGB im Falle der Verwirkung steht insoweit auch in der Tradition zur Entwicklung der positiven Forderungsverletzung, die zwischenzeitlich sogar kodifiziert wurde, vgl. zum Ganzen Staudinger/*Looschelders*/*Olzen*, § 242 Rn. 93 ff.

begriffliche Orientierung erfolgt dabei überwiegend anhand der Ausarbeitung von *Stauder*.[392]

I. Die einzelnen Tatbestandsvoraussetzungen

1. *Zeitmoment: Untätigkeit des Berechtigten über einen bestimmten Zeitraum*

Das erste Tatbestandsmerkmal der Verwirkung ist das sog. Zeitmoment. Danach darf der Berechtigte sein Recht über einen längeren Zeitraum nicht geltend gemacht haben. Das Zeitmoment beginnt grundsätzlich mit Fälligkeit bzw. Ausübbarkeit eines Rechts zu laufen.[393]

In Rechtsprechung und Literatur von jeher umstritten ist die Dauer des für die Untätigkeit maßgeblichen Zeitraums.[394] Grund hierfür ist nicht zuletzt die Abgrenzung der Verwirkung von der Verjährung. Einigkeit besteht nur darüber, dass sich die erforderliche Zeitspanne nach den Umständen des Einzelfalls richtet.[395] Welche Einzelfallumstände Berücksichtigung finden sollen, ist umstritten.[396] Nach überwiegender Auffassung ist die Dauer der Verjährungsfrist zu berücksichtigen.[397] Zudem führt der Zeitablauf allein nicht zur Verwirkung des Rechts.[398] Vielmehr muss das Umstandsmoment hinzutreten, da nur so die Abgrenzung zur gesetzlich geregelten Verjährung möglich ist.

In Rechtsprechung und Literatur konnte bislang kein einheitlicher Katalog von Kriterien gefunden werden, der für die Bestimmung der Zeitspanne maßgeblich ist. Gerade mit Blick auf den offenen Tatbestand der Verwirkung, ihrem breiten Anwendungsbereich und ihrer Funktion, im Einzelfall die Rechtsausübung zu versagen, muss die Annahme allgemein gültiger Kriterien versagen. Sinnvoll ist vor diesem Hintergrund allein der mit dieser Arbeit verfolgte Ansatz, das Zeitmoment für einzelne Fallgruppen zu konkretisieren, um so die Verwirkung und ihre Anwendung rational begründbar und vorhersehbar zu machen.

---

392 *Stauder*, S. 66 ff.

393 Staudinger/*Looschelders*/*Olzen*, § 242 Rn. 307 m.w.N.

394 Vgl. zum Ganzen ausführlich *Stauder*, S. 66 ff.

395 Statt vieler: Palandt/*Grüneberg*, § 242 Rn. 93.

396 Vgl. Palandt/*Grüneberg*, § 242 Rn. 93 sowie die umfangreichen Nachweise bei *Stauder*, S. 93 f.; *ders.* zu weiteren Einzelfallumständen S. 105 ff.

397 *Stauder*, S. 95 f. m.w.N. Zum Einfluss der Verjährung auf die Verwirkung s.u. Kap.3 B.V.3.c).

398 *BGH*, Urt. v. 12.05.1959 – VIII ZR 43/58, NJW 1959, 1629; Urt. v. 14.11.2002 – VII ZR 23/02, NJW 2003, 824; Erman/*Hohloch*, BGB § 242 Rn. 123 m.w.N.; AR-Blattei SD 1720/*Kossens* Rn. 8 m.w.N.

2. *Umstandsmoment*

Das zweite Tatbestandsmerkmal wird allgemein als „Umstandsmoment" bezeichnet. Die Rechtsprechung formuliert insoweit z.B.: „Der Berechtigte muss [...] unter Umständen untätig geblieben sein, die den Eindruck erweckten, dass er sein Recht nicht mehr geltend machen wolle, sodass der Verpflichtete sich darauf einstellen durfte, nicht mehr in Anspruch genommen zu werden *(Umstandsmoment)*."[399] Um diese, das Zeitmoment übersteigende Anforderung zum Ausdruck zu bringen, hat sich unter dem Einfluss von § 242 BGB für die Verwirkung die Wendung „illoyal verspätete Geltendmachung" des Rechts etabliert.[400] Dabei ist das Umstandsmoment in drei Merkmale aufzugliedern, die kumulativ erfüllt sein müssen.[401]

a) Besondere Vertrauen auslösende Umstände

Erforderlich sind zunächst besondere Vertrauen auslösende Umstände, d.h. ein Vertrauen auslösendes Verhalten des Berechtigten. Dieses kann in einer positiven Handlung wie auch in einem Unterlassen bestehen. Die besonderes Vertrauen auslösenden Umstände bzw. das Vertrauen auslösende Verhalten des Berechtigten kann dabei ebenso vielgestaltig sein wie die verwirkbaren Rechte.[402] Vor diesem Hintergrund und ist wie schon beim Zeitmoment die Konkretisierung einzelner Fallgruppen am sinnvollsten.[403]

b) Tatsächliches Vertrauen des Verpflichteten

Der Verpflichtete muss darauf vertraut haben, dass der Berechtigte sein Recht nicht geltend macht. Das Vertrauen muss beim Verpflichteten kausal durch das

---

399 *BAG*, Urt. v. 14.12.2011 – 4 AZR 179/10, juris.

400 Staudinger/*Looschelders*/*Olzen*, § 242 Rn. 308.

401 *Stauder* geht dagegen neben dem Zeitmoment von drei eigenständigen Tatbestandsmerkmalen aus. Er sieht in der dualen Begrifflichkeit der h.M. plakative Sammelbegriffe, die die Gefahr der Unvorhersehbarkeit und Rechtsunsicherheit unter dem Deckmantel der Einzelfallgerechtigkeit bergen (S. 59 f.). Zwar ist *Stauder* zuzugeben, dass die Rechtsprechung tatsächlich häufig auf das Begriffspaar pauschal ohne saubere Subsumtion zurückgreift. Dies ändert jedoch nichts an der Tatsache, dass die von *Stauder* als eigenständig proklamierten Tatbestandsmerkmale i.E. jedoch auf Entwicklungen der Rechtsprechung zum Umstandsmoment zurückgehen. Damit sind sie Teil des Tatbestandsmerkmals Umstandsmoment. Aufgrund der rechtsprechungsgeprägten Entwicklung der Verwirkung und der vereinfachten Begrifflichkeit wird daher im Folgenden an der dualen Begrifflichkeit festgehalten.

402 Zum Ganzen ausführlich: *Stauder*, S. 126 ff.

403 Demgegenüber unterteilt *Stauder*, S. 130 ff., das Verhalten des Berechtigten in „Handeln" und „Unterlassen", die er wiederum in jeweils fünf Fallgruppen gliedert.

Verhalten des Berechtigten ausgelöst worden sein.[404] Das tatsächliche Vertrauen ist wesentliches Merkmal der Verwirkung. Ohne Vertrauen des Verpflichteten scheidet die Verwirkung aus.[405] Vielmehr wäre ohne das tatsächliche Vertrauen allein der Zeitablauf maßgeblich. Dadurch würden jedoch die gesetzlichen Verjährungsvorschriften unterlaufen.

Die Rechtsprechung begnügt sich in Bezug auf das tatsächliche Vertrauen des Verpflichteten regelmäßig mit Wendungen, z.B. dass der Verpflichtete sich auf die Nichtgeltendmachung des Rechts „(berechtigterweise) eingerichtet" bzw. "eingestellt" hat.[406] Dabei kommt letztlich eine gewisse Hilflosigkeit zum Ausdruck, die der schwierigen Beweisbarkeit tatsächlichen Vertrauens als „innere geistige Vorstellung"[407] geschuldet ist.

Konsequent hat daher insbesondere *Canaris* vorgeschlagen, das tatsächliche Vertrauen typisierend anzunehmen und auf die Einzelfallfeststellung zu verzichten.[408] Dem hat sich die Rechtsprechung zwar nicht ausdrücklich angeschlossen. Sie nähert sich der Annahme typisierten Vertrauens jedoch an. So zieht sie aus dem Verhalten des Verpflichteten Rückschlüsse auf ein dahinterstehendes Vertrauen.[409] Liegen zudem keine das Vertrauen ausschließende Umstände vor (z.B. ein erklärter Vorbehalt, unredliches Verhalten des Verpflichteten etc.), geht sie meist ohne Detailprüfung vom Vorliegen tatsächlichen Vertrauens aus.[410]

c) Vertrauensdisposition

Zuletzt verlangt der Tatbestand der Verwirkung eine sog. Vertrauensdisposition. Denn Vertrauen als solches ist nicht schutzwürdig. Vielmehr ergibt sich die Schutzwürdigkeit daraus, dass der Verpflichtete im Vertrauen auf die Nichtausübung des Rechts durch den Berechtigten disponiert hat. Infolgedessen erweist sich die verspätete Rechtsausübung des Berechtigten für den Verpflichteten als unzumutbar.[411]

404 *Stauder*, S. 128.

405 *RG*, Urt. v. 17.12.1937, RGZ 158, 100; *BGH*, Urt. v. 06.12.1988 – XI ZR 19/88, NJW-RR 1989, 818; *Stauder*, S. 165 mit zahlreichen weiteren Nachweisen in Fn. 562.

406 *Stauder*, S. 166, mit den jeweiligen Einzelnachweisen.

407 *Menzel*, S. 155.

408 *Canaris*, S. 514; ähnlich *Menzel*, S. 155 ff.

409 *Stauder*, S. 170, mit den jeweiligen Einzelnachweisen.

410 Zum Ganzen ausführlich: *Stauder*, S. 165 ff.

411 Folglich gibt es kein eigenständiges „Zumutbarkeitsmoment", vgl. *BAG*, Beschl. v. 09.08.1994 – 9 AZN 335/94, BB 1994, 2210; a.A. wohl Küttner/*Eisemann*, Verwirkung 443 Rn. 2, unter Verweis auf *BAG*, Urt. v. 14.02.2007 – 10 AZR 35/06, NZA 2007, 690; Urt. v. 24.10.2001 – 5 AZR 32/00, NZA 2002, 209; AR-Blattei SD 1720/*Kossens* Rn. 5, 21 ff. Insoweit wird jedoch der Beschluss vom 09.08.1994 (9 AZN 335/94, BB 1994, 2210) verkannt. Zudem führt das BAG im Urteil vom 14.02.2007 (10 AZR 35/06, NZA 2007, 690) aus, dass „es nicht darauf an[kommt], ob sich die Beklagte ihrerseits so verhielt, dass es ihr unzumutbar geworden wäre, die Forderungen der Klägerin zu erfüllen".

Nach der Rechtsprechung kommen dabei alle Dispositionen in Betracht, die die Rechtsstellung des Verpflichteten betreffen und aufgrund derer ihm bei verspäteter Rechtsausübung durch den Berechtigten Nachteile erwachsen können.[412]

Wie schon zum tatsächlichen Vertrauen ausgeführt, differenziert die Rechtsprechung auch hier regelmäßig nicht zwischen dem tatsächlichen Vertrauen und der aufgrund dessen getroffenen Vertrauensdisposition.[413] Damit einher geht wieder eine großzügige Handhabung des Kausalitätsnachweises zwischen Vertrauen und nachfolgender Disposition.[414] Die Rechtsprechung bedient sich insoweit ebenfalls der bereits zitierten Wendungen („sich einrichten" etc.). Dabei gebraucht sie Begriffe wie Vertrauensinvestition und -disposition synonym, während der Begriff der Vermögendisposition eine Art der Vertrauensdisposition beschreibt.[415]

II. Verhältnis der Tatbestandsmerkmale zueinander

Wesentlich für die Verwirkung ist, dass ihre Tatbestandsmerkmale ein bewegliches System bilden. Das Bundesarbeitsgericht führt insoweit plastisch aus: „Auch ist die Länge des Zeitablaufes in Wechselwirkung zu dem ebenfalls erforderlichen Umstandsmoment zu setzen. Zeitmoment und Umstandsmoment beeinflussen sich wechselseitig, dh. beide Elemente sind bildhaft im Sinne „kommunizierender Röhren" miteinander verbunden. Je stärker das gesetzte Vertrauen oder die Umstände, die eine Geltendmachung für den Anspruchsgegner unzumutbar machen, sind, desto schneller kann ein Anspruch verwirken".[416]

---

412 Zum Ganzen ausführlich: *Stauder*, S. 186 ff. Bereits das RG verlangte bei der Aufwertung, dass sich der Schuldner wirtschaftlich eingerichtet hatte. Dies verneinte es, wenn der Gläubiger die Leistung unter Vorbehalt angenommen hatte, vgl. Urt. v. 07.12.1928, JW 1929, 1964; Urt. v. 23.06.1932, JW 1933, 1048. In einzelnen Entscheidungen ließ der BGH es später ausreichen, dass sich der Verpflichtete in seiner privaten Lebensführung auf die vermeintliche Rechtslage wesentlich eingestellt hatte, Urt. v. 18.02.1955 – V ZR 108/53, WM 1955, 1172; Beschl. v. 16.02.1954 – V BLw 60/53, BGHZ 12, 286; *Heinrich*, S. 412. Die Fälle betrafen jedoch § 242 BGB, nicht speziell die Verwirkung.

413 *Stauder*, S. 172. Demgegenüber neigt die Literatur überwiegend dazu, die Vertrauensdisposition im Rahmen sog. subjektiver Umstände, d.h. bei der Frage der Schutzwürdigkeit des Vertrauens, zu berücksichtigen, vgl. statt vieler: Staudinger/*Looschelders*/*Olzen*, § 242 Rn. 311.

414 Ähnlich *Canaris*, S. 516, der bereits die Wahrscheinlichkeit ausreichen lässt, dass die Disposition aufgrund des Vertrauens erfolgte. Nach *Menzel*, S. 159, soll dies insoweit zu vermuten.

415 Zur Begrifflichkeit vgl. *Stauder*, S. 186 f. m.w.N.

416 *BAG*, Urt. v. 22.06.2011 – 8 AZR 752/09, DB 2011, 2385; ebenso *Stauder*, S. 62 ff., der unter Verweis auf *Wilburg*, Entwicklung eines beweglichen Systems im bürgerlichen Recht (Grazer Rektorenrede vom 22.11.1950, Graz 1950), die Verwirkung zutreffend als Kombination von Generalklausel und fest umrissenen Tatbestand, d.h. ebenfalls als bewegliches System begreift. Ebenso die ganz h.M.:

Zeit- und Umstandsmoment sind ohne kausalen Bezug zueinander zu prüfen. Ist das Zeitmoment erfüllt, kann das Umstandsmoment somit nicht deshalb verneint werden, weil der Verpflichtete vor Ablauf des Zeitmoments disponiert hat.[417]

III. Von der Verwirkung erfasste Rechte und Ausschluss der Verwirkung

Grundsätzlich unterliegen alle Rechte und Rechtspositionen der Verwirkung, insbesondere auch Gestaltungsrechte.[418] Sie erfasst jedoch nur subjektive Rechte. Nur bei diesen kann davon gesprochen werden, ihre Ausübung stehe in Widerspruch zu der länger andauernden Nichtausübung, die beim Verpflichteten einen entsprechenden Vertrauenstatbestand begründet hat.[419] Demgegenüber unterliegen dingliche Rechte nicht der Verwirkung, wohl aber die daraus folgenden Ansprüche.[420] Auch bei Mitgliedschafts- und Immaterialgüterrechten ist nach h.M. eine Verwirkung des Stammrechts ausgeschlossen, nicht aber die Verwirkbarkeit der daraus resultierenden Rechte und Rechtspositionen.[421] Unverjährbare[422] wie auch unverzichtbare Rechte[423] unterliegen der Verwirkung uneingeschränkt.

Wo spezielle Regeln eingreifen, kommt ein Rückgriff auf die Verwirkung nicht in Betracht.[424] Vorrangig sind damit zunächst rechtsgeschäftliche Vereinbarungen (Verzicht). Des Weiteren ist die Verwirkung in einzelnen Fällen (§ 77 Abs. 4 Satz 3 BetrVG, § 4 Abs. 4 Satz 2 TVG, § 19 Abs. 3 Satz 4 HAG etc.) gesetzlich ausgeschlossen. Im Rückschluss zu dem vom Gesetzgeber ausdrücklich auf Einzelfälle beschränkten Ausschluss der Verwirkung ist daher von ihrer allgemeinen Anwendbarkeit in allen Rechtsgebieten auszugehen.

---

vgl. statt vieler Staudinger/*Looschelders/Olzen*, § 242 Rn. 308 m.w.N.; a.A. *Menzel*, S. 86 ff.

417 *BAG*, Urt. v. 02.12.1999 – 8 AZR 890/98, NZA 2000, 540.

418 Vgl. statt vieler: Staudinger/*Looschelders/Olzen*, § 242 Rn. 304 m.w.N.

419 *BGH*, Urt. v. 21.10.2005 – V ZR 169/04, NJW-RR 2006, 235, unter Verweis auf Beschl. v. 01.07.1994 – BLw 95/93, WM 1994, 1944.

420 Ganz h.M.: *BGH*, Urt. v. 21.10.2005 – V ZR 169/04, NJW-RR 2006, 235; Staudinger/*Looschelders/Olzen*, § 242 Rn. 304; PWW/*Schmidt-Kessel*, § 242 Rn. 60; Palandt/*Grüneberg*, § 242 Rn. 88. Kritisch MüKo/*Roth/Schubert*, BGB § 242 Rn. 334, die die Verwirkung nur zurückhaltend annehmen, um so eine Aushöhlung des dinglichen Rechts zu vermeiden. Für die Verwirkbarkeit dinglicher Rechte NK-BGB/*Krebs*, § 242 Rn. 102 Fn. 357.

421 Vgl. statt vieler: Staudinger/*Looschelders/Olzen*, § 242 Rn. 304 m.w.N.

422 *BGH*, Urt. v. 12.12.1975 – IV ZR 101/74, WM 1976, 187.

423 Staudinger/*Schmidt*, 13. Aufl., § 242 Rn. 538.

424 So *BGH*, Urt. v. 22.09.1983 – IX ZR 90/82, MDR 1984, 226, jedoch auf Grundlage von § 242 BGB.

In einzelnen Fällen erwägen Rechtsprechung und Literatur den Ausschluss der Verwirkung bestimmter Rechte oder Rechtspositionen.[425] Dies erfolgt zumeist unter Berufung auf die Besonderheiten des jeweiligen Rechtsgebiets.[426]

IV. Subjektives Moment?

Subjektive Elemente aufseiten des Berechtigten sind grundsätzlich irrelevant.[427] Denn bei der Verwirkung ist das Verhalten des Berechtigten allein aus Sicht eines objektiven Betrachters zu beurteilen.[428] Daher tritt die Verwirkung auch gegen den Willen des Berechtigten ein[429] Auf seine Kenntnis vom Bestehen des Rechts kommt es grundsätzlich ebenfalls nicht an.[430] Etwas anderes gilt nur dann, wenn die Unkenntnis des Berechtigten auf ein Verhalten des Verpflichteten zurückzuführen ist.[431]

---

425 Vgl. die umfangreiche Auflistung bei Staudinger/*Schmidt*, 13. Aufl., § 242 Rn. 538 m.w.N.

426 Nach *BGH*, Urt. v. 12.12.1975 – IV ZR 101/74, WM 1976, 187, sind bei der Verwirkung als Anwendungsfall von Treu und Glauben die Besonderheiten der verschiedenen Rechtsgebiete zu berücksichtigen. Ob es sich dabei tatsächlich um „Besonderheiten" handelt oder dasselbe Ergebnis mittels sauberer Subsumtion ebenfalls erreichbar wäre, muss – abgesehen vom Arbeitsrecht (s.u. Kap.4) – mit Blick auf den Umfang der vorliegenden Darstellung offen bleiben.

427 Ausführlich: *Stauder*, S. 78 ff. I.E. geht dies auf die Rechtsprechung des RG im Warenzeichenrecht zurück. Dort verlangte das RG für die Verwirkung zunächst die Untätigkeit des Berechtigten in positiver Kenntnis der Rechtsverletzung (Urt. v. 19.06.1925, RGZ 111, 192). Später hielt es die fahrlässige Unkenntnis des Berechtigten für ausreichend (Urt. v. 30.01.1931, RGZ 131, 225), um schließlich weder Kenntnis noch vorschuldete Unkenntnis zu fordern (Urt. v. 27.10.1931, RGZ 134, 38).

428 *RG*, Urt. v. 27.10.1931, RGZ 134, 38; *BGH*, Urt. v. 12.03.2008 – XII ZR 147/05, NJW 2008, 2254-2256; *BAG*, Urt. v. 13.07.2006 – 8 AZR 382/05, NZA 2006, 1406; *Siebert*, S. 173; *Stauder*, S. 79.

429 *BGH*, Urt. v. 27.06.1957 – II ZR 15/56, BGHZ 25, 47.

430 RG, Urt. v. 27.10.1931, RGZ 134, 38; *BGH*, Urt. v. 27.06.1957 – II ZR 15/56, NJW 1957, 1358; *BSG*, Urt. v. 04.05.1965 – 11 RA 356/64, BSGE 23, 62; Urt. v. 29.10.1968 – 4 RJ 245/67, NJW 1969, 767; *BAG*, 09.01.1986 – 2 ABR 24/85, NZA 1986, 467. Unzutreffend als streitig offen gelassen von *BAG*, Urt. v. 25.04.2001 – 5 AZR 497/99, NZA 2001, 966. Den dort in Rn. 33 zitierten Urteilen lässt sich jedoch – abgesehen von *BVerwG*, Urt. v. 24.02.1958 – VI C 234.57, MDR 1958, 628 – gerade entnehmen, dass die fehlende Kenntnis des Berechtigten von seinem Recht die Verwirkung nicht ausschließt. Des Weiteren befassen sich die als abweichend zitierten Urteile teils allein mit der Kenntnis des Verpflichteten bzw. betreffen die Verwirkung des Rechts zu außerordentlichen Kündigung (so *BAG*, Urt. v. 05.05.1977 – 2 AZR 297/76, NJW 1978, 723).

431 *BGH*, Urt. v. 27.06.1957 – II ZR 15/56, BGHZ 25, 47, der dies mit Treu und Glauben begründet. Demgegenüber verweist *Stauder*, S. 91, zutreffend darauf, dass der

E. Verwirkung als Rechtsfolge

Seitdem sich die Verwirkung über die Aufwertung hinaus etabliert hat, besteht Streit hinsichtlich der exakten Rechtsfolge und der dogmatischen Einordnung. Als problematisch werden dabei im Wesentlichen folgende Problemkreise erachtet[432]: (1) Führt die Verwirkung zum Wegfall des betroffen Rechts oder ist sie nur ein Ausübungshindernis? (2) Tritt die Rechtsfolge endgültig ein (Erlöschen oder dauerndes Ausübungshindernis) oder nur vorübergehend (Hemmung oder vorübergehendes Ausübungshindernis)? (3) Ist die Verwirkung eine Einwendung oder Einrede (Gestaltungsrecht oder prozessuale Einrede)?

Bemerkenswert ist, dass schon immer allein das Schrifttum den „Streit" um die Rechtsfolge führte.[433] Dagegen nahm bereits das Reichsgericht in ständiger Rechtsprechung als Rechtsfolge der Verwirkung das Erlöschen des Rechts an.[434] Auch heute geht die Rechtsprechung davon aus, dass die Verwirkung rechtsvernichtend wirkt. Sie führt zum dauerhaften Erlöschen des subjektiven Rechts[435] und ist eine von Amts wegen zu beachtende Einwendung.[436]

Verpflichtete, der die Unkenntnis des Berechtigten von seinem Recht verursacht, bereits kein schutzwürdiges Vertrauen in die Nichtgeltendmachung des Rechts aufbauen kann.

432 Nach Staudinger/*Schmidt*, 13. Aufl., § 242 Rn. 562 ff. m.w.N., dem insoweit auch das Verdienst klarer Herausarbeitung gebührt.

433 *Bommel*, S. 130 ff. m.w.N., hat zutreffend herausgearbeitet, dass auch das Schrifttum zunächst vom Untergang des verwirkten Rechts ausging. Abweichende Meinungen bildeten sich erst im Zuge der Ausweitung der Verwirkung auf andere Rechtsgebiete.

434 *RG*, Urt. v. 11.01.1928, RGZ 118, 375; Urt. v. 09.12.1927, RGZ 119, 231; Urt. v. 25.11.1929, RGZ 126, 317; Urt. v. 04.12.1931, RGZ 134, 262; Urt. v. 04.07.1935, JW 1935, 2883; Urt. v. 24.03.1936, JW 1936, 2546; ebenso *RAG*, Urt. v. 02.12.1931, JW 1932, 3471.

435 *BGH*, Beschl. v. 20.06.1951 – GSZ 1/51, BGHZ 2, 300 (*obiter dictum*); Beschl. v. 31.10.1972 – NotZ 3/72, LM Nr. 1 zu § 25 BNotO; Urt. v. 20.12.1968 – V ZR 97/65, WM 1969, 182; Urt. v. 14.02.2008 – I ZR 162/05, MDR 2008, 1229; Beschl. v. 25.02.2009 – XII ZB 224/06, FamRZ 2009, 858; *BAG*, Urt. v. 09.07.1958 – 2 AZR 438/56, AP Nr. 9 zu § 242 BGB Verwirkung; Urt. v. 18.03.1965 – 2 AZR 263/64, DB 1965, 786; Urt. v. 13.10.1988 – 6 AZR 144/85, NZA 1989, 716; Urt. v. 18.09.2001 – 3 AZR 689/00, NZA 2002, 1391; Urt. v. 12.12.2006 – 9 AZR 747/06, NZA 2007, 396. Der Ansatz von *Canaris*, S. 373 Fn. 7, die Rechtsfolge der Verwirkung flexibel zu handhaben (Schadensersatz etc.) konnte sich nicht durchsetzen, vgl. schon damals ablehnend *Stocks*, S. 81 f.; *Siebert*, S. 144 f.

436 Aus der Rechtsprechung: *BGH*, Urt. v. 10.11.1965 – Ib ZR 101/63, NJW 1966, 343; Beschl. v. 25.02.2009 – XII ZB 224/06, FamRZ 2009, 858; *BAG*, Urt. v. 12.12.2006 – 9 AZR 747/06, NZA 2007, 396; *OLG Frankfurt*, Urt. v. 01.11.2010 – 23 U 181/08, juris; *OLG Düsseldorf*, Urt. v. 17.02.2004 – I-20 U 108/03, 20 U 108/03, InstGE 4, 152. Aus der Literatur: Staudinger/*Looschelders*/*Olzen*, § 242 Rn. 322; MüKo/*Roth*/*Schubert*, BGB § 242 Rn. 348; Bamberger/Roth/*Sutschet*, § 242 Rn. 144;

Die Bedeutung des Streits ist mit Blick auf die ständige Rechtsprechung und h.M. gering. In der Praxis wirkt er sich regelmäßig nicht aus.[437] Der Streit gründet in der dogmatischen Einordnung der Verwirkung als Anwendungsfall von § 242 BGB bzw. der Lehre von der Unzulässigkeit der Rechtsausübung. Erst diese Einordnung eröffnete die Möglichkeit, die Verwirkung als Ausübungshindernis oder Erlöschensgrund zu begreifen[438]. Entsprechendes gilt für die Einordnung als Einrede oder Einwendung. Die der Unzulässigkeit der Rechtsausübung zugrundeliegende Innentheorie führte dazu, der Verwirkung die materiell-rechtliche Wirkung einer Einrede (vorübergehendes Ausübungshindernis) und prozessual die einer Einwendung zuzuerkennen.[439] Die Rechtsprechung ging dagegen weiterhin von einer rechtsvernichtenden Einwendung aus, ohne den Streit aufzugreifen. Heutzutage ist überwiegend in Vergessenheit geraten, dass die historische Entwicklung des Streits vor dem Hintergrund der Lehre der Unzulässigkeit der Rechtsausübung entstand.[440] Die Literatur sieht sich daher vor dem Problem, die Verwirkung in die heute gängigen Begriffspaare Einrede und Ausübungshindernis sowie Einwendung und Rechtsuntergang dogmatisch nicht befriedigend einordnen zu können.[441]

Palandt/*Grüneberg*, § 242 Rn. 96; a.A. noch Staudinger/*Schmidt*, 13. Aufl., § 242 Rn. 568; MüKo/*Roth*, 5. Aufl., BGB § 242 Rn. 314. Zur älteren Literatur vgl. den Überblick bei *Geigel*, S. 67 Fn. 2. Zur Darlegungs- und Beweislast: *Schmidt*, RdA 1963, 88 (91 f.).

437 Bedeutung entfaltet die Einordnung materiell-rechtlich bei der Frage, ob das trotz Verwirkung auf die Forderung Geleistete zurückgefordert werden kann (§ 812, § 813 Abs. 1 Satz 2 BGB) sowie bzgl. der analogen Anwendung von § 222 Abs. 2 BGB, vgl. Staudinger/*Schmidt*, 13. Aufl., § 242 Rn. 567. Prozessual wirkt sich die Einordnung als Einrede oder Einwendung im Säumnisverfahren aus, vgl. Staudinger/*Looschelders*/*Olzen*, § 242 Rn. 324.

438 So zutreffend *Bommel*, S. 132. Dogmatisch war dies maßgeblich der von *Siebert* geprägten Innentheorie geschuldet, wonach dem Rechtsinhaber ein Recht von vornherein nur in bestimmten Umfang zugebilligt wird. Die Verwirkung lasse lediglich die Beschränkung sichtbar werden, sodass sie keinen Rechtsendigungsgrund darstellen können (*ders.*, S. 132 m.w.N.).

439 *Bommel*, S. 133 ff. m.w.N.

440 *Bommel*, S. 136. Soweit ersichtlich, berücksichtigen dies lediglich Staudinger/*Looschelders*/*Olzen*, § 242 Rn. 324 ff. ausreichend.

441 *Bommel*, S. 135 f. Die Kommentarliteratur stellt den Streit zwar dar, folgt jedoch i.E. zumeist der ständigen Rechtsprechung. Vereinzelt finden sich Abweichungen, z.B. MüKo/*Roth*/*Schubert*, BGB § 242 Rn. 347, wonach die grundsätzlich auf Dauer eintretende Rechtsfolge der Verwirkung in Einzelfällen wieder entfallen könne; PWW/*Schmidt-Kessel*, § 242 Rn. 65 geht von der dauerhaften Undurchsetzbarkeit des Rechts aus. Unklar NK-BGB/*Krebs*, der einerseits von einer inhaltlichen Begrenzung des Rechts ausgeht, die zur dauerhaften Unausübbarkeit führe (§ 242 Rn. 111) und andererseits eine rechtsvernichtende Einwendung annimmt (§ 242 Rn. 112; ebenso Ermann/*Hohloch*, § 242 Rn. 133).

Unabhängig davon ist der Streit mit der Einordnung der Verwirkung als Gewohnheitsrecht überholt. § 242 BGB und die Lehre von der Unzulässigkeit der Rechtsausübung scheiden als Rechtsgrundlage der Verwirkung aus. Folglich entfällt die Grundlage des bisher geführten Streites. Dogmatisch bestehen aufgrund der Eigenständigkeit der Verwirkung keine Bedenken, der Rechtsprechung und der h.M. zu folgen.[442] Demnach zieht die Verwirkung als Rechtsfolge den Untergang des Rechts nach sich. Als Einwendung treten ihre Rechtswirkungen anders als bei einem Gestaltungsrecht bereits mit Entstehen ein, nicht erst mit ihrer Geltendmachung.[443] Prozessual ist die Verwirkung von Amts wegen zu beachten. Dies entbindet jedoch die begünstigte Partei nicht vom Beibringungsgrundsatz, d.h. vom notwendigen Tatsachenvortrag auf Grundlage der Verhandlungsmaxime.[444]

442 Vgl. statt vieler Staudinger/*Looschelders/Olzen*, § 242 Rn. 318, 324.
443 Vgl. Staudinger/*Looschelders/Olzen*, § 242 Rn. 328.
444 Staudinger/*Looschelders/Olzen*, § 242 Rn. 326.

Kapitel 3: Die Verwirkung im Individualarbeitsrecht

Das Hauptaugenmerk der Untersuchung liegt auf der Verwirkung im Individualarbeitsrecht[445] und zwar in Zusammenhang mit Anbahnung, Inhalt und Übergang sowie Änderung und Beendigung des Arbeitsverhältnisses. Soweit angezeigt, wird dabei teils auch auf das Arbeitsschutzrechts eingegangen.

A. Anbahnung des Arbeitsverhältnisses

Bei der Anbahnung eines Arbeitsverhältnisses können zahlreiche schuldrecht- und deliktsrechtliche Ansprüche entstehen.[446] Unter dem Gesichtspunkt der Verwirkung ist insoweit die die Erstattung von Bewerbungs-/Vorstellungskosten interessant.

I. Erstattung von Vorstellungskosten

Der Stellenbewerber hat gemäß §§ 662, 670 BGB Anspruch auf Erstattung der Vorstellungskosten, wenn der Arbeitgeber[447] ihn zur Vorstellung aufgefordert und die Erstattung nicht ausgeschlossen hat.[448] Der Erstattungsanspruch umfasst diejenigen Aufwendungen, die der Bewerber für erforderlich halten durfte.[449] Der Anspruch entsteht unabhängig von der Begründung eines Arbeitsverhältnisses.[450] Er unterliegt der dreijährigen Regelverjährungsfrist (§ 195 BGB).

---

445 Zu Begriff und Struktur des (Individual-)Arbeitsrechts: *Preis*, Individualarbeitsrecht, § 1 I, II, S. 1 ff.

446 Ausführlich hierzu *Preis*, Individualarbeitsrecht, § 20, S. 235.

447 Rechtsprechung und Literatur sprechen einheitlich vom „Arbeitgeber", auch wenn kein Arbeitsverhältnis in Folge der Bewerbung begründet wurde. Zur Erstattungsverpflichtung bei Einsatz eines Personalberaters vgl. *Diller*, NZA 2007, 649 (651).

448 BAG, Urt. v. 29.06.1988 – 5 AZR 433/87, NZA 1989, 468; ebenso bereits die st. Rspr. des *RAG*, Urt. v. 10.02.1932, ARS 14, 341; Urt. v. 26.04.1939, ARS 36, 44. ErfK/*Müller-Glöge*, BGB § 629 Rn. 13 m.w.N.; *LAG Nürnberg*, Urt. v. 16.8.1966, AP BGB § 670 Nr. 12; *ArbG Kempten*, Urt. v. 12.04.1994 – 4 Ca 720/94, BB 1994, 1504. MüKo/*Henssler* BGB § 629 Rn. 26; MüArbRHb/*Richardi*/*Buchner*, § 31 Rn. 16; a.A. *Sieber*/*Wagner*, NZA 2003, 1312 ff. Ausführlich zum Ganzen: AR-Blattei SD 1770/*Brune*. Unter dem Gesichtspunkt der verschuldensunabhängigen Haftung des Aufwendungsersatzanspruchs nach § 670 BGB analog s.u. Kap.3 B.V.1.a)cc).

449 Z.B. Fahrtkosten, Mehrkosten für Verpflegung und Übernachtung (BAG, Urt. v. 29.06.1988 – 5 AZR 433/87, NZA 1989, 468), nicht jedoch der Verdienstausfall (BeckOKArbR/Joussen, BGB § 611 Rn. 24 m.w.N.; a.A. ErfK/*Müller-Glöge*, BGB § 629 Rn. 15; *Müller* ZTR 1990, 237 (241).

450 ErfK/*Müller-Glöge*, BGB § 629 Rn. 13.

1. *Rechtsprechung und Literatur*

Zur Verwirkung des Erstattungsanspruchs liegt lediglich ein Urteil des Arbeitsgerichts Köln vor.[451] Darüber hinaus existiert keine Entscheidung. Soweit ersichtlich setzt sich auch die Literatur nicht mit der Verwirkung des Erstattungsanspruchs auseinander.

In dem vom Arbeitsgericht Köln entschiedenen Fall hatte der Arbeitnehmer die Vorstellungskosten erstmals knapp ein Jahr nach Anspruchsentstehung geltend gemacht. Dies reiche zur Erfüllung des Zeitmoments aus. Zudem habe der Arbeitnehmer das Arbeitsverhältnis auch tatsächlich aufgenommen. Die Beklagte durfte daher nach Ansicht des Gerichts auch darauf vertrauen, dass der Kläger die Vorstellungskosten nicht mehr geltend machen werde. Somit sei auch das Umstandsmoment erfüllt.

2. *Bewertung*

a) Zum Zeitmoment

Zur Erfüllung des Zeitmoments darf der Berechtigte sein Recht über einen längeren Zeitraum nicht geltend gemacht haben. Die hierfür erforderliche Zeitspanne richtet sich nach den Umständen des Einzelfalls.[452] Der Erstattungsanspruch ist von der Begründung eines Arbeitsverhältnisses unabhängig. Er ist kein Anspruch aus dem Arbeitsverhältnis.[453] Ob sich das Bestehen eines Arbeitsverhältnisses daher überhaupt auf das Zeitmoment auswirkt, soll an dieser Stelle noch offen bleiben.[454] Jedenfalls lässt das Urteil des Arbeitsgerichts Köln nicht den Rückschluss zu, dass arbeitsrechtliche Ansprüche schneller verwirken als sonstige.

b) Zum Umstandsmoment

Das Umstandsmoment ist erfüllt, wenn der Berechtigte unter Umständen untätig geblieben ist, die den Eindruck erweckten, dass er sein Recht nicht mehr geltend machen will, sodass der Verpflichtete sich darauf einstellen durfte, nicht mehr in Anspruch genommen zu werden.

Erschöpft sich das Verhalten des Arbeitnehmers demgegenüber allein in der Nichtgeltendmachung des Anspruchs, erfüllt dies nicht das Umstandsmoment. Denn die bloße Untätigkeit begründet für sich genommen kein Vertrauen.

---

451 *ArbG Köln*, Urt. v. 21.01.2010 – 6 Ca 3846/09, ArbuR 2010, 89.

452 Statt vieler: Palandt/*Grüneberg*, § 242 Rn. 93.

453 AR-Blattei SD 1770/*Brune* Rn. 52; *Müller*, ZTR 1990, 237 (241 f.). A.A. wohl *LAG Nürnberg*, Urt. v. 29.09.2003 – 6 Sa 882/02, NZA-RR 2004, 290, wonach eine Ausgleichsklausel in einem gerichtlichen Vergleich, die eine Erledigung „aller eventueller finanzieller Ansprüche aus dem Arbeitsverhältnis und seiner Beendigung" vorsieht, auch den Anspruch auf Erstattung der Vorstellungskosten erfassen soll.

454 Vgl. im Ergebnis Kap. 4 B. Ziff. 7 und 8.

Andernfalls würde bereits der bloße Zeitablauf die Verwirkung herbeiführen und damit die Verjährung unterlaufen. Die zur Vertrauensbildung führenden Umstände bemessen sich allein nach objektiven Kriterien.[455] Die Motive für die unterlassene Geltendmachung durch den Arbeitnehmer können von der Vermeidung eines (vermeintlich) „schlechten Eindrucks" bis hin zur Dankbarkeit für die Stelle erstrecken. Die bloße Nichtgeltendmachung kann daher beim Arbeitgeber kein Vertrauen begründen. Es handelt sich allein um innere, subjektive und damit dem Arbeitgeber verborgene Motive. Daher ist auch das Urteil des Arbeitsgericht Köln abzulehnen. Denn das Gericht schloß typisierend allein aus der Aufnahme des Arbeitsverhältnisses auf das Vorliegen tatsächlichen Vertrauens.

Die Verwirkung dient dem Schutz konkreten Vertrauens, nicht abstrakter Erwartungen. Ob ein Arbeitsverhältnis tatsächlich begründet wurde, lässt für sich betrachtet daher keine zwingenden Rückschlüsse zu. So schließt die Ablehnung des Bewerbers nicht per se das für die Verwirkung notwendige Vertrauen des Arbeitgebers aus. Er kann nicht typisierend davon ausgehen, dass der Berechtigte aufgrund der Ablehnung seinen Erstattungsanspruch „jetzt erst recht" geltend machen werde. Ebenso wenig kann der Arbeitgeber abstrakt darauf vertrauen, dass der abgelehnte Bewerber zeitnah seinen Erstattungsanspruch geltend machen werde. Umgekehrt gilt dies bei Begründung eines Arbeitsverhältnisses entsprechend. Zudem trifft in beiden Fallgestaltungen den Berechtigten keine rechtliche Verpflichtung zur Geltendmachung seines Anspruchs. Vielmehr kann er grundsätzlich die Verjährung ausschöpfen.

Wie schon ausgeführt ist der Erstattungsanspruch kein Anspruch aus dem Arbeitsverhältnis. Schon deshalb kann das strukturelle Ungleichgewicht zwischen Arbeitgeber und Arbeitnehmer und die daraus resultierende Schutzbedürftigkeit des Arbeitnehmers beim Umstandsmoment keine Relevanz entfalten.[456] Zumal andernfalls ein nicht aus dem Arbeitsverhältnis stammender Anspruch den aus dem Arbeitsverhältnis resultierenden Schutz genießen würde.

Will der Arbeitgeber den Erstattungsanspruch bereits dem Grunde nach ausschließen, muss er dies dem Bewerber gegenüber unmissverständlich zum Ausdruck bringen.[457] Dieser Aspekt betrifft jedoch allein die Anspruchsentstehung. Daher lässt sich hieraus nicht schließen, dass erhöhte Anforderungen an das Umstandsmoment zu stellen sind.

Sonstige besonderes Vertrauen begründende Umstände sind nur bedingt vorstellbar. Das Umstandsmoment kann zu bejahen sein, wenn sich ein abgelehnter Bewerber erneut auf eine Stelle bei demselben Arbeitgeber bewirbt, ohne die

---

455 Staudinger/*Looschelders*/*Olzen*, § 242 Rn. 310.

456 Ob ein solches bei der Verwirkung überhaupt zu berücksichtigen ist, soll hier zunächst offen bleiben. Vgl. im Ergebnis Kap. 4 B. Ziff. 6.

457 So BeckOKArbR/*Joussen*, BGB § 611 Rn. 20 bzgl. der Anforderungen, die an einen Ausschluss der Kostenerstattung als Ausnahme zum gesetzlichen Anspruch (§§ 662 ff. BGB) zu stellen sind.

Erstattungskosten für die erste Bewerbung vorher geltend gemacht zu haben. Allein das Unterlassen zeitnaher Anspruchsgeltendmachung wirkt jedoch wie schon ausgeführt nicht vertrauensbegründend. Denn die Verwirkung bezweckt nicht, den Schuldner vorzeitig von seiner Leistung zu befreien.[458] Dass es sich um einen Anspruch auf eine einmalige Leistung handelt, ist bei Beurteilung des Umstandsmoments ebenso wenig zu berücksichtigen wie die Anspruchshöhe.

Darüber hinaus existiert – vorbehaltlich der weiteren Untersuchung – kein allgemeiner Grundsatz, wonach gesetzliche Ansprüche im Vergleich zu vertraglichen Ansprüchen (im Arbeitsrecht) unter anderen Voraussetzungen verwirken.

3. *Zwischenergebnis*

Das Zeitmoment richtet sich nach den Umständen des Einzelfalles. Das Umstandsmoment ist erfüllt, wenn der Arbeitnehmer unter Umständen untätig geblieben ist, die den Eindruck erweckten, dass er seinen Erstattungsanspruch nicht mehr geltend machen will, sodass der Arbeitgeber sich darauf einstellen durfte, nicht mehr in Anspruch genommen zu werden. Die bloße Nichtgeltendmachung des Anspruchs, d.h. der bloße Zeitablauf wirkt daher nicht vertrauensbegründend und erfüllt nicht das Umstandsmoment.

Folglich kann der Arbeitgeber allein aufgrund der bloßen Arbeitsaufnahme nicht darauf vertrauen, dass der Arbeitnehmer den Erstattungsanspruch nicht mehr geltend macht. Auch existiert keine Pflicht zur zeitnahen Geltendmachung des Anspruchs. Das Umstandsmoment kann zu bejahen sein, wenn sich ein abgelehnter Bewerber erneut auf eine Stelle bei demselben Arbeitgeber bewirbt, ohne die Erstattungskosten für die erste Bewerbung vorher geltend gemacht zu haben.

Allgemein können aus der (Nicht-)Begründung eines Arbeitsverhältnisses keine typisierenden Folgen für das Umstandsmoment gezogen werden. Die Abhängigkeitssituation des Arbeitnehmers ist schon deshalb nicht zu berücksichtigen, weil der Erstattungsanspruch kein Anspruch aus dem Arbeitsverhältnis ist. Die Anspruchshöhe ist beim Umstandsmoment nicht einzubeziehen.

II. Abschließende Bewertung

Über die obigen Erwägungen hinaus lassen sich zunächst keine aussagekräftigen Rückschlüsse für die Verwirkung speziell bei der Anbahnung von Arbeitsverhältnissen ziehen. Daher ist nachfolgend die Verwirkung von Rechten in Zusammenhang mit Inhalt und Übergang des Arbeitsverhältnisses zu untersuchen, um so ggf. allgemeine Aussagen zu gewinnen.

---

458 *BAG*, Urt. v. 24.05.2006 – 7 AZR 201/05, NZA 2006, 1364.

B. Inhalt und Übergang des Arbeitsverhältnisses

Der Großteil der Rechtsprechung zur Verwirkung im Individualarbeitsrecht betrifft Rechte in Zusammenhang mit Inhalt und Übergang des Arbeitsverhältnisses.

I. Vergütung

Unter dem Gesichtspunkt der Verwirkung ist die Vergütung aus mehrerlei Gründen interessant. Zum einen ist zu beachten, dass die Entgeltzahlung eine Hauptleistungspflicht des Arbeitgebers ist. Zum anderen bildet die Vergütung regelmäßig die wirtschaftliche Lebensgrundlage des Arbeitnehmers. Daher ist zunächst der These nachzugehen, wonach Lohn- und Gehaltsansprüche deshalb nicht verwirken sollen.[459] Sollte diese These unzutreffend sein, wäre zu untersuchen, welche Anforderungen an die Verwirkung zu stellen sind. Hängt sie von unterschiedlichen Faktoren (Art des Entgelts, Anspruchshöhe, Rechtsgrundlage o.ä.) ab?

1. Arbeit gegen Entgelt

Arbeitsentgelt ist alles, was der Arbeitgeber im Sinne einer Gegenleistung für die Leistung des Arbeitnehmers erbringt. Neben dem eigentlichen Arbeitsentgelt als Gegenleistung für die geschuldete Arbeit umfasst dies insbesondere sonstige Sozialleistungen, Gratifikationen und Leistungen der betrieblichen Altersversorgung. Es handelt sich lediglich um unterschiedliche Arten von Entgelt, die rechtlich teils unterschiedlich zu behandeln sind.[460]

a) Regelmäßiges Arbeitsentgelt

Das regelmäßige Arbeitsentgelt unterscheidet sich von Sondervergütungen dadurch, dass letztere nicht monatlich, sondern nur zu bestimmten Anlässen oder Terminen gezahlt werden.[461]

---

459 Staudinger/*Looschelders*/*Olzen*, § 242 Rn. 824 m.w.N.

460 MüArbRHb/*Krause*, § 54 Rn. 2 m.w.N. Die Auswahl der nachfolgend untersuchten Arten von Entgeltansprüchen erfolgt in erster Linie nach ihrer Relevanz für die Verwirkung. Soweit angezeigt, werden einzelne Entgeltansprüche thematisch in anderem Zusammenhang geprüft, so z.B. die Verwirkung des Urlaubsentgeltanspruchs (§ 11 BUrlG) beim Urlaub (Kap.3 B.IV.2), auch wenn es sich eigentlich um „gewöhnliches Arbeitsentgelt" (ErfK/*Gallner*, BUrlG § 11 Rn. 12) handelt. Das Thema „Betriebliche Altersversorgung" wird aufgrund seiner Bedeutung gesondert untersucht.

461 *Preis*, Individualarbeitsrecht, § 28 I 1 b), S. 367.

aa) Rechtsprechung[462]

Zeitmoment	Umstandsmoment
Klageerhebung *sechs Monate* nach Ausscheiden[463] (offen)	- der Kläger stand unter Druck: Ihm wurde widerstrebend eine Einverständniserklärung abverlangt, die er zunächst mit einem Zusatz versah, den er dann allerdings unter dem Druck der Entlassung wieder zurücknehmen musste - bei dieser Drucksituation konnte der Arbeitgeber nicht darauf vertrauen, es würden keine Lohnforderungen mehr geltend gemacht (-)
(keine Ausführungen, aus dem Urteil nicht eindeutig ersichtlich)[464]	- im bestehenden Arbeitsverhältnis kann ein Arbeitgeber, falls nicht schon sehr lange Zeit verstrichen ist[465], grundsätzlich mangels besonderer gegenteiliger Anhaltspunkte nicht damit rechnen, dass Gehaltsnachforderungen unterbleiben. Der Arbeitnehmer scheut sich häufig, während des Arbeitsverhältnisses derartige Ansprüche geltend zu machen (-)
Klageerhebung *viereinhalb Monate* nach Zahlungsverweigerung[466] (-)	- der Zeitraum von viereinhalb Monaten ist nicht so lang, dass die Beklagte darauf vertrauen durfte, der Kläger habe sich abgefunden und werde keinen Tantiemeanspruch mehr geltend machen (-)

462 Zur Lesart der Tabelle wie auch zur Zitierweise, insbesondere bei der Tabellenspalte „Umstandsmoment" s.o. Kap.1 B. Im Folgenden wird bei der Auseinandersetzung mit der Rechtsprechung zu den einzelnen Rechten auf diesen gesonderten Hinweis verzichtet.

463 *BAG*, Urt. v. 13.11.1957 – 4 AZR 228/55, BB 1958, 117.

464 *BAG*, Urt. v. 16.04.1958 – 4 AZR 288/56, AP Nr. 35 zu § 3 TOA. Das Gericht hat in seiner Entscheidung die Anwendbarkeit des Tarifvertrages und damit § 4 Abs. 4 TVG offen gelassen, sodass die Einordnung hier und nicht unter „Irrtümliche Eingruppierung" (Kap.3 B.II.1.c)) erfolgt.

465 Im entschiedenen Fall ging es um Gehaltsforderungen für die letzten fünf Jahre.

466 *BAG*, Urt. v. 21.12.1970 – 3 AZR 510/69, DB 1971, 727. Der Fall betraf eine Tantiemezahlung. Eine Tantieme wird zumeist leitenden Angestellten in Form einer Beteiligung am Unternehmensgewinn zusätzlich zum Grundgehalt gewährt und ist fester Bestandteil des Arbeitsentgelts, *Preis*, Individualarbeitsrecht, § 28 I 1 a), S. 366.

Klageerhebung *eineinhalb Jahre* nach Beendigung des Arbeitsverhältnisses[467] (offen)	- die stillschweigende Entgegennahme der zu niedrig bemessenen Tantieme begründet kein schutzwürdiges Vertrauen bei der Beklagten, da sich die korrekte Anspruchshöhe erst später herausstellte - die Beklagte konnte nicht annehmen, dass der Kläger nach seinem Ausscheiden keine Ansprüche mehr stellen werde, da er sich im Kündigungsschreiben das Gegenteil ausdrücklich vorbehalten hatte (-)
Verfahrensaufnahme nach 24 Jahren[468] (+)	- grundsätzlich kann aus dem bloßen Nichtbetreiben eines Rechtsstreits nicht auf die Aufgabe der Ansprüche geschlossen werden - der Kläger hat auf Anfragen des Gerichts und seines Prozessvertreters zur Verfahrensfortsetzung nicht reagiert - nach Akteneinsicht wartete er weitere 4,5 Jahre zu bis zur Wiederaufnahme des Verfahrens nach insgesamt 24 Jahren - nach allgemeiner Erfahrung richtet sich ein Schuldner bei diesem Zeitraum darauf ein und geht davon aus, auch zukünftig nicht mehr in Anspruch genommen zu werden - da aufgrund der Zeitdauer die Personalakten nicht mehr existieren und die Beklagte auch nichts zur Absicherung der prozessualen Rechtsposition veranlasst hat, ist eine Anspruchserfüllung auch unzumutbar (+)
Forderung der Lohnabrechnung *zwei Wochen* nach Kündigung[469] (-)	- der Kläger hatte kurz nach der Kündigung eine Lohnabrechnung angefordert - im Kündigungsrechtsstreit wurde keine vergleichsweise Regelung über den Lohnanspruch getroffen - der Beklagte konnte also nicht annehmen, der Kläger werde seinen Zahlungsanspruch nicht mehr verfolgen (-)

467 *BAG*, Urt. v. 10.12.1973 – 3 AZR 318/73, NJW 1974, 663.

468 *BAG*, Urt. v. 07.05.1980 – 4 AZR 401/78, juris; der Kläger machte Ansprüche auf Ministerialzulage, Trennungsgeld, Überstundenvergütung, Dienstreiseentschädigung, Ersatz sonstiger Aufwendungen und Schadensersatz geltend. Da das BAG in seinem Urteil nicht zwischen den einzelnen Ansprüchen differenziert, sondern auf „einmalige und wiederkehrende Leistungen aus dem Arbeitsverhältnis bzw. [...] solche, die damit im Zusammenhang stehen" verweist, erfolgt die vorliegende Einordnung.

469 *BAG*, Urt. v. 09.04.1981 – 6 AZR 501/78, juris.

Zeitmoment	**Umstandsmoment**
Geltendmachung bis zu *zwei Jahren* nach Entstehen[470] (-)	- die mangelnde Beanstandung der fehlerhaften Gehaltsabrechnung begründet kein schutzwürdiges Vertrauen: Der Arbeitgeber muss damit rechnen, dass ein Arbeitnehmer eine fehlerhafte Vergütungsberechnung bemerkt und dann rückwirkend Nachzahlungsansprüche geltend macht - das Vertrauen ist nicht schutzwürdig, die fehlerhaft berechnete Vergütung auch zukünftig beizubehalten, wenn der Arbeitnehmer sie jahrelang nicht bemerkt hat (-)
Klageerhebung *17 Monate* nach Beendigung des Arbeitsverhältnisses[471] (offen)	- kein Sachvortrag der Beklagten, warum ihr die Erfüllung des Anspruchs unter Berücksichtigung aller Umstände nach Treu und Glauben nicht mehr zumutbar sein soll (-)
Klageerhebung knapp *zwei Jahre* nach erstmaliger Geltendmachung[472] (offen)	- Umstände, die über den reinen Zeitablauf hinaus die gerichtliche Geltendmachung nach knapp zwei Jahren rechtsmissbräuchlich erscheinen lassen, sind nicht vorgetragen (-)
Klageerhebung bis zu *drei Jahre* nach Fälligkeit[473] (offen)	- kein Sachvortrag der Beklagten, warum ihr die Erfüllung des Anspruchs unter Berücksichtigung aller Umstände nach Treu und Glauben nicht mehr zumutbar sein soll (-)
Anwaltliche Aufforderungsschreiben *fünf Monate* bzw. *7 Monate* nach Fälligkeit[474] (-)	- der Kläger hat mit beiden Schreiben hinreichend deutlich gemacht, dass er mit der Herabsetzung der Arbeitsvergütung durch die Beklagten nicht einverstanden ist - die danach bis zur Klageerhebung verstrichene Zeit (ein Jahr) genügt nicht zur Begründung der Verwirkung

470 *BAG*, Urt. v. 25.03.1987 – 4 AZR 304/86, juris.

471 *BAG*, Urt. v. 08.04.1992 – 5 AZR 168/91, juris; weitgehend Parallelentscheidung: Urt. v. 08.04.1992 – 5 AZR 166/91, juris.

472 *BAG*, Urt. v. 02.09.1992 – 10 AZR 355/90, EEK I/1108.

473 *BAG*, Urt. v. 03.03.1993 – 10 AZR 36/92, juris. Der Kläger machte Gehaltsansprüche, eine tarifliche Sonderzahlung, Urlaubsgeld und vermögenswirksame Leistungen geltend. Da das Gericht bei der Verwirkung nicht zwischen den Entgeltbestandteilen differenzierte, erfolgt vorliegend die Einordnung.

474 *BAG*, Urt. v. 12.12.2001 – 5 AZR 257/00, NZA 2002, 1338.

Anwaltliches Aufforderungsschreiben bis zu *drei Jahre* nach Fälligkeit[475] (als [+] unterstellt)	- das bloße Absehen von Mahnungen begründet noch keine Vertrauensposition des Schuldners - die Umstände bei Beendigung des Arbeitsverhältnisses und der Freistellung begründen kein Vertrauen: Der Kläger hat zunächst nur Forderungen geltend gemacht, die regelmäßig bei Beendigung des Arbeitsverhältnisses sofort zu klären sind[476]. Daraus konnte die Beklagte nicht schließen, der Kläger werde keine sonstigen Forderungen mehr erheben (-)
Geltendmachung knapp *einen Monat* nach Anspruchsentstehung[477] (-)	- die Beklagte hat nicht vorgetragen, warum sie davon ausgehen konnte, die Klägerin werde auf die nach der getroffenen Vereinbarung geschuldete Vergütung verzichten (-)
Anmahnung der Vergütung *fünf Monate* nach in Kraft treten der neuen Gesamtbetriebsvereinbarung[478] (-)	- die Beklagte konnte sich nicht schutzwürdig auf die von ihr angenommene Rechtslage einrichten: Der Kläger hat die betreffenden Fahrten von Anfang an mit dem Zusatz „Zwangspause" gekennzeichnet und damit seine ablehnende Haltung gegenüber der Vergütungsneuregelung ausgedrückt
Forderung bis zu *ein Jahr* nach Fälligkeit[479](-)	keine Ausführungen (offen)

bb) Literatur

Nach Ansicht von *Looschelders/Olzen* wie auch *Sutschet* sollen Gehaltsansprüche wegen der vorrangigen Schutzwürdigkeit der Arbeitnehmer überhaupt nicht verwirken.[480] Hierzu verweisen sie auch auf ein Urteil des Bundesarbeitsgerichts vom 13.11.1957.[481]

Jedenfalls im bestehenden Arbeitsverhältnis lehnt auch *Kossens* die Verwirkung von Entgeltansprüchen unter Verweis auf die Schutzbedürftigkeit des Arbeitnehmers ab.[482]

475 *BAG*, Urt. v. 28.05.2002 – 9 AZR 145/01, EzA § 242 BGB Verwirkung Nr. 2. Die Ausführungen zur Verwirkung beziehen sich nur auf den nicht wegen Verjährung abgewiesenen Teilbetrag.

476 Hier: Resturlaub, Arbeitszeugnis und Rücksendung der Lohnsteuerkarte.

477 *BAG*, Urt. v. 19.01.2006 – 6 AZR 529/04, DB 2006, 2295.

478 *BAG*, Urt. v. 22.04.2009 – 5 AZR 292/08, NZA-RR 2010, 231.

479 *BAG*, Urt. v. 23.08.2011 – 3 AZR 575/09, NZA 2012, 211.

480 Staudinger/*Looschelders/Olzen*, § 242 Rn. 824; Bamberger/Roth/*Sutschet*, § 242 Rn. 145.

481 BAG, Urt. v. 13.11.1957 – 4 AZR 228/55, BB 1958, 117.

482 AR-Blattei SD 1720/*Kossens* Rn. 47 m.w.N.

Nach ähnlicher Auffassung von *Schäfer* sollen Lohnansprüche auch bei längerer Untätigkeit des Arbeitnehmers nur selten verwirken. Der Arbeitgeber müsse damit rechnen, dass der Arbeitnehmer allein aus Sorge um den Arbeitsplatz oder im Interesse der weiteren guten Zusammenarbeit von der Geltendmachung seiner Forderungen absehe. Erst nach Beendigung des Arbeitsverhältnisses sollen die allgemeinen Grundsätze für die Verwirkung gelten.[483]

cc) Bewertung

(1) Zum Zeitmoment

Bei der Verwirkung besteht grundsätzlich allgemein Einigkeit darüber, dass sich die erforderliche Zeitspanne beim Zeitmoment nach den Umständen des Einzelfalls richtet.[484] Mindest- oder Höchstfristen existieren daher nicht. Dies gilt für Entgeltansprüche ebenfalls.[485] Auch existiert keine Verpflichtung, (Entgelt-)Ansprüche zeitnah geltend zu machen. Daher muss der Arbeitgeber gerade nicht damit rechnen, dass der Arbeitnehmer „innerhalb der nur kurzen zweijährigen Verjährungsfrist noch Lohnansprüche geltend macht."[486] Dies hätte zudem den vollständigen Ausschluss der Verwirkung zu Gunsten der Verjährung zur Folge.

Die Schuldrechtsreform[487] hat die Regelverjährung zwar von 30 Jahren (§ 195 BGB a.F.) auf drei (§ 195 BGB) verkürzt. Die Verkürzung der Verjährung hat jedoch die Bedeutung der Verwirkung in Bezug auf Entgeltansprüche nicht verringert. Früher verjährten Entgeltansprüche nach zwei Jahren (§ 196 Abs. 1 Nr. 8, 9 BGB a.F.). Zudem lief die Verjährung bereits mit Anspruchsentstehung an (§ 198 BGB a.F.). Die Reform des Verjährungsrechts hat daher für Entgeltansprüche die Regelverjährung sogar verlängert. Wie sich jedoch aus der Darstellung oben ergibt, ist die Zahl höchstrichtlicher Entscheidungen zur Verwirkung von Entgeltansprüchen nicht gesunken. Bereits dies spricht gegen die These, dass die Reform des Verjährungsrechts die Bedeutung der Verwirkung gravierend verringert hätte.[488]

---

483 *Schäfer*, S. 146 f. Rn. 211. Ähnlich *Güntner*, ArbuR 1948, S. 42 (43), der im bestehenden Arbeitsverhältnis wegen der Abhängigkeitssituation Bedenken gegen die Verwirkung hat; *o.V.*, DB 1948, 531.

484 Statt vieler: Palandt/*Grüneberg*, § 242 Rn. 93.

485 Die Rechtsprechung des BAG bietet insoweit ebenfalls keine Orientierungshilfe. Das Urteil vom 28.05.2002 (9 AZR 145/01, EzA § 242 BGB Verwirkung Nr. 2, s.o.) ist nicht aussagekräftig, da bereits die zur Verjährung erforderliche Zeitspanne erfüllt war. Auch das Urteil vom 07.05.1980 (4 AZR 401/78, juris) ist mit einem Zeitmoment von 24 Jahren nicht repräsentativ. Gleiches gilt für die Instanzrechtsprechung, die vereinzelt das Zeitmoment bereits nach vier Monaten als erfüllt ansah (vgl. *LAG Köln*, Urt. v. 16.08.1990 – 10 Sa 503/90, ARST 1991, 22).

486 So aber zu § 196 BGB a.F.: *BAG*, Urt. v. 25.03.1987 – 4 AZR 304/86, juris. Ähnlich auch Urt. v. 09.08.1990 – 2 AZR 579/89, NZA 1991, 226, *obiter dictum*.

487 „Gesetz zur Modernisierung des Schuldrechts" vom 26.11.2001 (BGBl. I S. 3138).

488 So MüKo/*Roth*/*Schubert*, BGB § 242 Rn. 337; Erman/*Hohloch*, BGB § 242 Rn. 126.

(2) Zum Umstandsmoment

Wie schon beim Anspruch auf Erstattung der Vorstellungskosten gilt auch für die vorliegenden Entgeltansprüche, dass nach den konkreten Einzelfallumständen zu beurteilen ist, ob der Arbeitgeber auf deren Nichtgeltendmachung vertrauen durfte. Dieser muss konkret vortragen, warum er auf die Nichtgeltendmachung vertraut hat. Der Arbeitgeber kann sich nicht auf ein typisiertes Misstrauen berufen.[489] So kann er z.B. nicht allein aufgrund der Geltendmachung von Forderungen, die typischerweise im Zusammenhang mit der Beendigung des Arbeitsverhältnisses stehen (Zeugnis, Arbeitsbescheinigung etc.), auf die Nichtgeltendmachung von weiteren (Lohn)Forderungen vertrauen. Insbesondere begründet das bloße Absehen von Mahnungen noch keine Vertrauensposition des Schuldners. Somit hängt es vom Einzelfall ab, ob die Beendigung des Arbeitsverhältnisses eine Zäsur darstellt, die beim Umstandsmoment u.U. als vertrauensbegründender Umstand zu beachten ist.

Ausgeschlossen ist die Verwirkung des Anspruchs auf regelmäßiges Arbeitsentgelt nur dann, wenn der Ausschluss auf einer positiven Rechtsvorschrift (z.B. § 4 TVG) beruht.[490] Dies folgt im Rückschluss schon aus § 9 Satz 2 AEntG. Für die dem AEntG unterfallenden Branchen gelten staatlich angeordnete Mindestlöhne. Allein für diese schließt § 9 Satz 2 AEntG als Ausnahmevorschrift die Verwirkung aus. Eine allgemeine Unverwirkbarkeit von Lohnansprüchen ist damit nicht zu vereinbaren.

Daher können Entgeltansprüche verwirken, auch wenn der Arbeitnehmer infolge seiner strukturellen Unterlegenheit grundsätzlich schutzbedürftig ist. Eine vorrangige Schutzwürdigkeit, die die Verwirkung ausschließt, lässt sich auch nicht zutreffend begründen. Zwar ließe sich die Schutzbedürftigkeit darauf stützen, dass der Lohn die wirtschaftliche Existenzgrundlage des Arbeitnehmers bildet. Der Lohn müsste also (nahezu) vollständig zum Lebensunterhalt dienen und ständig verbraucht werden. Dann wäre es jedoch ausgeschlossen, dass ein Arbeitnehmer mit der Anspruchsgeltendmachung solange zuwartet, um das erforderliche Zeitmoment überhaupt jemals bejahen zu können. Vielmehr müsste der Arbeitnehmer nach dieser Argumentation zeitnah den Lohn geltend machen, um den Lebensunterhalt überhaupt bestreiten zu können. Die Verwirkung würde dann aber nicht wegen einer besonderen Schutzwürdigkeit des Arbeitnehmers ausscheiden, sondern am fehlenden Zeitmoment scheitern.

Der Ausschluss der Verwirkung lässt sich auch nicht damit rechtfertigen, dass der Arbeitnehmer vor einer bewusst zu niedrigen Entlohnung durch den Arbeitgeber geschützt werden muss. Vielmehr ist in diesem Fall das Umstandsmoment bereits nicht erfüllt: Zahlt der Arbeitgeber bewusst zu wenig Lohn, kann er kein

---

489 Zutreffend *BAG*, Urt. v. 09.04.1981 – 6 AZR 501/78, juris; Urt. v. 03.03.1993 – 10 AZR 36/92, juris.

490 So zutreffend bereits *BAG*, Urt. v. 23.12.1957 – 1 AZR 565/56, AP Nr. 4 zu § 242 BGB Verwirkung.

schutzwürdiges Vertrauen darauf entwickeln, dass der Arbeitnehmer von einer Nachforderung absieht. Daher kann sich beim Arbeitgeber z.B. auch dann kein Vertrauen bilden, wenn die konkrete Anspruchshöhe noch offen ist oder sich eine Abrechnung als fehlerhaft erweist.

Ginge man von einer besonderen Schutzbedürftigkeit in Bezug auf Lohnansprüche aus, müsste man zudem erst Recht tarifliche, wenigstens aber arbeitsvertragliche Ausschlussklauseln für unzulässig erachten. Letztere können bereits drei Monate nach Fälligkeit[491] zum Anspruchsverlust führen, also innerhalb eines – im Vergleich zur Verwirkung – sehr kurzen Zeitraums und zudem ohne das zusätzliche Erfordernis des Umstandsmoments. Gleichwohl steht nach ganz h.M. eine besondere Schutzbedürftigkeit des Arbeitnehmers vertraglichen Ausschlussklauseln nicht entgegen.

Zudem schützen KSchG[492] und § 612a BGB den Arbeitnehmer ausreichend. Der Arbeitgeber muss daher nicht damit rechnen, dass der Arbeitnehmer allein aus Sorge um den Arbeitsplatz oder im Interesse der weiteren guten Zusammenarbeit von der Anspruchsgeltendmachung absieht.[493] Diese liefe zudem auf die Annahme eines typisierten Misstrauens hinaus. Vielmehr bemessen sich zutreffend die zur Vertrauensbildung führenden Umstände nach objektiven Kriterien.[494] Dagegen handelt es sich bei der Nichtgeltendmachung aus den angeführten Gründen regelmäßig um innere, subjektive und damit dem Arbeitgeber verborgene Motive.[495] Solange sich diese Motive nicht für den Arbeitgeber erkennbar manifestieren, können sie seiner Vertrauensbildung nicht entgegenstehen oder sie typisiert ausschließen. Dass die innere, verborgen gebliebene Motivlage nicht maßgeblich ist, spiegelt sich ferner darin wieder, dass die Verwirkung selbst gegen den Willen des Berechtigten eintritt.[496] Zudem sind die Motive des Berechtigten für die Nichtgeltendmachung beim Umstandsmoment außer Acht zu lassen. Es kommt allein darauf an, wie der Verpflichtete das Verhalten des Schuldners objektiv auffassen darf.[497]

---

491 Vgl. *BAG*, Urt. v. 25.05.2005 – 5 AZR 572/04, NZA 2005, 1111; Urt. v. 28.09.2005 – 5 AZR 52/05, NZA 2006, 149; Urt. v. 12.03.2008 – 10 AZR 152/07, NZA 2008, 699. Tarifrechtlich sind sogar Fristen von einem Monat zulässig, vgl. Urt. v. 13.12.2000 – 10 AZR 168/00; NZA 2001, 723. Ausführlich zum Ganzen: Grobys/Panzer/*Schönhöft*, 33 Ausschlussfristen Rn. 1 ff.

492 Bzw. bei dessen Nichtanwendbarkeit über § 242 BGB.

493 I.E. ähnlich *Kettler*, NZA 2001, 928 (932). A.A. die ältere, zwischenzeitlich überholte Rechtsprechung, vgl. *BAG*, Urt. v. 23.09.1954 – 2 AZR 31/53, NJW 1955, 157; Urt. v. 16.04.1958 – 4 AZR 288/56, AP Nr. 35 zu § 3 TOA; Urt. v. 01.08.1958 – 1 AZR 475/55, AP Nr. 10 zu § 242 BGB Verwirkung; *Schäfer*, S. 146 f. Rn. 211; AR-Blattei SD 1720/*Kossens* Rn. 47.

494 Staudinger/*Looschelders*/*Olzen*, § 242 Rn. 310.

495 S.o. Kap.3 B.I.2.b).

496 Vgl. *BGH*, Urt. v. 27.06.1957 – II ZR 15/56, NJW 1957, 1358 unter Verweis auf *RG*, Urt. v. 04.12.1931, RGZ 134, 262 (270).

497 *BAG*, Urt. v. 12.12.2006 – 9 AZR 747/06, NZA 2007, 396.

Da die Schutzbedürftigkeit des Rechtsinhabers beim Umstandsmoment wie gezeigt nicht zu berücksichtigen ist, verwirken Ansprüche auf regelmäßiges Entgelt und auf Ausbildungsvergütung unter jeweils gleichen Voraussetzungen.[498] Es handelt sich beide Male um Zahlungsansprüche. Insbesondere ist nicht maßgeblich, dass die Ausbildungsvergütung weder Lohn noch Gehalt ist[499] und nach h.M. mangels überwiegenden Entgeltcharakters weder abgetreten noch gepfändet werden kann.[500]

Vielmehr verwirken Entgeltansprüche unabhängig von ihrer Höhe oder einer ihnen zugeschriebenen Bedeutung.[501] Unabhängig davon, nach welchen Kriterien man die Bedeutung von Entgeltansprüchen oder sonstigen Rechten bemessen wollte: Ein Schuldner wird ein Recht umso eher geltend machen, umso bedeutender es für ihn ist. Dann kann die Bedeutung eines Rechts jedoch nicht dessen Verwirkung ausschließen.

---

498 I. E. wohl ebenso *BAG*, Urt. v. 23.08.2011 – 3 AZR 575/09, NZA 2012, 211.

499 Die Ausbildungsvergütung soll den Auszubildenden bzw. die Eltern bei Durchführung der Ausbildung finanziell unterstützen, die ausreichende Heranbildung qualifizierter Fachkräfte sichern und stellt eine Entlohnung dar, *BAG*, Urt. v. 11.10.1995 – 5 AZR 258/94, NZA 1996, 698; Urt. v. 15.12.2005 – 6 AZR 224/05, AP Nr. 15 zu § 10 BBiG; Urt. v. 22.01.2008 – 9 AZR 999/06, NZA-RR 2008, 565.

500 *Leinemann*/*Taubert*, § 17 Rn. 6 f. m.w.N.

501 A.A. Staudinger/*Looschelders*/*Olzen*, § 242 Rn. 824, und Bamberger/Roth/*Sutschet*, § 242 Rn. 145, die die Verwirkung von Lohn- und Gehaltsansprüchen wie bereits oben dargestellt insgesamt ablehnen. Zur Begründung verweisen sie unzutreffend auf das Urteil des Bundesarbeitsgerichts vom 13.11.1957 (4 AZR 228/55, BB 1958, 117). Der 4. Senat führte dort lediglich aus, dass der Arbeitgeber im bestehenden Arbeitsverhältnis nicht darauf vertrauen könne, dass Lohnforderungen wegen „untertariflicher Bezahlung“ nicht mehr geltend gemacht würden. Das Gericht schloss jedoch an keiner Stelle die Verwirkung von Lohnansprüchen per se aus. Vielmehr knüpfte es insoweit nur an die eigene (Urt. v. 23.09.1954 – 2 AZR 31/53, NJW 1955, 157) sowie an die bereits dargestellte Rechtsprechung des Reichsarbeitsgerichts zur Verwirkung bei bewusst untertariflicher Entlohnung (s.o. Kap.3 B.II.4.a)aa)) an. Das spätere Urteil vom 30.03.1960 (3 AZR 201/58, BB 1960, 904) ist dagegen als „Ausreißer“ einzuordnen ist, den es auch später nicht mehr aufgegriffen wurde. Der 3. Senat führte an, dass nach ständiger Rechtsprechung im bestehenden Arbeitsverhältnis Ansprüche auf Arbeitsentgelt regelmäßig nicht verwirken. Unabhängig davon, dass auch dieses Urteil die Verwirkung nicht vollständig ausschließt („regelmäßig“), verweist das Gericht hierfür auf das Urteil vom 01.08.1958 (1 AZR 475/55, AP Nr. 10 zu § 242 BGB Verwirkung), in dem wiederum auf die Entscheidung vom 23.09.1954 (2 AZR 31/53, NJW 1955, 157) verwiesen wird. Letzteres Urteil betrifft jedoch wie bereits ausgeführt nur „untertariflichen Lohn“ und nicht jegliche Lohnansprüche.

dd) Zwischenergebnis

Ansprüche auf regelmäßiges Arbeitsentgelt können im bestehenden wie auch beendeten Arbeitsverhältnis verwirken. Hierfür existieren keine spezifisch arbeitsrechtlichen Verwirkungsvoraussetzungen. Vielmehr richtet sich die Verwirkung nach den allgemeinenen Grundsätzen. Die Verwirkung ist nicht aufgrund der Schutzbedürftigkeit des Arbeitnehmers (Abhängigkeitsverhältnis) ausgeschlossen. Auch existiert – wie schon beim Erstattungsanspruch[502] – kein typisiertes Misstrauen dergestalt, dass der Arbeitgeber im laufenden Arbeitsverhältnis mit der Geltendmachung von Nachforderungen rechnen muss oder der Arbeitnehmer hiervon absieht, aus Sorge das Arbeitsverhältnis zu belasten. Die Anspruchshöhe ist bei der Verwirkung nicht zu berücksichtigen. Das bloße Absehen von Mahnungen begründet noch keine Vertrauensposition des Schuldners. Beim Arbeitgeber kann sich dann kein Vertrauen bilden, wenn die konkrete Anspruchshöhe noch offen ist oder sich eine Abrechnung als fehlerhaft erweist.

b) Sondervergütungen

Sondervergütungen sind alle Leistungen des Arbeitgebers, die nicht regelmäßig mit dem Arbeitsentgelt ausgezahlt werden, sondern aus bestimmten Anlässen oder zu bestimmten Terminen gewährt werden (z.B. Weihnachtsgratifikationen, Treueprämien etc.).[503] Mit ihnen kann der Arbeitgeber unterschiedliche Zwecke verfolgen, z.B. zusätzliche Vergütung für die tatsächlich erbrachte Arbeitsleistung, Belohnung vergangener und/oder künftiger Betriebstreue etc.[504] Relevanz entfaltet die Zweckbestimmung insbesondere bei den Entstehungsvoraussetzungen sowie bei Ausschluss- und Kürzungstatbeständen.[505] Interessant ist daher insbesondere, ob sich die Zweckbestimmung auch auf die Verwirkung auswirkt.

---

502 S.o. Kap.3 B.I.3.

503 *Preis*, Individualarbeitsrecht, § 29 I, S. 382.

504 ErfK/*Preis*, BGB § 611 Rn. 534. Ob Sondervergütungen mit Mischcharakter (Belohnung von Arbeitsleistung und Betriebstreue) existieren, wird nicht einheitlich beurteilt. Kritisiert wird, dass der Arbeitgeber in der Regel jede Sondervergütung zur Honorierung der Arbeitsleistung erbringe (ErfK/*Preis*, BGB § 611 Rn. 528, 534a unter Verweis auf *BAG*, Urt. v. 01.04.2009 – 10 AZR 393/08, ZTR 2009, 485; Urt. v. 18.01.2012 – 10 AZR 612/10, NJW 2012, 1532. A.A. MüArbRHb/*Krause*, § 59 Rn. 26 ff.).

505 MüArbRHb/*Krause*, § 59 Rn. 3 m.w.N.

aa) Rechtsprechung

Zeitmoment	Umstandsmoment
Klageerhebung knapp *zwei Jahre* nach Fälligkeit[506] (offen)	- zur Annahme der Verwirkung genügt nicht allein der Fristablauf - es müssen Umstände hinzukommen, die die verspätete Geltendmachung nach Treu und Glauben als illoyal erscheinen lassen, die aber aus dem Vortrag der Beklagten nicht erkennbar sind (-)
Klageerhebung *ein Jahr* nach Zahlungsverweigerung[507] (offen)	- der Kläger hatte bereits die Weihnachtsgratifikation für das vorletzte Jahr eingeklagt - die Beklagte musste daher damit rechnen, dass der Kläger auch die Weihnachtsgratifikation für das letzte Jahr verlangen wird (-)
Geltendmachung bis zu *ein Jahr* nach Fälligkeit[508] (offen)	- da im Vorjahr eine Vielzahl der Arbeitnehmer Klage auf Zahlung der Gratifikation erhoben hatten, musste die Beklagte damit rechnen, dass auch andere Arbeitnehmer diese geltend machen (-)
Erstmalige Geltendmachung *sechs Monate* nach Fälligkeit bzw. Klageerhebung *ein Jahr* nach Zahlungsverweigerung[509] (offen)	- gerade weil Kollegen der Klägerin gleich gelagerte Ansprüche gerichtlich geltend machten, musste die Beklagte damit rechnen, dass weitere Arbeitnehmer Ansprüche geltend machen würden

506 *BAG*, Urt. v. 03.04.1957 – 4 AZR 270/54, DB 1957, 1200. Die Verwirkbarkeit von Sondervergütungen bejahte das BAG auch in einer späteren Entscheidung (Urt. v. 22.12.1970 – 3 AZR 52/70, BB 1971, 523) an, ohne darüber jedoch mangels Sachvortrag der Beklagten zu entscheiden.

507 *BAG*, Urt. v. 14.08.1996 – 10 AZR 69/96, NZA 1996, 1323.

508 *BAG*, Urt. v. 14.08.1996 – 10 AZR 68/96, NZA 1996, 1323. Weitgehend Parallelentscheidung: Urt. v. 14.08.1996 – 10 AZR 69/96, NZA 1996, 1323.

509 *BAG*, Urt. v. 14.02.2007 – 10 AZR 35/06, NZA 2007, 690. Vorliegend ging es um eine monatliche Qualifikationszulage, die gezahlt wurde, um qualifiziertes Personal zu halten. Die monatliche Zahlung zusätzlich zum Grundgehalt spricht insoweit gegen eine Sondervergütung, die sich dadurch auszeichnet, nicht in jedem Abrechnungszeitraum fällig zu sein (*Preis*, Individualarbeitsrecht, § 29 I, S. 382). Jedoch spricht für die Einordnung als Sondervergütung, dass alleiniger Zweck der Zahlung das Halten von Personal ist. Damit wird nicht die tatsächliche

Zeitmoment	Umstandsmoment
	- die Beklagte konnte auch nicht deshalb auf die Nichtgeltendmachung des Anspruchs vertrauen, weil die Klägerin weder auf ihr Schreiben noch auf die in vier Jahren erfolgten jährlichen Kürzungen reagierte: Weder die Untätigkeit eines Anspruchsberechtigten noch das Ausbleiben von Mahnungen begründet für sich genommen eine Vertrauensposition des Schuldners - die Rechtsprechung des Bundesgerichtshofs zur Verwirkung von Unterhaltsansprüchen[510] ist nicht übertragbar, da es an vergleichbaren wirtschaftlichen Verhältnissen fehlt (-)

bb) Literatur

Nach Auffassung von *Krause* soll wegen der „Festtagsbezogenheit" ein Zeitmoment von 1,5 Jahren für die Verwirkung eines Anspruchs auf Weihnachtsgratifikation ausreichen.[511] Allgemein differenziert die Literatur jedoch nicht zwischen der Verwirkung von Sondervergütungen und regelmäßigem Arbeitsentgelt.

cc) Bewertung

(1) Zum Zeitmoment

Für das Zeitmoment gelten die bereits oben zur Verwirkung von regelmäßigen Entgeltansprüchen ausgeführten Erwägungen.[512] Ansprüche auf Sondervergütung verwirken daher unter den gleichen Voraussetzungen wie Ansprüche auf regelmäßiges Entgelt.

Arbeitsleistung honoriert, sondern allein die Betriebstreue. Die Qualifizierung als Sondervergütung ist daher trotz monatlicher Zahlweise angebracht.

510 Das BAG verweist auf *BGH*, Urt. v. 23.10.2002 – XII ZR 266/99, NJW 2003, 128; 13.011988 – IVb ZR 7/87, NJW 1988, 1137. Der BGH geht davon aus, dass ein Unterhaltsschuldner seine Lebensführung an die ihm zur Verfügung stehenden Einkünfte anpasst, sodass er bei unerwarteten Unterhaltsnachforderungen nicht auf Ersparnisse zurückgreifen kann und daher regelmäßig in Bedrängnis gerät. Somit sei eine zeitnahe Geltendmachung erforderlich und das Zeitmoment kurz zu bemessen.

511 MüArbRHb/*Krause*, § 64 Rn. 10 unter Verweis auf *LAG Köln*, Urt. v. 10.10.1997 – 11 Sa 320/97, AR-Blattei ES 1720 Nr. 6.

512 Kap. 3 B.I.1a)cc)(1).

Insbesondere wirkt sich die Zweckbestimmung einer Sondervergütung nicht auf das Zeitmoment aus.[513] Zwar erfolgen Sonderzahlungen anlassbezogen, sodass z.B. eine für Weihnachten 2013 vorgesehene Gratifikation im Jahr 2014 nicht mehr für Weihnachtsgeschenke bzw. festtagsbezogene Ausgaben 2013 verwendet werden kann. Damit kann eine nicht zum Stichtag gezahlte Sondervergütung den ihr immanenten Leistungszweck nicht mehr erfüllen.

Dies ist jedoch für das Zeitmoment der Verwirkung auch nicht maßgeblich. Entscheidend ist allein, dass der Berechtigte sein Recht über einen längeren Zeitraum nicht geltend gemacht hat. Der Stichtag hat daher grundsätzlich nur insoweit Bedeutung, als das Zeitmoment mit Fälligkeit bzw. Ausübbarkeit eines Rechts zu laufen beginnt.[514] Würde man zudem auf die Verfehlung des Leistungszwecks abstellen, würde das Verstreichenlassen des Stichtages das Zeitmoment indizieren. Dies ist schon mit Blick darauf abzulehnen, dass keine Mindest- oder Höchstfristen für die Erfüllung des Zeitmoments existieren. Zudem hätte es letztlich der Arbeitgeber allein durch Unterlassen der Auszahlung der Sondervergütung in der Hand, Einfluss auf den Eintritt der Verwirkung zu nehmen.

(2) Zum Umstandsmoment

Auch für das Umstandsmoment gilt, dass Ansprüche auf Sondervergütungen unter den gleichen Voraussetzungen verwirken wie Ansprüche auf regelmäßiges Entgelt.[515]

Der Leistungszweck (der Sondervergütung) ist auch beim Umstandsmoment unbeachtlich. Die Verfehlung des Leistungszwecks erfüllt allein nicht das Umstandsmoment. Zum einen kann der Arbeitgeber bei Auszahlung der Gratifikation nicht auf die Erfüllung des Leistungszwecks vertrauen.[516] Dessen Verfehlung kann daher erst Recht kein besonderes Vertrauen auslösender Umstand sein.

Zum anderen hat der Arbeitnehmer lediglich eine anlassbezogene Zahlung (z.B. Weihnachtsgratifikation) nicht zeitnah zum vereinbarten Auszahlungszeitpunkt geltend gemacht. Sein Verhalten erschöpft sich also in der bloßen Nichtgeltendmachung der Sondervergütung. Damit liegt schon kein besonderes Vertrauen auslösendes Verhalten des Berechtigten vor. Ansonsten würde eine jährliche Weihnachtsgratifikation allein aufgrund der Untätigkeit des Arbeitnehmers nach einem Jahr verwirken. Auf ein Umstandsmoment käme es nicht an. „Rechtsverlust" infolge bloßen Zeitablaufs ist jedoch gerade Wesensmerkmal der Verjährung oder einer

513 A.A. *LAG Köln*, Urt. v. 10.10.1997 – 11 Sa 320/97, AR-Blattei ES 1720 Nr. 6 und MüArbRHb/*Krause*, § 64 Rn. 10.

514 Staudinger/*Looschelders*/*Olzen*, § 242 Rn. 307 m.w.N.

515 Vgl. hierzu Kap. 3 B.I.1a)cc)(2).

516 Eine rechtlich zwingende Bindung, die Weihnachtsgratifikation nur für festtagsbezogene Ausgaben zu verwenden existiert regelmäßig nicht. Es bleibt dem Arbeitnehmer daher unbenommen, das Geld z.B. zur Schuldentilgung, Kapitalanlage oder in der Spielbank auszugeben.

Ausschlussfrist. Außerdem würde dem Arbeitnehmer eine Verpflichtung zur zeitnahen Geltendmachung seiner Ansprüche auferlegt. Hierfür besteht keine gesetzliche Grundlage. Sie ist auch nicht mit der Verjährungssystematik zu vereinbaren.

Die bei der Verwirkung angezeigte Einzelfallbetrachtung ist auch dann durchzuführen, wenn z.B. mehrere Arbeitnehmer parallel ihre Sondervergütungen einklagen. Macht ein Dritter ein Recht gerichtlich geltend, kann der Verpflichtete in einem Parallelfall dennoch Vertrauen auf die Nichtgeltendmachung eines gleich gelagerten Rechts durch dessen Inhaber entwickeln. Die parallel gelagerte Klage des Dritten schließt nicht automatisch die Entwicklung von Vertrauen und damit das Umstandsmoment aus. Schon der Rückschluss ist nicht zwingend, wonach der Arbeitgeber dann, wenn eine bestimmte Zahl (wie viele?) Arbeitnehmer geklagt haben, damit rechnen muss, von weiteren Arbeitnehmern in Anspruch genommen zu werden. Dies gilt insbesondere dann, wenn die Inanspruchnahme zeitlich spät nach den Klagen der übrigen Arbeitnehmer erfolgt. Zudem schließt eine Vielzahl von Klagen nicht aus, dass der einzelne Arbeitnehmer im konkreten Fall Umstände an den Tag legt, aufgrund dessen der Arbeitgeber doch auf die Nichtgeltendmachung vertrauen durfte.Treten also zusätzliche vertrauensbegründende Umstände hinzu, können diese trotz parallel gelagerter Klagen das Umstandsmoment erfüllen. Die gerade auch für die Verwirkung von Sondervergütungsansprüchen gegenteilige Ansicht des Bundesarbeitsgerichts[517] ist daher abzulehnen.

dd) Zwischenergebnis

Ansprüche auf Sondervergütungen verwirken unter den gleichen Voraussetzungen wie Ansprüche auf regelmäßiges Entgelt. Insbesondere wirkt sich der Leistungszweck einer Sondervergütung nicht auf die zur Erfüllung des Zeit- und Umstandsmoments notwendigen Voraussetzungen aus.

Allgemein gilt für die Verwirkung, dass dann, wenn ein Dritter ein Recht gerichtlich geltend macht, der Verpflichtete in einem Parallelfall dennoch Vertrauen auf die Nichtgeltendmachung eines gleich gelagerten Rechts durch dessen Inhaber entwickeln kann; die gegenteilige Rechtsprechung des Bundesarbeitsgerichts ist abzulehnen. Denn die parallel gelagerte Klage des Dritten schließt nicht automatisch die Entwicklung von Vertrauen und damit das Umstandsmoment aus. Treten vielmehr zusätzliche vertrauensbegründende Umstände hinzu, können diese das Umstandsmoment erfüllen.

c) Irrtümliche Eingruppierung

Die Frage der Verwirkung in Zusammenhang mit der irrtümlichen Eingruppierung tritt typischerweise in zwei Konstellationen auf: Erstens, der Arbeitgeber beruft sich auf die Fehlerhaftigkeit der Zuordnung der bisherigen Tätigkeit zu einer bestimmten Vergütungsgruppe. Dem hält der Arbeitnehmer die Verwirkung

---

517 S.o. Kap.3 B I.1.b)aa), insbesondere *BAG*, Urt. v. 14.08.1996 – 10 AZR 68/96, NZA 1996, 1323; Urt. v. 14.02.2007 – 10 AZR 35/06, NZA 2007, 690.

entgegen. Der Arbeitgeber habe durch die jahrelange Zahlung einer bestimmten Vergütung einen Vertrauenstatbestand geschaffen; ggf. wurde dieser auch durch zusätzliche Umstände verstärkt, die nach der Eingruppierungsmitteilung eingetreten sind. Zweitens, der Arbeitnehmer bemerkt, dass der Arbeitgeber ihn zu niedrig eingruppiert hat. Dem Verlangen des Arbeitnehmers nach (rückständigem Lohn im Zuge der geltend gemachten) Höhergruppierung hält nunmehr der Arbeitgeber Verwirkung entgegen.

Prozessual erheben die Arbeitnehmer in beiden Fallkonstellationen regelmäßig sog. Eingruppierungsfeststellungsklagen, ggf. in Verbindung mit einer Leistungsklage auf Zahlung des Differenzlohnes.[518]

aa) Rechtsprechung

(1) Korrigierende Rückgruppierung

Grundsätzlich kann der Arbeitgeber die von ihm irrtümlich falsche Eingruppierung des Arbeitnehmers korrigieren, wenn die auszuübende Tätigkeit nicht mit den Tätigkeitsmerkmalen der anwendbaren Vergütungsgruppe übereinstimmt (sog. korrigierende Rückgruppierung).[519] Die Form der Korrekturmaßnahme (Änderungskündigung, einseitige Lossagung) hängt davon ab, ob die Vergütungsabrede Vertragsgegenstand (dann Änderungskündigung) oder ob arbeitsvertraglich hinsichtlich der Vergütung lediglich die maßgebende (tarifliche) Vergütungsordnung in Bezug genommen geworden ist (dann einseitige Lossagung).[520]

Zeitmoment	**Umstandsmoment**
Rückgruppierung *vier Jahre* nach Mitteilung[521] (offen)	- dass der Beklagten zum Zeitpunkt der Mitteilung über die (fehlerhafte) Eingruppierung die tatsächlich maßgeblichen Umstände bekannt waren, reicht angesichts der schwierigen tarifrechtlichen Auslegungsfragen nicht aus, das erforderliche Umstandsmoment zu erfüllen (-)
Rückgruppierung nach *zehn Monaten*[522] (-)	- Zahlung der überhöhten Vergütung für knapp ein Jahr stellt für sich allein keinen besonderen vertrauensbegründenden Umstand dar (-)

518 Schaub/*Treber*, § 183 Rn. 121 m.w.N., wonach die Subsidiarität der Feststellungsklage wegen der zu vermutenden Unterwerfung des Arbeitgebers unter das Feststellungsurteil nicht greife.

519 Ein- wie auch Rückgruppierung erfolgen dabei in der Privatwirtschaft wie auch im öffentlichen Dienst regelmäßig nach den gleichen Grundsätzen, Schaub/*Treber*, § 183 Rn. 111.

520 ErfK/*Schaub*, ArbGG § 46 Rn. 36; Schaub/*Treber*, § 183 Rn. 113. Zu den Besonderheiten im öffentlichen Dienst vgl. ErfK/*Schaub*, ArbGG § 46 Rn. 37.

521 *BAG*, Urt. v. 16.10.2002 – 4 AZR 521/01, NZA 2003, 1112.

522 *BAG*, Urt. v. 11.10.2006 – 4 AZR 534/05, ZTR 2007, 141.

Zeitmoment	Umstandsmoment
Rückgruppierung nach *zehn Jahren*[523] (+)	- es sind weder Anhaltspunkte vorgetragen noch sonst wie ersichtlich, dass die Beklagte jemals zu erkennen gegeben hätte, sie werde dem Kläger auch dann eine erhöhte Vergütung gewähren, wenn die tariflichen Voraussetzungen dafür nicht vorliegen (-)
Wiederholte Rückgruppierung nach *neun Jahren* bzw. *eineinhalb Jahre* nach letzter Rückgruppierung[524] (+)	- die Klägerin durfte angesichts der nicht unerheblichen nachteiligen wirtschaftlichen Folgen der letzten Rückgruppierung diese als gezielte Überprüfung der gesamten Eingruppierung verstehen und auf den Fortbestand des Ergebnisses dieser Überprüfung angesichts unveränderter Tätigkeit und Tarifrechtslage vertrauen (+)

(2) Höhergruppierung

In den Fällen der korrigierenden Rückgruppierung erfolgen die Klagen als Reaktion auf die Herabsetzung der Vergütung. In den Fällen der Höhergruppierung hat der Arbeitnehmer demgegenüber ohne vorherige gezielte Maßnahme des Arbeitgebers erkannt, dass seine Tätigkeit unzutreffend eine zu niedrige Vergütungsgruppe zugeordnet wurde.

Zeitmoment	Umstandsmoment
(aus dem Urteil nicht ersichtlich)[525]	- während des Arbeitsverhältnisses steht der Arbeitnehmer regelmäßig unter Druck, wenn er sich mit einem untertariflichen Lohn zufrieden gibt und höhere Ansprüche nicht geltend macht - der Arbeitgeber muss daher mit Nachforderungen rechnen (-)
Klageerhebung über *zwei Jahre* nach ablehnender Auskunft über Höhegruppierung[526] (offen)	- der Kläger hatte zwei Jahre zuvor Auskunft über mögliche Vergütungsansprüche erbeten, jedoch keine höhere Vergütung (unter Fristsetzung) geltend gemacht: Nur dann hätte durch längeres Zuwarten schützenswertes Vertrauen auf Abschluss des Sachverhalts entstehen können

523 BAG, Urt. v. 24.01.2007 – 4 AZR 28/06, NZA-RR 2007, 495, das sich insoweit die Ausführungen der Vorinstanz (Sächsisches LAG, Urt. v. 09.08.2005 – 7 Sa 757/04, juris) zu Eigen gemacht hat.

524 BAG, Urt. v. 23.09.2009 – 4 AZR 220/08, ZTR 2010, 298.

525 *BAG*, Urt. v. 23.09.1954 – 2 AZR 31/53, NJW 1955, 157.

526 *BAG*, Urt. v. 21.07.1993 – 4 AZR 489/92, ZTR 1994, 204.

	- das fehlende Höhergruppierungsverlangen im Zusammenhang mit der von ihm gewünschten Versetzung wirkt nicht vertrauensbegründend: Der Kläger verblieb im Arbeitsverhältnis, sodass aus Sicht der Beklagten kein Anlass bestand, eine abschließende Klarstellung aller Vergütungsansprüche herbeizuführen (-)
Erneute Klageerhebung *drei Jahre* nach Klagerücknahme im Vorprozess[527] (offen)	- bereits aus der Möglichkeit der Erhebung einer neuen Klage auch nach Klagerücknahme (§ 269 Abs. 6 ZPO) folgt, dass allein die Klagerücknahme im Vorverfahren nicht geeignet ist, ein Umstandsmoment zu begründen: Der Klagerücknahme kommt kein materiell-rechtlich wirksamer Erklärungswert bezüglich des Streitgegenstandes zu - im Zeitpunkt der Klagerücknahme war die Beklagte wegen einer Vielzahl von Rückgruppierungen diversen Klageverfahren ausgesetzt. Sie musste damit rechnen, dass deshalb auch andere Arbeitnehmer ihre Rechtsposition überdenken, ohne dass der Kläger zur Erklärung eines entsprechenden Vorbehalts verpflichtet gewesen wäre (-)

bb) Bewertung

Soweit ersichtlich behandelt die Literatur bei der korrigierenden Rückgruppierung die Verwirkung nicht gesondert.[528] Das Bundesarbeitsgericht Problem löst die Fälle der irrtümlichen Eingruppierung nicht einheitlich. Neben der Verwirkung in den o.a. Fällen prüft das Gericht in anderen Fällen lediglich, inwieweit die korrigierende Rückgruppierung gegen Treu und Glauben (§ 242 BGB) in der „Erscheinungsform des mißbräuchlichen widersprüchlichen Verhaltens (venire contra factum proprium)" verstößt.[529] In wieder anderen Fällen prüft das Bundesarbeitsgericht beide Rechtinstitute nebeneinander.[530]

527 *BAG*, Urt. v. 20.04.2011 – 4 AZR 368/09, NZA-RR 2011, 609.

528 AR-Blattei SD 1720/Kossens Rn. 89 verweist ohne eigene Ausführungen lediglich auf *LAG Köln*, Urt. v. 12.07.2002 – 11 Sa 202/02, MDR 2003, 276.

529 *BAG*, Urt. v. 08.10.1997 – 4 AZR 167/96, NZA-RR 1998, 231; in diesem Sinne auch Urt. v. 06.06.1973 – 4 AZR 387/72, AP Nr. 70 zu §§ 22, 23 BAT; Urt. v. 22.03.2000 – 4 AZR 116/99, ZTR 2000, 465; Urt. v. 17.07.2003 – 8 AZR 376/02, ZTR 2004, 28; Urt. v. 10.03.2004 – 4 AZR 212/03, ZTR 2004, 635; Urt. v. 22.07.2004 – 8 AZR 352/03, EzBAT §§ 22, 23 BAT M Nr. 125; Urt. v. 23.08.2006 – 4 AZR 417/05, NZA 2007, 516.

530 *BAG*, Urt. v. 24.01.2007 – 4 AZR 28/06, NZA-RR 2007, 495; Urt. v. 23.09.2009 – 4 AZR 220/08, ZTR 2010, 298; Urt. v. 20.04.2011 – 4 AZR 368/09, NZA-RR 2011, 609.

Die Unklarheiten der bisherigen Rechtsprechung im Bereich der irrtümlichen Eingruppierung sind weniger der dogmatisch unsauberen Trennung von Verwirkung und *venire contra factum proprium* geschuldet. Vielmehr wurde bislang nicht zutreffend herausgearbeitet, woran der Vertrauensschutz und damit auch die Verwirkung anknüpfen. Grundsätzlich können nur subjektive Rechte bzw. Rechtspositionen verwirken.[531] Die bisherige Rechtsprechung knüpft bei der irrtümlichen Eingruppierung insoweit an das „Recht auf korrigierende Rückgruppierung“ sowie das „Recht auf Höhergruppierung“ an. Dies ist jedoch unzutreffend.

(1) Ausgangspunkt: Tarifautomatik oder konstitutive Vergütungsregelung?
Bevor auf den Gesichtspunkt des Vertrauensschutzes und damit den Anknüpfungspunkt für die Verwirkung eingegangen werden kann, ist zunächst die Funktionsweise von Vergütungssystemen zu untersuchen. Erst die Funktionsweise ermöglicht es, herauszuarbeiten, in welchem Rahmen Vertrauen entstehen kann. Die Zuordnung einer bestimmten Vergütung zu einem Arbeitnehmer kann in einem Vergütungssystem grundsätzlich auf zwei Weisen erfolgen: Im Rahmen einer sog. Tarifautomatik oder einer konstitutiven Vergütungsregelung.

(a) Tarifautomatik
Richtet sich die Eingruppierung nach einer tariflichen Vergütungsordnung, gilt in der Regel der Grundsatz der sog. Tarifautomatik. Der Arbeitnehmer ist aufgrund der geltenden Vergütungsordnung und der von ihm ausgeübten Tätigkeit automatisch in die entsprechende Entgeltgruppe eingeordnet, ohne dass es eines gesonderten Eingruppierungsaktes des Arbeitgebers bedarf.[532] Die Eingruppierung ist keine nach außen wirkende Maßnahme oder ein rechtsgestaltender Akt. Sie ist bloße Rechtsanwendung im Sinne der Zuordnung einer Tätigkeit zu einer Vergütungsgruppe.[533] Daher ist ein Arbeitnehmer nicht „falsch eingruppiert“, sondern wird nicht ordnungsgemäß vergütet.[534]

Der für Tarifverträge des öffentlichen Diensts entwickelte Grundsatz der Tarifautomatik findet regelmäßig auch für tarifliche Vergütungsordnungen der Privatwirtschaft Anwendung.[535]

531 S.o. Kap.2 B.III.

532 *BAG*, Urt. v. 15.11.1967 – 4 AZR 48/67, BAGE 20, 150; Urt. v. 28.10.1981 – 4 AZR 244/79, BAGE 36, 392; Urt. v. 01.07.2009 – 4 AZR 234/08, NZA-RR 2010, 80; Schaub/*Treber*, § 183 Rn. 10.

533 *BAG*, Urt. v. 24.11.1965 – 4 AZR 272/64, BAGE 17, 346; Beschl. v. 27.07.1993 – 1 ABR 11/93, NZA 1994, 952; Urt. v. 16.02.2000 – 4 AZR 62/99, NZA-RR 2001, 216; Beschl. v. 22.04.2009 – 4 ABR 14/08, NZA 2009, 1286; die Tarifautomatik gilt neben der erstmaligen Eingruppierung auch für nachfolgende Umgruppierungen Schaub/*Treber*, § 183 Rn. 10.

534 Schaub/*Treber*, § 183 Rn. 10 m.w.N.

535 *BAG*, Urt. v. 23.04.1980 – 4 AZR 378/78, BB 1981, 364; Schaub/*Treber*, § 183 Rn. 11.

Die bloße Angabe der Vergütungsgruppe im Arbeitsvertrag oder einer Eingruppierungsmitteilung ist nach §§ 133, 157 BGB daher regelmäßig so auszulegen, dass dem Arbeitnehmer kein eigenständiger, von den Tarifbestimmungen unabhängiger arbeitsvertraglicher Anspruch auf diese Vergütung zusteht.[536] Auch die Mitteilung der Vergütungsgruppe im Zustimmungsverfahren nach § 99 Abs. 1 BetrVG ist grundsätzlich ein rein deklaratorischer Hinweis.[537] Besteht daher bei einem Arbeitgeber ein bestimmtes Vergütungssystem, wird die Auslegung regelmäßig ergeben, dass eine Eingruppierung nach diesem Vergütungssystem beabsichtigt war, trotz unzutreffender Bezeichnung der Vergütungsgruppe im Arbeitsvertrag.[538]

(b) Konstitutive Vergütungsregelung

Von Vergütungssystemen, die dem Grundsatz der Tarifdynamik unterfallen, sind konstitutive Vergütungsregelungen zu unterscheiden. Es handelt sich um Vergütungsvereinbarungen, die zu Gunsten des Arbeitnehmers von der zwingenden Vergütungsordnung abweichen (vgl. § 4 Abs. 3 TVG, individueller Günstigkeitsvergleich im Rahmen von § 77 Abs. 3 BetrVG) oder ihn ganz aus dem sonst geltenden Vergütungssystem herausnehmen.[539]

(c) Konsequenzen für die Anwendbarkeit der Verwirkung

Fragen der Höhergruppierung oder Umgruppierung stellen sich im Rahmen konstitutiver Vergütungsregelungen nicht. Findet eine konstitutive Vergütungsregelung Anwendung, bedeutet dies gleichzeitig, dass der Arbeitnehmer keinem allgemein gültigen Vergütungssystem des Arbeitgebers unterfällt, in dem er höher- oder umzugruppieren wäre. Streitigkeiten können daher nur über die Frage des Bestehens einer konstitutiven Vergütungsregelung für den einzelnen Arbeitnehmer entstehen. Insoweit handelt es sich jedoch allein um die Frage, welches Recht anwendbar ist. Sieht man vom Problem der Prozessverwirkung ab[540], beschränkt sich der Anwendungsbereich der Verwirkung bei konstitutiven Vergütungsregelungen daher auf Nach- bzw. Rückforderungsansprüche. Insoweit handelt es sich jedoch um „regelmäßiges Arbeitsentgelt", sodass auf die die entsprechenden Ausführungen

---

536 Zum öffentlichen Dienst: *BAG*, Urt. v. 16.02.2000 – 4 AZR 62/99, NZA-RR 2001, 216; zur Privatwirtschaft: Urt. v. 20.05.2009 – 4 AZR 184/08, ZTR 2009, 636; bei arbeitsvertraglicher Inbezugnahme Urt. v. 01.07.2009 – 4 AZR 234/08, NZA-RR 2010, 80. Schaub/*Treber*, § 183 Rn. 13.

537 *BAG*, Urt. v. 12.12.1990 – 4 AZR 306/90, ZTR 1991, 199; Urt. v. 16.05.2002 – 8 AZR 460/01, ZTR 2003, 25; Schaub/*Treber*, § 183 Rn. 13.

538 Vgl. *BAG*, Urt. v. 25.11.1987 – 4 AZR 386/87, ZTR 1988, 214; Urt. v. 10.11.1993 – 4 AZR 707/92, NZA 1994, 1094; Schaub/*Treber*, § 183 Rn. 13.

539 Vgl. Schaub/*Treber*, § 183 Rn. 14.

540 Hierzu s.u. Kap.3 E.I.

dort verwiesen werden kann.[541] Die Verwirkungsproblematik stellt sich daher nur im Rahmen der Tarifautomatik.

(2) Verwirkung bei Tarifautomatik: Abhängigkeit von der Rechtsgrundlage
Das Vergütungssystem einschließlich seiner Automatik kann auf unterschiedlichen Rechtsgrundlagen beruhen. Da die Rechtsgrundlage Auswirkungen auf die Anwendbarkeit der Verwirkung haben kann, ist nach der Rechtsgrundlage des Vergütungssystems zu differenzieren.

(a) Unmittelbare Tarifbindung/Betriebsvereinbarung
In Betracht kommen zunächst tarifliche und betriebliche Vergütungsordnungen, die unmittelbar und zwingend (§ 4 Abs. 3 TVG, § 77 Abs. 4 BetrVG) gelten.

(aa) Höhergruppierung
Gemäß § 4 Abs. 4 Satz 2 TVG bzw. § 77 Abs. 4 Satz 3 BetrVG scheidet die Verwirkung von Rechten aus, die auf einer unmittelbar und zwingend geltenden Vergütungsordnung beruhen. Da eine Klage auf Feststellung der zutreffenden Eingruppierung eigentlich[542] ein Minus zur Leistungsklage auf Lohn darstellt, kann insoweit nichts anderes gelten. Die Verwirkung von Rechten in Zusammenhang mit der Höhergruppierung ist daher bei einer unmittelbar und zwingend geltenden Vergütungsordnung ausgeschlossen.

(bb) Korrigierende Rückgruppierung
Die Verwirkung der korrigierenden Rückgruppierung scheidet unabhängig von der Rechtsgrundlage des Vergütungssystems aus. Die Eingruppierung ist weder eine nach außen wirkende Maßnahme noch ein rechtsgestaltender Akt. Sie ist bloße Rechtsanwendung.[543] Ein subjektives Recht auf korrigierende Rückgruppierung des Arbeitgebers existiert daher nicht. Vielmehr ist der Arbeitgeber verpflichtet, den Arbeitnehmer ordnungsgemäß zu vergüten und damit ggf. auch korrigierend zurückzugruppieren. Denn die Vergütung folgt „automatisch“ aus den tariflichen Bestimmungen des Tarifvertrages, ohne dass es eines auf die Vergütungsfestsetzung gerichteten Willens- oder Handlungsaktes des Arbeitgebers bedarf.[544] Liegt

---

541 S.o. Kap.3 B.II.1.a).
542 Vgl. Schaub/*Treber*, § 183 Rn. 121 m.w.N., wonach die Subsidiarität der Feststellungs- gegenüber der Leistungsklage in diesen Fällen aufgrund der Vermutung der Unterwerfung des (auch privaten) Arbeitgebers unter das Feststellungsurteil nicht greift.
543 S.o. Kap.3 B.II.1.c)bb)(1)(c).
544 So zutreffend die vereinzelt gebliebene Entscheidung *BAG*, Urt. v. 07.11.2001 – 4 AZR 724/00, NZA 2002, 860, wobei die Verwirkung dort schon wegen des allgemeingültigen Tarifvertrages gem. § 4 Abs. 4 Satz 3 TVG hätte ausscheiden müssen.

aber kein subjektives Recht des Arbeitgebers vor, scheidet damit die Anwendbarkeit der Verwirkung im Zuge der korrigierenden Rückgruppierung aus.[545]

Hiervon zu trennen ist allerdings die Frage, inwieweit der Arbeitnehmer dem Arbeitgeber nach der korrigierenden Rückgruppierung bei Rückforderungen wegen überzahlten Lohnes die Verwirkung entgegen halten kann.[546]

(cc) Zwischenergebnis

Bei unmittelbar und zwingend geltenden Vergütungssystemen scheidet die Anwendbarkeit der Verwirkung im Rahmen der irrtümlichen Eingruppierung aus. Für die Höhergruppierung folgt dies bereits aus § 4 Abs. 4 Satz 2 TVG bzw. § 77 Abs. 4 Satz 3 BetrVG. Auch bei der korrigierenden Rückgruppierung ist die Verwirkung ausgeschlossen: Entgegen der Rechtsprechung des Bundesarbeitsgericht existiert kein subjektives Recht des Arbeitgebers, das verwirken könnte. Die korrigierende Rückgruppierung erschöpft sich in bloßer Rechtsanwendung.

(b) Arbeitsvertragliche Bezugnahme/Arbeitsrechtlicher Gleichbehandlungsgrundsatz

Als Rechtsgrundlage kommt des Weiteren die arbeitsvertragliche Bezugnahme auf ein tarifliches oder betriebliches Vergütungssystem in Betracht; denkbar ist zudem der arbeitsrechtliche Gleichbehandlungsgrundsatz als Grundlage der Vergütungsordnung.[547]

(aa) Höhergruppierung

Anders als bei unmittelbar und zwingend geltenden Vergütungsordnungen finden § 4 Abs. 4 Satz 2 TVG bzw. § 77 Abs. 4 Satz 3 BetrVG bei der arbeitsvertraglichen Inbezugnahme einer Vergütungsordnung keine Anwendung.[548]

Dennoch scheidet die Verwirkung aus. Die Höhergruppierung betrifft ebenfalls allein die zutreffende Zuordnung der Tätigkeit des Arbeitnehmers zu einer bestimmten Vergütungsgruppe im Rahmen der Tarifautomatik. Wie bei der korrigierenden Rückgruppierung auch handelt es sich um bloße Rechtsanwendung. So geht es allein um die Frage der ordnungsgemäßen Vergütung. Folglich besteht auch kein subjektives und damit verwirkbares Recht auf Höhergruppierung. Die Verwirkung kann daher der Höhergruppierung nicht entgegen gehalten werden.

---

545 I.E. ähnlich *BAG*, Urt. v. 23.03.2005 – 4 AZR 238/04, ZTR 2006, 78, wonach grundsätzlich eine Rückgruppierung nicht rechtsmissbräuchlich im Sinne des § 242 BGB sei, sofern der Arbeitgeber nicht zu erkennen gegeben habe, eine Eingruppierung in eine höhere Lohngruppe würde auch ohne Vorliegen der tariflichen Voraussetzungen erfolgen. Nach vorliegendem Verständnis wäre dies demgegenüber ein Fall einer konstitutiven Vergütungsregelung.

546 S.u. Kap.3 B.II.1.c)bb)(3).

547 Vgl. hierzu Schaub/*Treber*, § 183 Rn. 7 m.w.N.

548 So für § 4 Abs. 3 Satz 2 TVG: Wiedemann/*Wank*, § 4 Rn. 699.

Von diesem Ergebnis ist jedoch analog zu den obigen Ausführungen wiederum die Frage zu trennen, inwieweit der Arbeitgeber dem Verlangen des Arbeitnehmers auf Zahlung der Lohndifferenz die Verwirkung entgegen halten kann.[549]

(bb) Korrigierende Rückgruppierung

Im Hinblick auf die korrigierende Rückgruppierung kann auf die obigen Ausführungen[550] verwiesen werden. Die Rechtsgrundlage des Vergütungssystems führt insoweit zu keinem anderen Ergebnis, da die Verwirkung mangels einer subjektiven Rechtsposition ausscheidet.

(cc) Zwischenergebnis

Auch bei der arbeitsvertraglichen Bezugnahme[551] auf ein Vergütungssystem ist die Verwirkung im Rahmen der irrtümlichen Eingruppierung ausgeschlossen. Die Verwirkung scheidet bei der Höhergruppierung und der korrigierenden Rückgruppierung aus, da kein verwirkbares subjektives Recht existiert. Beide erschöpfen sich in bloßer Rechtsanwendung.

(c) Exkurs: Sonderfall der wiederholt korrigierenden Rückgruppierung

In diesem Zusammenhang ist noch kurz auf die Sonderfälle der wiederholt korrigierenden Rückgruppierung einzugehen. Diesen liegt vereinfacht folgende Konstellation zugrunde: Der Arbeitgeber hat in der Vergangenheit den Arbeitnehmer korrigierend rückgruppiert. Später stellt der Arbeitgeber fest, dass der Arbeitnehmer immer noch unzutreffend vergütet wird. Er nimmt erneut eine korrigierende Rückgruppierung vor.

Nach ständiger Rechtsprechung des Bundesarbeitsgerichts ist die wiederholt korrigierende Rückgruppierung treuwidrig im Sinne des § 242 BGB. Sie verstößt gegen das Verbot des *venire contra factum proprium*. So führt das Gericht aus:

„Die wiederholte korrigierende Rückgruppierung des Arbeitnehmers bei unveränderter Tätigkeit und Tarifrechtslage ist [...] regelmäßig treuwidrig und deshalb von Rechts wegen ausgeschlossen. Der Vollzug einer korrigierenden Rückgruppierung durch den Arbeitgeber beinhaltet dessen Eingeständnis, sich bei der vormaligen tariflichen Bewertung der Tätigkeit des Arbeitnehmers geirrt zu haben. Da die nunmehr gewonnene Erkenntnis des Arbeitgebers, wie der Arbeitnehmer tarifgerecht eingruppiert ist, für dessen Vergütung maßgebend sein soll, misst ihr der Arbeitgeber ein höheres Maß an Richtigkeitsgewähr zu als der vorherigen, jetzt korrigierten Eingruppierung. Diese Wertung ist nur dann berechtigt, wenn der Arbeitgeber nunmehr die Eingruppierung des Arbeitnehmers mit besonderer Sorgfalt überprüft hat. Dies darf der Arbeitnehmer, der für dieselbe Tätigkeit geringer

549 S.u. Kap.3 B.II.1.c)bb)(3).
550 S.o. Kap.3 B.II.1.c)bb)(2)(a)(bb).
551 Bzw. einer vergleichbaren Rechtsgrundlage (z.B. arbeitsrechtlicher Gleichbehandlungsgrundsatz).

bezahlt werden soll, mit Fug und Recht erwarten. Er muss daher nicht damit rechnen, der Arbeitgeber werde die nunmehrige, die Beseitigung eines – angeblichen – Eingruppierungsfehlers beinhaltende Korrektur selbst erneut in Frage stellen."[552]

Den Ausführungen des Bundesarbeitsgerichts ist zuzustimmen. Die Frage der Verwirkung neben bzw. anstelle des Verbots des *venire contra factum proprium* stellt sich insoweit nicht. Wie bereits ausgeführt, scheidet die Verwirkung bereits mangels eines verwirkbaren, subjektiven Rechts aus. Auch hat das Zeitmoment in den Fällen der wiederholt korrigierenden Rückgruppierung keinerlei Bedeutung. Die Vertrauensbildung ist mit Vollzug der ersten korrigierenden Rückgruppierung abgeschlossen. Auf ein weiteres Untätigbleiben des Arbeitgebers kommt es nicht an.

(d) Zwischenergebnis

Die Verwirkung scheidet bei der irrtümlichen Eingruppierung aus. Dies gilt unabhängig von der Rechtsgrundlage des Vergütungssystems. Es handelt sich immer um reine Rechtsanwendung. Eine subjektive Rechtsposition, die verwirken kann, existiert nicht. Die gegenteilige Ansicht des Bundesarbeitsgerichts ist abzulehnen. Der Anwendungsbereich der Verwirkung beschränkt sich vielmehr allein auf Rückforderungen des Arbeitgebers (korrigierende Rückgruppierung) oder Nachforderungen des Arbeitnehmers (Höhergruppierung). Dieser soll nachfolgend untersucht werden.

(3) Verwirkungsvoraussetzungen für Nachforderungen und Rückforderungen

Bei unmittelbar und zwingend geltenden Vergütungssystemen kann sich der Arbeitgeber gegenüber Nachforderungen des Arbeitnehmers wegen § 4 Abs. 4 Satz 2 TVG bzw. § 77 Abs. 4 Satz 3 BetrVG nicht auf die Verwirkung berufen. Demgegenüber schneidet § 4 Abs. 4 Satz 2 TVG bzw. § 77 Abs. 4 Satz 3 BetrVG dem Arbeitnehmer nicht den Einwand der Verwirkung gegenüber der Rückforderung des Arbeitgebers ab. Beide Vorschriften lassen eine Verwirkung der Rechte des Arbeitgebers zu.[553]

In der Praxis dürfte sich die Verwirkung auf Einzelfälle beschränken. Die Mehrzahl der Rück- und Nachforderungen wird an Ausschlussfristen scheitern, die die meisten Tarif-, Arbeitsverträge und Betriebsvereinbarungen zwischenzeitlich enthalten[554], ggf. auch an der Verjährung.

(a) Zeitmoment

Für das Zeitmoment sind gegenüber den bereits dargestellten Verwirkungsvoraussetzungen in Zusammenhang mit der „Arbeit gegen Entgelt" keine Besonderheiten angezeigt.

---

552 *BAG*, Urt. v. 23.09.2009 – 4 AZR 220/08, ZTR 2010, 298; Urt. v. 20.04.2011 – 4 AZR 368/09, NZA-RR 2011, 609; weitere Nachweise bei Schaub/*Treber*, § 183 Rn. 114.

553 ErfK/*Franzen*, TVG § 4 Rn. 47; GK-BetrVG/*Kreutz*, § 77 Rn. 281.

554 Vgl. zum Ganzen: *Matthiessen*, Arbeitsvertragliche Ausschlussfristen, 2007.

(b) Umstandsmoment

Entsprechendes gilt für das Umstandsmoment. Rückforderungen des Arbeitgebers wie auch Nachforderungen des Arbeitnehmers verwirken unter den gleichen Voraussetzungen. Insbesondere wirkt sich die Tarifautomatik nicht als besonderes Vertrauen auslösender Umstand beim Umstandsmoment aus. Im Einzelnen:

(aa) Korrigierende Rückgruppierung: Rückforderungen des Arbeitgebers

Auch wenn ein typisiertes Vertrauen bei der Verwirkung grundsätzlich nicht existiert: Der Arbeitnehmer wird regelmäßig darauf vertraut haben, bislang ordnungsgemäß nach dem geltenden Vergütungssystem vergütet worden zu sein. Letztlich hat er hierauf auch seinen Lebenswandel ausgerichtet. Der Arbeitgeber muss zudem für die Eingruppierung zuvor eine Bewertung der Tätigkeit des Arbeitnehmers vornehmen.[555] Damit ist eine bestimmte Richtigkeitsgewähr verbunden. Geht der Arbeitnehmer jedoch davon, dass die gezahlte Vergütung ordnungsgemäß ist, d.h. dem Vergütungssystem entspricht, hat er keine Kenntnis von einem Rückforderungsanspruch des Arbeitgebers. Ohne Kenntnis kann er jedoch nicht darauf vertraut haben, nicht mehr vom Arbeitgeber mit Rückforderungsansprüchen konfrontiert zu werden.

(bb) Höhergruppierung: Nachforderungen des Arbeitnehmers

Bei der Höhergruppierung wird der Arbeitgeber analog darauf vertraut haben, den Arbeitnehmer bislang ordnungsgemäß nach dem geltenden Vergütungssystem vergütet zu haben. Mangels Kenntnis des Nachforderungsanspruchs kann daher auch der Arbeitgeber kein Vertrauen darauf entwickelt haben, nicht mehr in Anspruch genommen zu werden.

Zudem liegt schon kein besonderes Vertrauen auslösendes Verhalten des Arbeitnehmers vor. Dieses erschöpft sich vielmehr in der Entgegennahme der Lohnzahlung. Auch ist der Arbeitnehmer nicht verpflichtet, die Ordnungsgemäßheit der Lohnabrechnung zu prüfen. Die widerspruchslose Entgegennahme der Vergütung ist daher kein besonderes Vertrauen begründender Umstand. Daran ändert die Tarifautomatik nichts. Selbst dann, wenn man ein Vertrauen auslösendes Verhalten des Arbeitnehmers bejahen wollte, wäre dieses nicht schutzwürdig. Vielmehr muss der Arbeitgeber damit rechnen, dass ein Arbeitnehmer eine fehlerhafte Entlohnung bemerkt und dann für die Vergangenheit Zahlungsansprüche geltend macht. Die ordnungsgemäße Vergütung obliegt dem Arbeitgeber. Daher ist sein Vertrauen nicht schutzwürdig, die von ihm fehlerhaft berechnete Vergütung auch für die Zukunft nicht korrigieren zu müssen, wenn der Arbeitnehmer sie jahrelang nicht bemerkt hat.[556]

---

555 So auch der Grundgedanke bei *BAG*, Urt. v. 23.09.2009 – 4 AZR 220/08, ZTR 2010, 298; Urt. v. 20.04.2011 – 4 AZR 368/09, NZA-RR 2011, 609.

556 So zutreffend *BAG*, Urt. v. 25.03.1987 – 4 AZR 304/86, juris, zu der Nachforderung von regelmäßigem Arbeitsentgelt bei fehlerhafter Berechnung. Insoweit besteht

Hat er den Arbeitnehmer dagegen bewusst untertariflich bezahlt, scheidet die Verwirkung nach allgemeinen Grundsätzen aus. Denn die Unkenntnis des Arbeitnehmers von seinem Recht beruht auf dem Verhalten des Arbeitgebers.

(c) Zwischenergebnis

Rückforderungen des Arbeitgebers wie auch Nachforderungen des Arbeitnehmers verwirken unter den gleichen Voraussetzungen wie sonstige Entgeltansprüche. Insbesondere wirkt sich die Tarifautomatik nicht als besonderes Vertrauen auslösender Umstand beim Umstandsmoment aus.

cc) Zwischenergebnis

Die Verwirkung scheidet bei der irrtümlichen Eingruppierung aus, unabhängig von Rechtsgrundlage des Vergütungssystems. Höhergruppierung und korrigierende Rückgruppierung erschöpfen sich in bloßer Rechtsanwendung. Daher existiert kein verwirkbares subjektives Recht. Die wiederholt korrigierende Rückgruppierung ist dagegen wegen Verstoßes gegen das Verbot des *venire contra factum proprium* unzulässig.

Verwirken kann bei der irrtümlichen Eingruppierung lediglich die Rückforderung des Arbeitgebers (korrigierende Rückgruppierung) oder die Nachforderung des Arbeitnehmers (Höhergruppierung). Dies gilt jedoch nicht bei unmittelbar und zwingend geltenden Vergütungssystemen. Bei diesen schließt § 4 Abs. 4 Satz 2 TVG bzw. § 77 Abs. 4 Satz 3 BetrVG die Verwirkung von Nachforderungen des Arbeitnehmers aus.

Rückforderungen des Arbeitgebers wie auch Nachforderungen des Arbeitnehmers verwirken unter den gleichen Voraussetzungen wie sonstige Entgeltansprüche. Insbesondere wirkt sich die Tarifautomatik nicht als besonderes Vertrauen auslösender Umstand beim Umstandsmoment aus. In beiden Fallkonstellationen gehen die Parteien von einer ordnungsgemäßen Vergütung aus. Mangels Kenntnis von der Rück- bzw. Nachforderung kann der Verpflichtete daher kein Vertrauen darauf entwickeln, nicht mehr in Anspruch genommen zur werden.

d) Entgelt bei Heimarbeit

Das Heimarbeitsverhältnis ist ein Dauerschuldverhältnis sui generis, das arbeitsvertraglichen wie auch werkvertraglichen Charakter aufweist.[557] Nach h.M. sind die in der Heimarbeit Beschäftigten keine Arbeitnehmer, sondern arbeitnehmerähnlich.[558] So liegt dem Heimarbeitsverhältnis ein Vertrag über Arbeitsleistung

---

kein Unterschied zwischen einer fehlerhaften Entgeltberechnung und der fehlerhaften Bewertung der Tätigkeit (Eingruppierung).

557 *Schmidt/Koberski/Tiemann/Wascher*, Anh. § 19 Rn. 11.

558 *BAG*, Urt. v. 10.07.1963 – 4 AZR 273/62, DB 1963, 1611; Beschl. v. 25.03.1992 – 7 ABR 52/91, NZA 1992, 899; MüArbRHb/*Richardi*, § 20 Rn. 6 m.w.N.

zugrunde.[559] Mit Blick auf die Verwirkung ist daher insbesondere interesssant, ob der Anspruch auf Heimarbeitsentgelt unter den gleichen Voraussetzungen verwirkt wie der Anspruch auf regelmäßiges Arbeitsentgelt.

aa) Rechtsprechung und Literatur

Zur Verwirkung des Anspruchs auf Heimarbeitsentgelt liegt nur ein Urteil des Bundesarbeitsgerichts vor.[560] Darüber hinaus existiert keine Entscheidung. Soweit ersichtlich setzt sich auch die Literatur nicht mit der Verwirkung des Erstattungsanspruchs auseinander.[561]

In dem vom Bundesarbeitsgericht entschiedenen Fall hatten die Heimarbeiterinnen den Vergütungsanspruch erstmals über zwei Jahre nach Fälligkeit eingeklagt. Das Gericht ließ offen, ob dieser Zeitraum das Zeitmoment erfüllt. Da die Beklagte über den reinen Zeitablauf hinaus keine vertrauensbegründenden Umstände vorgetragen habe, sei jedenfalls das Umstandsmoment nicht verwirklicht. Der bloße Zeitablauf erfülle nicht das Umstandsmoment.

bb) Bewertung

Allgemein ist die Verwirkung ausgeschlossen, wenn das Entgelt auf bindender Festsetzung des Heimarbeitsausschusses (§ 19 Abs. 1, Abs. 3 Satz 4 HAG) oder Tarifvertrag (§ 4 Abs. 4 Satz 2 TVG) beruht.

Darüber hinaus verwirkt der Entgeltsanspruch der in Heimarbeit beschäftigten Personen unter den gleichen Voraussetzungen wie der Entgeltanspruch regulärer Arbeitnehmer. So sind keine Besonderheiten ersichtlich, die abweichende Verwirkungsvoraussetzungen rechtfertigen.[562] Wie oben dargelegt, wirkt sich insbesondere die Schutzbedürftigkeit des Arbeitnehmers nicht auf die Verwirkung aus. Dies spricht erst Recht dafür, dass auch der Status des Heimarbeiters als arbeitnehmerähnliche Person keinen Einfluss auf die Verwirkungsvoraussetzungen hat.

---

559 *Schmidt/Koberski/Tiemann/Wascher*, Anh. § 19 Rn. 11.

560 *BAG*, Urt. v. 15.12.1960 – 5 AZR 437/58, DB 1961, 343. Die Klage zweier Zwischenmeisterinnen (§§ 1 Abs. 2 d, 2 Abs. 3 HAG) richtete sich eigentlich auf Zahlung von Feiertagsentgelt und Urlaubsabgeltung. Die Einordnung hier erfolgt aufgrund des thematischen Bezugs zur Heimarbeit und des Fehlens spezifischer Ausführungen zur Verwirkung von Feiertagsentgelt und Urlaubsabgeltung.

561 Nach AR-Blattei SD 1720/*Kossens* Rn. 71 soll der Entgeltanspruch der den in Heimarbeit Beschäftigten gleichgestellten Personen verwirken können, wenn sie den Auftraggeber von Fragen nach einer Gleichstellung abhalten (unter Verweis auf *BAG*, Urt. v. 19.01.1988 – 3 AZR 424/87, NZA 1988, 805). Über die Verwirkung des Entgeltanspruchs enthält das zitierte Urteil keine Aussage. Das Gericht versagte der Klägerin lediglich, sich auf die Gleichstellung mit den in Heimarbeit beschäftigten Personen wegen unzulässiger Rechtsausübung und Verstoßes gegen § 242 BGB zu berufen.

562 I.E. auch *BAG*, Urt. v. 15.12.1960 – 5 AZR 437/58, DB 1961, 343, das ebenfalls nicht differenziert.

e) Entgelt für Überstunden/Mehrarbeit

Überarbeit liegt vor, wenn die betriebliche Arbeitszeit überschritten wird, Mehrarbeit bei Überschreitung der gesetzlichen Arbeitszeit. Es bestehen keine besonderen gesetzlichen Regelungen für die Vergütung von Über- oder Mehrarbeit.[563] Soweit keine tarif- oder arbeitsvertraglichen Regelungen eine derartige Vergütung regeln, gilt eine Grundvergütung für die Überstunden gemäß § 612 Abs. 1 BGB nur dann als stillschweigend vereinbart, wenn die Umstände der Dienstleistung im Einzelfall eine zusätzliche Vergütung erwarten lassen.[564]

Im Hinblick auf die Verwirkung des Entgelts für Über- und Mehrarbeit ist insbesondere interessant, ob die Verwirkung eher eintritt, als bei Ansprüchen auf sonstiges Arbeitsentgelt.[565]

aa) Rechtsprechung

Zeitmoment	Umstandsmoment
Klageerhebung *wenige Monate* nach Einschränkung der Überstundenvergütung[566] (-)	- ein die Vergütung von Überstunden beschränkender Runderlass führt für später geleistete Überstunden nicht zu einer illoyal verspäteten Klageerhebung, wenn der Vorgesetzte weitere Überstunden im Widerspruch dazu angeordnet hat (-)
Erstmalige Geltendmachung bis zu *11 Monaten* nach Fälligkeit bzw. Klageerhebung *10 Monate* nach Beendigung des Arbeitsverhältnisses[567] (offen)	- Ansprüche auf Mehrarbeitsvergütung und Bezahlung von Überstunden können verwirken - der in der Anerkennung des Rechtsinstituts der Verwirkung liegende Vertrauensschutz greift sowohl gesetzlichen wie vertraglichen Ansprüchen gegenüber durch - Verwirkung ist immer da möglich, wo sie nicht durch positive Rechtsvorschrift ausgeschlossen ist (Umstandsmoment im Übrigen offen gelassen)

563 ErfK/*Preis*, BGB § 611 Rn. 486.

564 *BAG*, Urt. v. 17.03.1982 – 5 AZR 1047/79, NJW 1982, 2139; Urt. v. 03.09.1997 – 5 AZR 428/96, NZA 1998, 540; Urt. v. 17.08.2011 – 5 AZR 406/10, NZA 2011, 1335; ErfK/*Preis*, BGB § 611 Rn. 488.

565 Offen gelassen: *BAG*, Urt. v. 01.08.1958 – 1 AZR 475/55, AP Nr. 10 zu § 242 BGB Verwirkung.

566 *BAG*, Urt. v. 17.04.1957 – 4 AZR 315/54, AP Nr. 1 zu § 2 TOA.

567 *BAG*, Urt. v. 23.12.1957 – 1 AZR 565/56, AP Nr. 4 zu § 242 BGB Verwirkung.

Zeitmoment	Umstandsmoment
Klageerhebung *14 Monate* nach Beendigung des Arbeitsverhältnisses[568] (+)	- eine Verwirkung von Ansprüchen auf Arbeitsentgelt ist im bestehenden Dienstverhältnisses in aller Regel ausgeschlossen - es bleibt offen, ob der Anspruch auf Überstundenvergütung eher verwirkt, als Ansprüche auf sonstiges Arbeitsentgelt - schutzwürdiges Vertrauen liegt nicht deshalb vor, weil die Beklagte organisatorische Maßnahmen (z.B. Einstellung einer Hilfskraft) ergriffen hätte, wenn sie mit einer Forderung des Klägers gerechnet hätte: Dies hätte zu höheren Aufwendungen als die Überstundenvergütung geführt (-)
Klageerhebung knapp *zwei Jahre* nach Fälligkeit[569] (offen)	- besondere Umstände, die die verspätete Geltendmachung als unvereinbar mit Treu und Glauben oder als Einwand der unzulässigen Rechtsausübung erscheinen lassen, sind von der Beklagten weder vorgetragen noch sonst erkennbar (-)
Klageerhebung bis zu *zwei Jahre* nach Fälligkeit[570] (offen)	- die Beklagte hat selbst vorgetragen, dass sie sich schon länger mit dem Problem der Überstundenvergütung befasse - daher konnte sich die Beklagte nicht darauf einrichten, es würden keine Vergütungsansprüche mehr geltend gemacht - dem widerspricht auch die nach der Klageerhebung erteilte Anweisung der Beklagten, neu eingestellte Arbeitnehmer so einzusetzen, dass Überstunden künftig vermieden werden (-)
Klageerhebung *zehn Monate* nach Anspruchsgeltendmachung[571] (offen)	- es ist nicht ersichtlich, dass die Beklagte trotz der vom Kläger behaupteten Geltendmachung seiner Ansprüche darauf vertrauen durfte, dieser werde seine Vergütung nicht mehr geltend machen (-)

568 *BAG*, Urt. v. 01.08.1958 – 1 AZR 475/55, AP Nr. 10 zu § 242 BGB Verwirkung.
569 *BAG*, Urt. v. 08.07.1959 – 4 AZR 274/58, BAGE 8, 63.
570 *BAG*, Urt. v. 01.12.1960 – 5 AZR 174/58, DB 1961, 506.
571 *BAG*, Urt. v. 08.12.1960 – 5 AZR 304/58, DB 1961, 242

Klageerhebung *vier Monate* nach Beendigung des Arbeitsverhältnisses[572] (offen)	- aufgrund der mehrfachen Geltendmachung der Vergütung im laufenden Arbeitsverhältnis sowie im Abschiedsschreiben konnte die Beklagte nicht berechtigterweise darauf vertrauen, der Kläger werde sein Recht endgültig nicht mehr ausüben (-)
Geltendmachung im Kündigungsschutzprozess, *sechs Monate* und mehr nach Fälligkeit[573] (offen)	- aus dem Vortrag des Beklagten ergibt sich nicht, dass er sich wegen des Verhaltens des Klägers darauf eingerichtet hätte, Mehrarbeit nicht vergüten zu müssen (-)

Die unterinstanzliche Rechtsprechung stellt überwiegend relativ geringe Anforderungen an die Verwirkung des Anspruchs auf Überstundenvergütung. Nach Ansicht des Landesarbeitsgerichts Köln erfüllt eine Zeitspanne von zehn Monaten zwischen Beendigung des Arbeitsverhältnisses und Klageerhebung das Zeitmoment.[574] Das Landesarbeitsgericht Schleswig-Holstein ließ sogar sogar drei Monate ausreichen.[575]

Die überwiegende Instanzrechtsprechung berücksichtigt beim Umstandsmoment ein erhebliches Interesse des Arbeitgebers an der zeitnahen Geltendmachung der Überstunden. Sie stützt dies im laufenden Arbeitsverhältnis auf die schlechte Überprüfbarkeit tatsächlich geleisteter Überstunden.[576] Zudem soll dem Arbeitgeber die Möglichkeit zur Umorganisation und damit die Vermeidung zukünftiger Überstunden erhalten bleiben.[577] Nach Beendigung des Arbeitsverhältnisses soll sich das Interesse aus dem mit einer Nachvergütung verbundenen Buchhaltungsaufwand und der steuerlichen Nachbehandlung ergeben.[578]

572 *BAG*, Urt. v. 26.01.1961 – 5 AZR 593/59, DB 1961, 506.

573 *BAG*, Urt. v. 21.05.1980 – 5 AZR 194/78, juris.

574 *LAG Köln*, Urt. v. 05.02.1999 – 11 Sa 1146/98, MDR 1999, 1005; Urt. v. 29.10.1999 – 11 Sa 658/99, NZA-RR 2000, 236.

575 *LAG Schleswig-Holstein*, Urt. v. 18.09.1997 – 4 Sa 291/97, ARST 1998, 64.

576 *LAG Düsseldorf*, Urt. v. 05.02.1954 – 2 a Sa 374/53, DB 1954, 284; *LAG Bremen*, Urt. v. 05.01.1955 – Sa 111/54, BB 1955, 619; *LAG Hamm*, Urt. v. 15.11.1957 – 5 Sa 477/57, DB 1958, 342; *LAG Schleswig-Holstein*, Urt. v. 18.09.1997 – 4 Sa 291/97, ARST 1998, 64; *LAG Nürnberg*, Urt. v. 08.02.2011 – 6 Sa 90/10, juris.

577 *LAG Nürnberg*, Urt. v. 08.02.2011 – 6 Sa 90/10, juris, das diese Erwägung allerdings beim Zeitmoment anstellte. In der Folge lehnte das BAG (Urt. v. 27.06.2012 – 5 AZR 530/11, NZA 2012, 1147) dagegen das Bestehen des Anspruchs bereits dem Grunde nach ab und ließ die Verwirkung offen.

578 *LAG Köln*, Urt. v. Urt. v. 05.02.1999 – 11 Sa 1146/98, MDR 1999, 1005; Urt. v. 29.10.1999 – 11 Sa 658/99, NZA-RR 2000, 236.

Vom überwiegend angenommen Erfordernis der zeitnahen Geltendmachung weicht die Instanzrechtsprechung nur vereinzelt ab. Nach einem Urteil des Landesarbeitsgerichts Sachsen-Anhalt könne der Arbeitgeber im laufenden Arbeitsverhältnisses nicht ohne Weiteres davon ausgehen, dass ein Arbeitnehmer Überstundenansprüche zeitnah geltend macht. Denn Arbeitnehmer würden häufig davon absehen, um das Einvernehmen während des Arbeitsverhältnisses nicht zu belasten.[579]

Zudem lehnen mehrere Urteile die Erfüllung des Umstandsmoments dann ab, wenn der Arbeitgeber aufgrund des Umfangs der geleisteten Überstunden nicht davon ausgehen durfte, dass der Arbeitnehmer hierfür keine Vergütungsansprüche geltend machen werde.[580]

bb) Literatur

Nach Auffassung von *Krause* soll der Anspruch verwirken, wenn der Arbeitnehmer ihn nicht in absehbarer Zeit nach dem Ende der jeweiligen Lohnzahlungsperiode geltend mache. Dabei soll das Zeitmoment kürzer zu bemessen sein, wenn der Arbeitgeber die Ableistung von Überstunden nicht oder nur schlecht kontrollieren könne.[581]

Nach Ansicht von *Schubert* sollen Ansprüche auf „sonstige Vergütungen", mithin also auch die Überstundenvergütung, nur unter eingeschränkten Voraussetzungen verwirken.[582] Welche dies sein sollen, konkretisiert er nicht. Nach wiederum anderer Auffassung soll der Anspruch eher verwirken, als der auf regelmäßige Arbeitsvergütung. Auf Bezahlung der Regelvergütung müsse sich der Arbeitgeber einrichten. Zudem sei der Anspruch auf Überstundenvergütung im Nachhinein oft nur schwierig feststellbar.[583]

---

579 *LAG Sachsen-Anhalt*, Urt. v. 09.06.2011 – 3 Sa 126/11, juris.

580 *LAG Hamm*, Urt. v. 11.07.2007– 6 Sa 410/07, AE 2007, 312; *LAG Sachsen-Anhalt*, Urt. v. 09.06.2011 – 3 Sa 126/11, juris.

581 MüArbRHb/*Krause*, § 64 Rn. 10 unter Verweis auf LAG Kiel, Urt. v. 18.09.1997 – 4 Sa 291/97, ARST 1998, 64. Ebenso *LAG Nürnberg*, Urt. v. 08.02.2011 – 6 Sa 90/10, juris (von *BAG*, Urt. v. 27.06.2012 – 5 AZR 530/11, NZA 2012, 1147, in der Revision offen gelassen).

582 So MüKo/*Roth*/*Schubert*, BGB § 242 Rn. 374 m.w.N., der gleichzeitig a.a.O. ausführt, dass der Anspruch auf Überstundenvergütung bereits nach zehn Monaten verwirkt sein könne (unter Verweis auf *LAG Köln*, Urt. v. 29.10.1999 – 11 Sa 658/99, NZA-RR 2000, 236).

583 *Schäfer*, S. 147 Rn. 21; *Güntner*, ArbuR 1948, S. 42 (43), unter Verweis auf *LAG Bremen*, Urt. v. 05.01.1955 – Sa 111/54, BB 1955, 619; *Becker-Schaffner*, S. 116 f. In diesem Sinne bereits *Nikisch*, 3. Aufl., S. 374. Kritisch – allerdings wenig überzeugend – dagegen *o.V.*, DB 1948, 531 (532), wonach sich durch Schätzung in den meisten Fällen ein für beide Seiten tragbares Ergebnis erreichen lasse.

cc) Bewertung

(1) Zum Zeitmoment

Für das Zeitmoment gelten die bereits oben zur Verwirkung von regelmäßigen Entgeltansprüchen ausgeführten Erwägungen.[584] Ansprüche auf Entgelt für Überstunden/Mehrarbeit verwirken daher unter den gleichen Voraussetzungen wie Ansprüche auf regelmäßiges Entgelt.

Sie verwirken gerade nicht schneller als regelmäßige Entgeltansprüche. Daran ändert auch ein gegenläufiges Arbeitgeberinteresse (schlechte Überprüfbarkeit tatsächlich geleisteter Überstunden, Vermeidung zukünftiger Überstunden, Nachvergütung etc) nichts. Insoweit geht es allein materiell-rechtlich um die Frage, ob der Vergütungsanspruch überhaupt entstanden ist bzw. prozessual die Darlegungs- und Beweislast. Letztere obliegt vollständig dem Arbeitnehmer. Er muss darlegen und beweisen, dass der Arbeitgeber die zusätzliche Arbeit angeordnet oder geduldet hat oder zur Erledigung der ihm obliegenden Arbeit notwendig war.[585] Die (vermeintlich) schlechte Überprüfbarkeit geleisteter Überstanden ist daher beim Zeimoment nicht zu berücksichtigen. Unabhängig davon ist Sinn und Zweck der Verwirkung der Schutz berechtigten Vertrauens und nicht die Modifikation der Darlegungs- und Beweislast.

Eine Verkürzung des Zeitmoments hätte zudem zur Folge, dass der Arbeitnehmer seine Ansprüche zeitnah geltend machen müsste. Eine derartige Verpflichtung ist jedoch gesetzlich nicht vorgesehen. Zudem ist sie mit dem Gedanken unvereinbar, wonach Ansprüche grundsätzlich bis zur Grenze der Verjährung geltend gemacht werden können. Die überwiegende Instanzrechtsprechung ist daher abzulehnen, zumal sie einseitig, allein aus dem Interesse Arbeitgebers heraus den Arbeitnehmer zur zeitnahen Geltendmachung seiner Ansprüche verpflichtet. Der Arbeitgeber kann zudem sein Interesse an der zeitnahen Geltendmachung ohne weiteres verwirklichen, sei es durch den ausdrücklichen Ausschluss von Überstunden (z.B. mittels Anweisung o.ä.), die Anordnung einer Dokumentationspflicht oder die Vereinbarung von Ausschlussfristen. Hat jedoch der Arbeitgeber die Möglichkeit, sein Interesse an der zeitnahen Anspruchsgeltendmachung umzusetzen, spricht dies erst recht dafür, die Anforderungen an die Verwirkung nicht im Vergleich zu sonstigen Entgeltansprüchen weiter abzusenken.

(2) Zum Umstandsmoment

Auch für das Umstandsmoment gilt, dass Ansprüche auf Entgelt für Überstunden/Mehrarbeit unter den gleichen Voraussetzungen verwirken wie Ansprüche

584 Kap. 3 B.I.1a)cc)(1).

585 *BAG*, Urt. v. 17.04.2002 – 5 AZR 644/00, NZA 2002, 1340; Urt. v. 25.05.2005 – 5 AZR 319/04, EzA § 611 BGB 2002 Mehrarbeit Nr. 1; Urt. v. 16.05.2012 – 5 AZR 347/11, NZA 2012, 939; ErfK/*Preis*, BGB § 611 Rn. 492.

auf regelmäßiges Entgelt.[586] Das Arbeitgeberinteresse hat aus den schon beim Zeitmoment dargelegten Gründen keinen Einfluss auf das Umstandsmoment. Die Höhe des Vergütungsanspruchs ist beim Umstandsmoment ebenfalls nicht zu berücksichtigen.[587] Insbesondere existiert kein abstraktes, die Verwirkung ausschließendes Misstrauen dergestallt, dass der Arbeitgeber aufgrund des Umfangs der geleisteten Überstunden nicht davon ausgehen durfte, dass der Arbeitnehmer hierfür keine Vergütungsansprüche geltend machen werde.[588]

dd) Zwischenergebnis

Ansprüche auf Vergütung von Überstunden und Mehrarbeit verwirken unter den gleichen Voraussetzungen wie sonstige Entgeltansprüche. Entgegen vielfach vertretener Auffassung existiert auch keine Verpflichtung zur zeitnahen Geltendmachung von Ansprüchen auf Mehr- und Überarbeit. Die hiermit insbesondere verbundene Absenkung des Zeitmoments und damit der Verwirkungsvoraussetzungen ist abzulehnen.

f) Nachtzuschläge gem. § 6 Abs. 5 ArbZG

Nach § 6 Abs. 5 ArbZG hat der Arbeitgeber dem Nachtarbeitnehmer für die während der Nachtzeit geleisteten Arbeitsstunden eine angemessene Zahl bezahlter freier Tage oder einen angemessenen Zuschlag auf das ihm hierfür zustehende Bruttoarbeitsentgelt zu gewähren, soweit keine tarifvertraglichen Ausgleichsregelungen bestehen.

Nachtarbeit ist als erschwerte Form der Arbeit anerkannt.[589] Daher besteht der Sonderzweck des Vergütungszuschlags nach § 6 Abs. 5 ArbZG darin, einen Ausgleich für die mit der geleisteten Nachtarbeit verbundenen Beeinträchtigungen zu gewähren.[590] Unklar ist, ob dieser Sonderzweck Einfluss auf die Verwirkungsvoraussetzungen des Nachtarbeitszuschlags hat.

---

586 Vgl. hierzu Kap. 3 B.I.1a)cc)(2).

587 So in Ansätzen noch *BAG*, Urt. v. 21.05.1980 – 5 AZR 194/78, juris.

588 So aber *LAG Hamm*, Urt. v. 11.07.2007– 6 Sa 410/07, AE 2007, 312; *LAG Sachsen-Anhalt*, Urt. v. 09.06.2011 – 3 Sa 126/11, juris. Ebenso pauschal lässt sich das Gegenteil behaupten: Gerade weil in erheblichen Umfang Überstunden angefallen sind, durfte der Arbeitgeber darauf vertrauen, dass der Arbeitnehmer den (entsprechend hohen) Vergütungsanspruch zeitnah geltend macht. Beide Urteile bleiben zudem die Kriterien schuldig, nach denen der „kritische" Umfang zu bemessen ist.

589 *Neumann/Biebl*, § 6 Rn. 24. Zur Zulässigkeit von Nachtarbeit vgl. *EuGH*, Urt. v. 25.07.1991 – C-345/89, DB 1991, 2194; *BVerfG*, Urt. v. 28.01.1992 – 1 BvR 1025/82, 1 BvL 16/83 und 10/91, NZA 1992, 270.

590 Vgl. BT-Drucks. 12/5888 S. 26; *Anzinger/Koberski*, § 6 Rn.78.

aa) Rechtsprechung und Literatur

Zur Verwirkung des Anspruchs nach § 6 Abs. 5 ArbZG liegt lediglich ein Urteil des Bundesarbeitsgerichts vor.[591] Darüber hinaus existiert keine Entscheidung. Soweit ersichtlich setzt sich auch die Literatur nicht mit der Verwirkung des Erstattungsanspruchs auseinander.

In dem vom Bundesarbeitsgericht entschiedenen Fall hatte der Arbeitnehmer den Zuschlag knapp zwei Jahren nach Fälligkeit eingeklagt. Das Gericht ließ offen, ob das Zeitmoment erfüllt sei. Jedenfalls begründe der vorbehaltlose Abschluss eines neuen, unbefristeten Vertrags mit demselben Arbeitgeber allein kein schützenswertes Vertrauen darauf, dass aus dem alten Vertrag keine Forderungen mehr offen seien. Dass die Verpflichtung, den Anstieg der Arbeitskosten (Nachtzuschläge) an die Krankenkasse weiterzuleiten, nur für die Zukunft erfüllt werden könne, rechtfertige ebenfalls kein Vertrauen bei der Beklagten darauf, der Kläger werde keine Nachtzuschläge mehr verlangen. Daher sei das Umstandsmoment nicht erfüllt.

bb) Bewertung

(1) Zum Zeitmoment

Für das Zeitmoment gelten die bereits oben zur Verwirkung von regelmäßigen Entgeltansprüchen ausgeführten Erwägungen.[592] Ansprüche nach § 6 Abs. 5 ArbZG verwirken daher unter den gleichen Voraussetzungen wie Ansprüche auf regelmäßiges Entgelt.

Zu beachten ist, dass es sich bei § 6 Abs. 5 ArbZG um eine Wahlschuld im Sinne der §§ 262, 263 BGB handelt. Der Arbeitgeber kann wählen, ob er als Ausgleich für die Nachtarbeit angemessene Zuschläge zahlt oder eine angemessene Zahl bezahlter freier Tage gewährt.[593] Die in § 6 Abs. 5 ArbZG gesetzlich begründete Wahlschuld (§§ 262, 263 BGB) konkretisiert sich jedoch erst dann auf eine der geschuldeten Leistungen, wenn der Schuldner das ihm zustehende Wahlrecht nach Maßgabe der gesetzlichen Bestimmungen ausübt.[594] Solange der Arbeitgeber als Schuldner sein Wahlrecht nicht ausübt, kann daher das Zeitmoment bereits nicht anlaufen.

---

591 *BAG*, Urt. v. 31.08.2005 – 5 AZR 545/04, NZA 2006, 324. Dagegen bejahte die Vorinstanz (*LAG Schleswig-Holstein*, Urt. v. 31.08.2005 – 3 Sa 245/04, LAGE § 307 BGB 2002 Nr. 5) die Verwirkung.

592 Kap. 3 B.I.1a)cc)(1).

593 Vgl. *BAG*, Urt. v. 05.09.2002 – 9 AZR 202/01, NZA 2003, 563; Urt. v. 31.08.2005 – 5 AZR 545/04, NZA 2006, 324; Urt. v. 01.02.2006 – 5 AZR 422/04, NZA 2006, 494; *Neumann/Biebl*, § 6 Rn. 24.; *Anzinger/Koberski*, § 6 Rn.83.

594 *BAG*, Urt. v. 05.09.2002 – 9 AZR 202/01, NZA 2003, 563; Urt. v. 31.08.2005 – 5 AZR 545/04, NZA 2006, 324; Urt. v. 01.02.2006 – 5 AZR 422/04, NZA 2006, 494.

(2) Zum Umstandsmoment

Auch für das Umstandsmoment gilt, dass Ansprüche nach § 6 Abs. 5 ArbZG unter den gleichen Voraussetzungen verwirken wie Ansprüche auf regelmäßiges Entgelt.[595]

Beim Umstandsmoment ist weder der Schutzzweck des ArbZG allgemein (§ 1 Nr. 1 ArbZG: Sicherheit und Gesundheitsschutz) noch der des § 6 Abs. 5 ArbZG speziell zu berücksichtigen. Für § 1 Nr. 1 ArbZG folgt dies bereits daraus, dass die Regelung keine eigenständige Bedeutung hat. Ihr kommt nur eine mittelbare Bedeutung für die Auslegung und Anwendung der Einzelvorschriften zu.[596] Der Schutzzweck des § 6 Abs. 5 ArbZG (Ausgleich der mit Nachtarbeit verbundenen Beeinträchtigungen) betrifft allein die Anspruchsentstehung bzw. dessen Legitimation. Der Schutzzweck der Verwirkung, nämlich der Schutz berechtigten Vertrauens vor verspäteter Inanspruchnahme, ist davon zu trennen. Entsprechend den Ausführungen zur Sondervergütung[597] gilt auch bei Ansprüchen nach § 6 Abs. 5 ArbZG, dass es beim Umstandsmoment nicht auf den Leistungszweck bzw. den Schutzzweck der Norm ankommt. Auch beim Nachtzuschlag kann der Arbeitgeber bei dessen Auszahlung schon nicht auf die Erfüllung des Schutzzwecks vertrauen. Dessen Verfehlung kann daher erst Recht kein besonderes Vertrauen auslösender Umstand sein.

cc) Zwischenergebnis

Der Anspruch nach § 6 Abs. 5 ArbZG verwirkt unter den gleichen Voraussetzungen wie der Anspruch auf regelmäßiges Arbeitsentgelt. Auch der Sonderzweck des Nachtarbeitszuschlags (Beeinträchtigungsausgleich) rechtfertigt keine andere Beurteilung. Dieser betrifft allein die Anspruchsentstehung bzw. dessen Legitimation. Der Schutzzweck der Verwirkung, nämlich der Schutz berechtigten Vertrauens vor verspäteter Inanspruchnahme, ist davon zu trennen.

Allerdings ist beim Umstandsmoment zu berücksichtigen, ob der Arbeitgeber sein Wahlrecht (§ 6 Abs. 5 ArbZG i.V.m. §§ 262, 263 BGB) ausgeübt hat. Vor der Ausübung kann er regelmäßig kein schutzwürdiges Vertrauen darauf entwickeln, dass der Arbeitnehmer seinen Vergütungsanspruch nicht mehr geltend machen wird.

g) Arbeitgeberdarlehen

Gewährt der Arbeitgeber dem Arbeitnehmer anlässlich des Arbeitsverhältnisses ein Darlehen[598] zu im Vergleich zum Kapitalmarkt günstigeren Konditionen,

---

595 Vgl. hierzu Kap. 3 B.I.1a)cc)(2).

596 Vgl. *Neumann/Biebl*, § 1 Rn. 3.

597 Vgl. hierzu Kap. 3 B.I.1b)cc)(2).

598 Daneben existiert noch das sog. Arbeitnehmerdarlehen, bei dem der Arbeitnehmer dem Arbeitgeber ein Darlehen gewährt, z.B. bei wirtschaftlichen Schwierigkeiten des Arbeitgebers (vgl. hierzu ErfK/*Preis*, BGB § 611 Rn. 427). Da insoweit

ist die Vergünstigung zum Arbeitsentgelt im weiteren Sinne zu rechnen.[599] Mit Blick auf die Verwirkung stellt sich insoweit die Frage, ob der Rückzahlungsanspruch des Arbeitgebers unter den gleichen Voraussetzungen verwirkt wie ein Entgeltanspruch eines Arbeitnehmers.

aa) Rechtsprechung und Literatur

Zur Verwirkung in Zusammenhang mit Arbeitgeberdarlehen liegt lediglich ein Urteil des Bundesarbeitsgerichts vor. Darin führte es nur aus, dass ein Zeitraum von drei Monaten nach Fälligkeit nicht das Zeitmoment erfüllt und ging auf das Umstandsmoment nicht weiter ein.[600] Im Übrigen existiert keine aussagekräftige arbeitsgerichtliche Rechtsprechung.[601] Soweit ersichtlich setzt sich auch die Literatur nicht mit der Thematik auseinander.

Im allgemeinen Zivilrecht findet sich ein älteres Urteil des Oberlandesgerichts Saarbrücken. Die Beklagte forderte einen erhöhten Zinssatz, der für den Fall der Beendigung des Beschäftigungsverhältnisses vereinbart worden war. Der Kläger war knapp vier Jahre zuvor aufgrund Eigenkündigung aus dem Beschäftigungsverhältnis ausgeschieden. Dies reichte zur Erfüllung des Zeitmoments nach Ansicht des Gerichts aus, zumal dies „auch der Verjährungsfrist entsprach".[602] Zudem stelle die Finanzierung eine besondere Belastung des Mitarbeiters dar. Die Beklagte hätte daher nicht fast vier Jahre mit der Nachforderung zuwarten dürfen. Der Kläger durfte nach seiner Eigenkündigung erwarten, dass die Beklagte binnen kurzer Zeit die ihr eventuell zustehende Forderung geltend macht, damit er sich bei seinen finanziellen Dispositionen hierauf einstellen könne. Das Umstandsmoment bejahte das Gericht daher ebenfalls.[603]

---

jedoch weder Rechtsprechung noch Literatur zur Verwirkung ersichtlich sind, wird auf (weitere) Ausführungen – auch mangels Praxisrelevanz – verzichtet.

599 MüArbRHb/*Krause*, § 54 Rn. 3; ausführlich zum Ganzen: MüArbRHb/*Krause*, § 60 Rn. 15 ff. Regelmäßig soll das Arbeitgeberdarlehen dabei die Bindung des Arbeitnehmers an das Unternehmen stärken, MüArbRHb/*Krause*, § 60 Rn. 15 m.w.N. FS Gaul/*Kurz*/*Schellen*, S. 122, verweisen zudem auf die Aspekte der Belohnung von Betriebstreue und zusätzliche Vergütung.

600 *BAG*, Urt. v. 23.02.1999 – 9 AZR 737/97, NZA 1999, 1212. Die Parteien hatten einen erhöhten Zinssatz im Falle der Beendigung des Arbeitsverhältnisses vereinbart. Der Kläger klagte zur Abwehr der Zwangsvollstreckung. Er verwies darauf, dass der Anspruch auf erhöhte Verzinsung verwirkt sei.

601 Im Urteil vom 27.09.2005 (5 Sa 384/05, juris) erwähnt das *LAG Rheinland-Pfalz* lediglich in einem Nebensatz, dass es für die Verwirkung am notwendigen Umstandsmoment fehle, ohne dies näher zu konkretisieren. Das Zeitmoment lässt sich aus dem Tatbestand ebenfalls nicht eindeutig bestimmen.

602 Die ist unzutreffend. Soweit ein Zahlungsanspruch verjährt ist, scheidet die Verwirkung aus. Vielmehr hätte das Gericht nicht auf ein „Recht zur Zinsanpassung", sondern auf die einzelnen Raten abstellen müssen. Nur soweit diese nicht bereits verjährt waren, kommt die Verwirkung in Betracht.

603 *OLG Saarbrücken*, Urt. v. 31.01.1989 – 7 U 152/87, NJW-RR 1989, 558.

bb) Bewertung

(1) Zum Zeitmoment

Für das Zeitmoment gelten die bereits oben zur Verwirkung von regelmäßigen Entgeltansprüchen ausgeführten Erwägungen.[604] Es handelt sich ebenfalls um Zahlungsansprüche. Arbeitgeberdarlehensspezifische Gesichtspunkte, die eine abweichende Beurteilung des Zeitmoments erfordern, sind nicht ersichtlich. Insbesondere muss der Arbeitgeber nicht binnen kurzer Zeit seinen Rückzahlungsanspruch geltend machen, damit der Arbeitnehmer sich bei seinen finanziellen Dispositionen hierauf einstellen kann.[605] Es handelt sich insoweit spiegelbildlich um dieselbe Argumentation wie bei der Geltendmachung von Überstunden.[606] Auch insoweit besteht jedoch keine gesetzliche Verpflichtung zur zeitnahen Geltendmachung von Ansprüchen, unabhängig davon, dass die Verjährungssystematik unterlaufen würde. Vielmehr verwirken Rückzahlungsansprüche beim Arbeitgeberdarlehen unter den gleichen Voraussetzungen wie Ansprüche auf regelmäßiges Entgelt.

(2) Zum Umstandsmoment

Auch für das Umstandsmoment gelten die bereits oben zur Verwirkung von regelmäßigen Entgeltansprüchen ausgeführten Erwägungen.[607] Es existieren keine arbeitgeberdarlehensspezifische Gesichtspunkte, die eine abweichende Beurteilung des Umstandsmoments erfordern. Rückzahlungsansprüche verwirken daher unter den gleichen Voraussetzungen wie Ansprüche auf regelmäßiges Entgelt. Insbesondere ist die Höhe der (Gesamt)Darlehens- bzw. Zinsforderung nicht beim Umstandsmoment zu berücksichtigen.

Zwar bildet die Beendigung des Arbeitsverhältnisses eine gewisse Zäsur, die abhängig vom Einzelfall beim Umstandsmoment zu berücksichtigen sein kann. Es handelt sich jedoch insoweit um keine spezifische Besonderheit der Verwirkung von Arbeitgeberdarlehens- bzw. sonstiger Vergütungsansprüche.[608] Dem steht insbesondere nicht entgegen, dass der Arbeitnehmer sich bei seinen finanziellen Dispositionen auf den Wegfall der Vergünstigung (niedriger Darlehenszins) einstellen können müsse.[609] Es handelt sich um keinen besonderen, Vertrauen auslösenden Umstand. Vielmehr entfällt die Vergünstigung laut ausdrücklicher Parteivereinbarung erst mit Beendigung des Beschäftigungsverhältnisses. Der Arbeitnehmer muss daher schon vorher, spätestens jedoch bei der Beendigung finanziell umdis-

604 Kap. 3 B.I.1a)cc)(1).

605 So *OLG Saarbrücken*, Urt. v. 31.01.1989 – 7 U 152/87, NJW-RR 1989, 558.

606 S.o. Kap. 3 B.I.1e)cc)(1).

607 Kap. 3 B.I.1a)cc)(2).

608 Vgl. z.B. zur Verwirkung des Widerspruchsrechts gemäß § 613a Abs. 6 BGB vgl. z.B. *BAG*, Urt. v. 27.11.2008 – 8 AZR 174/07, NZA 2009, 552; Urt. v. 02.04.2009 – 8 AZR 262/07, NZA 2009, 1149.

609 So *OLG Saarbrücken*, Urt. v. 31.01.1989 – 7 U 152/87, NJW-RR 1989, 558.

ponieren (Umschuldung o.ä.). Darüber hinaus hat der Arbeitnehmer diesen Umstand als Verpflichteter selbst geschaffen. Demgegenüber kann der Verpflichtete nach den allgemeinen Verwirkungsvoraussetzungen nur auf solche Umstände berechtigt vertrauen, die der Berechtigte geschaffen hat. Andernfalls könnte der Verpflichtete gezielt die Verwirkung herbeiführen.

cc) Zwischenergebnis

Ansprüche auf Rückzahlung eines Arbeitgeberdarlehens verwirken unter den gleichen Voraussetzungen wie sonstige Entgeltansprüche. Es existieren keine arbeitgeberdarlehensspezifischen Gesichtspunkte, die eine abweichende Beurteilung erfordern. Wie bei den übrigen Zahlungsansprüchen auch ist insbesondere die Höhe der (Gesamt)Darlehens- bzw. Zinsforderung bei der Verwirkung nicht zu berücksichtigen.

h) Abschließende Bewertung

Die Ausführungen haben gezeigt, dass alle Arten von Ansprüchen auf Entgelt gegen Arbeit verwirken können. Insbesondere schließt die besondere Schutzwürdigkeit des Arbeitnehmers die Verwirkung nicht aus. Diese scheidet lediglich bei der irrtümlichen Eingruppierung mangels eines verwirkbaren, subjektiven Rechts aus, soweit nicht Rückforderungen des Arbeitgebers oder Nachforderungen des Arbeitnehmers betroffen sind. Dies ist jedoch den allgemeinen Verwirkungsgrundsätzen geschuldet.

Alle Arten von Ansprüchen auf Entgelt gegen Arbeit verwirken unter den gleichen Voraussetzungen. Diese sind weder von der Art der Vergütung (regelmäßiges Arbeitsentgelt, Sondervergütung, Ausbildungsvergütung, Zuschlag, Darlehen o.ä.) noch deren Höhe oder dem Entgeltzweck abhängig. Der Status des Berechtigten (Arbeitnehmer, Auszubildender, Heimarbeiter) beeinflusst die Verwirkungsvoraussetzungen ebenfalls nicht. Auch verwirken Entgeltansprüche nicht zu Gunsten oder zu Lasten einer Partei schneller oder langsamer.

Für die Verwirkung allgemein gilt, dass kein typisiertes, die Verwirkung ausschließendes Misstrauen existiert. Weder sieht ein Arbeitnehmer im laufenden Arbeitsverhältnis nur zur Vermeidung von Belastungen von der Geltendmachung von Rechten ab noch macht er einzelne Recht (z.B. Lohnansprüche) immer geltend.

2. Arbeitsentgelt ohne Arbeitsleistung

Arbeitsleistung und Arbeitsentgelt sind synallagmatisch verknüpft. Daher entfällt der Entgeltanspruch, wenn bzw. soweit der Arbeitnehmer gemäß §§ 275, 326 Abs. 1 Satz 1 BGB von der Erbringung der Arbeitsleistung befreit wird. Gleichwohl kennt das Gesetz zahlreiche Ausnahmen von der Regel „ohne Arbeit kein Lohn“.[610] Nachfolgend soll u.a. untersucht werden, ob sich die Befreiung von der Arbeits-

610 MüArbRHb/*Krause*, § 54 Rn. 15.

leistung auf die Verwirkungsvoraussetzungen auswirkt und sich von denen beim Entgelt gegen Arbeitsleistung unterscheiden.

a) Entgeltfortzahlung im Krankheitsfall gem. § 3 EFZG

Unter den Voraussetzungen des § 3 EFZG hat ein Arbeitnehmer Anspruch auf Entgeltfortzahlung im Krankheitsfall gegen den Arbeitgeber.[611] Nach § 7 Abs. 1 Nr. 1 EFZG kann der Arbeitgeber die Entgeltfortzahlung solange verweigern, bis der Arbeitnehmer seiner Anzeige- und Nachweispflicht nach § 5 EFZG nachgekommen ist.

Das EFZG erhält den vertraglichen Vergütungsanspruch ohne Nachleistungsverpflichtung des Arbeitnehmers zu Lasten des Arbeitgebers aufrecht. Damit verfolgt es hauptsächlich zwei Zwecke: Die Absicherung des Arbeitnehmers und die Entlastung der gesetzlichen Krankenversicherung im gesamtgesellschaftlichen Interesse.[612] Mit Blick auf die Verwirkung ist insoweit interessant, ob sich der Gesetzeszweck auf diese auswirkt.

aa) Rechtsprechung

Zur Verwirkung des Entgeltfortzahlungsanspruchs existieren zwei Entscheidungen des Bundesarbeitsgerichts. Beide Male lehnte es den Eintritt der Verwirkung ab.

Im ersten Fall hatte der Arbeitnehmer die Arbeitsunfähigkeitsfolgebescheinigung erst einen Monat nach Erkrankung vorgelegt. Dies reiche zur Erfüllung des Zeitmoments nicht aus. Im Übrigen führe schon eine Verletzung der Anzeigepflicht führe nicht unmittelbar zum Anspruchsverlust. Daher habe der Beklagte aufgrund der – wenn auch verspäteten – Krankmeldung mit Ansprüchen des Klägers rechnen müssen. Zudem habe der Beklagte nicht vorgetragen, sich auf die Nichtleistung eingerichtet zu haben. Daher sei auch das Umstandsmoment nicht erfüllt.[613]

In der zweiten Entscheidung hatte der Arbeitnehmer zehn Monate nach Zahlungsaufforderung Klage erhoben. Auch diese reichte nach Ansicht des Bundesarbeitsgerichts nicht zur Erfüllung des Zeitmoments aus. Beim Umstandsmoment verwies es lediglich darauf, dass nicht ersichtlich sei, warum die Leistung der Beklagten unzumutbar sein sollte.[614]

---

611 Über § 3 EFZG hinaus finden sich in der Praxis Regelungen zur Entgeltfortzahlung im Krankheitsfall in Tarifverträgen, Betriebsvereinbarungen und Arbeitsverträgen in den Grenzen des § 12 EFZG, vgl. hierzu MüArbRHb/*Schlachter,* § 72 Rn. 3 ff.

612 MüArbRHb/*Schlachter,* § 72 Rn. 2, 7 f. m.w.N.

613 *BAG,* Urt. v. 27.08.1971 – 1 AZR 107/71, NJW 1972, 76. Die Entscheidung erging zu §§ 1, 3 LFZG, den Vorgängernormen zu §§ 3, 5 EFZG.

614 *BAG,* Urt. v. 16.07.1997 – 5 AZR 780/96, EEK I/1194. Da es sich um einen tarifvertraglichen Entgeltfortzahlungsanspruch handelte, hätte das BAG die Verwirkung

bb) Literatur

Künzl will die Verwirkung des Anspruchs auf Entgeltfortzahlung „nur unter ganz besonderen Umständen" zulassen. Es sei dem Arbeitnehmer grundsätzlich unzumutbar, „das bestehende Arbeitsverhältnis vor Ablauf der Verjährungsfrist durch das Anstrengen eines Rechtsstreits gegen den Arbeitgeber zu belasten".[615]

Nach anderer Auffassung soll der Anspruch verwirkt sein, wenn der Arbeitnehmer die ärztliche Bescheinigung (§ 5 EFZG) erst nach einem Jahr übersendet. Nach so langer Zeit brauche der Arbeitgeber nicht mehr mit der Geltendmachung der Forderung rechnen.[616]

cc) Bewertung

(1) Zum Zeitmoment

Für das Zeitmoment gelten die bereits oben zur Verwirkung von regelmäßigen Entgeltansprüchen ausgeführten Erwägungen.[617] Es handelt sich ebenfalls um Zahlungsansprüche. Insbesondere ist es nicht maßgeblich, dass § 3 EFZG den Anspruch „lediglich" aufrechterhält. Vielmehr kommt es allein darauf an, dass der Berechtigte sein Recht über einen längeren Zeitraum nicht geltend gemacht hat. Auf welcher Grundlage das Recht dabei beruht, ist irrelevant.

Auch für das Zeitmoment beim Entgeltfortzahlungsanspruch gilt nach den allgemeinen Grundsätzen, dass keine Regel-, Mindest- oder Höchstfristen existieren. Daher verwirkt der Anspruch nicht automatisch dann, wenn der Arbeitnehmer die Arbeitsunfähigkeitsbescheinigung erst nach einem Zeitraum von einem Jahr vorlegt.[618] Wie schon mehrfach ausgeführt, führt die bloße Untätigkeit des Berechtigten nicht zur Verwirkung. Zudem würde die gesetzliche Verjährungssystematik bei einer starren Jahresfrist unterlaufen.

---

bereits unter Verweis auf § 4 Abs. 4 Satz 3 TVG ablehnen müssen. Zudem hatte der Kläger den Anspruch innerhalb der tarifvertraglichen Ausschlussfrist geltend gemacht. Eine „illoyal verspätete Geltendmachung" scheidet bereits aus diesem Grund aus. Auch im Urteil vom 25.05.2005 (5 AZR 572/04, NZA 2005, 1111) hatte die Klägerin Entgeltfortzahlungsansprüche geltend gemacht. Das Urteil betrifft jedoch die Prozessverwirkung bzw. das Verhältnis Verwirkung und Ausschlussfrist handelt und wird daher bei den entsprechenden Themenkreisen behandelt (s.u. E.I und s.u. B.VIII.2).

615 *Marienhagen/Künzl*, § 12 Rn. 14 a unter Verweis auf BAG, Urt. v. 13.11.1957 – 4 AZR 228/55, BB 1958, 117; *LAG Hessen*, Urt. v. 15.02.1995 – 1 Sa 1242/94, BB 1995, 2325; *BGH*, Urt. v. 06.12.1988 – XI ZR 19/88, NJW-RR 1989, 818. Ebenso *Feichtinger*/Malkmus, § 3 Rn. 255.

616 Kaiser/Dunkl/Hold/*Kleinsorge*, § 7 Rn. 18; *Kunz/Wedde*, § 7 Rn. 22 jeweils m.w.N.

617 Kap. 3 B.I.1a)cc)(1).

618 So aber Kaiser/Dunkl/Hold/*Kleinsorge*, § 7 Rn. 18; *Kunz/Wedde*, § 7 Rn. 22 jeweils m.w.N.

(2) Zum Umstandsmoment

Vorab ist festzuhalten, dass der Entgeltfortzahlungsanspruch verwirken kann. § 12 EFZG steht dem nicht entgegen, da die Unverwirkbarkeit von der Unabdingbarkeit zu unterscheiden ist. Die Norm schließt Parteivereinbarungen zu Lasten des Arbeitnehmers aus. Sie verhindert jedoch nicht den Wegfall von Rechten, den die objektive Rechtsordnung (hier in Gestalt der Verwirkung) anordnet.[619]

Auch für das Umstandsmoment gelten die bereits oben zur Verwirkung von regelmäßigen Entgeltansprüchen ausgeführten Erwägungen.[620] Es existieren keine spezifisch aus dem EFZG folgende Gesichtspunkte, die eine abweichende Beurteilung des Umstandsmoments erfordern. Entgeltfortzahlungsansprüche verwirken daher unter den gleichen Voraussetzungen wie Ansprüche auf regelmäßiges Entgelt.

Insbesondere ist der Zweck des Entgeltfortzahlungsanspruchs (Absicherung des Arbeitnehmers, Entlastung der gesetzlichen Krankenversicherung) – wie auch schon der Zweck einer Sondervergütung und des Nachtarbeitszuschlags[621] – beim Umstandsmoment nicht zu berücksichtigen. Der Schutzzweck der Verwirkung, nämlich der Schutz berechtigten Vertrauens vor verspäteter Inanspruchnahme, ist vom Schutzzweck der Norm zu trennen. Indiz dafür ist auch, dass der Gesetzgeber anders als z.B. mit § 4 Abs. 4 Satz 3 TVG, § 77 Abs. 3 Satz 4 BetrVG etc. die Verwirkung im EFZG nicht ausgeschlossen hat.

Wie schon dargelegt schützen das KSchG und § 612a BGB den Arbeitnehmer ausreichend.[622] Die Entwicklung von Vertrauen durch den Arbeitgeber ist daher nicht deshalb ausgeschlossen, weil er damit rechnen muss, dass der Arbeitnehmer

---

619 So zutreffend *Renaud*, S. 110, zu § 13 BUrlG.

620 Kap. 3 B.I.1a)cc)(2).

621 S.o. Kap. 3 B.I.1b)cc)(2) und S.o. Kap. 3 B.I.1f)cc)(2).

622 S.o. Kap.3 B.I.1.a)cc)(2). Die a.A. in der Literatur (*Marienhagen/Künzl*, § 12 Rn. 14 a; *Feichtinger*/Malkmus, § 3 Rn. 255) ist daher abzulehnen. Sie stützt sich zudem auf das Urteil des *LAG Hessen* vom 15.02.1995 (1 Sa 1242/94, BB 1995, 2325). Dieses hatte jedoch lediglich festgestellt, dass die der kurzen zweijährigen Verjährungsfrist (§ 196 Abs. 1 Nr. 8 BGB a.F.) unterliegenden Lohnansprüche nur unter ganz besonderen Umständen vorher verwirken. Hierfür machte es sich ein Urteil des *BAG* vom 13.11.1957 (4 AZR 228/55, BB 1958, 117) sowie des *BGH* (Urt. v. 06.12.1988 – XI ZR 19/88, NJW-RR 1989, 818) zu Eigen, das es auf die Verwirkung der krankheitsbedingten Entgeltfortzahlung übertrug. befasste sich jedoch wie bereits ausgeführt nur mit dem Ausschluss der Verwirkung bei untertariflicher Entlohnung (s.o. Kap.3 B.I.1.a)cc)(2)(a), was auch das *LAG Hessen* verkannt hat). Der *BGH* urteilte nur über Vergütungsansprüche eines Hausverwalters, also über Ansprüche, die keine Nähe zur Entgeltfortzahlung, geschweige denn zum Arbeitsrecht aufweisen. Unabhängig davon enthält keines der Urteile eine allgemeine Aussage, wonach es dem Arbeitnehmer grundsätzlich unzumutbar sei, das Arbeitsverhältnis vor Ablauf der Verjährungsfrist durch einen Rechtsstreit gegen den Arbeitgeber zu belasten.

von der Anspruchsgeltendmachung absieht, weil er das Arbeitsverhältnis nicht belasten will.

(3) Auswirkungen der Verletzung der Anzeige- und Nachweispflicht

Keine besondere Beachtung hat bislang die Frage erfahren, ob bzw. inwieweit es sich auf die Verwirkung des Entgeltfortzahlungsanspruchs auswirkt, wenn der Arbeitnehmer seiner Anzeige- und Nachweispflicht nach § 5 EFZG nicht (ordnungsgemäß) nachgekommen ist.

(a) Anzeigepflicht gemäß § 5 Abs. 1 Satz 1 EFZG

Gemäß § 5 Abs. 1 Satz 1 EFZG hat der Arbeitnehmer die unselbstständige Nebenpflicht, dem Arbeitgeber die Arbeitsunfähigkeit und deren voraussichtliche Dauer unverzüglich mitzuteilen. Dies soll es dem Arbeitgeber ermöglichen, zeitnah die durch den Ausfall des Arbeitnehmers bedingten und zur Aufrechterhaltung des Arbeitsablaufs erforderlichen Dispositionen treffen zu können.[623] Die Anzeigepflicht ist jedoch keine Entstehungsvoraussetzung des Entgeltfortzahlungsanspruchs gemäß § 3 EFZG. Bei ihrer Verletzung macht sich der Arbeitnehmer ggf. schadensersatzpflichtig (§ 280 Abs. 1 BGB) bzw. muss im Wiederholungsfall mit einer Kündigung rechnen.[624]

Zeigt der Arbeitnehmer die Arbeitsunfähigkeit also nicht an, entsteht der Entgeltfortzahlungsanspruch gleichwohl auch bei Unkenntnis des Arbeitgebers. Hat der Arbeitgeber keine Kenntnis von dem Anspruch, kann er auf dessen Nichtgeltendmachung jedoch nicht vertrauen. Die Verwirkung scheitert dann am fehlenden Umstandsmoment. Dies folgt allerdings aus den allgemeinen Verwirkungsvoraussetzungen. Es handelt sich nicht um eine spezifische Besonderheit des Entgeltfortzahlungsanspruchs. Vielmehr scheidet die Verwirkung immer dort aus, wo der Verpflichtete keine Kenntnis vom Recht des Berechtigten hat. Denn er kann dann mangels Kenntnis von seiner Verpflichtung nicht auf die Nichtgeltendmachung vertrauen.

(b) Nachweispflicht gemäß § 5 Abs. 1 Satz 2 und 3 EFZG

Über die Anzeige hinaus ist der Arbeitnehmer verpflichtet, dem Arbeitgeber eine ärztliche Bescheinigung über die Arbeitsunfähigkeit und deren voraussichtliche Dauer vorzulegen (§ 5 Abs. 1 Satz 2 und 3 EFZG). Abgesehen von der Nachweisfunktion dient diese der Information des Arbeitgebers über die voraussichtliche Dauer der Arbeitsunfähigkeit.[625] Die Verletzung der Nachweispflicht lässt die Entstehung des Entgeltfortzahlungsanspruchs unberührt, ggf. kommen Schadensersatzansprüche und/oder eine Kündigung in Betracht. Allerdings hat der Arbeitgeber gemäß § 7 Abs. 1 Nr. 1 EFZG ein vorläufiges Leistungsverweigerungsrecht,

623 *Feichtinger*/Malkmus, § 3 Rn. 3 f.
624 *Schmitt*, § 5 Rn. 175 ff.
625 *Schmitt*, § 5 Rn. 40.

wenn der Arbeitnehmer seiner Nachweispflicht nicht rechtzeitig nachkommt oder die Bescheinigung inhaltlich nicht den Anforderungen des § 5 Abs. 1 EFZG entspricht.[626]

Kommt der Arbeitnehmer seiner Anzeige- und Nachweispflicht nicht nach, sodass dem Arbeitgeber die Entstehung des Entgeltfortzahlungsanspruchs unbekannt geblieben ist, scheidet die Verwirkung ebenfalls mangels Vertrauen des Arbeitgebers aus.

Ist der Arbeitnehmer seiner Nachweispflicht nicht ordnungsgemäß nachgekommen und hat ihn der Arbeitgeber hierauf hingewiesen, kommt eine Verwirkung in Betracht, wenn Zeit- und Umstandsmoment vorliegen. Die bloße Nichtgeltendmachung des Anspruchs erfüllt allerdings nicht schon dann das Umstandsmoment, wenn der Arbeitnehmer trotz des Hinweises auf die fehlende Ordnungsmäßigkeit untätig bleibt. Denn der Arbeitgeber kann nach allgemeinen Grundsätzen nicht allein aus der Untätigkeit des Arbeitnehmers auf die Nichtgeltendmachung des Anspruchs vertrauen. Dies gilt selbst dann, wenn der Arbeitgeber den Arbeitnehmer (ggf. wiederholt) erfolglos zur Korrektur des Nachweises ausdrücklich aufgefordert hat. Vielmehr müssen weitere Umstände hinzutreten, die ein Vertrauen beim Arbeitgeber entstehen lassen. Andernfalls könnte der Arbeitgeber allein durch sein Verhalten (z.B. durch mehrmalige Aufforderung) die Verwirkung herbeiführen.

Eine Vertrauensbildung beim Arbeitgeber scheidet aus, wenn ihm bekannt ist, dass der Arbeitnehmer sich um Vorlage einer ordnungsgemäßen Arbeitsbescheinigung bemüht.

Hat der Arbeitnehmer seine Nachweispflicht nicht ordnungsgemäß erfüllt und hat ihn der Arbeitgeber hierauf nicht hingewiesen, sind im Hinblick auf die Verwirkung des Entgeltfortzahlungsanspruchs keine Besonderheiten angezeigt. Die Fallgestaltung unterscheidet sich hinsichtlich der Verwirkung nicht von derjenigen, dass der Arbeitnehmer seiner Nachweispflicht ordnungsgemäß nachkommt und im Folgenden seinen Entgeltfortzahlungsanspruch nicht geltend macht. Denn die Ordnungsgemäßheit der Anzeige hat wie bereits ausgeführt keine Auswirkungen auf die Anspruchsentstehungsvoraussetzungen. Zwar hat ggf. auch der Arbeitgeber sein vorläufiges Leistungsverweigerungsrecht verwirkt. Hierauf kommt es jedoch nicht mehr an, wenn eine Verwirkung des Entgeltanspruchs ebenfalls zu bejahen ist.

(c) Zwischenergebnis zur Verletzung der Anzeige- und Nachweispflicht

Ein Verstoß gegen die Anzeige- und Nachweispflicht wirkt sich nicht auf den Eintritt der Verwirkung aus. Er kann allenfalls zu Schadensersatzansprüchen, Abmahnungen etc. führen.

626 *Schmitt*, § 5 Rn. 175 ff., § 7 Rn. 11, 14.

dd) Zwischenergebnis
Der Anspruch auf Entgeltfortzahlung im Krankheitsfall (§ 3 EFZG) verwirkt unter den gleichen Voraussetzungen wie sonstige Entgeltansprüche. Sinn und Zweck des Entgeltfortzahlungsanspruchs oder sonstige dogmatische Erwägungen gebieten keine abweichende Beurteilung. Ein Verstoß gegen die Anzeige- und Nachweispflicht (§ 5 EFZG) wirkt sich nicht auf den Eintritt der Verwirkungsvoraussetzungen aus.

b) Entgeltfortzahlung an Feiertagen gemäß § 2 EFZG
§ 2 Abs. 1 EFZG erhält den Vergütungsanspruch des Arbeitnehmers gegen den Arbeitgeber nach dem Lohnausfallprinzip aufrecht, der sonst aufgrund der Befreiung des Arbeitsnehmers von seiner Arbeitspflicht an Feiertagen entfallen würde (§§ 326 Abs. 1, § 275 Abs. 1 BGB).[627]

Rechtsprechung oder Literatur zur Verwirkung des Vergütungsanspruchs nach § 2 EFZG sind nicht ersichtlich. Da keine (rechtlichen) Besonderheiten existieren, ist zu den Verwirkungsvoraussetzungen auf die Ausführungen zu § 3 EFZG zu verweisen.

c) Vergütung bei Annahmeverzug und Betriebsrisiko, § 615 BGB
Kommt der Dienstberechtigte mit der Annahme der Dienste in Verzug, so kann der Verpflichtete für die infolge des Verzugs nicht geleisteten Dienste die vereinbarte Vergütung verlangen, ohne zur Nachleistung verpflichtet zu sein, § 615 Satz 1 BGB.[628] Entsprechendes gilt in den Fällen, in denen der Arbeitgeber das Risiko des Arbeitsausfalls trägt, § 615 Satz 3 BGB.

§ 615 Satz 1 BGB regelt als Schutzvorschrift zu Gunsten des Arbeitnehmers die Vergütungsgefahr, wenn seine Erbringung der Arbeitsleistung an der fehlenden Mitwirkung des Arbeitgebers scheitert. § 615 Satz 3 BGB stellt dies auch für diejenigen Fälle klar, in denen der Arbeitgeber das Betriebsrisiko trägt.[629] Mit Blick auf die Verwirkung ist insbesondere interessant, ob sich der Schutzcharakter auf diese auswirkt.

aa) Rechtsprechung und Literatur
Zur Verwirkung des Anspruchs auf Annahmeverzugslohn liegt ein Urteil des Bundesarbeitsgerichts vor. Darin hatte es offen gelassen, ob ein Zeitraum von bis zu anderthalb Jahren zwischen Fälligkeit und Klageerhebung zur Erfüllung des

---

627 MüArbRHb/*Boewer*, § 71 Rn. 1.

628 Zur Anrechnung gemäß § 615 Satz 2 BGB vgl. *Bayreuther*, Böswilliges Unterlassen eines anderweitigen Erwerbs im gekündigten Arbeitsverhältnis, NZA 2003, 1365.

629 MüArbRHb/*Boewer*, § 69 Rn. 1 f.

Zeitmoments ausreicht. Da der Beklagte keine besonderes Vertrauen begründenden Umstände vorgetragen habe, sei jedenfalls das Umstandsmoment nicht erfüllt.[630]

In der Instanzrechtsprechung finden sich mehrere Urteile zur Verwirkung des Anspruchs auf Annahmeverzugslohn[631], u.a. zwei Urteile des Landesarbeitsgerichts Köln. In beiden Fällen ließ es für das Zeitmoment ausreichen, dass der Arbeitnehmer den Anspruch erstmals vier Monaten nach Beendigung des Arbeitsverhältnisses geltend gemacht hatte. Im ersten Fall führte es zum Umstandsmoment aus, dass ein Bedürfnis bestehe, Zahlungsansprüche bei Beendigung des Arbeitsverhältnisses schnell abzuwickeln. Denn der Arbeitgeber müsse nach vier Monaten nicht mehr mit dem Anspruch auf Gehaltsnachzahlung für eine nicht eingehaltene Kündigungsfrist rechnen, wenn der Arbeitnehmer sich die Kenntnis über die zutreffende Kündigungsfrist mit Leichtigkeit hätte verschaffen können. Daher sei das Umstandsmoment erfüllt.[632] Im zweiten Fall verwies das Gericht beim Umstandsmoment darauf, dass nach den Gepflogenheiten des rechtlichen Umgangs im Arbeitsleben bei der Abwicklung eines beendeten Arbeitsverhältnisses das dringende Bedürfnisses bestehe, alle noch ausstehenden Ansprüche, insbesondere Vergütungsansprüche, rasch abzuwickeln.[633]

Speziell zum Zeitmoment ist ein Urteil des Landesarbeitsgerichts Schleswig-Holstein hervorzuheben.[634] Nach Ansicht des Gerichts besteht bei Dauerschuldverhältnissen mit immer wiederkehrenden Ansprüchen eine besondere Schutzwürdigkeit des Schuldners. Dies folge aus den vielfach vereinbarten einzel- oder tarifvertraglichen Ausschlussfristen. Auch wenn diese im Einzelfall nicht zum Tragen kämen, könnten sie doch eine Richtschnur für das Zeitmoment bei der Verwirkung von arbeitsvertraglichen Ansprüchen darstellen. So verfolgten Ausschlussfristen ebenso wie die Verwirkung den Zweck der Rechtsklarheit im Arbeitsverhältnis als Dauerschuldverhältnis.

Die Literatur setzt sich, soweit ersichtlich, nicht mit der Verwirkung von Ansprüchen bei Annahmeverzug und § 615 BGB auseinander.

bb) Bewertung

(1) Zum Zeitmoment

Für das Zeitmoment gelten die bereits oben zur Verwirkung von regelmäßigen Entgeltansprüchen ausgeführten Erwägungen.[635] Bei Ansprüche im Rahmen von

---

630 *BAG*, Urt. v. 09.07.2008 – 5 AZR 810/07, NZA 2008, 1407.

631 Außer den nachfolgend ausgeführten vgl.: *LAG Mecklenburg-Vorpommern*, Urt. v. 10.01.2002 – 1 Sa 232/01, juris; das Gericht führt zur Verwirkung insoweit nur aus, dass der bloße Zeitablauf (dort: sieben Monate zwischen Fälligkeit und erstmaliger Geltendmachung) zur Verwirkung nicht genüge.

632 *LAG Köln*, Urt. v. 16.08.1990 – 10 (9) Sa 480/90, ARST 1991, 22.

633 *LAG Köln*, Urt. v. 28.11.1990 – 10 Sa 503/90, LAGE § 615 Nr. 24.

634 *LAG Schleswig-Holstein*, Urt. v. 08.12.2011 – 5 Sa 212/11, juris. Das Zeitmoment (Klageerhebung 2,5 Jahre nach Fälligkeit) hatte das Gericht bejaht.

635 Kap. 3 B.I.1a)cc)(1).

§ 615 BGB handelt es sich um Zahlungsansprüche, die mit Blick auf die Verwirkung keine Besonderheiten aufweisen.

Auch hier gilt für das Zeitmoment nach den allgemeinen Grundsätzen, dass keine Regel-, Mindest- oder Höchstfristen existieren. Einzel- oder tarifvertragliche Ausschlussfristen können insoweit auch nicht als Richtschnur dienen.[636] Zum einen führt bei diesen der bloße Zeitablauf zum Rechtsverlust, ohne dass es auf vertrauensbegründende Umstände ankäme. Zum anderen gelten die Ausschlussfristen kraft ausdrücklicher Parteivereinbarung oder gesetzlicher Anordnung für das einzelne Arbeitsverhältnis. Sie können daher schon deshalb nicht willkürlich als Maßstab für das Zeitmoment der Verwirkung in einem anderen Arbeitsverhältnis herangezogen werden.

(2) Zum Umstandsmoment

Auch für das Umstandsmoment gelten die bereits oben zur Verwirkung von regelmäßigen Entgeltansprüchen ausgeführten Erwägungen.[637] Es existieren keine spezifisch aus § 615 BGB folgende Gesichtspunkte, die eine abweichende Beurteilung des Umstandsmoments erfordern. Ansprüche in Zusammenhang mit § 615 BGB verwirken daher unter den gleichen Voraussetzungen wie Ansprüche auf regelmäßiges Entgelt.

Bereits in der Verwirkungsdiskussion der 30er Jahre war es unter ideologisch erzieherischen wie auch wirtschaftlichen Gesichtspunkten gängige Meinung, dass gerade im Arbeitsverhältnis aus Gründen der Rechtssicherheit- und Klarheit ein Bedürfnis nach rascher Klärung der Verhältnisse bestehe.[638] Jedoch rechtfertigt auch die Beendigung des Arbeitsverhältnisses und das damit einhergehende Bedürfnis nach schneller Abwicklung aus Gründen der Rechtssicherheit weder in Zusammenhang mit § 615 BGB noch sonstigen arbeitsrechtlichen Ansprüchen die Anforderungen an das Zeit- oder Umstandsmoment herabzusetzen.[639]

Zwar bildet die Beendigung des Arbeitsverhältnisses eine gewisse Zäsur, die abhängig vom Einzelfall beim Umstandsmoment zu berücksichtigen sein kann wie auch bereits zum Arbeitgeberdarlehen ausgeführt.[640] Allerdings kann der Arbeitgeber aus der Geltendmachung von Forderungen, die typischerweise bei Beendigung eines Arbeitsverhältnisses sofort zu klären sind (insbesondere Zeugnis, Urlaub, Arbeitsbescheinigung), gerade nicht darauf schließen, der Arbeitnehmer wolle keine sonstigen Forderungen mehr erheben.[641] Vielmehr ist auf den konkreten Einzelfall abzustellen. Ohne Hinzutreten weiterer vertrauensbegründender Umstände

---

636 So *LAG Schleswig-Holstein*, Urt. v. 08.12.2011 – 5 Sa 212/11, juris.

637 Kap. 3 B.I.1a)cc)(2).

638 S.o. Kap.2 B.III.

639 So aber die o.a. Instanzrechtsprechung.

640 S.o. Kap. 3 B.I.1g)cc)(2).

641 In diesem Sinne zutreffend *BAG*, Urt. v. 28.05.2002 – 9 AZR 145/01, EzA § 242 BGB Verwirkung Nr. 2.

erschöpft sich das Verhalten des Arbeitnehmers in bloßer Untätigkeit. Dies gilt unabhängig davon, ob das Arbeitsverhältnis besteht oder bereits geendet hat.

Auf den Schutzzweck des § 615 BGB (Verteilung der Vergütungsgefahr) kommt es – wie schon der Schutzzweck von § 6 Abs. 5 ArbZG und § 3 EFZG[642] – beim Umstandsmoment nicht an.[643] Der Schutzzweck der Verwirkung, nämlich der Schutz berechtigten Vertrauens vor verspäteter Inanspruchnahme, ist vom Schutzzweck der Norm unabhängig.

cc) Zwischenergebnis

Ansprüche auf Vergütung bei Annahmeverzug und Betriebsrisiko (§ 615 BGB) verwirken unter den gleichen Voraussetzungen wie sonstige Entgeltansprüche. Insbesondere wirkt sich der Schutzcharakter des § 615 BGB nicht auf die Verwirkungsvoraussetzungen aus.

d) Arbeitsverhinderung aus persönlichen Gründen gem. § 616 BGB

Nach § 616 Satz 1 BGB verliert der zur Dienstleistung Verpflichtete den Vergütungsanspruchs nicht deshalb, weil er für eine verhältnismäßig nicht erhebliche Zeit durch einen in seiner Person liegenden Grund ohne sein Verschulden an der Dienstleistung verhindert wird. Damit durchbricht § 616 Satz 1 BGB das Prinzip „ohne Arbeit kein Lohn“ (vgl. § 326 Abs. 1 BGB) für einen Teil der Fälle, in denen die Verhinderung in der Person des Arbeitnehmers als Schuldner ihre Ursache hat. Bei einem vorübergehenden, in seiner Person eintretenden unverschuldeten Leistungshindernis soll der Arbeitnehmer aus sozialen Erwägungen den Entgeltanspruch behalten, ohne zur Nachleistung verpflichtet zu sein.[644] Für die Verwirkung stellt sich insbesondere die Frage, ob diese sozialen Erwägungen auf diese durchschlagen.

aa) Rechtsprechung und Literatur

Es existiert keine Rechtsprechung oder Literatur zur Verwirkung des Vergütungsanspruchs nach § 616 BGB.

bb) Bewertung

Wie bei §§ 2, 3 EFZG und § 615 BGB gibt es keine Gründe, die Anforderungen an die Verwirkung des Vergütungsanspruchs im Rahmen des § 616 BGB zu modifizieren. Auch insoweit ist der Schutzzweck der Norm nicht zu berücksichtigen. Der Anspruch verwirkt daher unter den gleichen Voraussetzungen wie der Anspruch auf regelmäßiges Entgelt.

---

642 S.o. Kap.3 B.II.1.f)bb)(2) und Kap.3 B.II.2.a)cc)(1).

643 I.E. ebenso die o.a. Rechtsprechung, die auf den Schutzzweck nicht eingeht.

644 MüArbRHb/*Boewer*, § 70 Rn. 1.

e) Abschließende Bewertung

Ansprüche auf Entgelt ohne Arbeitsleistungen verwirken unter den gleichen Voraussetzungen wie Ansprüche auf Entgelt gegen Arbeitsleistung. Der Schutzzweck der Norm, der im Einzelfall hinter der Aufrechterhaltung des Vergütungsanspruchs ohne Nachleistungsverpflichtung steht, modifiziert die Verwirkungsvoraussetzungen nicht. Insbesondere führt er nicht dazu, dass die Ansprüche nur unter erhöhten Anforderungen verwirken.

3. Rückzahlung von Entgelt und sonstigen Leistungen

Einer Vielzahl von Entscheidungen zur Verwirkung liegt die Grundkonstellation zugrunde, dass der Arbeitgeber vom Arbeitnehmer eine Rückzahlung verlangt. Zumeist geht es um die Rückzahlung von Entgelt, teilweise auch von sonstigen Leistungen. Aus Gründen der Übersichtlichkeit und des thematischen Zusammenhangs wird die Verwirkung von Rückzahlungsansprüchen unter einem Oberpunkt gemeinsam behandelt. Dies erlaubt zudem eine Untersuchung, ob bzw. inwieweit Unterschiede bei der Verwirkung existieren.

a) Rückzahlung von Gehaltsüberzahlungen

Im Fall der irrtümlichen Gehaltsüberzahlung hat der Arbeitgeber grundsätzlich einen Rückzahlungsanspruch gemäß § 812 Abs. 1 Satz 1 Alt. 1 BGB.[645] Der Rückzahlungsanspruch ist in der Regel gemäß § 271 Abs. 1 BGB im Zeitpunkt der Überzahlung fällig, unabhängig von der tatsächlichen Kenntnis des Arbeitgebers von seinem Anspruch.[646] Ausnahmsweise beginnt die Fälligkeit mit Kenntniserlangung des Arbeitgebers von den anspruchsbegründenden Tatsachen, wenn die Unkenntnis des Arbeitgebers auf einem Berechnungsfehler beruht, der in die Sphäre des Arbeitnehmers fällt.[647]

Als weitere Anspruchsgrundlage kommt § 326 Abs. 4 BGB in Betracht, wenn der Arbeitgeber in Vorleistung gegangen ist und der Arbeitnehmer seine Arbeitsleistung nicht mehr erbringt. Zuletzt kann sich ein Schadensersatzanspruch des Arbeitgebers auf Rückzahlung aus §§ 280 Abs. 1, 241 Abs. 2 BGB ergeben, wenn

---

645 Vgl. *BAG*, Urt. v. 19.01.1999 – 9 AZR 637/97, NZA 1999, 1107; Urt. v. 25.04.2001 – 5 AZR 497/99, NZA 2001, 966. Bei einem überzahlten Gehaltsvorschuss ist der Rückzahlungsanspruch demgegenüber Inhalt der Vorschussvereinbarung, *BAG*, Urt. v. 28.06.1965 – 3 AZR 86/65, EzA § 87 HGB Nr. 1; Urt. v. 25.03.1976 – 3 AZR 331/75, AP Nr. 9 zu § 65 HGB; Urt. v. 27.04.1982 – 3 AZR 1025/79, juris.

646 *BAG*, Urt. v. 16.11.1989 – 6 AZR 114/88, ZTR 1990, 207; Urt. v. 01.06.1995 – 6 AZR 912/94, NZA 1996, 135; MüArbRHb/*Krause*, § 65 Rn. 1. Anders bei irrtümlicher Eingruppierung, wo die Überzahlung ggf. erst nach Wirksamwerden einer Änderungskündigung fällig werden kann, MüArbRHb/*Krause*, a.a.O.

647 *BAG*, Urt. v. 10.03.2005 – 6 AZR 217/04, NZA 2005, 812; ErfK/*Preis*, BGB § 611 Rn. 417.

der Arbeitnehmer seine Informations- und Auskunftspflicht verletzt.[648] So ist der Arbeitnehmer nach Treu und Glauben verpflichtet, dem Arbeitgeber einen drohenden Schaden anzuzeigen, der im Zusammenhang mit dem Arbeitsverhältnis steht. Dies ist bei irrtümlichen, erheblichen Überzahlungen zu bejahen. Es obliegt dann dem Arbeitgeber, ob, wann und wie er Rückzahlungsansprüche geltend machen will.[649] Unter Verwirkungsgesichtspunkten ist insoweit insbesondere interessant, inwieweit sich die (zunächst regelmäßig vorhandene) Unkenntnis des Arbeitgebers auswirkt.

aa) Rechtsprechung

Zeitmoment	**Umstandsmoment**
Klageerhebung über *1,5 Jahre* nach Zahlung bzw. *1,5 Monate* nach Beendigung des Arbeitsverhältnisses[650] (offen)	- der Beklagte konnte kein schutzwürdiges Vertrauen auf die Endgültigkeit der Vorschusszahlungen entwickeln, da den Beteiligten die Lückenhaftigkeit und Verzögerung der Abrechnungen bekannt war - dem Verzicht auf eine geringfügige Überzahlung konnte der Beklagte nicht entnehmen, die Klägerin werde die wesentlich höheren Rückforderungen für die nächsten Jahre nicht mehr geltend machen - aus der Geltendmachung der Überzahlung erst 1,5 Monate nach Beendigung des Arbeitsverhältnisses konnte der Beklagte nicht folgern, dass die Klägerin von der Rückforderung absehen wollte (-)
Rückforderung *ein Jahr* nach Beendigung des Arbeitsverhältnisses[651] (offen)	- Zahlung der Rückforderung (ca. 24.000 DM) ist dem Beklagten mit Blick auf seinen Monatsverdienst im (zwischenzeitlich beendeten) Arbeitsverhältnis (7.000 – 15.000 DM) zumutbar (-)

648 MüArbRHb/*Krause*, § 65 Rn. 1.

649 *BAG*, Urt. v. 11.06.1980 – 4 AZR 443/78, NJW 1981, 365; *LAG Berlin*, Urt. v. 15.12.1995 – 6 Sa 94/95, ARST 1996, 136, das § 823 Abs. 2 BGB i.V.m. § 263 Abs. 1 StGB als weitere Anspruchsgrundlage in Betracht zieht. Weiter demgegenüber wohl MüArbRHb/*Krause*, § 65 Rn. 6, der von einer allgemeinen Vertragspflicht des Arbeitnehmers ausgeht, erkannte oder ohne weiteres erkennbare Überzahlungen anzuzeigen; ähnlich *Möller*, ZTR 1989, 306 (307). Eine Anzeigepflicht des Arbeitnehmers entfällt jedoch, wenn der Arbeitgeber vor Ablauf der (tariflichen) Ausschlussfrist Kenntnis von der Überzahlung erhält, vgl. *BAG*, Urt. v. 11.06.1980 – 4 AZR 443/78, NJW 1981, 365.

650 *BAG*, Urt. v. 27.04.1982 – 3 AZR 1025/79, juris.

651 *BAG*, Urt. v. 12.01.1994 – 5 AZR 597/92, NZA 1994, 658. Neben der Gehaltsrückforderung machte die Klägerin auch einen Lohnsteuererstattungsanspruch geltend. Insoweit verneinte das BAG eine Verwirkung mit Blick auf das Zeitmoment, da die Klägerin ihren Anspruch bereits fünf Monate nach Abführen der Lohnsteuer gerichtlich geltend gemacht hatte.

Rückforderung knapp *sechs Jahre* nach Kenntniserlangung von der Überzahlung[652] (+)	- hat der Verpflichtete überhaupt keine Kenntnis von einem möglichen Anspruch eines Dritten, kann er auf das Ausbleiben einer entsprechenden Forderung allenfalls allgemein, nicht aber konkret hinsichtlich eines bestimmten Anspruchs vertrauen (-)
Rückforderung bis zu *neun Monate* nach Zahlung[653] (-)	- es wirkt nicht vertrauensbegründend, dass die Beklagte das Ausbleiben einer tariflichen Gehaltssteigerung bereits bei der Tarifeinigung hätte vorhersehen können: Daraus folgt nicht, dass sie eine später gleichwohl erfolgte Überzahlung nicht mehr geltend macht (-)

bb) Literatur

Nach Ansicht von *Hohloch* steht dem Umstandsmoment die fehlende Kenntnis des Arbeitgebers von einem möglichen Rückzahlungsanspruch Anspruch entgegen.[654]

Kossens stellt nur allgemein fest, dass der Anspruch auf Rückzahlung von Gehaltsüberzahlungen wie andere Positionen der Verwirkung unterliegt.[655]

cc) Bewertung

(1) Zum Zeitmoment

Für das Zeitmoment gelten die bereits oben zur Verwirkung von regelmäßigen Entgeltansprüchen ausgeführten Erwägungen.[656] Ansprüche auf Gehaltsrückzahlung sind Zahlungsansprüche, die mit Blick auf die Verwirkung keine Besonderheiten aufweisen. Sie verwirken daher unter den gleichen Voraussetzungen wie Ansprüche auf regelmäßiges Entgelt.

Insbesondere verwirken diese Rückzahlungsansprüche des Arbeitgebers nicht schneller im Vergleich zu sonstigen Ansprüchen des Arbeitnehmers. Dies wird– auch mit Blick auf die o.a. Rechtsprechung – vorliegend besonders deutlich, wo es sich ausschließlich um Ansprüche des Arbeitgebers handelt. Dagegen spricht zudem, dass die Verwirkung keine spezifisch arbeitnehmerschützende Funktion hat. Vielmehr schützt sie konkretes Vertrauen im Einzelfall. Die gegenteilige

652 *BAG*, Urt. v. 25.04.2001 – 5 AZR 497/99, NZA 2001, 966.

653 *BAG*, Urt. v. 06.06.2007 – 4 AZR 573/06, ZTR 2007, 551. Im entschiedenen Fall hatte der Arbeitnehmer geklagt, da die Arbeitgeberin die Überzahlung mit dem Arbeitsentgelt aufgerechnet hatte.

654 Erman/*Hohloch*, BGB § 242 Rn. 127 unter Verweis auf *BAG*, Urt. v. 25.04.2001 – 5 AZR 497/99, NZA 2001, 966.

655 AR-Blattei SD 1720/*Kossens* Rn. 70 unter Verweis auf *BAG*, Urt. v. 12.01.1994 – 5 AZR 597/92, NZA 1994, 658.

656 Kap. 3 B.I.1a)cc)(1).

Auffassung, wonach Arbeitgeberrechte schneller verwirken als solche der Arbeitnehmer[657], ist daher unzutreffend.

(2) Zum Umstandsmoment

Auch für das Umstandsmoment gelten die bereits oben zur Verwirkung von regelmäßigen Entgeltansprüchen ausgeführten Erwägungen.[658] Es existieren keine spezifischen Gesichtspunkte, die eine abweichende Beurteilung des Umstandsmoments erfordern. Rückzahlungsansprüche wegen Gehaltsüberzahlung verwirken daher unter den gleichen Voraussetzungen wie Ansprüche auf regelmäßiges Entgelt.

Die Erfüllung des Umstandsmoments tritt unabhängig von der Höhe des Rückzahlungsbetrages ein. Die Verwirkung schützt kein abstraktes Vertrauen, d.h. der Arbeitnehmer darf nicht darauf vertrauen, dass der Arbeitgeber einen hohen Rückzahlungsbetrag immer schnell geltend macht. Umgekehrt schließt abstraktes Misstrauen die Verwirkung auch nicht aus, d.h. der Arbeitnehmer muss nicht allein aufgrund der Betragshöhe mit der Geltendmachung durch den Arbeitgeber rechnen.

Gerade bei hohen Rückzahlungsbeträgen ist zudem zu beachten, dass der Arbeitnehmer wie bereits ausgeführt nach h.M. dazu verpflichtet ist, dies dem Arbeitnehmer anzuzeigen. Besteht jedoch eine Anzeigepflicht bzw. eine Pflicht, sich darüber Gewissheit zu verschaffen, welche Forderung damit erfüllt werden soll und welche Höhe diese hat[659], schließt die Verletzung dieser Pflicht es aus, dass der Arbeitnehmer Vertrauen auf die Nichtgeltendmachung der Rückzahlung entwickeln kann. Zudem beruht bei Verletzung der Anzeigepflicht die Unkenntnis des Berechtigten auf das Verhalten des Verpflichteten. Insoweit scheidet bereits nach allgemeinen Grundsätzen die Verwirkung aus.

Etwas anderes kann dann gelten, wenn der Arbeitnehmer seiner Anzeigepflicht nachgekommen ist, der Arbeitgeber dennoch die Überzahlung nicht geltend gemacht hat und weitere vertrauensbegründende Umstände hinzutreten. Besteht demgegenüber keine Anzeigepflicht, da es sich um eine unerhebliche Überzahlung handelt, kann sich die Höhe des Betrages erst recht nicht beim Umstandsmoment auswirken.

Insbesondere kann der Arbeitnehmer wegen eines Verzichts des Arbeitgebers auf Rückzahlung einer geringen Überzahlung kein Vertrauen darauf entwickeln, dass dieser auch zukünftig von der Geltendmachung erheblicher Überzahlungen absieht. Denn insoweit liegen bereits keine gleich gelagerten Sachverhalte vor.

Allgemein spricht gegen die Berücksichtigung der Höhe des Rückzahlungsbetrages zudem, dass die Verwirkungsvoraussetzungen an den wirtschaftlichen Wert

---

657 So MüKo/*Roth*/*Schubert*, BGB § 242 Rn. 374 m.w.N.

658 Kap. 3 B.I.1a)cc)(2).

659 *BAG*, Urt. v. 01.06.1995 – 6 AZR 912/94, NZA 1996, 135; MüArbRHb/*Krause*, § 65 Rn. 6 m.w.N.

des Anspruchs gekoppelt würden. Wäre dies bei Zahlungsansprüchen theoretisch noch denkbar, versagt dies bei Gestaltungsrechten und sonstigen, monetär nicht bezifferbaren Rechtspositionen. Eine (dogmatische) Rechtfertigung dafür, dem materiellen Wert Einfluss auf die Verwirkung nur dort zukommen zu lassen, wo es sich um einen Zahlungsanspruch handelt, ist nicht ersichtlich.

Ebenfalls nicht zu berücksichtigen ist, ob der überzahlte Betrag beim Empfänger noch vorhanden ist. Den mit dieser Frage verbundenen Schutz des Schuldners gewährt das Bereicherungsrecht. Zweck der Verwirkung ist demgegenüber allein der Vertrauensschutz, nämlich das Vertrauen darauf, nicht mehr in Anspruch genommen zu werden. Dieses Vertrauen ist jedoch vom Vorhandensein der Überzahlung unabhängig. Andernfalls könnte der Arbeitnehmer als Verpflichteter das Vertrauen selbst schaffen, indem er die Überzahlung verbraucht.

Da den Arbeitnehmer bei einer erheblichen Überzahlung eine Anzeige- bzw. Nachforschungspflicht trifft, die der Vertrauensbildung entgegensteht (s.o.), wird die Verwirkung des Rückzahlungsanspruchs einen Ausnahmefall darstellen. Scheidet man noch die Fälle aus, in denen (tarif-)vertragliche Ausschlussfristen gelten[660], verbleibt für die Verwirkung des Rückzahlungsanspruchs regelmäßig lediglich nur noch ein kleiner Anwendungsbereich. Dieser erstreckt sich neben unerheblichen Überzahlungen auf Fälle, in denen der Arbeitgeber trotz Anzeige bzw. Nachforschen des Arbeitnehmers einen Rückzahlungsanspruch nicht geltend macht. Auch hier gilt jedoch wiederum der allgemeine Grundsatz, wonach die bloße Untätigkeit des Berechtigten das Umstandsmoment nicht erfüllt.

dd) Zwischenergebnis

Ansprüche auf Gehaltsrückzahlung verwirken unter den gleichen Voraussetzungen wie sonstige Zahlungsansprüche. Insbesondere verwirken die Ansprüche des Arbeitgebers nicht schneller als solche des Arbeitnehmers. Die Höhe des Rückzahlungsanspruchs ist weder beim Zeit- noch beim Umstandsmoment zu berücksichtigen. Allgemein gilt, dass die Verwirkung unabhängig vom (wirtschaftlichen) Wert eines Rechts eintritt.

b) Rückzahlung von Krankenbezügen

Auch bei Krankenbezügen nach § 3 EFZG kann es zu irrtümlichen Überzahlungen durch den Arbeitgeber kommen.

---

660 Ausschlussklauseln, die „Ansprüche aus dem Arbeitsverhältnis“ erfassen, erstrecken sich nach ganz h.M. auch auf während des Vertragsverhältnisses entstandene Rückzahlungsansprüche, vgl. *BAG*, Urt. v. 04.09.1991 – 5 AZR 647/90, NZA 1992, 231; Urt. v. 14.09.1994 – 5 AZR 407/93, NZA 1995, 897; Urt. v. 27.03.1996 – 10 AZR 668/95, NZA 1996, 986; Urt. v. 10.03.2005 – 6 AZR 217/04, NZA 2005, 812; MüArbRHb/*Krause*, § 65 Rn. 8 Fn. 34 m.w.N.

aa) Rechtsprechung und Literatur
Zur Verwirkung des Rückzahlungsanspruchs von Krankenbezügen liegt lediglich ein Urteil des Bundesarbeitsgerichts vor[661]. Darüber hinaus existiert keine Entscheidung. Soweit ersichtlich setzt sich auch die Literatur nicht mit der Verwirkung des Erstattungsanspruchs auseinander.

Das Bundesarbeitsgericht ließ offen, ob ein Zeitraum von drei Jahren zwischen Rückforderung und Überzahlung das Zeitmoment erfüllt. Jedenfalls habe die Beklagte zum Umstandsmoment keine Tatsachen vorgetragen, wonach sie darauf vertraut habe, die Klägerin werde keine Rückforderung mehr geltend machen.

bb) Bewertung
Rückzahlungsansprüche von Krankenbezügen verwirken unter den gleichen Voraussetzungen wie sonstige Rückzahlungs- bzw. Zahlungsansprüche. Es existieren keine spezifischen Gesichtspunkte, die eine abweichende Beurteilung des Zeit- oder Umstandsmoments erfordern. Vielmehr handelt es sich um Zahlungsansprüche, die unter Verwirkungsgesichtspunkten nach den gleichen Maßstäben zu behandeln sind wie die bisher untersuchten Zahlungsansprüche.[662]

c) Rückzahlung von Fort- und Ausbildungskosten
Häufig beteiligen sich bzw. übernehmen Arbeitgeber Kosten für die Fort- und Ausbildung des Arbeitnehmers. Dies erfolgt regelmäßig zum Zweck der Mitarbeiterqualifikation und in der Erwartung, dass der Arbeitnehmer weiter im Unternehmen verbleibt. Um die Investition abzusichern, schließen Arbeitgeber oft Rückzahlungsvereinbarungen für den Fall ab, dass der Arbeitnehmer vor bzw. nach Beendigung der Maßnahme seine Arbeitsstelle nicht antritt oder das Arbeitsverhältnis innerhalb einer bestimmten Zeitspanne endet.[663] Interessant ist insoweit insbesondere, ob sich die Rückzahlungsvereinbarung auf die Verwirkung auswirkt.

aa) Rechtsprechung und Literatur
Es existiert keine höchstrichterliche Rechtsprechung zur vorliegenden Problematik. Die Literatur setzt sich ebenfalls nicht gesondert mit der Verwirkung des Rückzahlungsanspruchs in Bezug auf Fortbildungskosten auseinander.

In der Instanzrechtsprechung finden sich zwei Entscheidungen. Das Landesarbeitsgericht Baden-Württemberg hatte über einen Fall zu entscheiden, in dem sich der Arbeitnehmer mit 18.000 DM an den Ausbildungskosten beteiligt hatte. Drei

---

661 *BAG*, Urt. v. 30.09.1999 – 6 AZR 130/98, NZA 2000, 547.

662 Auch das BAG (a.a.O.) hat im Rahmen der Verwirkung nicht differenziert. Allerdings sprach hierfür schon § 71 Abs. 2 Unterabs. 5 lit. b BAT i.d.F. v. 01.07.1994, wonach überzahlte Krankenbezüge und sonstige überzahlte Bezüge als Vorschüsse galten.

663 *Schaub/Vogelsang*, § 176 Rn. 18. Zur Vertragsgestaltung vgl. *Schönhöft*, NZA-RR 2009, 625.

Monate nach Beendigung des Arbeitsverhältnisses durch Aufhebungsvertrag erhob er Klage auf Rückzahlung der Ausbildungskosten. Nach Ansicht des Gerichts reichte der Zeitraum nicht zur Erfüllung des Zeitmoments. Darüber hinaus habe die Beklagte nicht aufgrund des Zeitablaufs, sondern aufgrund ihrer unrichtigen, einseitigen Vorstellung bei Abschluss des Aufhebungsvertrags darauf vertraut, dass sämtliche wechselseitigen Ansprüche durch den Aufhebungsvertrag erledigt seien. Daher sei auch das Umstandsmoment nicht erfüllt.[664]

Das Landesarbeitsgericht Köln hat in einem anderen Fall die Verwirkung des Anspruchs auf Rückzahlung der Fortbildungskosten bejaht. Mit Anwaltsschreiben hatte die zwischenzeitlich aus dem Arbeitsverhältnis ausgeschiedene Arbeitnehmerin im Einzelnen begründet, warum nach ihrer Auffassung kein Anspruch auf Rückzahlung der Fortbildungskosten bestehe. Der ehemalige Arbeitgeber antwortete, dass er nach eingehender Prüfung des Schreibens die Beklagte umgehend kontaktieren werde. Tatsächlich machte er erst drei Jahre später einen Rückzahlungsanspruch geltend. Das Gericht hielt den Anspruch aufgrund der dreijährigen Untätigkeit trotz entgegenstehender Zusage für verwirkt.[665]

bb) Bewertung

(1) Zum Zeitmoment

Für das Zeitmoment gelten die bereits oben zur Verwirkung von regelmäßigen Entgeltansprüchen ausgeführten Erwägungen.[666] Ansprüche auf Rückzahlung von Ausbildungs- oder Fortbildungskosten sind Zahlungsansprüche, die mit Blick auf die Verwirkung keine Besonderheiten aufweisen. Sie verwirken daher unter den gleichen Voraussetzungen wie Ansprüche auf regelmäßiges Entgelt.

(2) Zum Umstandsmoment

Rückzahlungsansprüche von Ausbildungs- oder Fortbildungskosten verwirken unter den gleichen Voraussetzungen wie sonstige Rückzahlungs- bzw. Zahlungsansprüche. Auch für das Umstandsmoment gelten daher die bereits oben zur Verwirkung von regelmäßigen Entgeltansprüchen ausgeführten Erwägungen.[667]

Eine andere Beurteilung rechtfertigt weder die Tatsache, dass den übrigen Fällen der Rückzahlung eine irrtümliche Überzahlung zugrunde liegt, noch dass Rechtsgrundlage der Rückzahlungsverpflichtung hier eine gesonderte Vereinbarung ist. Die Irrtümlichkeit der Überzahlung wirkt sich in keiner der oben zitierten Entscheidungen zu Gunsten oder zu Lasten des Arbeitgebers aus. Die Tatsache, dass eine ausdrückliche Vereinbarung über eine mögliche Rückzahlungsverpflichtung getroffen wurde, erschwert auch nicht das Entstehen von Vertrauen. Die Rechtsgrundlage des Anspruchs hat keinen Einfluss auf die Verwirkungsvoraussetzungen.

---

664 *LAG Baden-Württemberg*, Urt. v. 14.12.1999 – 18 Sa 56/99, juris.

665 *LAG Köln*, Urt. v. 08.05.2006 – 14 (4) Sa 48/06, NZA-RR 2006, 570.

666 Kap. 3 B.I.1a)cc)(1).

667 Kap. 3 B.I.1a)cc)(1).

Wurde die Rückzahlungsvereinbarung anlässlich einer speziellen Fortbildungsmaßnahme getroffen, lässt dies ebenfalls keinen Rückschluss auf erhöhte Voraussetzungen an die Vertrauensbildung und damit an das Umstandsmoment zu. Vielmehr ließe sich ebenso argumentieren, dass gerade weil eine gesonderte Vereinbarung getroffen wurde, der Arbeitnehmer davon ausgehen kann, dass der Arbeitgeber eine mögliche Rückforderung zeitnah geltend machen wird. Dies gilt umso mehr, als hierfür spezielle Voraussetzungen (Eigenkündigung des Arbeitnehmers, Abbruch der Fortbildung o.ä.) greifen müssen. Im Regelfall ist daher einer gesonderten Rückzahlungsvereinbarung für die Verwirkung keine besondere Bedeutung zuzumessen.

Auch ist wie bereits für die untersuchten Zahlungsansprüche gezeigt weder die Höhe des zurückzuzahlenden Betrages zu berücksichtigen noch danach zu differenzieren, ob der Arbeitnehmer oder der Arbeitgeber zu Rückzahlung verpflichtet ist.

d) Zwischenergebnis

Rückzahlungsansprüche verwirken als Zahlungsansprüche grundsätzlich unter jeweils gleichen Voraussetzungen wie sonstige Zahlungsansprüche im Arbeitsrecht. Für die Verwirkungsvoraussetzungen ist es unerheblich, ob sich der Anspruch auf die Rückzahlung von Gehalt, Krankenbezügen oder sonstigen Leistungen richtet. Beim Umstandsmoment ist die Höhe des Rückzahlungsbetrages nicht zu berücksichtigen. Irrelevant ist auch, ob die Überzahlung beim Verpflichteten noch vorhanden ist. Rückzahlungsansprüche des Arbeitgebers verwirken nicht langsamer oder schneller, als solche des Arbeitnehmers.

Bei einer erheblichen irrtümlichen Überzahlung trifft den Verpflichteten eine Anzeige- bzw. Nachforschungspflicht. Diese steht der Vertrauensbildung entgegen. Die Verwirkung des Rückzahlungsanspruchs wird daher die Ausnahme bilden. In Betracht kommt sie außer bei unerheblichen Überzahlungen insbesondere, wenn der Berechtigte trotz Anzeige bzw. Nachforschen des Verpflichteten längere Zeit keinen Rückzahlungsanspruch geltend gemacht hat.

4. *Exkurs: Vergütung gem. § 9 ArbNErfG und § 20 ArbNErfG*

Die Erfindervergütung gemäß §§ 9, 20 ArbNErfG ist ein Entgelt dafür, dass der Arbeitgeber Dritte von der Benutzung der Erfindung ausschließen kann.[668] Außerhalb des Anwendungsbereichs des ArbNErfG kann sich ein Vergütungsanspruch aus § 242 BGB oder § 612 BGB ergeben, wenn der Arbeitgeber durch die Leistung des Arbeitnehmers eine „wertvolle Bereicherung" erhält.[669] Auch wenn die

668 Sie honoriert nicht die auf Patentreife ausgerichtete Tätigkeit, D/H/S/W/*Kronisch*, ArbEG § 9 Rn. 3.

669 R/S/S/*Himmelmann*, § 9 Rn. 12; *Bartenbach/Volz*, ArbNErfG, § 9 Rn. 332 ff. m.w.N.

Erfindervergütung weder ein Anspruch aus dem Arbeitsverhältnis[670] noch Arbeitslohn ist[671], soll auf ihre Verwirkbarkeit kurz aufgrund des Sachzusammenhangs eingegangen werden.

a) Rechtsprechung[672]

Zeitmoment	Umstandsmoment
Anspruchsgeltendmachung *zehn Jahre* nach Benutzungsaufnahme und *viereinhalb Jahre* nach Schutzrechtsablauf (insoweit [+]) bzw. *zweieinhalb Jahre* nach Patentanmeldung[673] (insoweit [-])	- dem Kläger oblag als Leiter der Patentabteilung, Berater in Patent- und Gebrauchsmusterangelegenheiten die Bearbeitung der Arbeitnehmererfindungen. Die Beklagte durfte berechtigterweise davon ausgehen, dass er keine Ansprüche mehr erheben würde, nachdem er in den ersten Fällen über zehn Jahre nach der Einstellung der Benutzung der Erfindungen und im letzten Falle über zehn Jahre nach der Benutzungsaufnahme und viereinhalb Jahre nach Schutzrechtsablauf keine Vergütung verlangt hatte - der Kläger bestärkte das Vertrauen, da er auch schon für die genutzten Gebrauchsmuster viele Jahre nach der Einstellung der Rechtsnutzung keinen Vergütungsanspruch geltend gemacht hatte (insoweit [+]) - dass der Kläger wegen früher angemeldeter Erfindungen bis kurz vor seinem Ausscheiden keine Vergütung beansprucht hatte, konnte bei der Beklagten hinsichtlich der noch schwebenden Schutzrechtsanmeldungen

670 Vgl. *BAG*, Urt. v. 18.11.2003 – 3 AZR 855/78, BB 1979, 1605. Zur Vergütung sog. Organerfinder, auf die das ArbNErfG keine (analoge) Anwendung findet, vgl. *Schwab*, § 9 Rn. 43 ff.

671 Nach h.M. ist die Vergütung Gegenleistung für die Rechtsstellung, die der Arbeitgeber von seinem Arbeitnehmer erlangt und der damit verbundene Ausschluss Dritter (Monopolprinzip). Nach a.A. ist die Vergütung Gegenleistung für eine über die arbeitsvertragliche Dienstverpflichtung hinausgehende Leistung des Arbeitnehmers (Sonderleistungsprinzip), H/B/D/*Schoob*, ArbNErfG § 9 Rn. 1. Ausführlich zum Meinungsstreit R/S/S/*Himmelmann*, § 9 Rn. 3 f.

672 Soweit die Verwirkung im Rahmen von Einigungsvorschlägen der Schiedsstelle (§§ 28, 34 Abs. 2 ArbEG) thematisiert wird, bleiben diese mit Blick auf Umfang und dem Rechtsprechungsschwerpunkt der Arbeit außer Betracht. Thematisiert wird die Verwirkung u.a.: Schiedsstelle, EV v. 06.11.1978, Bl. 1979, 223; EV v. 04.08.1986, Bl. 1987, 207; EV v. 02.03.1993, EGR § 12 Nr. 83; EV v. 07.03.2002, Arb. Erf. 49/99 – Datenbank; D/H/S/W/*Kronisch*, Einl. Rn. 34 f., § 9 ArbEG Rn. 30.

673 *BGH*, Urt. v. 23.06.1977 – X ZR 6/75, DB 1977, 2093.

Zeitmoment	Umstandsmoment
	und der noch in Kraft befindlichen Gebrauchsmuster nicht die berechtigte Erwartung hervorrufen, der Kläger werde auch bei diesen Erfindungen keine Vergütung von ihr verlangen (insoweit [-])
Anspruchsgeltendmachung bis zu *zehn Jahre* nach Patentanmeldung[674] (-)	- in Fällen, in denen das Anmeldeverfahren noch schwebt oder in denen die erteilten Schutzrechte bestehen und vom Arbeitgeber benutzt werden, kann der Arbeitgeber regelmäßig nicht damit rechnen, der Arbeitnehmer werde keine Vergütung verlangen - haben die Parteien keine Erfindervergütung vereinbart und kommt der Arbeitgeber seiner gesetzlichen Vergütungsfestsetzungspflicht (§ 12 Abs. 3 ArbNErfG) nicht nach, begründet die Nichtgeltendmachung des Vergütungsanspruchs kein schutzwürdiges Vertrauen; ohne das Hinzutreten weiterer Umstände beginnt der für die Verwirkung erforderliche Zeitablauf nicht zu laufen
Anspruchsgeltendmachung sieben Monate nach Fälligkeit[675] (-)	(keine Ausführungen)

b) Literatur

Nach der h.M. in der Literatur soll der Verwirkung angesichts der kurzen Verjährungsfristen keine Bedeutung zukommen.[676]

Darüber hinaus soll nach Auffassung von *Schwab* die Verwirkung während des bestehenden Arbeitsverhältnisses in der Regel ausscheiden.[677] *Himmelmann* differenziert dagegen: Die Verwirkung im bestehenden Arbeitsverhältnis sei bei Arbeitnehmern in mittleren und kleineren Betrieben zurückhaltender anzunehmen

674 *BGH*, Urt. v. 10.09.2002 – X ZR 199/01, NZA-RR 2003, 253. Die Entscheidung BGH, Urt. v. 21.12.2005 – X ZR 165/04, MDR 2006, 766, wurde demgegenüber nicht berücksichtigt, da die Ausführungen der Vorinstanz der revisionsrechtlichen Korrektur nicht zugänglich waren.

675 *BAG*, Urt. v. 18.11.2003 – 9 AZR 173/03, juris.

676 So *Bartenbach/Volz*, Erfindungen, Rn. 219 m.w.N.; *Schwab*, § 9 Rn. 63; AR-Blattei SD 670/*Schwab* Rn. 147. Unklar demgegenüber R/S/S/*Himmelmann*, der in § 9 Rn. 30 sowohl die Unabhängigkeit der Verwirkung von der Verjährung betont (unter Verweis auf *Schiedsstelle*, EV v. 07.03.2002, Arb.Erf. 49/99 – Datenbank) wie auch die besondere Bedeutung der erheblich verkürzten Verjährungsfristen (unter Verweis auf *BGH*, Urt. v. 10.09.2002 – X ZR 199/01, NZA-RR 2003, 253).

677 In diesem Sinne wohl *Schwab*, § 9 Rn. 63.

als bei solchen in größeren Betrieben. Bei ersteren sähen sich Arbeitnehmer häufig an der Anspruchsgeltendmachung gehindert.[678]

c) Bewertung

aa) Zum Zeitmoment

Für das Zeitmoment gelten die bereits oben zur Verwirkung von regelmäßigen Entgeltansprüchen ausgeführten Erwägungen.[679] Auch wenn Arbeitnehmererfindungsvergütungsansprüche keine Ansprüche aus dem Arbeitsverhältnis sind, handelt es sich dennoch um Zahlungsansprüche, die mit Blick auf die Verwirkung keine Besonderheiten aufweisen. Sie verwirken daher unter den gleichen Voraussetzungen wie beispielsweise Ansprüche auf regelmäßiges Entgelt.

Allerdings berücksichtigen Rechtsprechung und Literatur beim Zeitmoment bislang nicht ausreichend, wann die Arbeitnehmererfindungsansprüche überhaupt entstehen und fällig werden.

Nach § 9 Abs. 1 ArbNErfG hat der Arbeitnehmer gegen den Arbeitgeber einen Anspruch auf angemessene Vergütung, wenn der Arbeitgeber eine Diensterfindung unbeschränkt in Anspruch nimmt bzw. nach § 10 Abs. 1 ArbNErfG bei beschränkter Inanspruchnahme für qualifizierte technische Verbesserungsvorschläge (§ 20 ArbNErfG); gemäß § 6 Abs. 2 Satz 1 ArbNErfG gilt die Inanspruchnahme als erklärt, wenn der Arbeitgeber nicht binnen vier Monaten nach Eingang der Meldung nach § 5 Abs. 2 ArbNErfG die Erfindung freigibt. Dabei sollen gemäß § 12 Abs. 1 ArbNErfG Art und Höhe der Vergütung in angemessener Frist nach Inanspruchnahme durch Parteivereinbarung festgestellt werden. Im Fall der Nichteinigung hat der Arbeitgeber die Vergütung durch eine begründete Erklärung in Textform an den Arbeitnehmer festzusetzen und entsprechend der Festsetzung zu zahlen, § 12 Abs. 3 ArbNErfG. Der Vergütungsanspruch nach § 9 Abs. 1 ArbNErfG entsteht grundsätzlich bereits mit Zugang der Erklärung über die unbeschränkte Inanspruchnahme beim Erfinder.

Allerdings sind bei der Inanspruchnahme regelmäßig die zur Bemessung der Vergütungshöhe entscheidenden Tatsachen unbekannt.[680] Daher fallen der Zeitpunkt des Entstehens des Anspruchs dem Grunde nach und seine Fälligkeit auseinander.[681] Solange der Arbeitgeber mangels Vergütungsvereinbarung daher seiner gesetzlichen Pflicht zur Vergütungsfestsetzung (§ 12 Abs. 3 ArbNErfG) nicht nachgekommen ist, beginnt das Zeitmoment nicht zu laufen.

---

678 R/S/S/*Himmelmann*, § 9 Rn. 30 unter Verweis auf *Schiedsstelle*, EV v. 06.11.1978, Bl. 1979, 223; EV v. 02.03.1993, EGR § 12 Nr. 83.

679 Kap. 3 B.I.1a)cc)(1).

680 R/S/S/*Himmelmann*, § 9 Rn. 20.

681 R/S/S/*Himmelmann*, § 12 Rn. 6.

bb) Zum Umstandsmoment

Auch für das Umstandsmoment gelten die bereits oben zur Verwirkung von regelmäßigen Entgeltansprüchen ausgeführten Erwägungen.[682] Arbeitnehmererfindungsvergütungsansprüche verwirken daher unter den gleichen Voraussetzungen wie z.B. Ansprüche auf regelmäßiges Entgelt, auch wenn es sich nicht um Ansprüche aus dem Arbeitsverhältnis handelt.

Wie schon das Zeitmoment kann auch das Umstandsmoment nicht erfüllt werden, solange der Arbeitgeber seiner gesetzlichen Pflicht zur Vergütungsfestsetzung (§ 12 Abs. 3 ArbNErfG) nicht nachgekommen ist: Mit der Festsetzungsverpflichtung bezweckt der Gesetzgeber den Arbeitnehmer in absehbarer Zeit darüber zu informieren, welche Vergütung der Arbeitgeber für angemessen hält.[683] Solange der Arbeitgeber dem Arbeitnehmer diese Information dadurch vorenthält, dass er seiner Festsetzungspflicht nicht nachkommt, ist der Arbeitnehmer über seinen Anspruch jedoch im Unklaren. Die Unkenntnis des Berechtigten von seinem Recht beruht daher auf dem Verhalten des Verpflichteten. Nach den allgemeinen Grundsätzen schließt dies die Verwirkung aus.[684] Bis der Arbeitgeber die Festsetzung vornimmt, kann er daher auf die Nichtgeltendmachung der Vergütung durch den Arbeitnehmer nicht vertrauen.

Unabhängig von der Festsetzungspflicht nach § 12 Abs. 3 ArbNErfG scheidet die Verwirkung allgemein aus, solange die Vergütungshöhe nicht feststeht. Insoweit kann der Arbeitgeber kein Vertrauen auf die Nichtgeltendmachung eines Anspruchs in konkreter Höhe entwickeln. Dem steht auch nicht entgegen, dass der Arbeitgeber lediglich abstrakt auf die Nichtgeltendmachung des Anspruchs vertrauen können müsse. Denn selbst wenn die Vergütungshöhe „0" beträgt, ist der Arbeitgeber zur Festsetzung der Vergütung „0" verpflichtet.[685] Die Ausführungen gelten entsprechend für den Vergütungsanspruch nach § 20 Abs. 1 ArbNErfG.

Der Vergütungsanspruch nach § 10 Abs. 1 ArbNErfG entsteht dagegen, wenn der Arbeitgeber die Erfindung rechtswirksam beschränkt in Anspruch genommen hat und sie benutzt.[686] Da die Vorschrift das Entstehen des Vergütungsanspruchs an die Benutzung der Erfindung knüpft, fallen Entstehen und Fälligkeit zusammen. Anders als bei der unbeschränkten Inanspruchnahme sind mit Benutzung der Erfindung regelmäßig auch die für die Bemessung der Vergütung entscheidenden Tatsachen bekannt.[687] Jedoch scheitert die Verwirkung auch hier am Zeit- und Umstandsmoment, solange Arbeitgeber der mangels einer Vergütungsvereinbarung seiner Vergütungsfestsetzungspflicht nach § 12 Abs. 3 ArbNErfG nicht nachkommt.

682 Kap. 3 B.I.1a)cc)(2).
683 R/S/S/*Himmelmann*, § 9 Rn. 34 m.w.N.
684 *BGH*, Urt. v. 27.06.1957 – II ZR 15/56, BGHZ 25, 47; *Stauder*, S. 91.
685 R/S/S/*Himmelmann*, § 12 Rn. 34 m.w.N.
686 R/S/S/*Himmelmann*, § 10 Rn. 3 m.w.N.
687 R/S/S/*Himmelmann*, § 12 Rn. 6.

Demgegenüber reicht es nicht aus, dass der Arbeitgeber über Verwertungshandlungen lediglich informiert hat und der Arbeitnehmer nicht tätig geworden ist.[688] Kommt der Arbeitgeber seiner Festsetzungspflicht nicht innerhalb der dreimonatigen Pflicht gemäß § 12 Abs. 3 Satz 1 ArbNErfG nach, wird die angemessene Vergütung zwar sofort fällig. Es steht dem Arbeitnehmer dann aber frei, eine angemessene Vergütung zunächst im Schiedsverfahren und später klageweise geltend zu machen.[689] Da hierzu jedoch keine Verpflichtung besteht, kann – wie bei der Verwirkung allgemein – allein aus der Nichtgeltendmachung nicht auf das Umstandsmoment geschlossen werden.

Allgemein ist zu beachten, dass die Verwirkung bei berechtigtem Vertrauen vor verspäteter Inanspruchnahme im Einzelfall schützt. Daraus folgt für das Umstandsmoment, dass keine Umstände existierten, die abstrakt immer vertrauensbegründend oder vertrauensausschließend wirken. Daher ist die Verwirkung in mittleren und kleineren Betrieben nicht zurückhaltender anzunehmen, als bei größeren Betrieben.[690] Unabhängig davon, dass bereits keine objektiven Kriterien existieren, wie kleinere, mittlere und größere Betrieben zu definieren sind (Arbeitnehmerzahl, betriebswirtschaftliche Kennzahlen o.ä.): Weder existiert ein allgemeiner Erfahrungssatz, wonach Arbeitnehmer „mittlerer“ oder „kleinerer“ Betriebe eher von der Anspruchsgeltendmachung absehen noch wäre dies bei der Verwirkung zu berücksichtigen. Zudem sind wie bereits ausgeführt die Motive des Arbeitnehmers für die Nichtgeltendmachung bei der Verwirkung nicht zu berücksichtigen.[691]

Aus den vorgenannten Gründen sind auch die Stellung bzw. persönlichen Fähigkeiten der Beteiligten beim Umstandsmoment nicht zu berücksichtigung.[692]

d) Zwischenergebnis

Arbeitnehmererfindungsvergütungsansprüche verwirken grundsätzlich unter den gleichen Voraussetzungen wie sonstige Zahlungsansprüche, auch wenn es sich nicht um Ansprüche aus dem Arbeitsverhältnis handelt. Solange der Arbeitgeber

---

688 So wohl *Bartenbach/ Volz*, Erfindungen, Rn. 154.

689 R/S/S/*Himmelmann*, § 12 Rn. 36.

690 So R/S/S/*Himmelmann*, § 9 Rn. 30 unter Verweis auf *Schiedsstelle*, EV v. 06.11.1978, Bl. 1979, 223; EV v. 02.03.1993, EGR § 12 Nr. 83.

691 Ausführlich zum Ganzen: S.o. Kap.3 B.I.1.a)cc)(2).

692 Zumal der *BGH* in seinem Urteil (23.06.1977 – X ZR 6/75, DB 1977, 2093) die Stellung des Klägers als Leiter der Patentabteilung und Bearbeiter der Erfindungsangelegenheiten lediglich zu Lasten des Arbeitnehmers bei denjenigen Schutzrechten gewertet hat, die die Arbeitgeber bereits jahrzehntelang genutzt hatten bzw. die seit mehreren Jahren abgelaufen waren. Demgegenüber hat das Gericht die Stellung des Klägers bei den noch in Kraft befindlichen Schutzrechten bzw. den noch laufenden Anmeldeverfahren nicht berücksichtigt und nicht als vertrauensbildenden Umstand gewertet.

mangels Vergütungsvereinbarung seiner gesetzlichen Pflicht zur Vergütungsfestsetzung (§ 12 Abs. 3 ArbNErfG) allerdings nicht nachkommt, läuft das Zeitmoment nicht an. Zudem kann der Arbeitgeber solange nicht auf die Nichtgeltendmachung der Vergütung durch den Arbeitnehmer vertrauen.

Damit beschränkt sich der Anwendungsbereich der Verwirkung im Ergebnis auf Fälle, in denen eine Vergütungsvereinbarung besteht oder der Arbeitgeber seiner Verpflichtung nach § 12 Abs. 3 ArbNErfG nachgekommen ist. Entgelthöhe, Unternehmensgröße oder der Status des Berechtigten sind beim Umstandsmoment nicht zu berücksichtigen.

5. *Abschließende Bewertung*

Sämtliche Zahlungsansprüche verwirken im Individualarbeitsrecht unter jeweils gleichen Voraussetzungen. Der Geldwert eines Rechts (insbesondere die Anspruchshöhe) ist weder beim Zeit- noch beim Umstandsmoment zu berücksichtigen. Gleiches gilt für den Gesetzes- oder Leistungszweck sowie die Rechtsgrundlage des Anspruchs (Entgelt gegen Arbeit, Entgeltfortzahlung, Rückzahlung von Fortbildungskosten o.ä.). Die Bedeutung des Rechts für den Betroffenen spielt ebenfalls keine Rolle. Die Verwirkung als solche ist vielmehr wirtschaftlich und rechtlich neutral.

Die Schutzwürdigkeit des Arbeitnehmers schließt die Verwirkung von Zahlungsansprüchen nicht aus. Die Verwirkung bezweckt allein den Vertrauensschutz. Insbesondere dient sie nicht dazu, die strukturelle Unterlegenheit des Arbeitnehmers gegenüber dem Arbeitgeber auszugleichen. Daher führt die Schutzwürdigkeit des Arbeitnehmers auch nicht zu erhöhten Verwirkungsvoraussetzungen.

II. Beschäftigung

Überwiegend wird das Recht des Arbeitnehmers auf tatsächliche Beschäftigung im Arbeitsverhältnis als allgemeiner Beschäftigungsanspruch bezeichnet.[693] Dabei wird die Berechtigung zum Tätigwerden, nicht die Verpflichtung zur Arbeitsleistung betont.[694]

Daneben existiert die (spezielle) Weiterbeschäftigungspflicht des Arbeitgebers im Rahmen eines Kündigungsschutzprozesses nach § 102 Abs. 5 Satz 1 BetrVG sowie gesetzliche Beschäftigungsansprüche wie z.B. § 14 Abs. 1 Nr. 1 BBiG, § 81 Abs. 4 Satz 1 Nr. 1 SGB IX, § 6 Abs. 1 Satz 1 BVSG NW.[695]

Bei der nachfolgenden Untersuchung der Verwirkung von Beschäftigungsansprüchen bleiben Beschäftigungsansprüche im Zusammenhang mit einem

693 So statt vieler: *Weber/Weber*, RdA 2007, 344.

694 MüArbRHb/*Reichold*, § 84 Rn. 1.

695 Diese bleiben jedoch mit Blick auf ihre mangelnde Ergiebigkeit zur Verwirkungsproblematik und den Umfang der Arbeit außer Betracht. Zu den genannten Ansprüchen vgl. *Böhm*, S. 47 ff.

Betriebsübergang gemäß § 613a BGB zunächst außer Betracht. Diese werden später gesondert behandelt.[696] Entsprechendes gilt für die Weiterbeschäftigung eines Auszubildenden nach § 78a BetrVG.[697]

1. *(Allgemeiner) Beschäftigungsanspruch*

Nach h.M. hat der Arbeitnehmer grundsätzlich einen Anspruch darauf, im ungekündigten[698] Arbeitsverhältnis beschäftigt zu werden („allgemeiner" Beschäftigungsanspruch).[699] Der Arbeitgeber hat hierfür alle Mitwirkungshandlungen zu unternehmen, die zur Erbringung der Arbeitsleistung des Arbeitnehmers erforderlich sind (Stellung persönlicher und sachlicher Arbeitsmittel, Erteilung von Weisungen etc.).[700] Dabei entsteht der Beschäftigungsanspruch während des Arbeitsverhältnisses täglich fortlaufend neu.[701] Gerade dies wirft die Frage auf, ob der Beschäftigungsanspruch überhaupt verwirken kann.

Auch das Recht des Arbeitnehmers, die Rechtsunwirksamkeit einer Versetzung geltend zu machen, kann verwirken. Es handelt sich dabei um den sich aus dem Arbeitsverhältnis ergebenden Anspruch des Arbeitnehmers auf tatsächliche Beschäftigung an dem früheren Arbeitsplatz.[702] Nachfolgend werden unter

---

696 S.u. Kap.3 B.VII.2.

697 S.u. Kap.3 B.II.4.

698 Zum allgemeinen Weiterbeschäftigungsanspruch im gekündigten Arbeitsverhältnis vgl. MüArbRHb/*Wank*, § 99 Rn. 58 ff. Bis zum rechtskräftigen Abschluss des Kündigungsrechtsstreits besteht Unklarheit über die Wirksamkeit der Kündigung und damit auch über das Bestehen eines Beschäftigungsanspruchs. Aufgrund dieser Unsicherheit kann der Arbeitgeber schon kein Vertrauen auf die Nichtgeltendmachung eines (unsicheren Anspruchs) entwickeln, unabhängig von der vertrauensbeeinträchtigenden Wirkung des laufenden Kündigungsschutzprozesses. Die Verwirkung des allgemeinen Weiterbeschäftigungsanspruchs im gekündigten Arbeitsverhältnis scheidet somit aus.

699 Das BAG hatte den Anspruch zunächst aus dem allgemeinen Persönlichkeitsrecht des Arbeitnehmers (Art. 2 Abs. 1 i.V.m. Art. 1 Abs. 1 GG) hergeleitet (Urt. v. 10.11.1955 – 2 AZR 591/54, BAGE 2, 221). Zwischenzeitlich zieht es die Förderungspflicht des Arbeitgebers (§§ 611, 613 i.V.m. § 242 BGB i.V.m. Art. 2 Abs. 1 i.V.m. Art. 1 Abs. 1 GG) heran (Beschl. v. 27.02.1985 – GS 1/84, NZA 1985, 702; MüArbRHb/*Reichold*, § 84 Rn. 1, 5 f.). Auch die h.M. in der Literatur erkennt einen allgemeinen Beschäftigungsanspruch an (*Weber/Weber*, RdA 2007, 344 [345] Fn. 9 m.w.N.), dessen dogmatische Begründung jedoch umstritten ist (zum Meinungsstand vgl. *Böhm*, S. 109 ff.). Neuere Stimmen lehnen dagegen einen „allgemeinen" Beschäftigungsanspruch ab (*Weber/Weber*, RdA 2007, 344 ff.; *Böhm*, Der Beschäftigungsanspruch des Arbeitnehmers, 2007).

700 MüArbRHb/*Reichold*, § 84 Rn. 2.

701 *BAG*, Urt. v. 15.05.1991 – 5 AZR 271/90, NZA 1991, 979.

702 *BAG*, Urt. v. 12.12.2006 – 9 AZR 747/06, NZA 2007, 396.

Verwirkungsgesichtspunkten daher auch Fälle aufgeführt, in denen Arbeitnehmer gegen (unwirksame) Versetzungen vorgehen.[703]

a) Rechtsprechung[704]

Zeitmoment	Umstandsmoment
Klageerhebung *sechs Jahre* nach Zuweisung einer anderen Tätigkeit bzw. unmittelbar nach Verweigerung einer Zulage (offen)[705]	- die Beklagte hatte dem Kläger mit der zuletzt übertragenen Beschäftigung eine Tätigkeit ohne Zulagenberechtigung zugewiesen: Sie konnte daher nicht darauf vertrauen, der Kläger werde sich nicht gegen die Übertragung dieser Tätigkeit wenden, wenn sie die Zahlung der Zulage einstellte (-)
Klageerhebung über *16 Monate* nach Versetzung[706] (offen)	- der Kläger hat die beabsichtigte und später tatsächlich durchgeführte einseitige Verschlechterung seiner Arbeitsbedingungen gegenüber der Beklagten vielfach als rechtswidrig abgelehnt: Er verweigerte die Unterzeichnung des Änderungsvertrags, zeichnete Prüfberichte trotz gegenteiliger Anweisung ab und beharrte mehrfach nach der Versetzung darauf, dass sein Status und Einkommen unangetastet bleiben - da zudem die neue Tätigkeit vergleichbar war und bis drei Monate vor Klageerhebung mit dem alten Gehalt vergütet wurde, konnte die Beklagte trotz tatsächlicher Arbeit des Klägers vor Klageerhebung nicht darauf vertrauen, der Kläger habe die Vertragsänderung hingenommen und wolle die ihm zustehenden vertraglichen Rechte nicht mehr geltend machen (-)
Klageerhebung knapp *zwei Jahre* nach Versetzung[707] (+)	- beim Umstandsmoment kommt es nicht auf die Motive des Gläubigers an, sondern wie sein Verhalten vom Schuldner aufgefasst werden darf

703 Unberücksichtigt bleibt die Entscheidung *BAG*, Urt. v. 04.02.1981 – 5 AZR 979/78, juris, da das Gericht den Rechtsstreit zur weiteren Sachverhaltsaufklärung zurückverwiesen hat.

704 Aus der Instanzrechtsprechung vgl. zur Thematik *LAG Mecklenburg-Vorpommern*, Urt. v. 06.05.2004 – 1 Sa 240/03, LAGE § 64 ArbGG 1979 Nr. 37; *LAG Nürnberg*, Urt. v. 20.07.2005 – 9(6) Sa 120/03, NZA-RR 2006, 162; Urt. v. 13.01.2009 – 6 Sa 712/07, LAGE § 106 GewO 2003 Nr. 6; *LAG Düsseldorf*, Urt. v. 29.09.2009 – 6 Sa 492/09, juris; *LAG Hamm*, Urt. v. 08.10.2009 – 17 Sa 906/09, juris.

705 *BAG*, Urt. v. 30.08.1989 – 4 AZR 181/89, ZfPR 1990, 61.

706 *BAG*, Urt. v. 19.11.2002 – 3 AZR 591/01, EzA § 4 TVG Papierindustrie Nr. 6.

707 *BAG*, Urt. v. 12.12.2006 – 9 AZR 747/06, NZA 2007, 396.

	- aus Beklagtensicht war die knapp zweijährige widerspruchslose Weiterarbeit des Klägers ein eindeutiger Beleg dafür, er habe die personelle Entscheidung akzeptiert und werde nicht mehr dagegen vorgehen (+)
Klageerhebung *fünf Monate* nach der Versetzung[708] (offen)	- beim Umstandsmoment kann die widerspruchslose Weiterarbeit unter geänderten Bedingungen ein Zeichen dafür sein, dass der Arbeitnehmer die Entscheidung des Arbeitsgebers hinnimmt und nicht mehr angreift - das Gewicht zwischenzeitlicher Dispositionen der Beklagten kann eine Rolle spielen (offen)

b) Literatur

Nach Ansicht von *Ehrich* muss die Unwirksamkeit einer Versetzungsmaßnahme zwar nicht in entsprechender Anwendung der §§ 2, 4, 7 KSchG binnen drei Wochen geltend gemacht werden, aber dennoch zeitnah.[709] Über die Fallgestaltung der unwirksamen Versetzung hinaus setzt sich die Literatur nicht mit der Verwirkung des Beschäftigungsanspruchs auseinander.

c) Bewertung

Aus den allgemeinen Grundsätzen der Verwirkung folgt, dass der (allgemeinen) Beschäftigungsanspruch nicht verwirken kann.

Der Anspruch entsteht täglich fortlaufend neu[710], d.h. er ist für die Zukunft noch nicht fällig. Konsequent hat das Bundesarbeitsgericht daher die Verwirkung des Beschäftigungsanspruchs nach § 12 Abs. 1 SchwbG i.d.F. v. 16.06.1953[711] bereits in einer älteren Entscheidung abgelehnt. So führte es aus: „Von einer Verwirkung kann ebenfalls nicht gesprochen werden. Das Recht, das das Gesetz dem Kläger gibt, nämlich gemäß § 12 Abs. 1 SchwBeschG i.d.F. v. 16.06.1953 beschäftigt zu werden, entsteht immer neu oder bleibt immer gleich bestehen.“[712]

---

708 *BAG*, Urt. v. 03.12.2008 – 5 AZR 62/08, AP Nr. 42 zu § 307 BGB. Das Gericht ließ die Verwirkung mangels entsprechender Tatsachenfeststellung offen und verwies den Rechtsstreit zurück.

709 Grobys/Panzer/*Ehrich*, 66 Direktionsrecht Rn. 73.

710 *BAG*, Urt. v. 15.05.1991 – 5 AZR 271/90, NZA 1991, 979.

711 Es handelt sich um die Vorgängernorm zu § 14 Abs. 2 Satz 1 SchwbG i.d.F.v. 14.08.1961, die wiederum die Vorgängernorm zum heutigen § 81 Abs. 4 Satz 1 Nr. 1 SGB IX ist. Alle Normen sahen bzw. sehen einen gesetzlichen Beschäftigungsanspruch vor, vgl. *Böhm*, S. 48 Fn. 149 m.w.N.

712 *BAG*, Urt. v. 04.05.1962 – 1 AZR 128/61, NJW 1962, 1836. Gleichwohl ist zu beachten, dass das Gericht in seiner Entscheidung inhaltlich und terminologisch nicht sauber zwischen der Verwirkung in prozessualer und materieller Hinsicht getrennt hat (allgemein dazu Kap.3 E.I).

Das Urteil ist uneingeschränkt auf den (allgemeinen) Beschäftigungsanspruch übertragbar. Dieser unterscheidet sich lediglich in Bezug auf seine Rechtsgrundlage vom Beschäftigungsanspruch nach § 12 Abs. 1 SchwBeschG. Dies rechtfertigt jedoch gerade aufgrund der sonst rechtlich identischen Voraussetzungen keine andere Beurteilung hinsichtlich der Verwirkung.

Das Zeitmoment beginnt frühestens mit der Entstehung bzw. Fälligkeit des Anspruchs zu laufen. So hat das Bundesarbeitsgericht im Betriebsrentenrecht zutreffend entschieden, dass die Verwirkung von vornherein ausscheidet, solange das geltend gemachte Recht noch nicht besteht. Das Zeitmoment könne daher nicht vor Fälligkeit der sich aus dem Rentenstammrecht ergebenden Leistungen anlaufen.[713] Dies gilt auch für den (allgemeinen) Beschäftigungsanspruch. Dieser entsteht täglich fortlaufend neu und geht wieder unter. Da das Zeitmoment jedoch frühestens mit der Entstehung bzw. Fälligkeit des Anspruchs zu laufen beginnt, kann schon kein längerer Zeitraum verstreichen. Die gegenteilige Ansicht des Bundesarbeitsgerichts, wonach der (allgemeine) Beschäftigungsanspruch verwirken könne, ist daher abzulehnen.

Auch in Zusammenhang mit einer unwirksamen Versetzung ergibt sich keine andere Beurteilung. Das Bundesarbeitsgericht spricht zwar von einem „Recht des Arbeitnehmers, die Rechtsunwirksamkeit einer Versetzung geltend zu machen [...]. Der sich aus dem Arbeitsverhältnis ergebende Anspruch des Arbeitnehmers auf tatsächliche Beschäftigung an dem früheren Arbeitsplatz ist nicht ausgenommen.“[714]

Tatsächlich geht es jedoch um den (allgemeinen) Beschäftigungsanspruch. Dieser richtet sich auf die ordnungsgemäße, d.h. vertragsgemäße Beschäftigung. Daher existiert kein eigenständiges „Recht, die Rechtswirksamkeit der Versetzung geltend zu machen“[715], das verwirken könnte. Erteilt der Arbeitgeber dem Arbeitnehmer eine rechtswidrige Weisung (Versetzung), lässt dies vielmehr den Anspruch auf vertragsgemäße Beschäftigung, d.h. den (allgemeinen) Beschäftigungsanspruch unberührt. Dieser entsteht weiterhin täglich fortlaufend neu[716] und verwirkt daher aus den o.a. Gründen nicht.

---

713 *BAG*, Urt. v. 28.06.2011 – 3 AZR 448/09, AP Nr. 64 zu § 1 BetrAVG Gleichbehandlung. Die Argumentation stimmt insoweit mit der h.M. zur Verjährung von Stammrechten überein. Handelt es sich um ein in sich geschlossenes Stammrecht (z.B. Leibrentenversprechen), beginnt das Stammrecht neben den Teilleistungen zu verjähren, sobald die erste Teilleistung verlangt werden kann. Handelt es sich demgegenüber um wiederkehrende Leistungen aus einem Stammrecht (z.B. Betriebsrentenversprechen), beginnt der Anspruch auf jede Teilleistung gesondert in dem Moment zu verjähren, in dem er verlangt werden kann (MüKo/*Grothe*, BGB § 199 Rn. 8, § 194 Rn. 3 m.w.N).

714 *BAG*, Urt. v. 12.12.2006 – 9 AZR 747/06, NZA 2007, 396.

715 So zuletzt *BAG*, Urt. v. 03.12.2008 – 5 AZR 62/08, AP Nr. 42 zu § 307 BGB unter Verweis auf Urt. v. 12.12.2006 – 9 AZR 747/06, NZA 2007, 396.

716 Vgl. *BAG*, Urt. v. 15.05.1991 – 5 AZR 271/90, NZA 1991, 979.

Soweit im Falle einer unwirksamen Versetzung keine Konkretisierung der Arbeitsbedingungen durch die widerspruchslose Ausübung der zugewiesenen Tätigkeit bzw. sonstiger hinzutretender Umstände eingetreten ist[717], kann die widerspruchslose Hinnahme durch den Arbeitnehmer daher allenfalls unter dem Gesichtspunkt des Verbots des *venire contra factum proprium* zu berücksichtigen sein.

d) Zwischenergebnis

Entgegen der ganz herrschenden Rechtsprechung ist die Verwirkung des (allgemeinen) Beschäftigungsanspruchs abzulehnen. Der Anspruch entsteht täglich fortlaufend neu. Da das Zeitmoment frühestens mit der Entstehung bzw. Fälligkeit des Anspruchs zu laufen beginnt, ist das Verstreichen eines längeren Zeitraums aufgrund des täglich entstehenden und untergehenden Beschäftigungsanspruchs ausgeschlossen.

2. (Spezieller) Weiterbeschäftigungsanspruch gemäß § 102 Abs. 5 Satz 1 BetrVG

Hat der Betriebsrat einer ordentlichen Kündigung frist- und ordnungsgemäß widersprochen und hat der Arbeitnehmer Kündigungsschutzklage erhoben, kann der Arbeitnehmer seine Weiterbeschäftigung zu unveränderten Arbeitsbedingungen bis zum rechtskräftigen Abschluss des Rechtsstreits verlangen, § 102 Abs. 5 Satz 1 BetrVG. Nach h.M. handelt es sich um einen materiell-rechtlichen Anspruch aus dem bisherigen Arbeitsverhältnis.[718] Der Arbeitgeber kann sich demgegenüber unter den Voraussetzungen des § 102 Abs. 5 Satz 2 BetrVG von der Weiterbeschäftigungspflicht gerichtlich entbinden lassen. Interessant ist, ob auch die Verwirkung des Weiterbeschäftigungsanspruchs nach § 102 Abs. 5 Satz 1 BetrVG nach den allgemeinen Grundsätzen ausscheidet.

a) Rechtsprechung

Zur Verwirkung des Weiterbeschäftigungsanspruchs liegt lediglich ein Urteil des Bundesarbeitsgerichts vor.[719] Darüber hinaus existiert keine Entscheidung.

Das Bundesarbeitsgericht ließ offen, ob ein Zeitraum von über vier Monaten zwischen Kündigung und Weiterbeschäftigungsverlangen das Zeitmoment erfüllt.

---

717 Zur Konkretisierung der Arbeitsbedingungen durch besondere Umstände vgl. Grobys/Panzer/*Ehrich*, 66 Direktionsrecht Rn. 27 ff..m.w.N.

718 Das Arbeitsverhältnis besteht unabhängig von der ausgesprochenen Kündigung fort und ist kraft Gesetzes durch die rechtskräftige Abweisung der Kündigungsschutzklage auflösend bedingt, *BAG*, Urt. v. 12.09.1985 – 2 AZR 324/84, NZA 1986, 424; Urt. v. 10.03.1987 – 8 AZR 146/84, NZA 1987, 373; GK-BetrVG/*Raab*, § 102 Rn. 179 m.w.N. Nach a.A. soll ein selbstständiges, vom ursprünglichen Arbeitsverhältnis verschiedenes Beschäftigungsverhältnis bestehen (*Fitting*, § 102 Rn. 103 m.w.N.; HSWGNR/*Schlochauer*, § 102 Rn. 176; *Klebe*/*Schumann*, S. 186).

719 *BAG*, Urt. v. 31.08.1978 – 3 AZR 989/77, DB 1979, 652.

Jedenfalls sei nicht ersichtlich, dass sich die Beklagte darauf eingerichtet habe, dass der Kläger keine Weiterbeschäftigung mehr verlangen werde. Solange die Beklagte zudem die Möglichkeit habe, sich gemäß § 102 Abs. 5 Satz 2 BetrVG von der Weiterbeschäftigung entbinden zu lassen, sei ihr die Weiterbeschäftigung zumutbar. Nur durch eine gerichtlich kontrollierte Entbindung sei gewährleistet, dass der Weiterbeschäftigungsanspruch nicht durch unkontrollierbare, bloße Gegendarstellungen des Arbeitgebers verschleppt werde. Daher sei das Umstandsmoment nicht erfüllt.

b) Literatur

Reidel schließt eine Verwirkung des Weiterbeschäftigungsanspruchs aus. Es seien keine Umstände ersichtlich, aufgrund derer der Arbeitgeber davon ausgehen dürfe, der Arbeitnehmer werde den Weiterbeschäftigungsanspruch nicht mehr geltend machen. Auch im Falle des erfolglosen Bemühens um einen anderen Arbeitsplatz, könne dem Arbeitnehmer der Anspruch nach § 102 Abs. 5 Satz 1 BetrVG nicht verwehrt werden. Weder Gesetzeswortlaut noch Sinn und Zweck der Vorschrift gäben hierfür etwas her.[720]

Dagegen bejaht *Bachner* grundsätzlich die Verwirkbarkeit, z.B. wenn der Arbeitnehmer dem Arbeitgeber in zeitlichem Zusammenhang mit der Kündigung oder Beendigung des Arbeitsverhältnisses versichert, er werde keinen Weiterbeschäftigungsanspruch geltend machen.[721]

c) Bewertung

Zunächst ist zwischen der Verwirkung des Weiterbeschäftigungsverlangens und der Verwirkung des (Weiter-)Beschäftigungsanspruchs zu differenzieren.

aa) Verwirkung des Weiterbeschäftigungsverlangens

Nach zutreffender Auffassung ist der sog. spezielle bzw. betriebsverfassungsrechtliche Weiterbeschäftigungsanspruch kein Beschäftigungsanspruch im eigentlichen Sinn. Der Arbeitnehmer macht mit seinem Weiterbeschäftigungsverlangen keinen Anspruch geltend. Vielmehr handelt es sich um ein Gestaltungsrecht, mit dessen Ausübung der Arbeitnehmer „die Rechtswirkungen einer Kündigung bis zum rechtskräftigen Abschluss des Rechtsstreits suspendieren kann."[722] Es wird kein neues schuldrechtliches Austauschverhältnis begründet, sondern es wird „das durch den Arbeitsvertrag begründete Arbeitsverhältnis fortgesetzt. Gesetzlich suspendiert wird nur die mit der Kündigung verbundene

720 *Reidel*, S. 190.

721 So D/K/K/W/*Bachner*, § 102 Rn. 292 unter Verweis auf *BAG*, Urt. v. 11.05.2000 – 2 AZR 54/99, NZA 2000, 1055. Die zitierte Entscheidung enthält jedoch keine Aussagen zur Verwirkung.

722 Richardi/*Thüsing*, § 102 Rn. 204. Ebenso GK-BetrVG/*Raab*, § 102 Rn. 179.

Auflösungswirkung für das Arbeitsverhältnis bis zum rechtskräftigen Abschluss des Kündigungsrechtsstreits."[723]

Der Arbeitnehmer muss nach überwiegender Auffassung seine Weiterbeschäftigung spätestens am ersten Arbeitstag nach Ablauf der Kündigungsfrist verlangen bzw. unverzüglich nach Klageerhebung, wenn die Kündigungsfrist kürzer als die Drei-Wochen-Frist (§ 4 Satz 1 KSchG) bemessen ist.[724] Nach anderer Auffassung soll keine zeitliche Schranke für die Ausübung des Weiterbeschäftigungsverlangens bestehen.[725]

Unabhängig davon, welcher Auffassung man folgt, scheidet eine Verwirkung des Gestaltungsrechts jedenfalls aus, solange der Arbeitnehmer noch keine Kündigungsschutzklage erhoben hat. Erst mit deren Erhebung entsteht das Gestaltungsrecht. Vorher kann bereits das Zeitmoment der Verwirkung nicht zu laufen beginnen.

Auch im Übrigen wird eine Verwirkung des Weiterbeschäftigungsverlangens regelmäßig ausgeschlossen sein. Bejaht man mit der überwiegenden Auffassung eine zeitliche Schranke für die Ausübung des Gestaltungsrechts, kann der Arbeitnehmer diese regelmäßig ausnutzen, ohne die Verwirkung befürchten zu müssen. Innerhalb dieses fest begrenzten Zeitraums ist die Rechtausübung zudem nicht illoyal verspätet. Der Arbeitgeber muss gerade damit rechnen, dass der Arbeitnehmer sein Gestaltungsrecht ausübt. Bei verspäteter Ausübung dagegen erlischt das Gestaltungsrecht. Zwar wird die materiell-rechtliche Grundlage für das Erlöschen nicht genannt. Erlöschensgrund ist aber jedenfalls nicht die Verwirkung. Denn weder erfüllt noch indiziert der bloße Zeitablauf das Umstandsmoment und damit die Verwirkung.

Verneint man eine zeitliche Schranke für die Ausübung des Gestaltungsrechts, wird die Verwirkung regelmäßig bereits am Zeitmoment scheitern. Der Zeitraum zwischen Erhebung der Kündigungsschutzklage und Beendigung des Verfahrens wird in der Regel nicht zur Bejahung des Zeitmoments ausreichen. So dauerte im Jahr 2010 nach Erhebungen des Statistischen Bundesamtes ein Kündigungsschutzverfahren bei Erledigung durchschnittlich 3,3 Monate und bei Erledigung durch streitiges Urteil 7,0 Monate.[726]

---

723 Richardi/*Thüsing*, § 102 Rn. 204.

724 Str., *BAG*, Urt. v. 17.06.1999 – 2 AZR 608/98, NZA 1999, 1154; Urt. v. 11.05.2000 – 2 AZR 54/99, NZA 2000, 1055; *LAG München*, Urt. v. 17.12.2003 – 5 Sa 1077/03, NZA-RR 2005, 312; HSWGNR/*Schlochauer*, § 102 Rn. 175; MüArbRHb/*Wank*, § 99 Rn. 21; *Fitting*, § 102 Rn. 106 m.w.N.; wohl auch D/K/K/W/*Bachner*, § 102 Rn. 290.

725 So noch *BAG*, Urt. v. 31.08.1978 – 3 AZR 989/77, DB 1979, 652; *Bösche*, Rn. 217; Richardi/*Thüsing*, § 102 Rn. 221; GK-BetrVG/*Raab*, § 102 Rn. 176 m.w.N.; vgl. zu weiteren Nachweisen auch *Fitting*, § 102 Rn. 106

726 *Statistik*, S. 48. Das BAG hat allerdings für das Widerspruchsrecht beim Betriebsübergang (§ 613a Abs. 6 BGB), das auch ein Gestaltungsrecht ist, in einzelnen Fällen die Verwirkung bei einem Zeitmoment von sieben Monaten bejaht

Auch beim Umstandsmoment sind vertrauensbegründende Umstände nur bedingt vorstellbar. Das erfolglose Bemühen um ein anderes Beschäftigungsverhältnis kann auch der Vermeidung der Anrechnung nach § 615 Satz 2 BGB bzw. § 11 KSchG dienen. Es begründet also für sich genommen kein Vertrauen. Auch das Ausbleiben einer zeitnah eingelegten einstweiligen Verfügung wirkt für sich genommen nicht vertrauensbegründend. Anders als der Arbeitgeber nach § 102 Abs. 5 Satz 2 BetrVG kann der Arbeitnehmer seine Weiterbeschäftigung nicht nur im Wege der einstweiligen Verfügung, sondern auch mittels Klage geltend machen.

Denkbar wäre, die Erklärung des Arbeitnehmers gegenüber dem Arbeitgeber, er werde nach rechtskräftigem Abschluss des Prozesses Ansprüche auf Entgeltfortzahlung nach §§ 611, 615 BGB, § 11 KSchG geltend machen, als besonderen Vertrauen begründenden Umstand zu werten. So hat der Arbeitnehmer nach h.M. ein Wahlrecht, ob er nach § 102 Abs. 5 Satz 1 BGB Weiterbeschäftigung oder bei Obsiegen Entgeltfortzahlung verlangt.[727] Aufgrund der für die Verwirkung zu kurzen Zeitdauer und der ausdrücklichen Erklärung des Arbeitnehmers liegt es jedoch näher, in diesen Fällen einen rechtsgeschäftlichen Verzicht oder einen Verstoß gegen das Verbot des *venire contra factum proprium* anzunehmen.

bb) Verwirkung des (Weiter-)Beschäftigungsanspruchs

Erachtet man wie ausgeführt § 102 Abs. 5 Satz 1 BetrVG allein als Gestaltungsrecht und wird das durch den Arbeitsvertrag begründete Arbeitsverhältnis fortgesetzt[728], dann ergibt sich der Beschäftigungsanspruch aus dem fortgesetzten Arbeitsverhältnis selbst.[729] Es handelt sich insofern um den (allgemeinen) Beschäftigungsanspruch, den § 105 Abs. 5 Satz 1 BetrVG lediglich aufrechterhält. Dessen Verwirkung scheidet jedoch entgegen der Rechtsprechung des Bundesarbeitsgerichts aus.[730]

Selbst wenn man dagegen von einer Verwirkbarkeit eines Beschäftigungsanspruchs nach § 105 Abs. 5 Satz 1 BetrVG ausgehen wollte, überzeugt die hierzu o.a. Entscheidung des Bundesarbeitsgerichts nicht.

Soweit sie die Existenz eines eigenständigen Tatbestandsmerkmals „Zumutbarkeitsmoment“ nahe legt, wurde bereits ausgeführt, dass ein solches nicht existiert.[731] Zudem überzeugt es nicht, dass die Verwirkung am Umstandsmoment mangels Unzumutbarkeit scheitern soll, solange der Arbeitgeber sich gemäß § 102 Abs. 5 Satz 2 BetrVG von der Weiterbeschäftigung entbinden lassen könne. Dies hat mit der Verwirkung nichts zu tun. Bei der Verwirkung ist allein zu prüfen, ob

---

(vgl. Urt. v. 02.04.2009 – 8 AZR 220/07, AP Nr. 6 zu § 613a BGB Widerspruch; Urt. v. 10.11.2011 – 8 AZR 277/10, BB 2011, 2931).

727 MüArbRHb/*Wank,* § 99 Rn. 5 m.w.N.

728 Vgl. Richardi/*Thüsing*, § 102 Rn. 204.

729 I. E. ähnlich MüArbRHb/*Wank,* § 99 Rn. 25 f. m.w.N., wonach zudem auch nach h.M. der weiterbeschäftigte Arbeitnehmer einen vertraglichen Anspruch auf tatsächliche Beschäftigung hat.

730 S.o. Kap.3 B.II.1.c).

731 S.o. Kap.2 B.I.2.c).

der Arbeitgeber auf die Nichtgeltendmachung des Beschäftigungsanspruchs vertrauen konnte. Die Möglichkeit, sich im Wege der einstweiligen Verfügung von der Weiterbeschäftigungsverpflichtung des § 102 Abs. 5 Satz 1 BetrVG entbinden zu lassen, existiert unabhängig davon. Der Arbeitgeber kann erst dann die einstweilige Verfügung beantragen, wenn der Arbeitnehmer seinen Weiterbeschäftigungsanspruch geltend gemacht hat. Vorher besteht kein Rechtsschutzbedürfnis.[732] Zu diesem Zeitpunkt wäre die Verwirkung – so man sie bejaht – jedoch schon eingetreten.

d) Zwischenergebnis

Nach hier vertretener Auffasssung ist zwischen der Verwirkung des Weiterbeschäftigungsverlangens nach § 102 Abs. 5 Satz 1 BetrVG (Gestaltungsrecht) und der Verwirkung der (Weiter-)Beschäftigung zu unterscheiden. Soweit man mit der h.M. eine zeitliche Schranke zur Ausübung des Gestaltungsrechts annimmt, scheidet die Verwirkung aus. Die Rechtsausübung innerhalb dieses Zeitraums ist nicht illoyal verspätet. Zudem muss der Arbeitgeber in dieser Zeit damit rechnen, dass der Arbeitnehmer sein Gestaltungsrecht ausübt. Damit scheidet die Erfüllung von Zeit- und Umstandsmoment aus.

Verneint man eine zeitliche Schranke für die Ausübung des Gestaltungsrechts, wird die Verwirkung regelmäßig am Zeitmoment scheitern. Denn der Zeitraum zwischen Erhebung der Kündigungsschutzklage und Beendigung des Verfahrens ist regelmäßig zu kurz. Beim Umstandsmoment begründet weder das erfolglose Bemühen um ein anderes Beschäftigungsverhältnis noch die fehlende Geltendmachung des Weiterbeschäftigungsverlangens durch einstweilige Verfügung schutzwürdiges Vertrauen.

Unabhängig von beiden Auffassungen scheidet eine Verwirkung des Gestaltungsrechts jedenfalls aus, solange der Arbeitnehmer noch keine Kündigungsschutzklage erhoben hat. Da das Gestaltungsrecht noch nicht entstanden ist, kann das Zeitmoment nicht anlaufen.

Nach Ausübung des Gestaltungsrechts ergibt sich der Beschäftigungsanspruch aus dem fortgesetzten Arbeitsverhältnis selbst. Da dieser täglich fortlaufend neu entsteht, scheidet jedenfalls dann eine Verwirkung aus den zum (allgemeinen) Beschäftigungsanspruch angeführten Gründen[733] mangels Erfüllbarkeit des Zeitmoments aus.

3. Weiterbeschäftigungs-/Wiedereinstellungsanspruch nach Wegfall des Kündigungsgrundes

Entfällt zwischen dem Zugang der Kündigung und dem Ablauf der Kündigungsfrist der für die Kündigung maßgebliche Grund, kann der Arbeitnehmer

---

732 So zutreffend *Korinth*, S. 287 Rn. 182.

733 S.o. Kap.3 B.II.1.d)

nach h.M. einen Weiterbeschäftigungs-/Wiedereinstellungsanspruch haben.[734] Sprachlich wird insoweit für die Zeit bis zum Ablauf der Kündigungsfrist häufig auf den Terminus „Weiterbeschäftigungsanspruch“ abgestellt, danach auf „Wiedereinstellungsanspruch“.[735] Vorliegend wird zur sprachlichen Vereinfachung der Terminus „Wiedereinstellungsanspruch“ benutzt.

Der Anspruch richtet sich auf den (ggf. rückwirkenden, vgl. § 311 a BGB) Abschluss eines neuen Arbeitsvertrags unter Wahrung des Besitzstands.[736] Er entsteht unabhängig davon, ob es sich um den Wegfall eines betriebsbedingten, personenbedingten oder verhaltensbedingten Kündigungsgrundes vor Ablauf der Kündigungsfrist handelt.[737] Gerade mit Blick auf den (allgemeinen) Beschäftigungsanspruch sowie den nach § 102 Abs. 5 Satz 1 BetrVG ist interessant, ob auch die Verwirkbarkeit des Wiedereinstellungsanspruchs[738] ausscheidet.

a) Rechtsprechung und Literatur

Zur Verwirkung des des Wiedereinstellungsanspruchs bei Wegfall des Kündigungsgrundes vor Ablauf der Kündigungsfrist existiert keine Rechtsprechung.[739]

Nach h.M. in der Literatur ist die Geltendmachung des Wiedereinstellungsanspruchs grundsätzlich an keine Frist gebunden[740], soweit dieser nicht im Zusam-

---

734 KR/*Griebeling*, KSchG § 1 Rn. 729; MüArbRHb/*Wank*, § 99 Rn. 118 jeweils m.w.N. Die zutreffende methodische Herleitung eines derartigen vertraglichen Anspruchs ist umstritten, vgl. zunächst die Grundsatzentscheidung: *BAG*, Urt. v. 27.02.1997 – 2 AZR 160/96, NZA 1997, 757; Urt. v. 28.06.2000 – 7 AZR 904/98, NZA 2000, 1097; Urt. v. 26.04.2006 – 7 AZR 190/05, NZA 2007, 55; Urt. v. 09.11.2006 – 2 AZR 509/05, DB 2007, 861; Urt. v. 06.11.2008 – 2 AZR 709/07, juris. Zum Meinungsstand darüber hinaus jeweils m.w.N.: A/P/S/Kiel, KSchG § 1 Rn. 826 ff. sowie A/P/S/Dörner/Vossen, KSchG § 1 Rn. 75 ff.

735 Zum Ganzen MüArbRHb/*Wank*, § 99 Rn. 118 m.w.N.

736 *BAG*, Urt. v. 09.11.2006 – 2 AZR 509/05, DB 2007, 861; *Krieger/Willemsen*, NZA 2011, 1128 (1131).

737 Zu Einzelfällen vgl. KR/*Griebeling*, KSchG § 1 Rn. 736 ff.; Küttner/*Kania*, Wiedereinstellungsanspruch 461 Rn. 3 ff.

738 Die Verwirkung des Wiedereinstellungsanspruchs infolge des Wegfalls des betriebsbedingten Kündigungsgrundes in Zusammenhang mit einem Betriebsübergang i.S.d. § 613a BGB wird gesondert behandelt, s.u. B.VII.2.

739 Unklar insoweit *LAG Düsseldorf*, Urt. v. 26.09.2011 – 14 Sa 886/11, AA 2012, 18, wonach „der Wiedereinstellungsanspruch verwirkt“ war, „unabhängig davon, ob [...] § 4 KSchG oder die Frist des § 613 a Abs. 6 BGB entsprechend angewandt wird“.

740 *Oetker*, ZIP 2000, 643 (651); *Bram/Rühl*, NZA 1990, 753 (757); *Raab*, RdA 2000, 147 (154); *Zwanziger*, BB 1997, 42 (45); *Beckschulze*, DB 1998, 417 (418); *Lepke*, NZA-RR 2002, 617 (624). Ebenso KR/*Griebeling*, KSchG § 1 Rn. 742 m.w.N., auch zu den abweichenden Auffassungen. Wenig überzeugend *Elz*, S. 219 ff., wonach der Arbeitnehmer innerhalb von drei Wochen nach Kenntnis des Wegfalls die Wiedereinstellung geltend machen und innerhalb weiterer drei Wochen

menhang mit einem Betriebsübergang steht.[741] Vielmehr sollen die allgemeinen Verwirkungsgrundsätze gelten.[742]

Dabei ist nach Auffassung von *Strathmann* das Zeitmoment abweichend von sonstigen der Verwirkung unterliegenden Rechten kurz zu bemessen. Es bedürfe einer zeitlichen Begrenzung, da andernfalls die Dispositionsfreiheit des Arbeitgebers zu sehr eingeschränkt würde. Je stärker das Umstandsmoment wiege, desto kürzer müsse das Zeitmoment sein. Daher müsse beispielsweise der Arbeitgeber, der kurzfristig zur Disposition über den Arbeitsplatz gezwungen sei, mit einer zeitnahen Reaktion des Arbeitnehmers rechnen können.[743]

Zwanziger verneint das Umstandsmoment, solange ein Kündigungsschutzprozess noch geführt werde, da der Arbeitnehmer hierdurch Interesse an seinem Arbeitsplatz zeige.[744]

Bram/Rühl bejahen die Verwirkung, wenn der Arbeitnehmer trotz Kenntnis der Weiterbeschäftigungsmöglichkeit eine andere Beschäftigung annehme. Denn er bringe hierdurch sein mangelndes Interesse an der Weiterbeschäftigung zum Ausdruck.[745]

Nach Ansicht von *Kania* soll der Anspruch verwirken, wenn er nicht in Anlehnung an die Frist des § 613a Abs. 6 BGB innerhalb eines Monats nach Kenntnis der anspruchsbegründenden Tatsachen prozessual geltend gemacht worden ist. Denn der Zweck des Bestandschutzes rechtfertige keine längeren Phasen vermeidbarer Ungewissheit über das Zustandekommen bzw. die Fortführung des Arbeitsverhältnisses.[746]

Wiedereinstellungsklage erheben müsse. Dabei soll anstelle der Klagefrist die Verwirkung zu laufen beginnen, wenn der Arbeitgeber den Arbeitnehmer hinhalte.

741 Hierzu s.u. Kap.3 B.VII.2.

742 Vgl. statt vieler KR/*Griebeling*, KSchG § 1 Rn. 742 m.w.N. Demgegenüber betrachtet *Germakowski*, S. 136 ff., die Verwirkungsdiskussion als „Verschleierung des Problems“ (S. 147) und will die zeitliche Begrenzung des Anspruchs allein über die „Zumutbarkeit“ der Wiedereinstellung lösen.

743 *Strathmann*, S. 109, die zudem eine prozessuale Verwirkung bejaht, wenn der Anspruch nicht innerhalb einer Drei-Wochen-Frist (§ 4 KSchG analog) geltend gemacht wird (S. 110 ff.; zur Prozessverwirkung s.u. Kap.3 E.I).

744 *Zwanziger*, BB 1997, 42 (45). Ihm folgend *Krüll*, S. 300; *Strathmann*, S. 111; *Kontusch*, S. 174.

745 *Bram/Rühl*, NZA 1990, 753 (757); ihnen folgend *Strathmann*, S. 111 f.; *Kontusch*, S. 174.

746 Küttner/*Kania*, Wiedereinstellungsanspruch 461 Rn. 2, unter Verweis auf *BAG*, Urt. v. 25.10.2007 – 8 AZR 989/06, NZA 2008, 357; Urt. v. 21.08.2008 – 8 AZR 201/07, NZA 2009, 29.

b) Bewertung

aa) Annahme: Wiedereinstellungsanspruch ist fristgebunden

Nimmt man mit der Mindermeinung eine feste Frist zur Geltendmachung des Wiedereinstellungsanspruchs an, scheidet die Verwirkung grundsätzlich aus. Eine Frist von vier bzw. sieben Wochen (§ 613a Abs. 6 BGB bzw. §§ 4, 7 KSchG) erfüllt das Zeitmoment nicht. Zudem kann der Arbeitgeber innerhalb dieser kurzen Zeit regelmäßig kein Vertrauen auf die Nichtgeltendmachung des Anspruchs entwickeln. Ohnehin darf der Arbeitnehmer bei einer derart kurzen Frist, deren Ablauf zum Anspruchsverlust führt, diese ausschöpfen, ohne dass der Arbeitgeber in schutzwürdiger Weise auf die Nichtgeltendmachung vertrauen kann. Zuletzt scheidet bei einer starren Frist die Einzelfallbetrachtung aus, die jedoch wesenseigen für die Verwirkung ist.

bb) Annahme: Wiedereinstellungsanspruch ist nicht fristgebunden

Wenn man mit der h.M. davon ausgeht, dass die Geltendmachung des Wiedereinstellungsanspruchs nicht fristgebunden ist, kommt eine Verwirkung grundsätzlich in Betracht.

(1) Zum Zeitmoment

Für das Zeitmoment gelten keine Besonderheiten im Vergleich zur Verwirkung von sonstigen Ansprüchen. Der Wiedereinstellungsanspruch verwirkt daher unter den gleichen Voraussetzungen wie z.B. ein Entgeltanspruch.

Auch der Zweck des Bestandsschutzes, längere Phasen der Ungewissheit über das Zustandekommen bzw. die Fortführung des Arbeitsverhältnisses zu vermeiden, rechtfertigt keine Herabsetzung des Zeitmoments. Die Verwirkung bezweckt weder Bestandsschutz noch schnellstmögliche Befreiung des Verpflichteten. Vielmehr dient die Verwirkung in erster Linie dem Vertrauensschutz. Dass es um den Bestand des Arbeitsverhältnisses an sich geht, rechtfertigt daher ebenfalls keine andere Beurteilung. Anders als die Unwirksamkeit der Kündigung muss der Arbeitnehmer den Wiedereinstellungsanspruch zudem schon nicht gerichtlich geltend machen.[747]

Der Erhalt der Dispositionsfreiheit des Arbeitgebers ist beim Zeitmoment nicht zu berücksichtigen[748], zumal der Wiedereinstellungsanspruch bereits nicht besteht, wenn der Arbeitgeber gutgläubig Dispositionen getroffen hat, die eine Wiedereinstellung unmöglich oder unzumutbar machen.[749]

---

747 So *BAG*, Urt. v. 21.08.2008 – 8 AZR 201/07, NZA 2009, 29, zum Wiedereinstellungsanspruch im Zusammenhang mit betriebsbedingter Kündigung und Betriebsübergang.

748 A.A. *Strathmann*, S. 109.

749 H.M., vgl. statt vieler A/P/S/*Dörner*/*Vossen*, KSchG § 1 Rn. 74a. Daher ebenfalls abzulehnen *Schmidt*, Wiedereinstellung, S. 162, die die Verwirkung ebenfalls bei zwischenzeitlicher Besetzung des Arbeitsplatzes bejaht.

(2) Zum Umstandsmoment

Beim Umstandsmoment ist insbesondere maßgeblich, ob man von einer Informationsverpflichtung des Arbeitgebers ausgeht. So ist der Arbeitgeber nach wohl überwiegend vertretener Auffassung bei einer betriebsbedingten Kündigung unter Berücksichtigung der § 242 BGB, § 315 BGB nach den Umständen des Einzelfalls verpflichtet, den Arbeitnehmer zu informieren, „dass und inwieweit sich die aus der Sphäre des Arbeitgebers stammenden Gründe nachträglich geändert haben".[750] Soweit eine Informationspflicht besteht[751] und solange der Arbeitgeber dieser nicht nachkommt, kann er jedoch kein schutzwürdiges Vertrauen darauf entwickeln, dass der Arbeitnehmer sein Weiterbeschäftigungsverlangen nicht geltend macht. Dies ergibt sich aus dem allgemeinen Grundsatz, wonach die Verwirkung dann ausscheidet, wenn die Unkenntnis des Berechtigten von seinem Recht auf ein Verhalten des Verpflichteten zurückzuführen ist.

Verneint man demgegenüber eine Informationspflicht allgemein bzw. besteht diese im konkreten Fall nicht oder ist der Arbeitgeber ihr nachgekommen, kommt eine Verwirkung des Wiedereinstellungsanspruchs in Betracht.

Darüber hinaus kann der Arbeitgeber dort kein Vertrauen entwickeln, wo ihm der Wegfall des Kündigungsgrundes und damit die Anspruchsentstehung gänzlich unbekannt geblieben sind. In Betracht kommt insoweit bei der personenbedingten Kündigung wegen Krankheit der Fall, dass der Arbeitnehmer den Arbeitgeber nicht darüber informiert hat, dass eine positive Gesundheitsprognose feststeht, bspw. aufgrund eines neuen Heilmittels oder ärztlichen Gutachtens.[752] Entsprechendes gilt bei einer verhaltensbedingten Kündigung wegen Leistungsdefiziten, wenn der Arbeitnehmer diese durch eine Fortbildung behoben hat, ohne diese dem Arbeitgeber mitzuteilen.[753] In beiden Fällen kommt jedoch ein Verstoß gegen das Verbot des *venire contra factum proprium* in Betracht.

Vertrauensfördernd kann es sich beim Umstandsmoment auswirken, wenn der Arbeitnehmer über das Arbeitsverhältnis disponiert hat und der Arbeitgeber dies auch weiß.[754] Die Aufnahme einer Tätigkeit für einen anderen Arbeitgeber allein

---

750 Statt vieler: A/P/S/*Kiel*, KSchG § 1 Rn. 843 m.w.N.; *BAG*, Urt. v. 28.06.2000 – 7 AZR 904/98, NZA 2000, 1097; a.A. *Berkowsky*, § 21 Rn. 23.

751 Die Informationspflicht entfällt, wenn die Parteien zwischenzeitlich einen Abfindungsvergleich geschlossen haben. Zudem soll der Arbeitgeber bei Massenentlassungen zunächst denjenigen Arbeitnehmern die Weiterbeschäftigung anbieten dürfen, die sich noch im Arbeitsverhältnis befinden, A/P/S/*Kiel*, KSchG § 1 Rn. 844 m.w.N.

752 Fallbeispiel nach KR/*Griebeling*, KSchG § 1 Rn. 739 m.w.N.

753 Fallbeispiel nach *Nägele*, BB 1998, 1686 (1687).

754 So zutreffend *Krieger*/*Willemsen*, NZA 2011, 1128 (1132), ohne auf den Aspekt der Kenntnis des Arbeitgebers einzugehen. Abzulehnen ist jedoch der von diesen angeführte Beispielsfall, dass der Arbeitnehmer ein Arbeitsvertragsangebot des Arbeitgebers zu geänderten Bedingungen abgelehnt hat. Der Arbeitgeber kann daraus nicht folgern, dass der Arbeitnehmer nicht zu unveränderten

reicht hierfür jedoch nicht aus. Vielmehr entspricht die Annahme einer anderen Tätigkeit dem Interesse des Arbeitnehmers, die Anrechnung des § 615 Satz 2 BGB bzw. § 11 KSchG zu vermeiden. Sie kann daher für sich genommen nicht vertrauensbegründend wirken. Zuletzt gilt auch insoweit, dass die bloße Untätigkeit des Arbeitnehmers für sich genommen nicht das Umstandsmoment erfüllt

Ein Kündigungsschutzprozess schließt auch nicht deshalb automatisch das Umstandsmoment aus, weil der Arbeitnehmer hierdurch noch Interesse an seinem Arbeitsplatz zeigt.[755] Der Wiedereinstellungsanspruch ist prozessual als Leistungsantrag geltend zu machen. Er richtet sich auf die Abgabe einer Willenserklärung nach § 894 ZPO (Annahme des Vertragsangebots, s.o.).[756] Bereits aus dieser prozessualen Selbstständigkeit des Wiedereinstellungsanspruchs folgt, dass der Arbeitgeber allein aufgrund der Erhebung der Kündigungsschutzklage nicht damit rechnen muss, der Arbeitnehmer werde immer auch ein Wiedereinstellungsbegehren geltend machen. Dies gilt umso mehr, als dass es auf ein solches nicht mehr ankommt, wenn sich die Kündigung bereits aus anderen Gründen als unwirksam erweist. Materiell-rechtlich geht es zudem nicht wie bei der Kündigungsschutzklage um den Bestand des Arbeitsverhältnisses, sondern um den Abschluss eines neuen, wenn auch besitzstandwahrenden Arbeitsverhältnisses. Ein anhängiger Kündigungsschutzprozess wirkt daher nicht zwangsweise vertrauensausschließend, vielmehr kommt es auf den konkreten Einzelfall an.

c) Zwischenergebnis

Nimmt man mit der Mindermeinung eine feste Frist zur Geltendmachung des Wiedereinstellungsanspruchs an, scheidet dessen Verwirkung aus. Die Rechtsausübung innerhalb dieses Zeitraums ist nicht illoyal verspätet. Zudem muss der Arbeitgeber in dieser Zeit damit rechnen, dass der Arbeitnehmer sein Gestaltungsrecht ausübt.

Setzt man mit der h.M. keine Frist zu Anspruchsgeltendmachung voraus, ist bei der Verwirkung des Anspruchs insbesondere die Art des Kündigungsgrundes zu berücksichtigen. Bei einer betriebsbedingten Kündigung besteht nach überwiegender Auffassung eine Informationspflicht des Arbeitgebers, wenn der betriebsbedingte Kündigungsgrund entfällt. Die Verwirkung scheidet bei Verstoß gegen die Informationspflicht aus. Denn die Unkenntnis des Arbeitnehmers von seinem Recht (Wiedereinstellungsanspruch) ist auf ein Verhalten des Verpflichteten zurückzuführen.

Bedingungen arbeiten möchte, d.h. seinen Wiedereinstellungsanspruch nicht mehr geltend machen wird.

755 So *Zwanziger*, BB 1997, 42 (45). Ihm folgend *Krüll*, S. 300; *Strathmann*, S. 111; *Kontusch*, S. 174.

756 KR/*Griebeling*, KSchG § 1 Rn. 743a m.w.N.; *Krieger*/*Willemsen*, NZA 2011, 1128 (1133).

Verneint man eine Informationspflicht bzw. in den übrigen Fällen ist eine Herabsetzung des Zeitmoments dogmatisch nicht gerechtfertigt. Die Verwirkung bezweckt weder den Bestandsschutz noch schnellstmögliche Befreiung des Verpflichteten. Vielmehr dient die Verwirkung in erster Linie dem Vertrauensschutz. Vertrauensbegründend kann es sich beim Umstandsmoment auswirken, wenn der Arbeitnehmer über das Arbeitsverhältnis disponiert hat und der Arbeitgeber hiervon Kenntnis hat.

4. Weiterbeschäftigungsverlangen gem. § 78a Abs. 2 Satz 1 BetrVG

Gemäß § 78a Abs. 2 Satz 1 BetrVG gilt ein Arbeitsverhältnis zwischen Arbeitgeber und einem nach § 78a Abs. 1 BetrVG geschützten Auszubildenden auf unbestimmte Zeit begründet, wenn der Auszubildende innerhalb von drei Monaten vor Beendigung des Ausbildungsverhältnisses schriftlich die Weiterbeschäftigung verlangt. Es handelt sich um ein gesetzliches Gestaltungsrecht, durch dessen form- und fristgemäße Ausübung kraft gesetzlicher Fiktion ein Arbeitsverhältnis als begründet gilt.[757] Fraglich ist insbesondere, ob solch ein fristgebundenes Gestaltungsrecht überhaupt verwirken kann.

a) Rechtsprechung und Literatur

Es existiert keine Rechtsprechung zur Verwirkung des Weiterbeschäftigungsverlangens nach § 78a Abs. 2 Satz 1 BetrVG.

Pielsticker lehnt die Verwirkung des Rechts aus § 78a Abs. 2 Satz 1 BetrVG ab. Der Arbeitgeber müsse damit rechnen, dass der Auszubildende innerhalb der Dreimonatsfrist seine Weiterbeschäftigung geltend macht.[758] Dagegen bejaht *Wiencke* die Verwirkbarkeit, wenn der Arbeitgeber aufgrund eines eindeutigen Verhaltens davon ausgehen durfte, dass der Auszubildende von seinem Weiterbeschäftigungsverlangen keinen Gebrauch machen werde, so bei Abschluss eines Arbeitsvertrages mit einem Dritten.[759]

b) Bewertung

Das Gestaltungsrecht nach § 78a Abs. 2 Satz 1 BetrVG kann nicht verwirken. Unabhängig davon, dass eine Verwirkbarkeit schon mit Blick auf die Kürze der Zeitspanne abzulehnen ist, muss der Arbeitgeber innerhalb dieses Zeitraums grundsätzlich mit einer Geltendmachung rechnen. Dies gilt vorliegend insbesondere vor dem Hintergrund, dass sowohl ein früher als drei Monate wie auch ein erst nach

757 GK-BetrVG/*Oetker*, § 78a Rn. 61; *Fitting*, § 78a Rn. 29, jeweils m.w.N.

758 *Pielsticker*, S. 81. Demgegenüber bejaht *Possienke*, S. 100, einerseits die grundsätzliche Verwirkbarkeit des Rechts zur Erhebung des Weiterbeschäftigungsverlangens, vereint dann aber eine Verwirkung wie *Pielsticker* ebenfalls unter Verweis auf die Dreimonatsfrist des § 78a Abs. 2 Satz 1 BetrVG.

759 *Wiencke*, S. 46.

Beendigung des Ausbildungsverhältnis zugehendes Weiterbeschäftigungsverlangen unwirksam ist.[760] Auch scheidet die der Verwirkung weseneseigene Einzelfallbetrachtung aus. Da die Dreimonatsfrist zwingend ist, kann der Auszubildende sie regelmäßig ausschöpfen, ohne dass der Arbeitgeber auf die Nichtgeltendmachung des Weiterbeschäftigungsverlangens vertrauen kann. Zudem ist die Rechtsausübung innerhalb der gesetzlichen Frist nicht illoyal verspätet. Die Verwirkung scheidet damit aus. Unberührt bleiben demgegenüber der Verzicht[761] wie auch das Verbot des *venire contra factum proprium*[762].

Eine Verwirkung des Gestaltungsrechts vor Beginn der Monatsfrist des § 78a Abs. 2 Satz 1 BetrVG scheidet ebenfalls aus. Da das Recht zu diesem Zeitpunkt noch nicht entstanden ist, kann das Zeitmoment schon nicht anlaufen.

5. *Abschließende Bewertung*

In den meisten Fällen scheidet die Verwirkung von aus. Dies ist jedoch den allgemeinen Grundsätzen der Verwirkung geschuldet und nicht den Beschäftigungsansprüchen spezifischen Besonderheiten. Letztere sind auch gar nicht ersichtlich. Die einzelnen Beschäftigungsansprüche unterscheiden sich insbesondere mit Blick auf ihre Entstehungsvoraussetzungen stark. Am ehesten weisen sie noch in terminologischer Hinsicht Gemeinsamkeiten auf.

III. Abmahnung

Die Abmahnung erfüllt drei Funktionen: Tatbestandsmäßige Feststellung des beanstandeten Verhaltens (Dokumentationsfunktion), Hinweis auf ein bestimmtes Verhalten als vertragswidrig (Hinweisfunktion) und Warnung des Arbeitnehmers, dass im Wiederholungsfall der Bestand des Arbeitsverhältnisses gefährdet ist (Warn- bzw. Androhungsfunktion).[763]

In Bezug auf die Abmahnung kann die Verwirkung in zwei Fallgestaltungen Relevanz entfalten. Zum einen hinsichtlich der Verwirkung des Rechts des Arbeitgebers, eine Abmahnung auszusprechen. Zum anderen bezogen auf das Recht des Arbeitnehmers, vom Arbeitgeber die Entfernung einer rechtswidrigen Abmahnung aus der Personalakte zu verlangen.[764]

---

760 GK-BetrVG/*Oetker*, § 78a Rn. 72 ff.

761 Vgl. hierzu GK-BetrVG/*Oetker*, § 78a Rn. 85 ff.

762 Über dieses ist auch der von *Wiencke* geschilderte Fall zu lösen.

763 *BAG*, Urt. v. 15.01.1986 – 5 AZR 70/84, NZA 1986, 421; Urt. v. 27.11.2008 – 2 AZR 675/07, NZA 2009, 842; MüArbRHb/*Berkowsky*, § 114 Rn. 123.

764 Nach *Beckerle*, S. 206, sei darüber hinaus „von der Geltendmachung des Entfernungsanspruchs im Allgemeinen [...] die klageweise Geltendmachung des Entfernungsanspruchs zu unterscheiden." Dies betrifft jedoch nicht spezifisch den Problemkreis Verwirkung und Abmahnung, sondern die allgemeine Abgrenzung von Verwirkung und Prozessverwirkung (s.u. Kap.3 E.I).

Darüber hinaus gebraucht ein Großteil der Literatur den Verwirkungsbegriff im Hinblick auf die Abmahnung auch in dem Sinn, dass das „Recht aus der Abmahnung" verwirkt sei. Dies soll dann der Fall sein, wenn der Arbeitnehmer nach einer Abmahnung längere Zeit vertragstreu war oder der Arbeitgeber weitere Pflichtverletzungen unbeanstandet hingenommen hat.[765] „Verwirkung" bezeichnet in diesem Fall jedoch allein den Rechtsverlust durch Zeitablauf[766], nicht infolge einer illoyal verspäteten Geltendmachung.

1. *Ausspruch der Abmahnung*

Die Abmahnung eines vertragswidrigen Verhaltens basiert auf dem vertraglichen Rügerecht des Arbeitgebers. Sie ist Ausdruck des allgemeinen Rechts des Gläubigers, den Schuldner auf Vertragsverstöße hinzuweisen.[767] Insoweit unterliegt der Ausspruch der Abmahnung als Ausübung eines vertraglichen Rügerechts auch grundsätzlich keiner zeitlichen Begrenzung.[768] Gerade deshalb ist es interessant, unter welchen Voraussetzungen die Verwirkung greift.

765 *Burger*, DB 1992, 836 (838); *Becker-Schaffner*, ZTR 1999, 105 (112); *Schmitz*, ZMV 2005, 125 (129); *Schrader*, NZA 2012, 342 (344)AR-Blattei SD 1720/*Kossens* Rn. 57 unter Verweis auf *BAG*, Urt. v. 18.11.1986 – 7 AZR 674/84, NZA 1987, 418; Urt. v. 21.05.1987 – 2 AZR 313/86, DB 1987, 2367. Das BAG (a.a.O.) greift dagegen nicht auf den Begriff der Verwirkung zurück.

766 A.A. neben AR-Blattei SD 1720/*Kossens* Rn. 57 wohl auch *Küttner/Eisemann*, Verwirkung Rn. 33. Verhält sich der Arbeitnehmer jedoch längere Zeit nach der Abmahnung vertragstreu, verliert die Abmahnung nicht deshalb ihre Rechtswirkung, weil der Arbeitgeber eine Rechtsposition verspätet geltend gemacht hätte. Nimmt der Arbeitgeber weitere Pflichtverletzungen nach einer einschlägigen Abmahnung unbeanstandet hin, wird die Abmahnung ebenfalls nicht wegen der verspäteten Geltendmachung wirkungslos. Vielmehr greift das Verbot des *venire contra factum proprium.*

767 AR-Blattei SD 20/*Kammerer* Rn. 14. Die konkrete Rechtsgrundlage ist demgegenüber umstritten. Das BAG zieht für das vertragliche Rügerecht den Rechtsgedanken des § 326 Abs. 1 BGB a.F. heran (Urt. v. 09.08.1984 – 2 AZR 400/83, NZA 1985, 124), während das Schrifttum an die vertragliche Fürsorgepflicht, den Grundsatz von Treu und Glauben, das privatrechtliche Übermaßverbot und den Verhältnismäßigkeitsgrundsatz anknüpft, AR-Blattei SD 20/*Kammerer* Rn. 25.

768 *BAG*, Urt. v. 15.01.1986 – 5 AZR 70/84, NZA 1986, 421. Insbesondere lehnt es eine (analoge) Heranziehung der Fristen der §§ 121, 123, 626 Abs. 2 BGB ab. Eine zeitliche Begrenzung ergebe sich auch nicht aus der Zweckbestimmung der Abmahnung (Hinweis- und Warnfunktion). Der Verzicht wie auch der Ausspruch der Abmahnung stehe im Ermessen des Arbeitgebers. Zudem werde eine Abmahnung, die erst geraume Zeit nach dem beanstandeten Vorfall ausgesprochen wird, in ihrer Wirkung ohnehin aufgrund des zwischenzeitlich vertragstreuen Verhaltens abgeschwächt.

a) Rechtsprechung

Zeitmoment	Umstandsmoment
Ausspruch *21 Monate* nach Vorfall bzw. *fünf Monate* nach Anhörung[769] (-)	- während der Befristung bestand für die Beklagte kein Anlass für eine personalrechtliche Maßnahme, da sie davon ausgehen durfte, das Arbeitsverhältnis werde befristungsbedingt sowieso enden - daher konnte der Kläger aus der Zurückhaltung der Beklagten nicht schließen, sie werde die Pflichtverletzung nicht ahnden - mit Überleitung in ein unbefristetes Arbeitsverhältnis musste der Kläger mit einer personalrechtlichen Maßnahme rechnen: Erst von da an konnte die verstreichende Zeit einen Vertrauen bilden - die Vertrauensbildung endete mit Einladung zur Anhörung - nach der Anhörung konnte der Kläger kein Vertrauen entwickeln, solange er die zugesagte Auskunft nicht erteilt hatte, weil das Anhörungsverfahren erst mit der Übersendung des von ihm zugesagten Schreibens als beendet angesehen werden konnte (-)
Ausspruch *zwei Monate* nach Vorfall[770] (-)	(keine Ausführungen zum Umstandsmoment)
Ausspruch *vier Monate* nach Beendigung des abmahnungsrelevanten Dauertatbestands[771] (-)	- der Arbeitnehmer konnte aufgrund zahlreicher Personalgespräche nicht von der Hinnahme etwaiger Pflichtverletzungen ausgehen (-)

Darüber hinaus existieren auch in der Instanzrechtsprechung zahlreiche Entscheidungen.[772]

Das Landesarbeitsgericht Köln bejahte die Erfüllung des Zeitmoments in einem Fall, in dem die Arbeitgeberin die Abmahnung erst ein Jahr nach dem Pflichtenverstoß ausgesprochen hatte. Sie hatte zudem zwei Tage nach Kenntnis von dem

769 *BAG*, Urt. v. 13.10.1988 – 6 AZR 144/85, NZA 1989, 716.

770 *BAG*, Urt. v. 13.12.1989 – 5 AZR 10/89, RzK I 1 57.

771 *BAG*, Urt. v. 14.12.1994 – 5 AZR 137/94, NZA 1995, 676.

772 Vgl. neben den nachfolgend zitierten Entscheidungen zur Verwirkung des Rechts zum Ausspruch der Abmahnung (jeweils verneint): *LAG Köln*, Urt. v. 27.10.1994 – 6 Sa 812/94, juris; *LAG Sachsen-Anhalt*, Urt. v. 08.03.2000 – 6 Sa 921/99, NZA-RR 2000, 528; *LAG Nürnberg*, Urt. v. 10.07.2000 – 6 Sa 441/99, NZA-RR 2001, 27; *LAG Berlin*, Urt. v. 26.03.2004 – 6 Sa 2490/03, ZTR 2004, 548; *LAG Berlin*, Urt. v. 02.04.2004 – 6 Sa 2209/03, ZTR 2004, 325; *LAG Mecklenburg-Vorpommern*, Urt. v. 28.07.2005 – 1 Sa 19/05, juris; *LAG Hamm*, Urt. v. 12.07.2007 – 17 Sa 64/07, AuA 2008, 505; *LAG Rheinland-Pfalz*, Urt. v. 18.09.2007 – 3 Sa 267/07, juris.

Vorfall dem Arbeitnehmer schriftlich „weitere Folgen" angekündigt, tatsächlich jedoch erst ein Jahr später die Abmahnung ausgesprochen. Das einjährige Zuwarten habe beim Kläger den Eindruck erweckt, sein Verhalten werde keine weiteren Folgen haben. Daher sei auch das Umstandsmoment erfüllt.[773]

In einem weiteren Fall hat es für das Zeitmoment ausreichen lassen, dass der Arbeitgeber die Abmahnung erst dreieinhalb Monate nach Kenntnis des Verstoßes erteilt hatte. Das kurze Zeitmoment begründete das Gericht mit der besonderen Eilbedürftigkeit. Der Arbeitnehmer habe ein berechtigtes Interesse daran, kurzfristig zu erfahren, ob der Arbeitgeber das Arbeitsverhältnis wegen eines Fehlverhaltens für gefährdet erachte, um durch eine veränderte Handlungsweise einer Kündigung vorbeugen zu können. Auch der Arbeitgeber sei interessiert, kurzfristig auf die Korrektur des Fehlverhaltens hinzuwirken. Das Umstandsmoment sei ebenfalls erfüllt. Die Arbeitgeberin habe auf den Vorfall mit einem an alle Arbeitnehmer gerichteten Informationsschreiben reagiert, wie zukünftig zu verfahren sei, ohne den Vorfall oder den Arbeitnehmer konkret bezeichnet zu haben. Damit habe sie auch dem Arbeitnehmer den Abschluss der Angelegenheit signalisiert. Dies habe die Arbeitgeberin dadurch noch verstärkt, dass sie sich weder weitere Schritte vorbehalten noch erkennbare Ermittlungen eingeleitet habe, die beim Arbeitnehmer Rückschlüsse auf künftige Maßnahmen zugelassen hätten.[774]

Das Landesarbeitsgericht Düsseldorf hatte in einem Fall zu urteilen, in dem die Arbeitgeberin die Abmahnung neun Monate[775] nach dem Verstoß bzw. sieben Monate nach der Anhörung des Arbeitnehmers ausgesprochen hatte. Das Gericht hielt das Zeitmoment für erfüllt. Aus Sicht des Arbeitnehmers sei zudem die Sachverhaltsermittlung mit der Anhörung abgeschlossen gewesen. Erhalte der Arbeitnehmer danach monatelang insbesondere auf seine in der Anhörung abgegebene Gegendarstellung keine Reaktion, müsse sich bei ihm der Eindruck aufdrängen, die Arbeitgeberin sehe von der zunächst beabsichtigten Rüge ab. Dies gelte umso mehr, als der Arbeitnehmer zwei Monate später eine ihn entlastende Stellungnahme nachgereicht hatte, auf die die Arbeitgeberin ebenfalls nicht reagiert habe. Daher sei auch das Umstandsmoment erfüllt.[776]

b) Literatur

Lohmeyer verneint die Verwirkbarkeit des Rechts, eine Abmahnung aussprechen zu können. Die Verwirkbarkeit des Abmahnungsrechts würde voraussetzen, dass eine Abmahnung entweder innerhalb einer bestimmten Frist ausgesprochen bzw. mit einer solchen gerechnet werden müsse. Da eine Regelfrist nicht existiere und

773 *LAG Köln*, Urt. v. 28.03.1988 – 5 Sa 90/88, DB 1988, 1170.

774 *LAG Köln*, Urt. v. 23.09.2003 – 13 (12) Sa 1137/02, RzK I 1 Nr. 134.

775 9,5 Monate dagegen offen lassend: *LAG Berlin*, Urt. v. 02.04.2004 – 6 Sa 2209/03, ZTR 2004, 325.

776 *LAG Düsseldorf*, Urt. v. 23.02.1996 – 17 Sa 1168/95, NZA-RR 1997, 81.

sich die Abmahnung durch Zeitablauf abschwäche, scheide die Verwirkbarkeit des Abmahnungsrechts aus.[777]

Demgegenüber muss nach Auffassung von *Hunold* der Ausspruch der Abmahnung spätestens vier Wochen nach dem Vorfall erfolgen, andernfalls sei das Rügerecht verwirkt.[778]

Brill zufolge müsse der Arbeitgeber, der „an sich" berechtigt ist, nach § 626 Abs. 1 BGB fristlos zu kündigen, innerhalb der zweiwöchigen Frist des § 626 Abs. 2 BGB entweder sein Kündigungsrecht ausüben oder eine Abmahnung aussprechen. Denn der Arbeitnehmer, der sich einer schweren Verfehlung schuldig gemacht habe, dürfe eine Reaktion des Arbeitgebers erwarten. Bleibe diese innerhalb der 2-Wochen-Frist aus, dürfe er aufgrund des Zeitablaufs davon ausgehen, dass der Arbeitgeber das Fehlverhalten hinnehme.[779]

Degel bejaht die Verwirkung, wenn der Arbeitgeber nach dem Vorfall eine erhebliche Zeitspanne ohne erkennbare Reaktion verstreichen lässt und beim Arbeitnehmer hierdurch der Eindruck entsteht, die Angelegenheit sei erledigt.[780]

c) Bewertung

aa) Zum Zeitmoment

Für das Zeitmoment gelten keine Besonderheiten im Vergleich zur Verwirkung von sonstigen Rechten. Das Recht zum Ausspruch einer Abmahnung verwirkt insoweit unter den gleichen Voraussetzungen wie z.B. ein Entgeltanspruch. Insbesondere existieren auch hier keine starren Höchst- oder Regelfristen zur Erfüllung des Zeitmoments. Daher sind die o.a. Ansichten von *Hunold* und *Brill* abzulehnen, unabhängig davon, dass der Zeitablauf allein, d.h. das bloße Untätigbleiben des Berechtigten, das Umstandsmoment weder erfüllt noch indiziert.[781]

Mit Blick auf das Zeitmoment ist zudem allgemein zu beachten, dass der Arbeitgeber bei der Ausübung seines vertraglichen Rügerechts grundsätzlich keiner

---

777 *Lohmeyer*, S. 109 ff.

778 *Hunold*, BB 1986, 2050 (2051), ohne weitere Begründung. Lediglich in Einzelfällen will er davon abweichen, ohne solche näher zu konkretisieren.

779 *Brill*, NZA 1985, 109 (110), der zudem betont, dass dies nicht für die ordentliche Kündigung gelte. Denn bei der Ausübung des ordentlichen Kündigungsrechts könne sich der Kündigungsberechtigte mehr als zwei Wochen Zeit lassen, ohne es zu verlieren.

780 FS Arbeitsgerichtsbarkeit/*Degel*, 201 (213); ähnlich *Beck*, S. 247 f.

781 Ebenso *Beck*, S. 248. Gegen die Ansicht von *Brill* spricht zudem, dass Kündigung und Abmahnung weder in ihren Voraussetzungen noch in ihren Rechtsfolgen oder in ihren Zweckrichtungen annähernd vergleichbar sind. Zudem wäre der Arbeitgeber gezwungen, stets zur Fristwahrung abzumahnen. Dies würde zu Lasten des Arbeitnehmers gehen (FS Arbeitsgerichtsbarkeit/*Degel*, 201 (212 f.); ebenfalls ablehnend *Hauer*, S. 123 f.; *Pflaum*, S. 229). Ferner steht es dem Arbeitgeber frei, auf den Verstoß auch mit einer bloßen Ermahnung zu reagieren, statt mit einer Abmahnung (*Falkenberg*, NZA 1988, 489 (490)).

zeitlichen Begrenzung unterworfen ist. Vielmehr schwächt sich lediglich die Wirkung einer erst geraume Zeit nach dem beanstandeten Vorfall ausgesprochen Abmahnung ab. Dies spricht ebenfalls dagegen, die Anforderungen an das Zeitmoment im Vergleich zu sonstigen Rechten herabzusetzen.

Auch eine besondere Eilbedürftigkeit (Korrektur des Fehlverhaltens, Klarheit, ob das Arbeitsverhältnis gefährdet ist) rechtfertigt es nicht, ein Zeitmoment von z.B. dreieinhalb Monaten[782] ausreichen zu lassen. Ebensowenig, dass der Zweck der Abmahnung (Hinweisfunktion und Warn- bzw. Androhungsfunktion) nur dann erreicht werden könne, wenn die Abmahnung zeitnah erfolge. Vielmehr schwächt sich die Wirkung einer Abmahnung, die erst geraume Zeit nach dem beanstandeten Vorfall ausgesprochen wird, wegen des zwischenzeitlich vertragstreuen Verhaltens lediglich ab.[783] Eine Zweckverfehlung liegt also nicht vor, unabhängig davon, dass eine solche beim Zeitmoment allgemein schon nicht zu berücksichtigten ist.

bb) Zum Umstandsmoment

Auch für das Umstandsmoment ergeben sich im Vergleich zu sonstigen Rechten keine abmahnungsspezifischen Besonderheiten. Insbesondere lässt sich aus der Tatsache, dass der Arbeitgeber bei der Ausübung seines vertraglichen Rügerechts grundsätzlich keiner zeitlichen Begrenzung unterworfen ist, kein verallgemeinerungsfähiger Rückschluss ziehen. Die Verwirkungsvoraussetzungen sind in jedem Einzelfall konkret zu prüfen. Allein dass der Arbeitgeber einen Pflichtenverstoß nicht zeitnah abmahnt, begründet daher kein Vertrauen. Dies gilt allein schon deshalb, weil der Arbeitgeber einen Pflichtverstoß auch ungeahndet lassen oder auf eine Ermahnung zurückgreifen kann.

Letzteres führt dazu, dass der Arbeitnehmer nur selten berechtigtes Vertrauen darauf entwickeln kann, dass der Arbeitgeber keine Abmahnung aussprechen wird. Dem Arbeitnehmer ist regelmäßig nicht bekannt, ob der Arbeitgeber den Pflichtenverstoß ahndet und wenn ja, wie. Das Umstandsmoment wird daher regelmäßig nur dann erfüllt sein, wenn der Arbeitgeber trotz vorheriger Anhörung oder Inaussichtstellen weiterer Schritte zunächst von einer Abmahnung absieht und stattdessen zuwartet.[784] Gleiches gilt, wenn der Arbeitnehmer die Angelegenheit aus anderen Gründen für abgeschlossen halten darf, die sich nicht im bloßen Zeitablauf erschöpfen.[785]

---

782 S.o. *LAG Köln*, Urt. v. 23.09.2003 – 13 (12) Sa 1137/02, RzK I 1 Nr. 134.

783 *BAG*, Urt. v. 15.01.1986 – 5 AZR 70/84, NZA 1986, 421.

784 In diesem Sinne auch *LAG Köln*, Urt. v. 28.03.1988 – 5 Sa 90/88, DB 1988, 1170; *LAG Düsseldorf*, Urt. v. 23.02.1996 – 17 Sa 1168/95, NZA-RR 1997, 81.

785 I.E. ähnlich: *v. Hoyningen-Huene*, RdA 1990, 193 (207). Dieser bejaht darüber hinaus das Umstandsmoment, wenn der Arbeitgeber den Arbeitnehmer trotz Pflichtverstoßes befördert, da er hiermit ausdrücke, das Verhalten nicht rügen zu wollen. Dagegen spricht, dass nicht notwendigerweise eine Verbindung zwischen abgemahnten Verhalten und Beförderung bestehen muss, z.B. ist nicht ersichtlich, warum ein Arbeitgeber durch Beförderung des Arbeitnehmers wegen

Dagegen ist es für das Umstandsmoment nicht maßgeblich, ob sich der Arbeitnehmer in einem befristeten oder unbefristeten Arbeitsverhältnis befindet. Insbesondere kann ein Arbeitnehmer auch dann Vertrauen auf das Ausbleiben einer Abmahnung entwickeln, wenn das Arbeitsverhältnis befristet ist.[786] Es existiert kein allgemeiner Erfahrungssatz, dass Arbeitgeber in befristeten Arbeitsverhältnissen von Abmahnungen absehen oder ein Arbeitnehmer erst mit der Überleitung in ein unbefristetes Arbeitsverhältnis mit personalrechtlichen Maßnahmen rechnen muss. Letzteres kann im Gegenteil als vertrauensbegründender Umstand zu werten sein. Übernimmt der Arbeitgeber den Arbeitnehmer in ein unbefristetes Arbeitsverhältnis ohne weitere Beanstandung und trotz Kenntnis eines abmahnfähigen Vorfalls, darf der Arbeitnehmer gerade darauf vertrauen, dass der Arbeitgeber die Pflichtverletzung auf sich beruhen lässt.

d) Zwischenergebnis

Das vertragliche Rügerecht (Ausspruch einer Abmahnung) unterliegt grundsätzlich keiner zeitlichen Begrenzung. Es kann nach den allgemeinen Grundsätzen verwirken. Insbesondere existiert keine Regelfrist zur Erfüllung des Zeitmoments und damit zum Ausspruch einer Abmahnung. Zudem rechtfertigt weder eine besondere Eilbedürftigkeit noch der Zweck der Abmahnung eine Verkürzung des Zeitmoments. Da der Arbeitnehmer auch noch einige Zeit nach dem Vorfall mit einer Abmahnung rechnen muss, sind erhöhte Anforderungen an das Umstandsmoment zu stellen. Beispielsweise kann eine Anhörung bzw. das in Aussicht stellen weiterer Maßnahmen beim Arbeitnehmer besonderes Vertrauen begründen, wenn der Arbeitgeber in der Folge untätig bleibt.

2. Anspruch auf Entfernung der Abmahnung aus der Personalakte

Neben dem Recht auf Gegendarstellung (§ 83 Abs. 2 BetrVG) und dem Beschwerderecht (§ 84 Abs. 1 BetrVG) ist für den Rechtsschutz gegen ungerechtfertigte Abmahnungen insbesondere der Anspruch auf Entfernung der Abmahnung aus der Personalakte von Bedeutung. Eine ungerechtfertigte Abmahnung verletzt den Arbeitnehmer in seinem allgemeinen Persönlichkeitsrecht (Art. 2 Abs. 1 i.V.m. Art. 1 Abs. 1 GG). Nach h.M. hat er daher gemäß §§ 1004, 242 BGB analog[787] einen Beseitigungsanspruch.[788]

---

guter Leistungen sein Recht verwirkt haben soll, diesen wegen Missachtung eines Rauchverbots abzumahnen.

786 A.A. *BAG*, Urt. v. 13.10.1988 – 6 AZR 144/85, NZA 1989, 716, s.o.

787 *BAG*, Urt. v. 27.11.1985 – 5 AZR 101/84, NZA 1986, 227; Urt. v. 17.09.1998 – 8 AZR 175/97, NZA 1999, 141; MüArbRHb/*Berkowsky*, § 114 Rn. 150 ff.

788 Das LAG Hamm hatte demgegenüber mehrfach einen Beseitigungsanspruch allgemein abgelehnt und auf das Recht zur Gegendarstellung verwiesen (Urt. v. 13.06.1991 – 4 (18) (12) Sa 714/90, LAGE § 611 BGB Abmahnung Nr. 30; Urt. v. 16.04. 1992 – 4 Sa 83/92, LAGE § 611 BGB Abmahnung Nr. 32; Urt. v. 17.06.1993

a) Rechtsprechung

Die Instanzrechtsprechung hat sich in mehreren Urteilen mit der Verwirkung des Anspruchs auf Entfernung einer Abmahnung aus der Personalakte befasst.[789] Dagegen existiert keine Entscheidung des Bundesarbeitsgerichts.

In einem vom Arbeitsgericht Bocholt entschiedenen Fall hatte die Klägerin 17 Monate nach Ausspruch der Abmahnung Klage erhoben. Drei Monate nach einer zweiten, auf einen ähnlichen Sachverhalt gestützten Abmahnung erweiterte sie die Klage auch gegen diese. Somit sei nach Zugang der zweiten Abmahnung der vierfache Zeitraum verstrichen, den ein Arbeitnehmer zur Erhebung einer Kündigungsschutzklage nach § 4 KSchG habe. Das Zeitmoment sei daher erfüllt. Nach so langer Zeit der widerspruchslosen Hinnahme habe die Beklagte auch darauf vertrauen dürfen, dass die Klägerin frühestens bei Ausspruch einer erneuten Abmahnung oder einer Kündigung wegen eines ähnlichen Sachverhalts gegen die Abmahnung vorgehen werde. Dagegen habe die Klägerin zwischen dem Zugang der Abmahnungen und dem Zugang der Klage außergerichtlich nichts unternommen, um die Beklagte zur Entfernung der Abmahnungen aus der Personalakte zu bewegen. Zudem habe die Klägerin nicht vorgetragen, durch die Abmahnungen über die Berücksichtigung bei einer Kündigung hinaus beschwert zu sein. Daher müsse sie wegen der Abmahnungen abwarten, bis eine Kündigung auf diese Bezug nehme und für die Wirksamkeit der Kündigung von Belang werde. Auch das Umstandsmoment sei daher erfüllt.[790]

Nach zwei älteren Urteilen soll der Entfernungsanspruch nach sechs Monaten verwirken. Verlange der Arbeitnehmer nicht innerhalb dieses Zeitraums die Entfernung, schaffe er damit einen Zustand, der für den auf die Richtigkeit der Abmahnung vertrauenden Arbeitgeber beachtlich sei. So verschlechtere sich einerseits die Nachprüfungs- und Beweismöglichkeit für den Arbeitgeber. Zudem werde dieser verleitet, Maßnahmen zur Sicherung der Darlegungs- und Beweislast zu unterlassen. Auch verlangten die Dynamik des Arbeitsverhältnisses und die gerade im Arbeitsrecht kurzen Fristen eine schnellstmögliche Klärung. Andernfalls belaste die Ungewissheit über Auswirkungen und Schicksal der Abmahnung das Arbeitsverhältnis.[791]

– 4 Sa 1714/92, RzK I 1 Nr. 81), wurde jedoch vom BAG (Urt. v. 14.12.1994 – 5 AZR 696/93, NZA 1995, 461) aufgehoben. Zum Anspruch auf Entfernung rechtmäßiger Abmahnungen aus der Personalakte vgl. FS Arbeitsgerichtsbarkeit/*Degel*, 201 (234 ff.).

789 Abgesehen von den nachfolgend zitierten Entscheidungen befassen sich insbesondere mit der Verwirkung des Anspruchs auf Entfernung der Abmahnung aus der Personalakte (jeweils verneint): *ArbG Karlsruhe*, Urt. v. 10.10.2001 – 9 Ca 340/01, ZUM-RD 2002, 332 (sechs Monate: offen); *LAG Berlin*, Urt. v. 02.04.2004 – 6 Sa 2209/03, ZTR 2004, 325 (9,5 Monate: offen).

790 *ArbG Bocholt*, Urt. v. 21.10.1999 – 3 Ca 1108/99, juris, m.w.N. zu Urteilen derselben Kammer.

791 *ArbG Berlin*, Urt. v. 08.10.1984 – 30 Ca 158/84, DB 1985, 1140; dem folgend *ArbG Augsburg*, Urt. v. 06.07.1989 – 4 Ca 2787/88, EzBAT § 13 BAT Nr. 15, mit kritischer

b) Literatur

In der Literatur hat die Regelverwirkung nach sechs Monaten teilweise Zustimmung gefunden. Die Frist lasse dem Arbeitnehmer genügend Zeit, ein Vorgehen gegen die Abmahnung zu überdenken. Sie berücksichtige, dass die Überprüfung der Rechtmäßigkeit der Abmahnung nach einem längeren Zeitraum unnötig erschwert werde. Sei die Abmahnung erste Wirksamkeitsvoraussetzung für die Kündigung, müsse der betroffene Arbeitnehmer vernünftigerweise etwas gegen eine unwirksame Abmahnung unternehmen und hierzu wenigstens eine Gegendarstellung zur Personalakte reichen. Sehe er hiervon ab, sei das Umstandsmoment erfüllt.[792]

Dagegen soll nach Ansicht von *Pflaum* das Recht des Arbeitnehmers, gegen eine Abmahnung vorzugehen, überhaupt nicht verwirken können.[793]

c) Bewertung

aa) Zum Zeitmoment

Das Recht zum Ausspruch einer Abmahnung und der Anspruch auf Entfernung einer Abmahnung aus der Personalakte verwirken unter gleichen Voraussetzungen. Für das Zeitmoment gelten daher die bereits oben zur Verwirkung des Rechts zum Ausspruch einer Abmahnung ausgeführten Erwägungen.[794]

Wie schon für das Recht auf Ausspruch einer Abmahnung existiert auch für den Anspruch auf Entfernung einer Abmahnung keine Geltendmachungsfrist. Der Arbeitnehmer hat zwar das Recht, nicht aber die Pflicht, gegen eine Abmahnung gerichtlich vorzugehen.[795] Ebenso existieren auch für die Verwirkung keine starren Höchst- oder Regelfristen zur Erfüllung des Zeitmoments. Die gegenteilige Ansicht in Rechtsprechung und Literatur ist daher abzulehnen. Dass eine besondere Eilbedürftigkeit keine Herabsetzung des Zeitmoments rechtfertigt, wurde bereits im Hinblick auf den Ausspruch der Abmahnung dargelegt.[796]

bb) Zum Umstandsmoment

Auch für das Umstandsmoment gelten die bereits oben zur Verwirkung des Rechts zum Ausspruch einer Abmahnung ausgeführten Erwägungen.[797]

Anmerkung *Beckerle*. Ähnlich auch *LAG Hessen*, Urt. v. 22.12.1983 – 12 Sa 542/83, DB 1984, 1355, wonach der Arbeitnehmer „alsbald" gegen die Abmahnung vorgehen müsse, sofern der Arbeitgeber eine Gegendarstellung zurückgewiesen habe. Andernfalls könne der Arbeitgeber darauf vertrauen, dass die Abmahnung berechtigt war und der Arbeitnehmer die Pflichtverletzung eingesehen habe.

792 *Tschöpe*, NZA-Beil. 2/1990, 10 (18). Zustimmend *Hunold*, BB 1986, 2050 (2054); *Meyer*, S. 36.

793 *Pflaum*, S. 349 f., unter teilweiser Wiedergabe der Urteilsgründe der Entscheidung *BAG*, Urt. v. 13.03.1987 – 7 AZR 601/85, NZA 1987, 518.

794 Kap. 3 B.III.1c)aa).

795 *BAG*, Urt. v. 13.03.1987 – 7 AZR 601/85, NZA 1987, 518.

796 S.o. Kap.3 B.III.1.c)bb).

797 Kap. 3 B.III.1c)bb).

Insbesondere kann der Arbeitgeber aus der bloßen Untätigkeit des Arbeitnehmers kein schutzwürdiges Vertrauen herleiten. Der Arbeitnehmer hat zwar das Recht, nicht aber die Pflicht, gegen eine Abmahnung gerichtlich vorzugehen. Daher erwächst aus dem bloßen Untätigbleiben kein schutzwürdiges Vertrauen des Arbeitgebers, dass die kündigungsrelevanten Umstände in einem späteren Kündigungsschutzprozess als unstreitig gelten müssten.[798] Dies gilt erst Recht für die Verwirkung.

Auch für die Verwirkung des Entfernungsanspruchs gilt, dass es über die bloße Untätigkeit hinaus zusätzlicher Umstände bedarf, die ein besonderes Vertrauen beim Arbeitgeber erzeugen.[799] Dies gilt umso mehr, als mangels gesetzlicher Grundlage auch keine Pflicht besteht, gegen eine Abmahnung vorzugehen.

Hierfür sprechen auch rechtlich mehrere Gründe. Unabhängig davon, dass eine Klage regelmäßig das Arbeitsverhältnis belastet: Unterliegt der Arbeitnehmer mit seiner Klage auf Entfernung der Abmahnung aus der Personalakte, sind die Vorwürfe rechtskräftig durch Urteil festgestellt. Obsiegt er dagegen, wird der Arbeitgeber die formalen (ggf. auch inhaltlichen) Fehler korrigieren und erneut abmahnen. Zuletzt verschlechtert der Arbeitnehmer die Beweissituation in einem späteren Kündigungsschutzprozess zu seinen Lasten. Zwar ist der Arbeitgeber sowohl im Prozess um die Entfernung der Abmahnung aus der Personalakte wie auch im Kündigungsschutzprozess für die Richtigkeit der Abmahnung vollumfänglich beweispflichtig. Den Beweis kann der Arbeitgeber aber regelmäßig nur mittels Zeugen führen. Deren Erinnerungsvermögen wird regelmäßig in einem erst Monate später geführten Kündigungsschutzprozess schlechter sein, als in einem zeitnah geführten Prozess um Entfernung der Abmahnung.[800] *Diller* bezeichnet die Klage gegen eine Abmahnung gar in fast allen Fällen als „Kunstfehler".[801]

Aus all dem wird deutlich, dass der Arbeitgeber aus der Untätigkeit des Arbeitnehmers allein kein Vertrauen herleiten kann. Spiegelbildlich zum Ausspruch der Abmahnung muss daher auch der Arbeitgeber grundsätzlich damit rechnen, dass der Arbeitnehmer noch nach geraumer Zeit gegen die Abmahnung vorgeht, sei es auch nur im Rahmen einer Kündigungsschutzklage.

Genau betrachtet schließt dies jedoch nur eine Vertrauensbildung des Arbeitgebers dahingehend aus, dass der Arbeitnehmer mit Blick auf eine (befürchtete) Kündigung von einem Vorgehen gegen die Abmahnung absieht. Dagegen müsste

---

798 *BAG*, Urt. v. 13.03.1987 – 7 AZR 601/85, NZA 1987, 518.

799 *BAG*, Urt. v. 13.03.1987 – 7 AZR 601/85, NZA 1987, 518; vgl. auch *BAG*, Urt. v. 13.03.1987 – 7 AZR 601/85, NZA 1987, 518, das – zu eng – prozessual relevante Dispositionen anführt, so z.B. das Unterlassen der Beweissicherung oder die Vernichtung von Beweismitteln; *v. Hoyningen-Huene*, RdA 1990, 193 (211) m.w.N.

800 Zum Ganzen: *Diller*, ArbRAktuell 2010, 595 (596 f.).

801 So *Diller*, Klage gegen Abmahnung – ein Kunstfehler?, ArbRAktuell 2010, 595, u.a. mit Verweis auf *Zirnbauer/Riedel*, Fehlerquellen im arbeitsrechtlichen Mandat, 2002, S. 22 ff.

er für die Verwirkung darauf vertrauen, dass der Arbeitnehmer von der Geltendmachung gerade des Anspruchs auf Entfernung der Abmahnung aus der Personalakte absieht. Dies ist von einer potentiell zukünftigen Kündigungsschutzklage unabhängig, zumal diese allein den Arbeitgeber mangels Titulierung regelmäßig nicht zur Entfernung der Abmahnung aus der Personalakte zwingt.

Zur Verwirkung des Anspruchs auf Entfernung der Abmahnung aus der Personalakte können jedoch die zur Verwirkung des Rechts zum Ausspruch der Abmahnung angestellten Erwägungen herangezogen werden. Der Arbeitgeber muss auch noch einige Zeit nach Ausspruch der Abmahnung allgemein damit rechnen, mit der Unwirksamkeit der Abmahnung konfrontiert zu werden. Das Umstandsmoment wird daher regelmäßig nur dann erfüllt sein, wenn der Arbeitnehmer trotz der Ankündigung, weitere Schritte gegen die Abmahnung unternehmen zu wollen, hiervon absieht. Gleiches gilt, wenn der Arbeitgeber aus anderen Gründen davon ausgehen darf, dass der Arbeitnehmer von der Geltendmachung des Entfernungsanspruchs absieht. Letzteres wird vor dem Hintergrund, dass der Arbeitnehmer nach h.M. sogar Anspruch auf die Entfernung einer rechtmäßigen Abmahnung aus der Personalakte haben kann[802], jedoch nur in Ausnahmefällen zutreffen.

Zuletzt kommt dem Umstand, dass der Anspruch erst nach Beendigung des Arbeitsverhältnisses geltend gemacht wird, nicht zwingend vertrauensbegründende Wirkung zu. Wie bereits mehrfach ausgeführt, begründet die Beendigung für sich genommen kein Vertrauen. Zudem ist nach neuerer Rechtsprechung für den Beseitigungsanspruch kein besonderes Rechtsschutzinteresse mehr erforderlich. Der Arbeitnehmer kann daher auch nach Beendigung des Arbeitsverhältnisses den Entfernungsanspruch noch geltend machen.[803] Mit Blick auf das Umstandsmoment spricht dies ebenfalls dagegen, der Beendigung des Arbeitsverhältnisses automatisch vertrauensbegründende Wirkung zuzumessen.

d) Zwischenergebnis

Der Anspruch auf Entfernung einer Abmahnung aus der Personalakte kann verwirken. Es existiert keine starre Regelfrist nach der das Zeitmoment der Verwirkung des Anspruchs erfüllt wäre. Der Arbeitnehmer hat das Recht, nicht aber die Pflicht, gegen eine Abmahnung vorzugehen. Der Arbeitgeber kann daher allein aufgrund der bloßen Untätigkeit des Arbeitnehmers kein schutzwürdiges Vertrauen entwickeln. Er muss noch einige Zeit nach Ausspruch der Abmahnung damit rechnen, dass der Arbeitnehmer gegen diese vorgehen wird. Daher sind erhöhte Anforderungen an das Umstandsmoment zu stellen. Der Arbeitgeber musste darauf vertrauen dürfen, dass der Arbeitnehmer den Entfernungsanspruch nicht mehr

---

802 Vgl. hierzu: FS Arbeitsgerichtsbarkeit/*Degel*, 201 (234 ff.).

803 Vgl. *BAG*, Urt. v. 16.11.2010 – 9 AZR 573/09, NZA 2011, 453; *LAG Berlin*, Urt. v. 18.07.2011 – 10 Sa 325/11, n.v.; A/P/S/*Dörner*/*Vossen*, KSchG § 1 Rn. 418. Anders noch *BAG*, Urt. v. 14.09.1994 – 5 AZR 632/93, NZA 1995, 220; *LAG Köln*, Urt. v. 29.06.2001 – 11 Sa 143/01, NZA-RR 2002, 356; KR/*Fischermeier*, BGB § 626 Rn. 283.

geltend macht, so z.B. wenn der Arbeitnehmer trotz gegenteiliger Ankündigung die Abmahnung nicht angreift.

3. Abschließende Bewertung

Das Recht zum Ausspruch einer Abmahnung und der Anspruch auf Entfernung einer Abmahnung aus der Personalakte verwirken unter gleichen Voraussetzungen. In beiden Fällen hat der Berechtigte das Recht, nicht jedoch die Pflicht zeitnah abzumahnen bzw. die Abmahnung anzugreifen. Daher verwirkt auch das eine Recht nicht schneller als das andere.

IV. Urlaub

Nachfolgend soll die Verwirkung von Rechten in Zusammenhang mit dem BUrlG untersucht werden. Soweit die Verwirkung in diesem Zusammenhang nicht bereits wegen § 4 Abs. 4 Satz 2 TVG ausscheidet, kommt sie insbesondere in Bezug auf den Urlaubsanspruch (§ 1 BUrlG), den Urlaubsabgeltungsanspruch (§ 7 Abs. 7 BUrlG), das Urlaubsentgelt (§ 11 Abs. 1 BUrlG) sowie das Urlaubsgeld in Betracht. Das Bundesarbeitsgericht hat dabei in einer älteren Entscheidung ausdrücklich offen gelassen, ob „der besondere Schutzcharakter des Bundesurlaubsgesetzes und die Unabdingbarkeit des Mindesturlaubs [...] der Anwendung des Rechtsinstituts der Verwirkung im Urlaubsrecht im allgemeinen entgegenstehen“.[804]

1. Urlaubsanspruch

Nach § 1 BUrlG hat ein Arbeitnehmer in jedem Kalenderjahr Anspruch auf bezahlten Erholungsurlaub. Der Urlaub bezweckt die Erholung des Arbeitnehmers von der Arbeit sowie die Auffrischung der Arbeitskraft durch bezahlte Freistellung und beliebige Freizeitgestaltung im Rahmen des § 8 BUrlG.[805] Auf ein konkretes Erholungsbedürfnis kommt es dabei nicht an.[806] Interessant ist insoweit insbesondere, ob dieser Zweck sich auf den Eintritt der Verwirkung auswirkt.

a) Rechtsprechung und Literatur

Das Bundesarbeitsgericht hat in einer älteren Entscheidung die Frage ausdrücklich offen gelassen, ob Urlaubsansprüche verwirken können.[807]

---

804 *BAG*, Urt. v. 05.02.1970 – 5 AZR 223/69, DB 1970, 787.

805 GK-BUrlG/*Bleistein*, § 1 Rn. 2 unter Verweis auf BT-Drucks. IV/207, S. 3. Unpassend daher, insbesondere auch mit Blick auf die Historie, die von *Neumann/Fenski*, § 1 BUrlG Rn. 71, gewählte Terminologie, wonach der Urlaub auch zur „Verbesserung der Volksgesundheit“ und „im allgemeinen Interesse des Volksganzen“ gewährt wird.

806 ErfK/*Gallner*, BUrlG § 1 Rn. 5.

807 *BAG*, Urt. v. 05.02.1970 – 5 AZR 223/69, DB 1970, 787, *obiter dictum*, da der entschiedene Fall die Urlaubsabgeltung betraf.

Eine Mindermeinung im Schrifttum bejaht grundsätzlich die Verwirkbarkeit des Urlaubsanspruchs. Sie räumt ihr aber aufgrund der Bindung an das Urlaubsjahr bzw. den Übertragungszeitraum (§ 7 Abs. 3 BUrlG) wenig Praxisrelevanz ein.[808] Zudem seien aufgrund des Schutzcharakters des Urlaubsanspruchs strenge Maßstäbe an dessen Verwirkung anzulegen.[809]

Nach überwiegender Literaturauffassung soll demgegenüber eine Verwirkung des Urlaubsanspruchs ausscheiden. Neben der Bindung an das Urlaubsjahr bzw. den Übertragungszeitraum (§ 7 Abs. 3 BUrlG) wird zur Begründung hauptsächlich der Unabdingbarkeitsgrundsatz (§ 13 BUrlG) angeführt. Hinter diesen müsse die Verwirkung als weniger wichtiges Prinzip zurücktreten.[810] Teils wird auch auf den Zweck des BUrlG (Erholung, Vermeidung von Frühinvalidität, Erhaltung der Gesundheit) verwiesen. Zudem sei es ein „merkwürdiges Ergebnis“, wenn gesetzliche Ansprüche verwirken würden, nicht aber tarifliche Urlaubsansprüche (vgl. § 4 Abs. 4 Satz 2 TVG), obwohl das Gesetz die stärkere Rechtsquelle darstelle.[811]

b) Bewertung

Die Verwirkung des Urlaubsanspruchs ist ausgeschlossen, da er an das Urlaubsjahr bzw. den Befristungszeitraum (§ 7 Abs. 3 BUrlG) gebunden ist. Diese starre zeitliche Bindung schließt die Erfüllung von Zeit- und Umstandsmoment aus. Der h.M. im Schrifttum ist daher im Ergebnis, nicht jedoch in der Begründung zu folgen.

So scheidet die Verwirkung regelmäßig dann aus, wenn der Gesetzgeber, abweichend von der allgemeinen Verjährungssystematik, konkrete Fristen zur Rechtsausübung geregelt hat.[812] Die fest umrissene Frist steht dabei dem Zeitmoment ebenso entgegen wie das fehlende Vertrauen dem Umstandsmoment: Die Rechtsausübung innerhalb der Frist ist nicht illoyal verspätet. Zudem muss der Verpflichtete innerhalb der Frist mit der Rechtsausübung rechnen. Dies gilt gerade im Hinblick auf den Urlaubsanspruch. Zwar ist der Arbeitnehmer als Gläubiger schon nicht verpflichtet, vom Arbeitgeber die zeitliche Festlegung des Urlaubs zu verlangen.[813] Gleichwohl kann der Arbeitgeber kein schutzwürdiges Vertrauen auf das Unterlassen der Geltendmachung durch den Arbeitnehmer entwickeln. Die

---

808 GK-BUrlG/*Bleistein*, § 1 Rn. 98, 100. Ebenso *Hohmeister*, § 1 Rn. 15, der jedoch gleichzeitig in § 13 Rn. 5 aufgrund der Unabdingbarkeit (§ 13 BUrlG) eine Verwirkbarkeit des Urlaubsanspruchs ausschließt; *Nikisch*, 2. Aufl., S. 448 f. m.w.N. zum älteren Schrifttum. Unklar Schaub/*Linck*, § 104 Rn. 161, der eine Verwirkung für „kaum denkbar“ hält.

809 GK-BUrlG/*Bleistein*, § 1 Rn. 99 m.w.N. zum älteren Schrifttum.

810 *Hohmeister*, § 13 Rn. 5; *Deister*, Rn. 474; NK-BUrlG/*Hohmeister*, § 1 Rn. 22, § 13 Rn. 71; *Schütz/Hauck*, Rn. 151; *o.V.*, DB 1948, 531; *Köst*, BB 1956, 564 (567).

811 *Neumann/Fenski*, § 13 BUrlG Rn. 59; *Gaul*, Frist, S. 32.

812 Ebenso GK-BUrlG/*Bachmann*, § 7 Rn. 185, wonach befristete Ansprüche nicht illoyal verspätet geltend gemacht werden können.

813 NK-BUrlG/*Goretzki*, § 1 Rn. 8.

Selbstbeurlaubung durch den Arbeitnehmer ist ausgeschlossen.[814] Vielmehr obliegt es dem Arbeitgeber als Schuldner der Verpflichtung zur Urlaubsgewährung (§ 271 BGB i.V.m. § 7 Abs. 1 BUrlG)[815], die erforderliche Leistungshandlung vorzunehmen, um dadurch seine Schuld zu konkretisieren. Da es der Arbeitgeber durch Konkretisierung der Leistungshandlung selbst in der Hand hat, den Anspruch des Arbeitnehmers zu Fall zu bringen, ist kein Bezugspunkt für seine Vertrauensentwicklung ersichtlich.

Vor Ablauf der Wartezeit (§ 4 BUrlG) scheidet die Verwirkung bereits deshalb aus, weil der Anspruch noch gar nicht entstanden ist. Damit kann bereits das Zeitmoment nicht anlaufen.

Dagegen überzeugen die von der h.M. angeführten Argumente für den Ausschluss der Verwirkung nicht. Insbesondere schließt das Unabdingbarkeitsprinzip nach § 13 BUrlG die Verwirkung nicht aus. Der Grundsatz der Unabdingbarkeit erfüllt eine Doppelfunktion. Zum einen verbietet er Parteivereinbarungen über den Urlaub zu Lasten des Arbeitnehmers und sichert ihn dadurch vor Druck durch den Arbeitgeber.[816] Zum anderen dient er der Stärkung der Tarifautonomie, indem § 13 Abs. 1 Satz 1 und 3 BUrlG günstigere tarifvertragliche Regelungen für vorrangig gegenüber dem Gesetz erklärt.[817] Demgegenüber verhindert der Grundsatz der Unabdingbarkeit in Gestalt des § 13 BUrlG nicht den Wegfall von Rechten, den die objektive Rechtsordnung (hier in Gestalt der Verwirkung) anordnet.[818] Dies gilt umso mehr, als eine ausdrückliche gesetzliche Bestimmung wie § 4 Abs. 4 Satz 2 TVG[819] fehlt. Würde die Unabdingbarkeit bereits zum Ausschluss der Verwirkung führen, bedürfte es des gesonderten gesetzlichen Ausschlusses bereits nicht.[820] Auch dogmatisch steht die Unabdingbarkeit der Verwirkung nicht entgegen. Die Unabdingbarkeit schließt lediglich den Rechtsverlust infolge rechtsgeschäftlichen Handelns (Erlassvertrag, Verzicht, negatives Schuldanerkenntnis etc.) aus. Demgegenüber wurde bereits ausführlich dargelegt, dass die Verwirkung – auch nach der h.M. – gerade nicht auf einer rechtsgeschäftlichen Grundlage beruht.[821]

Auch der Zweck des BUrlG steht der Verwirkbarkeit nicht entgegen. Der Gesetzgeber hat die Verwirkung im Urlaubsrecht gerade nicht im Hinblick auf den Gesetzeszweck ausgeschlossen, anders als beispielsweise im Tarifrecht. Dort soll § 4 Abs. 4 Satz 2 TVG die Tarifautonomie stärken. Der fehlende Ausschluss durch den Gesetzgeber kann nicht unter Verweis auf den (vermeintlichen) Gesetzeszweck

814 Vgl. statt vieler ErfK/*Gallner*, BUrlG § 1 Rn. 9 m.w.N.

815 NK-BUrlG/*Goretzki*, § 1 Rn. 8.

816 *Renaud*, S. 110.

817 *Neumann/Fenski*, § 13 BUrlG Rn. 2, 5.

818 *Renaud*, S. 110.

819 Bzw. § 77 Abs. 4 Satz 3 BetrVG, § 9 Satz 2 AEntG, § 8 Abs. 3 Satz 2 MiArbG, § 19 Abs. 3 Satz 4 HAG, § 21 Abs. 4 MarkenG. Zum bereits dargestellten Regel-Ausnahme-Verhältnis s.o. Kap.2 B.III.

820 *Renaud*, S. 110; GK-BUrlG/*Bleistein*, § 1 Rn. 99.

821 S.o. Kap.2 B.I.1.

umgangen werden. Wie bereits mehrfach dargelegt, ist der Zweck einer Regelung nicht bei der Prüfung der Verwirkungsvoraussetzungen heranziehen.[822] Zuletzt ist darauf hinzuweisen, dass das BUrlG das Nichterreichen des Urlaubszwecks nicht sanktioniert. Der Arbeitnehmer kann daher seinen Urlaub auch zweckwidrig verbringen. Daher ist nicht ersichtlich, warum der (vermeintliche) Zweck des BUrlG die Verwirkbarkeit des Urlaubsanspruchs ausschließen soll.[823]

Verfehlt ist, dass *Neumann/Fenski* es als ein „merkwürdiges Ergebnis" erachten, dass gesetzliche Ansprüche der Verwirkung unterliegen sollen, nicht aber tarifliche, obgleich erstere die stärkere Rechtsquelle darstellten.[824] Das Bundesarbeitsgericht hat bereits vor Jahrzehnten überzeugend geurteilt, dass „Tarifverträge Ansprüche aller Art, also auch urlaubsrechtliche, oftmals verhältnismäßig kurzen Ausschlußfristen unterwerfen, die gerade für abgewickelte Rechtsbeziehungen besondere Bedeutung haben; an den Zeitablauf werden also erheblich schärfere Folgen geknüpft als bei allein dem Gesetz unterstehenden Urlaubsansprüchen, gleichgültig ob man bei letzteren die Möglichkeit der Verwirkung zuläßt oder nicht. Die Bejahung der Verwirkung im gesetzlichen Urlaubsrecht führt daher weithin auch nicht zu einer größeren Verschiedenheit in der Behandlung der allein dem Gesetz unterstehenden und der von Tarifverträgen erfaßten Urlaubsansprüche als diese ohnehin besteht."[825]

Der Verwirkbarkeit des Urlaubsanspruchs steht darüber hinaus nicht entgegen, dass es sich um einen Anspruch auf Freizeitgewährung zu Erholungszwecken unter Entgeltfortzahlung handelt und nicht um einen reinen Entgeltanspruch.[826] Wie gezeigt, unterliegen nicht nur Entgeltansprüche der Verwirkung.

c) Zwischenergebnis

Die allgemeinen Grundsätze schließen die Verwirkung des gesetzlichen Urlaubsanspruchs aus. Aufgrund der starren zeitlichen Bindung des Urlaubsanspruchs an das Urlaubsjahr bzw. den Übertragungszeitraum (§ 7 Abs. 3 BUrlG) scheiden Zeit- und Umstandsmoment der Verwirkung aus. Die Rechtsausübung im Urlaubsjahr bzw. im gesetzlichen Übertragungszeitraum ist nicht illoyal verspätet. Zudem muss der Berechtigte in diesem Zeitraum mit der Rechtsausübung rechnen. Vor Ablauf der Wartezeit (§ 4 BUrlG) ist der Urlaubsanspruch noch nicht entstanden. Eine Verwirkung scheidet daher schon deswegen aus, weil das Zeitmoment der Verwirkung noch nicht anlaufen kann.

---

822 S.o. z.B. zum ArbZG: Kap.3 B.II.1.f)bb)(2) und zum EFGZ: Kap.3 B.II.2.a)cc)(3).

823 So zutreffend *Renaud*, S. 111, allerdings zum Abgeltungsanspruch.

824 *Neumann/Fenski*, § 13 BUrlG Rn. 59.

825 *BAG*, Urt. v. 05.02.1970 – 5 AZR 223/69, DB 1970, 787. Ebenso GK-BUrlG/*Bleistein*, § 1 Rn. 99.

826 So aber wohl *Neumann/Fenski*, § 1 BUrlG Rn. 66.

2. *Urlaubsentgelt, § 11 Abs. 1 BUrlG*

Der Arbeitnehmer hat aus dem Arbeitsvertrag i.V.m. §§ 611 BGB, 1 BUrlG Anspruch auf bezahlten Urlaub, d.h. auf Freistellung von der Arbeit unter Fortzahlung der vereinbarten Vergütung.[827] § 11 BUrlG regelt dabei in Abs. 1 die Bemessung und in Abs. 2 die Fälligkeit des Urlaubsentgelts. Nach der Rechtsprechung des Europäischen Gerichtshofs ist der Urlaubsentgeltanspruch Bestandteil eines einheitlichen Urlaubsanspruchs.[828]

Hinsichtlich der Verwirkung hat das Bundesarbeitsgericht ausdrücklich offen gelassen, ob Urlaubsentgeltansprüche im Rahmen des gesetzlichen Urlaubsanspruchs überhaupt verwirken können[829] oder ob dies nicht bereits regelmäßig an der kurzen Verjährungsfrist scheitert.[830]

a) Rechtsprechung[831]

Zeitmoment	Umstandsmoment
Geltendmachung der Vergütungsdifferenz bis zu mehr als *zwei Jahre* nach Urlaubsnahme[832] (offen)	- ein übermäßig langes Zögern mit der Geltendmachung von Ansprüchen allein reicht zur Annahme einer Verwirkung nicht aus - eine rechtsirrige Annahme, es bestünden keine Ansprüche mehr, reicht zur Annahme einer Verwirkung nicht aus (-)

827 *BAG*, Urt. v. 19.06.2012 – 9 AZR 107/99, NZA 2001, 268.

828 *EuGH*, Urt. v. 26.06.2001 – C-173/99, NZA 2001, 827; zuletzt Urt. v. 21.06.2012 – C-78/11, NZA 2012, 851; ErfK/*Gallner*, BUrlG § 11 Rn. 1 m.w.N. A.A. NK-BUrlG/*Hohmeister*, § 11 Rn. 1.

829 *BAG*, Urt. v. 18.02.1992 – 9 AZR 118/91, EzA § 1 BUrlG Verwirkung Nr. 1; Urt. v. 24.11.1992 – 9 AZR 564/91, NZA 1993, 750; Urt. v. 03.05.1994 – 9 AZR 235/92, juris; Urt. v. 07.11.1995 – 9 AZR 541/94, juris.

830 *BAG*, Urt. v. 18.02.1992 – 9 AZR 118/91, EzA § 1 BUrlG Verwirkung Nr. 1, unter Verweis auf *BGH*, Urt. v. 17.02.1969 – II ZR 30/65, DB 1969, 569; Urt. v. 16.06.1982 – Urt. v., NJW 1982, 199; Urt. v. 06.12.1988 – XI ZR 19/88, NJW-RR 1989, 818. Die zitierten BGH-Urteile betrafen Kontokorrentforderungen sowie Ansprüche auf Unterhalt und Hausverwaltungsvergütung.

831 Den überwiegenden Fällen liegt Streit über die Berechnung des Urlaubsentgelts zugrunde. Der Nachforderung der Arbeitnehmer halten die Arbeitgeber die Verwirkung entgegen. Fälle, in denen überhaupt kein Urlaubsentgelt gezahlt wurde, stellen demgegenüber die Ausnahme dar. Sie sind regelmäßig mit dem Streit über die Arbeitnehmereigenschaft verbunden.

832 *BAG*, Urt. v. 13.11.1959 – 1 AZR 320/57, NJW 1960, 455. Die genaue Dauer des Zeitmoments lässt sich den Entscheidungsgründen nicht entnehmen.

Zeitmoment	**Umstandsmoment**
Geltendmachung der Vergütung bis zu *2,5 Jahre* nach Urlaubsnahme[833] (offen)	- die Beklagte hat sich weder auf den Fortfall der Urlaubsvergütung eingerichtet noch entsprechende Vermögensdispositionen getroffen - die kurze Verjährungsfrist berücksichtigt bereits die besonderen Lebensumstände, sodass diese keine besonders strengen Anforderungen an die Zumutbarkeit rechtfertigen könnten - die Verjährung bietet ausreichenden Schutz, zudem hat die Beklagte keine wirtschaftlichen Schwierigkeiten behauptet - die Höhe des Entgelts ist nicht maßgeblich, da der gesetzliche Schutz des BUrlG nicht nach Verdiensthöhe differenziert (-)
Geltendmachung der Vergütungsdifferenz über *1,5 Jahre* nach Urlaubsnahme bzw. *wenige Monate* nach Beendigung des Arbeitsverhältnisses[834] (-)	- soweit Verstöße gegen zwingendes Recht vorliegen, kann kein rechtserhebliches Vertrauen begründet werden - die fehlende Beanstandung der Berechnung oder Höhe des Urlaubsentgelts ist unerheblich: Die bloße Nichtgeltendmachung eines Anspruchs ist für sich allein nicht geeignet, besonderes Vertrauen zu begründen (-)
Geltendmachung der Urlaubsvergütung *14 Monate* nach Urlaubsnahme[835] (offen)	- das Verhalten des Klägers (nach Beendigung des Vertragsverhältnisses) geht nicht über das bloße Nichtanfordern der Urlaubsvergütung hinaus - die fehlende Einbeziehung des Anspruchs durch die Beklagte in ihre finanzielle Disposition ist nicht schützenswert, da ein Verstoß gegen zwingendes Gesetzesrecht (BUrlG) vorliegt - die Verjährung bietet ausreichenden Schutz, zudem hat die Beklagte kein wirtschaftlichen Schwierigkeiten behauptet - die Höhe des Entgelts ist nicht maßgeblich, da der gesetzliche Schutz des BUrlG nicht nach Verdiensthöhe differenziert (-)
Gerichtliche Geltendmachung der Vergütungsdifferenz *10 Monate* nach erster Zahlungsaufforderung[836] (-)	- es ist nicht ersichtlich, warum die Leistung (684,60 DM) der Beklagten unzumutbar sein sollte (-)

833 *BAG*, Urt. v. 18.02.1992 – 9 AZR 118/91, EzA § 1 BUrlG Verwirkung Nr. 1.

834 *BAG*, Urt. v. 24.11.1992 – 9 AZR 564/91, NZA 1993, 750. Weitgehend Parallelentscheidungen: Urt. v. 24.11.1992 – 9 AZR 4/92, juris; Urt. v. 03.05.1994 – 9 AZR 235/92, juris; Urt. v. 03.05.1994 – 9 AZR 229/92, juris.

835 *BAG*, Urt. v. 07.11.1995 – 9 AZR 541/94, juris.

836 *BAG*, Urt. v. 16.07.1997 – 5 AZR 780/96, EEK I/1194.

Während das Bundesarbeitsgericht in den o.a. Urteilen die Frage der Verwirkbarkeit häufig[837] offen gelassen hat, bejaht die Instanzrechtsprechung in den wenigen vorhandenen Urteilen die Verwirkbarkeit des Urlaubsentgeltanspruchs, ohne dies näher zu problematisieren.[838]

b) Literatur

Deister verneint die Verwirkbarkeit des Entgeltanspruchs. Zur Begründung verweist er auch insoweit auf die Unabdingbarkeit (§ 13 BUrlG) und den Schutzzweck des BUrlG (Erholung, Vermeidung von Frühinvalidität).[839]

Demgegenüber bejaht das überwiegende Schrifttum die Verwirkbarkeit des Urlaubsentgeltanspruchs.[840] Nach Ansicht von *Hauck u.a.* soll jedoch aufgrund der kurzen Verjährungsfrist eine Verwirkung vor Ablauf der Verjährungsfrist nur bei Vorliegen ganz besonderer Umstände eintreten können.[841]

c) Bewertung

Solange der Arbeitgeber den Urlaubsanspruch nicht erfüllt, scheidet die Verwirkung des Urlaubsentgeltanspruchs aus. Denn der Urlaubsentgeltanspruch ist Bestandteil eines einheitlichen Urlaubsanspruchs. Soweit darüber hinaus nach Gewährung der Anwendungsbereich für die Verwirkung (theoretisch) eröffnet ist, verwirkt der Urlaubsentgeltanspruch unter den gleichen Voraussetzungen wie sonstige Zahlungsansprüche. Dieser weist keine spezifischen Besonderheiten auf, die eine andere Betrachtung rechtfertigen.

Folgt man der Rechtsprechung des Europäischen Gerichtshofs, wonach der Urlaubsentgeltanspruch Bestandteil eines einheitlichen Urlaubsanspruchs sein soll[842],

---

837 Lediglich im Urt. v. 16.07.1997 – 5 AZR 780/96 (EEK I/1194) thematisiert das BAG die Frage der Verwirkbarkeit nicht, sodass das Gericht wohl grundsätzlich von der Verwirkbarkeit ausgeht. Allerdings fallen die Ausführungen zur Verwirkung mit zwei Sätzen denkbar knapp aus.

838 Vgl. *LAG Düsseldorf*, Urt. v. 14.12.1960 – 1 Sa 609/60, DB 1961, 712; *LAG Hessen*, Urt. v. 27.04.1981 – 11 Sa 987/80, juris; *LAG Hamm*, Urt. v. 08.12.2004 – 18 Sa 1165/04, ArbRB 2005, 237.

839 *Deister*, Rn. 474. Zur älteren, die Verwirkung ablehnenden Literatur vgl. *Renaud*, S. 109 Fn. 123 m.w.N.

840 ErfK/*Gallner*, BUrlG § 11 Rn. 34; H/W/K/*Schinz*, BUrlG § 11 Rn. 64; Arnold/Tillmanns/*Thiel-Koch*, § 11 BUrlG Rn. 81; Schaub/*Linck*, § 104 Rn. 161; *Powietzka/Rolf*, § 11 Rn. 41; *Leinemann/Linck*, § 11 Rn. 100 f.

841 So zur Verjährungsfrist von zwei Jahren nach § 196 Abs. 1 Nr. 8, 9 BGB a.F.: *Schütz/Hauck*, Rn. 789; AR-Blattei SD 1640.2/*Steffen* Rn. 120. Ebenso unter Geltung der dreijährigen Regelverjährung nach § 195 BGB: Grobys/Panzer/*Holthaus*, 158 Urlaubsentgelt Rn. 24.

842 *EuGH*, Urt. v. 26.06.2001 – C-173/99, NZA 2001, 827; zuletzt 21.06.2012 – C-78/11, NZA 2012, 851; ErfK/*Gallner*, BUrlG § 11 Rn. 1 m.w.N. A.A. NK-BUrlG/*Hohmeister*, § 11 Rn. 1.

ist die Verwirkung des Urlaubsentgelts bereits per se ausgeschlossen, wenn man wie hier mit der h.M. die Verwirkbarkeit des Urlaubsanspruchs verneint. Dies gilt jedenfalls solange kein Urlaub gewährt wurde. Denn ein einheitlicher Anspruch muss rechtlich ein einheitliches Schicksal teilen.

Folgt man der „Einheitstheorie" nicht[843] bzw. im Übrigen, kommt die Verwirkung des Urlaubsentgeltanspruchs grundsätzlich in Betracht, wenn Urlaub gewährt worden ist[844] und Umstände vorliegen, aufgrund derer der Arbeitgeber auf die Nichtgeltendmachung des Urlaubsentgelts vertrauen durfte. Dies läuft allerdings im Ergebnis regelmäßig auf eine unbezahlte Freistellung des Arbeitnehmers hinaus. Eine solche bedarf grundsätzlich einer ausdrücklichen Vereinbarung mit dem Arbeitnehmer.[845] Umstände, aufgrund derer der Arbeitgeber auf die Nichtgeltendmachung des Urlaubsentgelts schutzwürdig vertrauen darf, scheiden damit regelmäßig aus. Will der Arbeitgeber dagegen den Urlaubsanspruch mit der Freistellung schon nicht oder nur durch eine unbezahlte Freistellung erfüllen, kann er ebenfalls nicht auf die Nichtgeltendmachung vertrauen.

Gleiches gilt, wenn während des Arbeitsverhältnisses Streit über die Berechnung des Urlaubsentgelts besteht. Eine Verwirkung wäre nur dann denkbar, wenn der Arbeitnehmer ein derart vertrauensbegründendes Verhalten an den Tag legt, dass der Arbeitgeber trotz des bestehenden Streits über die Entgelthöhe auf die Nichtgeltendmachung des Anspruchs vertrauen durfte. Entsteht der Streit demgegenüber erst nach der Beendigung des Arbeitsverhältnisses, existiert ebenfalls kein schutzwürdiges Vertrauen des Arbeitgebers. Vielmehr ging dieser während des Arbeitsverhältnisses davon aus, dass er seine Verpflichtung mit dem gezahlten Urlaubsentgelt erfüllt habe. Er hat jedoch nicht darauf vertraut, dass der Arbeitnehmer einen anteiligen Urlaubsentgeltanspruch nicht mehr geltend machen werde. Dieser war ihm vielmehr gänzlich unbekannt. Das für das Umstandsmoment erforderliche Vertrauen konnte er daher nicht entwickeln.

Dies gilt auch in dem Fall, dass der Dienstnehmer irrig davon ausgeht, dass der Dienstverpflichtete kein Arbeitnehmer ist und er deshalb mangels vermeintlicher Anwendbarkeit des BUrlG kein Urlaubsentgelt zahlt. Der Verpflichtete hat dann gerade nicht auf die Nichtgeltendmachung eines bestehenden Rechts vertraut. Vielmehr war ihm seine Verpflichtung gänzlich unbekannt bzw. ging er davon

843 Dafür spricht, dass nach h.M. der Anspruch auf Urlaubsentgelt der regelmäßigen Verjährungsfrist von drei Jahren (§ 195 BGB) unterliegt.

844 Vorher scheidet eine Verwirkung aus. Gemäß § 11 Abs. 2 BUrlG ist das Entgelt erst vor Urlaubsantritt auszuzahlen. Daher kann der Arbeitgeber wegen der Verknüpfung mit dem Urlaubsanspruch vorher kein schutzwürdiges Vertrauen auf die Nichtgeltendmachung des Urlaubsentgelts entwickeln. Die vorherige Auszahlung ist nach ganz h.M. keine Wirksamkeitsvoraussetzung für die Urlaubserteilung, angetretener Urlaub kann nicht nochmals verlangt werden, vgl. statt vieler *Neumann/Fenski*, § 1 BUrlG Rn. 80 m.w.N.

845 Unabhängig davon gilt im Zweifelsfall die Fortzahlung der vollen Vergütung als vereinbart, Grobys/Panzer/*Oberthür*, 83 Freistellung Rn. 12.

aus, dass keinerlei Verpflichtung nach dem BUrlG besteht. Daher konnte er schon kein schutzwürdiges Vertrauen auf eine Nichtgeltendmachung entwickeln. Zahlt der Verpflichtete dagegen bewusst kein Urlaubsentgelt, d.h. trotz Kenntnis seiner gesetzlichen Verpflichtung, kann er ebenfalls kein schutzwürdiges Vertrauen entwickeln.

d) Zwischenergebnis

Der Urlaubsentgeltanspruch ist Bestandteil eines einheitlichen Urlaubsanspruchs. Aufgrund der Unverwirkbarkeit des Urlaubsanspruchs ist daher auch die Verwirkung des Urlaubsentgeltanspruchs ausgeschlossen, solange kein Urlaub gewährt wird. Darüber hinaus kommt eine Verwirkung des Urlaubsentgeltanspruchs grundsätzlich in Betracht. Jedoch sind kaum Fälle ersichtlich, in denen ein schutzwürdiges Vertrauen des Arbeitgebers zu bejahen wäre. In den von der Rechtsprechung (unzutreffend) entschiedenen Fällen (Streit über die Berechnungshöhe, irrige/bewusste Nichtzahlung des Urlaubsentgelts) scheidet die Erfüllung des Umstandsmoments nach allgemeinen Grundsätzen mangels schutzwürdigen Vertrauens aus.

3. Urlaubsabgeltung, § 7 Abs. 4 BUrlG

Kann der Urlaub wegen Beendigung des Arbeitsverhältnisses ganz oder teilweise nicht mehr gewährt werden, so ist er gemäß § 7 Abs. 4 BUrlG abzugelten. Der nicht erfüllte Urlaubsanspruch des Arbeitnehmers wandelt sich mit Beendigung des Arbeitsverhältnisses automatisch in einen Abgeltungsanspruch um.[846]

Früher ging die Rechtsprechung davon aus, „dass der Abgeltungsanspruch Surrogat des wegen der Beendigung des Arbeitsverhältnisses nicht mehr realisierbaren Urlaubsanspruchs sei."[847] Damit unterlag der Abgeltungsanspruch als Surrogat des Anspruchs auf Freistellung von der Arbeit den gleichen Beschränkungen wie der Urlaubsanspruch, insbesondere also § 7 Abs. 3 BUrlG (sog. Surrogatstheorie). War der Arbeitnehmer daher während des Bestehens des Anspruchs *dauerhaft arbeitsunfähig krank* und nicht zumindest für den Zeitraum des abzugeltenden Urlaubsanspruchs wieder in der Lage, bei Fortbestand des Arbeitsverhältnisses seinen vertraglichen Pflichten nachzukommen, stand ihm kein Abgeltungsanspruch zu.[848]

Aufgrund der „Schultz-Hoff"-Entscheidung des Europäischen Gerichtshofs[849] hat das Bundesarbeitsgericht die Surrogatstheorie zunächst insoweit nicht weiterverfolgt, als der Arbeitnehmer über den Übertragungszeitraum hinaus

---

846 *BAG*, Urt. v. 20.01.1998 – 9 AZR 812/96, NZA 1998, 816; Urt. v. 19.08.2003 – 9 AZR 619/02, AP Nr. 29 zu § 7 BUrlG; ErfK/*Gallner*, BUrlG § 7 Rn. 71.

847 *Arnold*, ArbRAktuell 2012, 314.

848 *BAG*, Urt. v. 05.12.1995 – 9 AZR 871/94, NZA 1996, 594; Urt. v. 27.05.1997 – 9 AZR 337/95, NZA 1998, 106; ErfK/*Gallner*, BUrlG § 7 Rn. 77.

849 *EuGH*, Urt. v. 20.01.2009 – C-350/06 und C-520/06, NZA 2009, 135.

arbeitsunfähig war.[850] Nunmehr hat das Bundesarbeitsgericht die Surrogatstheorie vollständig aufgegeben. Der gesetzliche Urlaubsabgeltungsanspruch unterfällt als reiner Geldanspruch unabhängig von der Arbeits(un)fähigkeit des Arbeitnehmers nicht dem Fristenregime des § 7 Abs. 3 BUrlG.[851] Mit Blick auf die Verwirkung ist insbesondere interessant, ob sich die Aufgabe der Surrogatstheorie auf diesen auswirkt.

a) Rechtsprechung

Das Bundesarbeitsgericht hat sich soweit ersichtlich lediglich in einem vereinzelt gebliebenen Urteil mit der Verwirkung des Abgeltungsanspruchs auseinandergesetzt. Dabei ließ es offen, ob ein Zeitraum von etwa fünf Monaten zwischen Antragsrücknahme bzw. Vergleichsschluss und erneuter Klageerhebung das Zeitmoment erfüllt. Jedenfalls sei das Umstandsmoment nicht erfüllt. Besondere zusätzliche vertrauensbegründende Umstände habe die Beklagte weder vorgetragen noch seien solche ersichtlich. Aufgrund der gesetzlichen Wertung des § 269 Abs. 6 ZPO, wonach dem Kläger nach einer Klagerücknahme eine neue Klage immer frei stehe, könne eine Klagerücknahme für sich allein nicht das Umstandsmoment begründen.[852]

Auch in der Instanzrechtsprechung finden sich nur wenige Entscheidungen zur Verwirkung des Urlaubsabgeltungsanspruchs. Das Landesarbeitsgericht Berlin-Brandenburg hat in zwei gleich gelagerten Fällen die Verwirkung abgelehnt, da es bereits an einer unzumutbaren Zeitspanne (zweieinviertel Jahre) fehlte.[853]

b) Literatur

Nach mehreren Stimmen in der Literatur soll eine Verwirkung des Abgeltungsanspruchs ausscheiden. Zur Begründung verweisen sie auf das wichtigere Prinzip

---

850 *BAG*, Urt. v. 24.03.2009 – 9 AZR 983/07, NZA 2009, 538; Urt. v. 23.03.2010 – 9 AZR 128/09, NZA 2010, 810; Urt. v. 04.05.2010 – 9 AZR 183/09, NZA 2010, 1011; Urt. v. 09.08.2011 – 9 AZR 352/10, BB 2011, 2035. Vgl. zur Rechtsprechungsänderung ErfK/*Gallner*, BUrlG § 7 Rn. 77 ff.; *Bayreuther*, DB 2011, 2848.

851 *BAG*, Urt. v. 19.06.2012 – 9 AZR 652/10, NZA 2012, 1087. Vgl. hierzu auch die Urteilsanmerkung von *Arnold*, ArbRAktuell 2012, 314.

852 *BAG*, Urt. v. 20.05.2008 – 9 AZR 219/07, NZA 2008, 1237.

853 *LAG Berlin-Brandenburg*, Urt. v. 16.03.2011 – 20 Sa 659/10, 20 Sa 788/10, juris. Das *VG Berlin*, Urt. v. 10.06.2010 – 5 K 175.09, ZBR 2010, 321, verneinte das Zeitmoment. Die Klägerin habe alsbald nach der Pensionierung (2,3 Jahre) die Ansprüche geltend gemacht. Zutreffend wäre darauf abzustellen gewesen, dass die Klägerin zwei Monate nach der „Schultze-Hoff“-Entscheidung (*EuGH*, Urt. v. 20.01.2009 – C-350/06 und C-520/06, NZA 2009, 135) die Urlaubsabgeltung geltend gemacht hatte.

der Unabdingbarkeit der Mindestbestimmungen nach § 13 BUrlG, hinter dem die Verwirkung zurücktreten müsse.[854]

Andere Stimmen bejahen demgegenüber die Verwirkbarkeit des Abgeltungsanspruchs.[855] Nach *Renaud* bedarf es jedoch aufgrund der besonderen Bedeutung des Abgeltungsanspruchs zur Annahme der Verwirkung Umstände von besonderem Gewicht.[856]

c) Bewertung

aa) Zum Zeitmoment

Für das Zeitmoment gelten die bereits oben zur Verwirkung von regelmäßigen Entgeltansprüchen ausgeführten Erwägungen.[857] Der Abgeltungsanspruch ist ein „reiner Geldanspruch".[858] Als Zahlungsanspruch weist er mit Blick auf die Verwirkung keine Besonderheiten auf. Er verwirkt daher unter den gleichen Voraussetzungen wie sonstige Zahlungsansprüche.

Dagegen führt der Grundsatz der Unabdingbarkeit (§ 13 BUrlG) nicht zum Ausschluss der Verwirkung wie bereits für den Urlaubsanspruch dargelegt.[859] Spätestens mit Aufgabe der Surrogatstheorie kann eine Unverwirkbarkeit des Abgeltungsanspruchs auch nicht mehr mit dessen Bindung an den Urlaubszweck begründet werden.[860]

bb) Zum Umstandsmoment

Auch für das Umstandsmoment gelten die bereits oben zur Verwirkung von regelmäßigen Entgeltansprüchen ausgeführten Erwägungen.[861] Als Zahlungsanspruch verwirkt er unter den gleichen Voraussetzungen wie sonstige Zahlungsansprüche.

Insbesondere kommt dem Abgeltungsanspruch als reinem Geldanspruch[862] keine besonderen Bedeutung dergestalt zu, dass er nur unter besonders gewichtigen Umständen verwirkt.[863] Zwar soll die Urlaubsabgeltung es dem Arbeitnehmer

---

854 *Neumann/Fenski*, § 13 BUrlG Rn. 59; NK-BUrlG/*Hohmeister*, § 1 Rn. 22, § 13 Rn. 71. Ebenso *Deister*, Rn. 474, der zusätzlich noch den Schutzzweck des BUrlG anführt. Zum älteren, die Verwirkung ablehnenden Schrifttum vgl. die Nachweise bei *Renaud*, S. 109 Fn. 123.

855 H/W/K/*Schinz*, BUrlG § 11 Rn. 64. *Schäfer*, S. 148 Rn. 215; GK-BUrlG/*Bleistein*, § 1 Rn. 98, § 7 Rn. 185; *Hohmeister*, § 1 Rn. 15; *Becker-Schaffner*, S. 118.

856 *Renaud*, S. 111 f.; GK-BUrlG/*Bachmann*, § 7 Rn. 185.

857 Kap. 3 B.I.1a)cc)(1).

858 *BAG*, Urt. v. 19.06.2012 – 9 AZR 652/10, NZA 2012, 1087.

859 S.o. Kap.3 B.IV.1.b).; a.A. *Neumann/Fenski*, § 13 BUrlG Rn. 59; NK-BUrlG/*Hohmeister*, § 1 Rn. 22, § 13 Rn. 71; *Deister*, Rn. 474.

860 So *Deister*, Rn. 474.

861 Kap. 3 B.I.1a)cc)(2).

862 *BAG*, Urt. v. 19.06.2012 – 9 AZR 652/10, NZA 2012, 1087.

863 So *Renaud*, S. 111 f.; GK-BUrlG/*Bachmann*, § 7 Rn. 185. Beide begründen zudem weder die vermeintlich besondere Bedeutung des Anspruchs noch konkretisieren sie, welche „Umstände von besonderem Gewicht" sein sollen.

finanziell ermöglichen, sich später Freizeit zu verschaffen.[864] Jedoch ist wie bereits mehrfach dargelegt der Leistungszweck beim Umstandsmoment allgemein nicht zu berücksichtigen.[865]

d) Zwischenergebnis

Der Anspruch auf Urlaubsabgeltung ist verwirkbar. Es handelt sich um einen reinen Geldanspruch. Es sind keine dogmatischen oder sonstigen Gründe ersichtlich, die gegen eine Gleichbehandlung mit sonstigen Entgeltansprüchen sprechen. Für seine Verwirkung können daher auf die zur Verwirkung von Entgeltansprüchen herausgearbeiteten Voraussetzungen zurückgegriffen werden.[866]

4. Urlaubsgeld

Über das Urlaubsentgelt i.S.d. § 11 BUrlG hinaus gewähren Arbeitgeber häufig weitere Leistungen. Zur Unterscheidung vom Urlaubsentgelt werden diese Leistungen häufig als (zusätzliches) Urlaubsgeld, Urlaubsgratifikation oder als (Teil eines) 13. Monatsgehalts bezeichnet.[867] Inhalt und Umfang der zusätzlichen Leistung können die Parteien im gesetzlichen Rahmen frei vereinbaren.[868] Durch Auslegung ist zu ermitteln, ob es sich bei der Leistung um ein erhöhtes Urlaubsentgelt, (zusätzliches) Urlaubsgeld oder eine Gratifikation handelt.[869] Bildet ein Tarifvertrag oder eine Betriebsvereinbarung die Rechtsgrundlage des Urlaubsgeldes, scheidet die Verwirkung schon nach § 4 Abs. 4 Satz 2 TVG bzw. § 77 Abs. 3 Satz 4 BetrVG aus. Im Übrigen ist insbesondere von Interesse, ob sich der Umstand auf die Verwirkung auswirkt, dass die Zahlung im Zusammenhang mit der Urlaubsgewährung erfolgt.

a) Rechtsprechung und Literatur

Es existiert keine Rechtsprechung, die sich speziell mit der Verwirkung des Urlaubsgeldanspruchs auseinandersetzt.[870]

---

864 NK-BUrlG/*Hohmeister*, § 7 Rn. 51 m.w.N.

865 Vgl. z.B. zum ArbZG: Kap.3 B.II.1.f)bb)(2) und zum EFGZ: Kap.3 B.II.2.a)cc)(3).

866 S.o. Kap.3 E.I.

867 ErfK/*Gallner*, BUrlG § 11 Rn. 28 m.w.N.

868 *BAG*, Urt. v. 06.09.1994 – 9 AZR 92/93, NZA 1995, 232; ErfK/*Gallner*, BUrlG § 11 Rn. 30.

869 *BAG*, Urt. v. 15.03.1973 – 5 AZR 525/72, NJW 1973, 1247; *Neumann/Fenski*, § 11 BUrlG Rn. 71.

870 Das *ArbG Ludwigsburg* (Urt. v. 12.07.2006 – 8 Ca 1303/06, NZA-RR 2007, 13) hatte in einem Fall das Bestehen des Urlaubsgeldanspruchs verneint und ergänzend die Verwirkung bejaht. Vielmehr existieren lediglich Fälle, in denen das Urlaubsgeld einen Posten unter mehreren Zahlungsansprüchen bildet, vgl. z.B. *BAG*, Urt. v. 03.03.1993 – 10 AZR 36/92, juris; *LAG Hamm*, Urt. v. 19.01.2012 – 8 Sa 1099/11, juris.

Die Literatur bejaht allgemein die Verwirkbarkeit des Urlaubsgeldanspruchs. Könne schon der Lohn für geleistete Arbeit verwirken, müsse dies erst recht auch für den Urlaubsgeldanspruch als Entgelt ohne Arbeitsleistung gelten.[871] Nach Ansicht von *Fenski u.a* soll dies allerdings nur soweit gelten, wie der Urlaubsgeldanspruch den gesetzlichen Mindestanspruch auf bezahlten Erholungsurlaub einschließlich des Lohnfortzahlungsprinzips übersteigt und damit das Unabdingbarkeitsprinzip (§ 13 BUrlG) nicht berührt.[872]

b) Bewertung

aa) Zum Zeitmoment

Für das Zeitmoment gelten die bereits oben zur Verwirkung von regelmäßigen Entgeltansprüchen ausgeführten Erwägungen.[873] Als Zahlungsanspruch weist der Urlaubsgeldanspruch mit Blick auf die Verwirkung keine Besonderheiten auf. Er verwirkt daher unter den gleichen Voraussetzungen wie sonstige Zahlungsansprüche.

bb) Zum Umstandsmoment

Auch für das Umstandsmoment gelten die bereits oben zur Verwirkung von regelmäßigen Entgeltansprüchen ausgeführten Erwägungen.[874] Als Zahlungsanspruch verwirkt er grundsätzlich unter den gleichen Voraussetzungen wie sonstige Zahlungsansprüche.

Dabei ist jedoch zu differenzieren: Wird das Urlaubsgeld wie in der Praxis häufig zusammen mit dem Urlaubsentgelt gewährt[875], werden regelmäßig keine gesondert auf das Urlaubsgeld bezogenen vertrauensbegründenden Umstände vorliegen, die das Umstandsmoment der Verwirkung erfüllen.

Zahlt der Arbeitgeber das Urlaubsgeld dagegen unabhängig von dem Urlaubsentgelt, ist zu beachten, dass das Urlaubsgeld regelmäßig Entgelt für die geleistete

---

871 *Schäfer*, S. 148 Rn. 215; Arnold/Tillmanns/*Thiel-Koch*, § 11 BUrlG Rn. 81; ErfK/*Gallner*, BUrlG § 11 Rn. 34.

872 *Neumann/Fenski*, § 13 BUrlG Rn. 59; *Deister*, Rn. 474. Ähnlich Schaub/*Linck*, § 104 Rn. 161.

873 Kap. 3 B.I.1a)cc)(1).

874 Kap. 3 B.I.1a)cc)(2).

875 Vgl. zur Akzessorietät eines tariflichen Urlaubsgeldes, zu Urlaubsvergütung und Urlaubsabgeltung *BAG*, Urt. v. 19.05.2009 – 9 AZR 477/07, DB 2009, 2051. Im Zweifel ist mangels ausdrücklicher Vereinbarung davon auszugehen, dass das Urlaubsgeld rechtlich das Schicksal des Urlaubsentgelts teilt, vgl. *Neumann/Fenski*, § 11 BUrlG Rn. 76; ErfK/*Gallner*, BUrlG § 11 Rn. 29 (jeweils m.w.N.).

Arbeit ist.[876] Somit verwirkt der Urlaubsgeldanspruch auch unter den gleichen Voraussetzungen.[877]

c) Zwischenergebnis

Der Anspruch auf Urlaubsgeld kann verwirken, soweit dies nicht gesetzlich ausgeschlossen ist (§ 77 Abs. 3 Satz 4 BetrVG; § 4 Abs. 4 Satz 2 TVG). Wird das Urlaubsgeld zusammen mit dem Urlaubsentgelt gewährt, werden regelmäßig keine gesondert auf das Urlaubsgeld bezogenen vertrauensbegründenden Umstände vorliegen. Zahlt der Arbeitgeber das Urlaubsgeld unabhängig vom Urlaubsentgelt, verwirkt der Anspruch unter den gleichen Voraussetzungen wie sonstige Entgeltansprüche.[878]

5. Abschließende Bewertung

Ansprüche im Urlaubsrecht verwirken im Grundsatz unter jeweils gleichen Voraussetzungen. Die besondere Bedeutung des Urlaubsrechts schließt die Verwirkung weder aus noch unterwirft sie sie erhöhten Anforderungen. Vielmehr gelten auch dort die allgemeinen Grundsätze der Verwirkung. Es ist jedoch zu beachten, dass diese teilweise die Verwirkung von Ansprüchen im Urlaubsrecht ausschließen. Verwirken können daher im Ergebnis nur der Urlaubsentgeltanspruch (eingeschränkt) sowie Ansprüche auf Urlaubsabgeltung und Urlaubsgeld; als Zahlungsansprüchen verwirken sie unter den jeweils gleichen Voraussetzungen wie sonstige Zahlungsansprüche im Arbeitsrecht. Dagegen scheidet die Verwirkung des Urlaubsanspruchs aufgrund der starren zeitlichen Bindung an das Urlaubsjahr bzw. den Befristungszeitraum aus.

V. Schadensersatz

Nachfolgend soll die Verwirkung von Schadensersatzansprüchen im Arbeitsverhältnis untersucht werden. Zur besseren Übersichtlichkeit erfolgt die Analyse der Rechtsprechung getrennt nach Arbeitgeber- und Arbeitnehmerhaftung sowie nach vertraglichen und deliktischen Ansprüchen. Soweit zu einzelnen, arbeitsrechtsspezifischen Haftungstatbeständen keine Rechtsprechung zur Verwirkung existiert (z.B. § 15 AGG), erfolgen keine Ausführungen.[879] Die Verwirkbarkeit von Schadensersatzansprüchen wirft mehrere interessante Themen auf. Diese reichen von der Verwirkbarkeit von Schadensersatzansprüchen an sich bis hin zu der Frage, ob der Verschuldensgrad zu berücksichtigen ist.

---

876 Ebenso *Neumann/Fenski*, § 11 BUrlG Rn. 75.
877 S.o. Kap.3 B.II.1.
878 S.o. Kap.3 B.II.1.
879 Entsprechendes gilt für Haftungsnormen des Sozialrechts (z.B. § 104 SGB VII).

a) Arbeitgeberhaftung

Den Arbeitgeber treffen zahlreiche Schutzpflichten, u.a. für Leben und Gesundheit des Arbeitnehmers sowie von diesem ins Arbeitsverhältnis eingebrachte Vermögensgegenstände. Rechtsgrundlage sind insbesondere arbeitsvertragliche Nebenpflichten (§ 241 Abs. 2 BGB) sowie öffentlich-rechtliche Arbeitsschutzvorschriften.[880] Praktisch relevant unter Verwirkungsgesichtspunkten sind dabei die allgemeinen, vertraglichen (insbesondere §§ 280 Abs. 1, 242 Abs. 2 BGB) und deliktischen (§ 823 BGB) Ansprüche.

In diesem Zusammenhang soll nachfolgend auch die verschuldensunabhängige Haftung des Arbeitgebers für betrieblich veranlasste Vermögensschäden des Arbeitnehmers untersucht werden. Nach h.M. haftet der Arbeitgeber analog § 670 BGB, wenn der Eigenschaden des Arbeitnehmers dem Betätigungsbereich des Arbeitgebers unmittelbar zuzurechnen ist und der Arbeitnehmer die den Schaden veranlassende Handlung für erforderlich halten durfte.[881]

aa) Vertragliche Haftung

Zur Verwirkung eines vertralichen Schadensersatzanspruchs liegt lediglich ein Urteil des Bundesarbeitsgerichts vor.[882] Darüber hinaus existiert keine Entscheidung

In dem vom Bundesarbeitsgericht entschiedenen Fall hatte der Kläger den Anspruch über zwei Jahre nach dessen Entstehung klageweise geltend gemacht. Dies erfüllte nach Ansicht des Gerichts bereits das Zeitmoment nicht. Im Übrigen habe der Kläger seine Tätigkeit bei der Beklagten zwar wieder aufgenommen, ohne seine Ansprüche zunächst erneut geltend zu machen. Die Beklagte konnte jedoch wegen der laufenden Rechtsstreitigkeiten (Fortbestand des Arbeitsverhältnisses, Verzugslohn) nicht annehmen, der Kläger werde bezüglich des nicht gewährten Urlaubs keine Ansprüche mehr nach §§ 280, 286 BGB geltend machen. Auch das Umstandsmoment sei daher nicht erfüllt.

bb) Deliktische Haftung

Für die Verwirkung eines deliktischen Schadenersatzanspruchs liegt ebenfalls nur eine vereinzelte Entscheidung des Bundesarbeitsgerichts vor. Nach dem zu Grunde liegenden Sachverhalt hatte der Kläger bis zu 11 Jahre nach Anspruchsentstehung mit der Klageerhebung zugewartet. Damit sei zwar das Zeitmoment erfüllt. Die Beklagte habe jedoch keine besonderes Vertrauen begründenden Umstände vorgetragen. Nur weil der Kläger seine 1993 erhobene Klage auf Ansprüche für die

880 Ausführlich zum Ganzen: MüArbRHb/*Reichold*, § 83, §§ 85 f.

881 MüArbRHb/*Reichold*, § 85 Rn. 28, 24 ff. m.w.N.

882 *BAG*, Urt. v. 11.04.2006 – 9 AZR 523/05, EzA § 7 BUrlG Nr. 116.

Zeit ab 1991 beschränkt habe, konnte die Beklagte nicht darauf vertrauen, dass Ansprüche aus der Zeit davor nicht mehr erhoben würden. Das Gericht sah daher das Umstandsmoment nicht als erfüllt an.[883]

cc) Verschuldensunabhängige Haftung: Aufwendungsersatz (§ 670 BGB analog)

Auch zur Verwirkung eines Aufwendungsersatzanspruchs (§ 670 BGB analog) liegt nur ein einzelnes Urteil des Bundesarbeitsgerichts vor. Der Kläger hatte seinen Anspruch acht Monaten nach Anspruchsentstehung bzw. drei Monate nach der letzten Korrespondenz vor der Klageerhebung geltend gemacht. Ein solcher Zeitraum erfülle bereits das Zeitmoment nicht, sodass das Gericht auf das Umstandsmoment überhaupt nicht mehr einging.[884]

b) Arbeitnehmerhaftung

Der Arbeitnehmer haftet dem Arbeitgeber grundsätzlich für Sach- und Vermögensschäden, die er durch die oder gelegentlich der Arbeitsleistung sowie durch Nichterbringung der Arbeitsleistung schuldhaft verursacht hat.[885] Auch insoweit kommen vertragliche (§§ 280 Abs. 1, 242 Abs. 2 BGB) und deliktische (§ 823 BGB) Anspruchsgrundlagen in Betracht.[886]

---

883 *BAG*, Urt. v. 24.10.2001 – 5 AZR 32/00, NZA 2002, 209.

884 *BAG*, Urt. v. 23.07.1986 – 5 AZR 120/85, juris. Dagegen ist das Urteil vom 14.10.2003 (9 AZR 657/02, NZA 2004, 604) nicht als Fall der Verwirkung einzuordnen. Das BAG spricht dort zwar zunächst von „Verwirkung“ (Rn. 40), anschließend jedoch nur vom „Einwand des Rechtsmissbrauchs (§ 242 BGB)“ und von „widersprüchlichem Verhalten“ (Rn. 52). Zudem macht es keine Ausführungen zu einem Zeitmoment. Dieses wäre im entschiedenen Fall mit zwei Monaten auch nicht erfüllt.

885 MüArbRHb/*Reichold,* § 51 Rn. 1. Personenschäden trägt grundsätzlich die Berufsgenossenschaft (§§ 104 f. SGB VII), die jedoch ggf. beim Arbeitnehmer Regress nehmen kann (vgl. § 110 Abs. 1 SGB VII). Mangels einschlägiger Verwirkungsrechtsprechung wird die Haftung des Arbeitnehmers für die Schädigung Betriebsfremder und Arbeitskollegen bei einer betrieblichen Tätigkeit nicht behandelt, vgl. zum Ganzen: MüArbRHb/*Reichold,* § 52 Rn. 1 ff.

886 Im Gegensatz zum Arbeitgeber genießt der Arbeitnehmer nach ganz h.M. eine Haftungsprivilegierung. Deren Umfang und dogmatische Begründung sind jedoch umstritten. Zudem modifiziert § 619a BGB abweichend von § 280 Abs. 1 Satz 2 BGB die Beweislast für das Verschulden des Arbeitnehmers, vgl. statt vieler: MüArbRHb/*Reichold,* § 51 Rn. 19 ff.

aa) Vertragliche Haftung

Zeitmoment	Umstandsmoment
Klageerhebung knapp *zwei Jahre* nach letzter Korrespondenz[887] (offen)	- beim Umstandsmoment ist eine Beurteilung der Art des Anspruchs in rechtlicher und wirtschaftlicher Hinsicht relevant - rechtlich schwierige und wirtschaftlich bedeutsame Ansprüche, deren Feststellung auch tatsächlich schwierig ist (Nachlassforderungen, schwierige Unfallforderungen), verwirken nicht so leicht wie Ansprüche aus den Geschäften des täglichen Lebens - die 2-jährige Untätigkeit nach dem Widerspruch des Beklagten genügt nicht zur Verwirkung; etwas anderes kann bei geringfügigen Ansprüchen gelten oder wenn der Gläubiger in anderen Fällen dem Schuldner gegenüber stets nachdrücklich aktiv wurde - kann eine Klagerücknahme allein kein Vertrauen begründen, gilt dies erst recht für das bloße Nichtweiterbetreiben eines Mahn- oder Streitverfahrens - die Art des Anspruchs steht der Verwirkung entgegen, da die Klägerin deutlich gemacht hatte, dass die genaue Feststellung der Schadenshöhe rechnerisch und tatsächlich schwierig war (-)
Klageerhebung *20 Monate* nach Anspruchsentstehung[888] (offen)	- es ist kein Verhalten des Gläubigers vorgetragen oder ersichtlich aus dem der Schuldner schließen durfte, der Gläubiger werde den Anspruch nicht mehr geltend machen (-)

887 *BAG*, Urt. v. 09.07.1958 – 2 AZR 438/56, NJW 1958, 1988.
888 *BAG*, Urt. v. 18.04.2002 – 8 AZR 348/01, NZA 2003, 37.

bb) Deliktische Haftung[889]

Zeitmoment	Umstandsmoment
Klageerhebung *1 – 2 Jahre* nach Anspruchsentstehung (offen)[890]	- aufgrund des vor Klageerhebung geltend gemachten Erstattungsbeschlusses in einem anderen Schadensfall musste der Beklagte auch noch in weiteren Fällen mit der Inanspruchnahme rechnen - das Zuwarten des Gläubigers während eines gegen den Schuldner laufenden Strafverfahrens begründet regelmäßig kein Vertrauen, da ein Gläubiger erfahrungsgemäß ein Strafverfahren abwartet, um die dabei erhoffte Sachverhaltsklärung für den späteren Zivilprozess nutzen zu können (-)
Klageerhebung *1 – 2 Jahre* nach Anspruchsentstehung bzw. Beendigung des Arbeitsverhältnisses[891] (offen)	- die Forderung aus einer vorsätzlichen Schädigung des Arbeitgebers durch den Arbeitnehmer verwirkt grundsätzlich nicht - hat der Arbeitnehmer den Arbeitgeber vorsätzlich geschädigt, darf er aus der bloßen Untätigkeit des Arbeitgebers nicht schließen, dieser wolle seinen Anspruch nicht mehr geltend machen - ob die Klägerin ihm eine Weiterbeschäftigung angeboten hat, ist unerheblich, da daraus kein Verzichtswille folgt: Eher wäre die Annahme gerechtfertigt, dass ihm dadurch die Möglichkeit geboten werde, seine Pflicht zur Wiedergutmachung des Schadens zu erfüllen - der Beklagte wurde zu der Tat nicht durch eine Notlage veranlasst, sondern hat das entwendete Geld verspielt, obgleich er wegen eines ähnlichen Delikts bereits vorbestraft und dadurch gewarnt war - da der Beklagte für die Unterschlagung und Untreue keine Milderungsgründe für sich in Anspruch nehmen kann, kommt eine Verwirkung grundsätzlich nicht in Frage: Angesichts der besonderen Untreue (nicht nur in straf-, sondern auch in arbeitsrechtlicher Hinsicht), kann nicht gesagt werden, die Erfüllung seiner Verpflichtung sei ihm nicht mehr zumutbar (-)

889 Aus der Instanzrechtsprechung vgl. *LAG Baden-Württemberg*, Urt. v. 30.04.2008 – 13 Sa 30/07, juris; LAG München, Urt. v. 27.07.2011 – 11 Sa 319/11, AA 2011, 187.

890 *BAG*, Urt. v. 28.07.1960 – 2 AZR 105/59, BB 1960, 1202.

891 *BAG*, Urt. v. 18.12.1964 – 1 AZR 88/64, AP Nr. 36 zu § 242 BGB Verwirkung.

Geltendmachung von Ansprüchen bis zu *acht Jahre* nach Entstehung bzw. *zwei Monate* nach Vergleichsschluss[892] (+)	- die Klägerin hat durch ihr Verhalten in dem Rechtsstreit mit der Tochter der Beklagten und durch den vorbehaltslosen Vergleichsabschluss in der Beklagten den Eindruck erweckt, sie werde nach Abschluss des Vergleichs mit der Tochter und im Hinblick auf die getroffene Regelung keine Ansprüche mehr gegen sie geltend machen - bei Ansprüchen aus vorsätzlichem Handeln, die vorliegend jedoch nicht bewiesen sind, sind in der Regel an die Annahme einer Verwirkung besonders strenge Anforderungen zu stellen (+)

2. *Literatur*

Olzen u.a. gehen davon aus, dass Schadensersatzansprüche aus vorsätzlicher unerlaubter Handlung nicht verwirken.[893] Zur Begründung verweisen sie auf die ältere Rechtsprechung des Bundesarbeitsgerichts. Danach sei dem Verpflichteten als Schädiger die Anspruchserfüllung auch nach dem für die Verwirkung erforderlichen Zeitablauf noch zumutbar.[894]

Andere Auffassungen berücksichtigen beim Zeit- oder Umstandsmoment insbesondere den Verschuldensgrad. So soll nach Ansicht von *Schäfer* das Zeitmoment bei vorsätzlicher Handlung länger sein, als bei fahrlässig verursachten Schäden. Die Feststellung der Schadenshöhe sowie Schwierigkeiten bei der Aufklärung des Sachverhalts seien zudem ebenfalls beim Zeitmoment zu berücksichtigen.[895] *Kossens* will dagegen die Verwirkung bei vorsätzlicher Schädigung auf Ausnahmefälle beschränken. Insbesondere bei der Zumutbarkeit sei ein strengerer Maßstab als bei sonstigen Forderungen anzulegen.[896]

Mit der Verwirkung des Aufwendungsersatzanspruchs nach § 670 BGB analog setzt sich das Schrifttum dagegen nicht auseinander.

---

892 *BAG*, Urt. v. 01.04.1969 – 1 AZR 221/68, juris. Die Einordnung unter „Deliktische Haftung“ ist nicht zwingend. Das BAG und die Vorinstanz ließen offen, ob der Schadensersatzanspruch vertraglicher oder deliktischer Natur sei.

893 Staudinger/*Looschelders*/*Olzen*, § 242 Rn. 825 m.w.N. Weiter wohl noch Bamberger/Roth/*Sutschet*, § 242 Rn. 146, der Ansprüche aus „vorsätzlicher Schädigung“ ausschließt. Offen gelassen von AR-Blattei SD 1720/*Kossens* Rn. 52 f.

894 *BAG*, Urt. v. 28.07.1960 – 2 AZR 105/59, BB 1960, 1202; Urt. v. 18.12.1964 – 1 AZR 88/64, AP Nr. 36 zu § 242 BGB Verwirkung; *Stauder*, S. 51.

895 *Schäfer*, S. 148 Rn. 216.

896 AR-Blattei SD 1720/*Kossens* Rn. 53 m.w.N.

3. *Bewertung*

a) Zum Zeitmoment

Jedweder Schadensersatzanspruch kann verwirken.[897] Schadensersatzansprüche sind wie Zahlungsansprüche zu behandeln. Für das Zeitmoment gelten daher die bereits oben zur Verwirkung von regelmäßigen Entgeltansprüchen ausgeführten Erwägungen.[898] Der Grad des anspruchsbegründenden Verschuldens ist beim Zeitmoment nicht zu berücksichtigen.

Allein entscheidend für das Zeitmoment ist, dass der Berechtigte sein Recht über einen längeren Zeitraum nicht geltend gemacht hat. Ob der Schadensersatzanspruch auf einer vorsätzlichen Handlung beruht oder der Schaden fahrlässig verursacht wurde, ist allein für die Entstehung des Anspruchs relevant. Daher ist das Zeitmoment für die Verwirkung eines Schadensersatzanspruchs wegen vorsätzlicher Handlung nicht länger, als bei fahrlässig verursachten Schäden. Auch für (etwaige) Billigkeitserwägungen ist insoweit beim Zeitmoment schon dogmatisch kein Raum.

Zuletzt kommt es beim Zeitmoment nicht darauf an, ob die Sachverhaltsaufklärung im konkreten Fall schwierig ist.[899] Unabhängig davon kann der Verpflichtete in solchen Fällen regelmäßig schon das für Umstandsmoment erforderliche, schutzwürdige Vertrauen nicht entwickeln, solange der Berechtigte ersichtlich noch mit der Sachverhaltsaufklärung befasst ist. Zudem scheidet bei Ungewissheit über das Bestehen bzw. den Umfang des Anspruchs eine Vertrauensentwicklung auf die Nichtgeltendmachung eines konkreten Rechts schon von vornherein aus.

b) Zum Umstandsmoment

Auch für das Umstandsmoment gilt, dass Schadensersatzansprüche unter den gleichen Voraussetzungen verwirken wie sonstige Zahlungsansprüche.

---

897 Die Verwirkbarkeit von Schadensersatz- und Bereicherungsansprüchen war schon in der Anfangszeit der Verwirkung str., vgl. (Verwirkbarkeit verneinend): *RG*, JW 1931, 578; *Rothe*, JW 1937, 1449. Bejahend: *RG*, Urt. v. 04.06.1937, RGZ 155, 148; *Hamburger*, JW 1932, 2973 (2974). Das *BAG* hatte zunächst vereinzelt (Urt. v. 18.12.1964 – 1 AZR 88/64, AP Nr. 36 zu § 242 BGB Verwirkung unter unzutreffendem Verweis auf Urt. v. 28.07.1960 – 2 AZR 105/59, BB 1960, 1202) wie auch der *BGH* (Urt. v. 27.06.1957 – II ZR 15/56, NJW 1957, 1358; die Verwirkbarkeit bei fahrlässiger positiver Vertragsverletzung noch bejahend Urt. v. 02.10.1956 – VI ZR 179/55, NJW 1956, 1915) die Verwirkbarkeit von Schadensersatzansprüchen verneint, die auf einer vorsätzlichen Handlung beruhen. Wie das *BAG* stellt der heutzutage *BGH* die Verwirkbarkeit von vertraglichen wie auch deliktischen Schadensersatzansprüchen nicht mehr in Frage (Urt. v. 05.07.2011 – XI ZR 306/10, WM 2011, 2088), nicht einmal bei vorsätzlicher sittenwidriger Schädigung gemäß § 826 BGB (*BGH*, Urt. v. 03.05.2011 – XI ZR 374/08, juris; Urt. v. 15.11.2011 – XI ZR 54/09, BKR 2012, 78).

898 Kap. 3 B.I.1a)cc)(1).

899 So *Schäfer*, S. 148 Rn. 216.

Insbesondere ist die Verwirkbarkeit von Ansprüchen aus vorsätzlicher unerlaubter Handlung nicht ausgeschlossen.[900] Dagegen spricht, dass der Berechtigte beim Verpflichteten Vertrauen begründen kann, das mit der vorsätzlichen unerlaubten Handlung in keinem Zusammenhang steht. Auch der Rechtsgedanke des § 393 BGB greift nicht, wonach die Aufrechnung gegen eine Forderung aus unerlaubter Handlung unzulässig ist. Denn die Verwirkung knüpft nicht an Umstände der unerlaubten Handlung an, sondern ausschließlich an Umstände, die nach der Anspruchsentstehung auftreten. Die Bejahung der Unverwirkbarkeit von Schadensersatzansprüchen hätte zudem Strafcharakter, den die Verwirkung nicht besitzt.[901]

Aufgrund der vorgenannten Ausführungen ist der Grad des anspruchsbegründenden Verschuldens beim Umstandsmoment ebenfalls nicht zu berücksichtigen. Der Berechtigte kann beim Verpflichteten Vertrauen unabhängig vom Verschuldensgrad begründen. Dabei ist besonders zu beachten, dass die Verwirkung allein dem konkreten Vertrauensschutz dient. Das Vertrauen muss sich auf die Nichtgeltendmachung des Rechts durch den Berechtigten beziehen. Es existiert kein typisiertes Misstrauen. Weder aus der Einordnung als „Schadensersatzanspruch" noch aus dem Verschuldensgrad (insbesondere einem vorsätzlichen Handeln) lässt sich pauschal folgern, dass ein solcher Anspruch immer geltend gemacht würde und der Verpflichtete daher auf dessen Nichtgeltendmachung nicht vertrauen könnte. Daher unterliegen die besonderes Vertrauen begründenden Umstände bei Schadensersatzansprüchen auch im Vergleich zu sonstigen Ansprüchen nicht erhöhten Anforderungen.

Wie schon für Entgeltansprüche herausgearbeitet, hat die Höhe der Schadensersatzforderung ebenfalls keinen Einfluss auf die Verwirkung. Als reiner Zahlungsanspruch ist auch weder eine wirtschaftliche noch eine rechtliche Bedeutung des Anspruchs zu berücksichtigen.[902] Zwischen Arbeitgebern und Arbeitnehmern ist hinsichtlich der Verwirkungsvoraussetzungen ebenfalls nicht zu differenzieren. Auch die Rechtsgrundlage (vertraglich, deliktisch) ist für die Verwirkung nicht maßgeblich.

Die vorgenannten Ausführungen können auch auf die Verwirkung von Ansprüchen nach § 670 BGB analog bei der Anbahnung von Arbeitsverhältnissen übertragen werden. Insoweit ist der oben offen gelassene Punkt[903] dahingehend zu konkretisieren, dass für die Verwirkung von Ansprüchen bei Anbahnung eines Arbeitsverhältnisses keine Besonderheiten bestehen. Die Ansprüche verwirken unter den gleichen Voraussetzungen, unabhängig davon, ob sie bei Anbahnung oder im laufenden Arbeitsverhältnis entstehen.

---

900 So Bamberger/Roth/*Sutschet*, § 242 Rn. 146 m.w.N.; Staudinger/*Looschelders/Olzen*, § 242 Rn. 825 m.w.N; AR-Blattei SD 1720/*Kossens* Rn. 52 f. m.w.N.

901 *Kettler*, NZA 2001, 928 (932); *Stauder*, S. 51 m.w.N.

902 Kap. 3 B.I.1a)cc)(2).

903 S.o. Kap.3 B.II.

c) Exkurs: Zur Berücksichtigung der Verjährungsfrist bei Bestimmung der Dauer des Zeitmoments

Schadensersatzansprüche wegen Verletzung der körperlichen Unversehrtheit unterliegen der zehnjährigen Verjährungsfrist (§ 199 Abs. 2 BGB), während bei Verletzung des Eigentums die Regelverjährungsfrist von drei Jahren gilt (§ 195 BGB). Die unterschiedlichen Verjährungsfristen sollen zum Anlass genommen werden kurz auf die Ansicht der h.M. einzugehen, wonach allgemein die Dauer der Verjährungsfrist bei der Bestimmung des Zeitmoments (nicht nur bei Schadensersatzansprüchen) zu berücksichtigen ist. Liegt ein „starkes" Umstandsmoment vor, lässt sie auch bei Ansprüchen, die langen Verjährungsfristen unterliegen, eine Verkürzung des Zeitmoments zu.[904]

Dies ist abzulehnen. Vielmehr ist die Dauer der Verjährungsfrist bei der Bestimmung des Zeitmoments allenfalls einzelfallabhängig zu berücksichtigen. Verdeutlicht werden soll dies an folgendem Ausgangsfall: Der Arbeitnehmer hat gegen den Arbeitgeber einen Schadensersatzanspruch. Wurde die körperliche Unversehrtheit und des Eigentums des Arbeitnehmers verletzt, müsste dieser Schadensersatzanspruch nach h.M. wegen der zehnjährigen Verjährungsfrist (§ 199 Abs. 2 BGB) langsamer verwirken, als wenn lediglich ein Eigentumsschaden (§ 195 BGB, dreijährige Verjährungsfrist) eingetreten wäre.

Warum aufgrund des gleichen Schadensereignisses und des gleichen, besonderes Vertrauen begründenden Umstandes der Anspruch auf Ersatz des Eigentumsschadens verwirken soll, nicht aber der Anspruchs auf Ersatz des Personenschadens, ist nicht nachvollziehbar. Ein besonderes Vertrauen begründender Umstand, der für sich genommen zur Verwirkung des Anspruchs auf Ersatz des Eigentumsschadens ausreichen würde, kann sich auch auf die Schadensposition „körperliche Unversehrtheit" erstrecken. Selbst dann, wenn er kein „besonders starkes" Umstandsmoment darstellt. Dies gilt umso mehr, wenn wie im Ausgangsfall beide Schadenspositionen vorliegen. Auch wenn unterschiedliche Verjährungsfristen laufen: Es sind keine rechtlich zwingenden Gründe ersichtlich, dass dies auch für die Verwirkung gelten muss. Dies gilt gerade unter dem Gesichtspunkt des Vertrauensschutzes.

Zudem sind Verjährung und Verwirkung wie schon mehrfach ausgeführt voneinander zu trennende Rechtsinstitute. Der Verwirkungstatbestand besteht gerade nicht aus Verjährungsfrist plus Umstandsmoment. Vielmehr kann die Verwirkung gerade vor der Verjährung eintreten. Darin liegt auch ihre praktische Bedeutung.[905]

---

904 Vgl. zum Ganzen statt vieler *Stauder*, S. 95 f. m.w.N.

905 So zutreffend der *BGH* in dem vereinzelt gebliebenen Urteil vom 26.05.1992 (VI ZR 230/91, NJW-RR 1992, 1240). Die überwiegenden Urteile gehen demgegenüber mit der h.M. konform (vgl. bspw. *BGH*, Urt. v. 20.06.2001 – XII ZR 20/99, NJ 2002, 38; Urt. v. 09.12.1987 – IVb ZR 99/86, FamRZ 1988, 478; Urt. v. 06.12.1988 – XI ZR 19/88, NJW-RR 1989, 818).

Zuletzt spricht für die hier vertretene Auffassung auch die unterschiedliche Zielrichtung beider Rechtsinstitute. Die Verjährung bietet Schutz vor unbekannten Forderungen.[906] Die Verwirkung dagegen schützt konkretes Vertrauen.

Die Verjährungsdauer ist bei der Bestimmung des Zeitmoments daher allenfalls einzelfallabhängig zu berücksichtigen. Steht beispielsweise allein die Verwirkung eines Anspruchs im Raum, der der dreißigjährigen Verjährungsfrist unterliegt (z B. § 199 Abs. 2, Abs. 3a BGB), wird in der Regel eine längere Dauer für das Zeitmoment anzunehmen sein, als bei einem der regelmäßigen Verjährung unterliegenden Anspruch. Dies gilt jedenfalls, soweit nicht ausnahmsweise ein „besonders starkes“ Umstandsmoment vorliegt. Demgegenüber ist die Dauer der Verjährungsfrist nicht zu berücksichtigen, wenn mehrerer Ansprüche auf demselben Lebenssachverhalt beruhen, aber unterschiedlichen Verjährungsfristen unterliegen.

4. Abschließende Bewertung

Schadensersatzansprüche sind wie Zahlungsansprüche zu behandeln. Sie verwirken unter jeweils gleichen Voraussetzungen wie sonstige Zahlungsansprüche im Arbeitsrecht, ohne dass es auf Höhe und Rechtsgrundlage des Anspruchs (deliktisch, vertraglich) ankäme. Insbesondere ist der Grad des anspruchsbegründenden Verschuldens weder beim Zeit- noch beim Umstandsmoment zu berücksichtigen. Auch verwirken die Schadensersatzansprüche einer Vertragspartei weder langsamer noch schneller als die der anderen.

Nicht nur bei Schadensersatzansprüchen, sondern bei der Verwirkung allgemein, zieht die h.M. die Dauer der Verjährungsfrist bei der Bestimmung des Zeitmoments heran. In dieser Pauschalität trifft dies nicht zu. Die Dauer der Verjährungsfrist kann vielmehr nur einzelfallabhängig berücksichtigt werden, so z.B. wenn es um die Verwirkung eines einzigen Anspruchs auf Grundlage eines Lebenssachverhalts geht. Beruhen dagegen mehrere Ansprüche auf demselben Lebenssachverhalt, die aber unterschiedlichen Verjährungsfristen unterliegen, ist die Dauer der Verjährungsfrist nicht zu berücksichtigen.

VI. Betriebliche Altersversorgung

Nach § 1 Abs. 1 Satz 1 BetrAVG liegt betriebliche Altersversorgung vor, wenn der Arbeitgeber einem Arbeitnehmer Leistungen der Alters-, Invaliditäts- oder Hinterbliebenenversorgung aus Anlass seines Arbeitsverhältnisses zusagt. Unter dem Gesichtspunkt der Verwirkung ist insbesondere von Interesse, ob bzw. unter welchen Voraussetzungen die betriebliche Altersversorgung „an sich“ sowie einzelne Rentenleistungen verwirken können. Darüber hinaus sollen einzelne Rechte im Zusammenhang mit der betrieblichen Altersversorgung untersucht

906 So *BAG*, Urt. v. 18.02.2003 – 3 AZR 160/02, DB 2003, 2181; Urt. v. 24.05.2006 – 7 AZR 201/05, NZA 2006, 1364.

werden.[907] Nach einer im zivilrechtlichen Schrifttum vertretenen Auffassung sollen Versorgungsbezüge aufgrund der vorrangigen Schutzwürdigkeit des Arbeitnehmers nicht verwirken.[908] Vergegenwärtigt man sich, dass das BetrAVG das „Gesetz zur Verbesserung der betrieblichen Altersversorgung" ist und der Gesetzgeber durch mehrfache Änderungen des BetrAVG die Position der Arbeitnehmer deutlich gestärkt hat (Unverfallbarkeit, § 2 BetrAVG; Abfindungsverbot, § 4 BetrAVG etc.), scheint dies auf den ersten Blick schlüssig.

1. *Verwirkung der betrieblichen Altersversorgung „an sich": Versorgungsanwartschaft, Rentenstammrecht und Versorgungsverschaffungsanspruch*

Zunächst soll die Rechtsprechung zur Verwirkung der betrieblichen Altersversorgung „an sich" untersucht werden, d.h. die Verwirkung von Rechten, die zum Verlust der vollständigen Altersversorgung führen. Dabei kommen drei Ansatzpunkte in Betracht.

Zunächst ist eine Verwirkung der Anwartschaft denkbar. „Unter einer „Anwartschaft" ist im Rahmen der betrieblichen Altersversorgung eine rechtlich geschützte Position zu verstehen, die den Zeitraum zwischen Erteilung der Versorgungszusage und dem Eintritt des Versorgungsfalles umfasst."[909] Sie bezeichnet das Rechtsverhältnis, das sich in diesem Zeitraum aus sich überlagernden auflösenden (Eintritt der Unverfallbarkeit, Beendigung des Arbeitsverhältnisses) und aufschiebenden (Eintritt des Versorgungsfalls) Bedingungen ergibt. Der Inhalt der Anwartschaft richtet sich nach dem Grundgeschäft (Versorgungsversprechen), der jedoch insbesondere nach Maßgabe des § 2 BetrAVG Änderungen unterworfen ist.[910]

Des Weiteren ist eine Verwirkung des Rentenstammrechts möglich. Vom Rentenstammrecht (oder Versorgungsanspruch)[911] spricht man, wenn der Versorgungsfall eingetreten und die Anwartschaft zum Anspruch auf die zugesagten Leistungen erstarkt ist.[912]

---

907 Nicht berücksichtigt werden nachfolgend Entscheidungen, die das BAG zur erneuten Entscheidung zurückverwiesen hat, so Urt. v. 10.11.1959 – 1 AZR 29/56, RdA 1961, 40; Urt. v. 05.11.1965 – 3 AZR 381/64, AP Nr. 103 zu § 242 BGB Ruhegehalt; Urt. v. 12.07.1968 – 3 AZR 218/67, AP Nr. 128 zu § 242 BGB Ruhegehalt; Urt. v. 31.08.1978 – 3 AZR 313/77, AP Nr. 1 zu § 1 BetrAVG.

908 Staudinger/*Looschelders/Olzen*, § 242 Rn. 824; Bamberger/Roth/*Sutschet*, § 242 Rn. 145, jeweils m.w.N.

909 MüArbRHb/ *Andresen/Cisch*, § 145 Rn. 20.

910 Blomeyer/*Rolfs*/Otto, § 1b Rn. 18, wonach der Eintritt der Unverfallbarkeit (§ 1b BetrAVG) die Anwartschaft nicht qualitativ ändere und § 2 BetrAVG lediglich quantitative Änderungen zur Folge habe; a.A. *Höfer/Veit/Verhuven*, ART 974, wonach die Anwartschaft mit der Zeit unterschiedliche Rechtsqualitäten (verfallbare, unverfallbare und aufrechterhaltene Anwartschaft) durchläuft.

911 *Höfer/Veit/Verhuven*, ART 975 f.

912 Blomeyer/*Rolfs*/Otto, Anh § 1 Rn. 234.

Zuletzt kommt eine Verwirkung des Versorgungsverschaffungsanspruchs in Betracht. Betriebsrentenrechtlich ist zwischen der Versorgungszusage (§ 1 Abs. 1 Satz 1 BetrAVG), der Bestimmung des internen oder externen Durchführungsweges (Satz 2) und dem aus der Einstandspflicht (Satz 3) folgenden Verschaffungsanspruch als Erfüllungsanspruch zu unterscheiden.[913] Sagt der Arbeitgeber die Einschaltung eines externen Versorgungsträgers zu, muss er zunächst die Erbringung der im Versorgungsfall geschuldeten Versorgungsleistung über den Versorgungsträger zu erreichen versuchen.[914] Soweit die geschuldete Versorgung nicht auf dem vorgesehenen Durchführungsweg abgewickelt wird, kann der Arbeitnehmer den Arbeitgeber in Anspruch nehmen, die Versorgungsleistung selbst zu erbringen (§ 1 Abs. 1 Satz 3 BetrAVG).[915]

a) Rechtsprechung

aa) Verwirkung verneint

Zeitmoment	Umstandsmoment
Geltendmachung gegenüber der Beklagten über 5,5 Jahre nach Eintritt des Versorgungsfalls[916]	- die jahrelange widerspruchslose Entgegennahme der Rentenleistungen von Unternehmen, die im Auftrag und für Rechnung der ehemaligen Arbeitgeberin gezahlt haben, führt nicht zur Verwirkung der Rentenleistung gegenüber der ehemaligen Arbeitgeberin
(den Entscheidungsgründen nicht eindeutig zu entnehmen)[917]	- Verwirkung liegt regelmäßig nicht schon deshalb vor, weil ein Arbeitnehmer wegen seiner Versorgungsansprüche nicht schon vor Eintritt des Versorgungsfalles beim Arbeitgeber vorstellig wird - der Arbeitnehmer darf sich grundsätzlich darauf verlassen, der Arbeitgeber werde Versorgungsverpflichtungen korrekt erfüllen, wenn nicht ausnahmsweise besondere Umstände den Anschein erwecken, der Arbeitnehmer lege auf die Versorgung keinen Wert (z.B. bewusste Nichtbeteiligung an einer Versorgungseinrichtung, Abbruch jeglichen Kontakts nach Beendigung des Arbeitsverhältnisses)

913 *BAG*, Urt. v. 12.06.2007 – 3 AZR 186/06, NZA-RR 2008, 537.

914 *BAG*, Urt. v. 17.06.2008 – 3 AZR 553/06, NZA 2008, 1320; Urt. v. 12.06.2007 – 3 AZR 186/06, DB 2008, 2034; H/B/D/*Vienken*, BetrAVG § 1 Rn. 67.

915 *BAG*, Urt. v. 07.03.1995 – 3 AZR 282/94, NZA 1996, 48; *Stürmer*, NJW 2004, 2480 (2482).

916 *BAG*, Urt. v. 04.06.1965 – 3 AZR 43/64, BAGE 17, 177.

917 *BAG*, Urt. v. 15.12.1967 – 3 AZR 232/66, AP Nr. 123 zu § 242 BGB Ruhegehalt.

Zeitmoment	Umstandsmoment
mehrfache Geltendmachung nach Beendigung des Arbeitsverhältnisses bzw. Klageerhebung sechs Jahre nach endgültiger Ablehnung, aber vor Eintritt des Versorgungsfalles[918]	- dass der Arbeitnehmer zunächst gegen die ablehnende Entscheidung des Arbeitgebers keine gerichtlichen Schritte einleitete, reicht allein noch nicht zur Begründung der Verwirkung aus
Klageerhebung *10 Jahre* nach erstmaliger Geltendmachung bzw. über *vier Jahre* nach Beendigung des Arbeitsverhältnisses, aber vor Renteneintritt[919] (offen)	- ein Anspruch wird nicht schon verwirkt, wenn der Gläubiger mit der Geltendmachung längere Zeit gezögert hat: Es muss weiterhin durch sein Zuwarten beim Schuldner die Ansicht hervorgerufen worden sein, der Gläubiger werde seinen Anspruch nicht mehr geltend machen, sodass der Schuldner sich darauf eingestellt hat, nicht mehr in Anspruch genommen zu werden
Erstmalige Inanspruchnahme *fünf Jahre* nach Eintritt des Versorgungsfalles[920]	- der Kläger hat seine Betriebsrente von der H GmbH erhalten, sodass die Beklagte insoweit von ihrer Zahlungspflicht frei geworden ist (§ 25 HGB, § 422 BGB) - daraus konnte die Beklagte jedoch nicht schließen, sie werde im Falle einer Insolvenz der H GmbH nicht mehr selbst in Anspruch genommen
Klageerhebung *10 Jahre* nach Beendigung des Arbeitsverhältnisses, aber vor Eintritt des Versorgungsfalles[921]	- Versorgungsstammrechte verjähren in 30 Jahren (§ 195 BGB a.F.) - es fehlt an einem schützenswerten Vertrauenstatbestand, da der Arbeitnehmer bei Beendigung des Arbeitsverhältnisses erst 37 Jahre alt und vom Ruhestand weit entfernt war - allein die Verwaltung einer unverfallbaren Versorgungsanwartschaft als verfallbare begründet kein schutzwürdiges Vertrauen
Klageerhebung *13 Jahre* nach Ablehnung, aber vor Renteneintritt[922]	- der Kläger hat sich nicht so verhalten, dass die Arbeitgeberin annehmen durfte, er werde seinen Anspruch nicht geltend machen - vor seinem Ruhestand konnte die Arbeitgeberin nicht darauf vertrauen, dass der Kläger seinen Anspruch nicht geltend machen werde

918 *BAG*, Urt. v. 26.02.1976 – 3 AZR 166/75, BB 1976, 793.
919 *BAG*, Urt. v. 14.12.1983 – 7 AZR 583/80, juris.
920 *BAG*, Urt. v. 24.03.1987 – 3 AZR 384/85, NZA 1988, 246.
921 *BAG*, Urt. v. 27.02.1990 – 3 AZR 213/88, NZA 1990, 689.
922 *BAG*, Urt. v. 17.12.1991 – 3 AZR 44/91, NZA 1992, 973.

Klageerhebung *sechs Jahre* nach Eintritt des Versorgungsfalles bzw. *ein Jahr* nach Grundsatzurteil[923] (offen)	- für Zeit- und Umstandsmoment sowie für die Zumutbarkeit der Erfüllung des Anspruchs sind Art und (im)materielle Bedeutung des Anspruchs, die Ursachen der Untätigkeit des Berechtigten und das Ausmaß der Schutzbedürftigkeit beider Parteien entscheidend - die betriebliche Altersversorgung sichert dem Versorgungsberechtigten in einem gewissen Umfang den bisherigen Lebensstandard und hat für ihn einen entsprechend hohen wirtschaftlichen Wert - nur ausnahmsweise kann der Arbeitgeber davon ausgehen, dass der Versorgungsberechtigte einen Anspruch auf Verschaffung einer betrieblichen Altersversorgung nicht mehr geltend machen werde - die Beklagte konnte unschwer erkennen, dass die Klägerin ebenso wie sie selbst zunächst den tariflichen Ausschlusstatbestand für wirksam hielt. Sie musste daher damit rechnen, dass die Klägerin nach Kenntnis der tatsächlichen Rechtslage ihren Verschaffungsanspruch gelten machen werde - die Vermögensdispositionen der Verpflichteten beruhten nicht auf der unterbliebenen Geltendmachung eines Verschaffungsanspruchs, sondern auf einer irrigen Rechtsauffassung
Klageerhebung knapp *zwei Jahre* nach Änderung der höchstrichterlichen Rechtsprechung[924] (offen)	- allein aus der etwa zweijährigen Untätigkeit des Klägers konnte sich kein Vertrauenstatbestand zugunsten der Beklagten ergeben
(den Entscheidungsgründen nicht eindeutig zu entnehmen)[925]	- eine Verwirkung der möglichen Rechte des Klägers ist schon deshalb ausgeschlossen, weil der Kläger sich gerade darauf beruft, über die Möglichkeit des Erwerbs einer Versorgungsanwartschaft nicht hinreichend unterrichtet worden zu sein: Nur ein dem Anspruchsteller bekannter Anspruch kann verwirken[926]

923 *BAG*, Urt. v. 24.09.1996 – 3 AZR 698/95, juris.

924 *BAG*, Urt. v. 25.02.1999 – 3 AZR 262/97, juris. Parallelentscheidung: Urt. v. 25.02.1999 – 3 AZR 285/98, juris.

925 *BAG*, Urt. v. 17.10.2000 – 3 AZR 69/99, NZA 2001, 203.

926 Dies ist missverständlich. Wie bereits ausgeführt, tritt die Verwirkung grundsätzlich unabhängig von der Kenntnis des Berechtigten vom Bestehen seines Rechts ein (s.o. Kap.2 B.IV.). Etwas anderes gilt nur dann, wenn – wie im entschiedenen Fall – die Unkenntnis auf ein Verhalten des Verpflichteten zurückzuführen ist. Daher ist dem Urteil gerade nicht zu entnehmen, dass die Verwirkung immer bei fehlender Kenntnis des Berechtigten von seinem Recht ausscheidet.

Zeitmoment	Umstandsmoment
Geltendmachung *neun Monate* nach Beendigung des Arbeitsverhältnisses[927] (offen)	- die Klägerin hat nicht den Eindruck erweckt, sie werde die ihr zustehenden Versorgungsrechte nicht mehr geltend machen - vor Abschluss des Aufhebungsvertrages nahm die Rechtsanwältin die Versorgungsrechte der Klägerin gegenüber der Beklagten wahr - im Aufhebungsvertrag verpflichtete sich die Beklagte zur Einhaltung der Versorgungsvereinbarung
Klageerhebung vor Eintritt des Versorgungsfalls[928]	- zur Erfüllung des Zeitmoments muss ein bestehendes Recht längere Zeit nicht geltend gemacht worden sein, sodass eine Verwirkung von vornherein ausscheidet, solange das Recht noch nicht besteht - ein Versorgungsverschaffungsanspruch wird erst mit Eintritt des Versorgungsfalles fällig und kann deshalb vorher nicht verwirken
Geltendmachung vor Eintritt des Versorgungsfalles[929]	- die Arbeitgeberin musste damit rechnen, dass der Arbeitnehmer dem gleichen Rechtsirrtum unterlag wie sie und seine Versorgungsrechte zunächst nicht kannte - vor Eintritt des Versorgungsfalls hatte der Arbeitnehmer keinen Anlass, die Wirksamkeit der Betriebsvereinbarungen anzuzweifeln - die ordnungsgemäße Betriebsratsbeteiligung obliegt allein der Arbeitgeberin. Die Arbeitnehmer müssen nicht das Beteiligungsverfahren oder die Verletzung des Mitbestimmungsrechts prüfen und dann rügen, sodass hieraus kein Vertrauen erwachsen kann - das Rentenstammrecht und damit auch die Versorgungsanwartschaft verwirkt nur in seltenen Fällen
Klageerhebung *1,5 Jahre* nach Tätigkeitsende[930] (offen)	- muss der Schuldner bei verständiger Würdigung daran zweifeln, dass der Gläubiger Kenntnis von seinem Recht hat, kann er allein aufgrund einer längeren Untätigkeit nicht darauf vertrauen, auch künftig nicht mehr in Anspruch genommen zu werden

927 *BAG*, Urt. v. 21.11.2000 – 3 AZR 22/00, juris.

928 *BAG*, Urt. v. 18.09.2001 – 3 AZR 689/00, NZA 2002, 1391.

929 *BAG*, Urt. v. 24.01.2006 – 3 AZR 484/04, NZA 2007, 278. Weitgehend Parallelentscheidung: Urt. v. 24.01.2006 – 3 AZR 483/04, NZA-RR 2007, 595.

930 *BAG*, Urt. v. 10.10.2007 – 7 AZR 448/06, AP Nr. 20 zu § 10 AÜG. Teilweise Parallelentscheidungen: Urt. v. 24.05.2006 – 7 AZR 365/05, EzAÜG § 10 AÜG Fiktion Nr. 114; Urt. v. 10.10.2007 – 7 AZR 487/06, AP Nr. 19 zu § 10 AÜG.

	- ein Schuldner, der von einem Gläubiger verklagt wird, kann regelmäßig nicht davon ausgehen, von anderen Gläubigern ebenfalls zeitnah in Anspruch genommen und anderenfalls künftig nicht mehr belangt zu werden

bb) Verwirkung bejaht

Klageerhebung *zehn Jahre* nach Beendigung des Arbeitsverhältnisses, aber vor Renteneintritt[931]	- der Kläger ist nach Beendigung des Arbeitsverhältnisses, Abwicklung des Sozialplans und dem Scheitern der Vertragsverhandlungen mit dem Ziel der Übernahme des Arbeitsverhältnisses durch die Beklagte mehr als zehn Jahre lang nicht auf seine Versorgungsanwartschaft zurückgekommen, obgleich hierzu Veranlassung bestand, auch wenn der Versorgungsfall noch nicht eingetreten war - der Kläger hat Vertrauen geschaffen, dass er den Verlust der Anwartschaft akzeptiert durch: • Hinnahme, dass Versorgungsanwartschaft weder aufrechterhalten noch im Sozialplan berücksichtigt wurde • Unterschrift der Ausgleichsquittung, die den Eindruck erweckte, dass das Arbeitsverhältnis abgewickelt ist • Untätigkeit während des Liquidationsverfahrens über die die Versorgung durchführende Unterstützungskasse • Untätigkeit trotz Inkrafttretens des BetrAVG, das die Dokumentation unverfallbarer Versorgungsanwartschaften vorsah • unterlassene Anspruchsanmeldung im Liquidationsverfahren der ehemaligen Arbeitgeberin - es ist der Beklagten mehr als 10 Jahre nach Beendigung und Abwicklung des Arbeitsverhältnisses sowie Liquidation ihrer Rechtsvorgängerin unzumutbar, die Ansprüche nach Änderung der tatsächlichen und rechtlichen Verhältnisse zu erfüllen

b) Literatur

Die Literatur beschränkt sich überwiegend auf Wiederholung der allgemeinen Aussage des Bundesarbeitsgerichts, dass das Rentenstammrecht bzw. zukünftiger

931 *BAG*, Urt. v. 19.05.1987 – 3 AZR 488/85, juris.

Rentenleistungen nur ausnahmsweise verwirken.[932] Nach der vereinzelt gebliebenen Auffassung von *Vienken* soll die Verwirkung des Rentenstammrechts regelmäßig am Zeitmoment scheitern. Denn der Versorgungsanspruch werde erst mit dem Eintritt des Versorgungsfalls fällig und nach § 18a BetrAVG verjähre das Rentenstammrecht erst nach 30 Jahren.[933]

c) Bewertung

Insbesondere an der Rechtsprechung ist zu kritisieren, dass sie häufig weder das Recht genau herausarbeitet, dessen Verwirkung in Frage steht noch den Anknüpfungspunkt für das hierfür erforderliche Vertrauen. Aus Gründen der Klarheit sollen die einzelnen Rechte daher nachfolgend differenziert dargestellt werden.

aa) Anwartschaft

Die Verwirkbarkeit der Rentenanwartschaft ist ausgeschlossen. Der Verpflichtete kann auf die Nichtausübung der Anwartschaft kein Vertrauen entwickeln.

Die gegenteilige Auffassung des Bundesarbeitsgerichts, wonach die Anwartschaft grundsätzlich verwirkbar sei[934], ist abzulehnen. In einer älteren Entscheidung formulierte es, dass „ein aufschiebend bedingter Versorgungsanspruch verwirkt, wenn der Rechtsträger das Recht längere Zeit nicht ausübt, der Schuldner nach dem früheren Verhalten des Rechtsträgers damit rechnen durfte, daß das Recht nicht mehr geltend gemacht werde und er sich hierauf eingerichtet hat, so daß ihm die Erfüllung nicht mehr zugemutet werden kann."[935] In einer neueren Entscheidung ergänzt der dritte Senat, dass „das als Rentenstammrecht bezeichnete Versorgungsrecht, auf dem die einzelnen Rentenzahlungen beruhen, und damit auch die Versorgungsanwartschaft nur in seltenen Fällen" verwirkt.[936]

Bereits der vom Bundesarbeitsgericht formulierte Grundsatz ist unzutreffend. Der Arbeitnehmer kann den aufschiebend bedingten Anspruch (Anwartschaft) nicht ausüben. Daher scheidet bereits der Ansatzpunkt des für die Verwirkung erforderlichen Vertrauens aus. Eine Ausübung bzw. Geltendmachung der Anwartschaft ist im laufenden Arbeitsverhältnis zudem nicht vorgesehen.

---

932 Blomeyer/*Rolfs*/Otto, Anh § 1 Rn. 689; AR-Blattei SD 1720/*Kossens* Rn. 77; Förster/Cisch/Karst/*Rihn*, § 1 Rn. 306; A/F/R/R, 11 D Rn. 90; *Höfer/ Veit/ Verhuven*, ART 993; Schaub/*Vogelsang*, § 85 Rn. 326; *Schumann*, DB 2010, 1591 f. Wohl ebenso: H-BetrAV/*Birk* 30 Rn. 458; *Griebeling/ Griebeling*, S. 158 Rn. 653. Im älteren Schrifttum differenziert *Heissmann*, S. 177 f., zwischen der Verwirkung einzelner Rentenleistungen und des Stammrechts, ohne jedoch deren Voraussetzungen näher zu konkretisieren.

933 H/B/D/*Vienken*, BetrAVG § 1 Rn. 198.

934 So z.B. *BAG*, Urt. v. 19.05.1987 – 3 AZR 488/85, juris; Urt. v. 27.02.1990 – 3 AZR 213/88, NZA 1990, 689; Urt. v. 24.01.2006 – 3 AZR 484/04, NZA 2007, 278; Urt. v. 24.01.2006 – 3 AZR 483/04, NZA-RR 2007, 595.

935 *BAG*, Urt. v. 27.02.1990 – 3 AZR 213/88, NZA 1990, 689.

936 *BAG*, Urt. v. 24.01.2006 – 3 AZR 484/04, NZA 2007, 278.

Als einzige Ausnahme käme insoweit § 9 Abs. 1 Satz 2 BetrAVG in Betracht. Danach hat der Arbeitnehmer im Insolvenzfall unter bestimmten Bedingungen seine Anwartschaft dem Träger der Insolvenzsicherung zu melden. Unabhängig davon aber, ob man insoweit tatsächlich von einer Rechtsausübung sprechen will oder lediglich von einer Mitteilung über ein Rechtsverhältnis: Es handelt sich um einen gesetzlich geregelten Spezialfall für die Insolvenz. Im Übrigen ist eine Geltendmachung der Anwartschaft nicht vorgesehen. Damit existiert kein Ansatzpunkt des für die Verwirkung erforderlichen Vertrauens. Gestützt wird dies auch durch § 9 Abs. 1 Satz 2 Halbs. 2 BetrAVG. Dieser sieht als Rechtsfolge eines schuldhaften Verstoßes gegen die Meldepflicht einen verspäteten Leistungsbeginn vor, der die Anwartschaft aber unberührt lässt. Wegen der gesetzlichen Trennung von Anwartschaft und Rentenleistung wäre daher allenfalls in der speziellen Konstellation des § 9 Abs. 1 Satz 2 BetrAVG die Verwirkung des Leistungsanspruchs denkbar[937], nicht aber die der Anwartschaft.

Vor diesem Hintergrund überzeugt auch nicht die vom Bundesarbeitsgericht im Hinblick auf die Verwirkung vorgenommene Gleichsetzung von Anwartschaft und Rentenstammrecht, wenn es formuliert, dass „das als Rentenstammrecht bezeichnete Versorgungsrecht, auf dem die einzelnen Rentenzahlungen beruhen, und damit auch die Versorgungsanwartschaft nur in seltenen Fällen“ verwirkt.[938] Mit Blick auf die Verwirkung verbietet sich die Gleichsetzung schon deshalb, weil das Rentenstammrecht zum einen erst mit Eintritt des Versorgungsfalls entsteht und zum anderen damit die Anwartschaft erlischt.

Demnach ist die Verwirkbarkeit der Anwartschaft abzulehnen. Dies ist jedoch wie gezeigt nicht spezifisch arbeits- oder betriebsrentenrechtlichen Erwägungen geschuldet, sondern den allgemeinen Grundsätzen der Verwirkung.

bb) Versorgungsverschaffungsanspruch

Eine Verwirkung des Versorgungsverschaffungsanspruchs vor Eintritt des Versorgungsfalls scheidet aus. Dieser ist erst mit Eintritt des Versorgungsfalles fällig.[939] Solange ein Recht noch nicht entstanden ist, ist seine Verwirkung ausgeschlossen, da das Zeitmoment noch nicht anlaufen kann. Zudem kann in die Nichtgeltendmachung eines noch nicht entstandenen Rechts kein schutzwürdiges Vertrauen entwickelt werden kann. Daher scheidet auch die Erfüllung des Umstandsmoments aus.

Unabhängig davon dürfte in der Praxis auch nach Eintritt des Versorgungsfalls die Verwirkung des Versorgungsverschaffungsanspruchs in der Regel an der

937 So wohl Blomeyer/*Rolfs*/Otto, § 9 Rn. 29 m.w.N., die sich jedoch nur allgemein auf die Voraussetzungen der Verwirkung beziehen. Dies ist abzulehnen, da es dem allgemeinen Grundsatz widerspricht, wonach die Verwirkung eines noch nicht entstandenen Rechts ausscheidet.

938 *BAG*, Urt. v. 24.01.2006 – 3 AZR 484/04, NZA 2007, 278.

939 Vgl. *BAG*, 07.03.1995 – 3 AZR 282/94, NZA 1996, 48; Urt. v. 12.06.2007 – 3 AZR 186/06, NZA-RR 2008, 537; *LAG Schleswig-Holstein*, Urt. v. 24.09.1996 – 3 Sa 369/03, NZA-RR 2004, 601.

Entwicklung schutzwürdigen Vertrauens scheitern und damit an der Erfüllung des Umstandsmoments. So richtet sich der Versorgungsverschaffungsanspruch darauf, dass der Arbeitgeber für die Erbringung der im Versorgungsfall geschuldeten Versorgungsleistung über den Versorgungsträger sorgt. Soweit die geschuldete Versorgung nicht auf dem vorgesehenen Durchführungsweg abgewickelt werden kann, hat der Arbeitgeber die Versorgungsleistung selbst zu erbringen (§ 1 Abs. 1 Satz 3 BetrAVG). In der Praxis tritt der Versorgungsverschaffungsanspruch oft in Gestalt eines Schadensersatzanspruchs auf[940], z.B. wenn der Arbeitgeber es unterlassen hat, den Arbeitnehmer ordnungsgemäß über die Inanspruchnahme und Ausschöpfung bestehender Zusatzversorgungsmöglichkeiten zu informieren.[941] Beiden Fallgestaltungen wird regelmäßig in irgendeiner Form eine Auseinandersetzung zwischen Arbeitnehmer und Arbeitgeber hinsichtlich Inhalt und Umfang des Anspruchs vorausgegangen sein, ggf. sogar in Form einer Feststellungsklage[942] oder Klage auf zukünftige Leistung. Der Verpflichtete wird daher in der Regel kein schutzwürdiges Vertrauen auf die (weitere) Nichtgeltendmachung entwicklen können. Denkbar ist insoweit allenfalls, dass der Arbeitnehmer trotz der Ankündigung, weitere Schritte zur Anspruchsverfolgung unternehmen zu wollen, hiervon absieht.

cc) Rentenstammrecht

Vor Eintritt des Versorgungsfalls scheidet die Verwirkung des Rentenstammrechts ebenfalls aus. Da das Recht noch nicht vollständig entstanden ist, kann das Zeitmoment bereits nicht anlaufen. Zudem ist die Verwirkung auch hier deshalb ausgeschlossen, da in die Nichtgeltendmachung eines noch nicht entstandenen Rechts kein schutzwürdiges Vertrauen entwickelt werden kann.

Die Verwirkung des Rentenstammrechts kommt jedoch grundsätzlich dann in Betracht, wenn nach Eintritt des Versorgungsfalls besondere Umstände vorliegen, aufgrund derer der Arbeitgeber darauf vertrauen durfte, dass der Arbeitnehmer seine betriebliche Altersversorgung nicht mehr geltend machen wird. Das Vertrauen muss sich dabei auf die Nichtgeltendmachung des Rentenstammrechts beziehen, d.h. auf die Nichtinanspruchnahme der Altersversorgung als Ganzes und nicht bloß einzelner Rentenleistungen.

Auch insoweit werden wie schon beim Versorgungsverschaffungsanspruch in der Praxis kaum jemals besonderes Vertrauen begründende Umstände vorliegen. Dies liegt in erster Linie an den tatsächlichen Umständen, die mit der betrieblichen Altersversorgung verbunden sind und regelmäßig keinen tauglichen Anknüpfungspunkt zur Vertrauensentwicklung bieten.

Die betriebliche Altersversorgung knüpft an den Eintritt des Versorgungsfalls an, d.h. alternativ oder kumulativ an Alter, Invalidität oder Tod. Es handelt sich um sehr einschneidende Gründe. Daher sind bei Beurteilung des Verhaltens des

940 Vgl. hierzu Blomeyer/*Rolfs*/Otto, Anh § 1 Rn. 479.

941 Vgl. *BAG*, Urt. v. 17.10.2000 – 3 AZR 69/99, NZA 2001, 203.

942 Vgl. hierzu z.B. das Muster bei Lansnicker/*Fleddermann*, § 10 Rn. 144.

Berechtigten aus Sicht eines objektiven Betrachters an sich nur bedingt Umstände vorstellbar, aufgrund derer der Arbeitgeber von der Nichtgeltendmachung des Rentenstammrechts ausgehen darf. Dies gilt umso mehr, als das Recht erst mit dem „einschneidenden Ereignis“ (Versorgungsfall) entsteht.

Zudem wird regelmäßig mit Eintritt des Versorgungsfalles das Ausscheiden des Arbeitnehmers aus dem Arbeitsverhältnis einhergehen, wenn dies nicht bereits schon vorher eingetreten ist. Der (frühere) Arbeitgeber wird daher in aller Regel keinen Kontakt mehr zum Berechtigten haben. Somit wird er keine Kenntnis von einem vertrauensbegründenden Verhalten des Berechtigten haben. Damit entfällt der Anknüpfungspunkt der Vertrauensentwicklung. Dies gilt erst recht im Falle der Hinterbliebenenversorgung, wo zwischen Verpflichtetem und den berechtigten Hinterbliebenen regelmäßig überhaupt kein direkter Kontakt bestanden haben wird. Einziger Anknüpfungspunkt ist dann die Untätigkeit des Berechtigten. Diese stellt jedoch kein besonderes Vertrauen begründenden Umstand dar. Im Ergebnis ist die Verwirkung des Rentenstammrechts daher theoretisch denkbar, praktisch wird sie jedoch ausgeschlossen sein.

d) Zwischenergebnis

Der Arbeitnehmer kann die Anwartschaft als aufschiebend bedingten Anspruch nicht ausüben. Der Verpflichtete kann daher schon kein Vertrauen auf die Nichtgeltendmachung entwickeln. Entgegen der Rechtsprechung des Bundesarbeitsgerichts ist eine Verwirkung der Anwartschaft somit ausgeschlossen.

Die Verwirkung des Versorgungsverschaffungsanspruchs und des Rentenstammrechts scheidet vor Eintritt des Versorgungsfalles aus. Da das jeweilige Recht vorher noch nicht entstanden ist, kann das Zeitmoment nicht anlaufen. Zudem kann in die Nichtgeltendmachung eines noch nicht entstandenen Rechts kein schutzwürdiges Vertrauen entwickelt werden. Nach Eintritt des Versorgungsfalls kommt eine Verwirkung grundsätzlich in Betracht. In der Praxis wird jedoch das Umstandsmoment kaum jemals erfüllt sein. Dies ist den tatsächlichen Umständen geschuldet, die mit dem jeweiligen Recht verbunden sind. Diese bieten regelmäßig keinen tauglichen Anknüpfungspunkt zur Vertrauensentwicklung. Beim Versorgungsverschaffungsanspruch wird üblicherweise eine Auseinandersetzung zwischen Arbeitgeber und Arbeitnehmer vorliegen, die die Vertrauensentwicklung ausschließt. Beim Rentenstammrecht geht der Eintritt des Versorgungsfalls in der Regel mit dem Ausscheiden des Arbeitnehmers aus dem Betrieb einher. Der Arbeitgeber wird zumeist keinen Kontakt mehr mit dem Arbeitnehmer haben und daher etwaig vertrauensbegründende Umständen nicht kennen.

2. Einzelne Rentenleistungen (Versorgungsanspruch)

Mit Eintritt des Versorgungsfalls „wird das Anwartschaftsrecht zum Anspruch auf die zugesagten Leistungen (Rentenstammrecht)“.[943] Die laufenden Rentenleistungen

943 Blomeyer/*Rolfs*/Otto, Anh § 1 Rn. 234.

sind zum gleichen Zeitpunkt fällig wie das Entgelt der aktiven Arbeitnehmer, soweit nichts anderes vereinbart ist.[944] Da diese regelmäßig den Lebensunterhalt des Versorgungsberechtigten mitfinanzieren werden, ist insbesondere von Interesse, ob sich dies auf die Verwirkung auswirkt.

a) Rechtsprechung

Zeitmoment	Umstandsmoment
(den Entscheidungsgründen nicht eindeutig zu entnehmen)[945]	- an die Verwirkung von Ruhegeldansprüchen für die Zukunft sind strenge Anforderungen zu stellen - im Zweifel will ein Arbeitnehmer jedenfalls für die Zukunft sein einzelvertraglich eingeräumtes Recht auf Anpassung des Ruhegeldanspruchs geltend machen (-)
Neuberechnungsverlangen knapp *zwei Jahre* nach Erstbezug[946] (offen)	- widerspruchslose Entgegennahme einer zu niedrig berechneten Rente schafft kein Vertrauen (-)
Klageerhebung *1,5 Jahre* nach Aufforderung zur Rentenzahlung und Renteneintritt[947] (offen)	- das bloße Schweigen des Berechtigten, zumal in einer schwierigen Rechtsangelegenheit, begründet kein Vertrauen des Verpflichteten darauf, nicht mehr in Anspruch genommen zu werden - die Klägerin durfte darüber hinaus abwarten, wie die Beklagte ihre Schreiben beantwortet (-)
Klageerhebung *zwei Jahre* nach Erstbezug[948] (offen)	- die Verwirkung bezweckt nicht Schuldner, denen gegenüber die Gläubiger längere Zeit ihre Rechte nicht geltend gemacht haben, von ihrer Pflicht zur Leistung vorzeitig zu befreien - die Inanspruchnahme von Vertrauen setzt die Kenntnis des Schuldners vom möglichen Anspruch eines Dritten voraus. Fehlt es hieran, kann der Schuldner auf das Ausbleiben einer entsprechenden Forderung allenfalls allgemein, nicht aber konkret bzgl. eines bestimmten Anspruchs vertrauen - Schutz vor unbekannten Forderungen hat das Verjährungsrecht zu gewährleisten, nicht aber Treu und Glauben (-)

944 *BAG*, Urt. v. 12.10.2004 – 3 AZR 557/03, NZA 2005, 580; Urt. v. 31.07.2007 – 3 AZR 372/06, NZA 2008, 320; Blomeyer/*Rolfs*/Otto, Anh § 1 Rn. 235.
945 *BAG*, Urt. v. 12.12.1989 – 3 AZR 540/88, NZA 1990, 475.
946 *BAG*, Urt. v. 17.11.1992 – 3 AZR 76/92, NZA 1993, 938.
947 *BAG*, Urt. v. 16.02.1993 – 3 AZR 347/92, NJW 1993, 2259.
948 *BAG*, Urt. v. 24.05.2006 – 7 AZR 201/05, NZA 2006, 1364.

Klageerhebung *8,5 Jahre* nach Erstbezug bzw. *4,5 Jahre* nach Grundsatzurteil[949] (offen)	- der Arbeitgeber kann nicht darauf vertrauen, dass ein Arbeitnehmer nach Erlass eines Grundsatzurteils seine Forderung entweder kurzfristig oder gar nicht mehr geltend macht - der Kläger selbst hat im Verhältnis zu den Beklagten nichts getan, was bei ihnen den Eindruck erwecken könnte, er wolle die ihm zustehenden Ansprüche nicht verfolgen, insbesondere existiert keine Musterprozessvereinbarung (-)
Klageerhebung *13 Jahre* nach Beendigung des Arbeitsverhältnisses bzw. vor Eintritt des Versorgungsfalles[950] (offen)	- Verwirkung scheidet von vornherein aus, solange das geltend gemachte Recht noch nicht besteht, sodass das Zeitmoment also nicht vor Fälligkeit der sich aus dem Rentenstammrecht ergebenden Leistungen anläuft - bei Umgehung von § 613a BGB kann der Verpflichtete nicht schutzwürdig darauf vertrauen, nicht mehr in Anspruch genommen zu werden - die unterlassene Bildung von Rückstellungen ist kein Ausdruck einer Vertrauensdisposition des Arbeitgebers: Die Rückstellungen hätten im laufenden Arbeitsverhältnis gebildet werden müssen, d.h. noch vor Beginn des Zeitmoments, sodass das Untätigbleiben des Klägers nicht kausal für das Unterlassen der Bildung von Rückstellungen war (-)
Geltendmachung *sieben Monate* nach Erstbezug[951] (-)	(keine Ausführungen zum Umstandsmoment; zum Zeitmoment: - das Zeitmoment kann frühestens mit der Entstehung bzw. Fälligkeit des Anspruchs ausgelöst werden - die Verwirkung scheidet aus, solange das geltend gemachte Recht noch nicht besteht, da das Zeitmoment nicht vor Fälligkeit der sich aus dem Rentenstammrecht ergebenden Leistungen beginnt)

949 *BAG*, Urt. v. 16.02.2010 – 3 AZR 216/09, NZA 2010, 701; das in der Entscheidung genannte Grundsatzurteil ist Urt. v. 10.12.2002 – 3 AZR 3/02, NZA 2004, 321. Parallelentscheidungen v. 16.02.2010; 3 AZR 218/09, juris; 3 AZR 221/09, juris; 3 AZR 222/09, juris; 3 AZR 227/09, juris; 3 AZR 232/09, juris; 3 AZR 233/09, juris; 3 AZR 409/08, juris; 3 AZR 416/08, juris; 3 AZR 417/08, juris; 3 AZR 445/08, juris; 3 AZR 449/08, juris; 3 AZR 452/08, juris; 3 AZR 454/08, juris; 3 AZR 458/08, juris; 3 AZR 460/08, juris; 3 AZR 461/08, juris; 3 AZR 464/08, juris; 3 AZR 814/08, juris; 3 AZR 817/08, juris; 3 AZR 818/08, juris; 3 AZR 819/08, juris.

950 *BAG*, Urt. v. 20.04.2010 – 3 AZR 225/08, NZA 2010, 883.

951 *BAG*, Urt. v. 28.06.2011 – 3 AZR 448/09, AP Nr. 64 zu § 1 BetrAVG.

b) Literatur

Nach h.M. in der Literatur soll die Verwirkung von Leistungsansprüchen grundsätzlich möglich sein. Zumeist unter Verweis auf die kurze Verjährungsfrist sollen jedoch kaum Fälle auftreten, in denen der Verpflichtete aufgrund eines Zeit- und Umstandsmoments darauf vertrauen könne, dass der Arbeitnehmer einen ihm gesetzlich einzuräumenden Anspruch nicht mehr geltend machen werde.[952]

Nach vereinzelter Auffassung soll aufgrund der kurzen gesetzlichen Verjährungsfrist die Verwirkung einzelner Raten gänzlich[953] oder nach Ansicht von *Vienken* wenigstens vor Eintritt der Verjährung regelmäßig[954] ausgeschlossen sein. *Olzen und Sutschet* verneinen dagegen die Verwirkbarkeit von Versorgungsbezügen wegen einer vorrangigen Schutzwürdigkeit des Arbeitnehmers schon dem Grunde nach.[955]

c) Bewertung

aa) Zum Zeitmoment

Einzelne Rentenleistungen sind wie sonstige Zahlungsansprüche zu behandeln. Für das Zeitmoment gelten daher die bereits zur Verwirkung von regelmäßigen Entgeltansprüchen ausgeführten Erwägungen.[956]

Die kurze Verjährungsfrist führt insbesondere nicht zur Unverwirkbarkeit einzelner Rentenleistungen.[957] § 18a Satz 2 BetrAVG verweist auf die regelmäßige Verjährungsfrist von drei Jahren nach § 195 BGB. Im Rückschluss müssten dann alle der regelmäßigen Verjährungsfrist unterliegenden Ansprüche nicht verwirken können. Dies ist aufgrund der Trennung von Verjährung und Verwirkung nicht nur dogmatisch unzutreffend. Es steht auch offensichtlich im Widerspruch zu den gesetzlich geregelten Tatbeständen, die die Verwirkung ausschließen (§ 4 Abs. 4 Satz 3 TVG, § 77 Abs. 4 Satz 4 BetrVG etc.). Denn diese Vorschriften wären sinnentleert, da sie überwiegend Ansprüche erfassen, die in drei Jahren verjähren.

---

952 Blomeyer/*Rolfs*/Otto, Anh § 1 Rn. 945 (Pensionsfond), Rn. 892 (Pensionskasse), Rn. 1024 (Unterstützungskasse); Förster/Cisch/Karst/*Rihn*, § 1 Rn. 306; *Langohr-Plato*, S. 300 Rn. 1331; *Höfer/Veit/Verhuven*, ART 994. Wohl ebenso AR-Blattei SD 460.2/*Birk* Rn. 679; H-BetrAV/*Birk* 30 Rn. 458; *Griebeling/Griebeling*, S. 158 Rn. 653. Die Verwirkbarkeit bereits 1936 bejahend *Schmitt*, Pensionsanspruch, S. 72, der der Verwirkung jedoch (unzutreffend) Strafcharakter beimisst.

953 A/F/R/R, 11 D Rn. 90, jedoch ohne Begründung die Verwirkbarkeit nach Eintritt des Sicherungsfalls für Ansprüche gegen den Pensionssicherungsverein bejahend *ders.*, 13 A Rn. 1121.

954 H/B/D/*Vienken*, BetrAVG § 1 Rn. 198.

955 Staudinger/*Looschelders/Olzen*, § 242 Rn. 824; Bamberger/Roth/*Sutschet*, § 242 Rn. 145 jeweils m.w.N.

956 Kap. 3 B.I.1a)cc)(1).

957 So A/F/R/R, 11 D Rn. 90.

bb) Zum Umstandsmoment

Auch für das Umstandsmoment gilt, dass einzelne Rentenleistungen unter den gleichen Voraussetzungen verwirken wie sonstige Zahlungsansprüche. Insoweit ist auf die entsprechenden Ausführungen zu verweisen.

Insbesondere haben auch insoweit Zweck (Alter, Invalidität, Tod), Art (Durchführungsweg) und Höhe der Rentenleistung keinen Einfluss auf das Umstandsmoment. Wie schon mehrfach ausgeführt, wirken sich der Zweck der Leistung oder die hinter der Leistung stehenden gesetzlichen Vorgaben nicht auf die Verwirkungsvoraussetzungen aus. Wie schon für das regelmäßige Entgelt entsprechend herausgearbeitet gilt auch hinsichtlich der Rentenleistungen, dass kein typisiertes Misstrauen existiert, wonach der Arbeitgeber nach Eintritt des Versorgungsfalles immer mit der Geltendmachung der Rentenforderungen rechnen muss.

Wie insbesondere bei der Verwirkung von Entgeltansprüchen ausgeführt, ist der Arbeitnehmer aufgrund seiner strukturellen Unterlegenheit gegenüber dem Arbeitgeber zwar grundsätzlich schutzbedürftig. Die Verwirkung bezweckt jedoch den Schutz konkreten Vertrauens vor verspäteter Inanspruchnahme. Sie hat demgegenüber keine abstrakt arbeitnehmerschützende Funktion. Die Schutzwürdigkeit des Arbeitnehmers schließt daher die Verwirkung von Ansprüchen auf einzelne Rentenleistungen ebensowenig aus wie diejenige von Ansprüchen auf regelmäßiges Entgelt.[958]

Auch sind aufgrund der (vermeintlich) besonderen Bedeutung der betrieblichen Altersversorgung keine erhöhten Voraussetzungen an die Verwirkung zu stellen. Wie schon bei der Verwirkung von Entgeltansprüchen dargelegt, ist die Bedeutung eines Rechts für seine Verwirkung nicht maßgeblich.[959]

Gleichwohl dürften in der Praxis Rentenleistungen seltener verwirken als dies beim Entgelt der Fall ist. Diese Einschätzung wird auch durch die geringere Zahl von Urteilen bestätigt. Der Grund hierfür dürfte – wie bereits bei der Verwirkung des Versorgungsverschaffungsanspruchs und des Rentenstammrechts ausgeführt – an den tatsächlichen Umständen liegen, die mit der betrieblichen Altersversorgung verbunden sind. So fehlt es regelmäßig an tauglichen Anknüpfungspunkt zur Vertrauensentwicklung (z.B. fehlende Kenntnis des Verpflichteten von vertrauensbegründenden Umständen infolge des beendeten Arbeitsverhältnisses, bloße Untätigkeit als nicht vertrauensbegründendes Verhalten etc.). Auch insoweit ist dies jedoch den allgemeinen Grundsätzen der Verwirkung geschuldet und nicht spezifisch arbeitsrechtlichen Besonderheiten.

d) Zwischenergebnis

Einzelne Rentenleistungen sind wie Zahlungsansprüche zu behandeln. Sie verwirken unter jeweils gleichen Voraussetzungen wie sonstige Zahlungsansprüche im

958 Kap. 3 B.I.1a)cc)(2). A.A. Staudinger/*Looschelders*/*Olzen*, § 242 Rn. 824; Bamberger/Roth/*Sutschet*, § 242 Rn. 145 jeweils m.w.N.

959 Kap. 3 B.I.1a)cc)(2).

Arbeitsrecht, ohne dass es auf Höhe und Rechtsgrundlage des Anspruchs ankäme. In der Praxis wird die Verwirkung jedoch nur selten zu bejahen sein. Wie beim Versorgungsverschaffungsanspruch und dem Rentenstammrecht wird es regelmäßig an einem tauglichen Anknüpfungspunkt zur Vertrauensentwicklung fehlen und das Umstandsmoment daher nicht erfüllt sein.

3. Anpassungsrecht des Arbeitgebers bei planwidriger Überversorgung

Bei Zweckverfehlungen oder Äquivalenzstörungen kann der Arbeitgeber gemäß § 313 Abs. 1 BGB das Recht haben, die Versorgungszusage anzupassen.[960] Gerade in den Fällen der planwidrigen Überversorgung (z.B. Überschreitung des Nettoversorgungsgrades, Versorgungsleistung überschreitet Vergütung vergleichbarer aktiver Arbeitnehmer, unvorhersehbare, unzumutbare Mehrbelastungen etc.)[961] ist unter den Gesichtspunkten des Vertrauensschutzes und der zumeist langen Zeitdauer interessant, ob die Verwirkung deren Abbau ausschließen kann.

a) Rechtsprechung und Literatur

Zeitmoment	Umstandsmoment
Tatsächliche Anpassung *13 Jahre* nach Kenntnis von der Überversorgung[962] (offen)	- es besteht kein schutzwürdiges Vertrauen des Arbeitnehmers auf eine Gesamtversorgung von mehr als 100 % des Nettoeinkommens, es sei denn die Überversorgung wurde zugesagt - Vertrauen ergibt sich nicht daraus, dass die Überversorgung tatsächlich erst nach längerer Zeit abgebaut wurde, da die Beklagte in der Vergangenheit bereits mehrere Versuche unternommen hatte[963] - die Beendigung des Arbeitsverhältnisses vor Anpassungsentscheidung begründet kein Vertrauen, da der Arbeitnehmerin die Fehlentwicklung nicht allein aufgrund des Ausscheidens zugutekommen darf (-)

960 Förster/Cisch/Karst/*Rihn*, § 1 Rn. 235.

961 Zu den einzelnen Beispielen: Förster/Cisch/Karst/*Rihn*, § 1 Rn. 236 ff. m.w.N.

962 *BAG*, Urt. v. 28.07.1998 – 3 AZR 100/98, NZA 1999, 444. Parallelentscheidungen: Urt. v. 28.07.1998 – 3 AZR 101/98, juris; Urt. v. 28.07.1998 – 3 AZR 102/98, juris. Weitgehend Parallelentscheidungen: Urt. v. 28.07.1998 – 3 AZR 143/98, juris; Urt. v. 28.07.1998 – 3 AZR 74/98, juris.

963 Das BAG hat erst nach 1980 in mehreren Entscheidungen geklärt, wann eine Überversorgung vorliegt und unter welchen Voraussetzungen sie abgebaut werden kann, vgl. *BAG*, Beschl. v. 08.12.1981 – 3 ABR 53/80, RdA 1982, 256; Urt. v. 09.07.1985 – 3 AZR 546/82, NZA 1986, 517.

Tatsächliche Anpassung *10 Jahre* nach Kenntnis von der Überversorgung[964] (offen)	- der zeitlich frühere Abbau der planwidrigen Überversorgung durch die Tarifvertragsparteien begründet kein schützenswertes Vertrauen des Arbeitnehmers, da deren Gestaltungsbefugnisse weiter gehen können als das Anpassungsrecht des Arbeitgebers nach § 313 BGB - das Unterlassen des Abbaus über einen längeren Zeitraum rechtfertigt nicht die Erwartung, eine Anpassung werde auch in Zukunft unterbleiben - die Arbeitgeberin hatte sich mehrfach mit der Überversorgung befasst, ohne diese ausdrücklich endgültig beibehalten zu wollen - die Arbeitnehmer mussten mit der Beanstandung und dem Drängen auf Anpassung durch das Rechnungsprüfungsamt rechnen (-)
Anpassung *10 Jahre* nach der letzten Änderung der Versorgungsordnung[965] (offen)	- das Unterlassen des Abbaus über einen längeren Zeitraum rechtfertigt nicht die Erwartung, eine Anpassung werde auch in Zukunft unterbleiben - solange kein aktueller Handlungsbedarf aufgrund der Gesetzesänderungen bestand, hatte die unterbliebene Anpassung an das Beamtenversorgungsrecht keine Aussagekraft und konnte kein Vertrauen begründen - Arbeitnehmer können nicht darauf vertrauen, eine dauerhafte Gesamtversorgung von mehr als 100 % des Nettoentgelts zu erhalten - dem Vertrauen steht entgegen, dass die Beklagte als Anstalt des öffentlichen Rechts wie im öffentlichen Dienst üblich nur eine der Beamtenversorgung angeglichene Gesamtversorgung zugesagt hatte - einem Vertrauen auf dauerhafte Beibehaltung der Überversorgung steht die Erfüllung des öffentlichen Auftrags (Pflege des Bausparens, Förderung des Wohnungsbaus) entgegen (-)

Die Literatur setzt sich mit der Verwirkung des Anpassungsrechts nicht auseinander.[966]

964 *BAG*, Urt. v. 28.07.1998 – 3 AZR 357/97, NZA 1999, 780.

965 *BAG*, Urt. v. 22.10.2002 – 3 AZR 496/01, AP Nr. 10 zu § 1 BetrAVG Überversorgung.

966 *Steinmeyer*, RdA 2005, 345 (353) weist darauf hin, dass der Arbeitgeber durch zwischenzeitliches Gegensteuern sein Anpassungsrecht nicht verbrauche, da der Arbeitnehmer aufgrund der ständigen laufenden Maßnahmen und dem Schließen der Gesamtversorgungssysteme für Neuzusagen nicht auf das Ausbleiben weiterer Anpassungen vertrauen könne. Dies berührt jedoch die Verwirkung nicht. Vielmehr bestätigt *Steinmeyer* damit nur die ständige Rechtsprechung des BAG,

b) Bewertung

Das Anpassungsrecht kann grundsätzlich verwirken. Allerdings werden in der Regel die Verwirkungsvoraussetzungen nicht erfüllt sein. Der Arbeitgeber müsste besonderes Vertrauen begründende Umstände an den Tag gelegt haben, aufgrund derer der Arbeitnehmer in Kenntnis des Anpassungsrechts des Arbeitgebers auf dessen Nichtausübung vertrauen konnte. Hierfür reicht weder die Untätigkeit des Arbeitgebers über einen längeren Zeitraum noch ein schrittweiser Abbau der Überversorgung aus. Darüber hinausgehende vertrauensbegründende Umstände sind kaum vorstellbar. Die Verwirkung des Anpassungsrechts ist daher theoretisch möglich, in der Praxis jedoch regelmäßig ausgeschlossen.

Die gegenteilige Rechtsprechung des Bundesarbeitsgerichts, wonach das Anpassungsrecht nicht verwirken könne, überzeugt dagegen nicht. Es wählt für die Entwicklung des erforderlichen schutzwürdigen Vertrauens einen falschen Ansatzpunkt. Bei der Verwirkung muss der Verpflichtete auf die Nichtgeltendmachung des Rechts vertrauen, vorliegend also der Arbeitnehmer auf die Nichtausübung des Anpassungsrechts durch den Arbeitgeber. Davon zu trennen ist, ob ein Arbeitnehmer darauf vertrauen darf, dauerhaft eine planwidrige Überversorgung zu erhalten. Als „negatives" Tatbestandsmerkmal für das Bestehen des Anpassungsrechts ist diese Frage der Verwirkung vorgelagert. Auf dieses fehlende Vertrauen greift die Rechtsprechung dagegen bei Prüfung der Verwirkungsvoraussetzungen erneut zurück, nachdem sie das Bestehen des Anspruchs schon bejaht hat. Maßgeblich ist dann jedoch nicht, ob der Arbeitnehmer auf den dauerhaften Erhalt einer planwidrigen Überversorgung vertrauen darf, sondern, ob der Arbeitgeber von seinem Anpassungsrecht Gebrauch macht. Die Rechtsprechung geht insoweit von einem typisierten Misstrauen aus, das sie aus der Planwidrigkeit der Überversorgung herleitet. Damit folgert sie aus dem Bestehen des Anspruchs, dass er auch ausgeübt werden wird. Dies ist ein Zirkelschluss. Wie schon mehrfach ausgeführt, ist typisiertes Misstrauen zudem mit Blick auf den Einzelfallcharakter der Verwirkung abzulehnen.

4. *Abfindungsrecht gemäß § 3 Abs. 4 BetrAVG*

Gesetzlich unverfallbare Anwartschaften aktiver Arbeitnehmer können nach § 3 BetrAVG nur in Einzelfällen abgefunden werden.[967] So sieht u.a. § 3 Abs. 4 BetrAVG vor, dass der Teil der Anwartschaft, der während eines Insolvenzverfahrens erdient worden ist, ohne Zustimmung des Arbeitnehmers abgefunden werden kann, wenn die Betriebstätigkeit vollständig eingestellt und das Unternehmen liquidiert wird. Da es sich insoweit um eine Ausnahme zum allgemeinen Abfindungsverbot

wonach die Anpassung in mehreren Schritten erfolgen darf (Urt. v. 13.11.2007 – 3 AZR 455/06, NZA-RR 2008, 520) und ein geringerer als rechtlich möglicher Eingriff Anpassungen nach § 313 BGB nicht ausschließt (Urt. v. 28.07.1998 – 3 AZR 100/98, NZA 1999, 444; Urt. v. 09.11.1999 – 3 AZR 502/98, NZA 2001, 98).

967 *Langohr-Plato*, S. 121 Rn. 475.

unverfallbarer Anwartschaften handelt, ist insbesondere interessant, ob der Ausnahmecharakter auch auf die Verwirkung durchschlägt.

a) Rechtsprechung und Literatur

Zur Verwirkung des Abfindungsrechts des Insolvenzverwalters nach § 3 Abs. 4 BetrAVG liegt lediglich ein Urteil des Bundesarbeitsgerichts vor.[968] Darüber hinaus existiert keine Entscheidung.

In dem vom Bundesarbeitsgericht entschiedenen Fall hatte der Insolvenzverwalter das Abfindungsrecht über ein Jahr nach Beendigung des Arbeitsverhältnisses ausgeübt. Das Gericht machte keine weiteren Ausführungen dazu, ob das Zeitmoment erfüllt sei. Jedenfalls müsse der Arbeitnehmer grundsätzlich bis zur vollständigen Einstellung der Betriebstätigkeit und Liquidation mit einer Abfindung seiner Anwartschaft durch den Insolvenzverwalter rechnen. Dass der Insolvenzverwalter sich zunächst darum bemüht habe, eine Übertragung der Versorgungspflichten auf einen Dritten durch Abschluss einer sog. Liquidationsversicherung zu erreichen, könne beim Kläger nicht die schutzwürdige Erwartung begründen, der Insolvenzverwalter werde sein Abfindungsrecht nicht mehr ausüben. Dieser habe sich lediglich mit der Ausübung des Abfindungsrechts Zeit gelassen, was das Umstandsmoment nicht erfülle.

Das Schrifttum setzt sich nicht mit der Verwirkung des Abfindungsrechts nach § 3 Abs. 4 BetrAVG auseinander. Lediglich für die Abfindung von sog. Bagatellanwartschaften bzw. -ansprüchen nach § 3 Abs. 2 BetrAVG vertritt *Rolfs* die Auffassung, dass eine Verwirkung ausscheide. Da das Versorgungsverhältnis erst mit Tod des Berechtigten sein Ende finde, müsse der Berechtigte bis dahin jederzeit damit rechnen, dass der ehemalige Arbeitgeber von seinem Abfindungsrecht Gebrauch mache.[969]

b) Bewertung

Grundsätzlich kann das Abfindungsrecht nach § 3 Abs. 4 BetrAVG verwirken. Das Abfindungsrecht ist verwirkt, wenn der Arbeitgeber besonderes Vertrauen begründende Umstände an den Tag gelegt hat, aufgrund derer der Arbeitnehmer auf die Nichtgeltendmachung des Abfindungsrechts vertrauen durfte.

Ein typisiertes, die Verwirkung ausschließendes Vertrauen existiert auch für das Abfindungsrecht nicht.[970] Der Arbeitnehmer muss nicht mit einer Ausübung des Abfindungsrechts rechnen. Diese Annahme ist schon mit dem Zweck der Verwirkung (Vertrauensschutz im Einzelfall) nicht zu vereinbaren. Dabei würde zudem unterstellt, dass jedem Arbeitnehmer das Abfindungsrecht von

---

968 *BAG*, Urt. v. 22.12.2009 – 3 AZR 814/07, NZA 2010, 568.

969 Blomeyer/*Rolfs*/Otto, § 3 Rn. 64. Ihm folgend *Hinrichs/Plitt*, ZinsO 2011, 2109 (2112 f.).

970 Vgl. zur Verwirkung von Entgeltansprüchen insoweit bereits Kap. 3 B.I.1a)cc)(2).

Bagatellanwartschaften (§ 3 Abs. 2 BetrAVG) bzw. von während der Insolvenz erdienter Anwartschaften (§ 3 Abs. 4 BetrAVG) bekannt ist.

Selbst wenn man dennoch mit dem Bundesarbeitsgericht und *Rolfs* ein solches typisiertes Misstrauen annehmen wollte, ist nicht ersichtlich, warum dies auf die Dauer des Insolvenzverfahrens bzw. des Arbeitsverhältnisses beschränkt sein sollte. Denn nach h.M. kann das Abfindungsrecht auch in großem zeitlichem Abstand zum Ausscheiden aus dem Arbeitsverhältnis ausgeübt werden.[971]

Auch wenn die Verwirkbarkeit des Abfindungsrechts grundsätzlich zu bejahen ist, wird sie – unabhängig von der fehlenden praktischen Relevanz – in der Praxis regelmäßig ausscheiden. Der überwiegenden Zahl der Arbeitnehmer werden gerade die Ausnahmen nach § 3 Abs. 2 und Abs. 4 BetrAVG vom gesetzlichen Abfindungsverbot (§ 3 Abs. 1 BetrAVG) schon nicht bekannt sein. Hat der Verpflichtete (Arbeitnehmer) jedoch keine Kenntnis vom Recht des Berechtigten (Insolvenzverwalter), scheidet die Entwicklung von Vertrauen auf die Nichtgeltendmachung eines bestehenden Rechts aus.

5. Anspruch auf nachträgliche Anpassung gemäß § 16 BetrAVG

Nach § 16 Abs. 1 BetrAVG hat der Arbeitgeber alle drei Jahre eine Anpassung der laufenden Leistungen der betrieblichen Altersversorgung zu prüfen und hierüber nach billigem Ermessen zu entscheiden. Die Verpflichtung des Arbeitgebers korrespondiert mit der Berechtigung des Versorgungsempfängers auf Überprüfung und (ggf.) Anpassung der Leistungen.[972] Gerade mit Blick darauf, dass die Prüfungspflicht alle drei Jahre erfolgen muss, ist fraglich, ob das Recht des Versorgungsempfängers insgesamt verwirken kann, eine Anpassungsprüfung zu verlangen.

a) Rechtsprechung

Zeitmoment	Umstandsmoment
Keine Klageerhebung innerhalb von *drei Jahren* nach der letzten Anpassungsentscheidung[973] (+)	- das Zeitmoment liegt vor, wenn nicht bis zum Ablauf des nächsten auf die Rügefrist folgenden Anpassungszeitraumes Klage erhoben wird; dann sind regelmäßig auch Umstands- und Zumutbarkeitsmoment erfüllt - der Arbeitgeber kann erwarten, dass der Versorgungsberechtigte nach einer ausdrücklichen Anpassungsentscheidung rechtzeitig rügt und im Anschluss an den Rügezeitraum binnen dreier Jahre gerichtlich vorgeht

971 A/F/R/R, 10 D Rn. 203; Förster/Cisch/Karst/*Jumpertz*, § 3 Rn. 20.

972 Vgl. Blomeyer/*Rolfs*/Otto, § 16 Rn. 62.

973 *BAG*, Urt. v. 25.04.2006 – 3 AZR 372/05, NZA-RR 2007, 374.

	- während Interessen des Versorgungsberechtigten in der Regel nicht entgegenstehen, hat der Versorgungspflichtige ein erhebliches Interesse an der Klärung seiner Anpassungspflichten (neue Rentenerhöhungen basieren auf früheren Anpassungen, Grundlage für die Kalkulation des Versorgungsaufwands, wirtschaftliche Lage des Unternehmens) (+)
Keine Klageerhebung innerhalb von *drei Jahren* nach der letzten Anpassungsentscheidung[974] (+)	- (wie vorherige Entscheidung) - Klagen anderer Arbeitnehmer verhindern eine Verwirkung des Klagerechts grundsätzlich nicht, d.h. jeder Arbeitnehmer muss klagen, solange keine Musterprozessvereinbarung existiert (+)
Klageerhebung 3,5 Jahre nach Ablauf der letzten Anpassungsentscheidung[975]	- das Erlöschen des Anspruchs auf nachträgliche Anpassung beruht nicht auf dem allgemeinen Grundsatz der Verwirkung (§ 242 BGB), sondern auf der dem § 16 BetrAVG zu entnehmenden Befriedungsfunktion - vom Erlöschen des Anspruchs auf nachträgliche Anpassung wegen Versäumung der Rügefrist ist die Verwirkung des Klagerechts zu unterscheiden - sind nach dem maßgeblichen Anpassungsstichtag sechs Jahre *(falls eine Anpassungsentscheidung getroffen wurde)* bzw. neun Jahre *(falls eine Anpassungsentscheidung nicht getroffen wurde)* verstrichen, so liegen in der Regel die Tatbestandsmerkmale der Verwirkung vor

b) Literatur

Schumann nimmt eine Verwirkung des Anpassungsrechts an, wenn der Versorgungsempfänger in der Vergangenheit das Unterlassen von Anpassungen nicht beanstandet hat und nunmehr anlässlich eines neuen Prüfungstermins eine Prüfung „verlangt oder eine vom Arbeitgeber gewährte Anpassungsleistung entgegennimmt“.[976] Auch *Rolfs* bejaht die Verwirkung, wenn der Leistungsempfänger

974 *BAG*, Urt. v. 21.08.2007 – 3 AZR 330/06, NZA-RR 2008, 198.

975 *BAG*, Urt. v. 10.02.2009 – 3 AZR 610/07, NZA-RR 2010, 42 (Verwirkung wegen Erlöschen des materiell-rechtlichen Anspruchs offengelassen); Parallelentscheidungen: Urt. v. 10.02.2009 – 3 AZR 622/07, juris; Urt. v. 10.02.2009 – 3 AZR 627/07, AP Nr. 69 zu § 16 BetrAVG; weitgehend Parallelentscheidung: Urt. v. 10.02.2009 – 3 AZR 783/07, AP Nr. 58 zu § 1 BetrAVG (Zumutbarkeitsmoment und damit Verwirkung wegen nachträglicher Rentenanpassung verneint).

976 *Schumann*, ZIP 1985, 841 (849).

eine ihm ausdrücklich vom Arbeitgeber mitgeteilte Entscheidung nicht innerhalb einer angemessenen Frist beanstandet.[977]

c) Bewertung

Die Verwirkung des Anpassungsanspruchs nach § 16 BetrAVG scheidet aus. Der Versorgungsempfänger muss nach der Rechtsprechung des Bundesarbeitsgerichts eine Anpassungsentscheidung bis zum nächsten Anpassungsstichtag rügen. Hat der Arbeitgeber „demgegenüber keine ausdrückliche Erklärung abgegeben, gibt er nach Auffassung des Bundesarbeitsgerichts mit dem nächsten Anpassungsstichtag eine konkludente (Nichtanpassungs-)Erklärung ab."[978] Es erkennt § 16 BetrAVG eine Befriedungsfunktion zu, die es dem Normgefüge und dem darin zum Ausdruck gebrachten Schutzzweck der gesetzlichen Regelung entnimmt. Folgt man also dem Bundesarbeitsgericht im Hinblick auf die Befriedungsfunktion des § 16 BetrAVG, ist vom Erlöschen des Anpassungsanspruchs zum übernächsten Anpassungsstichtag auszugehen.[979] Dies führt im Ergebnis dazu, dass das materiellrechtliche Anpassungsrecht des Arbeitnehmers erlöschen, nicht aber verwirken kann. Denn im Ergebnis statuiert das Gericht eine starre Rügefrist zum übernächsten Anpassungsstichtag. Damit scheidet nach hier ständig vertretener Auffassung eine Verwirkung aus. Denn eine Rechtsausübung innerhalb der Frist ist nicht illoyal verspätet. Zudem muss der Arbeitgeber mit der Rechtsausübung rechnen. Die Erfüllung des Zeit- und Umstandsmoments ist daher ausgeschlossen.[980]

d) Zwischenergebnis

Die Verwirkung des Anpassungsanspruchs nach § 16 BetrAVG scheidet aus. Der Versorgungsempfänger muss nach der Rechtsprechung des Bundesarbeitsgerichts eine Anpassungsentscheidung bis zum nächsten Anpassungsstichtag rügen. Die Rechtsausübung innerhalb dieser Frist ist jedoch nicht illoyal verspätet. Zudem

---

977 Blomeyer/*Rolfs*/Otto, § 16 Rn. 278; ebenso *Höfer*/*Veit*/*Verhuven*, § 16 Rn. 5360 ff. Beide verweisen unter Bezugnahme auf die Rechtsprechung des *BAG* (Urt. v. 17.08.2004 – 3 AZR 367/03, AP Nr. 55 zu § 16 BetrAVG) auf einen starren Dreijahreszeitraum für die Verwirkung.

978 Blomeyer/*Rolfs*/Otto, § 16 Rn. 279.

979 Ebenso Blomeyer/*Rolfs*/Otto, § 16 Rn. 279, der jedoch unter Missachtung von *BAG*, Urt. v. 10.02.2009 – 3 AZR 610/07, NZA-RR 2010, 42, von Verwirkung ausgeht.

980 I.E. wohl auch *BAG*, Urt. v. 10.02.2009 – 3 AZR 610/07, NZA-RR 2010, 42. So nimmt es lediglich gesondert zur Prozessverwirkung Stellung (siehe dazu Kap.3 E.I.), die es von der materiell-rechtlichen Verwirkung unterscheidet. Verwirken können soll lediglich das prozessuale Klagerecht auf Anpassung bzw. Überprüfung der betrieblichen Altersversorgung. Die Verwirkung des Anspruchs auf Überprüfung bzw. Anpassung der betrieblichen Altersversorgung ließe sich nur dann bejahen, wenn man entgegen der Ansicht des Bundesarbeitsgerichts § 16 BetrAVG die Befriedungsfunktion absprechen wollte.

muss der Berechtigte in dieser Zeit mit der Rechtsausübung rechnen. Die Erfüllung des Zeit- und Umstandsmoments ist daher ausgeschlossen.

6. Abschließende Bewertung

Rechte aus der betrieblichen Altersversorgung verwirken im Grundsatz nach den allgemeinen Regeln. Auch insoweit gilt, dass ihre besondere Bedeutung die Verwirkung weder ausschließt noch sie erhöhten Anforderungen unterwirft. Soweit die Verwirkung einzelner Rechte gänzlich ausgeschlossen ist (s.o.), ist dies den allgemeinen Grundsätzen der Verwirkung geschuldet und nicht Besonderheiten der betrieblichen Altersversorgung.

Hinsichtlich der übrigen Rechte werden in der Praxis häufig die zur Erfüllung des Umstandsmoments erforderlichen vertrauensbegründenden Umstände nicht vorliegen. So wird es aufgrund der tatsächlichen Umstände regelmäßig an tauglichen Anknüpfungspunkten zur Vertrauensentwicklung (fehlende Kenntnis des Verpflichteten von vertrauensbegründenden Umständen infolge des ggf. jahrelang beendeten Arbeitsverhältnisses, bloße Untätigkeit als nicht vertrauensbegründendes Verhalten etc.). Auch insoweit ist dies jedoch den allgemeinen Grundsätzen der Verwirkung geschuldet und nicht spezifisch arbeitsrechtlichen Besonderheiten.

VII. Betriebsübergang gemäß § 613a BGB

Nachfolgend soll die Verwirkung von Rechten in Zusammenhang mit einem Betriebsübergang i.S.d. § 613a BGB untersucht werden. Praxisrelevant sind dabei die Verwirkung des Widerspruchsrechts (§ 613a Abs. 6 BGB) und die Verwirkung des Fortsetzungsverlangens nach erfolgtem Betriebsübergang.[981]

1. Widerspruchsrecht gemäß § 613a Abs. 6 BGB

Die Insolvenzen von Agfa Photo und BenQ Mobile haben die Entwicklung der Rechtsprechung zur Verwirkung des Widerspruchsrechts beim Betriebsübergang gemäß § 613a Abs. 6 BGB maßgeblich geprägt.[982] In beiden Fällen sahen sich die Betriebsveräußerer teilweise über ein Jahr nach Betriebsübergang mit Widersprüchen der übergegangenen Arbeitnehmer konfrontiert. Letztere suchten damit der beim insolventen Betriebserwerber drohenden Arbeitslosigkeit zu entgehen.

Jenseits dieser Massenverfahren dokumentiert eine Vielzahl von Entscheidungen die praktische Bedeutung der Verwirkung des Widerspruchsrechts. Dies ist

---

981 *Grau*, S. 290 f., bejaht darüber hinaus eine Verwirkbarkeit des Unterrichtungsanspruchs (§ 613a Abs. 5 BGB), ohne jedoch hierfür denkbaren Fallgestaltungen zu nennen. Insoweit handelt es sich um ein rein theoretisches Problem, zu dem auch keine Rechtsprechung existiert.

982 Zur Historie der Fälle vgl. http://de.wikipedia.org/wiki/Agfa und http://de.wikipedia.org/wiki/BenQ.

rechtlich mehreren Umständen geschuldet. Die Rechtsprechung stellt(e) tendenziell immer höhere Anforderungen an eine ordnungsgemäße Unterrichtung. Bislang hat das Bundesarbeitsgericht lediglich in zwei Fällen ein Unterrichtungsschreiben als ordnungsgemäß erachtet.[983] Wird der Arbeitnehmer jedoch nicht ordnungsgemäß unterrichtet, beginnt die Widerspruchsfrist nach § 613a Abs. 5 BGB nicht zu laufen. Der Arbeitnehmer kann dann sein Widerspruchsrecht zeitlich grundsätzlich unbegrenzt ausüben. Dies gilt unabhängig davon, ob er sofort widersprochen hätte, wenn er ordnungsgemäß unterrichtet worden wäre.[984] Als Gestaltungsrecht unterliegt das Widerspruchsrecht zudem nicht der Verjährung. Auch der Bestand des Arbeitsverhältnisses begrenzt nach h.M. das Widerspruchsrecht nicht.[985]

Diese Aspekte führen im Ergebnis dazu, dass der Arbeitnehmer bei fehlerhafter Unterrichtung grundsätzlich zeitlich unbegrenzt zum Betriebsveräußerer zurückkehren kann. Wirtschaftlich[986] wie rechtlich sind Betriebsübergänge daher mit hohen Risiken behaftet. Insoweit bestehen Parallelen zur historischen Entwicklung der Verwirkung allgemein. Auch hier hat die Verwirkung deshalb so an Bedeutung gewonnen, weil das Fehlen einer zeitlichen Begrenzung des Widerspruchsrechts von der Rechtspraxis als unzureichend empfunden wird. Konsequent sehen viele Stimmen im Schrifttum die Verwirkung als zeitliches Korrektiv des Widerspruchsrechts, das gezielt herbeizuführen sei.[987]

---

983 *BAG*, Urt. v. 13.07.2006 – 8 AZR 303/05, NZA 2006, 1273; Urt. v. 10.11.2011 – 8 AZR 277/10, juris; Parallelentscheidungen: Urt. v. 10.11.2011 – 8 AZR 430/10, juris; Urt. v. 10.11.2011 – 8 AZR 424/10, juris; Urt. v. 10.11.2011 – 8 AZR 417/10, juris; Urt. v. 10.11.2011 – 8 AZR 309/10, juris. Zu den Anforderungen an ein ordnungsgemäßes Unterrichtungsschreiben vgl. zuletzt *Fuhlrott/Ritz*, BB 2012, 2689 ff.

984 *BAG*, Urt. v. 14.12.2006 – 8 AZR 763/05, NZA 2007, 682.

985 Da die rechtsgestaltende Wirkung des Widerspruchs ex tunc eintrete, soll der Arbeitnehmer auch dann sein Widerspruchsrecht ausüben können, wenn zum Zeitpunkt der Widerspruchserklärung sein Arbeitsverhältnis bereits beendet war (z.B. wegen Abschluss eines Aufhebungsvertrages mit dem Erwerber), *BAG*, Urt. v. 20.03.2008 – 8 AZR 1016/06, NZA 2008, 1354.

986 Neben den mit der Rückkehr der Arbeitnehmer verbundenen finanziellen Verpflichtungen, hat der Veräußerer oftmals einen Kaufpreisabzug aufgrund des (angenommenen) Übergangs der Pensionslasten akzeptiert, W/H/S/S/*Schnitker*, J Rn. 437.

987 Statt vieler: *Dzida*, NZA 2009, 641 ff. Ablehnend: *Diehn*, S. 248; FS DAV/*Rieble*, 687 (702); *Rieble*, NZA 2004, 1 (4). Zu den Stellvertretungs- und Genehmigungsregelungen der Rechtsgeschäftslehre als Alternative zur Verwirkung in Fällen der Beendigung des Arbeitsverhältnisses vgl. *Rudkowski*, NZA 2010, 739 (741 f.); *Löwisch*, BB 2009, 326 ff.; wegen Vorrangigkeit einer Bestätigung ablehnend *Rieble/Wiebauer* NZA 2009, 401 (407 f.). Zum Untergang des Widerspruchsrechts durch Bestätigung vgl. *Rieble/Wiebauer* NZA 2009, 401 (404 ff.); *Gehlhaar*, BB 2009, 1182 (1184 f.).

a) Rechtsprechung[988]

aa) Zeit- und Umstandsmoment bejaht[989]

Zeitmoment	Umstandsmoment
16 Monate[990]	- Erklärung im Gütetermin, dass kein Widerspruch erfolgt sei - keine Rüge des Unterrichtungsschreibens
10 Monate[991]	- Sept. 2005: Widerspruch 2,5 Monate nach erstem Anwaltsschreiben - Juni 2005: Anwaltsschreiben, in dem vom Betriebsveräußerer unter Verweis auf übergangenes Arbeitsverhältnis und Gesamtschuldnerhaftung Sozialplanabfindung beansprucht wird - Anfang Juli 2005: Anwaltsschreiben, in dem Nachunterrichtung unter Vorbehalt einer Entscheidung über das Widerspruchsrecht gefordert wird - Ende Juli 2005: klageweise Geltendmachung der Sozialplanabfindung unter Verweis auf Gesamtschuldnerhaftung - Oktober 2010: Unterrichtung über den Betriebsübergang zum 01.11.
14 Monate[992]	- Aufhebungsvertrag mit der Betriebserwerberin - Abschluss eines neuen Arbeitsvertrages mit einem Dritten

988 Soweit das BAG nicht abschließend entscheiden konnte, ob Zeit- und Umstandsmoment erfüllt sind und daher die Angelegenheit zur erneuten Entscheidung an die Vorinstanz zurückverwiesen hat, wird nachfolgend auf die Entscheidungsanalyse verzichtet; entsprechendes gilt, soweit das BAG über die Verwirkung mangels Entscheidungserheblichkeit nicht geurteilt hat. Vgl. hierzu jeweils: Urt. v. 24.07.2008 – 8 AZR 175/07, AP Nr. 347 zu § 613a BGB; Urt. v. 24.02.2011 – 8 AZR 413/09, AP Nr. 396 zu § 613a BGB; Urt. v. 24.02.2011 – 8 AZR 469/09, NZA 2011, 973.

989 Vgl. auch die Aufstellung bei Jacobsen/Menke, NZA-RR 2010, 393, 397. In Anlehnung daran umfasst die beim Zeitmoment jeweils angegebene Spanne den Zeitraum zwischen Unterrichtung (bzw. bei unterlassener Unterrichtung: Zwischen Betriebsübergang) und Ausübung des Widerspruchsrechts. Abweichende Zeitmomente in Parallelentscheidungen werden jeweils in Klammern angegeben.

990 *BAG*, Urt. v. 15.02.2007 – 8 AZR 431/06, NZA 2007, 793; Parallelentscheidung Urt. v. 15.02.2007 – 8 AZR 449/06, BB 2007, 1849.

991 *BAG*, Urt. v. 24.07.2008 – 8 AZR 205/07, NZA 2008, 1294. *Gaul/Niklas*, DB 2009, 452 (455) und *W*/H/S/S, G Rn. 150 nehmen wie das Gericht (Rn. 36) auch ein Zeitmoment von 2,5 Monaten an. Dies ist zweifelhaft. Das Gericht lässt das Zeitmoment aufgrund der „stark ins Gewicht fallenden Umstände" – entgegen seiner sonstigen Rechtsprechung – erst mit diesen anlaufen, um die Frage der ordnungsgemäßen Unterrichtung offen lassen zu können.

992 *BAG*, Urt. v. 27.11.2008 – 8 AZR 174/07, NZA 2009, 552.

Zeitmoment	Umstandsmoment
9 Monate[993]	- widerspruchslose Hinnahme der Kündigung durch Betriebserwerberin
Über 7,5 Monate[994]	- Aufhebungsvertrag mit der Betriebserwerberin
9 Monate[995]	- Aufhebungsvertrag mit der Betriebserwerberin - Abschluss eines neuen Arbeitsvertrages mit Beschäftigungs- und Qualifzierungsgesellschaft
14 Monate[996]	- Aufhebungsvertrag mit der Betriebserwerberin
13 Monate[997]	- Aufhebungsvertrag mit der Betriebserwerberin
14 Monate[998]	- Beendigungsvergleich mit der Betriebserwerberin im Kündigungsschutzverfahren

993 *BAG*, Urt. v. 27.11.2008 – 8 AZR 225/07, ArbRB 2009, 229; weitgehend Parallelentscheidungen: Urt. v. 24.02.2011 – 8 AZR 935/08, AP Nr. 400 zu § 613a BGB; Urt. v. 22.04.2010 – 8 AZR 805/07, DZWIR 2010, 368 (7 Monate); Urt. v. 24.02.2011 – 8 AZR 885/08, AP Nr. 399 zu § 613a BGB (14 Monate); Urt. v. 22.04.2011 – 8 AZR 871/07, AP Nr. 15 zu § 613a BGB Widerspruch (13 Monate); Urt. v. 22.04.2011 – 8 AZR 982/07, AP Nr. 17 zu § 613a BGB Widerspruch (14 Monate).

994 *BAG*, Urt. v. 02.04.2009 – 8 AZR 220/07, AP Nr. 6 zu § 613a BGB Widerspruch; ebenso Urt. v. 20.05.2010 – 8 AZR 585/08, AP Nr. 23 zu § 613a BGB Widerspruch (13 Monate). Parallelentscheidungen: Urt. v. 20.05.2010 – 8 AZR 739/08, AP Nr. 21 zu § 613a BGB Widerspruch (12 Monate); Urt. v. 20.05.2010 – 8 AZR 977/08, AP Nr. 24 zu § 613a BGB Widerspruch (12 Monate); Urt. v. 20.05.2010 – 8 AZR 1011/08, AP Nr. 22 zu § 613a BGB Widerspruch (12 Monate); Urt. v. 20.05.2010 – 8 AZR 1033/08, AP Nr. 25 zu § 613a BGB Widerspruch (13 Monate); Urt. v. 20.05.2010 – 8 AZR 68/09, AP Nr. 26 zu § 613a BGB Widerspruch (12 Monate); Urt. v. 20.05.2010 – 8 AZR 114/09, AP Nr. 27 zu § 613a BGB Widerspruch (13 Monate); Urt. v. 20.05.2010 – 8 AZR 134/09, AP Nr. 28 zu § 613a BGB Widerspruch (12 Monate); Urt. v. 11.11.2010 – 8 AZR 185/09, AP Nr. 390 zu § 613a BGB (12 Monate).

995 *BAG*, Urt. v. 02.04.2009 – 8 AZR 262/07, NZA 2009, 1149; weitgehend Parallelentscheidungen: Urt. v. 02.04.2009 – 8 AZR 473/07, AP Nr. 9 zu § 613a BGB Unterrichtung (14 Monate); Urt. v. 12.11.2009 – 8 AZR 530/07, NZA 2010, 761 Widerspruch (17 Monate).

996 *BAG*, Urt. v. 23.07.2009 – 8 AZR 357/08, NZA 2010, 393; Parallelentscheidungen: Urt. v. 25.02.2010 – 8 AZR 740/08, AP Nr. 384 zu § 613a BGB (9 Monate).

997 *BAG*, Urt. v. 12.11.2009 – 8 AZR 751/07, DB 2010, 789.

998 *BAG*, Urt. v. 12.11.2009 – 8 AZR 370/07, AP Nr. 381 zu § 613a BGB; Parallelentscheidung Urt. v. 22.04.2010 – 8 AZR 872/07, AP Nr. 16 zu § 613a BGB Widerspruch.

16 Monate[999]	- Eigenkündigung unter Verstoß gegen die Kündigungsfrist - Abschluss eines neuen Arbeitsvertrages mit einem Dritten
2 Jahre[1000]	- Aufhebungsvertrag mit der Betriebserwerberin - Abschluss eines neuen Arbeitsvertrages mit Beschäftigungs- und Qualifzierungsgesellschaft
19 Monate[1001]	- Rücknahme der gegen die Betriebserwerberin erhobenen Kündigungsschutzklage in Kenntnis von deren Antrag auf Insolvenzeröffnung - Kenntnisnahme einer Abfindungszusage
9 Monate[1002]	- Hinnahme der Kündigung durch die Betriebserwerberin - Begründung eines „Vorruhestandsverhältnis" mit dieser
15 Monate[1003]	- Aufhebungsvertrag mit der Betriebserwerberin - Abschluss eines neuen Arbeitsvertrages mit einer Beschäftigungs- und Qualifzierungsgesellschaft
19 Monate[1004]	- Hinnahme einer Kündigung durch die Betriebserwerberin - Eingehen auf ein „Auflösungsmodell" (Abfindung) mit dieser
über 2 Jahre[1005]	- Aufhebungsvertrag mit der Betriebserwerberin - Abschluss eines neuen Arbeitsvertrages mit einer Beschäftigungs- und Qualifzierungsgesellschaft
9 Monate[1006]	- ein widerruflicher Beendigungsvergleich mit der Betriebserwerberin im Kündigungsschutzverfahren ist eine Disposition über den Bestand des Arbeitsverhältnisses - Vergleichswiderruf durch Betriebserwerberin steht dem nicht entgegen

999 *BAG*, Urt. v. 12.11.2009 – 8 AZR 718/07, AP Nr. 11 zu § 613a BGB Widerspruch; ohne Verstoß gegen die Kündigungsfrist: Urt. v. 20.05.2010 – 8 AZR 872/08, AP Nr. 20 zu § 613a BGB Widerspruch (17 Monate).

1000 *BAG*, Urt. v. 21.01.2010 – 8 AZR 63/08, AP Nr. 385 zu § 613a BGB; Parallelentscheidungen: Urt. v. 09.12.2010 – 8 AZR 612/08, juris; Urt. v. 09.12.2010 – 8 AZR 613/08, juris; Urt. v. 09.12.2010 – 8 AZR 45/08, juris (20 Monate).

1001 *BAG*, Urt. v. 21.01.2010 – 8 AZR 977/07, AP Nr. 13 zu § 613a BGB Widerspruch.

1002 *BAG*, Urt. v. 21.01.2010 – 8 AZR 870/07, AP Nr. 386 zu § 613a BGB.

1003 *BAG*, Urt. v. 18.03.2010 – 8 AZR 840/08, AP Nr. 14 zu § 613a BGB Unterrichtung.

1004 *BAG*, Urt. v. 09.12.2010 – 8 AZR 592/08, AP Nr. 393 zu § 613a BGB.

1005 *BAG*, Urt. v. 09.12.2010 – 8 AZR 614/08, AP Nr. 394 zu § 613a BGB.

1006 *BAG*, Urt. v. 24.02.2011 – 8 AZR 699/09, AP Nr. 398 zu § 613a BGB.

Zeitmoment	Umstandsmoment
Knapp 3 Jahre[1007]	- November 2005: Arbeitnehmer rügt über Bevollmächtigten unvollständige Unterrichtung; Zurückweisung durch Betriebsveräußerer bleibt ohne weitere Reaktion - Juni 2008: Betriebserwerber informiert über Betriebsstilllegung zum Jahresende, widerspruchslose Weiterarbeit des Arbeitnehmers - Juli 2008: Bestellung eines Liquidators - November 2008: Insolvenz des Betriebserwerbers - der Verpflichtete muss keine konkret feststellbare Vermögensdisposition im Vertrauen auf die Nichtinanspruchnahme getroffen haben: Es kommt allein darauf an, ob die verspätete Inanspruchnahme für den Verpflichteten zumutbar ist, wobei im Rahmen von Dauerschuldverhältnissen eine typisierende Betrachtungsweise angezeigt ist
6,5 Jahre[1008]	- die Fortführung des Betriebsratsamtes durch den Kläger hat keine Bedeutung für das Umstandsmoment, da kein Arbeitnehmer in der Ausübung des aktiven oder passiven Wahlrechts beschränkt werden darf - übliche Vertragsanpassungen, die Anzeige der Wiederherstellung nach längerer Arbeitsunfähigkeit, die Beantragung eines neuen Dienstwagens oder eine Wiedereingliederungsmaßnahme sind nur übliche Vorgänge im Rahmen der Weiterarbeit, denen auch bei einem gravierenden Zeitmoment nicht die Bedeutung eines Umstandsmoments zukommt, da andernfalls im Ergebnis auf die bloße widerspruchslose Weiterarbeit abgestellt würde - entgegen dem mit der Unterrichtung erweckten Eindruck, bei der Erwerberin bestehe eine Tarifdynamik, hat der Kläger in drei Jahren viermal erfolglos gegenüber der Erwerberin jährliche Erhöhungen geltend gemacht - auch die mehrfach eingetretene Verjährung möglicher Ansprüche hat den Kläger nicht veranlasst, von der Erwerberin als Arbeitgeberin abzurücken, obwohl diese auf einer anderen Rechtslage beharrte, als in dem Unterrichtungsschreiben der Veräußerin dargestellt worden war - eine Konfliktlösung durch Ausübung des Widerspruchs hat der Kläger vermieden, obwohl das üblicherweise danach entstehende Risiko der betriebsbedingten Kündigung wegen des Gemeinschaftsbetriebs gering war

1007 *BAG*, Urt. v. 22.06.2011 – 8 AZR 752/09, DB 2011, 2385. Parallelentscheidung: Urt. v. 22.06.2011 – 8 AZR 204/10, juris.

1008 *BAG*, Urt. v. 15.03.2012 – 8 AZR 700/10, NZA 2012, 1097.

bb) Umstandsmoment verneint[1009]

Die nachfolgend genannten Punkte erfüllten jeweils nicht das Umstandsmoment.

Zeitmoment	Umstandsmoment
4 Tage vor Betriebsübergang (offen)[1010]	- dass die Klägerin nach Kenntnis von dem bevorstehenden Betriebsübergang mit dem Erwerber über Arbeitsbedingungen ergebnislos verhandelt hat, begründet kein berechtigtes Vertrauen des Erwerbers, dass die Ausübung des Widerspruchsrechts unterbleiben werde
10 Monate (offen)[1011]	- die Klägerin ist als Auszubildende nicht wie eine Arbeitnehmerin in der Lage, sich einen Überblick über ihre Rechte bei einem schwierigen Sachverhalt wie dem Betriebsübergang zu verschaffen - der Vertrauensbildung steht die Klage auf Ausbildungsvergütung entgegen, in der hingewiesen wurde, dass der Betriebsübergang streitig sei
10 Monate (offen)[1012]	- widerspruchslose Fortsetzung des Arbeitsverhältnisses mit der neuen Betriebsinhaberin
7 Monate (offen)[1013]	- widerspruchslose Fortsetzung des Arbeitsverhältnisses mit der neuen Betriebsinhaberin - Erhalt von ersten Nachteilsausgleichzahlungen (§ 113 BetrVG) von der neuen Betriebsinhaberin bis zu deren Insolvenz
12 Monate (offen)[1014]	- widerspruchslose Fortsetzung des Arbeitsverhältnisses mit der neuen Betriebsinhaberin - Ausübung des Widerspruchsrechts nicht unmittelbar nach Insolvenzantrag der Betriebserwerberin - Verhandlung über einen Altersteilzeitvertrags, Annahme einer Bonuszahlung, Erteilung eines Zwischenzeugnisses

1009 Soweit ersichtlich, liegt keine Entscheidung des *BAG* vor, in der es das Umstandsmoment bejaht und lediglich das Zeitmoment verneint hat. Ist das Umstandsmoment nicht erfüllt, lässt das *BAG* häufig die Erfüllung des Zeitmoments offen.

1010 *BAG*, Urt. v. 19.03.1998 – 8 AZR 139/97, NZA 1998, 750. Bei Erlass des Urteils waren § 613a Abs. 5 und 6 BGB noch nicht In-Kraft getreten.

1011 *BAG*, Urt. v. 13.07.2006 – 8 AZR 382/05, NZA 2006, 1406.

1012 *BAG*, Urt. v. 14.12.2006 – 8 AZR 763/05, NZA 2007, 682; ebenso: Urt. v. 21.08.2008 – 8 AZR 407/07, NZA-RR 2009, 62 (5 Monate).

1013 *BAG*, Urt. v. 20.03.2008 – 8 AZR 1016/06, NZA 2008, 1354. Parallelentscheidungen: Urt. v. 20.03.2008 – 8 AZR 1030/06, juris; Urt. v. 27.11.2008 – 8 AZR 188/07, NZA 2009, 752 (8 Monate).

1014 *BAG*, Urt. v. 24.07.2008 – 8 AZR 755/07, NZA-RR 2009, 294; weitgehend Parallelentscheidungen: Urt. v. 24.07.2008 – 8 AZR 1020/06, juris (7 Monate); Urt. v.

Zeitmoment	Umstandsmoment
10 Monate (offen)[1015]	- widerspruchslose Fortsetzung des Arbeitsverhältnisses mit der neuen Betriebsinhaberin - Verabschiedung von Kollegen ist im sozialen Kontext zu betrachten und begründet kein Vertrauen auf Nichtausübung des Widerspruchsrechts - Abschluss eines neuen Arbeitsvertrages mit einem Dritten zur Vermeidung der Anrechnung nach § 615 Satz 2 BGB nach Insolvenzantrag der neuen Betriebsinhaberin
13 Monate (offen)[1016]	- widerspruchslose Fortsetzung des Arbeitsverhältnisses mit der neuen Betriebsinhaberin - aus der Weiterarbeit nach Insolvenzeröffnung eines Konzernunternehmens, das mit der Betriebserwerberin tatsächlich und wirtschaftlich eng verflochten ist, kann nicht zwingend auf eine falsche Unterrichtung über die wirtschaftliche Situation der Betriebserwerberin geschlossen werden
11 Monate (offen)[1017]	- widerspruchslose Fortsetzung des Arbeitsverhältnisses mit der neuen Betriebsinhaberin - Zuordnung (nicht: Versetzung) zu einer anderen Kostenstelle
12 Monate (offen)[1018]	- widerspruchslose Fortsetzung des Arbeitsverhältnisses mit der neuen Betriebsinhaberin - Inanspruchnahme von gesetzlichen Arbeitnehmerrechten (Bildungsurlaub) gegenüber der neuen Betriebsinhaberin ist keine besonderes Vertrauen begründende Verhaltensweise

24.07.2008 – 8 AZR 73/07, AP Nr. 351 zu § 613a BGB (7 Monate); Urt. v. 27.11.2008 – 8 AZR 199/07, AP Nr. 360 zu § 613a BGB (7 Monate); Urt. v. 27.11.2008 – 8 AZR 1021/06, ZInsO 2009, 1715 (7 Monate); Urt. v. 24.07.2008 – 8 AZR 166/07, juris (7 Monate); Urt. v. 27.11.2008 – 8 AZR 230/07, AP Nr. 6 zu § 613a BGB Unterrichtung (11 Monate); Urt. v. 27.11.2008 – 8 AZR 1018/06, AP Nr. 7 zu § 613a BGB Unterrichtung (7 Monate).

1015 *BAG*, Urt. v. 24.07.2008 – 8 AZR 202/07, AP Nr. 352 zu § 613a BGB.

1016 *BAG*, Urt. v. 02.04.2009 – 8 AZR 178/07, AP Nr. 9 zu § 613a BGB Widerspruch; Parallelentscheidung: Urt. v. 02.04.2009 – 8 AZR 318/07, AP Nr. 8 zu § 613a BGB Widerspruch (12 Monate).

1017 *BAG*, Urt. v. 23.07.2009 – 8 AZR 538/08, NZA 2010, 89.

1018 *BAG*, Urt. v. 23.07.2009 – 8 AZR 540/08, EzA-SD 2009, Nr. 16, 11.

13 Monate (offen)[1019]	- widerspruchslose Fortsetzung des Arbeitsverhältnisses mit der neuen Betriebsinhaberin - Vergütungsänderungen, erfolgreiche Bewerbung um höhere Stelle
12 Monate (offen)[1020]	- widerspruchslose Fortsetzung des Arbeitsverhältnisses mit der neuen Betriebsinhaberin - Vergütungsänderungen, Erteilung von Handlungsvollmacht
13 Monate (offen)[1021]	- widerspruchslose Fortsetzung des Arbeitsverhältnisses mit der neuen Betriebsinhaberin - Stellenwechsel im Zuge des Betriebsübergangs (Personalleiter zu Leiter Arbeitsrecht), Erteilung von Handlungsvollmacht
14 Monate (offen)[1022]	- keine Kündigungsschutzklage gegen die neue Betriebsinhaberin, aber Widerspruch innerhalb der Dreiwochenfrist des § 4 Satz 1 KSchG
8 Monate (offen)[1023]	- widerspruchslose Fortsetzung des Arbeitsverhältnisses mit der neuen Betriebsinhaberin - aus dem Widerspruch gegen den Übergang des Arbeitsverhältnisses infolge eines zweiten Betriebsübergangs resultiert kein Vertrauen, dass kein Widerspruch bzgl. des ersten Betriebsübergangs mehr erfolgen wird

b) Literatur

Ebenso umfangreich wie die Urteile zur Verwirkung des Widerspruchsrechts ist das hierzu veröffentlichte Schrifttum. Aus diesem werden nachfolgend nur solche Auffassungen herausgegriffen, die für das Zeit- und/oder Umstandsmoment Aspekte aufzeigen, die über die gängige Rechtsprechung hinausgehen.[1024]

1019 *BAG*, Urt. v. 23.07.2009 – 8 AZR 541/08, AP Nr. 12 zu § 613a BGB Unterrichtung; Parallelentscheidung zur erfolglosen Bewerbung: Urt. v. 23.07.2009 – 8 AZR 539/08, AP Nr. 11 zu § 613a BGB Unterrichtung (15 Monate).

1020 *BAG*, Urt. v. 23.07.2009 – 8 AZR 558/08, AP Nr. 13 zu § 613a BGB Unterrichtung.

1021 *BAG*, Urt. v. 20.05.2010 – 8 AZR 734/08, NZA 2010, 1295.

1022 *BAG*, Urt. v. 09.12.2010 – 8 AZR 152/08, AP Nr. 395 zu § 613a BGB.

1023 *BAG*, Urt. v. 26.05.2011 – 8 AZR. 18/10, NJW-Spezial 2011, 628.

1024 Mehrere Autoren wollen das Problem des unbefristeten Widerspruchsrechts über Stellvertretungs- und Genehmigungsregelungen oder eine Bestätigung lösen (vgl. *Rudkowski*, NZA 2010, 739 (741 f.); *Löwisch*, BB 2009, 326 ff.; *Rieble/Wiebauer* NZA 2009, 401 (404 ff.); *Gehlhaar*, BB 2009, 1182 (1184 f.)). Diese Lösungsansätze sollen nachfolgend zunächst außer Acht bleiben, da diese eigenständig neben die Verwirkung treten.

aa) Zum Zeitmoment

(1) Zeitliche Mindest- bzw. Höchstgrenzen

Viele Autoren bejahen Mindest- bzw. Höchstgrenzen für die zur Erfüllung des Zeitmoments erforderliche Zeitspanne.[1025] Angesetzt werden höchstens zwei Monate[1026] bzw. sechs Monate[1027] bzw. ein Jahr in Kenntnis der den Betriebsübergang ausmachenden Tatsachen[1028], maximal drei Monate[1029] bzw. frühestens vier Monate nach dem Inhaberwechsel[1030], maximal sieben Monate nach dem Betriebsübergang[1031], maximal drei Monate[1032] oder sogar nur ein Monat nach Kenntnis von der Unrichtigkeit bzw. Unvollständigkeit der Unterrichtung.[1033]

1025 Die nachfolgende Auflistung erfolgt zum größten Teil nach *Grau*, S. 298 f. *Goetzmann*, ArbRB 2009, 176 (177) befürwortet die Anwendung der Verjährungsvorschriften. Das Widerspruchsrechts soll nach §§ 194, 199 BGB mit Ablauf des dritten Kalenderjahres nach Erhalt eines Unterrichtungsschreibens bzw. nach Kenntnis von den den Betriebsübergang tatsächlich ausmachenden Umständen verjährt sein. Dies ist abzulehnen. Das Widerspruchsrecht kann als Gestaltungsrecht nicht verjähren. Bereits begrifflich geht § 194 Abs. 1 BGB von der Verjährung von *Ansprüchen*, nicht von Rechten aus. Aus § 438 Abs. 4 BGB bzw. § 634a Abs. 4 BGB i.V.m. § 218 BGB folgt zudem, dass die Anwendung der Verjährungsvorschriften auf Gestaltungsrechte einer ausdrücklichen gesetzlichen Anordnung bedarf. Eine solche existiert nicht. Die Voraussetzungen einer Analogie sind ebenfalls nicht erfüllt: Aufgrund der Nichtaufnahme einer zeitlichen Obergrenze im Gesetzgebungsverfahren und der dem Gesetzgeber jahrzehntelang bekannten Problematik, kann nicht von einer planwidrigen Regelungslücke ausgegangen werden.

1026 *Dahms*, S. 133, der gleichzeitig eine zeitliche Höchstgrenze ablehnt.

1027 *Schiefer/Worzalla*, NJW 2009, 558 (559). Spätestens nach sechs Monaten: *Gaul*, § 11 Rn. 56, 75; *Gaul/Otto*, DB 2002, 634 (637); *Krügermeyer-Kalthoff/Reutershan*, MDR 2003, 541 (544); *Hohner*, S. 99; *Bauer/Steinau-Steinrück*, NZA-Beil. 16/2003, 72 (75); ähnlich *Laber/Roos*, ArbRB 2002, 303 (306); bei nicht vorsätzlicher falscher oder unvollständiger Unterrichtung: FS Kollhosser/*Hamann*, S. 185 (193 f.). Nicht vor Ablauf von sechs Monaten: *Olbertz/Ungnad*, BB 2004, 213 (215).

1028 *R/H/MT*, § 12 Rn. 24; *Löwisch/Göpfert/Siegrist*, DB 2007, 2538 (2539). Ähnlich *Rudkowski*, NZA 2010, 739 (742): Jahresfrist ab Betriebsübergang/Ablauf des ersten Monats nach der Unterrichtung bzw. zehn Monate „bei einfach gelagerten Sachverhalten". Vage *Koller-van Delden*, DStR 2008, 776 (782), wonach vor Ablauf von 12 Monaten nach einer fehlerhaften Unterrichtung sehr strenge Anforderungen an das Umstandsmoment zu stellen seien.

1029 *Bauer/Steinau-Steinrück*, ZIP 2002, 457 (464).

1030 *Franzen*, RdA 2002, 258 (266); *Wirlitsch/Lindemann*, ArbRAktuell 2011, 450 (452).

1031 *Worzalla*, NZA 2002, 353 (357).

1032 *Bauer/Steinau-Steinrück*, ZIP 2002, 475 (464); ähnlich *Huke*, S. 98, drei bis sechs Monate.

1033 So *Meyer*, NZA 2005, 9 f., wenn der Arbeitnehmer aufgefordert wurde, Unklarheit und Defizite innerhalb der Monatsfrist anzuzeigen.

(2) Je zutreffender die Unterrichtung desto kürzer das Zeitmoment

Nach Ansicht von *Grau* soll des Zeitmoment umso kürzer ausfallen, je stärker der Informationspflicht nach § 613a Abs.5 BGB Genüge getan wurde, d.h. je richtiger oder vollständiger die Unterrichtung über den Betriebsübergang erfolgte. Dies folge aus dem Gesetzeszweck (Information als Grundlage für die Widerspruchsausübung), Präventionsgedanken (unbefristetes Widerspruchsrecht bei unzureichender Information) und den Interessen der am Betriebsübergang Beteiligten (rasche, rechtsverbindliche Abwicklung der Übernahme). Unter Berücksichtigung der Rechtsprechung sei daher das Zeitmoment nach drei bis zwölf Monaten nach Kenntnis vom Eintritt des neuen Arbeitgebers in die betriebliche Leitungsfunktion erfüllt. Die konkrete Zeitspanne hänge von der Schwere des Pflichtenverstoßes gegen die Unterrichtungspflicht ab.[1034]

(3) Kurze Zeitspanne aus Gründen der Rechtssicherheit

Commandeur/Kleinebrink stellen an das Zeitmoment nur geringe Anforderungen. Es dürfe nicht lange ungewiss bleiben, wer der Arbeitgeber des Arbeitnehmers sei. Zudem habe der Gesetzgeber den Umfang der Unterrichtung in § 613a Abs. 5 BGB nur unpräzise geregelt. Auch würden andernfalls Umstrukturierungen mit unkalkulierbaren Risiken behaftet.[1035]

bb) Zum Umstandsmoment

(1) Änderung wesentlicher Punkte des Arbeitsverhältnisses

Jacobsen/Menke erachten die Änderung wesentlicher Punkte des Arbeitsverhältnisses zum neuen Betriebsinhaber als besonderes Vertrauen begründenden Umstand.[1036]

(2) Unterlassen von Rückfragen, Inanspruchnahme von Leistungen des Erwerbers

Nimmt der Arbeitnehmer die ausdrücklich eingeräumte Möglichkeit nicht wahr, Rückfragen zu erörtern, obwohl die Unterrichtung objektiv unzulänglich war, soll dies nach Ansicht von *Grau* einen vertrauensbegründenden Umstand darstellen können.[1037] Auch könne es sich vertrauensbildend auswirken, wenn der Arbeitnehmer bei unterbliebener Unterrichtung untätig bleibe, obwohl sich der Übergang des Arbeitsverhältnisses in einer Änderung der für ihn einschlägigen Arbeitsbedingungen konkretisiert habe. Gleiches gelte, wenn er Leistungen

---

1034 *Grau*, S. 300 f.; *ders.*, RdA 2005, 367 (369). Ebenso *Löwisch/Göpfert/Siegrist*, DB 2007, 2538 (2539), die jedoch von einer Jahresfrist ausgehen.

1035 *Commandeur/Kleinebrink*, S. 141, 146.

1036 *Jacobsen/Menke*, NZA-RR 2010, 393 (396) unter Bezugnahme auf *BAG*, Urt. v. 23.07.2009 – 8 AZR 541/08, AP Nr. 12 zu § 613a BGB Unterrichtung.

1037 *Grau*, S. 302 f.

vom Betriebserwerber in Anspruch nehme, die dieser nur seinen Arbeitnehmern zugesagt hat.[1038]

(3) Verhalten, das Rückschluss auf die Akzeptanz des Erwerbers als neuen Arbeitgeber zulässt; Schutzwürdigkeit des Vertrauens abhängig von der Schwere des Unterrichtungsfehlers

Nach Ansicht von *Sagan* sollen sämtliche Verhaltensweisen des Arbeitnehmers das Umstandsmoment erfüllen, die darauf schließen lassen, dass er den Erwerber als neuen Arbeitgeber akzeptiere. Die vom Bundesarbeitsgericht geforderten „besonderen Verhaltensweisen" stellten demgegenüber eine systemwidrige, nicht zu rechtfertigende Erheblichkeitsschwelle im Tatbestand der Verwirkung dar.[1039]

Zudem sei im Einzelfall zu prüfen, ob die Erwartung der Verpflichteten berechtigt gewesen sei, mit der Unterrichtung die Widerspruchsfrist in Gang zu setzen und danach keine Widersprüche mehr zu erwarten. Dabei hänge die Schutzwürdigkeit der beteiligten Arbeitgeber davon ab, wie sicher sie davon ausgehen konnten, die Unterrichtungspflicht des § 613a Abs. 5 BGB erfüllt zu haben.[1040] Die Schwere des Unterrichtungsfehlers richte sich nach dem Grad des arbeitgeberseitigen Verschuldens und wie gewichtig das Interesse des Arbeitnehmers an der zutreffenden Information sei. Die Einholung von Rechtsrat spreche dafür, dass der Arbeitgeber berechtigtes Vertrauen entwickeln durfte. Trotz fehlerhafter Unterrichtung komme die Verwirkung dann noch in Betracht, wenn der Arbeitnehmer positive Kenntnis vom Unterrichtungsfehler erhalte und gleichwohl von der Rechtsausübung absehe.[1041]

(4) Tätigkeitsaufnahme bei Drittarbeitgeber

Nach Auffassung von *Dzida* soll in Fällen, in denen das Arbeitsverhältnis nicht formal, sondern nur faktisch beendet werde, die Aufnahme einer Beschäftigung bei einer Drittfirma in aller Regel das Umstandsmoment erfüllen.[1042]

1038 *Grau*, S. 303.

1039 *Sagan*, ZIP 2011, 1641 (1647 f.).

1040 Ihm folgend ErfK/*Preis*, BGB § 613a Rn. 101a. Ebenso *Müller-Bonanni*/*Grau*, ArbRB 2007, 146 (150); *Olbertz*/*Ungnad*, BB 2004, 213 (215 f.); teilweise auch *Kittner*, NJW 2012, 1180 (1182 f.). *Reinecke*, DB 2012, 50 (52), kritisiert ebenfalls, dass das BAG nicht berücksichtige, in welcher Hinsicht die Unterrichtung fehlerhaft war und in wessen Verantwortungsbereich dies falle; ebenso *Grau*, S. 300 f., der die Fehlerhaftigkeit jedoch beim Zeitmoment berücksichtigt, s.o. Andeutungsweise auch *Schnitker*/*Grau*, BB 2005, 2238 (2242).

1041 *Sagan*, ZIP 2011, 1641 (1649).

1042 *Dzida*, NZA 2009, 641 (645).

(5) Widerspruchslose Weiterarbeit bzw. Vertragsfortführung

Nach Ansicht von *Cohnen* u.a. soll allein die widerspruchslose Weiterarbeit bzw. Vertragsfortführung mit dem Betriebserwerber das Umstandsmoment erfüllen.[1043] Nach Auffassung von *Dzida* solle dies jedenfalls bei mehrjähriger Tätigkeit gelten. Denn dies erwecke beim Veräußerer aufgrund der besonders langen Dauer der Weiterarbeit das berechtigte Vertrauen, dass der Arbeitnehmer sein Widerspruchsrecht nicht mehr ausüben werde.[1044]

Löwisch/Göpfert/Siegrist verlangen über die Weiterarbeit hinaus solche Umstände, die erkennen lassen, dass der Arbeitnehmer sich auf das Arbeitsverhältnis mit dem Erwerber so eingerichtet hat, dass ein Widerspruch nunmehr als treuwidrig erscheinen würde.[1045] *Gaul/Niklas* lassen dafür die Inanspruchnahme des Betriebserwerbers oder Änderung des Arbeitsvertrags mit dem Betriebserwerber ausreichen.[1046]

Nach Ansicht von *Dzida* erfüllen jegliche Vertragsänderungen wie auch für das laufende Arbeitsverhältnis typische Handlungen (Entgegennahme von Gehaltserhöhungen, Antrag auf Elternzeit oder Bildungsurlaub, Abschluss einer Zielvereinbarung etc.) das Umstandsmoment. Denn der Arbeitnehmer akzeptiere damit den Erwerber als Arbeitgeber.[1047]

(6) Nichtinanspruchnahme von Informationsangeboten

Nach Meinung von *Willemsen/Lembke* soll das Umstandsmoment erfüllt sein, wenn der Arbeitnehmer trotz der Aufforderung, etwaige Unklarheiten oder Informationsdefizite innerhalb der Widerspruchsfrist geltend zu machen, erkennbare Mängel nicht innerhalb der Widerspruchsfrist oder innerhalb angemessener Zeit danach rügt.[1048] Allgemein sollen nach Ansicht von *Meyer* Informationsangebote der beteiligten Arbeitgeber, die den Arbeitnehmer bei der Entscheidungsfindung unterstützen sollten (z.B. Auslage der Kollektivverträge, persönliche Beratung), beim Umstandsmoment zu beachten sein.[1049]

1043 Moll/*Cohnen*, § 55 Rn. 94; *Kittner*, NJW 2012, 1180 (1182 f.), der jedoch die vertrauensbegründende Wirkung vom Grad der Fehlerhaftigkeit der Unterrichtung abhängig macht; *Göpfert/Siegrist*, BB 2007, 506 (508) unter Bezugnahme auf *LAG München*, Urt. v. 12.10.2006 – 2 Sa 990/05, BB 2007, 502; *Grobys*, BB 2002, 726 (730). Wohl auch *Bauer/Steinau-Steinrück*, ZIP 2002, 457 (464). A.A. u.a. *BAG*, Urt. v. 23.07.2009 – 8 AZR 538/08, NZA 2010, 89; ebenso nach Insolvenzantrag Urt. v. 27.11.2008 – 8 AZR 174/07, NZA 2009, 552; Urt. v. 24.07.2008 – 8 AZR 755/07, NZA-RR 2009, 294.

1044 *Dzida*, NZA 2009, 641 (645).

1045 *Löwisch/Göpfert/Siegrist*, DB 2007, 2538 (2540).

1046 *Gaul/Niklas* DB 2009, 452 (456).

1047 *Dzida*, NZA 2009, 641 (645).

1048 *Willemsen/Lembke*, NJW 2002, 1159 (1160). Ebenso *Meyer*, NZA 2005, 9.

1049 *Meyer*, NZA-Beil. 4/2008, 173 (175); ähnlich bereits *ders.*, AuA 2002, 159 (164).

(7) § 144 BGB analog: Disposition über das Arbeitsverhältnis

Hat der Arbeitnehmer über sein Arbeitsverhältnis disponiert, ist es nach Ansicht von *Gehlhaar* nicht sachgerecht, dass er seiner Entscheidung durch Ausübung des Widerspruchsrechts wieder die Grundlage entziehen könne. Er habe sich endgültig aus der durch den Arbeitsvertrag begründeten Rechtsbeziehung lösen wollen. Dieser dem Arbeitnehmer zu machende Vorwurf widersprüchlichen Verhaltens gelte unabhängig von der möglichen Kenntnis der beteiligten Arbeitgeber.[1050] Daher sei § 144 BGB analog anzuwenden. So bestehe eine planwidrige Regelungslücke in Fällen, in denen die Widerspruchsfrist mangels ordnungsgemäßer Unterrichtung nicht in Gang gesetzt werde. Die Konstellation eines anfechtbaren Rechtsgeschäfts sei mit dem „widerspruchsfähigen" Übergang des Arbeitsverhältnisses vergleichbar.[1051] Daher soll der Widerspruch ausgeschlossen sein, wenn der Arbeitnehmer über sein Arbeitsverhältnis disponiert habe.

(8) Kenntnis der beteiligten Arbeitgeber von den besonderes Vertrauen begründenden Umständen nicht erforderlich

Nach Ansicht von *Löwisch/Göpfert/Siegrist* soll es nicht auf die tatsächliche Kenntnis der beteiligten Arbeitgeber von den besonderes Vertrauen begründenden Umständen ankommen. Vielmehr müssten die Umstände nur so beschaffen sein, dass aus der Untätigkeit des Arbeitnehmers bei objektiver Betrachtung zu schließen sei, dass er sein Widerspruchsrecht nicht mehr ausüben werde.[1052]

(9) Unterlassene/fehlerhafte Unterrichtung schließt die Verwirkung aus

Bei einer gänzlich unterbliebenen Unterrichtung scheidet nach Meinung von *Müller* die Verwirkung des Widerspruchsrechts aus.[1053] Solange der Arbeitnehmer keine Kenntnis von seinem Widerspruchsrechts erlangt habe, könne sich der Arbeitgeber grundsätzlich nicht darauf einrichten, dass der Arbeitnehmer sein Widerspruchsrecht nicht ausübt. Etwas anderes solle nur dann gelten, wenn sich der Arbeitnehmer aus ihm zugänglichen Quellen über den Betriebsübergang informiert habe, einer der beteiligten Arbeitgeber auf das Widerspruchsrecht hingewiesen

---

1050 *Gehlhaar*, BB 2009, 1182 (1183 f.) unter Verweis auf *Löwisch/Göpfert/Siegrist*, DB 2007, 2538.

1051 *Gehlhaar*, BB 2009, 1182 (1184 f.) unter Verweis auf (*die* vom BAG aufgehobenen Entscheidungen) *LAG Düsseldorf*, Urt. v. 04.04.2007 – 7 (11) Sa 783/06, juris; Urt. v. 29.10.2008 – 7 Sa 1306/07, juris; Urt. v. 20.12.2006 – 7 (6) Sa 777/06, juris. *Gehlhaar* verweist selbst darauf, dass ein wesentlicher Unterschied zwischen anfechtbarem Rechtsgeschäft und „widerspruchsfähigem Betriebsübergang" besteht. Denn die Anfechtung bezieht sich auf ein privatrechtliches Rechtsgeschäft, der Widerspruch jedoch auf eine gesetzlich vorgeschriebene Rechtsfolge. Wie dieser Widerspruch aufzulösen ist, insbesondere mit Blick auf die für eine Analogie notwendige, vergleichbare Interessenlage, führt *Gehlhaar* nicht aus.

1052 *Löwisch/Göpfert/Siegrist*, DB 2007, 2538 (2539).

1053 *Müller*, ArbuR 2007, 343 (344). Ebenso *Olbertz/Ungnad*, BB 2004, 213 (216).

und dem Arbeitnehmer gemäß § 350 BGB analog erfolglos eine angemessene Frist zur Ausübung des Widerspruchsrechts gesetzt habe. Entsprechendes gelte, wenn die Unterrichtung unvollständig war. Ergebe sich die Unvollständigkeit der Unterrichtung allein aus dem Fehlen eines Hinweises auf das Widerspruchsrechts, reiche bereits eine ergebnislose Fristsetzung (§ 350 BGB analog) aus.[1054]

Diehn geht davon aus, dass bei unzutreffender Unterrichtung das Umstandsmoment ausscheide. Denn die beteiligten Arbeitgeber könnten nicht darauf vertrauen, dass ein Widerspruch trotz Informationsdefizits unterbleibe. Dies gelte erst recht bei bewusster Fehl- oder Nichtinformation.[1055] Demzufolge kann nach Auffassung von *Diehn* das Widerspruchsrecht nur bei ordnungsgemäßer Unterrichtung verwirken.

(10) Kenntniserlangung der erforderlichen Informationen aus der täglichen Praxis

Nach Ansicht von *Bauer/Steinau-Steinrück* soll das Widerspruchsrecht dann verwirkt sein, wenn der Arbeitnehmer solange beim Erwerber tätig ist, dass er aus der täglichen Praxis Kenntnis von den nach § 613a Abs. 5 BGB erforderlichen Informationen erlangt hat bzw. wenn er die für die bewusste Arbeitsplatzwahl wesentlichen Umstände kennt.[1056]

1054 *Müller*, ArbuR 2007, 343 (344) unter Verweis auf *BGH*, Urt. v. 18.10.2001 – I ZR 91/99, NJW 2002, 669. Danach können es Treu und Glauben verlangen, dass der Berechtigte im Interesse der anderen Vertragspartei alsbald Klarheit darüber schafft, ob er beabsichtige, sein Gestaltungsrecht auszuüben. Bei der Verwirkung eines nicht fristgebundene Rücktrittsrechts sei demnach zu berücksichtigen, dass sich der Berechtigte durch Fristsetzung nach §§ 355, 350 BGB a.F. analog selbst vergewissern könne, ob er noch mit der Erklärung des Rücktritts rechnen müsse. Vorliegend steht der analogen Anwendung der §§ 355, 350 BGB a.F. entgegen, dass das Widerspruchsrecht grundsätzlich fristgebunden ist. Das Nichtanlaufen der Frist ist allein der unzureichenden Information der beteiligten Arbeitgeber geschuldet Mithin fehlt es bereits an der für die Analogie erforderlichen vergleichbaren Interessenlage.

1055 *Diehn*, S. 248 f. m.w.N. Ähnlich *Adam*, ArbuR 2003, 441 (445), wonach bei fehlerhafter Unterrichtung für die Verwirkung nur dort Raum sei, wo der Arbeitnehmer sämtliche Informationen auf anderem Weg erhalten habe und er daher nach Treu und Glauben hätte widersprechen müssen. Nach *Hohner* (S. 99) scheide das Umstandsmoment bei unterbliebener Unterrichtung aus und bei unrichtiger Unterrichtung nur zu laufen beginne, wenn der Arbeitnehmer aufgefordert wurde, Unklarheiten und Informationsdefizite innerhalb eines Monats nach Unterrichtung geltend zu machen.

1056 *Bauer/Steinau-Steinrück*, ZIP 2002, 457 (464). A.A. *Grau*, S. 296 f. (unter Verweis auf *Menze*, S. 97; *Grau*, RdA 2005, 367 (369); *Sayatz/Wolff*, DStR 2002, 2039 (2044)), wonach es bei fehlendem Bewusstsein des Arbeitnehmers vom Betriebsübergang fehle an einem Anknüpfungspunkt für ein zurechenbares

c) Bewertung

Rechtsprechung und Literatur differenzieren bislang nicht ausreichend, unter welchen Voraussetzungen das Umstandsmoment erfüllt ist. Daher ist – nach Auseinandersetzung mit dem Zeitmoment – in einem ersten Schritt herauszuarbeiten, worauf sich das Vertrauen bei der Verwirkung des Widerspruchsrechts konkret beziehen muss. Anschließend ist zu untersuchen, welcher der beteiligten Arbeitgeber auf die Nichtausübung des Widerspruchsrechts vertrauen muss und ob schutzwürdiges Vertrauen gezielt geschaffen werden kann. Basierend hierauf ist dann auf die wichtigsten vertrauensbegründenden und -ausschließenden Gründe einzugehen. Abschließend sind die Fallgestaltungen zu untersuchen, in denen sich schutzwürdiges Vertrauen entwickeln kann.

aa) Zum Zeitmoment

Zur Erfüllung des Zeitmoments darf der Berechtigte sein Recht über einen längeren Zeitraum nicht geltend gemacht haben. Das Zeitmoment beginnt nach den allgemeinen Grundsätzen dann zu laufen, wenn das Recht ausübbar ist.[1057] Nach § 613a Abs. 5 BGB ist der Arbeitnehmer vor dem Übergang zu unterrichten. In diesem Fall läuft das Zeitmoment also dann an, wenn der Veräußerer bzw. der Erwerber den Arbeitnehmer unterrichtet hat.[1058] Das Widerspruchsrecht entsteht jedoch unabhängig von der (zutreffenden) Unterrichtung des Arbeitnehmers. Bei unterlassener Unterrichtung läuft das Zeitmoment daher jedenfalls in dem Zeitpunkt an, in dem der Betriebs(teil) tatsächlich übergeht.[1059]

Mit Blick auf den Einzelfallcharakter der Verwirkung scheidet die Annahme von Mindest- oder Regelfristen aus. Für solche Fristen besteht bereits keine Rechtsgrundlage. Durch die Festsetzung von zeitlichen Höchstgrenzen würde das Umstandsmoment vollständig entwertet. Auch würden das System der gesetzlich geregelten Verjährung wie auch der Wille des Gesetzgebers unterlaufen. Dieser hat bewusst von einer zeitlichen Höchstgrenze zur Ausübung des Widerspruchsrechts

---

vertrauensbildendes Vorverhalten. Zudem könne bei Nichterteilung der Information beim Verpflichteten kein schutzwürdiges Vertrauen entstehen.

1057 Unklar daher z.B. *BAG*, Urt. v. 22.06.2011 – 8 AZR 752/09, DB 2011, 2385; Urt. v. 24.02.2011 – 8 AZR 413/09, AP Nr. 396 zu § 613a BGB, wonach grundsätzlich kein fester Zeitpunkt für das Anlaufen des Zeitmoments beim Widerspruchsrecht existiert soll.

1058 I.E. ebenso *BAG*, Urt. v. 12.11.2009 – 8 AZR 751/07, DB 2010, 789, wonach der Arbeitgeber durch die Unterrichtung grundsätzlich zu erkennen gebe, dass er damit die Widerspruchsfrist in Gang setzen wolle und nach Fristablauf keine Widersprüche mehr erwarte, unabhängig von der Vollständigkeit oder Fehlerhaftigkeit der Unterrichtung.

1059 Enger FS Kollhosser/*Hamann*, S. 185 (190), der unabhängig von einer Unterrichtung immer auf den tatsächlichen Übergang abstellt.

abgesehen.[1060] Mangels planwidriger Regelungslücke scheidet ein Analogieschluss zu sonstigen gesetzlichen Fristen ebenfalls aus. Dies gilt umso mehr, als dem Gesetzgeber die Situation seit Jahren bekannt ist, ohne dass er dies zum Anlass einer Gesetzesänderung genommen hätte.

Die Verwirkung bezweckt darüber hinaus allein den Schutz berechtigten Vertrauens. Daher rechtfertigt die (vermeintliche) Notwendigkeit rascher Klarheit der Verhältnisse ebenfalls keine Verkürzung des Zeitmoments.[1061]

bb) Zum Umstandsmoment

(1) Bezugspunkt des Vertrauens

In Rechtsprechung und Literatur wird häufig vorschnell nach vermeintlich besonderes Vertrauen begründenden Umständen gesucht. Ob und auf was der Verpflichtete im Einzelfall überhaupt vertraut hat, wird nicht konkret geprüft. Auch die Frage, ob das Vertrauen der Beteiligten im Einzelfall tatsächlich schutzwürdig war, wird nicht ausreichend beachtet. Daher ist zunächst der Bezugspunkt des für die Verwirkung erforderlichen Vertrauens herauszuarbeiten.

Allgemein gesprochen muss der Verpflichtete darauf vertraut haben, dass der Berechtigte sein Recht nicht geltend macht. Das Bundesarbeitsgericht formuliert in Bezug auf das Widerspruchsrecht, dass „das Umstandsmoment „erfüllt [ist], wenn der Arbeitgeber davon ausgehen durfte, der Widerspruch werde nicht mehr ausgeübt.“[1062]

„Dies ist dann der Fall, wenn er aufgrund des Verhaltens des Arbeitnehmers annehmen durfte, dieser habe den Übergang seines Arbeitsverhältnisses auf den Betriebserwerber und diesen damit als seinen neuen Arbeitgeber akzeptiert [...]. Dies ist regelmäßig dann der Fall, wenn der Arbeitnehmer über den Bestand seines Arbeitsverhältnisses gegenüber dem Betriebserwerber disponiert hat.“[1063]

Dies zeigt deutlich, dass es grundsätzlich nicht darauf ankommt, ob der Arbeitnehmer (ordnungsgemäß) unterrichtet wurde. Die beteiligten Arbeitgeber müssen

---

1060 Ebenfalls ablehnend *Diehn*, S. 248; *W/H/S/S*, G Rn. 150 f.; *Rieble/Wiebauer* NZA 2009, 401 (402); *Olbertz/Ungnad*, BB 2004, 213 (215). Daher ist es auch bedenklich, wenn das *BAG* einerseits darauf hinweist, dass der Gesetzgeber bewusst die im Gesetzgebungsverfahren vorgeschlagene Höchstfrist zur Ausübung des Widerspruchsrechts von sechs Monaten nicht aufgegriffen hat, andererseits das Zeitmoment aber bereits nach siebeneinhalb Monaten bejaht.

1061 A.A. *Commandeur/Kleinebrink*, S. 141, 146, wonach nicht lange ungewiss bleiben dürfe, wer der Arbeitgeber des Arbeitnehmers sei, zumal bei unverminderten Verwirkungsvoraussetzungen Umstrukturierungen mit unkalkulierbaren Risiken behaftet würden. Dies ist zudem deshalb abzulehnen, weil es sich um reine Zweckerwägungen handelt. Rein praktisch besteht zudem keine Ungewissheit für den Arbeitnehmer. Er wird regelmäßig denjenigen als Arbeitgeber anerkennen, der ihn ausweislich der Gehaltsmitteilung entlohnt.

1062 *BAG*, Urt. v. 23.07.2009 – 8 AZR 541/08, AP Nr. 12 zu § 613a BGB Unterrichtung.

1063 *BAG*, Urt. v. 23.07.2009 – 8 AZR 541/08, AP Nr. 12 zu § 613a BGB Unterrichtung.

gerade nicht auf die ordnungsgemäße Unterrichtung vertraut haben, sondern allein auf die Nichtausübung des Widerspruchsrechts. Denn der Arbeitnehmer kann trotz bzw. in Kenntnis seiner unzureichenden Unterrichtung dennoch den Übergang seines Arbeitsverhältnisses und den Erwerber als neuen Arbeitgeber akzeptieren. Demnach kann es auch für sich genommen für die Frage der Verwirkung nicht allein maßgeblich sein, ob der Arbeitnehmer später aus sonstigen Quellen Kenntnis von den Umständen erlangt, die den Betriebsübergang tatsächlich ausmachen.[1064]

Die Problematik der (ordnungsgemäßen) Unterrichtung kann bei der Verwirkung daher nur für die Frage Relevanz entfalten, ob bzw. inwieweit das Vertrauen der beteiligten Arbeitgeber schutzwürdig war. Ob der Verstoß gegen die Informationspflicht demgegenüber nur geringfügig war oder unverschuldet erfolgte, ist nicht maßgeblich.[1065] Unabhängig von der Frage, welcher Fehler wie schwer zu bewerten ist und welche Information für den einzelnen Arbeitnehmer tatsächlich wichtig ist: Eine solche Differenzierung führt eher zu einer weiteren, die Rechtsunsicherheit fördernden Abstrahierung der Verwirkungsvoraussetzungen, denn zu ihrer Konkretisierung. Maßgeblich kann nur sein, ob die beteiligten Arbeitgeber Kenntnis von der Fehlerhaftigkeit der Unterrichtung haben. Denn auch ein „leichter" Unterrichtungsfehler führt zur Unwirksamkeit der Unterrichtung und verhindert damit das Anlaufen der Widerspruchsfrist. Demnach ist die Schutzwürdigkeit des Vertrauens gerade nicht zwingend von der Schwere des Unterrichtungsfehlers abhängig. Gegen die Berücksichtigung der Schwere des Unterrichtungsfehlers spricht zudem, dass damit systemwidrig ein Verschuldenselement in den Verwirkungstatbestand Eingang fände. Daher schließt die fehlende bzw. nicht ordnungsgemäße Unterrichtung nicht per se schutzwürdiges Vertrauen und damit die Verwirkung aus.[1066] Bezugspunkt des Vertrauens ist lediglich die Nichtgeltendmachung des Widerspruchrechts durch den Arbeitnehmer, unabhängig von der Frage der (ordnungsgemäßen) Unterrichtung.

(2) Wechselseitige Zurechung vertrauensbegründender und –ausschließender Umstände

Das Bundesarbeitsgericht geht davon aus, dass es bei der Verwirkung des Widerspruchsrechts genügt, dass einer der beteiligten Arbeitgeber von den vertrauensbildenden Umständen Kenntnis hat. Neuer und alter Arbeitgeber können sich also

1064 A.A. *Müller*, ArbuR 2007, 343 (344), s.o.

1065 A.A. *Sagan*, ZIP 2011, 1641 (1649), der die Schutzwürdigkeit der beteiligten Arbeitgeber beim Umstandsmoment von der Schwere des Unterrichtungsfehlers abhängig macht; ErfK/*Preis*, BGB § 613a Rn. 101a; *Müller-Bonanni*/*Grau*, ArbRB 2007, 146 (150); *Olbertz*/*Ungnad*, BB 2004, 213 (215 f.); teilweise auch *Kittner*, NJW 2012, 1180 (1182 f.); ebenso *Grau*, S. 300 f., der die Fehlerhaftigkeit jedoch beim Zeitmoment berücksichtigt.

1066 S.u. Kap.3 B.VII.1.c)bb)(5) zu den einzelnen Fallgestaltungen.

wechselseitig auf die Kenntnis des anderen vom vertrauensbegründenden Verhalten des Arbeitnehmers berufen.[1067]

Soweit ersichtlich wird bislang nicht diskutiert, ob sie sich im Gegenzug die Kenntnis vertrauensausschließender Gründe ebenfalls wechselseitig zurechnen lassen müssen. Denkbar ist z.B. der Fall, dass einer der beteiligten Arbeitgeber Kenntnis von vertrauensausschließenden Umständen erhält, sie dem anderen aber verschweigt. Dies ist zu bejahen. Das Bundesarbeitsgericht spricht von Betriebsveräußerer und -erwerber im Hinblick auf die Verwirkung gemeinsam als von den „Verpflichteten".[1068] Die Verwirkung wirkt einheitlich für und gegen beide Beteiligte so wie auch die (nicht) ordnungsgemäße Unterrichtung und der Widerspruch nach § 613a Abs. 5, Abs. 6 Satz 2 BGB einheitlich für und gegen beide wirken.

Sind die Verpflichteten aber einheitlich zu behandeln, scheidet der Vertrauensschutz dann aus, wenn auch nur einer der beteiligten Arbeitgeber Kenntnis von vertrauensausschließenden Umständen besitzt. Zuletzt spricht für die hier vertretene Ansicht, dass auch Art. 3 Abs. 2 RL 2001/23/EG einen gleichen Informationsstand von Veräußerer und Erwerber über die Rechte und Pflichten der übergegangenen Arbeitsverhältnisse fingiert.[1069] Die Unkenntnis z.B. des Erwerbers kann daher nicht die Verwirkung zu Gunsten des Veräußerers begründen, dem die vertrauensausschließenden Umstände bekannt sind. Die beteiligten Arbeitgeber müssen sich daher die Kenntnis vertrauensausschließender Umstände untereinander zurechnen lassen.

(3) Kein gezieltes Schaffen von Vertrauen durch die beteiligten Arbeitgeber als Verpflichtete

Das Umstandsmoment lässt sich nicht gezielt erfüllen. Die beteiligten Arbeitgeber können nicht selbst vertrauensbegründende Umstände schaffen (z.B. durch die Aufforderung, etwaige Unklarheiten oder Informationsdefizite innerhalb der Widerspruchsfrist geltend zu machen; spezielle Informationsangebote; persönliche Beratung o.ä.), um sich später auf die Verwirkung zu berufen.[1070]

So bleibt schon allgemein kein Raum für die Verwirkung, wenn diese gezielt herbeigeführt werden soll. Das gezielte Schaffen von Vertrauen und die Entwicklung

---

1067 *BAG*, Urt. v. 27.11.2008 – 8 AZR 174/07, NZA 2009, 552. A.A. *Reinecke*, DB 2012, 50 (52 f.), wonach es bei der Verwirkung des Widerspruchsrechts allein darum gehe, ob das Arbeitsverhältnis zum Veräußerer fortbesteht. Insoweit verkennt er jedoch, dass das Arbeitsverhältnis zum Veräußerer auch dann fortbesteht, wenn der Widerspruch gegenüber dem Betriebserwerber erfolgt. Da die Unterrichtung alternativ durch beide Rechtsträger erfolgen und auch alternativ beiden gegenüber erklärt werden kann, ist die Zurechnung der Kenntnis nur konsequent (*Gaul/Niklas*, DB 2009, 452 (456)).

1068 Vgl. *BAG*, Urt. v. 27.11.2008 – 8 AZR 174/07, NZA 2009, 552.

1069 Vgl. *BAG*, Urt. v. 27.11.2008 – 8 AZR 174/07, NZA 2009, 552.

1070 A.A. *Willemsen/Lembke*, NJW 2002, 1159 (1160); *Meyer*, NZA 2005, 9; *Dzida*, NZA 2009, 641 (645 f.).

von Vertrauen schließen sich jedoch aus. Vielmehr impliziert der Griff zu derartigen Maßnahmen, dass die Verpflichteten gerade mit der Rechtsausübung rechnen. Rechnen die Verpflichteten mit der Rechtsausübung, kann sich jedoch kein schutzwürdiges Vertrauen entwickeln. Zudem ist das Vorliegen der Verwirkungsvoraussetzungen bei der Verwirkung nach dem Verhalten des Berechtigten aus Sicht eines objektiven Betrachters zu beurteilen. Zum einen liegt jedoch schon kein Verhalten des Berechtigten vor, sondern ein Verhalten der Verpflichteten. Zum anderen haben diese das Verhalten des Berechtigten im Vorfeld durch ihre Maßnahmen gezielt beeinflusst. Dies spricht ebenfalls dafür, dass gerade keine besonderes Vertrauen begründenden Umstände vorliegen. Vielmehr verhält sich der Arbeitnehmer lediglich erwartungsgemäß.

Dogmatisch ist es zudem nicht zu rechtfertigen, dem Arbeitnehmer die Verpflichtung aufzubürden, das arbeitergeberseits zu verantwortende Informationsdefizit zu korrigieren.[1071] Ausweislich der eindeutigen gesetzlichen Regelung obliegt die ordnungsgemäße Information allein den beteiligten Arbeitgebern. Das Risiko richtiger und vollständiger Information kann nicht durch deren einseitige Erklärung auf den Arbeitnehmer abgewälzt werden.[1072] Die beteiligten Arbeitgeber können nicht *contra legem* eine Verpflichtung des Arbeitnehmers zum Tätigwerden statuieren, deren Verletzung zudem noch ein vertrauensbegründender Umstand für die Verwirkung darstellen soll.

(4) Zu einzelnen vertrauensbegründenden und –ausschließenden Umständen

(a) Disposition über den Bestand des Arbeitsverhältnisses lässt Widerspruchsrecht entfallen

Das Widerspruchsrecht ist ein Gestaltungsrecht aus dem Arbeitsverhältnis. Wurde das Arbeitsverhältnis durch Disposition beendet, gibt es keine Grundlage mehr für ein Widerspruchsrecht. Auf die Verwirkung kommt es dann schon nicht mehr an.

Demgegenüber sieht das Bundesarbeitsgericht das Umstandsmoment als erfüllt an, wenn der Arbeitnehmer über den Bestand seines Arbeitsverhältnisses rechtlich disponiert hat.[1073] Als Disposition über den Bestand des Arbeitsverhältnisses gelten solche Vereinbarungen oder Verhaltensweisen des Arbeitnehmers, durch welche es zu einer Beendigung des Arbeitsverhältnisses kommt. Dies hat das Bundesarbeitsgericht in folgenden Fällen bejaht: Abwicklungsvereinbarung/Aufhebungsvertrag mit dem Betriebserwerber, Hinnahme einer vom neuen Betriebsinhaber

---

1071 So i.E. aber *Willemsen/Lembke*, NJW 2002, 1159 (1160), die das Umstandsmoment bejahen, wenn der Arbeitnehmer trotz der Aufforderung, etwaige Unklarheiten oder Informationsdefizite innerhalb der Widerspruchsfrist geltend zu machen, erkennbare Mängel nicht innerhalb der Widerspruchsfrist oder innerhalb angemessener Zeit danach rügt.

1072 So zutreffend *Diehn*, S. 249; *Grau*, S. 299 Fn. 948.

1073 Vgl. statt vieler *BAG*, Urt. v. 23.07.2009 – 8 AZR 541/08, AP Nr. 12 zu § 613a BGB Unterrichtung.

ausgesprochenen Kündigung, d.h. Unterlassen einer Kündigungsschutzklage sowie Vereinbarungen, durch welche das Arbeitsverhältnis auf eine völlig neue rechtliche Grundlage gestellt wird (z.B. Begründung eines Altersteilzeitarbeitsverhältnisses, neuer Arbeitsvertrag mit dem Betriebserwerber/Beschäftigungs- und Qualifzierungsgesellschaft).[1074]

Nach Ansicht des Bundesarbeitsgerichts und der h.M. tritt die rechtsgestaltende Wirkung des Widerspruchs *ex tunc* ein, d.h. es besteht zunächst ein faktisches Arbeitsverhältnis mit dem Betriebserwerber. Der Widerspruch wirkt dann auf den Zeitpunkt des Betriebsübergangs zurück.[1075] Dagegen führen *Rieble/Wiebauer* zu Recht an, dass das Widerspruchsrecht ein Gestaltungsrecht aus dem Arbeitsverhältnis ist. Deswegen endet mit Beendigung des Arbeitsverhältnisses (durch Eigenkündigung nach Betriebsübergang, Aufhebungsvertrag, Hinnahme einer Kündigung des Erwerbers etc.) notwendigerweise auch das Widerspruchsrecht.[1076] *Rudkowski* weist zutreffend darauf hin, dass die h.M. dagegen einem Zirkelschluss unterliegt: „Weil also das Widerspruchsrecht ausgeübt wird, entfällt die Kündigung, ist das Arbeitsverhältnis nicht beendet und kann das Widerspruchsrecht ausgeübt werden. Kurz: Das Widerspruchsrecht kann noch ausgeübt werden, weil es ausgeübt wurde."[1077]

Gegen die h.M. spricht zudem, dass wenn ein bestehendes Arbeitsverhältnis im Zeitpunkt des Betriebsübergangs Entstehungsvoraussetzung für das Widerspruchsrecht ist, dann auch das Widerspruchsrecht von der Beendigung des Arbeitsverhältnisses abhängig sein muss. Ebenso überzeugt es nicht, dass ein beendetes Arbeitsverhältnis durch bloße, einseitige Gestaltungserklärung wieder aufleben soll. Dadurch sinkt auch das Schutzniveau für die Arbeitnehmer nicht ab.[1078] Bei bewusst unterlassener oder fehlerhafter Unterrichtung kommt eine Beseitigung des Aufhebungsvertrages (Anfechtung, ggf. Wegfall der Geschäfts-

---

1074 Das *BAG* macht hiervon jedoch Ausnahmen. Der Abschluss eines Arbeitsvertrages mit einem Dritten begründet dann kein Vertrauen, wenn dies zur Vermeidung der Anrechnung nach § 615 Satz 2 BGB erfolgt (Urt. v. 24.07.2008 – 8 AZR 202/07, AP Nr. 352 zu § 613a BGB). Das Nichterheben der Kündigungsschutzklage gegen eine Kündigung des Betriebserwerbers ist dann kein besonderer vertrauensbegründender Umstand, wenn das Widerspruchsrecht innerhalb der 3-Wochen-Frist des § 4 Satz 1 KSchG ausgeübt wird (Urt. v. 09.12.2010 – 8 AZR 152/08, AP Nr. 395 zu § 613a BGB).

1075 Vgl. statt vieler *Sieg/Maschmann*, S. 88 Rn. 189 m.w.N. zu den unterschiedlichen Auffassungen.

1076 *Rieble/Wiebauer*, NZA 2009, 401 (402); ebenso H/W/K/*Willemsen/Müller-Bonanni*, BGB § 613a Rn. 348. Gegen die Theorie der Rückwirkung bereits *Rieble*, NZA 2004, 1 (4 ff.); einschränkend für die Fälle fehlender Unterrichtung über den Betriebsübergang und/oder unzutreffender Information über die Person des Erwerbers *Willemsen*, NJW 2007, 2065 (2073).

1077 *Rudkowski*, NZA 2010, 739 (740).

1078 Unabhängig davon, dass *Rieble*, NZA 2004, 1 (5), gezeigt hat, dass auch eine *ex tunc* Wirkung des Widerspruchs keinen effektiven Schutz bietet.

grundlage) oder die Wiederherstellung des Arbeitsverhältnisses im Wege des Schadensersatzes in Betracht.

Zudem überzeugt es nicht, dass das Bundesarbeitsgericht die Beendigung des Arbeitsverhältnisses erst bei der Verwirkung als besonderes Vertrauen begründenden Umstand heranzieht. Dies gilt umso mehr, als die Disposition über den Bestand des Arbeitsverhältnisses ein derartiges Gewicht besitzt, dass das Zeitmoment in seiner Bedeutung nahezu vollständig entwertet wird. Dies spiegelt sich auch in der Rechtsprechung wieder. Diese nähert sich mit Zeitspannen von siebeneinhalb bzw. neun Monaten stark der im Gesetzgebungsverfahren nicht aufgegriffenen Befristung des Widerspruchsrechts von sechs Monaten an.

Hält man an der Rückwirkung des Widerspruchsrechts fest, müsste man vielmehr der verstrichenen Zeitspanne jegliche Bedeutung absprechen. Stattdessen wäre konsequent von einem Anwendungsfall des *venire contra factum proprium* auszugehen, wenn der Arbeitnehmer über den Bestand seines Arbeitsverhältnisses solche Dispositionen getroffen hat, die nach der Diktion des Bundesarbeitsgerichts das Arbeitsverhältnis beenden oder auf eine völlig neue rechtliche Grundlage stellen.[1079] Dies gilt insbesondere für Fälle der Beendigung des Arbeitsverhältnisses. In diesen wird besonders deutlich, dass der verstrichene Zeitraum („Zeitmoment") bedeutungslos ist. Ob die Beendigung zeitnah zum Betriebsübergang oder erst später erfolgt, macht unter dem Gesichtspunkt des Vertrauensschutzes keinen Unterschied.

(b) Nicht vertrauensbegründend: Umstände, die sich in der regulären Fortführung des Arbeitsverhältnisses erschöpfen

Umstände, die sich lediglich in der regulären Fortführung des Arbeitsverhältnisses erschöpfen, begründen kein schutzwürdiges Vertrauen.[1080] Vielmehr sind nur solche Verhaltensweisen bei der Verwirkung als vertrauensbegründend zu erachten, die sich als besondere Verhaltensweisen darstellen. Bei der normalen Fortführung des Arbeitsverhältnisses verhält sich der Arbeitnehmer aus Sicht eines objektiven Betrachters lediglich erwartungsgemäß, insbesondere wenn er seiner arbeitsvertraglich geschuldeten Leistungspflicht nachkommt.[1081] Daher erfüllt

1079 Kritisch zur Auffassung des BAG auch Staudinger/*Annuß*, § 613a Rn. 303, wonach auch bei einer „völlig neuen rechtlichen Grundlage" dies nicht von der Einzelfallprüfung entbinde.

1080 *BAG*, Urt. v. 23.07.2009 – 8 AZR 558/08, AP Nr. 13 zu § 613a BGB Unterrichtung. A.A. *Sagan*, ZIP 2011, 1641 (1647 f.), wonach sämtliche Verhaltensweisen des Arbeitnehmers das Umstandsmoment erfüllen, die darauf schließen lassen, dass er den Erwerber als neuen Arbeitgeber akzeptiere.

1081 *Rieble/Wiebauer*, NZA 2009, 401 (402), verweisen zutreffend darauf, dass der Arbeitnehmer seiner Arbeitspflicht gegenüber dem Erwerber nachkomme müsse. Denn der mögliche Widerspruch begründe kein Leistungsverweigerungsrecht. Der Pflichterfüllung komme daher weder ein eigenständiger Erklärungswert zu noch wirke sie vertrauenerweckend oder bestärkend.

auch die bloße widerspruchslose Weiterarbeit beim Betriebserwerber für sich genommen nicht das Umstandsmoment.[1082] Das Bundesarbeitsgericht weist insoweit zutreffend darauf hin, dass andernfalls das Ziel unterlaufen würde, falsch unterrichteten Arbeitnehmern das Widerspruchsrecht zu erhalten.[1083] Die gegenteilige Auffassung widerspricht zudem Sinn und Zweck der Unterrichtungspflicht nach § 613a Abs. 5 BGB, die die umfassende Information des Arbeitnehmers über den Erwerber bezweckt. Dieses Informationsrecht darf mittels der Verwirkung nicht umgangen werden. Daher ist das Umstandsmoment erst dann erfüllt, wenn der Arbeitnehmer „unmissverständlich deutlich gemacht hat", dass er den Erwerber als seinen neuen Arbeitgeber akzeptiert.[1084] Darüber hinaus ist die bloße Weiterarbeit nach dem Betriebsübergang lediglich eine zwingende Begleiterscheinung des Zeitmoments.[1085]

Kein besonderes Vertrauen begründen daher allgemein insbesondere Vergütungsänderungen, Stellenwechsel im Zuge des Betriebsübergangs, die Erteilung von Handlungsvollmacht, Geltendmachung von Arbeitnehmerrechten, Bewerbung um eine interne Stelle, Entgegennahme eines Zwischenzeugnisses, Zuordnung zu einer anderen Kostenstelle und die Entgegennahme von Gehalts-/Bonus-/Nachteilsausgleichszahlungen.[1086]

(c) Vertrauensbegründend: Gesamter Arbeitsvertrag als Gegenstand der rechtsgeschäftlichen Willensbildung

Das Umstandsmoment ist erfüllt, wenn die Vertragsparteien im Rahmen einer Vertragsänderung den gesamten Arbeitsvertrag zum Gegenstand ihrer rechtsgeschäftlichen Willensbildung gemacht haben.

Das Widerspruchsrecht dient als Korrektiv für die gesetzlich angeordnete Auswechselung des Arbeitgebers. Der Arbeitnehmer muss sich nicht gegen seinen Willen an einem Vertragspartner festhalten lassen, den er sich nicht zuvor selbst ausgesucht hat. Haben die Vertragsparteien jedoch im Rahmen einer Vertragsänderung den gesamten Arbeitsvertrag zum Gegenstand ihrer rechtsgeschäftlichen Willensbildung gemacht, können Veräußerer und Erwerber davon ausgehen, dass der Arbeitnehmer den Erwerber als neuen Arbeitgeber akzeptiert hat. So bringt der Arbeitnehmer aus Sicht eines objektiven Betrachters deutlich zum Ausdruck, dass er den Erwerber kraft eigener, privatautonomer Entscheidung als

---

1082 A.A. Moll/*Cohnen*, § 55 Rn. 94; *Göpfert/Siegrist*, BB 2007, 506 (508) unter Bezugnahme auf *LAG München*, Urt. v. 12.10.2006 – 2 Sa 990/05, BB 2007, 502; *Grobys*, BB 2002, 726 (730). Wohl auch *Bauer/Steinau-Steinrück*, ZIP 2002, 457 (464).

1083 *BAG*, Urt. v. 14.12.2006 – 8 AZR 763/05, NZA 2007, 682; Urt. v. 24.07.2008 – 8 AZR 73/07, AP Nr. 351 zu § 613a BGB.

1084 *Franzen*, RdA 2002, 258 (267); *Hergenröder*, RdA 2007, 218 (225). Ebenso *Rieble/Wiebauer* NZA 2009, 401 (402); *Reinhard*, NZA 2009, 63 (64).

1085 *Koller-van Delden*, DStR 2008, 776 (782).

1086 Zu den Einzelnachweisen s.o. Kap.3 B.VII.1.b)bb)(1).

neuen Arbeitgeber anerkennt. Die Verpflichteten dürfen daher darauf vertrauen, dass der Arbeitnehmer sein Widerspruchsrecht nicht mehr geltend macht.

Hierfür genügt die einvernehmliche Änderung einzelner Arbeitsbedingungen mit dem Betriebserwerber nicht.[1087] Andernfalls könnte der Erwerber schon durch eine einfache Vertragsänderung mit dem Arbeitnehmer gezielt die Verwirkung herbeiführen. Er könnte so die Folgen einer fehlerhaften Unterrichtung vermeiden und seiner gesetzlichen Verpflichtung zur ordnungsgemäßen Information entgehen.

Die Änderung wesentlicher Punkte des Arbeitsverhältnisses zum neuen Betriebsinhaber (Art der Tätigkeit, Arbeitsort, Arbeitszeit, Vergütung) kann einen besonderes Vertrauen begründenden Umstand darstellen.[1088] Dies ist jedoch abhängig vom Einzelfall zu beurteilen. Anders als wenn die Parteien den gesamten Arbeitsvertrag zum Gegenstand ihrer rechtsgeschäftlichen Willensbildung gemacht haben, müssen in diesem Fall nach hier vertretener Auffassung weitere vertrauensbegründende Umstände hinzutreten. Denn bei Änderung wesentlicher Punkte des Arbeitsverhältnisses (insbesondere der Hauptleistungspflichten) stellen die Parteien zwar wesentliche Arbeitsbedingungen qualitativ auf eine neue rechtliche Grundlage. Daraus folgt jedoch nicht zwingend die Aktzeptanz des Erwerbers als neuen Arbeitgeber und damit die Nichtgeltendmachung des Widerspruchsrechts. So wird der Arbeitnehmer z.B. regelmäßig einer Erhöhung seiner Vergütung zustimmen. Wollte man dies allein als vertrauensbegründenden Umstand ausreichen lassen, könnte der Erwerber dem Arbeitnehmer das Widerspruchsrecht gleichsam abkaufen.

Die hier vertretene Auffassung führt auch nicht zur Entwertung des Zeitmoments. Zwar ist zuzugeben, dass der vertrauensbegründende Umstand des „Neuabschlusses" so gewichtig ist, dass daneben der Zeitablauf kaum Bedeutung hat; insofern läge ein Anwendungsfall des *venire contra factum proprium* nahe. Jedoch ist das Zeitmoment als Korrektiv für missbräuchliche Vertragsänderungen heranzuziehen, die allein der aktiven Herbeiführung der Verwirkung des Widerspruchsrechts dienen. Dies kann insbesondere der Fall sein, wenn die Vertragsänderung zeitnah zum Betriebsübergang erfolgt und die Vertragsparteien den gesamten Arbeitsvertrag dadurch zum Gegenstand ihrer rechtsgeschäftlichen Willensbildung gemacht haben, indem sie vereinbart haben, dass alle anderen Vereinbarungen aus dem Arbeitsvertrag unberührt bleiben.

1087 I.E. ähnlich *BAG*, Urt. v. 23.07.2009 – 8 AZR 541/08, AP Nr. 12 zu § 613a BGB Unterrichtung, wonach es solcher Vereinbarungen oder Verhaltensweisen des Arbeitnehmers bedürfe, die das Arbeitsverhältnis beenden oder es auf eine völlig neue rechtliche Grundlage stellten.

1088 *Jacobsen/Menke*, NZA-RR 2010, 393 (396) unter Bezugnahme auf *BAG*, Urt. v. 23.07.2009 – 8 AZR 541/08, AP Nr. 12 zu § 613a BGB Unterrichtung.

(d) Keine Berücksichtigung des Status des Berechtigten beim Umstandsmoment

Das Umstandsmoment ist unabhängig vom Status des Verpflichteten zu beurteilen. Daher verwirken Rechte z.B. eines Auszubildenden unter den gleichen Voraussetzungen wie diejenigen eines Arbeitnehmers.

Dass ein Auszubildender anders als ein Arbeitnehmer sich keinen Überblick über seine Rechte bei einem schwierigen Sachverhalt wie dem Betriebsübergang verschaffen kann, ist dagegen unzutreffend.[1089] Es steht Auszubildenden wie auch Arbeitnehmern frei, bei rechtlich schwierigen Sachverhalten Rückfragen beim Arbeitgeber zu stellen bzw. sich anwaltlich beraten zu lassen. Auch besteht keine besondere Schutzbedürftigkeit von Auszubildenden beim Betriebsübergang. Unabhängig davon, dass Auszubildende schon zuvor in einem Arbeitsverhältnis bei einem anderen Arbeitgeber gestanden und dort an einem Betriebsübergang teilgenommen haben können: Das Ausbildungsverhältnis geht infolge des Betriebsübergangs ebenso wie ein Arbeitsverhältnis auf den Erwerber über. Denn der Auszubildende soll „gleich einem Arbeitnehmer" geschützt werden.[1090] Daraus folgt, dass gerade kein höheres Schutzniveau besteht. Gestützt wird dies dadurch, dass der Gesetzgeber (insbesondere im Rahmen des BBiG) keine besonderen Schutzregelungen für die von einem Betriebsübergang erfassten Auszubildenden getroffen hat. Eine Erhöhung der Verwirkungsanforderungen bei Beteiligung von Auszubildenden ist daher nicht gerechtfertigt.

Die vorgenannten Ausführungen gelten allgemein für das Umstandsmoment. Demnach sind Status, Stellung bzw. persönlichen Fähigkeiten der Beteiligten beim Umstandsmoment nicht zu berücksichtigung. Dafür spricht auch, dass das Bundesarbeitsgericht abgesehen von dem o.a. Einzelfall den Status als Auszubildender nicht gesondert bei der Frage der Verwirkung berücksichtigt.

(5) Fallgestaltungen

Die beteiligten Arbeitgeber müssen wie schon ausgeführt nicht auf die ordnungsgemäße Unterrichtung vertraut haben, sondern allein auf die Nichtausübung des Widerspruchsrechts. Ausgehend davon ist zu fragen, ob das Vertrauen im Einzelfall auch schutzwürdig war. Insoweit existiert jedoch nur eine begrenzte Zahl von Fallgestaltungen[1091], die im Folgenden dargestellt werden. Auch wenn Bezugspunkt des Vertrauens die Nichtausübung des Widerspruchsrechts ist, werden die einzelnen Fälle abhängig von der Ordnungsgemäßheit der Unterrichtung und der Kenntnis der beteiligten Arbeitgeber davon untersucht. Denn die Ordnungsgemäßheit der Unterrichtung hat Bedeutung für die Frage, welche Anforderungen an die Umstände zu stellen sind, d.h. wann Vertrauen als schutzwürdig zu erach-

---

1089 So *BAG*, Urt. v. 13.07.2006 – 8 AZR 382/05, NZA 2006, 1406.

1090 *BAG*, Urt. v. 13.07.2006 – 8 AZR 382/05, NZA 2006, 1406.

1091 Ebenfalls nach Fallgestaltungen differenzierend FS Kollhosser/*Hamann*, S. 185 (187 ff.).

ten ist. Zudem ist in jedem Einzelfall die Frage nach der Ordnungsgemäßheit der Unterrichtung zwingend vorgelagert.[1092] Die Schutzwürdigkeit des Vertrauens und die vertrauensbegründenden Umstände gehen dabei ineinander über. Sie sind nicht immer strikt voneinander zu trennen. Aus Gründen der sprachlichen Vereinfachung wird nachfolgend auf die Kenntnis beider beteiligter Arbeitgeber gemeinsam abgestellt. Wie bereits ausgeführt, müssen sich die Verpflichteten die Kenntnis vertrauensausschließender Umstände zurechnen lassen bzw. steht ihre Unkenntnis der Verwirkung nicht entgegen.[1093]

(a) Ordnungsgemäße Unterrichtung über den Betriebsübergang

Die ordnungsgemäße Unterrichtung setzt den Lauf der Widerspruchsfrist nach § 613a Abs. 5 BGB in Gang. Eine Verwirkung des Widerspruchsrechts vor Fristablauf ist in diesem Fall ausgeschlossen. Das Bundesarbeitsgericht geht ebenfalls davon aus, dass der Arbeitgeber vor Ablauf der gesetzlich normierten Monatsfrist (§ 613a Abs. 6 Satz 1 BGB) mit einem Widerspruch des Arbeitnehmers rechnen muss.[1094] Zudem ist die Rechtsausübung innerhalb der Frist nicht illoyal verspätet. Die Frist wirkt darüber hinaus vertrauensausschließend, da die Verpflichteten mit der Rechtsausübung rechnen müssen. Zeit- und Umstandsmoment sind damit nicht erfüllbar. Damit scheidet eine Verwirkung des Widerspruchsrechts bei ordnungsgemäßer Unterrichtung innerhalb der Frist des § 613a Abs. 6 Satz 1 BGB aus.[1095]

(b) Unterbliebene Unterrichtung aufgrund Unkenntnis der beteiligten Arbeitgeber vom Betriebsübergang

Aufgrund der maßgeblich unter der Rechtsprechung des Europäischen Gerichtshofs erfolgten Ausweitung des Tatbestands des Betriebsübergangs sind Fälle denkbar, in denen den beteiligten Arbeitgebern verborgen geblieben ist, dass ihr Handeln den Tatbestand des § 613a Abs. 1 BGB erfüllt. Konsequent haben sie die betroffenen Arbeitnehmer auch nicht unterrichtet.

In diesen Fällen scheidet eine Verwirkung des Widerspruchsrechts schon nach allgemeinen Grundsätzen aus. Den Verpflichteten ist das Recht des Berechtigten nicht bekannt. Folglich können sie kein Vertrauen darauf entwickeln, dass dessen Ausübung unterbleibt.

Erkennen später nur die beteiligten Arbeitgeber den Betriebsübergang, nicht aber der Arbeitnehmer, scheidet eine Verwirkung des Widerspruchsrechts ebenfalls aus. Denn auch hier beruht die Unkenntnis des Berechtigten von seinem Recht auf dem Verhalten der Verpflichteten. So haben es die Arbeitgeber in der

---

1092 Siehe nachfolgend nur Kap.3 B.VII.1.c)bb)(2)(a), wonach bei ordnungsgemäßer Unterrichtung die Verwirkung des Widerspruchsrechts ausscheidet.

1093 S.o. Kap.3 B.VII.1.c)bb)(2).

1094 *BAG*, Urt. v. 12.11.2009 – 8 AZR 751/07, DB 2010, 789.

1095 I.E. ebenso FS Kollhosser/*Hamann*, S. 185 (187), wonach angesichts der „einmonatige[n] Überlegungsfrist" eine Verwirkung vorher ausscheide.

Hand bzw. sind gesetzlich verpflichtet, durch die ordnungsgemäße (Nach-)Unterrichtung den Arbeitnehmer von seinem Widerspruchsrecht zu informieren und die Widerspruchsfrist in Gang zu setzen. Sehen sie hiervon ab, ist der Fall demjenigen gleichzustellen, in dem die Arbeitgeber von Anfang an vorsätzlich von einer Unterrichtung abgesehen haben. Insoweit ist auf die nachfolgenden Ausführungen unten[1096] zu verweisen.

Erlangt auch der betroffene Arbeitnehmer Kenntnis vom Betriebsübergang, kommt eine Verwirkung grundsätzlich in Betracht. Sie setzt jedoch voraus, dass die beteiligten Arbeitgeber darauf vertrauen konnten, dass der Arbeitnehmer sein Widerspruchsrecht nicht ausüben werde. Insoweit sind sehr hohe Anforderungen an das Umstandsmoment zu stellen. Die vertrauensbegründenden Umstände müssen sich gerade auch darauf beziehen, dass der Arbeitnehmer sein Widerspruchsrecht trotz der unterbliebenen Unterrichtung nicht geltend macht. Denn solange die beteiligten Arbeitgeber den Arbeitnehmer nicht nachunterrichten, beginnt die Widerspruchsfrist nicht zu laufen. Sie wissen, dass der Arbeitnehmer dann sein Widerspruchsrecht zeitlich grundsätzlich unbefristet ausüben kann. Gleichzeitig haben sie es in der Hand, durch Nachunterrichtung die Widerspruchsfrist in Gang zu setzen, damit das Widerspruchsrecht zeitlich zu begrenzen und im Ergebnis Rechtssicherheit zu erlangen. Folglich bedarf es zur Erfüllung des Umstandsmoments ganz besonderer Umstände, um schutzwürdiges Vertrauen bejahen zu können (z.B. dass die Parteien den gesamten Arbeitsvertrag zum Gegenstand ihrer rechtsgeschäftlichen Willensbildung machen).[1097]

Der Arbeitnehmer ist auch nicht verpflichtet, die beteiligten Arbeitgeber auf die Fehlerhaftigkeit der Unterrichtung hinzuweisen. Seine bloße Untätigkeit in Kenntnis der fehlerhaften Unterrichtung erfüllt daher auch nicht das Umstandsmoment.[1098] Aus der Nichtgeltendmachung allein erwächst regelmäßig kein Vertrauen. Die Verwirkung kommt daher nicht allein schon dann in Betracht, wenn der Verpflichtete davon erfährt, dass der Arbeitnehmer die Fehlerhaftigkeit der Unterrichtung kennt. Vielmehr muss der Arbeitnehmer sich gleichzeitig so verhalten, dass der Verpflichtete auf die Nichtausübung des Widerspruchsrechts vertrauen kann. Jedoch spätestens wenn der Verpflichtete erfährt, dass der Arbeitnehmer um die Fehlerhaftigkeit der Unterrichtung weiß, hat er selbst Kenntnis von der Fehlerhaftigkeit. Daher sind wie bereits ausgeführt hohe Anforderungen an das Umstandsmoment zu stellen, um trotz Kenntnis der Fehlerhaftigkeit schutzwürdiges Vertrauen entwickeln zu können. Insbesondere begründet die bloße Weiterarbeit in Kenntnis des Betriebsübergangs kein ausreichendes Vertrauen für die Verwirkung.

Dass überhaupt keine Unterrichtung erfolgte, steht dagegen der Verwirkbarkeit des Widerspruchsrechts nicht zwingend entgegen. Denn wie schon ausgeführt, kann der Arbeitnehmer auch trotz unterbliebener Unterrichtung mit dem

---

1096 Kap.3 B.VII.1.c)bb)(5)(c).
1097 Kap.3 B.VII.1.c)bb)(5)(c).
1098 In diesem Sinne jedoch *Sagan*, ZIP 2011, 1641 (1649).

Übergang seines Arbeitsverhältnisses und dem Erwerber als neuem Arbeitgeber einverstanden sein.

(c) Unterbliebene Unterrichtung trotz Kenntnis der beteiligten Arbeitgeber vom Betriebsübergang

Nach allgemeinen Grundsätzen ist die Verwirkung ausgeschlossen, wenn die Unkenntnis des Berechtigten von seinem Recht auf ein bewusstes Verhalten des Verpflichteten zurückzuführen ist.[1099] Haben die beteiligten Arbeitgeber die Unterrichtung der Arbeitnehmer trotz Kenntnis ihrer Verpflichtung nach § 613a Abs. 5 BGB unterlassen, schließt dies die Verwirkung des Widerspruchsrechts grundsätzlich aus.[1100] Die Arbeitgeber können gerade kein schutzwürdiges Vertrauen entwickeln. Denn die Nichtgeltendmachung des Widerspruchsrechts ist allein der von ihnen verursachten Unkenntnis des Arbeitnehmers von seinem Recht geschuldet. Die Verpflichteten können daher kein schutzwürdiges Vertrauen entwickeln. Zudem können sie durch ordnungsgemäße Erfüllung ihrer gesetzlichen Pflicht, d.h. Nachunterrichtung, den Lauf der Widerspruchsfrist in Gang setzen. Des Vertrauensschutzes der Verwirkung bedarf es daher schon nicht. Dies gilt umso mehr, als die Verwirkung nicht dazu dient, den Verpflichteten vorzeitig von seiner Verpflichtung zu befreien.[1101]

Entsprechend zu den Ausführungen oben[1102] kommt jedoch auch hier eine Verwirkung des Widerspruchsrechts dann in Betracht, wenn die beteiligten Arbeitgeber darauf vertrauen konnten, dass der Arbeitnehmer sein Widerspruchsrecht nicht ausüben werde, trotz der unterlassenen Unterrichtung und der Kenntnis hiervon. Neben der erforderlichen Kenntnis des Arbeitnehmers von seinem Widerspruchsrecht bedarf es auch hier zur Erfüllung des Umstandsmoments besonderer Umstände. Wiederum müssen sich die vertrauensbegründenden Umstände gerade auch darauf beziehen, dass der Arbeitnehmer sein Widerspruchsrecht trotz der unterbliebenen Unterrichtung und der Kenntnis hiervon nicht geltend macht.

(d) Fehlerhafte Unterrichtung: Keine Kenntnis der Arbeitgeber von der Fehlerhaftigkeit

Nach den allgemeinen Grundsätzen scheidet die Verwirkung des Widerspruchsrechts regelmäßig aus, wenn die Unterrichtung fehlerhaft war und die beteiligten Arbeitgeber keine Kenntnis von der Fehlerhaftigkeit haben.

Die beteiligten Arbeitgeber gehen in diesem Fall davon aus, den Arbeitnehmer ordnungsgemäß unterrichtet zu haben. Weiter sind sie der Auffassung, dass nach Ablauf der vermeintlich in Gang gesetzten Widerspruchsfrist das Widerspruchsrecht erloschen sei. Damit scheidet die Entwicklung von Vertrauen auf

1099 S.o. Kap.2 B.IV.
1100 Dies verkennt FS Kollhosser/*Hamann*, S. 185 (188 f.)
1101 Vgl. *BAG*, Urt. v. 24.05.2006 – 7 AZR 201/05, NZA 2006, 1364.
1102 Kap.3 B.VII.1.c)bb)(5)(b).

die Nichtgeltendmachung eines bestehenden Rechtes aus. Vielmehr vertrauen die beteiligten Arbeitgeber allenfalls auf das Nichtbestehen eines Rechts. Hierfür gewährt die Verwirkung jedoch keinen Vertrauensschutz. Denn sie vertrauen allein darauf, dass das Widerspruchsrecht nicht mehr existiert.

(e) Fehlerhafte Unterrichtung: Kenntnis der Arbeitgeber von der Fehlerhaftigkeit

Haben die Arbeitgeber demgegenüber Kenntnis von der Fehlerhaftigkeit der Unterrichtung, ist dies dem oben behandelten Fall der unterlassenen Unterrichtung gleichzustellen.[1103] Dafür spricht, dass die Widerspruchsfrist nicht zu laufen beginnt, unabhängig davon, ob die Unterrichtung gänzlich unterblieben ist oder lediglich nicht ordnungsgemäß erfolgte. Eine Verwirkung scheidet daher grundsätzlich aus: Die beteiligten Arbeitgeber konnten nicht darauf vertrauen, dass nach Ablauf der Monatsfrist (§ 613a Abs. 6 Satz 1 BGB) kein Widerspruch mehr erfolgen werde. Denn ihnen ist aufgrund der Fehlerhaftigkeit bekannt, dass der Widerspruch zeitlich unbefristet erfolgen kann.

Damit kommt auch hier wiederum hier eine Verwirkung des Widerspruchsrechts nur dann in Betracht, wenn die beteiligten Arbeitgeber darauf vertrauen konnten, dass der Arbeitnehmer sein Widerspruchsrecht nicht ausüben werde, trotz der fehlerhaften Unterrichtung. Analog zu den Ausführungen oben setzt auch dies neben der erforderlichen Kenntnis des Arbeitnehmers von seinem Widerspruchsrecht besonders gewichtige Umstände zur Erfüllung des Umstandsmoments voraus.

(f) Bereits durch andere Arbeitnehmer ausgeübte Widersprüche

Macht ein Dritter ein Recht gerichtlich geltend, kann der Verpflichtete in einem Parallelfall dennoch Vertrauen auf die Nichtgeltendmachung eines gleich gelagerten Rechts durch dessen Inhaber entwickeln. Wie bereits ausgeführt schließt daher die parallel gelagerte Klage eines Dritten nicht automatisch die Vertrauensentwicklung und damit das Umstandsmoment aus.[1104]

Entsprechend muss der Veräußerer daher nicht jederzeit mit neuen Widersprüchen rechnen, wenn bereits Widersprüche erfolgt sind.[1105] In Parallelfällen erklärte Widersprüche schließen nicht aus, dass der einzelne Arbeitnehmer im konkreten Fall nicht doch ein Verhalten an den Tag legt, aufgrund dessen der Arbeitgeber auf die Nichtgeltendmachung vertrauen durfte. Dies gilt umso mehr, als die Verwirkung dem Vertrauensschutz im konkreten Einzelfall dient. Wohl aber sind erhöhte Anforderungen zur Erfüllung des Umstandsmoments erforderlich. Der Arbeit-

1103 Kap.3 B.VII.1.c)bb)(5)(c).

1104 S.o. Kap.3 B.I.b)cc)(2).

1105 So aber *LAG* Düsseldorf, Urt. v. 30.04.2008 – 7 Sa 586/07, ZInsO 2009, 304; ebenso *Sieg/Maschmann*, S. 87 Rn. 187. Das *BAG* ging im Revisionsurteil (Urt. v. 09.12.2010 – 8 AZR 592/08, AP Nr. 393 zu § 613a BGB) auf diesen Aspekt nicht ein.

nehmer muss sich so verhalten, dass der Arbeitgeber darauf vertrauen durfte, der Arbeitnehmer werde sein Widerspruchsrecht trotz der erfolgten Widersprüche in parallelen Fällen nicht ausüben.

Wird dagegen rechtskräftig festgestellt, dass die erteilte Unterrichtung nicht ordnungsgemäß erfolgte, haben die beteiligten Arbeitgeber ab diesem Zeitpunkt Kenntnis von der Fehlerhaftigkeit der Unterrichtung mit den oben beschriebenen Konsequenzen für die Verwirkung.

d) Zwischenergebnis

Die Erfüllung des Zeitmoments hat das Bundesarbeitsgericht teilweise bereits nach 7,5 Monaten bejaht. Dagegen spricht, dass der Gesetzgeber bewusst die im Gesetzgebungsverfahren vorgeschlagene Höchstfrist zur Ausübung des Widerspruchsrechts von sechs Monaten nicht aufgegriffen hat. Die vom Bundesarbeitsgericht – wenn auch in einem Einzelfall – zur Erfüllung des Zeitmoments angenommenen 7,5 Monate sind mit Blick darauf abzulehnen.

Beim Umstandsmoment hat das Bundesarbeitsgericht einen umfassenden Katalog von Kriterien entwickelt, die besonderes Vertrauen begründen (sollen). Maßgebliche Bedeutung misst es insbesondere der rechtlichen Disposition des Arbeitnehmers über den Bestand seines Arbeitsverhältnisses zu, die das Umstandsmoment erfüllen soll. Dies ist abzulehnen, da es zur vollständigen Entwertung des Zeitmoments führt. Spricht man der Disposition über den Bestand des Arbeitsverhältnisses eine derart starke vertrauensbegründende Wirkung zu, wäre stattdessen zutreffend auf das Verbot des *venire contra factum proprium* zurückzugreifen.

Des Weiteren begrenzt entgegen der Rechtsprechung des Bundesarbeitsgerichts und der h.M. der Bestand des Arbeitsverhältnisses das Widerspruchsrecht. Das Widerspruchsrecht ist ein Gestaltungsrecht aus dem Arbeitsverhältnis. Mit Beendigung des Arbeitsverhältnisses (Disposition über den Bestand des Arbeitsverhältnisses) endet notwendigerweise auch das Widerspruchsrecht. Auf die Frage der Verwirkung kommt es dann nicht mehr an.

Im Übrigen ist entgegen Rechtsprechung und Literatur mehr Augenmerk auf die Einzelfallprüfung zu legen. Bezugspunkt des Vertrauens ist die Nichtausübung des Widerspruchsrechts, nicht die Ordnungsmäßigkeit der Unterrichtung. Anschließend ist zu prüfen, ob das Vertrauen schutzwürdig ist. War den beteiligten Arbeitgebern das Vorliegen eines Betriebsübergangs unbekannt, scheiden schutzwürdiges Vertrauen und damit die Verwirkung aus. Entsprechendes gilt, wenn die Arbeitgeber in Kenntnis des Betriebsübergangs bewusst von der Unterrichtung abgesehen haben. Weiter scheidet die Verwirkung aus, wenn den Arbeitgebern das Fehlen der Unterrichtung bzw. deren Fehlerhaftigkeit bekannt war, es sei denn, es liegen Umstände vor, aufgrund derer die beteiligten Arbeitgeber darauf vertrauen konnten, dass der Arbeitnehmer sein Widerspruchsrecht trotz der unterlassenen bzw. fehlerhaften Unterrichtung nicht ausüben werde. War den Arbeitgebern die Fehlerhaftigkeit der Unterrichtung nicht bekannt, ist die Verwirkung regelmäßig ausgeschlossen. Allgemein müssen sich die beteiligten Arbeitgeber die Kenntnis vertrauensausschließender Umstände untereinander zurechnen lassen.

Ausgeschlossen ist die Schaffung vertrauensbegründender Umstände, um die Verwirkung aktiv herbeizuführen.

2. *Fortsetzungsverlangen nach Betriebsübergang*

Entfällt der betriebsbedingte Kündigungsgrund in Zusammenhang mit einem Betriebsübergang i.S.d. § 613a BGB, kann dem Arbeitnehmer gegen den Betriebserwerber einen Weiterbeschäftigungs-/Wiedereinstellungsanspruch zustehen.[1106] Terminologisch spricht das Bundesarbeitsgericht auch vom „Fortsetzungsverlangen" gegenüber dem Betriebserwerber anstatt von Weiterbeschäftigungs-/Wiedereinstellungsanspruch (gegenüber dem „alten" Arbeitgeber), ohne jedoch die terminologische Trennung strikt einzuhalten.[1107]

Das Bundesarbeitsgericht bejaht einen Fortsetzungsanspruch, wenn sich die der Kündigung zugrundeliegende Prognose noch vor Ablauf der Kündigungsfrist als falsch erweist. Dies setzt voraus, dass es unerwartet zu einem Betriebsübergang gekommen ist, der Betriebserwerber noch keine Dispositionen getroffen hat und die Wiedereinstellung zumutbar ist.[1108]

Abweichend von den Weiterbeschäftigungs-/Wiedereinstellungsansprüchen in Fallkonstellationen ohne Betriebsübergang[1109] ist das Fortsetzungsverlangen nach der Rechtsprechung des Bundesarbeitsgerichts fristgebunden. Der betriebsbedingt gekündigte Arbeitnehmer muss nach Kenntniserlangung von den den Betriebsübergang ausmachenden tatsächlichen Umständen sein Fortsetzungsverlangen „unverzüglich" geltend machen. Entsprechend der Frist zur Ausübung des Widerspruchsrechtes (§ 613a Abs. 6 Satz 1 BGB) muss dieser auch die Fortsetzung binnen der Monatsfrist verlangen.[1110]

Demgegenüber gilt die Monatsfrist für das Fortsetzungsverlangen dann nicht, wenn eine vom Veräußerer ausgesprochene Kündigung unwirksam und das Arbeitsverhältnis im Wege des Betriebsübergangs auf den Erwerber übergegangen ist.[1111] Zudem ist die Monatsfrist bei Übergang eines ungekündigten Arbeitsverhältnisses nicht anzuwenden.[1112]

1106 Ausführlich dazu: *Krieger/Willemsen*, NZA 2011, 1128. Zur dogmatischen Grundlage vgl. KR/*Treber*, BGB § 613a Rn. 194 ff. Zur Verwirkung in sonstigen Fallkonstellationen s.o. Kap.3 B.II.3.

1107 Vgl. *BAG*, Urt. v. 25.10.2007 – 8 AZR 989/06, NZA 2008, 357; Urt. v. 21.08.2008 – 8 AZR 201/07, NZA 2009, 29.

1108 *BAG*, Urt. v. 27.02.1997 – 2 AZR 160/96, NZA 1997, 757; Urt. v. 13.05.2004 – 8 AZR 198/03, DB 2004, 2107; KR/*Treber*, BGB § 613a Rn. 195.

1109 S.o. Kap.3 B.II.3.

1110 Grundlegend: *BAG*, Urt. v. 12.11.1998 – 8 AZR 265/97, NZA 1999, 311, dort noch zur 3-Wochen-Frist, die es später mit Novellierung des § 613a BGB 2002 auf die nunmehr geltende Monatsfrist ausweitete (Urt. v. 25.10.2007 – 8 AZR 989/06, NZA 2008, 357); A/P/S/*Kiel*, KSchG § 1 Rn. 847 m.w.N.

1111 *BAG*, Urt. v. 08.08.2002 – 8 AZR 583/01, NZA 2003, 315.

1112 *BAG*, Urt. v. 18.12.2003 – 8 AZR 621/02, NZA 2004, 791.

Gleichwohl hat das Bundesarbeitsgericht in einer neueren Entscheidung die Einhaltung der Monatsfrist zur Geltendmachung des Fortsetzungsverlangens auch in einem Fall für erforderlich gehalten, in dem die Kündigung unwirksam und das Arbeitsverhältnis bereits vor Ablauf der Kündigungsfrist im Wege des Betriebsübergangs auf den Erwerber übergegangen war.[1113] Vor dem Hintergrund der neuen Rechtsprechung sollen die bisher erlassenen Urteile nachfolgend gemeinsam unter Verwirkungsgesichtspunkten analysiert werden. Miteinbezogen werden auch Urteile, in denen lediglich die Feststellung des Übergangs des Arbeitsverhältnisses infolge des Betriebsübergangs als Minus zum Fortsetzungsverlangen geltend gemacht wurde.

a) Rechtsprechung[1114]

Zeitmoment	Umstandsmoment
Weiterbeschäftigungsverlangen *2,5 Monate* nach behauptetem Betriebsübergang[1115] (offen)	- entscheidend für die Verwirkung sind die Umstände im Verhältnis zum Betriebserwerber, insbesondere wann der Betriebsübergang offenbar wurde - arbeitet ein Arbeitnehmer trotz Kenntnis des Betriebsübergangs längere Zeit bei dem bisherigen Arbeitgeber weiter ohne den Übergang seines Arbeitsverhältnisses geltend zu machen, verwirkt er die Rechte aus dem Betriebsübergang, wenn der Übernehmer sich darauf einstellen durfte, es werde keine entsprechende Geltendmachung mehr erfolgen (offen, mangels entsprechender Tatsachenfeststellung zurückverwiesen)

1113 Vgl. die Fallgestaltung bei *BAG*, Urt. v. 27.01.2011 – 8 AZR 326/09, NZA 2011, 1162: Kündigung vom 30.07.2007 zum 30.11.2007, während der Betriebsübergang bereits zum 01.04.2007 erfolgt war. Mutmaßlich hat das Gericht jedoch lediglich seine bisherige Rechtsprechung (wirksame Kündigung und damit Monatsfrist) angewendet und keine Rechtsprechungsänderung bezwecken wollen. So war der eigentliche Kündigungssachverhalt der Prüfung des *BAG* entzogen. Der Kläger hatte in zweiter Instanz die Kündigung nicht mehr angegriffen, sondern nur das Fortsetzungsverlangen weiter verfolgt.

1114 Die nachfolgend zitierten Urteile sind mit Vorsicht zu behandeln. Zumeist liegt keine Verwirkung im Sinne einer „illoyal verspäteten Rechtsausübung“ vor (s.u. Kap.3 B.VII.2.c)). Vielmehr verwendet das *BAG* terminologisch „Verwirkung“ im Sinne von Rechtsverlust.

1115 *BAG*, Urt. v. 14.05.1998 – 8 AZR 418/96, NZA 1999, 483.

Weiterbeschäftigungsverlangen über *ein Jahr* nach behauptetem Betriebsübergang[1116] (offen)	(offen, mangels entsprechender Tatsachenfeststellung zurückverwiesen)
Weiterbeschäftigungsverlangen innerhalb der *drei-Wochen-Frist* nach § 4 KSchG[1117] (-)	- die Klägerin hat sich bereits bei Klageerhebung auf einen Betriebsübergang berufen, sodass die Beklagte nicht darauf vertrauen konnte, dass die Klägerin das Ende ihres Arbeitsverhältnisses hinnimmt - die Beklagte hat nicht vorgetragen, wegen eines Vertrauens Dispositionen (nicht) vorgenommen zu haben (-)
Weiterbeschäftigungsverlangen knapp *fünf Monate* nach Kenntnis vom Betriebsübergang[1118] (offen)	- wegen der mangels fehlender Zustimmung der Hauptfürsorgestellte widerrufenen Kündigung konnte die Beklagte nicht darauf vertrauen, der Kläger werde die Beendigung seines Arbeitsverhältnisses hinnehmen - die Beklagte hat nicht vorgetragen, wegen eines Vertrauens Dispositionen (nicht) vorgenommen zu haben (-)
Weiterbeschäftigungsverlangen *drei Tage* nach Kenntniserlangung vom Betriebsübergang[1119] (-)	- aufgrund des Weiterbeschäftigungsverlangens konnte die Beklagte nicht darauf vertrauen, der Kläger werde sich ihr gegenüber nicht auf das Vorliegen eines Betriebsübergangs berufen (-)
Bewerbung um einen Arbeitsplatz innerhalb der Kündigungsfrist und innerhalb *eines Monats* nach Bekanntwerden des freien Arbeitsplatzes[1120] (-)	- mit ihrer Bewerbung hat die Klägerin ihr Interesse an einer Weiterbeschäftigung bei der Beklagten erklärt (-)
Weiterbeschäftigungsverlangen *drei* bzw. *mehr als vier Wochen* nach Kenntniserlangung vom Betriebsübergang[1121] (offen)	(offen, mangels entsprechender Tatsachenfeststellung zum Zeitmoment zurückverwiesen)

1116 *BAG*, Urt. v. 27.01.2000 – 8 AZR 106/99, juris.
1117 *BAG*, Urt. v. 08.08.2002 – 8 AZR 583/01, NZA 2003, 315.
1118 *BAG*, Urt. v. 18.12.2003 – 8 AZR 621/02, NZA 2004, 791.
1119 *BAG*, Urt. v. 22.07.2004 – 8 AZR 350/03, NZA 2004, 1383. Parallelentscheidung: Urt. v. 22.07.2004 – 8 AZR 394/03, BB 2005, 216.
1120 *BAG*, Urt. v. 25.10.2007 – 8 AZR 989/06, NZA 2008, 357.
1121 *BAG*, Urt. v. 21.08.2008 – 8 AZR 201/07, NZA 2009, 29.

Zeitmoment	Umstandsmoment
Fortsetzungsverlangen *fünf Monate* nach Betriebsübergang[1122] (offen)	- auch das Fortsetzungsverlangen kann wegen Verwirkung ausgeschlossen sein: Der Gleichlauf der Frist für ein Fortsetzungsverlangen mit der Widerspruchsfrist schließt eine Anwendung der allgemeinen Verwirkungsgrundsätze nicht aus, weil jedes Recht nur unter Berücksichtigung der Grundsätze von Treu und Glauben ausgeübt werden kann - die Klägerin hat über den Bestand des Arbeitsverhältnisses nicht disponiert und die Kündigungsschutzklage gegen die Betriebsveräußerin zweitinstanzlich erst dann nicht mehr weiterverfolgt, als sie den Fortsetzungsanspruch gegen die Beklagte anhängig gemacht hatte (-)

b) Literatur

Ein Großteil der Literatur differenziert nicht zwischen der Verwirkung des Weiterbeschäftigungs-/Wiedereinstellungsanspruchs und des Fortsetzungsverlangens bei einem Betriebsübergang. Insoweit kann daher auf obigen Ausführungen verwiesen werden.[1123]

Zwanziger schließt eine Verwirkung des Fortsetzungsverlangens bis zu dem Zeitpunkt aus, zu dem der Arbeitnehmer Kenntnis vom Betriebsübergang erhält.[1124]

Kiel u.a. gehen davon aus, dass das Fortsetzungsverlangen nach allgemeinen Grundsätzen verwirke.[1125] *Krieger/Willemsen* konkretisieren dies dahingehend, dass das Fortsetzungsverlangen unter den gleichen Voraussetzungen verwirke wie das Widerspruchsrecht.[1126]

1122 *BAG*, Urt. v. 27.01.2011 – 8 AZR 326/09, NZA 2011, 1162. Parallelentscheidungen: Urt. v. 27.01.2011 – 8 AZR 327/09, juris; Urt. v. 27.01.2011 – 8 AZR 328/09, juris; Urt. v. 27.01.2011 – 8 AZR 329/09, juris.

1123 S.o. Kap.3 B.II.3.

1124 K/D/Z/*Zwanziger*, BGB § 613a Rn. 213 unter Verweis auf *LAG Berlin*, Urt. v. 21.10.2002 – 6 Sa 961/02, NZA-RR 2003, 409. Zutreffend *Ahlborn*, ZfA 2005, 109 (162), wonach die Verwirkung ausgeschlossen sei, wenn die Unterrichtung unterblieben ist, s.o.

1125 A/P/S/*Kiel*, KSchG § 1 Rn. 847a; ungenau F/G/M/N/*Mestwerdt*, BGB § 613a Rn. 137, der von einer Verwirkung des Klagerechts spricht, augenscheinlich aber nicht die prozessuale Verwirkung meint. Zur prozessualen Verwirkung s.u. Kap.3 E.I.

1126 *Krieger/Willemsen*, NZA 2011, 1128 (1132).

c) Bewertung

Eine Verwirkung des Fortsetzungsverlangens scheidet nach allgemeinen Grundsätzen aus.

Nach der Rechtsprechung des Bundesarbeitsgerichts muss der betriebsbedingt gekündigte Arbeitnehmer „unverzüglich", nämlich binnen Monatsfrist (§ 613a Abs. 6 Satz 1 BGB entsprechend), nach Kenntniserlangung von den den Betriebsübergang ausmachenden tatsächlichen Umständen sein Fortsetzungsverlangen geltend machen.[1127]

Innerhalb dieser Frist scheidet die Verwirkung aus. Eine solche Geltendmachungsfrist schließt die Erfüllung des Zeitmoments und des Umstandsmoments aus. Für die Erfüllung des Zeitmoments ist bereits die Fristdauer zu kurz. Zudem ist die Rechtsausübung innerhalb der Frist nicht illoyal verspätet. Auch für die im Rahmen der Verwirkung erforderliche Einzelfallbetrachtung bleibt kein Raum. Denn die Geltendmachungsfrist bildet eine starre, zeitliche Grenze für den Bestand des Rechts. Darüber hinaus muss der Arbeitgeber in dieser Zeit grundsätzlich mit einer Geltendmachung rechnen.

Dagegen überzeugt die Rechtsprechung des Bundesarbeitsgerichts nicht, soweit sie für die Verwirkung des Fortsetzungsverlangens auf die Verwirkungsvoraussetzungen des Widerspruchsrechts zurückgreift. Es ist schon nicht ersichtlich, wie der Betriebserwerber als (potentiell) Verpflichteter Vertrauen entwickeln können soll. Endete das Arbeitsverhältnis aufgrund betriebsbedingter Kündigung des Veräußerers noch vor Betriebsübergang, wird dem Erwerber regelmäßig nicht einmal die Existenz eines Arbeitnehmers bekannt sein, der gegen ihn ein Fortsetzungsverlangen geltend machen könnte. Ist dem Verpflichteten jedoch nicht einmal die Existenz des Berechtigten und damit seine eigene Verpflichtung bekannt, kann er auch kein schutzwürdiges Vertrauen entwickeln. Auch die vom Bundesarbeitsgericht bei fehlender (bzw. nicht ordnungsgemäßer) Unterrichtungen angenommenen allgemeinen Grundsätze der Verwirkung greifen dann nicht. Endet das Arbeitsverhältnis wie in dem gebildeten Beispielsfall vor dem Betriebsübergang, bedurfte es bereits keiner Unterrichtung.

Übrig blieben daher nur Fälle, in denen der Betrieb vor Ablauf der Kündigungsfrist auf den Erwerber übergegangen ist und keine Unterrichtung stattgefunden hat.[1128] Durch die unterlassene Unterrichtung enthalten die beteiligten Arbeitgeber dem Arbeitnehmer jedoch die Kenntnis von den tatsächlichen Umständen des Betriebsübergangs vor. Letztere ist allerdings nach der Rechtsprechung Voraus-

1127 Grundlegend: *BAG*, Urt. v. 12.11.1998 – 8 AZR 265/97, NZA 1999, 311, dort noch zur 3-Wochen-Frist, die es später mit Novellierung des § 613a BGB 2002 auf die nunmehr geltende Monatsfrist ausweitete (Urt. v. 25.10.2007 – 8 AZR 989/06, NZA 2008, 357); A/P/S/*Kiel*, KSchG § 1 Rn. 847 m.w.N.

1128 Erfolgt dagegen eine (fehlerhafte) Unterrichtung, liefe nach der Rechtsprechung des BAG die Monatsfrist zu Geltendmachung des Fortsetzungsverlangens. Denn der Arbeitnehmer hat dann Kenntnis von den tatsächlichen Umständen des Betriebsübergangs. Auch damit scheidet eine Verwirkung aus.

setzung für das Anlaufen der Monatsfrist. Insofern scheidet aber die Verwirkung bereits nach allgemeinen Grundsätzen aus. Denn die Unkenntnis des Berechtigten von seinem Recht ist auf ein Verhalten des Verpflichteten zurückzuführen.

Dies deckt sich im Ergebnis auch mit der hier vertretenen Auffassung zum Weiterbeschäftigungs-/Wiedereinstellungsanspruchs nach betriebsbedingter Kündigung ohne Betriebsübergang. Wie bereits ausgeführt besteht eine Informationspflicht des Arbeitgebers, dass und inwieweit sich die aus seiner Sphäre stammenden Gründe nachträglich geändert haben. Daher scheidet eine Verwirkung mangels schutzwürdigen Vertrauens aus, solange der Arbeitgeber seiner Informationsverpflichtung nicht nachkommt.[1129]

d) Zwischenergebnis

Entgegen der Rechtsprechung des Bundesarbeitsgerichts scheidet eine Verwirkung des Fortsetzungsverlangens aus. Hat der Arbeitnehmer mangels Unterrichtung durch den Verpflichteten keine Kenntnis vom Betriebsübergang und damit seinem Fortsetzungsanspruch, ist die Unkenntnis von seinem Recht auf ein Verhalten des Verpflichteten zurückzuführen. Eine Verwirkung scheidet damit mangels schutzwürdigen Vertrauens aus. Hat der Arbeitnehmer dagegen Kenntnis von den den Betriebsübergang ausmachenden tatsächlichen Umständen, muss er nach der Rechtsprechung sein Fortsetzungsverlangen innerhalb von einem Monat geltend machen. Innerhalb dieser Frist scheidet die Verwirkung ebenfalls aus. Denn die Rechtsausübung während des Fristlaufs ist nicht illoyal verspätet. Zudem muss der Arbeitgeber in diesem Zeitraum mit der Geltendmachung des Fortsetzungsverlangens rechnen. Zeit- und Umstandsmoment der Verwirkung sind daher ausgeschlossen.

3. Abschließende Bewertung

Bei der Verwirkung des Widerspruchsrechts wie auch beim Fortsetzungsverlangen vernachlässigen Rechtsprechung und Literatur häufig die genaue Prüfung, ob bzw. inwieweit der Arbeitgeber tatsächlich in die Nichtgeltendmachung des Rechts vertraut hat. Darüber hinaus lassen sich für die Verwirkungsvoraussetzungen beider Rechte keine Gemeinsamkeiten erkennen, insbesondere keine, die auf den Betriebsübergang als gemeinsamen Nenner zurückzuführen wären.

Hinsichtlich des Widerspruchsrechts nach § 613a Abs. 6 BGB tendieren Rechtsprechung und Literatur stark dazu, die Verwirkung als Korrektiv der als unbefriedigend empfundenen Rechtslage heranzuziehen. Auch wenn ein praktisches Bedürfnis zur zeitlichen Begrenzung des unbefristeten Widerspruchsrechts besteht und grundsätzlich anerkennenswert ist: Solange der Gesetzgeber nicht korrigierend eingreift, sei es beim Umfang der Informationspflicht oder durch Befristung des Widerspruchsrechts, dürfen die Anforderungen an die gesetzliche

---

1129 S.o. Kap.3 B.II.3.b)bb)(2).

Informationspflicht nicht aus Billigkeitserwägungen heraus unterlaufen werden. Insbesondere kann das Rechtsinstitut der Verwirkung nicht instrumentalisiert und seine Tatbestandsvoraussetzungen herabgesetzt werden, um die vom Gesetzgeber bewusst unterlassene Befristung zu konterkarieren.[1130]

VIII. Vertragsklauseln

Die Vertragsgestaltung erfüllt in der Regel mehrere Funktionen: Neben der Begründung und Regelung der einzelnen Rechte hat sie oft auch Klarstellungs- oder Beweisfunktion. Zudem kann der Arbeitgeber das Arbeitsverhältnis in den gesetzlichen Grenzen zum eigenen Vorteil gestalten. Im Arbeitsrecht treten zudem bei einheitlich vorformulierten Verträgen Aspekte der Gleichbehandlung von Mitarbeitergruppen und Rationalisierungsinteressen hinzu.[1131]

Unklar ist, ob bzw. inwieweit Vertragsklauseln Einfluss auf den Eintritt der Verwirkung haben. Unter dem Aspekt der Vertragsgestaltung ergeben sich hierfür zwei Ansatzpunkte: Zunächst ist der Frage nachzugehen, ob sich die Verwendung unwirksamer Allgemeiner Geschäftsbedingungen i. S. d. §§ 305 ff. BGB auf die Verwirkung auswirken kann, insbesondere unter dem Gesichtspunkt des Vertrauensschutzes. Anschließend soll geprüft werden, ob bzw. inwieweit wirksame (tarif-) vertragliche Ausschlussklauseln die Verwirkung ausschließen.

1. Verwendung unwirksamer Allgemeiner Geschäftsbedingungen

Nach § 305 Abs. 1 Satz 1 BGB sind Allgemeine Geschäftsbedingungen alle für eine Vielzahl von Verträgen vorformulierten Vertragsbedingungen, die eine Vertragspartei (Verwender) der anderen Vertragspartei bei Abschluss eines Vertrags stellt. Soweit Allgemeine Geschäftsbedingungen unwirksam sind, richtet sich der Inhalt des Vertrages nach den gesetzlichen Vorschriften, § 306 Abs. 2 BGB. Demnach ist die vertragliche Lücke durch dispositives Recht zu füllen, d.h. es sind die sachlich einschlägigen gesetzlichen Vorschriften anzuwenden.[1132] Dem Gesetz lässt sich jedoch nicht entnehmen, ob bzw. welche Auswirkungen die Unwirksamkeit einer vorformulierten Klausel auf die Verwirkbarkeit des dann geltenden Rechts hat.

a) Rechtsprechung und Literatur

Es existiert keine Literatur zu der Thematik. Die Rechtsprechung verfolgt insoweit keine einheitliche Linie.

aa) Keine Problematisierung

In einer Entscheidung aus dem Jahr 2007 verneinte das Bundesarbeitsgericht die Wirksamkeit einer arbeitsvertraglichen Ausschlussklausel wegen Verstoßes gegen

---

1130 Ebenso *Diehn*, S. 248; FS DAV/*Rieble*, 687 (702).

1131 Preis/*Preis*, I A. II. Rn. 15 ff.

1132 BeckOKArbR/*Jacobs*, BGB § 306 Rn. 14.

§ 307 Abs. 1 Satz 1 BGB. Nach § 306 Abs. 2 BGB gelte daher allein das gesetzliche Verjährungsrecht. Anschließend prüfte das Bundesarbeitsgericht eine Verwirkung der klageweise geltend gemachten Ansprüche, verneinte jedoch Zeit- und Umstandsmoment.[1133] Ob eine Verwirkung vor dem Hintergrund der Unwirksamkeit der Ausschlussklausel jedoch überhaupt in Betracht kommt, problematisierte das Gericht nicht. Auch in der Instanzrechtsprechung finden sich mehrere Urteile, in denen offensichtlich kein derartiger Zusammenhang gesehen wird.[1134]

bb) Unwirksamkeit steht Vertrauensbildung nicht entgegen

Nach einem Urteil des Landesarbeitsgerichts Nürnberg schließt die Unwirksamkeit einer vorformulierten Vertragsbedingung nicht zwingend die Verwirkbarkeit des dann geltenden Rechts aus. Das Gericht hatte zunächst die Wirksamkeit einer arbeitsvertraglichen Klausel zur Abgeltung von Überstunden wegen Verstoßes gegen § 307 Abs. 1 Satz 2 BGB verneint. Zur Verwirkung führt es dann aus:

„Selbst wenn die Beklagte davon ausgegangen wäre, dass die Vergütung der Überstunden mit der Klausel wirksam ausgeschlossen worden wäre, wäre dies dem Berufen auf den Eintritt der Verwirkung ebenso wenig hinderlich wie fehlende Kenntnis der Beklagten von angefallenen Überstunden [...]. Das Vertrauen des Vertragspartners, er werde nicht mehr mit Ansprüchen überzogen, ist ebenso wenig wie beim Eintritt der Verjährung nicht davon abhängig, dass dieser Vertragspartner vom Vorhandensein etwaiger Ansprüche weiß. Es genügt, dass der mögliche Anspruchsinhaber die den behaupteten Ansprüchen zugrunde liegenden Tatsachen kennt; auf die Frage, ob er diese rechtlich zutreffend einordnet, kommt es demgegenüber nicht an."[1135]

cc) Unwirksamkeit schließt Vertrauensbildung und damit Verwirkung aus

Dagegen scheidet nach Auffassung des Landesarbeitsgerichts Sachsen-Anhalt die Verwirkung bei einer unwirksamen vorformulierten Klausel regelmäßig aus, wenn nicht weitere Umstände hinzutreten. Das Gericht begründet dies damit, dass den Arbeitnehmer keine Obliegenheit treffe, die Wirksamkeit arbeitsvertraglicher Klauseln nach Vertragsschluss zur Anspruchswahrung zu prüfen. Vielmehr sei es Sache des Arbeitgebers, Klauseln an die geltende Rechtslage anzupassen. Unterlasse er dies, sei ein Vertrauen, der Arbeitnehmer werde keine Rechte aus der Unwirksamkeit von Teilen des Vertrages herleiten, weil er diese in Unkenntnis der Unwirksamkeit nicht einfordere, nicht schutzwürdig. Soweit nicht weitere Umstände hinzutreten, verbleibe es bei der Rechtsfolge des § 306 Abs.2 BGB.[1136]

1133 *BAG*, Urt. v. 28.11.2007 – 5 AZR 992/06, NZA 2008, 293.

1134 Vgl. z.B. *ArbG Stralsund*, Urt. v. 27.04.2004 – 5 Ca 577/03, DB 2004, 1368; *LAG Baden-Württemberg*, Urt. v. 28.07.2005 – 11 Sa 26/05, juris; das BAG thematisierte dagegen in der Revision die Verwirkung nicht (*BAG*, Urt. v. 01.03.2006 – 5 AZR 511/05, NZA 2006, 783).

1135 *LAG Nürnberg*, Urt. v. 08.02.2011 – 6 Sa 90/10, juris.

1136 *LAG Sachsen-Anhalt*, Urt. v. 05.10.2010 – 6 Sa 63/10, juris.

Das Bundesarbeitsgericht führte dann in der Revision zur Verwirkung zunächst den allgemeinen Grundsatz an, wonach der Verpflichtete dann nicht darauf vertrauen könne, der Berechtigte werde wegen des Zeitablaufs seine Rechte nicht mehr geltend machen, wenn die Unkenntnis des Berechtigten auf dem Verhalten des Verpflichteten beruhe. Hierfür biete die Verwendung einer unwirksamen AGB-Klausel einen typischen Fall.[1137]

In einer älteren Entscheidung hatte es dagegen eine Verwirkung noch pauschal deshalb abgelehnt, da „das Vertrauen des Beklagten in die unwirksame Arbeitsbedingung seines Formularvertrags [...] nicht schutzwürdig" sei.[1138]

b) Bewertung

aa) Auswirkungen der Unwirksamkeit der AGB auf die Verwirkung

Die Unwirksamkeit einer vorformulierten Klausel schließt in der Regel mangels schutzwürdigen Vertrauens des Verpflichteten die Vertrauensbildung und damit die Verwirkung aus.[1139] Der Arbeitnehmer hat keine Kenntnis von seinem Recht. Diese Unkenntnis beruht auf dem Verhalten des Verpflichteten: Der Arbeitgeber hat eine unwirksame AGB-Klausel verwendet. Daher kann er als Verpflichteter auf die Nichtgeltendmachung des Rechts durch den Arbeitnehmer nicht vertrauen. Auf eine Obliegenheit des Arbeitgebers, die Wirksamkeit arbeitsvertraglicher Klauseln nach Vertragsschluss zur Anspruchswahrung zu prüfen und diese an die geltende Rechtslage anzupassen, kommt es daher nicht an.[1140]

Kennt der Arbeitgeber die Unwirksamkeit der Klausel, scheidet die Verwirkung mangels schutzwürdigen Vertrauens von vornherein aus. Die Verwirkung ist aber auch dann ausgeschlossen, wenn dem Arbeitgeber die Unwirksamkeit der Klausel unbekannt war. In diesem Fall weiß er bereits nicht um die Rechtsfolge des § 306 Abs. 2 BGB. Vielmehr vertraut er auf die Wirksamkeit der Klausel und damit darauf, dass überhaupt kein Recht besteht. Dagegen muss bei der Verwirkung der Verpflichtete auf die Nichtgeltendmachung eines *bestehenden* Rechts vertrauen.[1141]

Damit bleibt für die Verwirkung nur dort Raum, wo nachfolgende Voraussetzungen kumulativ erfüllt sind: Arbeitgeber und Arbeitnehmer müssen um die Unwirksamkeit der Klausel wissen. Neben dem Verstreichen eines Zeitmoments müssen besondere Umstände vorliegen, aufgrund dessen der Arbeitgeber davon

---

1137 *BAG*, Urt. v. 22.02.2012 – 5 AZR 765/10, EzA-SD 2012, Nr. 13, 7-9.

1138 *BAG*, Urt. v. 25.05.2005 – 5 AZR 572/04, NZA 2005, 1111.

1139 I. E. ebenso: *LAG Sachsen-Anhalt*, Urt. v. 05.10.2010 – 6 Sa 63/10, juris; *BAG*, Urt. v. 22.02.2012 – 5 AZR 765/10, EzA-SD 2012, Nr. 13, 7-9.

1140 So aber *LAG Sachsen-Anhalt*, Urt. v. 05.10.2010 – 6 Sa 63/10, juris.

1141 Dies verkennt *LAG Nürnberg* (Urt. v. 08.02.2011 – 6 Sa 90/10, juris) ebenso wie, dass die Bildung von Vertrauen gerade voraussetzt, dass der Verpflichtete Kenntnis davon hat, ggf. in Anspruch genommen zu werden. Demgegenüber steht die Unkenntnis des Berechtigten von seinem Recht der Verwirkung nicht entgegen, jedenfalls soweit diese nicht auf ein Verhalten des Verpflichteten beruht.

ausgehen durfte, dass der Arbeitnehmer das infolge der Unwirksamkeit dann geltende Recht (§ 306 Abs. 2 BGB) nicht geltend machen werde.

bb) Verwirkbarkeit des Rechts, sich auf die Unwirksamkeit der AGB zu berufen?

Nicht dem Problemkreis der Verwirkung zuzuordnen ist demgegenüber die Frage, warum sich der Klauselverwender nicht auf die Unwirksamkeit seiner vorformulierten Klausel berufen kann. Vielmehr kann sich der Arbeitgeber deswegen nicht auf die Unwirksamkeit der von ihm verwendeten Klausel berufen, da er nicht Schutzobjekt des AGB-Rechts ist. Zudem hat er das Risiko der Unwirksamkeit als Ausgleich für die einseitige Gestaltung zu tragen. Auch soll der Verwender im Fall der Unwirksamkeit einer von ihm vorformulierten Klausel nicht auch noch davon profitieren. Zuletzt stellt es einen Fall der unzulässigen Rechtsausübung wegen widersprüchlichen Verhaltens dar, wenn der Verwender zunächst einseitig Vertragsbedingungen vorgibt, um sich später zu seinen Gunsten hiervon zu lösen.[1142]

Gleichwohl stellt sich jedoch die Frage, ob der Arbeitgeber gegenüber dem Arbeitnehmer geltend machen kann, dieser habe sein Recht verwirkt, sich auf die Unwirksamkeit einer vorformulierten Klausel zu berufen. Dies ist unter Heranziehung der allgemeinen Grundsätze der Verwirkung regelmäßig abzulehnen. War dem Arbeitgeber die Unwirksamkeit der Klausel unbekannt, kann er kein schutzwürdiges Vertrauen auf die Nichtgeltendmachung der Unwirksamkeit entwickeln. War ihm die Unwirksamkeit bekannt, nicht aber dem Arbeitnehmer, scheidet die Verwirkung ebenfalls aus. Denn die Unkenntnis des Berechtigten von seinem Recht ist auf ein Verhalten des Verpflichteten zurückzuführen. Damit bleibt für die Verwirkung wie schon oben aufgeführt nur dort Raum, wo Arbeitgeber und Arbeitnehmer die Unwirksamkeit der Klausel kennen und der Arbeitnehmer über das Zeitmoment hinaus ein Verhalten an den Tag legt, aufgrund dessen der Arbeitgeber davon ausgehen durfte, dass der Arbeitnehmer sich nicht auf die Unwirksamkeit der vorformulierten Klausel berufen wird.

c) Zwischenergebnis

Die Unwirksamkeit einer vorformulierten Klausel (Allgemeinen Geschäftsbedingung) schließt in der Regel die Vertrauensbildung und damit die Verwirkung aus.

Weiß der Arbeitgeber nicht, dass die Klausel unwirksam ist, kennt er auch nicht die Rechtsfolge des § 306 Abs. 2 BGB. Ohne Kenntnis von dem (dann anwendbaren) Recht konnte er jedoch auf dessen Nichtgeltendmachung durch den Arbeitnehmer kein Vertrauen entwickeln.

Weiß der Arbeitgeber, dass die Klausel unwirksam ist, nicht aber der Arbeitnehmer, beruht die Unkenntnis des Arbeitnehmers von seinem Recht nach § 306 Abs. 2 BGB auf dem Verhalten des Arbeitgebers. Denn dieser hat die unwirksame

1142 Zum Ganzen *Tiedemann/Triebel*, BB 2011 1723 (1724).

Klausel verwendet. Der Arbeitgeber konnte daher kein schutzwürdiges Vertrauen auf die Nichtgeltendmachung entwickeln.

Die Verwirkung kann nur dann eintreten, wenn kumulativ folgende Voraussetzungen vorliegen: Den Parteien ist die Unwirksamkeit der Klausel bekannt, das Zeitmoment ist erfüllt und es liegen besondere Umstände vor, aufgrund dessen der Arbeitgeber davon ausgehen durfte, der Arbeitnehmer werde das infolge Unwirksamkeit dann geltende Recht (§ 306 Abs. 2 BGB) nicht mehr geltend machen. Entsprechendes gilt, wenn der Arbeitgeber gegenüber dem Arbeitnehmer geltend macht, dieser habe sein Recht verwirkt, sich auf die Unwirksamkeit einer vorformulierten Klausel zu berufen.

2. Ausschlussklauseln

Kollektiv- und einzelvertragliche Ausschlussklauseln (Verfall-, Verwirkungsklauseln bzw. Ausschluss-, Verfallsfristen etc.) bezwecken Rechtsklarheit bzw. Rechtssicherheit und damit die Schaffung von Rechtsfrieden.[1143] Zudem sollen sie Beweisschwierigkeiten vermeiden[1144] und dem Schuldnerschutz[1145] dienen. Ihre Rechtsgrundlage (Arbeitsvertrag, Betriebsvereinbarung oder Tarifvertrag) hat Einfluss auf die Regelungsmacht der Vertragsparteien und den Maßstab für die Auslegung der Klausel.[1146]

Ausschlussklauseln bestimmen regelmäßig welche Rechte innerhalb welchen Zeitraums wie geltend zu machen sind. Macht der Berechtigte sein Recht nicht innerhalb der vereinbarten Frist geltend, erlischt es. Anders als bei der Verwirkung bedarf es also keines Umstandsmoments. Vielmehr führt der bloße Fristablauf zum Rechtsverlust. Vor dem Hintergrund der fest umrissenen, im Vergleich zur Verjährung zudem häufig deutlich kürzeren Ausschlussfristen, soll nachfolgend untersucht werden, ob bzw. inwieweit daneben überhaupt noch die Verwirkung eintreten kann.

a) Rechtsprechung

Einer älteren Entscheidung des Bundesarbeitsgerichts lässt sich entnehmen, dass es damals kein Ausschlussverhältnis von Verwirkung und Ausschlussklausel

---

1143 *BAG*, Urt. v. 10.10.2002 – 8 AZR 8/02, DB 2003, 508; Urt. v. 26.08.1960 – 1 AZR 425/58, DB 1961, 103; *Krause*, RdA 2004, 36; *Matthiessen*, S. 32 ff. m.w.N. Ausführlich zum Ganzen: MüArbRHb/*Krause*, § 64 Rn. 12 ff.

1144 *BAG*, Urt. v. 26.02.2003 – 5 AZR 223/02, NZA 2003, 922; Urt. v. 07.02.1995 – 3 AZR 483/94, NZA 1995, 1048; Urt. v. 29.05.1985 – 7 AZR 124/83, DB 1985, 2051; kritisch *Matthiessen*, S. 38 f.

1145 *BAG*, Beschl. v. 30.01.1973 – 1 ABR 1/73, BB 1973, 474; Urt. v. 03.12.1970 – 5 AZR 208/70, AP Nr. 46 zu § 4 TVG Ausschlußfristen. Dagegen hob das BAG in einer älteren Entscheidung das Interesse des Arbeitnehmers an rascher Anspruchsbefriedigung, d.h. das Gläubigerinteresse hervor (Urt. v. 23.06.1961 – 1 AZR 239/59, AP Nr. 27 zu § 4 TVG Ausschlußfristen); kritisch *Matthiessen*, S. 39 f.

1146 Vgl. hierzu MüArbRHb/*Krause*, § 64 Rn. 15 ff.

annahm.[1147] Es führte zunächst aus, dass die Voraussetzungen für die Annahme einer Verwirkung umso seltener gegeben seien, je kürzer die Verjährungsfrist sei.[1148] Das Gleiche sollte nach Auffassung des Senats für das Verhältnis der Verwirkung zu tariflicher Ausschlussfrist gelten. Verfielen daher Ansprüche auf Grundlage der Ausschlussfrist, bleibe für eine Verwirkung kaum Raum.

Nunmehr geht das Bundesarbeitsgericht offensichtlich davon aus, dass die Verwirkung innerhalb der Verfallsfrist ausscheidet. So urteilte es in einer neueren Entscheidung zur Verwirkung, dass der Arbeitnehmer eine (tarifvertragliche) Ausschlussfrist ausschöpfen dürfe. Sei die Frist noch nicht abgelaufen, könne der Arbeitgeber nicht darauf vertrauen, der Arbeitnehmer werde den Anspruch nicht mehr geltend machen.[1149] In einem weiteren Urteil schloss es eine illoyal verspätete Rechtsausübung deshalb aus, weil die Klägerin ihre Ansprüche innerhalb der tariflichen Verfallsfrist geltend gemacht habe.[1150]

b) Literatur

Die Literatur beschäftigt sich überwiegend nur mit der Darstellung von Gemeinsamkeiten und Unterschieden bzw. der Abgrenzung von Ausschlussfristen und Verwirkung.[1151]

1147 *BAG*, Urt. v. 24.03.1992 – 1 AZR 133/91, BB 1992, 2074.

1148 Unter Verweis auf *BGH*, Urt. v. 06.12.1988 – XI ZR 19/88, NJW-RR 1989, 818. Nach hier vertretener Auffassung scheidet eine Übertragung der Argumentation bereits deshalb aus, da die Bemessung des Zeitmoments nicht zwingend von der Dauer der Verjährungsfrist abhängt, s.o. Kap.3 B.V.3.c).

1149 *BAG*, Urt. v. 24.09.2008 – 10 AZR 939/07, juris. Gleichwohl lehnte das Gericht die Verwirkung im entschiedenen Fall auch deshalb ab, da es auch am Umstandsmoment fehle.

1150 *BAG*, Urt. v. 09.12.2009 – 10 AZR 850/08, AP TVG § 1 Tarifverträge Bau Nr. 268. Insoweit bestand jedoch die Besonderheit einer tarifvertraglichen, vierjährigen „Verfalls- und Verjährungsfrist". I. E. ähnlich hatte der *BGH* (Urt. v. 22.09.1983 – IX ZR 90/82, MDR 1984, 226) bereits früher zu Rechten geurteilt, die an gesetzliche Fristen gebunden sind. So sei für eine Verwirkung fristgebundener Rechte vor Fristablauf grundsätzlich kein Raum. Die Frist schütze in der Regel hinreichend die Interessen, die sonst durch das Rechtsinstitut der Verwirkung gewahrt würden.

1151 *Matthiessen*, S. 76 ff.; *Langer*, S. 7; *Weber*, S. 31 ff.; AR-Blattei SD 350/*Hergenröder* Rn. 81 ff.; MüArbRHb/*Krause*, § 64 Rn. 13; Schaub/*Treber*, § 209 Rn. 11; *Busse*, S. 15 ff.; *Kettler*, NZA 2001, 928. Im älteren Schrifttum hatte *Waltz*, S. 42, die Auffassung vertreten, dass es sich bei Verwirkungsklauseln in Tarifordnungen um Fälle „echter Verwirkung" handele. So stelle die Geltendmachung nach dem in der Klausel festgelegten Zeitpunkt einen krassen Selbstwiderspruch dar, der mit dem Grundsatz von Treu und Glauben unvereinbar sei. Dabei verkennt *Waltz* jedoch, dass bei der Verwirkungsklausel der Rechtsverlust im Gegensatz zur „echten Verwirkung" aufgrund Parteivereinbarung eintritt.

Nach Ansicht von *Reinhard* soll eine Verwirkung vor Ablauf einer Ausschlussfrist ausscheiden. Der Zeitraum der Ausschlussfrist von in der Regel zwei Wochen bis sechs Monate erfülle das Zeitmoment nicht. Zudem müsse der Verpflichtete innerhalb der Ausschlussfrist mit der Geltendmachung des Rechts rechnen. Daher scheide auch das Umstandsmoment aus.[1152]

Dagegen bejaht *Gaul* die Möglichkeit des Verwirkungseintritts innerhalb einer Ausschlussfrist. Denn Verwirkung und Verfallsfrist stellten grundsätzlich voneinander zu unterscheidende Rechtsinstitute dar.[1153]

c) Bewertung

aa) Ausschluss der Verwirkung innerhalb der Ausschlussfrist

Rechte, die von einer Ausschlussfrist erfasst werden, können innerhalb dieser Ausschlussfrist nicht verwirken. Zwar trifft es zu, dass Verwirkung und Verfallsfrist zwei grundsätzlich voneinander zu unterscheidende Rechtsinstitute sind.[1154] Allein daraus folgt jedoch nicht zwingend ihre parallele Anwendbarkeit. Gegen die Verwirkung von Rechten innerhalb einer Ausschlussfrist sprechen vielmehr allgemeine Erwägungen. Diese führen im Ergebnis dazu, dass weder Zeit- noch Umstandsmoment erfüllbar sind.

(1) Zum Zeitmoment

Die im Arbeitsrecht üblicherweise vereinbarten Ausschlussfristen sind regelmäßig zu kurz, um innerhalb des Fristlaufs das Zeitmoment der Verwirkung zu bejahen.[1155] Dies gilt umso mehr, als bei arbeitsrechtlichen Ausschlussfristen die im Arbeitsrecht geltenden Besonderheiten gemäß § 310 Abs. 4 BGB zu beachten sind. Diese lassen im Vergleich zum übrigen Zivilrecht eine noch strengere Verkürzung der Fristen zu.[1156]

Zudem richtet sich bei der Verwirkung die erforderliche Zeitspanne nach den Umständen des Einzelfalls.[1157] Dagegen sind bei einer Ausschlussfrist alle von ihr erfassten Rechte innerhalb der vereinbarten Zeitspanne geltend zu machen. Damit haben die Parteien noch vor Rechtsentstehung eine zeitliche Begrenzung ihrer zukünftigen Rechte und deren Ausübung vereinbart. Diese Vereinbarung gilt für alle von der Ausschlussklausel erfassten Rechte gleichermaßen. Die Beteiligten haben ihre Geltendmachung von Rechten vom Einzelfall gelöst und abschließend geregelt. Für eine Einzelfallbetrachtung der Rechtsausübung und damit für das Zeitmoment der Verwirkung bleibt kein Raum. Denn die Parteien haben die Einzelfallbetrachtung gerade durch Vereinbarung einer starren Ausschlussfrist

1152 *Reinhard*, S. 31.
1153 *Gaul*, Frist, S. 78 f.
1154 So *Gaul*, Frist, S. 78 f.
1155 So zutreffend *Reinhard*, S. 31.
1156 *S/S/N*, S. 129 Rn. 429 m.w.N.
1157 Statt vieler: Palandt/*Grüneberg*, § 242 Rn. 93.

ausgeschlossen. Die Verwirkung stünde daher mit ihrem Einzelfallcharakter im Widerspruch zur ausdrücklichen Parteivereinbarung, die die Geltendmachung von Rechten gerade abschließend regelt. Der hinter der Ausschlussklausel stehenden Parteiwillen ist gegenüber der Verwirkung vorrangig.

Zuletzt kommt mit der Vereinbarung einer starren Frist, d.h. einer ausdrücklich vereinbarten zeitlichen Begrenzung des Rechts, der Parteiwille zum Ausdruck, dass eine innerhalb der Ausschlussfrist erfolgte Geltendmachung des Rechts nicht illoyal verspätet ist.[1158]

Die vorgenannten Ausführungen gelten entsprechend für gesetzliche Ausschlussfristen. Bei diesen tritt der Wille des Gesetzgebers an die Stelle des Parteiwillens.

(2) Zum Umstandsmoment

Selbst wenn man den obigen Ausführungen nicht folgen wollte, schließt eine wirksame Ausschlussfrist unabhängig von ihrer Dauer jedenfalls die Annahme des Umstandsmoments aus.

Der Berechtigte darf die Ausschlussfrist ausschöpfen. Der Verpflichtete muss daher innerhalb der Ausschlussfrist mit der Geltendmachung des Rechts rechnen.[1159] Die Entwicklung von Vertrauen auf die Nichtgeltendmachung und damit das Umstandsmoment scheidet daher aus. Vielmehr soll innerhalb der vereinbarten Frist zwischen den Beteiligten Klarheit geschaffen werden, welche Rechte aus dem Rechtsverhältnis noch geltend gemacht werden. Wenn sich die Vertragspartner aber einerseits darauf verlassen können, nach Fristablauf nicht mehr in Anspruch genommen zu werden[1160], dann müssen sie andererseits gerade mit der Inanspruchnahme innerhalb der Frist rechnen. So haben die Parteien mit der Ausschlussklausel tatsächlich das vereinbart, was bei der Verwirkung oft zu Unrecht angenommen wird, nämlich typisiertes Misstrauen. Damit wirken Ausschlussklauseln vertrauensausschließend.

Letzteres wird gerade an den die Verwirkung ausschließenden Regelungen wie § 77 Abs. 4 Satz 3 BetrVG und § 4 Abs. 4 Satz 2 TVG deutlich. Nach beiden Vorschriften soll kein Arbeitgeber darauf vertrauen dürfen, der Arbeitnehmer werde seine Rechte nach Ablauf einer bestimmten Zeit nach den Einzelfallumständen nicht mehr geltend machen. Einen solchen Schutz kann der Arbeitgeber nur durch die Vereinbarung einer Ausschlussfrist erreichen.[1161]

Eine wirksame Ausschlussfrist schließt besonderes Vertrauen begründende Umstände in die Nichtgeltendmachung eines Rechts aus. Vielmehr haben die Parteien

---

1158 Ebenso wohl *BAG*, Urt. v. 09.12.2009 – 10 AZR 850/08, AP TVG § 1 Tarifverträge Bau Nr. 268.

1159 *BAG*, Urt. v. 24.09.2008 – 10 AZR 939/07, juris; *Reinhard*, S. 31.

1160 *S/S/N*, S. 125 Rn. 418. Ebenso *Hromadka/Maschmann*, § 7 Rn. 78; *Steinau-Steinrück/Hurek*, S. 142.

1161 So MüArbRHb/*Rieble/Klumpp*, § 184 Rn. 19 zu § 4 Abs. 4 Satz 2 TVG.

mittels der Ausschlussklausel gerade vereinbart, dass die bloße Nichtgeltendmachung zum Rechtsverlust führt, ohne dass es weiterer besonderer Umstände bedarf. Daher können auch Verhaltensweisen des Berechtigten, die über die bloße Untätigkeit hinausgehen, kein schutzwürdiges Vertrauen beim Verpflichteten auf die Nichtgeltendmachung des Rechts begründen. Derartige Verhaltensweisen stehen nämlich gerade im Widerspruch zu der getroffenen Parteivereinbarung. Die Entwicklung schutzwürdigen Vertrauens scheidet aus.

Zudem bezweckt die Verwirkung den Schutz konkreten, individuellen Vertrauens. Auf einen derartigen Schutz haben die Parteien mit einer wirksam vereinbarten Ausschlussklausel jedoch gerade verzichtet. Vielmehr haben die Parteien im Vorfeld, noch vor Entstehung der Rechte, vereinbart, unter welchen Bedingungen Rechtssicherheit und Rechtsfrieden eintreten. Die Vereinbarung gilt abstrakt für alle von der Ausschlussklausel erfassten Rechte. Damit liegt eine vom Parteiwillen getragene abschließende Regelung vor, die gerade die Entwicklung individuellen Vertrauens ausschließt.

Dies gilt umso mehr, als die Verwirkung den Schutz konkreten, individuellen Vertrauens dadurch gewährleistet, dass sie das Recht zeitlich begrenzt. Mit Vereinbarung einer Ausschlussfrist liegt ebenfalls eine zeitliche Begrenzung der Rechte vor. Im Gegensatz zur Verwirkung beruht diese jedoch auf Parteivereinbarung. Damit ist die Parteivereinbarung als vorrangig zu erachten. Zudem ist sie aufgrund der Festlegung starrer zeitlicher Grenzen spezieller als das Rechtsinstitut der Verwirkung.

Zuletzt spricht gegen die parallele Anwendbarkeit, dass die Verwirkung dort Rechtssicherheit schaffen soll, wo andernfalls Unsicherheit aufgrund der längeren Nichtgeltendmachung von Rechten herrschen würde. Diese Unsicherheit existiert bei einer Ausschlussklausel nicht. Da die Zeit, innerhalb derer ein Recht geltend gemacht werden kann, durch die Ausschlussfrist fest umrissen ist, kann keine Unsicherheit in Bezug auf die zeitliche Geltendmachung des Rechts eintreten, unabhängig vom sonstigen Verhalten des Berechtigten. Auch insoweit ist daher eine Ausschlussklausel als vom Willen der Beteiligten getragene Vereinbarung gegenüber der Verwirkung als vorrangig zu erachten.

bb) Zwischenergebnis

Hängt der Bestand eines Rechts von einer Ausschlussfrist ab, scheidet seine Verwirkung aus. Das Zeitmoment scheitert in der Regel bereits an der Kürze der Ausschlussfrist. Zudem bleibt für eine Einzelfallbetrachtung der Rechtsausübung und damit für das Zeitmoment der Verwirkung kein Raum. Denn die Parteien haben eine Einzelfallbetrachtung durch Vereinbarung einer starren Ausschlussfrist ausgeschlossen. Zuletzt kommt mit der Vereinbarung einer starren Frist der Parteiwille zum Ausdruck, dass eine innerhalb der Ausschlussfrist erfolgte Geltendmachung des Rechts nicht illoyal verspätet ist. Entsprechendes gilt für gesetzliche Ausschlussfristen mit Blick auf den Willen des Gesetzgebers.

Die Vereinbarung einer Ausschlussklausel wirkt zudem vertrauensausschließend. Das für die Verwirkung erforderliche Umstandsmoment kann nicht erfüllt werden. Der Berechtigte darf die Ausschlussfrist ausschöpfen. Der Verpflichtete muss daher innerhalb der Frist mit der Geltendmachung des Rechts rechnen. Die Ausschlussfrist schließt zudem die Entwicklung besonderen Vertrauens in die Nichtgeltendmachung des Rechts aus. Denn die Parteien haben im Vorfeld gerade vereinbart, dass die Nichtgeltendmachung allein schon zum Rechtsverlust führt, ohne dass es weiterer besonderer Umstände bedarf.

Des Weiteren existiert kein schutzwürdiges Vertrauen. Mit Vereinbarung einer Ausschlussfrist haben die Parteien ausdrücklich eine zeitliche Begrenzung ihrer Rechte geregelt. Damit haben sie auf den Schutz individuellen Vertrauens verzichtet. Zudem ist die Parteivereinbarung als vorrangig zu erachten. Sie ist aufgrund der Festlegung starrer zeitlicher Grenzen auch spezieller als das Rechtsinstitut der Verwirkung. Zuletzt scheidet die Verwirkung deshalb aus, da die Zeit, innerhalb derer ein Recht geltend gemacht werden kann, durch die Ausschlussfrist fest umrissen ist. Daher kann keine Unsicherheit in Bezug auf die zeitliche Geltendmachung des Rechts eintreten. Die Ausschlussklausel geht als vom Willen der Beteiligten getragene Vereinbarung der Verwirkung damit vor.

d) Annexprobleme

Darüber hinaus ergeben sich im Zusammenhang mit Ausschlussfristen weitere Probleme in Bezug auf die Verwirkung, auf die nachfolgend kurz einzugehen ist.

aa) Verwirkung eines Rechts nach dessen fristwahrender Geltendmachung?

In einer älteren Entscheidung hatte sich das Bundesarbeitsgericht mit der Frage zu befassen, ob ein Recht verwirken kann, nachdem der Berechtigte dieses zunächst unter Einhaltung der vereinbarten Ausschlussfrist geltend gemacht hatte.[1162] So hatte der Kläger zunächst die dreimonatige tarifvertragliche Ausschlussfrist gewahrt, war anschließend aber fünf weitere Monate untätig geblieben. Das Bundesarbeitsgericht sah das Zeitmoment nicht als erfüllt an. Dagegen thematisierte es die Anwendbarkeit der Verwirkung an sich nicht weiter.

Grundsätzlich ist die Anwendbarkeit der Verwirkung zu bejahen, auch nachdem der Berechtigte sein Recht fristwahrend geltend gemacht hat. Die o.a. Bedenken gegen das Zeit- und Umstandsmoment innerhalb einer laufenden Ausschlussfrist greifen insoweit nicht. In Bezug auf das Zeitmoment ist es nicht ausgeschlossen, dass die Geltendmachung des Rechts illoyal verspätet ist, auch wenn der Berechtigte sein Recht zuvor innerhalb der Ausschlussfrist geltend gemacht hatte. Da die Ausschlussfrist die illoyal verspätete Geltendmachung nur innerhalb der vereinbarten Frist ausschließt, beginnt mit der fristwahrenden Geltendmachung ein neues Zeitmoment zu laufen. Entsprechendes gilt für das Umstandsmoment. Die vertrauensausschließende Wirkung der Ausschlussklausel ist ebenfalls auf die Dauer der Ausschlussfrist bzw. bis zur Geltendmachung des Rechts beschränkt.

1162 *BAG*, Urt. v. 16.07.1997 – 5 AZR 780/96, EEK I/1194.

Unklar ist, ob für die Verwirkung höhere Anforderungen an das Zeit- und/oder Umstandsmoment zu stellen sind. Dafür könnte sprechen, dass der Berechtigte zunächst die ausdrücklich zur Schaffung von Rechtssicherheit und Rechtsfrieden vereinbarte Ausschlussfrist eingehalten hat. Der Verpflichtete kann dann nicht davon ausgehen, dass der Berechtigte sein Recht nicht mehr geltend machen wird. Das Bundesarbeitsgericht schweigt sich hierzu aus.

Aufgrund der Ausschlussklausel sind grundsätzlich keine höheren Anforderungen an das Zeit- und/oder Umstandsmoment zu stellen. Vielmehr unterscheidet sich die Situation im Hinblick auf die Verwirkung nicht von den Fällen, in denen der Berechtigte sein Recht geltend gemacht hat, ohne dass zuvor eine Ausschlussklausel vereinbart worden war. Denn die Wirkung der Ausschlussklausel ist auf ihren zeitlichen und sachlichen Anwendungsbereich beschränkt. Wurde die Ausschlussfrist gewahrt, entfaltet sie darüber hinaus keine vertrauensausschließende bzw. vertrauensbeeinträchtigende Wirkung. Etwas anderes lässt sich dem Parteiwillen nicht entnehmen. Dogmatisch ist die Annahme eines über die Ausschlussklausel hinausgehenden pauschalisierten Misstrauens nicht gerechtfertigt.

Im Ergebnis sind gleichwohl erhöhte Anforderungen an das Umstandsmoment zu bejahen. Die ist jedoch allein der Tatsache geschuldet, dass der Berechtigte sein Recht ausdrücklich geltend gemacht hat, nicht dass auch eine Ausschlussklausel vereinbart worden war. Daher ist die Verwirkung dann zu bejahen, wenn Umstände vorliegen, aufgrund derer der Verpflichtete davon ausgehen durfte, dass der Berechtigte trotz der zunächst ausdrücklichen Geltendmachung seines Rechts dieses nun nicht mehr geltend machen wird.

bb) Verwirkung bei unerkannt unwirksamer Ausschlussklausel?

Die Verwirkung scheidet dann aus, wenn den Parteien bzw. dem Verpflichteten die Unwirksamkeit der Ausschlussklausel unbekannt war. Die oben dargestellte vertrauensausschließende Wirkung der Ausschlussklausel ist von ihrer Wirksamkeit unabhängig. Vielmehr gehen auch bei einer unerkannt unwirksamen Ausschlussklausel die Parteien davon aus, dass die innerhalb der Ausschlussfrist erfolgte Geltendmachung des Rechts nicht illoyal verspätet ist.

Entsprechend den Ausführungen zur Verwendung unwirksamer Allgemeiner Geschäftsbedingungen[1163] kommt vielmehr die Verwirkung nur dort in Betracht, wo beiden Parteien die Unwirksamkeit der Klausel bekannt ist.

cc) Allgemeine Rückschlüsse für das Zeitmoment bei fehlender Ausschlussfrist?

Aus der fehlenden Vereinbarung einer Ausschlussfrist sind keine allgemeinen Rückschlüsse für das Zeitmoment zu ziehen.

Die in einem vereinzelt gebliebenen Urteil des Landesarbeitsgerichts München vertretene gegenteilige Ansicht ist abzulehnen.[1164] Danach soll ein Vertrauen des Arbeitgebers darauf, dass ein Arbeitnehmer seine Rechte nicht wahrnehmen

1163 S.o. Kap.3 B.VIII.1.

1164 *LAG München*, Urt. v. 11.02.2008 – 6 Sa 539/07, juris.

werde, erst dann entstehen können, wenn deutlich mehr als die doppelte Zeit verstrichen ist, auf die ein Arbeitgeber zulässigerweise die Geltendmachung von Ansprüchen in Formulararbeitsverträgen verkürzen dürfe. Zulässig ist nach der Rechtsprechung des Bundesarbeitsgerichts eine Verkürzung auf drei Monate.[1165] Folgt man dem Urteil, wäre der Eintritt der Verwirkung vor einem Zeitmoment von „deutlich mehr als" sechs Monaten daher ausgeschlossen, während im Gegenzug pauschal Vertrauen geschützt wird, sobald nur „deutlich mehr als" sechs Monate vergangen sind. Dies ist abzulehnen. Vielmehr schützt die Verwirkung allein konkretes Vertrauen im Einzelfall. Darüber hinaus erscheint die Anknüpfung an die doppelte formularmäßig kürzest mögliche Ausschlussfrist (dogmatisch) als willkürlich. Unklar bleibt, warum ein Arbeitgeber nach der doppelten und nicht erst nach der drei-, vier- oder fünffach verkürzten Ausschlussfrist schutzwürdiges Vertrauen entwickeln können soll.

3. *Abschließende Bewertung*

Die Analyse zeigt, dass Vertragsklauseln tatsächlich Einfluss auf den Eintritt der Verwirkung haben können. Die Unwirksamkeit einer vorformulierten Klausel (Allgemeine Geschäftsbedingung) schließt in der Regel die Vertrauensbildung und damit die Verwirkung aus. Dagegen können aus der fehlenden Vereinbarung einer Ausschlussfrist keine Rückschlüsse auf das Zeitmoment der Verwirkung gezogen werden.Ausschlussklauseln bzw. Geltendmachungsfristen allgemein stehen Zeit- und Umstandsmoment und damit der Verwirkung entgegen. Nach der fristwahrenden Geltendmachung eines Rechts kann dieses jedoch wieder nach den allgemeinen Grundsätzen verwirken.

IX. Zeugnisanspruch

Gemäß § 109 Abs. 1 Satz 1 GewO i.V.m. dem Arbeitsvertrag hat der Arbeitnehmer Anspruch auf die Erteilung eines schriftlichen Zeugnisses. Er kann dabei gemäß §§ 109, 262 BGB zwischen der Erteilung eines einfachen und eines qualifizierten Zeugnisses wählen. Während das einfache Zeugnis mindestens Angaben zu Art und Dauer der Tätigkeit enthalten muss (§ 109 Abs. 1 Satz 2 GewO), erstreckt sich das qualifizierte Zeugnis darüber hinaus auch auf Leistung und Verhalten des Arbeitnehmers im Arbeitsverhältnis (§ 109 Abs. 1 Satz 3 GewO).

Entspricht das erteilte Zeugnis nach Form oder Inhalt nicht den gesetzlichen Vorschriften und verlangt der Arbeitnehmer „Berichtigung", macht er dogmatisch seinen Erfüllungsanspruch geltend.[1166] Ein gesetzlicher Anspruch auf Zeugnisberichtigung existiert demgegenüber nicht.

1165 *BAG*, Urt. v. 25.05.2005 – 5 AZR 572/04, NZA 2005, 1111; Urt. v. 12.03.2008 – 10 AZR 152/07, NZA 2008, 699.

1166 *BAG*, Urt. v. 23.02.1983 – 5 AZR 515/80, DB 1983, 2043; Urt. v. 14.10.2003 – 9 AZR 12/03, NZA 2004, 842; ErfK/*Müller-Glöge*, GewO § 109 Rn. 67.

Zeugnisse sind so zu formulieren, dass sie das weitere berufliche Fortkommen des Arbeitnehmers nicht erschweren.[1167] Mit Blick auf die Verwirkung ist daher interessant, ob der Zeugnisanspruch überhaupt verwirken kann, da sie zum vollständigen Erlöschen des Rechts führt.

1. Rechtsprechung

Die nachfolgend dargestellten Urteile des Bundesarbeitsgerichts[1168] betreffen nur Endzeugnisse. Es existiert keine höchstrichterliche Rechtsprechung, die sich gesondert mit der Verwirkung des Anspruchs auf Erteilung eines Zwischenzeugnisses auseinandersetzt.[1169]

Zeitmoment	**Umstandsmoment**
Berichtigungsverlangen *10 Monate* nach Ausstellung[1170] (+)	- der Anspruch auf Erteilung eines qualifizierten Zeugnisses unterliegt wie alle schuldrechtlichen Ansprüche der Verwirkung - ein Zeugnis muss alsbald nach Beendigung des Arbeitsverhältnisses verlangt und erteilt werden, wenn es seine Funktion erfüllen soll - der Kläger mahnte innerhalb eines Jahres dreimal die Erteilung des Zeugnisses an. Nach Erteilung konnte die Beklagte daher davon ausgehen, der Kläger werde weitere Beanstandungen zeitnah geltend machen - die Anspruchserfüllung ist mit Blick auf Zeugniswahrheit unzumutbar: Jahre nach Beendigung des (verhältnismäßig kurzen) Arbeitsverhältnisses kann die inhaltliche Richtigkeit nicht gewährleistet werden (menschliches Erinnerung-/Beurteilungsvermögen, Mitarbeiterfluktuation etc.)

1167 *BAG*, Urt. v. 20.02.2001 – 9 AZR 44/00, NZA 2001, 843.

1168 Aus der Instanzrechtsprechung vgl. z.B. *LAG Hamm*, Urt. v. 16.03.1989 – 12 (13) Sa 1149/88, BB 1989, 1486; *LAG Hamm*, Urt. v. 21.12.1993 – 4 Sa 1077/93, juris *LAG Hessen*, Urt. v. 31.03.1999 – 2 Sa 570/96, juris; *LAG Berlin*, Urt. v. 27.04.1999 – 5 Sa 142/98, juris; *LAG Hamm*, Urt. v. 03.07.2002 – 3 Sa 248/02, NZA-RR 2003, 73; *LAG München*, Urt. v. 11.02.2008 – 6 Sa 539/07, juris.

1169 Es existieren mehrere Instanzurteile, die sich nur mit der Verwirkung des Anspruchs auf Erteilung eines Zwischenzeugnisses befassen. Jedoch sind weder beim Zeit- noch Umstandsmoment Besonderheiten im Vergleich zu den Endzeugnissen zu erkennen. Vgl. z.B. Verwirkung bejaht: *LAG Köln*, Urt. v. 08.02.2000 – 13 Sa 1050/99, NZA-RR 2001, 130. Verneint: *LAG Hamm*, Urt. v. 16.03.1989 – 12 (13) Sa 1149/88, BB 1989, 1486; *LAG Hamm*, Urt. v. 21.12.1993 – 4 Sa 1077/93, juris.

1170 *BAG*, Urt. v. 17.02.1988 – 5 AZR 638/86, NZA 1988, 427.

Zeitmoment	Umstandsmoment
	- die Unzumutbarkeit ergibt sich auch daraus, dass nicht auszuschließen ist, dass der Arbeitnehmer vom zuerst erteilten Zeugnis bereits Gebrauch gemacht hat, sodass sich bei Neuerteilung der alte Arbeitgeber des Verdachts eines Gefälligkeitszeugnisses ausgesetzt sieht (+)
Berichtigungsverlangen knapp *zwei Monate* nach Beendigung des Arbeitsverhältnisses[1171] (-)	- die Mitunterzeichnung durch einen zwischenzeitlich ausgeschiedenen Geschäftsführer führt nicht zur Unzumutbarkeit (-)
Klageerhebung knapp *fünf Monate* nach Ausstellung[1172] (offen)	- der Kläger hat den Zeugnisanspruch verfolgt, da er mehrfach die Berichtigung verlangte, sodass die Beklagte nicht von der Erledigung der Angelegenheit ausgehen konnte (-)
Erstmaliges Korrekturverlangen *einen Monat* nach Ausstellung[1173] (offen)	- die Beklagte konnte auf die Nichtgeltendmachung nicht vertrauen, da sie in knapp zwei Jahren fünf Schreiben mit Korrekturforderungen erhielt, das letzte drei Monate vor Klageerhebung - der zeitliche Abstand zwischen den Schreiben wirkte nicht vertrauensbegründend, da die Untätigkeit des Klägers keine Reaktion auf ein neu erteiltes Zeugnis war, sondern darauf, dass die Beklagte auf die Schreiben des Klägers selbst lange nicht reagiert hatte (-)

2. Literatur

a) Auffassungen zum Zeitmoment

Mehrere Autoren nennen Fristen, nach deren Ablauf die Verwirkung regelmäßig eintreten soll. Die Zeiträume sollen fünf bis zehn Monate[1174] bzw. in Anlehnung an § 5 Abs. 3 KSchG sechs Monate[1175] betragen, für die Berichtigung vereinzelt sogar nur vier Wochen.[1176]

Andere differenzieren demgegenüber danach, ob es um die Verwirkung des Anspruchs auf Erteilung eines einfachen oder qualifizierten Zeugnisses geht. So soll nach Auffassung von *Kossens* der Verwirkungszeitpunkt bei einem qualifizierten

1171 *BAG*, Urt. v. 26.06.2001 – 9 AZR 392/00, NZA 2002, 33.

1172 *BAG*, Urt. v. 04.10.2005 – 9 AZR 507/04, NZA 2006, 436.

1173 *BAG*, Urt. v. 16.10.2007 – 9 AZR 248/07, NZA 2008, 298.

1174 MüArbRHb/*Wank*, § 105 Rn. 27 m.w.N. Ihm folgend Grobys/Panzer/*Middendorf*, 171 Zeugnis Rn. 37. Ähnlich MüKo/*Henssler*, BGB § 630 Rn. 61, fünf bis acht Monate nach Aushändigung.

1175 *Schleßmann*, S. 40, 149.

1176 *Schleßmann*, BB 1988, 1320 (1324).

Zeugnis früher erreicht sein, als bei einem einfachen Zeugnis. Denn bei ersterem seien die notwendigen Angaben schwieriger festzustellen.[1177] Ähnlicher Ansicht ist *Linck*. Danach soll ein einfaches Zeugnis solange verlangt werden können, wie die Unterlagen über Art und Dauer der Beschäftigung im normalen Geschäftsbetrieb aufbewahrt werden.[1178]

b) Auffassungen zum Umstandsmoment

Nach Ansicht von *Boecken u.a.* soll bereits das Schweigen des Arbeitnehmers das Umstandsmoment erfüllen.[1179] Nach anderer Auffassung soll der Anspruch dann verwirkt sein, wenn neben dem Zeitmoment eine verantwortliche Beurteilung mangels Erinnerungsvermögen des Vorgesetzten oder vorhandener Personalunterlagen nicht mehr möglich sei.[1180]

Demgegenüber soll nach Meinung von *Huber/Müller* keine Verwirkung eintreten, wenn der Zeugnisaussteller die späte Geltendmachung verursacht hat, indem er durch seine Formulierungen den Eindruck eines guten Zeugnisses vermittelt hat, obgleich für einen Zeugniskundigen ersichtlich schlechte Leistungen attestiert wurden.[1181]

c) Differenzierende Auffassung

Die wohl überwiegende Auffassung in der Literatur differenziert demgegenüber danach, ob bereits ein Zeugnis erteilt wurde, d.h. zwischen erstmaliger und erneuter Erteilung („Berichtigung"). So sei eine Verwirkung des Zeugnisanspruches umso eher anzunehmen, wenn der Arbeitgeber bereits ein Zeugnis erteilt habe, sodass der Arbeitnehmer die seiner Ansicht nach gegebenen Mängel rügen müsse.[1182]

1177 AR-Blattei SD 1720/*Kossens* Rn. 81. Ebenso *Hoffmann*, S. 33; *Monjau*, S. 20; *Schulz*, S. 34; *Stück*, MDR 2006, 791 (798).

1178 Schaub/*Linck*, § 147 Rn. 11. Ihm folgend AR-Blattei SD 1850/*Grimm* Rn. 124; Küttner/*Poeche/Reinecke*, Zeugnis 470 Rn. 15.

1179 H/B/D/*Boecken*, GewO § 109 Rn. 57 unter Verweis auf *LAG Saarbrücken*, Urt. v. 28.02.1990 – 1 Sa 209/89, LAGE § 630 BGB Nr. 9; *LAG Köln*, Urt. v. 08.02.2000 – 13 Sa 1050/99, NZA-RR 2001, 130. Ebenso Staudinger/*Preis* § 630 Rn. 66; *Schleßmann*, S. 39; *Hoffmann*, S. 33.

1180 AR-Blattei SD 1720/*Kossens* Rn. 82 unter Verweis auf *LAG Saarbrücken*, Urt. v. 28.02.1990 – 1 Sa 209/89, LAGE § 630 BGB Nr. 9. Ebenso *Huber/Müller*, S. 37; MüKo/*Henssler*, BGB § 630 Rn. 61; *Becker-Schaffner*, S. 118. Wohl auch Küttner/*Poeche/Reinecke*, Zeugnis 470 Rn. 15.

1181 *Huber/Müller*, S. 37; ähnlich *Weuster/Scheer*, S. 64, bei „Geheimfloskeln".

1182 Staudinger/*Preis* § 630 Rn. 8, 66. Ihm folgend ErfK/*Müller-Glöge*, GewO § 109 Rn. 55. Ebenso *Weuster/Scheer*, S. 15, unter Verweis auf *LAG Saarbrücken*, Urt. v. 28.02.1990 – 1 Sa 209/89, LAGE § 630 BGB Nr. 9; *Schleßmann*, S. 149, unter Verweis auf *LAG Mainz*, Urt. v. 14.03.2002 – 1 Sa 1433/01, n.v.; ders., BB 1988, 1320 (1324); D/H/S/W/*Becker*, GewO § 109 Rn. 15; K/D/Z/*Däubler*, GewO § 109 Rn. 97. Wohl auch Moll/*Eckhoff*, § 51 Rn. 31.

3. Bewertung

Der Zeugniserteilungsanspruch kann verwirken. Dies gilt unabhängig davon, dass sich seine Verwirkung im Einzelfall nachteilig auf das Fortkommen des Arbeitnehmers auswirken kann.[1183] Die Verwirkung eines Rechts ist grundsätzlich nur dann ausgeschlossen, wenn eine gesetzliche Regelung wie z.B. § 4 Abs. 4 Satz 2 TVG existiert. Im Übrigen findet die Verwirkung in der gesamten Rechtsordnung Anwendung und erfasst daher auch alle Rechte. Dem Zeugnisanspruch dagegen eine besondere Bedeutung zuzumessen, überzeugt zudem schon deshalb nicht, weil dieser (tarif-)vertraglichen Ausschlussfristen unterworfen werden kann.[1184] Diese führen regelmäßig schneller und allein durch bloßen Zeitablauf zum Rechtsverlust.

a) Endzeugnis

aa) Zum Zeitmoment

Gemäß § 109 Abs. 1 Satz 1 GewO hat der Arbeitnehmer bei Beendigung eines Arbeitsverhältnisses Anspruch auf ein schriftliches Zeugnis. Nach ganz h.M. ist die Vorschrift so auszulegen, dass das Zeugnis bereits anlässlich der Beendigung verlangt werden kann.[1185] Der Anspruch entsteht mit der tatsächlichen (nicht rechtlichen) Beendigung des Arbeitsverhältnisses, d.h. mit faktischem Ausscheiden aus dem Betrieb.[1186] Damit scheidet vor diesem Zeitpunkt eine Verwirkung aus, da mangels entstandenen Anspruchs das Zeitmoment nicht anläuft.

Danach ist der Anspruch zwar noch nicht erfüllbar i.S.d. § 271 Abs. 2 BGB. Denn der Arbeitnehmer muss erst sein gesetzliches Wahlrecht (§ 109 Abs. 1 GewO i.V.m. § 262 BGB) zwischen einfachem und qualifiziertem Zeugnis ausüben. Dennoch kann ab diesem Zeitpunkt das Zeitmoment anlaufen. Zum einen handelt es sich bei dem Wahlrecht um ein eigenständiges, vom Zeugnisanspruch zu trennendes Gestaltungsrecht.[1187] Zum anderen sind keine Gründe ersichtlich, die die Verwirkbarkeit eines bereits entstandenen, aber noch nicht erfüllbaren Anspruchs ausschließen. Denn für das Anlaufen des Zeitmoments kommt es allein auf die Ausübbarkeit des Rechts an.

Allgemein gilt, dass auch für das Zeitmoment der Verwirkung des Zeugniserteilungsanspruchs keine Mindest- oder Regelfristen existieren. Insbesondere ist

---

1183 A.A. *LAG Hamm*, Urt. v. 21.12.1993 – 4 Sa 1077/93, juris; zustimmend *Huber/Müller*, S. 39. Unabhängig von den nachfolgenden Ausführungen ist die Ansicht praxisfremd. Das Zeugnis spielt oftmals überhaupt keine Rolle für das berufliche Fortkommen, insbesondere wenn die Bewerbung aus dem laufenden Arbeitsverhältnis heraus erfolgt, was *Huber/Müller*, S. 38, selbst einräumen.

1184 Vgl. hierzu ErfK/*Müller-Glöge*, GewO § 109 Rn. 54.

1185 *BAG*, Urt. v. 27.02.1987 – 5 AZR 710/85, NZA 1987, 628; Staudinger/*Preis* § 630 Rn. 12 m.w.N.

1186 *Schleßmann*, S. 32. A.A. Staudinger/*Preis* § 630 Rn. 13 ff., der nach den unterschiedlichen Beendigungsarten differenziert.

1187 Vgl. Schulze/*Schulze*, § 262 Rn. 1.

das Zeitmoment nicht mit Blick auf die Funktion des Endzeugnisses kürzer zu bemessen als bei anderen Rechten. Bewerbungen erfolgen häufig aus einem bestehenden Arbeitsverhältnis heraus. Das Endzeugnis spielt insoweit keine Rolle. Relevanz erhält das Zeugnis erst bei einem weiteren Arbeitsplatzwechsel, d.h. beim übernächsten Arbeitgeber.[1188] Daher ist die pauschale Aussage unzutreffend, dass das Endzeugnis nur dann seine Funktion erfüllen könne, wenn es alsbald nach Beendigung des Arbeitsverhältnisses verlangt und erteilt werde.[1189] Dagegen spricht zudem schon, dass der Gesetzgeber den Zeugnisanspruch der regelmäßigen Verjährungsfrist (§ 195 BGB) unterworfen hat.

Der Anspruch auf ein qualifiziertes Zeugnis verwirkt ebenso schnell wie derjenige auf ein einfaches Zeugnis. Soweit für ein qualifiziertes Zeugnis die notwendigen Angaben schwieriger festzustellen sein mögen[1190], betrifft dies lediglich die Frage der ordnungsgemäßen Zeugniserteilung. Diese ist dogmatisch allein über das Schuldrecht zu lösen. Davon zu trennen ist die Frage, ob der Arbeitgeber darauf vertrauen durfte, dass der Arbeitnehmer seinen Zeugniserteilsungsanspruch überhaupt nicht mehr geltend macht.

Die Dauer des Zeitmoments ist unabhängig davon, ob der Arbeitgeber bereits ein Zeugnis erteilt hat oder nicht. Wie schon bei der Verwirkung von Ansprüchen auf Überstundenvergütung sowie des Widerspruchsrechts beim Betriebsübergang existiert auch bei Zeugnisansprüchen keine Verpflichtung des Arbeitnehmers, zeitnah tätig zu werden (hier: Mängel zu rügen).[1191] Hierfür existiert keine gesetzliche Grundlage. Zudem würde eine solche Handlungsverpflichtung des Arbeitnehmers zur Herabsetzung der Verwirkungsvoraussetzungen führen.

Selbst wenn man eine solche Handlungspflicht bejahen wollte, würde die Verwirkung jedenfalls regelmäßig am Umstandsmoment scheitern. Der Arbeitgeber als Verpflichteter muss darauf vertrauen, dass der Arbeitnehmer als Berechtigter sein Recht nicht mehr geltend macht. Hat der Arbeitgeber jedoch ein Zeugnis erteilt, wird er in aller Regel davon ausgehen, dass er den Zeugnisanspruch ordnungsgemäß erfüllt hat. Damit scheidet die Entwicklung von Vertrauen auf die Nichtgeltendmachung eines bestehenden Rechtes aus. Vielmehr vertraut der Arbeitgeber allenfalls in das Nichtbestehen eines Rechts. Hierfür gewährt die Verwirkung jedoch keinen Vertrauensschutz.

1188 So zutreffend *Huber/Müller*, S. 38.

1189 So aber *BAG*, Urt. v. 17.02.1988 – 5 AZR 638/86, NZA 1988, 427.

1190 So AR-Blattei SD 1720/*Kossens* Rn. 81. Ebenso *Monjau*, S. 20; *Schulz*, S. 34; *Stück*, MDR 2006, 791 (798), die deshalb von einer schnelleren Verwirkung des Endzeugnisses ausgehen, s.o.

1191 So aber Staudinger/*Preis* § 630 Rn. 8, 66. Ihm folgend ErfK/*Müller-Glöge*, GewO § 109 Rn. 55. Ebenso *Weuster/Scheer*, S. 15, unter Verweis auf *LAG Saarbrücken*, Urt. v. 28.02.1990 – 1 Sa 209/89, LAGE § 630 BGB Nr. 9; *Schleßmann*, S. 149, unter Verweis auf *LAG Mainz*, Urt. v. 14.03.2002 – 1 Sa 1433/01, n.v.; ders., BB 1988, 1320 (1324); D/H/S/W/*Becker*, GewO § 109 Rn. 15; K/D/Z/*Däubler*, GewO § 109 Rn. 97. Wohl auch Moll/*Eckhoff*, § 51 Rn. 31.

bb) Zum Umstandsmoment

Für das Umstandsmoment muss der Arbeitgeber darauf vertraut haben, dass der Arbeitnehmer seinen Zeugniserteilungsanspruch nicht mehr geltend machen werde. Auch für diesen Anspruch gilt, dass dessen Nichtgeltendmachung allein das Umstandsmoment nicht erfüllt. Die bloße Untätigkeit des Arbeitnehmers begründet für sich genommen kein schutzwürdiges Vertrauen, unabhängig davon, ob bereits ein Zeugnis erteilt wurde. Daher erfüllt insbesondere das bloße Schweigen des Arbeitnehmers nicht das Umstandsmoment.[1192]

Etwas anderes folgt auch nicht daraus, dass die Anspruchserfüllung nach längerer Zeit mit Blick auf die nicht zu gewährleistende Zeugniswahrheit unmöglich ist (menschliches Erinnerung-/Beurteilungsvermögen, Mitarbeiterfluktuation etc.).[1193] Für die Unmöglichkeit der Erfüllung eines Anspruchs sind die Regelungen des allgemeinen Schuldrechts, insbesondere § 275 BGB, heranzuziehen. Es besteht daher bereits kein Anlass auf die Verwirkung zurückzugreifen. Dies ist auch dogmatisch unzutreffend, da dadurch die schuldrechtliche Regelungssystematik unterlaufen wird.[1194]

Ebenfalls mit Blick auf die Verwirkung ist es nicht maßgeblich, dass sich bei Neuerteilung des Zeugnisses der alte Arbeitgeber des Verdachts eines Gefälligkeitszeugnisses aussetzt, insbesondere wenn der Arbeitnehmer vom zuerst erteilten Zeugnis bereits Gebrauch gemacht hat.[1195] Dogmatisch handelt es sich um einen falsch gewählten Ansatzpunkt. Anknüpfungspunkt des für die Verwirkung erforderlichen Vertrauens ist allein die Nichtgeltendmachung des Rechts. Zudem ergibt sich der Verdacht des Gefälligkeitszeugnisses im Zusammenhang mit jeder Berichtigung. Von daher stellt er kein verwirkungsspezifisches Problem dar, unabhängig davon, dass nach ganz h.M. der Arbeitgeber das neue Zeugnis nur Zug um Zug gegen Rückgabe des bereits erteilten Zeugnisses erteilen muss.[1196]

1192 H/B/D/*Boecken*, GewO § 109 Rn. 57 unter Verweis auf *LAG Saarbrücken*, Urt. v. 28.02.1990 – 1 Sa 209/89, LAGE § 630 BGB Nr. 9; *LAG Köln*, Urt. v. 08.02.2000 – 13 Sa 1050/99, NZA-RR 2001, 130. Ebenso Staudinger/*Preis* § 630 Rn. 66; *Schleßmann*, S. 39.

1193 So aber *BAG*, Urt. v. 17.02.1988 – 5 AZR 638/86, NZA 1988, 427. Unabhängig von den nachfolgenden Ausführungen erscheint es fraglich, ob der 5. Senat heute noch an seiner damaligen Argumentation festhalten würde. Zumindest hat sich der 9. Senat in seinen neueren Entscheidungen (*BAG*, Urt. v. 26.06.2001 – 9 AZR 392/00, NZA 2002, 33; Urt. v. 04.10.2005 – 9 AZR 507/04, NZA 2006, 436; Urt. v. 16.10.2007 – 9 AZR 248/07, NZA 2008, 298) die Argumentation des 5. Senats nicht zu Eigen gemacht hat.

1194 Andeutungsweise auch *Schäfer*, S. 148 f. Rn. 217, wonach bei Erinnerungslücken und fehlenden Unterlagen eine Befreiung von der Pflicht zur Zeugniserteilung gemäß § 275 BGB zu prüfen sei.

1195 So *BAG*, Urt. v. 17.02.1988 – 5 AZR 638/86, NZA 1988, 427.

1196 *BAG*, Urt. v. 27.02.1987 – 5 AZR 710/85, NZA 1987, 628; *Monjau*, S. 11; *Schleßmann*, S. 151.

Wie bereits im Rahmen der Verwirkung von Ansprüchen auf Überstundenvergütung ausgeführt, sind die Verwirkungsvoraussetzungen unabhängig von der Darlegungs- und Beweislast zu beurteilen.[1197] Die Verwirkung bezweckt den Vertrauensschutz, nicht die Modifikation der gesetzlich verteilten Darlegungs- und Beweislast. Sie schützt das Vertrauen in die Nichtgeltendmachung eines Rechts. Bereits begrifflich ist hiervon die Verteidigung in einem späteren Prozess gegen die behauptete nicht ordnungsgemäße Erfüllung des Anspruchs zu trennen.

Ob die Beendigung des Arbeitsverhältnisses einen besonderes Vertrauen begründenden Umstand darstellt, hängt vom konkreten Einzelfall ab. Denn die Beendigung ist gerade Voraussetzung für das Entstehen des Anspruchs. Allein die Aufnahme einer Anschlussbeschäftigung wirkt jedenfalls nicht vertrauensbegründend. Etwas anderes kann jedoch, unabhängig davon, ob ein Zeugnis erteilt wurde, dann gelten, wenn zwischen der Beendigung des Arbeitsverhältnisses und der Aufnahme der Folgebeschäftigung ein längerer Zeitraum liegt. Entsprechendes gilt, wenn der Arbeitnehmer aus dem laufenden Arbeitsverhältnis in eine Anschlussbeschäftigung zu einem neuen Arbeitgeber gewechselt war und nunmehr erneut zu einem dritten Arbeitgeber wechselt. In beiden Fällen hat der Arbeitnehmer durch sein Verhalten zum Ausdruck gebracht, dem Zeugnisanspruch keine Bedeutung mehr zuzumessen. Denn nach objektiver Betrachtung war das Zeugnis für das berufliche Fortkommen nicht maßgeblich. Gleichwohl ist in beiden Fällen die Grenze zur Einstufung des Arbeitnehmerverhaltens als bloße Untätigkeit fließend. Hinzu kommt, dass der frühere Arbeitgeber oftmals von etwaigen Anschlussbeschäftigungen und damit vertrauensbegründenden Umstände keine Kenntnis haben wird. Ohne diese Kenntnis kann er jedoch kein Vertrauen entwickeln.

Daher sind vertrauensbegründende Umstände nur bedingt vorstellbar. In Betracht kommen insbesondere solche Fälle, in denen der (anwaltlich) vertretene Arbeitnehmer (mehrmals) unter Fristsetzung oder Klageandrohung zur Erteilung oder Berichtigung des Zeugnisses aufgefordert, dann aber entgegen seiner Ankündigung weiter zugewartet hat.

Die Verwirkung scheidet dagegen aus, wenn der Arbeitgeber die Leistung des Arbeitnehmers bewusst unzutreffend beurteilt hat, insbesondere indem er durch günstig klingende Formulierungen den Eindruck eines guten Zeugnisses vermittelt hat.[1198] In diesem Fall muss er mit einem Berichtigungsverlangen rechnen. Er kann in die Nichtgeltendmachung kein berechtigtes Vertrauen entwickeln. Im Übrigen schließen günstig klingende Formulierungen auch bei einem schlechten Zeugnis für sich genommen nicht die Verwirkung aus. Denn auch bei schlechten

---

1197 Kap. 3 B.I.1e)cc)(1). A.A. *LAG Hamm*, Urt. v. 03.07.2002 – 3 Sa 248/02, NZA-RR 2003, 73, wonach es dem Arbeitgeber gerade bei unterdurchschnittlicher Leistung des Arbeitnehmers mit Blick auf die Darlegungs- und Beweislast nicht zuzumuten sei, über längere Zeit Vorsorge hinsichtlich der Beweislast zu treffen. Zur Beweislastverteilung vgl. ErfK/*Müller-Glöge*, GewO § 109 Rn. 86 f. m.w.N.

1198 Insoweit teils zutreffend *Huber/Müller*, S. 37; ähnlich *Weuster/Scheer*, S. 64, bei „Geheimfloskeln".

Leistungen ist der Arbeitgeber nach ganz h.M. verpflichtet, das Zeugnis so zu formulieren, dass es von einem verständigen Wohlwollen gegenüber dem Arbeitnehmer getragen ist, um ihm das weitere berufliche Fortkommen nicht unnötig zu erschweren.[1199] Hieraus hat sich in der Praxis beeinflusst von der Rechtsprechung für Arbeitszeugnisse ein eigener Sprachgebrauch entwickelt.[1200] Dieser schließt jedoch die Verwirkung nicht aus.

b) Zwischenzeugnis

Der Anspruch auf Erteilung eines Zwischenzeugnisses verwirkt grundsätzlich unter den gleichen Voraussetzungen wie derjenige auf Endzeugniserteilung. In der Praxis wird jedoch nach den allgemeinen Grundsätzen dessen Verwirkung ebenfalls regelmäßig ausscheiden.

§ 109 GewO bzw. § 630 BGB gewährt keinen Anspruch auf Erteilung eines Zwischenzeugnisses. Greifen keine tariflichen Regelungen, kann sich ein Anspruch aus einer allgemeinen vertraglichen Nebenpflicht ergeben. Dies setzt nach h.M. jedoch einen triftigen Grund voraus.[1201] So muss eine rechtliche oder tatsächliche Veränderung des Arbeitsverhältnisses vorliegen, durch die das Vertragsverhältnis einen erkennbaren Einschnitt erfährt oder ein solcher konkret zu erwarten ist.[1202]

Demnach scheidet eine Verwirkung des Anspruchs aus, solange dieser mangels (zu erwartenden) Einschnitts überhaupt noch nicht entstanden ist und das Zeitmoment daher nicht anläuft. Zur Erfüllung des Umstandsmoments muss der Arbeitgeber konkret auf die Nichtgeltendmachung des Anspruchs auf Erteilung (bzw. „Berichtigung") des Zwischenzeugnisses vertraut haben. Insoweit ist zunächst zu prüfen, ob der Arbeitgeber den triftigen Grund und damit die Anspruchsentstehung überhaupt erkannt hat. Nur dann konnte er überhaupt tatsächliches Vertrauen auf die Nichtgeltendmachung entwickeln. Schon deshalb wird in der Praxis das Umstandsmoment nur selten erfüllt sein. Tritt zudem ein neuer triftiger Grund auf, entsteht auch ein neuer Anspruch auf Erteilung eines Zwischenzeugnisses. Dies mindert die praktische bedeutung des Verwirkungseintritts weiter, unabhängig von der Frage, ob nach Anspruchsentstehung hinreichend lange Zeit vergangen und damit das Zeitmoment erfüllt ist.

Denkbar sind wie schon beim Endzeugnis insbesondere die Fälle, in denen der Arbeitnehmer ein Zeugnis oder dessen Korrektur verlangt hat und trotz der Ankündigung anschließend (anwaltlich) weiter Vorgehen zu wollen, untätig bleibt.

1199 Vgl. statt vieler Staudinger/*Preis* § 630 Rn. 44 m.w.N.

1200 Vgl. hierzu *Schleßmann*, S. 179 ff.

1201 A.A. *Eckert*, S. 26; *Wendeling-Schröder*, AiB 1998, 570 (571), wonach es mit Blick auf Art. 12 GG keines triftigen Grundes bedürfe.

1202 ErfK/*Müller-Glöge*, GewO § 109 Rn. 50; Staudinger/*Preis* § 630 Rn. 20. Ausführlich zu einzelnen Gründen *Schleßmann*, S. 137 ff.

4. *Abschließende Bewertung*

Ansprüche auf Zeugniserteilung (bzw. „Berichtigung) sind verwirkbar. Weder schließt eine vermeintlich besondere Bedeutung des Zeugnisanspruchs die Verwirkung aus noch führt sie zu erhöhten Anforderungen an den Verwirkungstatbestand. Der Anspruch auf Erteilung eines Zwischenzeugnisses verwirkt dabei unter den gleichen Voraussetzungen wie derjenige auf Endzeugniserteilung. Entsprechendes gilt für einfache und qualifzierte Zeugnisse.

In der Praxis werden die Voraussetzungen jedoch nur selten zu bejahen sein. Hinsichtlich des Zwischenzeugnisses wird dem Arbeitgeber zumeist der Anspruch auf Erteilung schon nicht bewusst gewesen sein. Zudem muss er konkret auf die Nichtgeltendmachung vertraut haben. Zuletzt wird der Anspruch mit Blick auf das Zeitmoment in der Praxis häufig durch die weitere Entwicklung (neu entstandener Zwischenzeugnisanspruch, Ausscheiden aus dem Arbeitsverhältnis etc.) überholt sein. Da die bloße Untätigkeit für sich genommen nicht zur Verwirkung führt und beim Anspruch auf Erteilung eines Endzeugnisses vertrauensbegründende Umstände nur bedingt in Betracht kommen, werden auch insoweit die Verwirkungsvoraussetzungen nur selten vorliegen. Abzulehnen sind die vielfach angenommen Mindest- oder Regelfristen, nach denen die Verwirkung eintreten soll. Im Übrigen ergeben sich im Vergleich zur Verwirkung sonstiger Rechte keine Besonderheiten in Bezug auf Zeugnisansprüche.

Nach Ansicht des Bundesarbeitsgerichts ist die Erfüllung des Zeugnisanspruchs nach längerer Zeit insbesondere mit Blick auf die dann nicht mehr zu gewährleistende Zeugniswahrheit unzumutbar und erfüllt daher das Umstandsmoment. Dem ist nicht zu folgen. Kann der Arbeitgeber ein Zeugnis nach längerer Zeit nicht mehr erteilen (Ausscheiden des Vorgesetzten, fehlendes Erinnerungsvermögen etc.), ist ihm die Zeugniserteilung unmöglich. Damit ist der Anspruch auf Zeugniserteilung nach § 275 BGB ausgeschlossen, ohne dass es auf die Verwirkung noch ankäme.

X. Bestehen eines Arbeitsverhältnisses

Arbeitnehmer ist, wer aufgrund eines privatrechtlichen Vertrags die Leistung unselbständiger Arbeit zusagt. Der Grundsatz der Vertragsfreiheit gestattet es dabei nicht, durch Statusvereinbarung die Arbeitnehmereigenschaft entgegen des Inhalts des rechtsgeschäftlichen Leistungsversprechens abzubedingen.[1203] Die Verwirkungsproblematik stellt sich daher in Zusammenhang mit der Abgrenzung zwischen Arbeits- und Dienstverhältnis regelmäßig nicht. Ebenfalls keine Fälle der Verwirkung, sondern des Verstoßes gegen das Verbot *des venire contra factum proprium* sind solche, in denen sich der Arbeitnehmer auf die Arbeitnehmereigenschaft für zurückliegende Zeiträume beruft, obgleich seine Eigenschaft als freier Mitarbeiter für diese Zeit aufgrund seines vorprozessualen Verhaltens

1203 MüArbRHb/*Richardi*, § 16 Rn. 1, § 17 Rn. 1.

feststeht oder er sich im Sinne einer „Rosinentheorie" auf den für ihn günstigen Status beruft.[1204]

Vielmehr ist nachfolgend zu untersuchen, ob bzw. unter welchen Voraussetzungen die Verwirkung im Zusammenhang mit dem Bestehen eines Arbeitsverhältnisses in Betracht kommt.

1. Arbeitsverhältnis an sich

Die Frage, ob das Arbeitsverhältnis im Ganzen verwirken kann, wird in der Praxis nur selten Relevanz entfalten. Vielmehr wird bei Sachverhalten, bei denen die Parteien das Arbeitsverhältnis längere Zeit nicht aktiv gelebt haben, in der Regel ein Ruhen oder eine einvernehmliche Aufhebung (ggf. konkludent) vereinbart worden sein. Da Ausnahmefälle jedoch nicht auszuschließen sind, soll nachfolgend insbesondere der Frage nachgegangen werden, ob das Arbeitsverhältnis an sich verwirken kann oder nur aus ihm resultierende Rechte.

a) Rechtsprechung

Es existiert kein höchstricherliches Urteil, das sich gezielt damit auseinandersetzt, ob bzw. unter welchen Voraussetzungen ein (fort-)bestehendes Arbeitsverhältnis verwirken kann.[1205]

Allerdings hat das Bundesarbeitsgericht die Verwirkbarkeit mehrfach im Zusammenhang mit Arbeitsverhältnissen problematisiert, die infolge einer unwirksamen Arbeitnehmerüberlassung[1206] fingiert worden waren. In einer älteren Entscheidung ging es zunächst davon aus, dass das Recht, sich auf den Bestand eines Arbeitsverhältnisses zu berufen, verwirken kann.[1207] Dieses Urteil hat es später ausdrücklich angezweifelt. Denn so könnten auf der Grundlage zwingenden Rechts entstandene Rechtspositionen aus einem gesetzlich fingierten Arbeitsverhältnis durch Verwir-

---

1204 Vgl. *BAG*, Urt. v. 11.12. 1996 – 5 AZR 855/95, NZA 1997, 817; Urt. v. 11.12.1996 – 5 AZR 708/95, NZA 1997, 818; *LAG Köln*, Urt. v. 27.03.1997 – 6 Sa 1144/96, n.v.; Urt. v. 06.08.1999 – 11 Sa 336/99, ZTR 2000, 134; Urt. v. 06.07.2001 – 11 Sa 373/01, NZA-RR 2002, 346. Zum Ganzen *Reinecke*, RdA 2001, 357 (367), der jedoch im Gegensatz zu der (von ihm) zitierten Rechtsprechung nicht eindeutig zwischen Verwirkung und widersprüchlichem Verhalten trennt.

1205 Im Urteil vom 05.02.2009 (6 AZR 151/08, DB 2009, 1710) hat sich das BAG nur mit der Frage auseinandergesetzt, unter welchen Voraussetzungen das Recht zur gerichtlichen Geltendmachung des Fortbestandes des Arbeitsverhältnisses verwirkt. Die prozessuale Verwirkung ist jedoch von der Verwirkung eines materiellen Rechts zu trennen, s.u. Kap.3 E.I. Zutreffend wäre der Fall zudem über die Unverwirkbarkeit des Beschäftigungsanspruchs zu lösen gewesen. Denn der Kläger hatte auch die Unwirksamkeit der Versetzung angeführt (s.o. Kap.3 B.II.1.c)).

1206 Hierzu s.u. Kap.3 B.X.3.

1207 *BAG*, Urt. v. 30.01.1991 – 7 AZR 239/90, EzAÜG § 10 AÜG Fiktion Nr. 68.

kung erlöschen, selbst wenn für diese Rechtsposition die Verwirkung gesetzlich ausgeschlossen sei (§ 77 Abs. 4 Satz 3 BetrVG, § 4 Abs. 4 Satz 2 TVG). Es spreche deshalb mehr dafür, dass nur Rechte aus dem fingierten Arbeitsverhältnis, aber nicht das Recht selbst, sich auf die gesetzlich angeordnete Fiktion zu berufen, verwirken könne.[1208]

In neuerer Zeit hat das Bundesarbeitsgericht die Frage teilweise ausdrücklich offen gelassen, ob das Recht, sich auf den Bestand eines Arbeitsverhältnisses zu berufen, verwirken kann.[1209] Teilweise hat es dagegen die Verwirkung bejaht, ohne sich mit der in anderen Entscheidungen aufgeworfenen Problematik überhaupt auseinanderzusetzen.[1210]

b) Literatur

Kossens geht davon aus, dass das Recht, sich auf den Bestand eines Arbeitsverhältnisses zu berufen, verwirken könne.[1211] Denn das von der Verwirkung geschützte Vertrauen könne sich nicht nur auf das Nichtbestehen einzelner Rechtspositionen beziehen, sondern auch gesamte Rechtsbeziehungen als solche betreffen.[1212]

Nach Ansicht von *Wank* soll die Verwirkbarkeit ausscheiden. Das Arbeitsverhältnis sei unabdingbarer Bestandteil aller Folgeansprüche. Es könne deshalb nicht isoliert gesehen werden. Daher könne das Recht nicht verwirken, sich auf den Bestand eines Arbeitsverhältnisses berufen zu können.[1213] *Lorenz* begründet die Unverwirkbarkeit damit, dass sich das Recht auf die Feststellung eines

1208 *BAG*, Urt. v. 18.02.2003 – 3 AZR 160/02, DB 2003, 2181.

1209 *BAG*, Urt. v. 24.05.2006 – 7 AZR 365/05, EzAÜG § 10 AÜG Fiktion Nr. 114; Urt. v. 17.01.2007 – 7 AZR 23/06, DB 2007, 1034.

1210 Vgl. *BAG*, Urt. v. 10.10.2007 – 7 AZR 448/06, AP Nr. 20 zu § 10 AÜG; teilweise Parallelentscheidungen (Verwirkung jeweils verneint): Urt. v. 24.05.2006 – 7 AZR 365/05, EzAÜG § 10 AÜG Fiktion Nr. 114; Urt. v. 10.10.2007 – 7 AZR 487/06, AP Nr. 19 zu § 10 AÜG; Urt. v. 17.01.2007 – 7 AZR 23/06, DB 2007, 1034; Urt. v. 13.08.2008 – 7 AZR 269/07, EzAÜG § 10 AÜG Fiktion Nr. 121. *BAG*, Urt. Urt. v. 13.08.2008 – 7 AZR 269/07, juris.

1211 AR-Blattei SD 1720/*Kossens* Rn. 86 m.w.N. insbesondere zur Rechtsprechung des LAG Köln. Dieses hat jedoch in einer neueren Entscheidung (Urt. v. 12.01.2010 – 12 Sa 429/09, juris) die Frage der Verwirkbarkeit im Anschluss an die Rechtsprechung des BAG nunmehr ebenfalls offen gelassen. Die Verwirkbarkeit des Feststellungsrechts bejahend BeckOKArbR/*Besgen*, AÜG § 10 Rn. 23.

1212 Anm. *Boemke* AP Nr. 5 zu § 13 AÜG, der jedoch in sich widersprüchlich die Verwirkung ablehnt, wenn noch eine „Rechtsbeziehung“ zwischen den Parteien besteht.

1213 ErfK/*Wank*, AÜG § 10 Rn. 21 m.w.N. Ebenso *Gaul*, Frist, S. 32, wonach das Arbeitsverhältnis selbst kein Recht sei, sondern nur die Grundlage von Rechten und Pflichten (im Anschluss an *LAG Mannheim*, Urt. v. 27.11.1951 – Sa 153/51, DB 1952, 148).

Rechtsverhältnisses und nicht auf damit verfolgte Ansprüche beziehe. Daher unterliege es anders als diese nicht der Verjährung.[1214]

c) Bewertung

Problematisch ist, dass sich Rechtsprechung und Literatur überwiegend weder inhaltlich noch terminologisch klar entnehmen lässt, was überhaupt Gegenstand der Verwirkung sein soll. Genannt werden insoweit (teilweise synonym) das Arbeitsverhältnis als Rechtsverhältnis, das Recht, sich auf den (Fort-)Bestand bzw. die gesetzlich angeordnete Fiktion (§ 10 AÜG) eines Arbeitsverhältnisses berufen zu können sowie die aus dem Arbeitsverhältnis resultierenden Rechte. Nach hier vertretener Auffassung ist wie folgt zu differenzieren:

aa) Das Arbeitsverhältnis als Rechtsverhältnis

Rechtsverhältnisse als solche und damit insbesondere Arbeitsverhältnisse können nicht verwirken. Sie stellen weder subjektive Rechte noch ausübbare Rechtspositionen dar. Auf ihre Nichtausübung kann daher nicht vertraut werden.

Der Verwirkung unterliegen vielmehr grundsätzlich alle subjektiven Rechte und Rechtspositionen, die gegenüber einem anderen geltend gemacht werden können.[1215] Das Arbeitsverhältnis ist ein Rechtsverhältnis. Die Definition des „Rechtsverhältnisses" ist umstritten. Nach einer für das materielle Recht gängigen Definition ist ein Rechtsverhältnis die rechtliche Regelung eines Ausschnitts aus der Wirklichkeit.[1216] Damit ist das Arbeitsverhältnis jedoch für sich betrachtet weder ein subjektives Recht noch eine gegenüber einem anderen geltend machbare Rechtsposition. Subjektive Rechte und anderen gegenüber ausübbare Rechtspositionen können vielmehr Inhalt eines Rechtsverhältnisses sein.[1217] Damit scheidet die Verwirkung von Rechtsverhältnissen als solchen aus.

Dafür spricht auch, dass nur bei ausübbaren Positionen davon gesprochen werden kann, dass ihre Ausübung in Widerspruch zu der länger andauernden Nichtausübung stehe, die beim Verpflichteten einen entsprechenden Vertrauenstatbestand begründet hat.[1218] Das Arbeitsverhältnis für sich genommen ist jedoch keine ausübbare Position. Ausübbar sind lediglich die aus dem Arbeitsverhältnis resultierenden Rechte und damit sein Inhalt. „Gesamte Rechtsbeziehungen" sind daher als solche nicht ausübbar.[1219] Insoweit scheidet eine illoyal verspätete Geltendmachung ebenso aus wie der von der Verwirkung bezweckte Vertrauensschutz.

1214 So wohl D/H/S/W/*Lorenz*, AÜG § 10 Rn. 19.

1215 S.o. Kap.2 B.III; Palandt/*Grüneberg*, § 242 Rn. 88 m.w.N.

1216 *Medicus*, Rn. 54 ff. m.w.N. zu anderen Definitionen.

1217 *Medicus*, Rn. 59, nennt als weiteren möglichen Inhalt von Rechtsverhältnissen Erwerbsaussichten, Rechtspflichten, sonstige Gebundenheiten, Obligationen und Zuständigkeiten.

1218 Vgl. *BGH*, Urt. v. 21.10.2005 – V ZR 169/04, NJW-RR 2006, 235, unter Verweis auf Beschl. v. 01.07.1994 – BLw 95/93, WM 1994, 1944.

1219 A.A. Anm. *Boemke* AP Nr. 5 zu § 13 AÜG.

Dass das Arbeitsverhältnis unabdingbarer Bestandteil aller Folgeansprüche sei und deshalb nicht isoliert gesehen werden könne, spricht ebenfalls gerade gegen die Verwirkbarkeit.[1220] Einzelne, einen Anspruch qualifizierende Merkmale unterliegen gerade nicht der Verwirkung.[1221] Dies muss umso mehr dann gelten, wenn man das Arbeitsverhältnis nicht nur als unabdingbaren Bestandteil aller Ansprüche, sondern vielmehr schon als deren Grundvoraussetzung erachtet.

Dagegen spricht der gesetzliche Verwirkungsausschluss (z.B. § 77 Abs. 4 Satz 3 BetrVG, § 4 Abs. 4 Satz 2 TVG), der bei Bejahung der Verwirkung von Arbeitsverhältnissen unterlaufen würde, nicht zwingend gegen die Verwirkbarkeit von Arbeits- bzw. Rechtsverhältnissen.[1222] So hat bereits *Boemke* zutreffend darauf hingewiesen, dass in Arbeitsverhältnissen, auf die weder Betriebsvereinbarungen noch Tarifverträge Anwendung finden, dieses Argument nicht durchgreift.[1223]

bb) Recht, sich auf den (Fort-)Bestand bzw. die gesetzlich angeordnete Fiktion des Arbeitsverhältnisses (§ 10 AÜG) zu berufen

(1) Inhalt des Rechts

Soweit die Verwirkung des Rechts, sich auf den (Fort-)Bestand bzw. die gesetzlich angeordnete Fiktion (§ 10 AÜG) des Arbeitsverhältnisses zu berufen, angeführt wird, ist nicht sofort ersichtlich, welchen Inhalt ein derartiges Recht haben soll. Der Rechtsprechung des Bundesarbeitsgerichts lässt sich entnehmen, dass das Recht gemeint ist, sich auf das tatsächliche Bestehen eines Rechtsverhältnisses (hier: Arbeitsverhältnis) berufen zu können.[1224] Unstreitig kann das Bestehen eines Rechtsverhältnisses unter den Voraussetzungen des § 256 ZPO im Wege der Feststellungsklage geltend gemacht werden.

Insoweit wird bislang jedoch nicht ausreichend zwischen der prozessualen und der materiell-rechtlichen Verwirkung differenziert. Es ist zwischen dem Recht, sich auf das Bestehen des Arbeitsverhältnisses berufen zu können (materielles Recht) und dessen klageweiser Durchsetzung zu unterscheiden.

(a) Prozessuale Verwirkung: Recht, das Bestehen eines Arbeitsverhältnisses klageweise geltend machen zu können

Die prozessuale Verwirkung betrifft nach hier vertretener Auffassung die illoyal verspätete Geltendmachung der Prozessführungsbefugnis.[1225] Sie liegt vor, wenn neben der Erfüllung des Zeitmoments der Verpflichtete aufgrund des Verhaltens des Berechtigten davon ausgehen durfte, dieser werde eine bestimmte Rechtsposition nicht mehr klageweise geltend machen.

1220 A.A. ErfK/*Wank*, AÜG § 10 Rn. 21.

1221 So *BGH*, Urt. v. 22.11.2006 – XII ZR 152/04, NJW 2007, 1273, zum zu Gunsten des Gläubigers eingetretenen Verzug.

1222 So aber *BAG*, Urt. v. 18.02.2003 – 3 AZR 160/02, DB 2003, 2181.

1223 Anm. *Boemke* AP Nr. 5 zu § 13 AÜG.

1224 Vgl. *BAG*, Urt. v. 27.11.1987 – 7 AZR 314/87, RzK I 9a Nr. 29.

1225 Sehr str., ausführlich zur Prozessverwirkung s.u. Kap.3 E.I.

Ob ein Arbeitsverhältnis demgegenüber tatsächlich besteht, ist hiervon zu trennen. Mit anderen Worten: Das Recht, das Bestehen eines Rechtsverhältnisses klageweise geltend machen zu können, ist nicht zwingend mit dem tatsächlichen Bestehen des Rechtsverhältnisses verbunden. Vielmehr führt die Prozessverwirkung lediglich zur Abweisung der Klage als unzulässig. Selbst wenn man daher die Verwirkung des Rechts, sich auf das Bestehen eines Arbeitsverhältnisses zu berufen, im konkreten Einzelfall bejaht, erlischt infolge der Verwirkung allein die Prozessführungsbefugnis, nicht aber das Arbeitsverhältnis.

(b) Materiell-rechtliche Verwirkung: Recht, sich auf das Bestehen eines Arbeitsverhältnisses berufen zu können

Hiervon zu trennen ist das materiell-rechtliche Recht, sich auf das Bestehen eines Arbeitsverhältnisses berufen zu können und damit auch die materiell-rechtliche Verwirkung. Insoweit ist mit dem Bundesarbeitsgericht davon auszugehen, dass das Recht gemeint ist, sich auf das tatsächliche Bestehen eines Rechtsverhältnisses (Arbeitsverhältnisses) berufen zu können.[1226]

(2) Verwirkungsvoraussetzungen

(a) Prozessuale Verwirkung: Recht, das Bestehen eines Arbeitsverhältnisses klageweise geltend machen zu können

Die prozessuale Verwirkung ist dann zu bejahen, wenn der Arbeitgeber aufgrund des Verhaltens des Arbeitnehmers darauf vertraut hat, dass der Verpflichtete das Bestehen eines Arbeitsverhältnisses nicht mehr klageweise geltend machen wird und das Zeitmoment erfüllt ist. Insoweit ist auf die allgemeinen Ausführungen zur Prozessverwirkung zu verweisen.[1227]

Demgegenüber lehnt *Lorenz* die Prozessverwirkung ab. Das klageweise geltend gemachte Recht beziehe sich auf die Feststellung eines Rechtsverhältnisses. Dieses Recht unterliege – anders als die aus dem Rechtverhältnis resultierenden Ansprüche – nicht der Verjährung. Daher könne es auch nicht verwirken.[1228] Diese Auffassung ist schon deshalb abzulehnen, weil die Verwirkbarkeit eines Rechts dessen Verjährbarkeit nicht zwingend voraus setzt. Dies folgt schon aus der allgemein anerkannten Verwirkbarkeit von Gestaltungsrechten.

(b) Materiell-rechtliche Verwirkung: Recht, sich auf das Bestehen eines Arbeitsverhältnisses berufen zu können

Allgemein ist die Verwirkung dann zu bejahen, wenn der Arbeitgeber aufgrund des Verhaltens des Arbeitnehmers darauf vertraut hat, dass der Verpflichtete das Bestehen eines Arbeitsverhältnisses nicht mehr geltend machen wird und das Zeitmoment erfüllt ist. Das hierfür erforderliche Vertrauen ist jedoch nicht mit

---

1226 Vgl. *BAG*, Urt. v. 27.11.1987 – 7 AZR 314/87, RzK I 9a Nr. 29.

1227 S.u. Kap.3 E.I.

1228 So wohl D/H/S/W/*Lorenz*, AÜG § 10 Rn. 19.

einem Vertrauen darauf gleichzusetzen, nicht mehr mit Rechten aus einem Arbeitsverhältnis konfrontiert zu werden. Andernfalls würde das Bestehen eines Rechtsverhältnisses mit der Ausübung von Rechten aus einem Rechtsverhältnis gleichgesetzt werden. Entsprechende sind vertrauensbegründende Umstände nur bedingt vorstellbar. Die Verwirkung dürfte daher eher theoretisch denn praktisch in Frage kommen.

cc) (Alle) aus dem Arbeitsverhältnis resultierenden Rechte

Die Verwirkung aller aus dem Arbeitsverhältnis resultierender Rechte ist nach den allgemeinen Grundsätzen ausgeschlossen.

Zwar wäre es grundsätzlich vorstellbar, dass der Verpflichtete aufgrund des Verhaltens des Berechtigten darauf vertraut hat, dass dieser keinerlei aus dem Arbeitsverhältnis resultierende Rechte mehr geltend machen würde. Dem steht zunächst auch nicht entgegen, dass dies bei Bejahung der Verwirkung im einzelnen Fall dazu führen würde, dass das Arbeitsverhältnis ausgehöhlt würde und im Ergebnis doch eine Verwirkung des Rechtsverhältnisses eintritt.[1229] So ist nach ganz h.M. eine Verwirkung dinglicher Rechte ausgeschlossen, nicht aber die Verwirkung der hieraus resultierenden Ansprüche.[1230] Die damit einhergehende Schmälerung des Rechts wird dabei anerkannt.[1231] Dies lässt sich auch auf das Arbeitsverhältnis übertragen.

Eine vollumfängliche Verwirkung ist jedoch im Hinblick darauf bedenklich, dass die Verwirkung regelmäßig nur konkreten Vertrauensschutz gewährt. Fraglich ist daher, ob ein konkretes Vertrauen auf die Nichtgeltendmachung sämtlicher Rechte möglich ist. Im Ergebnis scheidet jedenfalls eine Verwirkung aller aus dem Arbeitsverhältnis resultierenden Rechte aus. Wie im Rahmen dieser Arbeit mehrfach gezeigt, ist nach den allgemeinen Grundsätzen die Verwirkung bestimmter Rechte aus dem Arbeitsverhältnis ausgeschlossen. Insoweit sei lediglich beispielhaft auf die obigen Ausführungen zum Beschäftigungsanspruch und zum Rentenstammrecht verwiesen.[1232] Des Weiteren scheitert die Verwirkung auch am Zeitmoment, soweit die Rechte aus dem Arbeitsverhältnis noch nicht fällig oder ausübbar sind. Denn insoweit hat das Zeitmoment noch nicht zu laufen begonnen. Entscheidend gegen eine Verwirkung aller Rechte spricht jedoch der Zweck der Verwirkung. Sie dient dem Schutz konkreten Vertrauens, nicht abstrakter Erwartungen. Hinsichtlich der Nichtausübung aller Rechte aus dem Arbeitsverhältnis kann es sich jedoch beim Arbeitgeber bestenfalls um eine Erwartung handeln, nicht jedoch um tatsächliches Vertrauen in die Nichtausübung.

1229 Die „faktische Beendigung des Arbeitsverhältnisses" durch Verwirkung der Rechte dagegen bejahend *Schwarze*/Eylert/Schrader, Einl. Rn. 39.

1230 *BGH*, Urt. v. 21.10.2005 – V ZR 169/04, NJW-RR 2006, 235; Urt. v. 30.04.1993 – V ZR 234/91, NJW 1993, 2178; Staudinger/*Looschelders*/*Olzen*, § 242 Rn. 304 m.w.N.; Palandt/*Grüneberg*, § 242 Rn. 88 m.w.N.

1231 Staudinger/*Looschelders*/*Olzen*, § 242 Rn. 304 m.w.N.

1232 S.o. Kap.3 B.II.1.d) bzw. Kap.3 B.VI.1c)cc).

d) Zwischenergebnis

Das Arbeitsverhältnis ist für sich betrachtet weder ein subjektives Recht noch eine gegenüber einem anderen geltend machbare Rechtsposition. Subjektive Rechte und anderen gegenüber ausübbare Rechtspositionen können lediglich Inhalt eines Rechtsverhältnisses sein. Daher ist die Verwirkung von Rechtsverhältnissen im Ganzen und damit auch von Arbeitsverhältnissen ausgeschlossen. Die Verwirkung sämtlicher aus dem Arbeitsverhältnis resultierender Rechte scheidet ebenfalls aus. Sie dient dem Schutz konkreten Vertrauens, nicht abstrakter Erwartungen. Hinsichtlich der Nichtausübung aller Rechte aus dem Arbeitsverhältnis kann es sich jedoch beim Verpflichteten bestenfalls um eine Erwartung handeln, nicht jedoch um tatsächliches Vertrauen in die Nichtausübung.

Dagegen unterliegt das Recht, das Bestehen eines Arbeitsverhältnisses geltend zu machen, der prozessualen wie auch der materiell-rechtlichen Verwirkung.

2. Entfristungsklage nach § 17 TzBfG

Will der Arbeitnehmer geltend machen, dass die Befristung eines Arbeitsvertrages rechtsunwirksam ist, so muss er nach § 17 Satz 1 TzBfG innerhalb von drei Wochen nach dem vereinbarten Ende des befristeten Arbeitsvertrages Klage beim Arbeitsgericht auf Feststellung erheben, dass das Arbeitsverhältnis aufgrund der Befristung nicht beendet ist. Die Vorschrift ist seit dem 01.01.2001 in Kraft und entspricht in ihren Sätzen 1 und 2 dem vom 01.10.1996 bis 31.12.2000 geltenden § 1 Abs. 5 BeschFG.[1233]

Davor griff das Bundesarbeitsgericht in erster Linie auf die prozessuale Verwirkung zur Beantwortung der Frage zurück, ob der Arbeitnehmer nach Ablauf einer gewissen Zeit noch das Bestehen eines Arbeitsverhältnisses infolge einer rechtsunwirksamen Befristung geltend machen konnte.[1234] Dabei zog es zur Konkretisierung des Zeitmoments regelmäßig die Frist nach § 4 Satz 1 KSchG heran.[1235] Lediglich in einzelnen Urteilen finden sich Ausführungen zur materiell-rechtlichen Verwirkung. Meist verwies das Gericht auf die Ausführungen der prozessualen Verwirkung.[1236] Mit Einführung des § 17 Satz 1 TzBfG als gesetzliche geregelte Klagefrist ist die Rechtsprechung des Bundesarbeitsgerichts zur prozessualen Verwirkung bedeutungslos geworden.[1237] Mit Blick auf die derzeit geltende Rechtslage wird daher unter dem Gesichtspunkt der Verwirkung nachfolgend lediglich die Rechtsprechung nach Inkrafttreten des § 1 Abs. 5 BeschFG berücksichtigt.[1238] Dabei ist insbesondere

---

1233 Gesetz vom 21.12.2000, BGBl. I S. 1966; A/P/S/*Backhaus*, TzBfG § 17 Rn. 1.

1234 Vgl. *BAG*, Urt. v. 15.12.1983 – 2 AZR 166/82, juris; Urt. v. 26.06.1985 – 7 AZR 215/84, juris.

1235 Vgl. statt vieler *BAG*, Urt. v. 07.03.1980 – 7 AZR 177/78, DB 1980, 1498.

1236 Vgl. *BAG*, Urt. v. 07.03.1980 – 7 AZR 177/78, DB 1980, 1498.

1237 Ausführlich hierzu A/P/S/*Backhaus*, TzBfG § 17 Rn. 3 ff.

1238 Vor Inkrafttreten des § 1 Abs. 5 BeschFG hat das BAG die (zumeist prozessuale) Verwirkung in folgenden Fällen bejaht: Urt. v. 11.11.1982 – 2 AZR 552/81,

der Frage nachzugehen, inwieweit mit der gesetzlichen Klagefrist des § 17 Satz 1 TzBfG überhaupt Raum für die materiell-rechtliche Verwirkung bleibt.[1239]

a) Rechtsprechung

Zeitmoment	Umstandsmoment
Klageerhebung *drei Monate* nach Befristungsablauf[1240] (offen)	- das Vertrauen der Beklagten überwiegt nicht das Interesse der Klägerin an einer sachlichen Prüfung - der Beklagten ist wegen einer Vielzahl von Klagen bzgl. der Wirksamkeit der befristeten Arbeitsverhältnisse der Sachverhalt bekannt und kann diesen auch bei verzögerter Klageerhebung ordnungsgemäß aufarbeiten (-)
Klageerhebung *vier Monate* vor Befristungsablauf[1241] (-)	- die Beklagte hat nicht dargelegt, in der Erwartung, der Kläger werde die Unwirksamkeit der Befristung nicht geltend machen, Dispositionen getroffen zu haben, die ihr die Weiterbeschäftigung des Klägers über den Befristungsablauf hinaus unzumutbar machen (-)
Klageerhebung *drei Wochen* nach Befristungsablauf[1242] (-)	- solange die Klagefrist nach § 17 TzBfG läuft, kann der Arbeitgeber nicht darauf vertrauen, der Arbeitnehmer werde die Unwirksamkeit der Befristung nicht mehr geltend machen (-)

NJW 1983, 1443; Urt. v. 13.04.1983 – 7 AZR 43/81, juris; Urt. v. 27.05.1983 – 7 AZR 319/81, juris; Urt. v. 03.10.1984 – 7 AZR 292/82, juris; Urt. v. 24.05.1984 – 2 AZR 152/83, juris; Urt. v. 24.05.1984 – 2 AZR 157/83, juris; Urt. v. 24.05.1984 – 2 AZR 358/83, juris; Urt. v. 18.04.1986 – 7 AZR 167/85, juris; Urt. v. 27.11.1987 – 7 AZR 314/87, RzK I 9a Nr. 29; Urt. v. 25.10.1989 – 7 AZR 578/88, RzK I 9a Nr. 48. Verneint: Urt. v. 07.03.1980 – 7 AZR 177/78, DB 1980, 1498; Urt. v. 15.12.1983 – 2 AZR 166/82, juris; Urt. v. 26.06.1985 – 7 AZR 215/84, juris; Urt. v. 12.06.1987 – 7 AZR 461/86, juris; Urt. v. 28.02.1990 – 7 AZR 143/89, NZA 1990, 746; Urt. v. 21.03.1990 – 7 AZR 192/89, juris; Urt. v. 04.04.1990 – 7 AZR 310/89, RzK I 4d 15; Urt. v. 15.08.1990 – 7 AZR 470/89, juris; Urt. v. 04.12.1991 – 7 AZR 307/90, EzA § 620 BGB Nr. 113. Zur weiteren Sachverhaltsaufklärung zurückverwiesen: Urt. v. 25.08.1983 – 2 AZR 401/82, juris.

1239 Außer Acht bleibt demgegenüber die gerichtliche Geltendmachung eines nach § 15 Abs. 5 TzBfG fingierten unbefristeten Arbeitsverhältnisses, da bei Fortführung des Arbeitsverhältnisses nach § 15 Abs. 5 TzBfG schon begrifflich eine Nichtgeltendmachung ausschließt.

1240 *BAG*, Urt. v. 20.01.1999 – 7 AZR 715/97, NZA 1999, 671. Das BAG folgte insoweit der Vorinstanz, die die Voraussetzungen der Prozessverwirkung verneint hatte.

1241 *BAG*, Urt. v. 14.01.2004 – 7 AZR 213/03, NZA 2004, 719.

1242 *BAG*, Urt. v. 01.12.2004 – 7 AZR 198/04, NZA 2005, 575.

b) Literatur

Zimmerling schließt die Verwirkung aus. Die Klagefrist des § 17 Satz 1 TzBfG schließe die Begründung schutzwürdigen Vertrauens aus, da das Gesetz dem Arbeitnehmer diese Zeitspanne zur Wahrnehmung seiner Rechte einräume.[1243]

Nach Auffassung von *Riesenhuber* soll die Klagefrist des § 17 Satz 1 TzBfG die Verwirkung rechtlich nicht per se ausschließen. Sie scheide jedoch in tatsächlicher Hinsicht praktisch aus, da die dreiwöchige Klagefrist im Hinblick auf das Zeitmoment zu kurz sei. Auch werde das Umstandsmoment kaum vorliegen. Beiden Parteien müsste hierfür die Unwirksamkeit der Befristung bekannt gewesen sein. Der Arbeitnehmer müsste des Weiteren beim Arbeitgeber das Vertrauen geweckt haben, er werde sich nicht auf die ihm bekannte Formnichtigkeit berufen, sodass der Arbeitgeber im Vertrauen darauf Dispositionen getroffen habe.[1244]

Demgegenüber bejaht *Worzalla* die Verwirkung für den Fall, dass das Arbeitsverhältnis nach dem vereinbarten Ende fortgesetzt wurde, die Klagefrist nach § 17 Satz 3 TzBfG jedoch mangels schriftlichen Widerspruchs des Arbeitgebers noch nicht zu laufen begonnen hat.[1245]

c) Bewertung

Die in § 17 TzBfG geregelte Frist schließt die Verwirkung aus.[1246] Dies gilt sowohl für die prozessuale wie auch für die materiell-rechtliche Verwirkung, zwischen der weder Rechtsprechung[1247] noch Literatur[1248] ausdrücklich differenzieren.

aa) Zur prozessualen Verwirkung

Die prozessuale Verwirkung betrifft die illoyal verspätete Geltendmachung der Prozessführungsbefugnis.[1249] Sie ist zu bejahen, wenn neben der Erfüllung des Zeitmoments der Verpflichtete aufgrund des Verhaltens des Berechtigten da-

---

1243 *Zimmerling*, S. 287.

1244 *Riesenhuber*, NJW 2005, 2268 (2270); ebenso zum Zeitmoment: *Zimmerling*, S. 287. Nach BeckOKArbR/*Bayreuther*, TzBfG § 17 Rn. 9, ist das Klagerecht auch dann nicht verwirkt, wenn der Arbeitnehmer vorangegangene gleichartige Befristungen jeweils akzeptiert hat, die letzte aktuelle Befristung nunmehr aber gerichtlich angreift; ähnlich auch *Straub*, NZA 2001, 919 (927), zur Frage der nachträglichen Bestätigung eines formnichtigen befristeten Vertrages. Da für diese Konstellation der für die Verwirkung erforderliche Zeitlauf sichtlich keine Rolle spielt, handelt es sich jedoch nach hier vertretener Ansicht jeweils um ein Problem des Verbots des *venire contra factum proprium*.

1245 H/B/D/*Worzalla*, TzBfG § 17 Rn. 9.

1246 I.E. ebenso *Zimmerling*, S. 287.

1247 Prozessuale Verwirkung: *BAG*, Urt. v. 20.01.1999 – 7 AZR 715/97, NZA 1999, 671. Materielle-rechtliche Verwirkung ausweislich des Prüfungsorts in der jeweiligen Entscheidung: *BAG*, Urt. v. 14.01.2004 – 7 AZR 213/03, NZA 2004, 719; Urt. v. 01.12.2004 – 7 AZR 198/04, NZA 2005, 575.

1248 Unklar A/P/S/*Backhaus*, TzBfG § 17 Rn. 3 f.

1249 Sehr str., ausführlich zur Prozessverwirkung s.u. Kap.3 E.I.

von ausgehen durfte, dieser werde eine bestimmte Rechtsposition nicht mehr klageweise geltend machen.

Vorliegend scheitert die Prozessverwirkung an der gesetzlich geregelten Klagefrist nach § 17 KSchG. Der Gesetzgeber hat mit der ausdrücklichen Normierung der Klagefrist eine Ausnahme von dem sonst üblichen Grundsatz der unbefristeten Klageerhebung geschaffen. Innerhalb dieses starr fixierten Zeitraums kann der Arbeitgeber kein Vertrauen darauf entwickeln, dass eine Klage durch den Arbeitnehmer unterbleibt.[1250] Die Vorgabe einer starren Klagefrist durch den Gesetzgeber schließt zudem die Annahme einer illoyal verspäteten Geltendmachung der Prozessführungsbefugnis aus. Dies gilt umso mehr, als die Klagefrist ausweislich der Gesetzesmaterialien dem Arbeitgeber rasche Klarheit für seine Planung verschaffen soll.[1251] Im Gegenschluss muss der Arbeitgeber innerhalb der Klagefrist daher gerade mit Ausübung des Rechts im Wege der Klage durch den Berechtigten rechnen.[1252]

bb) Zur materiell-rechtlichen Verwirkung

Darüber hinaus scheidet auch eine materiell-rechtliche Verwirkung aus. Dies gilt nicht nur, weil keine Fälle denkbar sind, in denen Zeit- und Umstandsmoment zu bejahen wären.[1253] Vielmehr schließt die Klagefrist nach § 17 TzBfG auch die Annahme einer materiell-rechtlichen Verwirkung per se aus.

Nach ganz h.M. handelt es sich bei § 17 TzBfG um eine materiell-rechtliche Ausschlussfrist. Sie ist von Amts wegen zu beachten und führt dazu, dass die Klage als unbegründet abzuweisen ist.[1254] Anders als sonstige Rechte beschränkt § 17 TzBfG das Recht, die Unwirksamkeit eine Befristung geltend zu machen, in zweifacher Hinsicht: Zunächst formell dergestalt, dass das Recht klageweise geltend zu machen ist. Des Weiteren zeitlich, mit der Folge, dass das Recht nach drei Wochen (§ 17 Satz 1 TzBfG) bzw. nach Maßgabe des § 17 Satz 3 TzBfG erlischt. Die oben bereits angeführten Argumente, die zum Ausschluss der Prozessverwirkung führen, sind insoweit auf die materiell-rechtliche Verwirkung zu übertragen.[1255] Die starre gesetzliche Frist schließt die illoyal verspätete Geltendmachung des Rechts aus. Zudem muss der Arbeitgeber innerhalb der Klagefrist gerade mit der Rechtsausübung rechnen.

1250 Ebenso *Zimmerling*, S. 287, ohne jedoch zwischen prozessualer und materiellrechtlicher Verwirkung zu unterscheiden.

1251 A/P/S/*Backhaus*, TzBfG § 17 Rn. 6, m.w.N. zu § 1 Abs. 5 BeschFG.

1252 Ebenso *Künzl*, ZTR 2000, 392 (393). I.E. ähnlich A/P/S/*Backhaus*, TzBfG § 17 Rn. 4, wonach die Prozessverwirkung mit Einführung der Frist nach § 1 Abs. 5 BeschFG praktisch bedeutungslos geworden sei.

1253 *Riesenhuber*, NJW 2005, 2268 (2270); a.A. H/B/D/*Worzalla*, TzBfG § 17 Rn. 9.

1254 *Boecken/Joussen*, § 17 Rn. 2, 27 m.w.N.; ErfK/*Müller-Glöge*, TzBfG § 17 Rn. 11; F/G/M/N/*Mestwerdt*, TzBfG § 17 Rn. 21.

1255 Ebenso MüKo/*Roth/Schubert*, BGB § 242 Rn. 374 bzgl. § 4 KSchG im Hinblick auf die Geltendmachung der Unwirksamkeit einer außerordentlichen Kündigung.

Die Übertragung der Argumente steht nicht im Widerspruch zur Trennung von prozessualer und materiell-rechtlicher Verwirkung. Prozessuale und materiell-rechtliche Verwirkung sind zu trennen. Die prozessuale Verwirkung betrifft die Prozessführungsbefugnis und führt zur Unzulässigkeit der Klage. Demgegenüber erfasst die materiell-rechtliche Verwirkung das materielle Recht und hat die Unbegründetheit einer Klage zur Folge. Unabhängig von der materiell-rechtlichen Wirkung, handelt es sich bei der Frist nach § 17 TzBfG dennoch um eine prozessuale Frist.[1256] Insoweit besteht vorliegend lediglich die Besonderheit, dass die wirksame Geltendmachung des materiellen Rechts formell über § 17 TzBfG an eine Klageerhebung gebunden ist. Die gegen die Verwirkung genannten Argumente greifen demgegenüber sowohl in Bezug auf das Klagerecht wie auch die Ausübung des materiellen Rechts.

Die Verwirkung kommt auch dann nicht in Betracht, wenn das Arbeitsverhältnis nach dem vereinbarten Ende fortgesetzt wurde, die Klagefrist nach § 17 Satz 3 TzBfG jedoch mangels schriftlichen Widerspruchs des Arbeitgebers noch nicht zu laufen begonnen hat.[1257] Hat der Arbeitgeber mangels schriftlichen Widerspruchs den Lauf der Klagefrist nach § 17 Satz 3 KSchG nicht in Gang gesetzt, kann er grundsätzlich nicht darauf vertrauen, dass der Arbeitnehmer sein Recht nicht mehr geltend machen werde. Vielmehr hat der Arbeitgeber es selbst in der Hand, durch ordnungsgemäße Mitteilung den Lauf der Klagefrist und damit Rechtssicherheit herbeizuführen; etwas anderes könnte nur dann gelten, wenn der Arbeitnehmer in Kenntnis der nicht angelaufenen Klagefrist ein Verhalten an den Tag legt, aufgrund dessen der Arbeitgeber davon ausgehen durfte, der Arbeitnehmer werde sein Recht trotz der nicht angelaufenen Klagefrist nicht mehr geltend machen.

d) Zwischenergebnis

Die gesetzliche normierte Klagefrist des § 17 TzBfG schließt die prozessuale wie auch die materiell-rechtliche Verwirkung aus. Die gegenteilige Ansicht der ganz h.M. ist abzulehnen. Die Rechtsausübung innerhalb der starren Frist ist nicht illoyal verspätet. Zudem muss der Verpflichtete während dieser Zeit mit der Rechtausübung rechnen. Zeit- und Umstandsmoment der Verwirkung scheiden damit aus.

3. Arbeitsverhältnis infolge unwirksamer Arbeitnehmerüberlassung (§ 10 Abs. 1 Satz 1 AÜG)

Ist der Vertrag zwischen einem Verleiher und einem Leiharbeitnehmer nach § 9 Nr. 1 AÜG unwirksam, so gilt ein Arbeitsverhältnis zwischen Entleiher und

---

1256 Laux/*Schlachter*, § 17 Rn. 11; *Vossen*, NZA 2000, 704 (707); *Künzl*, ZTR 2000, 392. Eine rein materiell-rechtliche Ausschlussfrist bejahten demgegenüber *Rolfs*, NZA 1996, S. 1134 (1139) sowie *Wisskirchen*, DB 1998, S. 722 (724) für § 1 Abs. 5 BeschFG.

1257 So aber H/B/D/*Worzalla*, TzBfG § 17 Rn. 9.

Leiharbeitnehmer zu dem für den Beginn der Tätigkeit vorgesehenen Zeitpunkt als zustande gekommen, vgl. § 10 Abs. 1 Satz 1 AÜG. Der frühere Leiharbeitnehmer kann dann gegenüber dem vormaligen Entleiher und jetzigem Arbeitgeber das Bestehen eines Arbeitsverhältnisses sowie die hieraus resultierende Rechte geltend machen. Unter dem Gesichtspunkt der Verwirkung soll insoweit untersucht werden, ob bzw. unter welchen Voraussetzungen die Verwirkung im Zusammenhang mit dem nach § 10 Abs. 1 Satz 1 AÜG fingierten Arbeitsverhältnis in Betracht kommt.

a) Rechtsprechung

Wie bereits oben zur Verwirkung des Bestands des Arbeitsverhältnisses dargelegt, ist die Rechtsprechung des Bundesarbeitsgerichts zur Verwirkung in Zusammenhang mit § 10 AÜG nicht einheitlich. Teils lässt es das Bundesarbeitsgericht ausdrücklich offen, ob das Recht, sich auf den Bestand eines Arbeitsverhältnisses zu berufen, verwirken kann, teils bejaht es die Verwirkbarkeit, ohne diese zu problematisieren.[1258]

b) Literatur

Über das bereits oben zum Bestand des Arbeitsverhältnisses zitierte Schrifttum zu § 10 AÜG hinaus[1259], bejaht *Zimmermann* die Verwirkbarkeit. Prozessual soll das Recht zur Erhebung einer Klage auf Feststellung des Bestehens eines nach § 10 Abs. 1 Satz 1 AÜG fingierten Arbeitsverhältnisses verwirken können wie auch materiell-rechtlich der „Anspruch“.[1260]

Auch die überwiegende Kommentarliteratur hält die prozessuale und die materiell-rechtliche Verwirkung bei § 10 AÜG für anwendbar.[1261] *Boemke/Lembke* gehen davon aus, dass der überlassene Arbeitnehmer sein Recht, sich gegenüber dem Entleiher auf das fingierte Arbeitsverhältnis berufen zu können („Verwirkung materieller Rechte“)[1262] ebenso verwirken kann wie prozessual seine Befugnis zur Erhebung einer Feststellungsklage.[1263]

1258 S.o. Kap.3 B.X.1.b).

1259 S.o. Kap.3 B.X.1.b).

1260 *Zimmermann*, S. 96 f.

1261 *Becker/Wulfgramm*, Art. 1 § 10 Rn. 38a; *Ulber*, AÜG § 10 Rn. 43; *Urban-Crell/* Germakowski, § 10 Rn. 63 ff.; *Sandmann/Marschall/Schneider*, Art. 1 § 10 Rn. 21a. Ohne genaue Differenzierung: Thüsing/*Mengel*, § 10 Rn. 48; Schüren/*Schüren*, § 10 Rn. 140 f.; AR-Blattei SD 1720/*Kossens* Rn. 59 ff.; *Urban-Crell/Schulz*, Rn. 808 f.; *Ulber*, S. 147 f. Die (materiell-rechtliche) Verwirkbarkeit von Entgeltansprüchen bejahend: BK-*Ulber*, § 10 Rn. 43; zur Prozessverwirkung und § 4 Satz 1 KSchG zur Konkretisierung des Zeitmoments: MüArbRHb/*Schüren*, § 318 Rn. 160. Zu den in der Instanzrechtsprechung bejahten Zeitmomente (sieben Wochen bis vier Monate) vgl. *Zimmerling*, S. 95 Fn. 513.

1262 *Boemke/Lembke*, § 10 Rn. 31.

1263 *Boemke/Lembke*, § 10 Rn. 31, 82. *Lembke* schließ jedoch für die Klage auf Leistungen aus dem fingierten Arbeitsverhältnis die Prozessverwirkung aus (Rn. 83).

c) Bewertung

Eine unwirksame Arbeitnehmerüberlassung hat keinen Einfluss auf den Eintritt der Verwirkung. Insbesondere existiert kein allgemein gültiger Grundsatz, wonach für die Dauer der Überlassung eine Verwirkung im Zusammenhang der mit nach § 10 Abs.1 Satz 1 AÜG bestehenden Rechte ausscheidet. Allerdings werden im Regelfall die allgemeinen Tatbestandsvoraussetzungen der Verwirkung, insbesondere das Umstandsmoment, während der Dauer der Überlassung nicht erfüllt sein.

aa) Kenntnis des (Leih-)Arbeitnehmers von der Unwirksamkeit

Die Kenntnis des (Leih-)Arbeitnehmers von der Unwirksamkeit der Überlassung ist für den Verwirkungseintritt in der Regel nicht maßgeblich. Die Verwirkung tritt grundsätzlich auch ohne Kenntnis des Berechtigten von seinem Recht ein. Zudem stellt die Kenntnis des Berechtigten von seinem Recht den Regelfall dar. Dass der (Leih-)Arbeitnehmer den Entleiher nicht zeitnah in Anspruch nimmt, erfüllt nicht das Umstandsmoment.[1264] Bei der Verwirkung ist allein darauf abzustellen wie sich das Verhalten des Berechtigten aus Sicht eines objektiven Beobachters darstellt.[1265] Insoweit erschöpft sich sein Verhalten in bloßer Untätigkeit. Die Kenntnis des Berechtigten kann sich beim Umstandsmoment daher allenfalls dann vertrauensbegründend auswirken, wenn der Berechtigte in Kenntnis der Unwirksamkeit ein Verhalten an den Tag legt, aufgrund dessen der Verpflichtete darauf vertrauen darf, nicht mehr in Anspruch genommen zu werden und der Verpflichtet um die Kenntnis des Berechtigten von der Unwirksamkeit weiß.

bb) Inanspruchnahme erst längere Zeit nach Ausscheiden aus dem Betrieb

Der Zeitablauf, d.h. das bloße Untätigbleiben begründet für sich genommen nicht das Umstandsmoment. Daher tritt die Verwirkung nicht vor allem dann ein, wenn der Leiharbeitnehmer den Entleiher erst längere Zeit nach Ausscheiden aus dem Betrieb verklagt.[1266] Zudem stellt gerade im Fall der Arbeitnehmerüberlassung die Nichtinanspruchnahme des Entleihers durch den Leiharbeitnehmer nach Ende der Leihe das übliche Verhalten dar. Dies gilt unabhängig vom Bestehen eines nach § 10 Abs. 1 Satz 1 AÜG fingierten Arbeitsverhältnisses. Die Vertrauensentwicklung setzt bei der Verwirkung dagegen gerade besondere Umstände voraus, die über das „übliche" Verhalten des Berechtigten hinausgehen.

Treten demnach nicht weitere Umstände hinzu, kann das Umstandsmoment nicht alleine deshalb bejaht werden, weil der Leiharbeitnehmer erst längere Zeit nach Ausscheiden aus dem Betrieb Rechte gegenüber dem Entleiher geltend gemacht hatte.

1264 So aber Thüsing/*Mengel*, § 10 Rn. 48 m.w.N., wenn der Leiharbeitnehmer in Kenntnis der fehlenden Erlaubnis nach § 1 Abs. 1 Satz 1 AÜG längere Zeit untätig bleibe und den Entleiher zunächst nicht in Anspruch nehme.

1265 S.o. Kap.2 B.IV.

1266 So aber Thüsing/*Mengel*, § 10 Rn. 48 m.w.N.

cc) Verwirkung erst nach Beendigung der Überlassung

Für die Dauer der Überlassung wird die Verwirkung im Regelfall ausscheiden. Gleichwohl ist dies nicht zwingend.[1267] Ausweislich § 10 Abs. 1 Satz 1 Halbs. 1 AÜG beginnt das fingierte Arbeitsverhältnis grundsätzlich[1268] zu dem Zeitpunkt, in dem der Leiharbeitnehmer nach dem Überlassungsvertrag die Tätigkeit beim Entleiher aufnehmen soll. Ab diesem Moment ist wenigstens das Recht, sich auf das Bestehen des Arbeitsverhältnisses berufen zu können, ausübbar; andere aus dem Bestehen des Arbeitsverhältnisses resultierende Rechte bedürfen ggf. weiterer Voraussetzungen. Damit beginnt das Zeitmoment zu laufen. Es bestehen insoweit grundsätzlich keine Bedenken gegen eine Verwirkung schon während der Überlassung.

Dennoch wird für die Dauer der Überlassung die Verwirkung im Regelfall nach den allgemeinen Grundsätzen ausscheiden. Hat der Entleiher keine Kenntnis von der Unwirksamkeit, kann er bereits kein Vertrauen darauf entwickeln, im Rahmen des § 10 Abs. 1 Satz 1 AÜG mit Rechten des (Leih-)Arbeitnehmers konfrontiert zu werden. Darüber hinaus wirkt wie schon mehrfach ausgeführt die bloße Untätigkeit bzw. die bloße Weiterarbeit für sich genommen nicht vertrauensbegründend. Vielmehr erschöpft sich das Verhalten des Berechtigten in Erbringung seiner (vermeintlich) vertraglich geschuldeten Tätigkeit, mag die Verpflichtung auch rechtlich zwischenzeitlich aufgrund § 10 Abs. 1 Satz 1 AÜG gegenüber dem Entleiher bestehen. Ein besonderes Vertrauen begründendes Verhalten liegt nicht vor. Vielmehr bedarf es weiterer Umstände.

d) Zwischenergebnis

Die Verwirkung eines Rechtsverhältnisses (hier: Arbeitsverhältnis) scheidet aus, auch wenn es sich um ein fingiertes Rechtsverhältnis handelt. § 10 Abs. 1 Satz 1 AÜG rechtfertigt insoweit keine Besonderheiten. Die Verwirkung sämtlicher aus dem fingierten Arbeitsverhältnis resultierender Rechte ist ebenfalls ausgeschlossen. Dagegen kommt die prozessuale wie auch die materiell-rechtliche Verwirkung des Rechts in Betracht, das Bestehen eines fingierten Arbeitsverhältnisses geltend zu machen. Allgemein gilt, dass die unwirksame Arbeitnehmerüberlassung keine Auswirkungen auf den Eintritt der Verwirkung hat.

4. Abschließende Bewertung

Die Verwirkung von Rechtsverhältnissen im Ganzen und damit auch von Arbeitsverhältnissen ist ausgeschlossen. Gleiches gilt für sämtliche aus dem Arbeitsverhältnis resultierende Rechte. Beides folgt allein aus den allgemeinen Verwirkungsgrundsätzen, nicht aus arbeitsrechtsspezifischen Besonderheiten.

1267 So aber Schüren/*Schüren*, § 10 Rn. 140; Thüsing/*Mengel*, § 10 Rn. 48 m.w.N.

1268 Zu den vom Grundfall abweichenden Fallgestaltungen vgl. Schüren/*Schüren*, § 10 Rn. 45 ff.

XI. Direktionsrecht (Weisungsrecht)

Das in § 106 GewO kodifizierte Direktions- bzw. Weisungsrecht erlaubt dem Arbeitgeber die im Arbeitsvertrag nur rahmenmäßig umschriebene Leistungspflicht nach Zeit, Ort und Art näher zu bestimmen, soweit diese nicht anderweitig geregelt ist.[1269] Es handelt sich um ein einseitiges Leistungsbestimmungsrecht des Arbeitgebers, das rechtlich als atypisches Gestaltungsrecht zu qualifizieren ist.[1270] Aufgrund seiner das Arbeitsverhältnis konkretisierenden Funktion ist es besonders interessant, ob das Direktionsrecht in Gänze bzw. seine Ausübung im Einzelfall verwirken kann.

1. Rechtsprechung

Soweit ersichtlich hat sich das Bundesarbeitsgericht bislang lediglich in einem Urteil speziell mit der Verwirkung des Direktionsrechts auseinandergesetzt. Das Gericht führte zunächst allgemein aus, dass grundsätzlich jeder Anspruch und jedes Recht der Verwirkung unterliege. Dazu gehöre auch das Leistungsbestimmungsrecht des Arbeitgebers. Allein aufgrund der jahrelangen Nichtausübung könne der Arbeitnehmer nicht davon ausgehen, dass der Arbeitgeber von seinem Bestimmungsrecht keinen Gebrauch mehr zu seinen Lasten machen würde. Aufgrund der wirtschaftlichen Lage musste der Arbeitnehmer vorliegend mit einer fiskalisch motivierten Ausübung des Leistungsbestimmungsrechts rechnen. Daher sei das Umstandsmoment nicht erfüllt.[1271]

In anderen Entscheidungen, in denen es um die Konkretisierung von Arbeitsbedingungen durch Zeitablauf geht, zieht das Bundesarbeitsgericht teils Begrifflichkeit und Merkmale der Verwirkung heran. Dabei lässt sich den Urteilen keine klare Linie entnehmen, ob diese Konkretisierung durch Auslegung der geschuldeten Leistung zu erfolgen hat oder ein „Verwirkungstatbestand" im Hinblick auf das Weisungsrecht vorliegt.[1272]

1269 *BAG*, Urt. v. 25.10.1989 – 2 AZR 633/88, NZA 1990, 561; Urt. v. 19.4.2007 – 2 AZR 78/06, AP § 611 BGB Direktionsrecht Nr. 77. Ausführlich zur Leistungspflicht: *Bayreuther*, NZA-Beil. 1/2006, 3 ff.

1270 Die h.M. beschränkt sich auf die bloße Einordnung als „Gestaltungsrecht". *Schröder*, S. 46 ff. m.w.N., hat zutreffend dessen atypischen Charakter (keine Begründung eines neuen Rechts bzw. Änderung oder Beendigung eines bestehenden Rechts) herausgearbeitet. Zu Kontrolle und Rechtsnatur der einzelnen Leistungsbestimmung vgl. statt vieler: Staudinger/*Rieble*, § 315 Rn. 186 ff. Zu den Grenzen des Weisungsrechts: *Hromadka*, NZA 2012, 233 ff.

1271 *BAG*, Urt. v. 03.04.2007 – 9 AZR 283/06, AP Nr. 21 zu § 2 BAT SR 2l. Teilweise Parallelentscheidungen: Urt. v. 03.04.2007 – 9 AZR 228/06, juris; Urt. v. 03.04.2007 – 9 AZR 281/06, juris Urt. v. 03.04.2007 – 9 AZR 282/06, juris.

1272 Auslegung: *BAG*, Urt. v. 07.09.1972 – 5 AZR 12/72, NJW 1973, 581; Urt. v. 19.06.1985 – 5 AZR 57/84, DB 1986, 132; Urt. v. 25.04.2007 – 5 AZR 504/06, NZA 2007, 801; Urt. v. 15.09 2009 – 9 AZR 757/08, NJW 2010, 394; „Verwirkungstatbestand": Urt.

2. *Literatur*

Die Literatur diskutiert die o.a. Rechtsprechung ebenfalls nur unter dem Aspekt, ob die Konkretisierung von Arbeitsbedingungen als Folge einer Beschränkung des Direktionsrechts aufgrund Verwirkung[1273] bzw. einer Art von „Verwirkung" eintritt.[1274]

3. *Bewertung*

Rechtsprechung und Literatur sind abzulehnen, soweit sie Begrifflichkeit und Merkmale der Verwirkung entlehnen und eine Konkretisierung der Arbeitsbedingungen mittels einer Art von „Verwirkungstatbestand" annehmen. Offensichtlich gehen sie schon selbst nicht davon aus, dass es sich um Verwirkung im Sinne der illoyal verspäteten Rechtsausübung handelt. Andernfalls bestünde keine Veranlassung auf eine Art von „Verwirkungstatbestand" zurückzugreifen. Dies gilt umso mehr, als ein Großteil der Vertreter dieser Auffassung die Konkretisierung der Arbeitsbedingungen allein unter dem Gesichtspunkt des bloßen Zeitablaufs betrachtet. Dieser allein begründet jedoch nicht die Verwirkung. Nach hier vertretener Auffassung ist wie folgt zu differenzieren:

a) Keine Verwirkung des Direktionsrechts an sich

Das gesamte Direktionsrecht, d.h. das Direktionsrechts an sich, kann nicht verwirken. Zwar ist mit dem Bundesarbeitsgericht vom Grundsatz auszugehen, dass grundsätzlich jeder Anspruch und jedes Recht verwirken kann.[1275] Eine Verwirkung des gesamten Direktionsrechts scheitert jedoch am Zeit- und Umstandsmoment.

Das Zeitmoment beginnt grundsätzlich mit Fälligkeit bzw. Ausübbarkeit eines Rechts zu laufen.[1276]. Das Direktionsrecht wirkt leistungskonkretisierend oder leistungsausfüllend.[1277] Im Arbeitsverhältnis erneuert sich der Leistungsaustausch fortwährend. Dabei ermöglicht es das Direktionsrecht dem Arbeitgeber die Arbeitsbedingungen laufend an die geänderten Rahmenbedingungen anzupassen.[1278] Damit ändert sich jedoch auch der Umfang des Direktionsrechts beständig. Im

v. 25.10.1989 – 2 AZR 633/88, NZA 1990, 561; Urt. v. 13.02.2007 – 9 AZR 433/06, AP Nr. 26 zu § 307 BGB. *Bieder*, RdA 2011, 142 Fn. 7, m.w.N.

1273 *Stadler*, S. 85 ff.

1274 *Hennige*, NZA 1998, 281 (285). Ähnlich MüKo/*Müller-Glöge*, BGB § 611 Rn. 1019, der eine Konkretisierung bejaht, „wenn über die langjährige Übung hinaus zusätzliche Umstände ein schutzwürdiges Vertrauen begründen".

1275 *BAG*, Urt. v. 03.04.2007 – 9 AZR 283/06, AP Nr. 21 zu § 2 BAT SR 2l. Teilweise Parallelentscheidungen: Urt. v. 03.04.2007 – 9 AZR 228/06, juris; Urt. v. 03.04.2007 – 9 AZR 281/06, juris Urt. v. 03.04.2007 – 9 AZR 282/06, juris.

1276 Staudinger/*Looschelders*/*Olzen*, § 242 Rn. 307 m.w.N.

1277 *Boewer*, DB 1970, 632 (636); *Schröder*, S. 47.

1278 *Schröder*, S. 47 f. m.w.N.

Vergleich beispielsweise zu einem Zahlungsanspruch oder dem Widerspruchsrecht beim Betriebsübergang handelt es sich gerade nicht um ein „statisches" Recht mit fest umrissenem Inhalt. Vielmehr entsteht es bezogen auf die konkrete Leistungssituation ständig neu. Damit scheidet jedoch eine Verwirkung des Direktionsrechts an sich aus. Da zwar der Bestand, nicht aber der Umfang des Direktionsrechts, statisch ist, ändert sich die Ausübbarkeit des Weisungsrechts insgesamt. Daher kann das Zeitmoment allenfalls bezogen auf die konkrete Situation anlaufen, nicht jedoch hinsichtlich des Direktionsrechts an sich.

Die Verwirkbarkeit des Direktionsrechts an sich scheitert des Weiteren auch am Umstandsmoment. Das Umstandsmoment wäre nur dann erfüllt, wenn der Arbeitnehmer aufgrund eines besonderen Verhaltens des Arbeitgebers davon ausgehen durfte, dieser werde sein Direktionsrecht überhaupt nicht mehr geltend machen. Das Weisungsrecht des Arbeitgebers erstreckt sich gemäß § 106 Satz 1 und 2 GewO auf die Bestimmung von Inhalt, Ort und Zeit der Arbeitsleistung sowie Ordnung und des Verhaltens der Arbeitnehmer im Betrieb.[1279] Hieraus ergibt sich eine nahezu unendliche Vielzahl von einzelnen denkbaren Weisungen.

Da sich das Weisungsrecht gerade auch auf Ordnung und Verhalten bezieht ist kein Arbeitsverhältnis denkbar, in dem der Arbeitgeber nicht von Zeit zu Zeit von seinem Weisungsrecht Gebrauch macht, auch wenn dies den Vertragsparteien als juristischen Laien im Einzelfall nicht bewusst sein mag. Übt der Arbeitgeber aber sein Weisungsrecht, wenn auch in unregelmäßigen Abständen aus, kann der Arbeitnehmer kein Vertrauen darauf entwickeln, dass der Arbeitgeber das Weisungsrecht an sich, d.h. in jeglicher Ausformung, zukünftig nicht mehr geltend machen wird. Die Erfüllung des Umstandsmoments scheidet damit aus.

Dies gilt umso mehr, wenn sich der Arbeitgeber vertraglich das Recht hat einräumen lassen, dem Arbeitnehmer vom allgemeinen Weisungsrecht grundsätzlich nicht erfasste Leistungspflichten aufzuerlegen.[1280] In diesem Fall müsste das Verhalten des Arbeitgebers zudem noch die Schwelle der ausdrücklich entgegenstehenden vertraglichen Vereinbarung überspringen, um beim Arbeitnehmer überhaupt ein schutzwürdiges Vertrauen auf die Nichtgeltendmachung des Weisungsrechts an sich auslösen zu können.

b) Verwirkbarkeit der Ausübung des Direktionsrechts im Einzelfall

Obige Erwägungen schließen jedoch eine grundsätzliche Verwirkbarkeit der Ausübung des Direktionsrechts im Einzelfall nicht aus. Die Verwirkung setzt insoweit

1279 Dies gilt auch bei gilt bei weisungsarmen Arbeitsverhältnissen, d.h. solchen Arbeitsverhältnissen, in denen bei Diensten höherer Art aufgrund der fachlichen Qualifikation des Arbeitnehmers das Weisungsrecht bzgl. des Inhalts der Arbeit eingeschränkt ist oder sogar fehlt (z.B. Chefärzte, Dozenten o.ä.). Zu diesen vgl. *BAG*, Urt. v. 13.11.1991 – 7 AZR 31/91, NZA 1992, 1125; Urt. v. 27.07.1961 – 2 AZR 255/60, NJW 1961, 2085. Grobys/Panzer/*Langer*, 15 Arbeitnehmer Rn. 17.

1280 Sog. besonderes oder erweitertes Direktionsrecht, BeckOKArbR/*Tillmanns*, GewO § 106 Rn. 35 ff.

neben dem Zeitmoment voraus, dass der Arbeitnehmer aufgrund des Verhaltens des Arbeitgebers davon ausgehen durfte, dieser werde sein Direktionsrecht bezogen auf einen Einzelfall nicht mehr in einer konkreten Weise ausüben (z.B. keine weitere Versetzung mehr o.ä.).[1281]

Dennoch wird die Verwirkung in der Praxis regelmäßig leer laufen bzw. ausscheiden, was schon der Mangel einschlägiger Rechtsprechung nahe legt. Grund hierfür ist auch hier, dass sich im Arbeitsverhältnis der Leistungsaustausch fortwährend erneuert und damit auch der Umfang des Direktionsrechts. Selbst wenn daher im Einzelfall die Ausübung des Direktionsrechts in einer bestimmten Art und Weise zu bejahen ist: Ändern sich die tatsächlichen Umstände im Arbeitsverhältnis, ändert sich auch der Umfang des Direktionsrechts. Das Direktionsrecht entsteht bezogen auf die konkrete Situation neu. Somit läuft die im konkreten Einzelfall verwirkte Ausübung des Direktionsrechts leer.

Darüber hinaus werden die Verwirkungsvoraussetzungen kaum jemals vorliegen. Bezogen auf die konkrete Einzelsituation wird nur selten ein ausreichend langer Zeitraum zur Erfüllung des Zeitmoments verstreichen, zumal sich die tatsächlichen Umstände im Arbeitsverhältnis aufgrund des fortgesetzten Leistungsaustauschs ständig ändern. Zudem muss der Arbeitnehmer darauf vertrauen, dass der Arbeitgeber sein Direktionsrecht in bestimmter Art und Weise ausübt (z.B. Versetzung an einen anderen Arbeitsort unter Beibehaltung der Tätigkeit o.ä.).

4. *Abschließende Bewertung*

Das gesamte Direktionsrecht, d.h. das Direktionsrechts an sich, kann nicht verwirken. Theoretisch kommt jedoch die Verwirkung der Ausübung des Direktionsrechts im Einzelfall in Betracht; soweit sich das Direktionsrecht allerdings konkretisiert hat, scheidet die Verwirkung aus. All diese Ergebnisse sind nicht spezifisch arbeitsrechtlichen Besonderheiten geschuldet. Vielmehr sind sie allein auf die allgemeinen zur Verwirkung entwickelten Grundsätze zurückzuführen.

C. Beendigung des Arbeitsverhältnisses: Kündigung und Anfechtung

Nach Inhalt und Bestand des Arbeitsverhältnisses soll nunmehr die Verwirkung von Rechten im Zusammenhang mit der Beendigung des Arbeitsverhältnisses aufgegriffen werden. Bestandsstreitigkeiten und Ansprüche, die sich infolge der Beendigung des Arbeitsverhältnisses ergeben, bedürfen aus Gründen der Rechtssicherheit regelmäßig der schnellen Klärung. Daher stellt sich unter anderem die Frage, ob sich dies auf den Eintritt der Verwirkung auswirkt.

1281 I.E. ähnlich *Stadler*, S. 85 ff.

I. Kündigung

1. Recht zur Kündigung

Zunächst soll untersucht werden, unter welchen Voraussetzungen das Recht zur Kündigung verwirken kann. Hiervon zu trennen ist, unter welchen Voraussetzungen das Recht verwirkt, die Unwirksamkeit einer Kündigung geltend machen zu können.[1282]

a) Außerordentliche Kündigung

Das 1. Arbeitsrechtsbereinigungsgesetz vom 14.08.1969 vereinheitlichte das zuvor methodisch unterschiedlich geregelte Recht zur außerordentlichen Kündigung durch Schaffung der Generalklausel des § 626 BGB.[1283] In diesem Zuge wurde auch die Ausschlussfrist nach § 626 Abs. 2 Satz 1 BGB geschaffen. Danach muss die fristlose Kündigung aus wichtigem Grund innerhalb von zwei Wochen erfolgen.[1284] Nach h.M. in Rechtsprechung und Literatur handelt es sich dabei um einen gesetzlich konkretisierten Verwirkungstatbestand.[1285] Unabhängig von dieser „dogmatischen Einordnung" der Frist stellt sich insoweit die Frage, ob bzw. inwieweit daneben noch Raum für eine Verwirkung des Kündigungsrechts besteht.

1282 Hierzu s.u. Kap.3 E.I. Soweit ersichtlich, existiert keine Rechtsprechung zur Verwirkung des Kündigungsrechts des Arbeitnehmers. Dies liegt mutmaßlich daran, dass der Arbeitnehmer zur Kündigung in der Regel weder eines Anlasses noch eines sachlichen Grundes bedarf. Selbst wenn der Arbeitgeber daher darauf vertraut hatte, dass der Arbeitnehmer aufgrund eines bestimmten Anlasses nicht mehr kündigen werde, würden sich das Vertrauen und damit die Verwirkung des Kündigungsrechts lediglich auf den konkreten Anlass beziehen. Dagegen kann der Arbeitnehmer gestützt auf einen neuen bzw. ohne weiteren Anlass erneut kündigen.

1283 BGBl. I 1969, S. 1106; ErfK/*Müller-Glöge*, BGB § 626 Rn. 2, insbesondere auch m.w.N. zur Entstehungsgeschichte und der alten Rechtslage.

1284 Daher unterbleibt die Auseinandersetzung mit der älteren Rechtsprechung. Soweit ersichtlich hat das BAG die Verwirkung des außerordentlichen Kündigungsrechts nur im Urteil vom 12.04.1956 (2 AZR 247/54, AP Nr. 11 zu § 626 BGB) bejaht. Das Zeitmoment sei erfüllt, da über zweieinhalb Jahren zwischen Kündigungsausspruch und Kenntnis des Kündigungsgrundes lagen. Das Umstandsmoment liege wegen des Zuwartens trotz vermeintlicher Schwere des Vorwurfs vor. Zudem habe die Beklagte den Kündigungsgrund zunächst allein zur Begründung der ordentlichen Kündigung herangezogen.

1285 Grundlegend: *BAG*, Beschl. v. 09.01.1986 – 2 ABR 24/85, NZA 1986, 467; Urt. v. 05.05.1977 – 2 AZR 297/76, NJW 1978, 723; Urt. v. 26.06.2008 – 2 AZR 190/07, NZA 2008, 1415; Urt. v. 23.10.2008 – 2 AZR 388/07, AP Nr. 217 zu § 626 BGB; Urt. v. 25. 11. 2010 – 2 AZR 171/09, NZA-RR 2011, 177; A/P/S/*Dörner/Vossen*, BGG § 626 Rn. 116; ErfK/*Müller-Glöge*, BGB § 626 Rn. 200 m.w.N. Gegen die h.M. *Popp*, NZA 1987, 366.

aa) Rechtsprechung

Zeitmoment	Umstandsmoment
Keine Ausführungen[1286] (offen)	- eine Verwirkung setzt jedenfalls voraus, dass der Kündigungsberechtigte Kenntnis von den Kündigungsgründen hatte: Für diesen Fall greift aber die Sondervorschrift des § 626 Abs. 2 BGB ein (-)
Kündigungserklärung in der Frist des § 626 Abs. 2 BGB *unklar*[1287] (offen)	- bzgl. des Rechts zur außerordentlichen Kündigung stellt § 626 Abs. 2 BGB eine Sonderregelung dar, die für den Eintritt der Verwirkung zwar die Kenntnis des Berechtigten voraussetzt, aber bei Erfüllung dieser Voraussetzung dann die Verwirkung durch reinen Zeitablauf eintreten lässt, ohne dass im Gegensatz zur allgemeinen Verwirkung nach § 242 BGB noch weitere Bedingungen (Umstandsmoment) erfüllt sein müssen (-)
Kündigungserklärung in der *Frist des § 626 Abs. 2 BGB*[1288] (offen)	- die Beklagte hat keinen Vertrauenstatbestand geschaffen, da sie im Abmahnungsschreiben ausdrücklich erklärt hatte, weitergehende Maßnahmen zu prüfen, falls im weiteren Verfahren die bisherigen Einlassungen des Klägers als widerlegt anzusehen seien - wegen der Abmahnung musste der Kläger annehmen, die Beklagte werde die Sache aufgrund des weitergehenden Diebstahlsverdachts nicht auf sich beruhen lassen, sondern den Strafverfahrensausgang abwarten (-)
Kündigungserklärung *15 Monate* nach Kenntnis[1289] (-)	- beim Kläger konnte trotz Verstreichens einer fast ungebührlichen Zeit kein Vertrauen entstehen, ihm werde nicht mehr gekündigt

1286 *BAG*, Urt. v. 05.05.1977 – 2 AZR 297/76, NJW 1978, 723. Bereits in einer älteren Entscheidung (Urt. v. 09.02.1960 – 2 AZR 585/57, AP Nr. 39 zu § 626 BGB) hatte sich das BAG mit einer „Verwirkung" des Rechts zur außerordentlichen Kündigung auseinandergesetzt. Mutmaßlich ging das Gericht dabei jedoch von „Verwirkung" im Sinne von „Rechtsverlust infolge rechtswidrigen Verhaltens" aus.

1287 *BAG*, Beschl. v. 09.01.1986 – 2 ABR 24/85, NZA 1986, 467. Dem Rechtsstreit lag die von der Arbeitgeberin beantragte Ersetzung der Zustimmung des Betriebsrates zur außerordentlichen Kündigung (§ 103 BetrVG) des Betriebsratsvorsitzenden zu Grunde.

1288 *BAG*, Urt. v. 18.11.1999 – 2 AZR 852/98, NZA 2000, 38.

1289 *BAG*, Urt. v. 22.04.1993 – 8 AZR 655/92, RzK I 8m ee Nr. 31; Parallelentscheidung: Urt. v. 22.04.1993 – 8 AZR 656/92, juris; Urt. 20.01.1994 – 8 AZR 274/93, NZA 1994, 844.. Aufgrund der früheren Tätigkeit des Klägers für das Ministerium für Staatssicherheit/Amt für Nationale Sicherheit der ehemaligen DDR war eine außerordentliche Kündigung des Arbeitsverhältnisses unbeschadet der Frist des § 626 Abs. 2 BGB gem. Art. 20, Anl. I Kap. XIX Sachgeb. A Abschn. III Nr. 1 Abs.

Zeitmoment	Umstandsmoment
	- die vorläufige Übernahme wirkte nicht vertrauensbegründend, da bei der Vielzahl zu überprüfender Arbeitnehmer nicht anzunehmen war, die bloße Übernahme garantiere bereits ein endgültiges Verbleiben bei der Behörde - die im Anstellungsvertrag vereinbarte auflösende Bedingung und das Verschieben der zunächst geplanten Verbeamtung ließen erkennen, dass noch kein Entschluss über eine endgültige Übernahme getroffen war (-)
Kündigungsausspruch *drei Wochen* nach Kenntnis[1290] (-)	- der Ablauf von drei Wochen nach der Anhörung des Klägers genügt nicht, bei ihm schützenswertes Vertrauen in das Unterbleiben einer Kündigung zu bilden, da er unmittelbar nach der Anhörung bis zum Zugang der Kündigung freigestellt worden war (-)

bb) Literatur

Viele Autoren verweisen insbesondere unter Bezugnahme auf die Rechtsprechung des Bundesarbeitsgerichts[1291] darauf, dass § 626 Abs. 2 BGB den Rechtsgedanken der Verwirkung konkretisiere. Ob diese Konkretisierung den Ausschluss der „allgemeinen" Verwirkung zur Folge haben soll, lässt sich den weiteren Ausführungen oftmals nicht eindeutig entnehmen.[1292]

Die h.M. im Schrifttum schließt die Verwirkung des Rechts zur außerordentlichen Kündigung aus. Denn § 626 Abs. 2 BGB konkretisiere den Verwirkungstatbestand verfassungsmäßig. Zudem scheide bei kurzen gesetzlichen Fristen wie § 626 Abs. 2 BGB eine Verwirkung regelmäßig aus, da innerhalb eines so kurzen Zeitraums das

5 Ziff. 2 Einigungsvertrag möglich. Da § 626 Abs. 2 Satz 1 BGB das Recht zur außerordentlichen Kündigung insoweit zeitlich nicht begrenzt, kann es grundsätzlich verwirken. Dies korrespondiert auch mit der h.M. zu § 89a Abs. 1 HGB, der die fristlose Kündigung des Handelsvertretervertrages regelt. Diese unterfällt ebenfalls keiner § 626 Abs. 2 Satz 1 BGB vergleichbaren Frist, vgl. statt vieler *Baumbach/Hopt*, § 89a Rn. 30 ff.

1290 *BAG*, Urt. 20.01.1994 – 8 AZR 274/93, NZA 1994, 844.

1291 Z.B. *BAG*, 06.07.1972 – 2 AZR 386/71, AP BGB § 626 Ausschlußfrist Nr. 3; Urt. 26.06.2008 – 2 AZR 190/07, NZA 2008, 1415; Urt. v. 23.10.2008 - 2 AZR 388/07, AP Nr. 217 zu § 626 BGB; Urt. v. 25.11.2010 – 2 AZR 171/09, NZA-RR 2011, 177.

1292 A/P/S/*Preis*, D VII 3 Rn. 108; A/P/S/*Dörner/Vossen*, BGB § 626 Rn. 116, 121; Staudinger/*Preis*, § 626 Rn. 286; Bamberger/Roth/*Fuchs*, § 626 Rn. 52; PWW/*Lingemann*, § 626 Rn. 12; Backmeister/Trittin/*Mayer*, BGB § 626 Rn. 177; D/H/S/W/*Griebeling*, BGB § 626 Rn. 117; MüArbRHb/*Wank*, § 99 Rn. 141; BeckOKArbR/*Stoffels*, BGB § 626 Rn. 174; ErfK/*Müller-Glöge*, BGB § 626 Rn. 200; *Otto*, S. 121. H/B/D/*Bröhl*, BGB § 626 Rn. 9, 97, scheint die Verwirkung ebenfalls auszuschließen, bejaht jedoch in Rn. 103, 105 die Verwirkung nach allgemeinen Grundsätzen.

für die Verwirkung erforderliche Vertrauen nicht entstehen könne. Für die Verwirkung bleibe daher nur beim Recht zur ordentlichen Kündigung Raum.[1293]

Vereinzelte Stimmen bejahen die Verwirkbarkeit des Rechts zur außerordentlichen Kündigung. Für den Fall, dass ein Dauertatbestand vorliege und die Frist des § 626 Abs. 2 BGB nicht anlaufe, sei nach Auffassung von *Bröhl* zu prüfen, ob der Arbeitgeber die Geltendmachung des betreffenden Kündigungsgrundes nicht verwirkt hat.[1294]

Darüber hinaus bejaht allein *Popp* die Verwirkbarkeit des Rechts zur außerordentlichen Kündigung. Entgegen der ganz h.M. in Rechtsprechung und Literatur soll es sich bei § 626 Abs. 2 Satz 1 BGB nach seiner Auffassung nicht um einen gesetzlich konkretisierten Verwirkungstatbestand handeln. Da der Lauf der zweiwöchigen Ausschlußfrist nach § 626 Abs. 2 BGB Kenntnis des Kündigungsberechtigten von den Kündigungstatsachen voraussetze, die Verwirkung aber grundsätzlich keine Kenntnis des Berechtigten von seinem Recht erfordere, könne es sich bei dieser gesetzlichen Regelung nicht um einen Unterfall bzw. eine Konkretisierung der Verwirkung nach § 242 BGB handeln. *Popp* geht jedoch davon aus, dass die Verwirkungsvoraussetzungen nur in Ausnahmefällen vorliegen, so beispielsweise dann, wenn der Arbeitnehmer im Vertrauen auf den unterbliebenen Ausspruch der Kündigung einen ihm möglichen Arbeitsplatzwechsel unterlassen habe und er zudem annehmen durfte, der Kündigungsberechtigte habe Kenntnis von den Kündigungstatsachen.[1295]

cc) Bewertung

(1) § 626 Abs. 2 Satz 1 BGB: Kein gesetzlicher konkretisierter Verwirkungstatbestand

Bei § 626 Abs. 2 Satz 1 BGB handelt es sich nicht um eine gesetzliche Konkretisierung der Verwirkung wegen illoyaler Verspätung. So hat *Popp* zutreffend aufgezeigt, dass das Bundesarbeitsgericht zunächst lediglich allgemein eine Verwirkung

---

1293 Staudinger/*Looschelders*/*Olzen*, § 242 Rn. 825; Thüsing/Laux/Lembke/*Waas*/*Gabrys*, KSchG § 1 Rn. 297; NK-BGB/*Franzen*, § 626 Rn. 81; KR/*Fischermeier*, BGB § 626 Rn. 63, 313; S/*P*/V, Rn 794; *Busemann*/*Schäfer*, Rn. 352; F/G/M/N/*Gieseler*, BGB § 626 Rn. 19. I.E. auch MüKo/*Henssler*, BGB § 626 Rn. 284; Erman/*Belling*, BGB § 626 Rn. 93 *Urban*, S. 66 Fn. 175; Mues/Eisenbeis/*Laber*, Teil 1 Rn. 568; K/D/Z/*Däubler*, BGB § 242 Rn. 10; AR-Blattei SD 1720/*Kossens* Rn. 72; *Preis*, Prinzipien, S. 371; *Wickede*, S. 131; *Finken*, S. 8 ff. Ebenso *Güntner*, ArbuR 1974, 97 (99), der § 626 Abs. 2 BGB jedoch als zeitliche Befristung des Kündigungsrechts begreift. Eine verfristet erklärte Kündigung sei daher gemäß § 134 BGB unwirksam.

1294 *Bröhl*, S. 189, der mit „Kündigungsgrund" augenscheinlich „Recht zur Kündigung" meint; H/B/D/*Bröhl*, BGB § 626 Rn. 103.

1295 *Popp*, NZA 1987, 366 (369) unter Verweis auf *Hueck*/*Nipperdey*, § 59 IV 1c Fn. 54 f. Die Verwirkung neben § 626 Abs. 2 BGB wohl ebenfalls grundsätzlich bejahend: *Galperin*, BB 1966, 1458 (1465); *Ribbert*, S. 38.

des Kündigungsrechts bei Unkenntnis des Kündigungsberechtigten von den Kündigungstatsachen ausgeschlossen hatte.[1296] Hieraus leitete *Herschel* in seiner Urteilsanmerkung zu diesem ab, dass die Verwirkung voraussetze, dass der Berechtigte Kenntnis von seinem Recht hatte.[1297] Dies lehnte das Bundesarbeitsgericht jedoch in seiner Folgeentscheidung[1298] ausdrücklich ab. Vor diesem Hintergrund kommt *Popp* zutreffend zu dem Schluss, dass es sich bei § 626 Abs. 2 Satz 1 BGB „nicht um einen Unterfall bzw. eine Konkretisierung der Verwirkung nach § 242 BGB handeln“ kann.[1299] Allein der Lauf der zweiwöchigen Ausschlußfrist nach § 626 Abs. 2 Satz 1 BGB setzt die Kenntnis des Kündigungsberechtigten von den Kündigungstatsachen voraus. Demgegenüber macht das Bundesarbeitsgericht „nicht allgemein den Eintritt der Verwirkung eines Rechts nach § 242 BGB von der Kenntnis des Berechtigten von den sein Recht begründenden Tatsachen abhängig“.[1300]

Dass Rechtsprechung und Literatur dennoch seit Jahren § 626 BGB als „gesetzlich konkretisierten Verwirkungstatbestand“ einordnen, ist mutmaßlich der älteren Rechtsprechung vor Einführung der Ausschlussfrist nach § 626 Abs. 2 Satz 1 BGB[1301] geschuldet. Das Reichsarbeitsgericht[1302] wie auch später das Bundesarbeitsgericht[1303] griffen vor Einführung des § 626 Abs. 2 BGB auf die Verwirkung zurück, um das Kündigungsrecht zeitlich zu begrenzen. Damit sollte das Aufsparen von Kündigungsgründen vermieden werden. Der Fortbestand eines Arbeitsverhältnisses sollte nicht unbegrenzt in der Schwebe gehalten werden können.

Vor diesem Hintergrund liegt es (sprachlich)[1304] nahe, die Einführung der Ausschlussfrist durch den Gesetzgeber als gesetzliche Konkretisierung der (bislang herangezogenen) Verwirkung zu begreifen. Dogmatisch ist dies jedoch abzulehnen. Bei § 626 Abs. 2 Satz 1 BGB führt bereits der reine Zeitablauf zum Rechtsverlust. Eines Umstandsmoments bedarf es nicht. Damit liegt jedoch keine Konkretisierung des Tatbestands der Verwirkung vor. Vielmehr wird der Tatbestand verkürzt. Im Vergleich dazu handelt es sich um ein *aliud*. Soweit zudem für § 626 Abs. 2 Satz 1 BGB die Kenntnis des (Kündigungs-)Berechtigten von seinem Recht erforderlich ist, geht dies über die Tatbestandsmerkmale der Verwirkung hinaus. Insoweit liegt also im Vergleich dazu eine Ausweitung vor und damit wiederum ein *aliud*. Von einer „Konkretisierung“ des Verwirkungstatbestands auszugehen,

---

1296 *BAG*, Urt. v. 05.05.1977 – 2 AZR 297/76, NJW 1978, 723.

1297 AR-Blattei ES 1010.8 Nr. 56/*Herschel*.

1298 *BAG*, Beschl. v. 09.01.1986 – 2 ABR 24/85, NZA 1986, 467.

1299 *Popp*, NZA 1987, 366 f. Ebenfalls kritisch, aber nicht mit derselben Konsequenz *Oetker*, S. 311.

1300 *BAG*, Beschl. v. 09.01.1986 – 2 ABR 24/85, NZA 1986, 467.

1301 BGBl. I 1969, S. 1106.

1302 Vgl. z.B. *RAG*, Urt. v. 07.03.1928, RAGE 1, 222; Urt. v. 09.07.1930, SAE 1930, 528. Siehe auch Kap.2 B.II.4.b).

1303 Vgl. z.B. *BAG*, Urt. v. 12.04.1956 – 2 AZR 247/54, AP Nr. 11 zu § 626 BGB.

1304 Auch MüKo/*Henssler*, BGB § 626 Rn. 281 kritisiert die dogmatische Unschärfe, von der Konkretisierung eines Verwirkungstatbestandes zur sprechen.

obgleich rechtlich ein *aliud* vorliegt, ist somit dogmatisch unzutreffend und daher abzulehnen.

Unabhängig von der dogmatisch unzutreffenden Einordnung lässt sich auch rechtlich kein Mehrwert aus der Annahme einer Verwirkung durch bloßen Zeitablauf ziehen. Zwar verweist *Fischermeier* darauf, dass es sich bei § 626 Abs. 2 BGB „sachlich nicht um eine Verfristung eines in Abs. 2 näher umschriebenen Kündigungsgrundes, sondern systematisch um die Verwirkung der Kündigungsbefugnis" handele.[1305] Dies ist jedoch unzutreffend. Vielmehr befristet § 626 Abs. 2 BGB die Ausübbarkeit des Kündigungsrechts. Deswegen scheidet im Ergebnis die Verwirkung gerade aus den o.a. Gründen aus.

Zuletzt ist darauf hinzuweisen, dass die Gesetzesbegründung zu § 626 Abs. 2 Satz 1 BGB ebenfalls keinerlei Rückschlüsse auf eine Konkretisierung der Verwirkung zulässt. In der Gesetzesbegründung heißt es insoweit lediglich: „Absatz 2 Satz 1 verallgemeinert den in §§ 123 Abs. 2 und 124 Abs. 2 GewO enthaltenen Rechtsgedanken. Der Kündigende soll die Kündigung innerhalb einer angemessenen Überlegungsfrist aussprechen müssen, will er nicht das anläßlich des konkreten Einzelfalles bestehende Kündigungsrecht verlieren. Diese Überlegungsfrist soll nach dem Entwurf beginnen, wenn der Sachverhalt hinreichend geklärt ist und das Ergebnis demjenigen bekannt ist, der berechtigt ist, die Kündigung auszusprechen. Diese Regelung erscheint insbesondere auch aus dem Grund gerechtfertigt, weil bei einer längeren Hinauszögerung der Kündigung nach der Kenntniserlangung von dem Kündigungsgrund die für die sofortige Lösung des Arbeitsverhältnisses erforderliche Unzumutbarkeit seiner Fortsetzung kaum angenommen werden kann."[1306] Der Gesetzesbegründung lässt sich also gerade nicht entnehmen, dass die Frist des § 626 Abs. 2 Satz 1 BGB die Verwirkung konkretisiert. Auch der hinter der Verwirkung maßgeblich stehende Gedanke, nämlich der Vertrauensschutz des Verpflichteten, spielte offensichtlich keine Rolle bei den Erwägungen des Gesetzgebers.

Zusammenfassend ist festzuhalten, dass es sich entgegen der ganz h.M. in Rechtsprechung und Literatur bei § 626 Abs. 2 Satz 1 BGB nicht um eine gesetzliche Konkretisierung der Verwirkung wegen illoyaler Verspätung handelt.

(2) Eigene Auffassung

Das Recht zur außerordentlichen Kündigung kann nicht verwirken. Abzulehnen ist jedoch wie bereits ausgeführt die hierfür von der h.M. angeführte Begründung der gesetzlichen Konkretisierung der Verwirkung durch § 626 Abs. 2 Satz 1 BGB.

1305 KR/*Fischermeier*, BGB § 626 Rn. 104.
1306 BT-Drucks. V / Nr. 3913, S. 11.

Allerdings scheidet die Verwirkung nicht allein deshalb aus, weil auch der Gesetzgeber das Recht zur außerordentlichen Kündigung nicht per se[1307] abschaffen dürfte. Zwar würde ein gesetzlicher Zwang zur unbefristeten Fortsetzung eines dauerhaft beeinträchtigenden Vertrages gegen Art. 1 Abs. 1, Art. 2 Abs. 1 und Art. 12 GG verstoßen.[1308] Allerdings führt eine Verwirkung des Kündigungsrechts lediglich zum Rechtsverlust im konkreten Einzelfall. Sie schlösse aber nicht die außerordentliche Kündigung des Schuldverhältnisses aufgrund anderer Einzelfallumstände aus.

Vielmehr ist die Verwirkbarkeit des Rechts zur außerordentlichen Kündigung nach den allgemeinen Grundsätzen ausgeschlossen. Bei der Verwirkung richtet sich die erforderliche Zeitspanne zur Erfüllung des Umstandsmoments nach den Umständen des Einzelfalls.[1309] Dagegen ist bei der Ausschlussfrist des § 626 Abs. 2 Satz 1 BGB das Kündigungsrecht starr innerhalb der 2-Wochen-Frist auszuüben. Der Gesetzgeber hat mit der zeitlichen Begrenzung des Kündigungsrechts dessen Geltendmachung vom Einzelfall gelöst und abschließend geregelt. Für eine Einzelfallbetrachtung der Rechtsausübung und damit für ein eigenständiges Zeitmoment der Verwirkung bleibt somit kein Raum.

Auch die Erfüllung des Umstandsmoments scheidet aus. Der Berechtigte darf die Ausschlussfrist ausschöpfen, während der Verpflichtete innerhalb der Frist des § 626 Abs. 2 Satz 1 BGB mit der Ausübung des Rechts rechnen muss. Die Entwicklung von Vertrauen auf die Nichtgeltendmachung ist ausgeschlossen wie auch schon bei gewillkürten Ausschlussfristen. Vielmehr soll innerhalb der gesetzlichen Frist zwischen den Beteiligten Klarheit über den Fortbestand des Rechtsverhältnisses geschaffen werden. Kann sich der Arbeitnehmer aber einerseits darauf verlassen, nach Fristablauf nicht mehr mit einer außerordentlichen Kündigung rechnen zu müssen[1310], muss er andererseits gerade mit der Kündigung innerhalb der Ausschlussfrist rechnen. Damit wirken Ausschlussklauseln immer vertrauensausschließend, unabhängig davon, ob sie auf Parteivereinbarung oder Gesetz beruhen.

Im Übrigen scheidet die Verwirkung von vornherein aus, solange das geltend gemachte (Kündigungs-)Recht noch nicht besteht. Dies gilt insbesondere dann, wenn z.B. eine einzelne Vertragsverletzung für sich genommen nicht das Recht zur außerordentlichen Kündigung begründet, sondern erst der gesamte Dauertatbestand kündigungsrelevanten Verhaltens.[1311]

1307 Regelungen des Sonderkündigungsschutzes (z.B. § 9 MuSchG, § 18 BEEG, § 91 SGB IX) können einen zeitlich befristeten Ausschluss vorsehen, Staudinger/*Preis*, § 626 Rn. 40.

1308 Staudinger/*Preis*, § 626 Rn. 40 m.w.N.

1309 Statt vieler: Palandt/*Grüneberg*, § 242 Rn. 93.

1310 Entsprechend zu auf Parteivereinbarung basierenden Ausschlussklauseln: *S/S/N*, S. 125 Rn. 418; *Hromadka/Maschmann*, § 7 Rn. 78; *Steinau-Steinrück/Hurek*, S. 142.

1311 Vgl. hierzu H/W/K/*Sandmann*, BGB § 626 Rn. 364.

§ 22 Abs. 4 Satz 1 BBiG sieht eine identische Frist zur Kündigung eines Ausbildungsverhältnisses aus wichtigem Grund vor. Insoweit sind keine Gründe für eine abweichende Beurteilung ersichtlich. Daher ist auch die Verwirkbarkeit des Rechts zur außerordentlichen Kündigung eines Ausbildungsverhältnisses abzulehnen.

Insbesondere ist eine Verwirkung des Rechts zur außerordentlichen Kündigung auch dann ausgeschlossen, wenn ein Dauertatbestand vorliegt und die Frist des § 626 Abs. 2 BGB nicht anwendbar ist.[1312] Nach h.M. ist bei Dauertatbeständen zwischen fortdauernden wichtigen Gründen und Tatbeständen, die noch nicht abgeschlossen sind, zu unterscheiden.[1313] Bei fortdauernden Pflichtverletzungen, die zu einem Gesamtverhalten zusammenzufassen sind[1314], entsteht zwar das Recht zur Kündigung nicht mit jeder Pflichtverletzung neu. Denn mehrere materiellrechtliche Kündigungsgründe lassen lediglich ein Kündigungsrecht entstehen.[1315] Der Verpflichtete ist in diesen Fällen jedoch nicht schutzbedürftig. Grundsätzlich beginnt bei fortdauernden Pflichtverletzungen die Ausschlussfrist des § 626 Abs. 2 BGB erst mit dem letzten Vorfall.[1316] Wollte man die Verwirkbarkeit des Kündigungsrechts vor Fristbeginn bejahen, könnte der Verpflichtete gerade durch Beibehalten seines vertragswidrigen Verhaltens sich die Möglichkeit der Verwirkung eröffnen. Auch wenn bei der Verwirkung kein Verschulden zu berücksichtigen ist, bezweckt sie nicht, den Verpflichteten aufgrund seines rechtlich zu missbilligenden Verhaltens besser zu stellen. Zudem ist ein derartiges Ergebnis schon aufgrund des Rechtsgedankens des § 162 Abs. 1 BGB abzulehnen.

dd) Zwischenergebnis

Die Verwirkbarkeit des Rechts zur außerordentlichen Kündigung ist ausgeschlossen. Nach h.M folgt dies bereits daraus, dass es sich bei § 626 Abs. 2 Satz 1 BGB um eine gesetzliche Konkretisierung der Verwirkung handelt. Dem ist nicht zu folgen. Nach § 626 Abs. 2 Satz 1 BGB führt der bloße Zeitablauf zum Rechtsverlust, ohne dass es auf ein Umstandsmoment noch ankäme. Eine Konkretisierung der Verwirkung scheidet schon deshalb aus. Vielmehr ist die Verwirkung des Kündigungsrechts deshalb ausgeschlossen, weil § 626 Abs. 2 Satz 1 BGB als Ausschlussfrist der Erfüllbarkeit des Zeit- und Umstandsmoments entgegensteht

---

1312 A.A. *Bröhl*, S. 189; H/B/D/*Bröhl*, BGB § 626 Rn. 103. Dies gilt i.E. auch bei noch nicht abgeschlossenen Tatbeständen. Solange die kündigungsbegründenden Umstände der Fortentwicklung unterworfen sind, kann der Arbeitnehmer nicht darauf vertrauen, dass der Arbeitgeber sein Kündigungsrecht nicht doch noch geltend machen wird. Allerdings kommt auch in den nicht abgeschlossenen Fällen ein Verlust des Kündigungsrechts infolge Verzichts, Verstoßes gegen das Verbot des venire contra factum proprium oder Entfallens der Unzumutbarkeit in Betracht.

1313 So statt vieler A/P/S/*Dörner*/*Vossen*, BGB § 626 Rn. 133 m.w.N.

1314 A/P/S/*Dörner*/*Vossen*, BGB § 626 Rn. 134.

1315 *BAG*, Urt. v. 30.01.1963 – 2 AZR 143/62, NJW 1963, 1267.

1316 KR/*Fischermeier*, BGB § 626 Rn. 324 f.

b) Ordentliche Kündigung

Für den Ausspruch der ordentlichen Kündigung existiert im Gegensatz zur außerordentlichen Kündigung keine Regelausschlussfrist.[1317] Auch darüber hinaus unterliegt das Kündigungsrecht als Gestaltungsrecht grundsätzlich keiner zeitlichen Begrenzung. Nachfolgend soll daher untersucht werden, ob bzw. unter welchen Voraussetzungen die Verwirkung das Recht zur ordentlichen Kündigung des Arbeitsverhältnisses begrenzt.

aa) Rechtsprechung

Zeitmoment	Umstandsmoment
Kündigungserklärung *drei Wochen* nach kündigungsrelevantem Verhalten[1318] (offen)	- das kündigungsrelevante Fehlverhalten dauerte bis knapp drei Wochen vor Ausspruch der Kündigung an, sodass der Kläger nicht schon vorher darauf vertrauen durfte, die Beklagte werde ihr Kündigungsrecht nicht mehr ausüben (-)
Ausspruch einer weiteren vorsorglichen Kündigung aufgrund desselben Sachverhalts *acht Monate* nach der ersten Kündigung[1319] (offen)	- die Beklagte hatte sich im Vorprozess innerhalb der Wartezeit des § 1 Abs. 1 KSchG ausdrücklich auf die Umdeutung ihrer fristlosen Kündigung in eine ordentliche berufen und damit zu erkennen gegeben, das Arbeitsverhältnis aus diesem Grund in jedem Fall beenden zu wollen - der Kläger hatte sich nicht für die Beklagte erkennbar darauf eingestellt, dass keine weitere Kündigung mehr ausgesprochen werde (-)
Erneute betriebsbedingte Kündigung *2,5 Jahre* nach erster Kündigung[1320] (offen)	- gegen ein schutzwürdiges Vertrauen spricht, dass dem Kläger betriebsbedingt gekündigt und er bis zum Ablauf der Kündigungsfrist unter Fortzahlung des Gehaltes freigestellt war - es ist nicht ersichtlich, dass der Kläger darauf vertraut habe, die Beklagte werde für den Fall des Unterliegens im Kündigungsschutzprozess nicht erneut aus anderen Gründen betriebsbedingt kündigen (-)
Kündigungserklärung über *sechs Jahre* nach unternehmerischer Entscheidung[1321] (offen)	- die Beklagte hat alle notwendigen Maßnahmen unternommen, um die unternehmerische Entscheidung umzusetzen

1317 Vgl. statt vieler A/P/S/*Dörner/Vossen*, KSchG § 1 Rn. 342b.
1318 *BAG*, Urt. v. 22.05.1980 – 2 AZR 577/78, juris.
1319 *BAG*, Urt. v. 25.11.1982 – 2 AZR 21/81, DB 1984, 883.
1320 *BAG*, Urt. v. 25.02.1988 – 2 AZR 500/87, RzK I 5c Nr. 26.
1321 *BAG*, Urt. v. 26.04.1990 – 2 AZR 390/89, DB 1991, 343. Parallelentscheidung: Urt. v. 26.04.1990 – 2 AZR 531/89, juris.

	- aufgrund des von der Beklagten in einem anderen Verfahren gegen die erstinstanzliche Entscheidung eingelegten Rechtsmittels war dem Kläger erkennbar, dass die Beklagte unter allen Umständen ihre Rechtsansicht durchsetzen und die unternehmerische Entscheidung umsetzen wollte (-)
Kündigungserklärung *drei Wochen* nach Beendigung des nachwirkenden Kündigungsschutzes gem. § 15 Abs. 3 Satz 2 KSchG bzw. *knapp zwei Monate* nach dem Kündigungsvorfall[1322] (-)	- nimmt der Arbeitgeber bei einem erfolglosen Betriebsratswahlbewerber nach Beendigung des Nachwirkungszeitraums einen aus der Schutzzeit stammenden Sachverhalt zum Anlass einer ordentlichen Kündigung, kann das Kündigungsrecht verwirkt sein; offen bleibt, ob ein strenger Maßstab gilt, wenn der Arbeitgeber kein Zustimmungsersetzungsverfahren eingeleitet bzw. keine fristlose Kündigung ausgesprochen hatte - hat der Kündigungssachverhalt keinerlei Bezug zur Betriebsratswahl, besteht grundsätzlich kein schutzwürdiges Vertrauen, der Arbeitgeber werde Vorkommnisse aus der Zeit des nachwirkenden Kündigungsschutzes nicht zum Anlass einer Kündigung nehmen - da die Beklagte ihre Kündigungsabsicht zeitnah klargestellt hatte, konnte der Kläger nicht auf das Ausbleiben der Kündigung vertrauen (-)
Kündigungserklärung *fünf Monate* nach vollständiger Kenntnis des Kündigungssachverhaltes[1323] (offen)	- da die Beklagte dem Kläger nach der Anhörung mitgeteilt hatte, weitere Auskünfte einzuholen und sich später bemühte, einen Aufhebungsvertrag abzuschließen, konnte er kein schutzwürdiges Vertrauen darauf entwickeln, die Beklagte werde ihr Kündigungsrecht nicht mehr wahrnehmen (-)
Kündigungserklärung über *1,5 Jahre* nach erster Kündigung[1324] (offen)	- gemäß § 1 KSchG gibt es keine „Regelausschlussfrist“, innerhalb derer der Arbeitgeber das ordentliche Kündigungsrecht ausüben muss - ist einem Arbeitnehmer durch eine (außerordentliche, hilfsweise ordentliche) Kündigung deutlich gemacht worden, dass sich der Arbeitgeber von ihm trennen will, so kann er grundsätzlich nicht darauf vertrauen, der Arbeitgeber werde keine weiteren Gründe nachschieben oder aus solchen Gründen nicht erneut kündigen (-)

1322 *BAG*, Urt. v. 13.06.1996 – 2 AZR 431/95, NZA 1996, 1032.
1323 *BAG*, Urt. v. 10.10.1996 – 2 AZR 552/95, ZTR 1997, 88.
1324 *BAG*, Urt. v. 20.08.1998 – 2 AZR 736/97, ZTR 1998, 565.

Zeitmoment	Umstandsmoment
Kündigungserklärung *ein Monat* nach vollständiger Kenntnis des Kündigungssachverhalts[1325] (offen)	- der Kläger hatte keine Kenntnis von dem Kündigungsvorwurf bzw. von den gegen ihn geführten Ermittlungen, sodass durch die bloße weitere Zuweisung von Arbeit bei ihm kein berechtigtes Vertrauen entstehen konnte, eine Kündigung werde unterbleiben - ein Vorfall kann durch Zeitablauf so an Bedeutung verlieren, dass eine ordentliche Kündigung nicht mehr gerechtfertigt wäre. Der gebotene Schutz des Arbeitnehmers wird dabei aber nicht durch den Grundsatz der Verhältnismäßigkeit, sondern regelmäßig durch die Anwendung der allgemeinen Grundsätze der Verwirkung realisiert (-)

bb) Literatur

Lediglich *Braun* lehnt die Verwirkbarkeit ab.[1326] Er beschränkt die Ablehnung jedoch auf Kündigungen außerhalb des Anwendungsbereichs des KSchG, die keines sachlichen Grundes bedürfen. So knüpfe die Verwirkung daran an, dass der Arbeitgeber auf einen Sachverhalt, der ihn an sich zur Kündigung berechtigen würde, nicht mit einer Kündigung reagiere. Da eine Kündigung außerhalb des Anwendungsbereichs des KSchG jedoch keines sachlichen Grundes bedürfe, scheide damit insoweit der Anknüpfungspunkt für die Verwirkung des Kündigungsrechts aus.[1327]

Dagegen kann nach ganz h.M. das Recht verwirken, eine ordentliche Kündigung auszusprechen.[1328] Dies soll dann der Fall sein, wenn der Arbeitgeber

1325 *BAG*, Urt. v. 15.08.2002 – 2 AZR 514/01, NZA 2003, 795.

1326 Im älteren Schrifttum ging *Schomburg* (S. 118 Fn. 4) davon aus, dass § 1 KSchG eine umfassende Interessenabwägung aller Umstände verlange. Übe der Berechtigte sein Recht zur ordentlichen Kündigung längere Zeit nicht aus, sei dies daher bereits bei der Frage zu prüfen, ob die Kündigung sozial gerechtfertigt sei (unter Verweis auf *Hueck/Hueck*, Einl. Rn. 87 und *Herschel/Steinmann*, Kündigungsschutzgesetz, 5. Aufl. 1969, Vor § 1 Rn. 3, § 11 Rn. 9, wobei letztere diese Auffassung in den Folgeauflagen nicht mehr vertraten).

1327 *Braun*, S. 167. Ausgenommen seien lediglich maßregelnde oder grundrechtswidrige Kündigungen, da der Arbeitgeber insoweit sachliche Gründe für die Kündigung vortragen müsse. Ähnlich wohl *v. Hoyningen-Huene*, EzA § 242 BGB Nr. 39 Bl. 11, wonach die Verwirkung außerhalb des Anwendungsbereichs des KSchG nur ausnahmsweise in Betracht kommen soll, da die Wartezeit des § 1 Abs. 1 KSchG gerade zur Erprobung des Arbeitnehmers diene.

1328 A/P/S/*Preis*, D VII 3 Rn. 108; BeckOKArbR/*Rolfs*, KSchG § 1 Rn. 95; KR/*Griebeling*, KSchG § 1 Rn. 250; AR-Blattei SD 1010.3/*Linck* Rn. 97; *Bengsch*, S. 127; *Urban*, S. 185.

in Kenntnis des Kündigungssachverhalts längere Zeit untätig bleibt und beim Arbeitnehmer das Vertrauen erweckt wird, der Arbeitgeber werde das Fehlverhalten nicht mit Ausspruch einer ordentlichen Kündigung ahnden.[1329] Dabei soll allein das Zuwarten mit der Kündigungserklärung nicht zur Verwirkung des Kündigungsrechts führen. Denn die Ausübung des Rechts zur ordentlichen Kündigung unterliege keiner Regelausschlussfrist.[1330]

Nach Auffassung von *Rolfs* hängt die Dauer des Zeitmoments grundsätzlich von den Umständen des Einzelfalles ab. Aus der zweiwöchigen Überlegungsfrist bei der außerordentlichen Kündigung (§ 626 Abs. 2 Satz 1 BGB) sei jedoch zu schließen, dass der Arbeitgeber bei der ordentlichen Kündigung länger zuwarten dürfe. Zudem sehe das Gesetz auch bei der Betriebsratsanhörung unterschiedliche Fristen vor (§ 102 Abs. 2 Satz 1 bzw. Satz 3 BetrVG). Andererseits mache die Wartefrist nach § 1 Abs. 1 KSchG deutlich, dass sich der Arbeitgeber spätestens innerhalb von sechs Monaten darüber klar geworden sein müsse, ob er mit dem Arbeitnehmer auf Dauer zusammenarbeiten wolle.[1331] Mutmaßlich bejaht *Rolfs* daher das Zeitmoment jedenfalls nach sechs Monaten.

Däubler differenziert für die Verwirkung nach der Art der auszusprechenden Kündigung. Bei verhaltensbedingten Kündigungen könne länger als zwei Wochen zugewartet werden, da § 626 Abs. 2 BGB auf die ordentliche Kündigung nicht anwendbar sei. Vier bis sechs Wochen seien im Regelfall unbedenklich.[1332] Ein positives Zwischenzeugnis oder eine anerkennende Aussage zur Arbeitsleistung könnten vertrauensbegründend wirken, es sei denn, dem Arbeitnehmer sei das Kündigungsrecht des Arbeitgebers unbekannt.[1333]

Demgegenüber soll bei einer personenbedingten Kündigung durch Zeitablauf regelmäßig nicht der Eindruck entstehen können, der Arbeitgeber wolle sein Kündigungsrecht nicht mehr ausüben. Vielmehr könne der Arbeitnehmer das Verhalten des Arbeitgebers als Rücksichtnahme auf seine Situation interpretieren. Zudem würde der Arbeitgeber andernfalls zur schnellen Ausübung seines Kündigungsrechts bei Krankheit veranlasst.[1334]

Bei betriebsbedingten Kündigungen sei die Verwirkung nur selten zu bejahen. Die wirtschaftliche Situation des Arbeitgebers ändere sich häufig. Daher könne

1329 Statt vieler: *Busemann/Schäfer*, Rn. 505.

1330 A/P/S/*Dörner/Vossen*, KSchG § 1 Rn. 342b; BeckOKArbR/*Stoffels*, BGB § 626 Rn. 201; Moll/*Vossen/Ulrich*, § 40 Rn. 325; Mues/Eisenbeis/*Laber*, Teil 1 Rn. 569; *v. Hoyningen-Huene/Linck*, § 1 Rn. 250.

1331 BeckOKArbR/*Rolfs*, KSchG § 1 Rn. 97. Ebenso wohl *v. Hoyningen-Huene*, EzA § 242 BGB Nr. 39 Bl. 11, wonach die Verwirkung außerhalb des Anwendungsbereichs des KSchG nur ausnahmsweise in Betracht kommen soll, da die Wartezeit des § 1 Abs. 1 KSchG gerade zur Erprobung des Arbeitnehmers diene.

1332 K/D/Z/*Däubler*, BGB § 242 Rn. 12.

1333 K/D/Z/*Däubler*, KSchG § 1 Rn. 238.

1334 K/D/Z/*Däubler*, BGB § 242 Rn. 13.

kein Vertrauen entstehen, dass auch unter schlechteren Wirtschaftsbedingungen keine Kündigung erfolgen werde.[1335]

cc) Bewertung

(1) Verwirkbarkeit des Rechts zur ordentlichen Kündigung

Mit der h.M. ist von der Verwirkbarkeit des Rechts zur ordentlichen Kündigung auszugehen. Dies gilt auch außerhalb des Anwendungsbereichs des KSchG. Zwar bedarf die Kündigung keiner sozialen Rechtfertigung. Jedoch führt dies nicht dazu, dass es am Anknüpfungspunkt für die Verwirkung fehlt.[1336] Der Kündigungsanlass, d.h. der Kündigungssachverhalt, ist nicht mit der Erforderlichkeit eines Kündigungsgrundes gleichzusetzen. Der Arbeitgeber wird bei jeder Kündigung durch irgendeinen Sachverhalt motiviert.[1337] Maßgebend für die Frage der Verwirkung ist vielmehr allein, ob der Verpflichtete aufgrund des Verhaltens des Berechtigten darauf vertrauen durfte, der Berechtigte werde sein Recht nicht mehr ausüben. Ob die Kündigung darüber hinaus einer sachlichen Rechtfertigung bedarf, ist hierfür bedeutungslos. Somit kann das Kündigungsrecht auch außerhalb des Anwendungsbereichs des KSchG verwirken.[1338]

(2) Zum Zeitmoment

Für das Zeitmoment ist allein entscheidend, dass der Berechtigte sein Kündigungsrecht über einen längeren Zeitraum nicht geltend gemacht hat.

Es besteht keine Regelfrist zur Ausübung des Kündigungsrechts. Gleiches gilt für die Erfüllung des Zeitmoments. Zwar läge es nahe mit Blick auf das Kündigungsrecht als Gestaltungsrecht für das Zeitmoment auf die Rechtsprechung des Bundesarbeitsgerichts zur Verwirkung des Widerspruchsrechts (§ 613a Abs. 6 BGB) zurückzugreifen und einen Zeitraum von 7,5 bzw. 9 Monaten zu verlangen.[1339] Allerdings wäre ein derartiger Rückgriff dogmatisch nicht überzeugend, unabhängig davon, dass keine Regel- oder Mindestfristen für das Zeitmoment existieren. So beschränken sich die Gemeinsamkeiten von Kündigungsrecht und Widerspruchsrecht auf ihre Einordnung als Gestaltungsrecht. Weder der Rechtsprechung noch der Systematik der Verwirkung lässt sich jedoch entnehmen, dass alle Gestaltungsrechte unter gleichen bzw. ähnlichen (zeitlichen) Voraussetzungen verwirken. Verallgemeinernd lässt sich lediglich festhalten, dass das Zeitmoment länger als zwei Wochen bemessen sein muss, da § 626 Abs. 2 Satz 1 BGB auf die ordentliche Kündigung keine (entsprechende) Anwendung findet.[1340]

1335 K/D/Z/*Däubler*, BGB § 242 Rn. 14.

1336 A.A. *Braun*, S. 167.

1337 So zutreffend *Bengsch*, S. 127.

1338 Ebenso *Bengsch*, S. 127.

1339 *BAG*, Urt. v. 02.04.2009 – 8 AZR 220/07, AP Nr. 6 zu § 613a BGB Widerspruch; Urt. v. 27.11.2008 – 8 AZR 225/07, ArbRB 2009, 229.

1340 Zutreffend K/D/Z/*Däubler*, BGB § 242 Rn. 12, der allerdings ohne Begründung ein Zeitmoment von vier bis sechs Wochen für unbedenklich hält.

Das Zeitmoment ist unabhängig von Beschäftigungsdauer, der Art der Kündigung, der Schwere des kündigungsrelevanten Verhaltens oder einem schnellen Bedürfnis der Klarheit im Arbeitsverhältnis zu beurteilen. Die erstgenannten Aspekte betreffen allein die soziale Rechtfertigung bzw. die Wirksamkeit der Kündigung und damit im Ergebnis das Kündigungsrecht selbst, nicht aber dessen Ausübung. Zudem ist das Zeitmoment selbst wie bereits ausgeführt rechtlich neutral, d.h. maßgeblich ist allein der Zeitablauf ungeachtet des Rechts oder seiner Bedeutung für den Betroffenen. Stehen Kündigungsgründe und damit die Ausübung des Kündigungsrechts im Raum, mag es zutreffen, dass die Situation der schnellen rechtlichen Klärung bedarf. Hierfür hat der Gesetzgeber allerdings die Frist nach § 4 Satz 1 KSchG geschaffen. Dieser lässt sich zudem entnehmen, dass der Gesetzgeber der schnellen rechtlichen Klärung erst nach Ausspruch der Kündigung besondere Bedeutung zumisst.

Aus der Wartefrist nach § 1 Abs. 1 KSchG lassen sich keine Rückschlüsse für das Zeitmoment ziehen.[1341] Die sechsmonatige Wartezeit nach § 1 Abs. 1 KSchG soll dem Arbeitgeber das Kennenlernen und die Erprobung eines neuen Arbeitnehmers ermöglichen.[1342] Allein aus dem gesetzlich für die Erprobung eines neuen Arbeitnehmers festgesetzten Zeitraum kann nicht auf den Zeitraum für die (Nicht-)Ausübung des Kündigungsrechts gegenüber einem bekannten (ggf. langjährigen) Mitarbeiter rückgeschlossen werden. Weder die Situation noch die Kündigungsvoraussetzungen (soziale Rechtfertigung) sind vergleichbar. Dies gilt umso mehr als nach ganz h.M. schon keine Regelfrist für den Ausspruch einer ordentlichen Kündigung besteht. So hat der Gesetzgeber für die Erklärung einer ordentlichen Kündigung im Gegensatz zur außerordentlichen Kündigung bewusst keine Frist vorgesehen.[1343] Diese gesetzgeberische Entscheidung würde unterlaufen, wenn man aus der Wartefrist nach § 1 Abs. 1 KSchG Rückschlüsse für das Zeitmoment ziehen wollte.

(3) Zum Umstandsmoment

Auch für das Recht zur ordentlichen Kündigung gilt, dass nach den konkreten Einzelfallumständen zu beurteilen ist, ob der Arbeitnehmer darauf vertrauen durfte, dass der Arbeitgeber das Kündigungsrecht nicht ausüben wird. Dies wird aufgrund der allgemeinen Grundsätze der Verwirkung nur selten der Fall sein. Indiz hierfür ist auch die o.a. Rechtsprechung, die das Umstandsmoment in allen Fällen als nicht erfüllt ansah.

Hat der Arbeitgeber durch eine (außerordentliche, hilfsweise ordentliche) Kündigung seinen Beendigungswillen deutlich gemacht, kann der Arbeitnehmer nicht

1341 So aber BeckOKArbR/*Rolfs*, KSchG § 1 Rn. 97. Wohl auch *v. Hoyningen-Huene*, EzA § 242 BGB Nr. 39 Bl. 11.

1342 *BAG*, Urt. v. 24.11.2005 – 2 AZR 614/04, NZA 2006, 366; ErfK/*Oetker*, KSchG § 1 Rn. 32 m.w.N.

1343 Statt vieler: A/P/S/*Dörner*/*Vossen*, KSchG § 1 Rn. 342b.

darauf vertrauen, dass der Arbeitgeber keine weiteren Gründe nachschieben oder nicht aus diesen Gründen erneut kündigen wird.[1344] Dies gilt jedenfalls für solche Kündigungsgründe bzw. -sachverhalte, die aus dem Zeitraum vor Ausspruch der Kündigung stammen.

Grundsätzlich kommt damit eine Verwirkung des Kündigungsrechts nur noch anlässlich neuer Kündigungsgründe bzw. eines neuen Kündigungssachverhalts in Betracht. Allerdings hat der Arbeitgeber durch die ursprüngliche Kündigung seinen Willen zum Ausdruck gebracht, das Arbeitsverhältnis unter allen Umständen beenden zu wollen. Dies erschwert die Bildung von Vertrauen im Hinblick auf eine Verwirkung des Kündigungsrechts anlässlich neuer Kündigungsgründe bzw. eines neuen Kündigungssachverhalts. Gerade wenn der Arbeitgeber die Kündigung vehement, ggf. durch mehrere Instanzen, verfolgt, wird der Arbeitnehmer in der Regel nicht davon ausgehen können, der Arbeitgeber werde einen weiteren Anlass nicht zum Ausspruch einer erneuten Kündigung heranziehen. Wenngleich eine Vertrauensbildung in diesen Fällen nicht typisierend ausgeschlossen ist, sind doch erhöhte Anforderungen an das Umstandsmoment zu stellen.

Hat der Arbeitgeber demgegenüber den Arbeitnehmer wegen des potentiell kündigungsrelevanten Verhaltens lediglich abgemahnt, hat er sein Kündigungsrecht verbraucht.[1345] Die Frage der Verwirkung des Kündigungsrechts stellt sich daher dann nicht mehr.

Kein besonderes Vertrauen begründet allein der Umstand, dass der Arbeitgeber über einen längeren Zeitraum hinweg für den Arbeitnehmer erkennbar versucht, durch Alternativmaßnahmen (Versetzung, Verschaffen eines Arbeitsverhältnisses mit einem Dritten o.ä.) die Kündigung als Ultima Ratio zu vermeiden.[1346] Vielmehr kann der Arbeitnehmer insoweit allein auf die Nichtausübung des Kündigungsrechts für den Fall vertrauen, dass die Alternativmaßnahme umgesetzt wird.

Zudem wirkt es nicht vertrauensbegründend, wenn der Arbeitgeber lediglich das Arbeitsverhältnis beanstandungsfrei fortsetzt und dem Arbeitnehmer fortwährend Arbeit zuweist.[1347] Der Arbeitgeber ist grundsätzlich nicht verpflichtet, auf Beanstandungen im Arbeitsverhältnis zu reagieren. Sein Verhalten geht nicht über das „Übliche" hinaus. Vielmehr entspricht die fortwährende Zuweisung von Arbeit dem „normalen" Arbeitgeberverhalten. Sie kann daher bereits aus diesem Grund kein besonderes Vertrauen erzeugen. Das Arbeitgeberverhalten erschöpft

---

1344 *BAG*, Urt. v. 20.08.1998 – 2 AZR 736/97, ZTR 1998, 565; Urt. v. 25.11.1982 – 2 AZR 21/81, DB 1984, 883.

1345 *BAG*, Urt. v. 20.08.1998 – 2 AZR 736/97, ZTR 1998, 565.

1346 Zutreffend H/B/D/*Bröhl*, BGB § 626 Rn. 103, jedoch bezogen auf die von ihm bei Dauertatbeständen bejahte Verwirkbarkeit des Rechts zur außerordentlichen Kündigung, unter Verweis auf *BAG*, Urt. v. 13.05.2004 – 2 AZR 36/04, NZA 2004, 1271; Beschl. v. 17.03.2005 – 2 ABR 2/04, NZA 2005, 949.

1347 A.A. *BAG*, Urt. v. 15.08.2002 – 2 AZR 514/01, NZA 2003, 795; Urt. v. 20.08.1998 – 2 AZR 736/97, ZTR 1998, 565.

sich vielmehr bezogen auf die Nichtausübung des Kündigungsrechts in bloßer Untätigkeit. Der damit einhergehende Zeitablauf erfüllt nicht das Umstandsmoment.

Der bloße Zeitablauf für sich genommen ist allein im Rahmen der Verhältnismäßigkeitsprüfung der Kündigung zu berücksichtigen. D.h. wenn ein Vorfall durch Zeitablauf so an Bedeutung verliert, dass eine ordentliche Kündigung nicht mehr gerechtfertigt wäre, ist der gebotene Schutz des Arbeitnehmers ggf. durch den Grundsatz der Verhältnismäßigkeit, nicht aber durch die Anwendung der Verwirkung zu realisieren. Die gegenteilige Ansicht des Bundesarbeitsgerichts ist abzulehnen.[1348] So geht das Bundesarbeitsgericht einerseits selbst davon aus, dass „der Zeitablauf und die Untätigkeit [...] jeweils allein zur Begründung des Umstandsmoments nicht aus[reichen]".[1349] Andererseits soll der Arbeitgeber bei beanstandungsfreiem Fortführen des Arbeitsverhältnisses allein „durch die fortwährende Zuweisung von Arbeit beim Arbeitnehmer in der Regel das berechtigte Vertrauen [erwecken], eine Kündigung werde unterbleiben".[1350] Damit setzt sich das Bundesarbeitsgericht in Widerspruch zur eigenen Verwirkungsrechtsprechung bzw. zur Verwirkungsdogmatik allgemein. Letztgenanntes Verhalten erschöpft sich zudem in der bloßen Nichtausübung des Kündigungsrechts und damit in der Untätigkeit. Dies erfüllt jedoch nicht das Umstandsmoment.

Die Erfüllung des Umstandsmoments hängt auch nicht von der Art der auszusprechenden Kündigung ab. Die insoweit von *Däubler* genannten Kriterien[1351] sind weder hinsichtlich der einzelnen Kündigungsarten verallgemeinerungsfähig noch überzeugen sie für die einzelne Kündigungsart.

Dass bei einer verhaltensbedingten Kündigung ein positives Zwischenzeugnis oder eine anerkennende Aussage zur Arbeitsleistung vertrauensbegründend wirkt[1352], mag einzelfallabhängig zutreffen. Jedoch unabhängig von der Frage wie häufig in der Praxis Fälle auftreten, in denen der Arbeitgeber in Kenntnis eines Kündigungsgrundes ein positives Zwischenzeugnis erstellt: Der Arbeitgeber ist bei der Zeugniserteilung zur Beachtung des Grundsatzes der wohlwollenden Beurteilung verpflichtet.[1353] Hat dieser daher ein kündigungsrelevantes Verhalten im Zwischenzeugnis ausgelassen, ist nicht ersichtlich, warum der Arbeitnehmer deshalb zwingend auf die Nichtausübung des Kündigungsrechts vertrauen können soll.

Ähnliches gilt für die von *Däubler* zur personen- und verhaltensbedingten Kündigung angestellten Erwägungen. Schon die von ihm nicht belegte Annahme,

---

1348 *BAG*, Urt. v. 15.08.2002 – 2 AZR 514/01, NZA 2003, 795; Urt. v. 20.08.1998 – 2 AZR 736/97, ZTR 1998, 565.

1349 *BAG*, Urt. v. 15.08.2002 – 2 AZR 514/01, NZA 2003, 795.

1350 *BAG*, Urt. v. 20.08.1998 – 2 AZR 736/97, ZTR 1998, 565.

1351 Vgl. insbesondere K/D/Z/*Däubler*, BGB § 242 Rn. 12 ff.

1352 K/D/Z/*Däubler*, KSchG § 1 Rn. 238.

1353 Dazu, insbesondere unter dem Aspekt der nicht ungerechtfertigten Erschwerung des weiteren beruflichen Fortkommens vgl. ErfK/*Müller-Glöge*, GewO § 109 Rn. 27.

der Arbeitnehmer dürfe eine über längere Zeit hinweg nicht erklärte personenbedingte Kündigung als Rücksichtnahme auf seine krankheitsbedingte Situation interpretieren[1354], erscheint zweifelhaft. Die bloße Hinnahme der Krankheitszeit, d.h. die bloße Nichtausübung des Rechts, wirkt jedenfalls nicht vertrauensbegründend. Zudem setzt *Däubler* ein „Interpretieren dürfen" mit tatsächlichem Vertrauen gleich. Dies ist nicht nur inhaltlich unzutreffend, sondern geht weit über den von der Verwirkung bezweckten Vertrauensschutz hinaus. Inwieweit eine „andere Interpretation" den Arbeitgeber schneller zur Ausübung seines Kündigungsrechts bei Krankheit veranlassen würde[1355], kann dabei dahinstehen. Insoweit handelt es sich um keinen für die Beurteilung der Verwirkung relevanten Belang.

Auch überzeugt nicht, dass das für die Verwirkung des Rechts einer betriebsbedingten Kündigung erforderliche Vertrauen regelmäßig nicht entstehen könne, da sich die wirtschaftliche Situation des Arbeitgebers häufig ändere.[1356] *Däubler* unterstellt insoweit ein die Verwirkung ausschließendes, typisierendes Misstrauen. Danach müsse der Arbeitnehmer damit rechnen, dass der Arbeitgeber unter wirtschaftlich schlechten Bedingungen immer sein Recht zur betriebsbedingten Kündigung ausüben werde. Insoweit liegt nicht nur eine nicht belegte Verallgemeinerung vor. Vielmehr müsste *Däubler* folgerichtig mit derselben Argumentation annehmen, dass die Verwirkung bei einer verhaltensbedingten Kündigung in der Regel ebenfalls ausscheide: So müsste der Arbeitnehmer in diesem Sinne konsequent davon ausgehen, dass ein Fehlverhalten immer zur Ausübung des Kündigungsrechts durch den Arbeitgeber führt.

Im Ergebnis bleibt somit nur wenig Raum für Umstände, aufgrund derer der Arbeitnehmer darauf vertrauen durfte, der Arbeitgeber werde auf das Fehlverhalten nicht mit Ausspruch einer Kündigung reagieren. Das Umstandsmoment wird regelmäßig nur dann erfüllt sein, wenn der Arbeitgeber trotz vorheriger Anhörung oder Inaussichtstellen weiterer Schritte zunächst von einer Kündigung absieht oder der Arbeitnehmer die Angelegenheit aus anderen Gründen für abgeschlossen halten darf. Wird der Arbeitnehmer dagegen freigestellt oder dauern die Ermittlungen für ihn erkennbar an, kann er nicht darauf vertrauen, dass der Arbeitgeber von seinem Kündigungsrecht keinen Gebrauch machen wird.[1357] Gleiches gilt, wenn dem Arbeitnehmer das Kündigungsrecht des Arbeitgebers an sich schon unbekannt war (z.B. Unkenntnis des Arbeitnehmers von Ermittlungen des Arbeitgebers gegen ihn[1358]).

1354 K/D/Z/*Däubler*, BGB § 242 Rn. 13.
1355 K/D/Z/*Däubler*, BGB § 242 Rn. 13.
1356 K/D/Z/*Däubler*, BGB § 242 Rn. 14.
1357 Vgl. *BAG*, Urt. v. 25.02.1988 – 2 AZR 500/87, RzK I 5c Nr. 26; Urt. v. 10.10.1996 – 2 AZR 552/95, ZTR 1997, 88.
1358 *BAG*, Urt. v. 15.08.2002 – 2 AZR 514/01, NZA 2003, 795.

dd) Zwischenergebnis

Das Recht zur ordentlichen Kündigung kann nach den allgemeinen Grundsätzen verwirken. Dies gilt ungeachtet dessen, dass durch eine Kündigung regelmäßig auch die wirtschaftliche Lebensgrundlage des Arbeitnehmers in Frage steht und die Situation der schnellen rechtlichen Klärung bedarf (vgl. § 4 Satz 1 KSchG). In der Praxis werden die Voraussetzungen jedoch nur selten vorliegen. Insbesondere wird das Umstandsmoment regelmäßig nur dann erfüllt sein, wenn der Arbeitgeber trotz vorheriger Anhörung oder Inaussichtstellen weiterer Schritte zunächst von einer Kündigung absieht oder der Arbeitnehmer die Angelegenheit aus anderen Gründen für abgeschlossen halten darf. Entgegen der h.M. muss der Berechtigte für die Verwirkung des ordentlichen Kündigungsrechts allerdings keine Kenntnis von seinem Kündigungsrecht haben.

c) Änderungskündigung

Das Recht zur ordentlichen[1359] Änderungskündigung verwirkt unter den gleichen Voraussetzungen wie das Recht zur ordentlichen Beendigungskündigung. Der Rechtsprechung lassen sich insoweit ebenfalls keine Besonderheiten entnehmen.[1360] Auf obige Ausführungen kann daher verwiesen werden.

d) Verträge über mehr als fünf Jahre (§ 15 Abs. 4 TzBfG, § 624 BGB)

Ist das Arbeitsverhältnis auf Lebenszeit oder für längere Zeit als fünf Jahre eingegangen, so kann es vom Arbeitnehmer nach dem Ablauf von fünf Jahren mit einer Kündigungsfrist von sechs Monaten gekündigt werden, § 15 Abs. 4 Satz 1 und 2 KSchG; das Recht zur außerordentlichen fristlosen Kündigung innerhalb dieses Zeitraums bleibt hiervon unberührt.[1361] § 15 Abs. 4 KSchG geht als *lex specialis* für Arbeitsverhältnisse § 624 BGB vor, ist jedoch inhaltlich mit diesem identisch.[1362] Die Vorschrift soll den Arbeitnehmer schützen, indem sie die Einschränkung seiner persönlichen Freiheit über eine über fünf Jahre hinausgehende Bindung verbietet.[1363] Rechtlich interessant ist, inwieweit dies mit eine Verwirkung des Kündigungsrechts zu vereinbaren ist.

1359 Zum Zustimmungsersetzungsverfahren zur außerordentlichen Änderungskündigung eines Betriebsratsmitgliedes vgl. *BAG*, Beschl. 17.03.2005 – 2 ABR 2/04, NZA 2005, 949. Das Gericht verneinte das Zeitmoment, da ein zur Kündigung berechtigender Dauertatbestand vorlag. Das Umstandsmoment scheitere, da die Arbeitgeberin mehrfach deutlich gemacht habe, dass eine Beschäftigung zu unveränderten Bedingungen ausscheide.

1360 Vgl. z.B. *BAG*, Urt. v. 26.04.1990 – 2 AZR 390/89, DB 1991, 343. Parallelentscheidung: Urt. v. 26.04.1990 – 2 AZR 531/89, juris.

1361 A/P/S/*Backhaus*, TzBfG § 15 Rn. 46; *Meinel*/Heyn/Herms, § 15 Rn. 50.

1362 MüKo/*Hesse*, TzBfG § 15 Rn. 1.

1363 *BAG*, Urt. v. 24.10.1996 – 2 AZR 845/95, NZA 1997, 597.

aa) Rechtsprechung und Literatur

Zur Verwirkung Kündigungsrechts bei Verträgen über mehr als fünf Jahren liegt lediglich ein Urteil des Landesarbeitsgerichts Hamm vor.[1364] Darüber hinaus existiert keine Entscheidung. Das Landesarbeitsgericht Hamm hat unter Verweis auf die Literatur die Verwirkbarkeit verneint.

Müller-Glöge u.a. lehnen die Verwirkbarkeit mit der Begründung ab, dass der Arbeitnehmer andernfalls länger als fünf Jahre oder dauerhaft an das Arbeitsverhältnis gebunden werde.[1365]

Dagegen bejaht *Hesse* die Verwirkbarkeit. Da die Verwirkung in allen Rechtsgebieten Anwendung fände, müsse generell auch eine Verwirkung von Sonderkündigungsrechten möglich sein. Allerdings seien die Rechtsfolgen der Verwirkung wie bei einem Verzicht auf das Kündigungsrecht im Rahmen des § 15 TzBfG auf die Dauer von maximal fünf Jahren zu beschränken.[1366] *Joussen* hält eine Verwirkung des Kündigungsrechts zwar theoretisch für möglich, jedoch praktisch für kaum vorstellbar. Denn die Ausübung des Kündigungsrechts knüpfe an keine zeitliche Vorgabe an.[1367]

bb) Bewertung

Das Kündigungsrecht nach § 15 Abs. 4 TzBfG kann nach den allgemeinen Voraussetzungen verwirken. Zu den Voraussetzungen ist grundsätzlich auf obige Ausführungen zum ordentlichen Kündigungsrecht zu verweisen.[1368]

Die drohende dauerhafte bzw. länger als fünf Jahre dauernde Bindung schließt die Verwirkung nicht aus.[1369] Übt der Arbeitnehmer sein Kündigungsrecht (un-) bewusst nicht aus, ist er ebenfalls länger als fünf Jahre an das Arbeitsverhältnis gebunden. Erklärt er ausdrücklich seinen Verzicht auf das Kündigungsrecht, beschränkt die h.M. die Verzichtswirkung auf die Dauer von weiteren fünf Jahren[1370], was im Ergebnis ebenfalls zu einer längeren Bindung führt. Zudem träte selbst bei Bejahung der Verwirkbarkeit des ordentlichen Kündigungsrechts keine dauerhafte Bindung ein. Denn das Recht zur außerordentlichen Kündigung nach § 626 BGB bliebe unberührt. Der Gesetzeszweck des § 15 Abs. 4 TzBfG schließt die

---

1364 *LAG Hamm*, Urt. v. 26.07.2002 – 7 Sa 669/02, juris. Höchstrichterliche Rechtsprechung existiert soweit ersichtlich nicht.

1365 ErfK/*Müller-Glöge*, TzBfG § 15 Rn. 21; Erman/*Belling*, BGB § 624 Rn. 5; KR/*Fischermeier*, BGB § 624 Rn. 28; KR/*Lipke*, TzBfG § 15 Rn. 25a; Arnold/Gräfl/*Arnold*, § 15 Rn. 63; H/W/K/*Schmalenberg*, TzBfG § 15 Rn. 19; Laux/*Schlachter*, § 15 Rn. 23. Ebenso ohne Begründung NK-BGB/*Franzen*, § 624 Rn. 11; Backmeister/Trittin/*Mayer*, TzBfG § 15 Rn. 18; F/G/M/N/*Spengler*, BGB § 624 Rn. 8.

1366 MüKo/*Hesse*, TzBfG § 15 Rn. 40. Zur Beschränkung der Verzichtswirkung auf fünf Jahre vgl. statt vieler KR/*Fischermeier*, BGB § 624 Rn. 28.

1367 *Boecken*/*Joussen*, § 15 Rn. 71.

1368 S.u. Kap.3 B.XI.2.d)cc).

1369 So aber MüKo/*Hesse*, TzBfG § 15 Rn. 40.

1370 Vgl. statt vieler KR/*Fischermeier*, BGB § 624 Rn. 28.

Verwirkung ebenfalls nicht aus. Dieser hat wie schon mehrfach dargelegt gerade keinen Einfluss auf die Verwirkungsvoraussetzungen.

Die Verwirkungsdauer ist auch nicht aufgrund des Schutzzwecks der Norm auf einen Zeitraum von maximal fünf weiteren Jahren begrenzt.[1371] Der Normzweck ist bei der Verwirkung zum einen nicht zu beachten. Zum anderen lässt sich ein lediglich für einen begrenzten Zeitraum eintretender Rechtsverlust mit der Verwirkung nicht vereinbaren. Dies widerspricht auch dem Zweck der Verwirkung, Vertrauensschutz vor der illoyal verspäteten Geltendmachung von Rechten zu gewährleisten. Vielmehr könnte das Recht erneut mit zeitlich noch größerer Verzögerung geltend gemacht werden.

Da das Kündigungsrecht erst mit Ablauf von fünf Jahren entsteht[1372], scheidet eine Verwirkung zuvor aus. Denn das Zeitmoment kann erst mit der Entstehung des Rechts anlaufen.

Unabhängig von der grundsätzlichen Verwirkbarkeit des Kündigungsrechts: In der Praxis wird sie kaum jemals Relevanz entfalten bzw. vorliegen. *Joussen* verweist zutreffend darauf, dass die Ausübung des Kündigungsrechts an keine zeitliche Vorgabe geknüpft ist.[1373] Zudem braucht der Arbeitnehmer für die Kündigung keinen Grund oder sonstige Rechtfertigung. Selbst wenn der Arbeitgeber daher auf die Nichtausübung des Kündigungsrechts anlässlich eines bestimmten Sachverhaltes vertrauen durfte, schließt dies nicht die Kündigung des Arbeitnehmers aus einem anderen bzw. ohne Anlass aus. Die Verwirkung läuft insoweit leer.

Anders wäre dies nur dann, wenn der Arbeitgeber aufgrund des Verhaltens des Arbeitnehmers darauf vertrauen durfte, dieser werde unter keinerlei Umständen jemals mehr sein Kündigungsrecht ausüben. Wie ein derartiges vertrauensbegründendes Verhalten aussehen könnte, ist bereits nur schwer vorstellbar. Unabhängig davon ist die Entwicklung schutzwürdigen Vertrauens des Arbeitgebers insoweit ausgeschlossen. Das Vertrauen müsste sich auf die Nichtausübung des zeitlich nicht begrenzten Kündigungsrechts durch den Arbeitnehmer in allen nur denkbaren Situationen beziehen. Mit Blick auf die Mannigfaltigkeit möglicher Fallgestaltungen kann insoweit jedoch bestenfalls eine Erwartung beim Arbeitgeber entstehen, nicht jedoch tatsächliches Vertrauen in die Nichtausübung. Dies gilt umso mehr, wenn man mit der h.M. sogar bei einem ausdrücklich erklärten Verzicht auf das Kündigungsrecht keinen dauerhaften Rechtsverlust im Rahmen des § 15 Abs. 4 TzBfG annimmt.

1371 So aber MüKo/*Hesse*, TzBfG § 15 Rn. 40. Zur Beschränkung der Verzichtswirkung auf fünf Jahre vgl. statt vieler KR/*Fischermeier*, BGB § 624 Rn. 28.

1372 A/P/S/*Backhaus*, TzBfG § 15 Rn. 42. Nach ganz h.M. soll eine vorzeitig erklärte Kündigung jedoch in eine fristgemäße umgedeutet werden und das Arbeitsverhältnis nach 5,5 Jahren beenden, MüKo/*Hesse*, TzBfG § 15 Rn. 39 m.w.N.

1373 *Boecken*/*Joussen*, § 15 Rn. 71.

cc) Zwischenergebnis

Die Verwirkbarkeit des Kündigungsrechts nach § 15 Abs. 4 TzBfG ist nach allgemeinen Grundsätzen entgegen der h.M. grundsätzlich zu bejahen. Im Ergebnis läuft die Verwirkung des Kündigungsrechts jedoch regelmäßig leer. Der Arbeitnehmer braucht für die Kündigung keinen Grund oder sonstige Rechtfertigung. Selbst wenn der Arbeitgeber daher auf die Nichtausübung des Kündigungsrechts anlässlich eines bestimmten Sachverhaltes vertrauen durfte, schließt dies nicht die Kündigung des Arbeitnehmers aus einem anderen bzw. ohne Anlass aus. Zudem werden in der Praxis kaum jemals die Verwirkungsvoraussetzungen erfüllt sein.

e) Zusammenfassung

Die Verwirkbarkeit des Rechts zur außerordentlichen Kündigung ist ausgeschlossen. Das Recht zur ordentlichen Kündigung und das Kündigungsrecht nach § 15 Abs. 4 TzBfG können dagegen verwirken. Dies ist jeweils den allgemeinen Grundsätzen der Verwirkung geschuldet, nicht arbeitsrechtlichen Besonderheiten. Soweit die Verwirkung des Kündigungsrechts allerdings nicht schon wie bei § 626 BGB ausscheidet, ist ihr wie gezeigt wenig praktische Bedeutung zuzumessen. Die Verwirkungsvoraussetzungen werden nur selten zu bejahen sein. Zudem wird kündigungsrelevantes Verhalten im Regelfall tatsächlich zur Kündigung genutzt oder jedenfalls abgemahnt.

2. Verwirkung des Sonderkündigungsschutzes

Im Arbeitsrecht findet sich eine Vielzahl von Sonderkündigungsschutztatbeständen. Diese sind regelmäßig als Kündigungsverbote mit Erlaubnisvorbehalt konzipiert. Mit den Regelungen bezweckt der Gesetzgeber den Schutz bestimmter, als besonders schutzwürdig erachteter Personengruppen. Daher stellt sich die Frage, ob ein Verlust des Sonderkündigungsschutzes infolge der Verwirkung gerade vor dem Hintergrund der gesetzlich anerkannten Schutzbedürftigkeit des Betroffenen überhaupt in Betracht kommt.[1374]

a) § 9 Abs. 1 MuSchG

Nach § 9 Abs. 1 HS 1 MuSchG ist die Kündigung einer Frau während der Schwangerschaft und bis zum Ablauf von vier Monaten nach der Entbindung unzulässig, wenn dem Arbeitgeber zur Zeit der Kündigung die Schwangerschaft oder Entbindung bekannt war oder innerhalb zweier Wochen nach Zugang der Kündigung mitgeteilt wird. Von der Verwirkung des Sonderkündigungsschutzes nach § 9 Abs. 1 MuSchG ist dagegen die Frage zu trennen, unter welchen Voraussetzungen die Arbeitnehmerin eine unwirksame Kündigung nach § 9 Abs. 1 MuSchG i.V.m. § 134 BGB gerichtlich geltend machen muss, ohne sich der Verwirkung auszusetzen.[1375]

1374 Im Nationalsozialismus hielt z.B. *Grüll*, S. 38 f., eine Verwirkung des Sonderkündigungsschutzes aus ideologischen Gründen für ausgeschlossen.

1375 S.u. Kap.3 B.XI.2.d).

aa) Rechtsprechung

Das Bundesarbeitsgericht hat sich lediglich in einer einzelnen, älteren Entscheidung mit der Verwirkung des Sonderkündigungsschutzes nach § 9 MuSchG auseinandergesetzt. Die Klägerin hatte ihre Schwangerschaft fristgerecht mitgeteilt, allerdings ihre Nachweispflicht verletzt. Das Gericht sah aufgrund der fristgerechten Mitteilung bereits das Zeitmoment als nicht erfüllt an und äußerte sich nicht mehr zum Umstandsmoment. Es führte im Leitsatz allerdings allgemein an, dass die Verletzung der Nachweispflicht dazu führen könne, „die Berufung auf den Kündigungsschutz als unzulässige Rechtsausübung erscheinen zu lassen, wenn die Voraussetzungen für den Einwand der Verwirkung vorliegen".[1376]

bb) Literatur

Nach Auffassung von *Viethen/Wascher* soll eine Verwirkung des Sonderkündigungsschutzes ausnahmsweise in Betracht kommen, wenn die Arbeitnehmerin trotz Aufforderung des Arbeitgebers, die Schwangerschaft nachzuweisen, lange untätig geblieben sei und damit den Eindruck erweckt habe, sie werde sich auf den Kündigungsschutz nicht mehr berufen.[1377]

cc) Bewertung

Die Verwirkung des Sonderkündigungsschutzes nach § 9 Abs. 1 MuSchG scheidet allgemein aus, nicht nur in Sonderfällen.

Bei Kenntnis des Arbeitgebers von der Schwangerschaft bzw. des Entbindungszeitraums greift der Sonderkündigungsschutz automatisch. Einer besonderen Geltendmachung durch die Arbeitnehmerin bedarf es nicht. Vielmehr wird das Recht (hier: Sonderkündigungsschutz) allein durch Erfüllung der objektiven und subjektiven Tatbestandsmerkmale[1378] „ausgeübt". Damit scheidet die Verwirkung aufgrund dieses Automatismus aus. Eine durch den Berechtigten eigenständig ausübbare Rechtsposition existiert nicht. Folglich kann der Verpflichtete auch begrifflich nicht auf die Nichtgeltendmachung einer Rechtsposition vertrauen.

Bei Unkenntnis des Arbeitgebers von der Schwangerschaft hat der Gesetzgeber demgegenüber mit der Fristenregelung in § 9 Abs. 1 Satz 1 HS 1 und 2 MuSchG festgelegt, innerhalb welcher Frist der Sonderkündigungsschutz durch die Arbeitnehmerin geltend zu machen ist. Mit der vom Grundsatz her (vgl. § 9 Abs. 1 Satz 1 HS 2 MuSchG) starren Fristenregelung scheidet eine illoyal verspätete Geltendmachung

---

1376 *BAG*, Urt. v. 06.06.1974 – 2 AZR 278/73, DB 1974, 2355. Zum Verlust des Sonderkündigungsschutzes wegen Verstoßes gegen Verbot des *venire contra factum proprium* vgl. *LAG Berlin*, Urt. v. 31.12.1988 – 9 Sa 72/88, DB 1989, 387; ablehnend *Buchner/Becker*, MuSchG § 9 Rn. 169.

1377 *Z/Z/V/V*, § 9 Rn. 46, unter Verweis auf *BAG*, Urt. v. 06.06.1974 – 2 AZR 278/73, DB 1974, 2355. Dem BAG „in besonders krassen Fällen" ebenfalls folgend *Buchner/Becker*, MuSchG § 9 Rn. 145.

1378 Diktion nach KR/*Bader/Gallner*, MuSchG § 9 Rn. 33.

aus. Die fristgerechte Geltendmachung ist nicht illoyal. Zudem kann der Arbeitgeber bei fehlender Kenntnis von der Schwangerschaft bzw. Entbindung auch kein Vertrauen in die Nichtgeltendmachung des Sonderkündigungsschutzes entwickeln. Die Erfüllung von Zeit- und Umstandsmoment scheidet somit aus.

Auf die Verletzung der Nachweispflicht[1379], die unter bestimmten Umständen zur Verwirkung des Sonderkündigungsschutzes führen soll[1380], kommt es daher nicht an. Das Entstehen des Sonderkündigungsschutzes setzt neben den objektiven Tatbestandsmerkmalen lediglich voraus, dass die Arbeitnehmerin dem Arbeitgeber diese Merkmale innerhalb der Frist des § 9 Abs. 1 Satz 1 MuSchG mitteilt, wenn sie ihm nicht bekannt waren. Er entsteht jedoch unabhängig von der ordnungsgemäßen Erfüllung etwaiger Nachweispflichten.[1381]

dd) Zwischenergebnis

Die Verwirkung des Sonderkündigungsschutzes nach § 9 Abs. 1 MuSchG scheidet nach allgemeinen Grundsätzen aus. Bei Kenntnis des Arbeitgebers von der Schwangerschaft bzw. des Entbindungszeitraums greift der Sonderkündigungsschutz automatisch. Einer besonderen Geltendmachung durch die Arbeitnehmerin bedarf es nicht. Bei Unkenntnis des Arbeitgebers von der Schwangerschaft muss die Arbeitnehmerin den Sonderkündigungsschutz innerhalb der Frist des § 9 Abs. 1 Satz 1 HS 1 und 2 MuSchG geltend machen. Die fristgerechte Geltendmachung ist nicht illoyal verspätet. Zudem kann der Arbeitgeber bei fehlender Kenntnis von der Schwangerschaft bzw. Entbindung auch kein Vertrauen in die Nichtgeltendmachung des Sonderkündigungsschutzes entwickeln. Die Erfüllung von Zeit- und Umstandsmoment ist somit ausgeschlossen.

b) § 85 SGB IX

Gemäß § 85 SGB IX bedarf die Kündigung des Arbeitsverhältnisses eines schwerbehinderten[1382] Menschen durch den Arbeitgeber der vorherigen Zustimmung des Integrationsamtes. Eine dem § 9 Abs. 1 Satz 1 MuSchG vergleichbare Fristenregelung

---

1379 Nach h.M. trifft die Schwangere unabhängig von § 5 Abs. 1 MuSchG eine arbeitsvertragliche Nebenpflicht, die Schwangerschaft bzw. Entbindung nachzuweisen, wenn dies streitig ist, vgl. statt vieler: *Buchner/Becker*, MuSchG § 9 Rn. 143 m.w.N.

1380 Vgl. *BAG*, Urt. v. 06.06.1974 – 2 AZR 278/73, DB 1974, 2355; *Z/Z/V/V*, § 9 Rn. 46.

1381 Konsequent nennen weder das BAG (Urt. v. 06.06.1974 – 2 AZR 278/73, DB 1974, 2355) noch *Buchner/Becker*, MuSchG § 9 Rn. 145, denkbare Fälle. Der von *Z/Z/V/V*, § 9 Rn. 46, geschilderte Fall (s.o.) begründet schon deshalb nicht die Verwirkung, da der Verpflichtete wie bereits mehrfach ausgeführt nicht durch eigenes Verhalten vertrauensbegründende Umstände schaffen kann. In einem derartigen Fall käme allenfalls ein Verstoß gegen das Verbot des *venire contra factum proprium* in Betracht.

1382 Gemäß § 68 Abs. 1 SGB IX gilt dies entsprechend für gleich gestellte behinderte Menschen im Sinne des § 2 Abs. 3 SGB IX. Aus Gründen der sprachlichen

ist im SGB IX nicht vorgesehen. Nachfolgend ist daher zu untersuchen, ob dies hinsichtlich der Verwirkung des Sonderkündigungsschutzes nach § 85 SGB IX zu abweichenden Ergebnissen führt.

aa) Rechtsprechung

Zwar existiert keine gesetzliche Geltendmachungsfrist wie § 9 Abs. 1 Satz 1 MuSchG. Dennoch muss nach der nunmehr ständigen Rechtsprechung des Bundesarbeitsgerichts der Arbeitnehmer den Arbeitgeber innerhalb von drei Wochen[1383] nach Zugang der Kündigung über seine Schwerbehinderung informieren, wenn diese dem Arbeitgeber unbekannt war oder für ihn nicht offenkundig ist.[1384] Es handelt sich jedoch um keine starre Frist. Das Bundesarbeitsgericht lässt die Information in der zugestellten Klageschrift ausreichen, wenn diese fristwahrend im Sinne des § 4 Satz 1 KSchG erhoben wurde.[1385] Unter besonderen Umständen lässt es auch Fristüberschreitungen zu, insbesondere wenn es sich um unverschuldete oder unwesentliche, im Zusammenhang mit der Behinderung stehende Überschreitungen handelt.[1386]

Das Bundesarbeitsgericht betrachtet die Frist als eine Konkretisierung der Verwirkung. Unterlasse der Arbeitnehmer die Information innerhalb der dreiwöchigen Regelfrist, habe er den Sonderkündigungsschutz regelmäßig verwirkt.[1387] In einer älteren Entscheidung ging das Bundesarbeitsgericht von einer „Ausschlußfrist [mit] allein materiell-rechtliche[m] Charakter" aus, bei deren Versäumen „eine Verwirkung des besonderen Kündigungsschutzes des Schwerbehinderten wegen des Zeitablaufs ein[tritt]." Die Mitteilungsfrist sei damit vergleichbar zu den „Regelungen des § 626 Abs. 2 BGB und § 9 MuSchG".[1388]

Vereinfachung wird nachfolgend lediglich auf „schwerbehinderte Menschen", „Schwerbehinderung" etc. oder „Arbeitnehmer" abgestellt.

1383 Zunächst nahm das BAG eine Monatsfrist an und erwägte erstmals die 3-Wochen-Frist im Urteil vom 12.01.2006 (2 AZR 539/05, NZA 2006, 1035). Zur älteren Rechtsprechung und Literatur vgl. KR/*Etzel*, 9. Aufl. 2009, SGB IX §§ 85-90 Rn. 25; *Müller-Wenner*/Winkler, § 85 Rn. 28, jeweils m.w.N.

1384 Zuletzt *BAG*, Urt. v. 09.06.2011 – 2 AZR 703/09, NZA-RR 2011, 516; Urt. v. 23.02.2010 – 2 AZR 659/08, NZA 2011, 411. Zu weiteren Nachweisen vgl. *Müller-Wenner*/Winkler, § 85 Rn. 28.

1385 *BAG*, Urt. v. 23.02.2010 – 2 AZR 659/08, NZA 2011, 411.

1386 *BAG*, Urt. v. 23.02.2010 – 2 AZR 659/08, NZA 2011, 411; Urt. v. 12.01.2006 – 2 AZR 539/05, NZA 2006, 1035; *Müller-Wenner*/Winkler, § 85 Rn. 28 m.w.N.

1387 So ausdrücklich *BAG*, Urt. v. 23.02.2010 – 2 AZR 659/08, NZA 2011, 411. In diesem Sinne: Urt. v. 09.06.2011 – 2 AZR 703/09, NZA-RR 2011, 516; Urt. v. 06.09.2007 – 2 AZR 324/06, NZA 2008, 407; Urt. v. 12.01.2006 – 2 AZR 539/05, NZA 2006, 1035; Urt. v. 19.04.1979 – 2 AZR 469/78, DB 1979, 1560 zu § 12 SchwbG; Urt. v. 23.02.1978 – 2 AZR 462/76, DB 1978, 1227 zu § 12 SchwbG.

1388 *BAG*, Urt. v. 23.02.1978 – 2 AZR 462/76, DB 1978, 1227 zu § 12 SchwbG. Konsequent erachtete das BAG bei einer Mitteilung 14 bzw. zwei Monate nach Kündigungsausspruch den Sonderkündigungsschutz als verwirkt (Urt. v. 19.06.1969

bb) Literatur

Die Literatur setzt sich überwiegend nur mit der Dauer der vom Bundesarbeitsgericht befürworteten Regelfrist auseinander.[1389]

Neumann bejaht die Verwirkung des Sonderkündigungsschutzes, wenn der Arbeitnehmer sich längere Zeit nur gegen die Sozialwidrigkeit der Kündigung wende, ohne den Sonderkündigungsschutz geltend zu machen.[1390] Entsprechendes gelte, wenn der Arbeitnehmer dem Arbeitgeber den die Anerkennung der Schwerbehinderung ablehnenden Bescheid vorlege, ohne ihn über den hiergegen eingelegten Widerspruch zu informieren.[1391]

cc) Bewertung

Im Gegensatz zu § 9 Abs. 1 MuSchG existiert für die Mitteilung der Schwerbehinderteneigenschaft keine gesetzlich normierte Frist. Eine solche Frist lässt sich dogmatisch auch nicht über das Rechtsinstitut der Verwirkung begründen. Die gegenteilige Ansicht des Bundesarbeitsgerichts ist daher abzulehnen. Die zutreffende Herleitung der Mitteilungsfrist muss mit Blick auf Umfang und Zielsetzung der

---

– 2 AZR 542/68, n.v., zu § 14 SchwBeschG bzw. Urt. v. 17.09.1981 – 2 AZR 369/79, juris, zu § 12 SchwbG).

1389 Den Begründungsansatz des *BAG* stellt sie grundsätzlich nicht in Frage, wonach die Regelfrist das Rechtsinstitut der Verwirkung konkretisiere, vgl. statt vieler *N/P/MP*, § 85 Rn. 36. Kritisch jedoch zu der *„praeter legem"* angenommenen Frist: Hauck/Noftz/*Griebeling*, § 85 Rn. 14, der zwar für die einzelfallabhängige Anwendung der Verwirkung plädiert, jedoch i.E. ebenfalls an der Regelfrist festhält; dagegen für die Anwendung der Prozessverwirkung: *Jobs*, ArbuR 1981, 225 (227). Nach *Gehlhaar*, NZA 2011, 673 (674), handelt es sich „dogmatisch um eine Verwirkungsfrist, welche sich aus Vertrauensschutzgesichtspunkten rechtfertigt und damit letztlich auf Treu und Glauben sowie die mit dem Arbeitsverhältnis verbundenen besonderen Treue- und Fürsorgepflichten gründet." Damit seien die vom BAG bejahten Abweichungen von der starren Dreiwochenfrist (vgl. Urt. v. 23.02.2010 – 2 AZR 659/08, NZA 2011, 411) nicht zu vereinbaren.

1390 *N/P/MP*, § 85 Rn. 36 unter Verweis auf *LAG* (zutreffend: *ArbG*) *Kiel*, Urt. v. 26.02.1976 – 4b Ca 1797/75, BB 1976, S. 1608. Dabei wird jedoch die Differenzierung zwischen der Verwirkung des Sonderkündigungsschutzes und der Frage, unter welchen Voraussetzungen die Unwirksamkeit der Kündigung infolge des Sonderkündigungsschutzes gerichtlich geltend zu machen ist, verkannt.

1391 *N/P/MP*, § 85 Rn. 36 unter Verweis auf *BAG*, Urt. v. 02.06.1982 – 7 AZR 32/80, DB 1982, 2359. Die Entscheidung erging zu § 12 SchwbG. *Neumann* verkennt, dass der Arbeitgeber dem Ablehnungsbescheid nur entnehmen kann, dass keine Schwerbehinderteneigenschaft und damit kein Sonderkündigungsschutz vorliegt. Ein Vertrauen in die Nichtgeltendmachung des Sonderkündigungsschutzes scheidet dann aus. Denn der Arbeitgeber hat von diesem gerade keine Kenntnis. Somit kann er auf die Nichtgeltendmachung des Sonderkündigungsschutzes auch nicht vertrauen.

Arbeit offen bleiben.[1392] Tatsächlich liegt es mit Blick auf die gesetzliche Regelung in § 9 Abs. 1 MuSchG und dem Zweck des Sonderkündigungsschutzes nahe, eine vom Grundsatz her starre Mitteilungspflicht für die Schwerbehinderung anzunehmen. Eine Verwirkung des Sonderkündigungsschutzes nach § 85 SGB IX scheidet dann jedoch aus den oben zu § 9 Abs. 1 MuSchG angestellten Erwägungen aus.[1393]

In jedem Fall kann dem Bundesarbeitsgericht insoweit nicht gefolgt werden, als es die Regelfrist zur Mitteilung der Schwerbehinderung als Konkretisierung der Verwirkung betrachtet. Die von der Rechtsprechung aufgestellten Anforderungen lassen sich dogmatisch nicht mit den Tatbestandsvoraussetzungen der Verwirkung in Einklang bringen.

Die starre Frist ist mit dem einzelfallabhängigen Zeitmoment der Verwirkung wie bereits vielfach ausgeführt nicht zu vereinbaren; soweit die ältere Rechtsprechung ausdrücklich auf § 626 Abs. 2 BGB und § 9 Abs. 1 MuSchG Bezug nimmt[1394], kann insbesondere auf die Ausführungen zur Verwirkung des außerordentlichen Kündigungsrechts verwiesen werden.[1395] Daran ändern die Deklarierung als Regelfrist sowie die vom Bundesarbeitsgericht zugelassenen Ausnahmen (unverschuldete oder unwesentliche Fristüberschreitungen, Kenntnisverschaffung durch Zustellung der Klage, s.o.) nichts. Inhaltlich nähert sie sich im Wesentlichen lediglich an die gesetzliche Regelung des § 9 Abs. 1 Satz 2 MuSchG an.

Zudem prüft das Bundesarbeitsgericht entgegen seiner korrekten Obersatzbildung[1396] gerade nicht, ob besonderes Vertrauen begründende Umstände vorliegen. Vielmehr lässt es die bloße Nichtmitteilung der Schwerbehinderung genügen. Damit führt jedoch der bloße Zeitablauf zum Rechtsverlust. Denn das Verhalten des Arbeitnehmers erschöpft sich allein in seiner Untätigkeit, nämlich der Nichtmitteilung. Damit behandelt das Bundesarbeitsgericht die Frist zur Geltendmachung des Sonderkündigungsschutzes jedoch wie jede andere gesetzliche oder vertragliche Ausschlussfrist auch.

Als Scheinargumentation erweist es sich daher auch, soweit das Bundesarbeitsgericht die Verwirkung des Sonderkündigungsschutzes dann ausschließen will, wenn der Arbeitgeber nicht schutzbedürftig sei, z.B. bei Kenntnis von der Schwerbehinderung.[1397] Hat der Arbeitgeber Kenntnis von der Schwerbehinderung, erübrigt sich deren Mitteilung. Auf eine vermeintlich bei der Verwirkung zu berücksichtigende Schutzbedürftigkeit kommt es bereits nicht an. Als nicht aufzulösender Widerspruch erweist es sich auch, wenn die Mitteilungsfrist „aus

---

1392 In einer neueren Entscheidung hatte das BAG ausdrücklich zwischen prozessualer und materiell-rechtlicher Verwirkung differenziert und die Geltendmachung des Sonderkündigungsschutzes unter letzterem Aspekt eingeordnet, Urt. v. 09.02.2011 – 7 AZR 221/10, NZA 2011, 854.

1393 S.o. Kap.3 C.2.a)dd).

1394 *BAG*, Urt. v. 23.02.1978 – 2 AZR 462/76, DB 1978, 1227 zu § 12 SchwbG.

1395 S.o. Kap.3 B.XI.1.a)cc)(1).

1396 Vgl. zuletzt *BAG*, Urt. v. 09.06.2011 – 2 AZR 703/09, NZA-RR 2011, 516.

1397 Zuletzt *BAG*, Urt. v. 09.06.2011 – 2 AZR 703/09, NZA-RR 2011, 516.

Gründen des Vertrauensschutzes gerechtfertigt" sein soll, „da der Arbeitgeber, der keine Kenntnis von dem bestehenden oder möglichen Schutztatbestand hat, [...] keinen Anlass [hat], eine behördliche Zustimmung zur Kündigung einzuholen."[1398] Hat der Arbeitgeber als Verpflichteter keine Kenntnis vom Recht des Berechtigten, scheitert nach allgemeinen Grundsätzen die Verwirkung bereits daran, dass er auf die Nichtgeltendmachung eben mangels Kenntnis kein Vertrauen entwickeln konnte. Konsequent[1399] ging das Bundesarbeitsgericht in seiner älteren Rechtsprechung zur § 626 Abs. 2 Satz 1 BGB auch davon aus, dass „mit der Versäumung der Frist eine Verwirkung des besonderen Kündigungsschutzes des Schwerbehinderten ein[tritt], ohne daß der Arbeitgeber sonstige Verwirkungsgesichtspunkte (z.B. Vertrauens- und Umstandsmomente) darlegen und beweisen muß."[1400]

Demnach lässt sich unter den von der Rechtsprechung angenommenen Voraussetzungen die gesetzlich nicht geregelte Frist zur Mitteilung der Schwerbehinderung dogmatisch nicht mit der Verwirkung im Sinne der illoyal verspäteten Geltendmachung in Einklang bringen. Vielmehr liegt im Ergebnis eine an § 9 Abs. 1 Satz 1 MuSchG angelehnte Ausschlussfrist vor. Denn sie lässt die bloße Untätigkeit des Rechtsinhabers und damit allein den Zeitablauf für den Rechtsverlust genügen.

dd) Zwischenergebnis

Im Gegensatz zu § 9 Abs. 1 MuSchG existiert für die Mitteilung der Schwerbehinderteneigenschaft keine gesetzlich normierte Frist. Entgegen der Rechtsprechung des Bundesarbeitsgerichts lässt sich eine solche Frist dogmatisch nicht über das Rechtsinstitut der Verwirkung begründen. Geht man mit dem Bundesarbeitsgericht von einer starren Frist zur Mitteilung der Schwerbehinderteneigenschaft aus, scheidet eine Verwirkung des Sonderkündigungsschutzes nach § 85 SGB IX aus den zu § 9 Abs. 1 MuSchG angestellten Erwägungen aus.[1401]

c) § 18 Abs. 1 BEEG und § 5 Abs. 1 PflegeZG

§ 18 Abs. 1 Satz 1 BEEG verleiht Arbeitnehmern in Elternzeit Sonderkündigungsschutz. § 5 Abs. 1 PflegeZG regelt den Sonderkündigungsschutz für Pflegezeit (§ 3 f. PflegeZG) sowie bei kurzzeitiger Arbeitsverhinderung (§ 2 PflegeZG).

Da abweichend von den o.a. Konstellationen des § 9 Abs. 1 MuSchG und des § 85 SGB IX dem Arbeitgeber der den Sonderkündigungsschutz begründende Umstand immer bekannt ist, soll nachfolgend untersucht werden, ob dies Auswirkungen auf die Verwirkung hat.

1398 *BAG*, Urt. v. 09.06.2011 – 2 AZR 703/09, NZA-RR 2011, 516.

1399 Wenn auch unzutreffend, s.o. Kap.3 B.XI.1.a)cc)(1).

1400 *BAG*, Urt. v. 14.05.1982 – 7 AZR 1221/79, DB 1982, 1778; in diesem Sinne bereits Urt. v. 23.02.1978 – 2 AZR 462/76, DB 1978, 1227.

1401 S.o. Kap.3 C.2.a)dd).

aa) Rechtsprechung und Literatur

Es existiert keine Rechtsprechung zur Verwirkung des Sonderkündigungsschutzes nach § 18 Abs. 1 Satz 1 BEEG und § 5 Abs. 1 PflegeZG.

In der Literatur bejaht *Novara* die Verwirkbarkeit des Sonderkündigungsschutzes nach § 5 Abs. 1 PflegeZG. Unter Heranziehung der früheren Rechtsprechung des Bundesarbeitsgerichts zur Kündigung von Schwerbehinderten vor Einführung des § 90 Abs. 2a SGB IX sei dies dann zu bejahen, wenn der Beschäftigte nicht innerhalb von zwei Monaten nach Ankündigung der Pflegezeit seiner Nachweispflicht nach § 3 Abs. 2 PflegeZG nachgekommen sei. Neben der Vergleichbarkeit der Rechtslage sei zu berücksichtigen, dass ein schuldhafter Verstoß gegen die Nachweispflicht mit einem fortdauernden Sonderkündigungsschutz unvereinbar sei. Zudem liefe andernfalls die Nachweispflicht leer.[1402]

bb) Bewertung

(1) Keine Verwirkbarkeit des Sonderkündigungsschutzes an sich

Die Verwirkbarkeit des Sonderkündigungsschutzes scheidet nach allgemeinen Grundsätzen aus. Nach § 18 Abs. 1 Satz 1 BEEG entsteht der Sonderkündigungsschutz mit dem Verlangen von Elternzeit, frühestens jedoch acht Wochen vor Inanspruchnahme der Elternzeit. Demgegenüber sieht § 5 PflegeZG keine zeitliche Begrenzung hinsichtlich des Beginns des Sonderkündigungsschutzes vor. Nach h.M. besteht der Sonderkündigungsschutz daher grundsätzlich mit Zugang der Ankündigungserklärung von der Ankündigung bis zur Beendigung der Pflege, soweit kein Rechtsmissbrauch vorliegt.[1403]

Demnach führt in beiden Fällen grundsätzlich die Ankündigung der Eltern-/Pflegezeit zum Entstehen des Sonderkündigungsschutzes. Das Entstehen des Sonderkündigungsschutzes fällt mit dessen Geltendmachung daher zusammen. Einer gesonderten Berufung auf den Sonderkündigungsschutz bedarf es nicht.[1404] Aufgrund dieses Zusammenfallens scheidet damit die Entstehung von Vertrauen in die Nichtgeltendmachung aus. Auf die ordnungsgemäße Erfüllung der Nachweispflicht kommt es für die Verwirkung nicht an, unabhängig davon, dass sie keine Tatbestandsvoraussetzung für die Entstehung des Sonderkündigungsschutzes ist.[1405]

1402 *Novara*, DB 2010, 503 (506). lässt sich nicht eindeutig entnehmen, ob er den Begriff der Verwirkung im Sinne des Rechtsverlusts infolge pflichtwidrigen Verhaltens verwendet oder die illoyal verspätete Rechtsausübung meint. Da er jedoch ausdrücklich auch auf die (ältere) Rechtsprechung zur Mitteilungsfrist der Schwerbehinderung im Rahmen des § 85 SGB IX Bezug nimmt, liegt letzteres nahe

1403 Vgl. statt vieler ErfK/*Gallner*, PflegeZG § 5 Rn. 2 m.w.N., auch zu den abweichenden Meinungen. Zur ausführlichen Streitdarstellung vgl. *Weinbrenner*, S. 80 ff.

1404 Davon zu trennen ist, unter welchen Voraussetzungen die Unwirksamkeit einer Kündigung wegen Verstoßes gegen den Sonderkündigungsschutz gerichtlich geltend zu machen ist, s.u. Kap.3 B.XI.2.d).

1405 D/H/S/W/*Klein*, PflegeZG § 3 Rn. 9. Daher ist *Novaras* o.a. Ansicht (DB 2010, 503 (506)) abzulehnen. Darüber hinaus misst Novara der Verwirkung Strafcharakter

Demgegenüber können Umstände, die vor dem Mitteilungszeitpunkt liegen, die Verwirkung nicht begründen. Denn mangels Ausübbarkeit des Rechts hat das Zeitmoment noch nicht zu laufen begonnen. Folgerichtig existiert keine Rechtsprechung zur Verwirkung des Sonderkündigungsschutzes und wird im Schrifttum grundsätzlich auch nicht diskutiert. Vielmehr scheidet die Verwirkbarkeit des Sonderkündigungsschutzes nach § 18 Abs. 1 Satz 1 BEEG wie auch nach § 5 Abs. 1 PflegeZG an sich aus.

(2) Verwirkung der Inanspruchnahme von Eltern-/Pflegezeit

Davon abzugrenzen ist die Frage, ob mittelbar eine Verwirkung des Sonderkündigungsschutzes in Betracht kommt. Dies wäre die Folge, wenn der Arbeitnehmer bereits das Gestaltungsrecht[1406] zur Inanspruchnahme von Eltern-/Pflegezeit verwirkt hätte. Denkbar ist insoweit der Fall, dass der Arbeitnehmer nach Geburt des Kindes, aber noch vor Vollendung von des dritten Lebensjahrs (vgl. § 15 Abs. 2 Satz 1 BEEG) durch sein Verhalten ein besonderes Vertrauen beim Arbeitgeber begründet, keine Elternzeit in Anspruch nehmen zu wollen; entsprechendes ist bei der Pflegezeit vorstellbar, wenn der Angehörige des Arbeitnehmers bereits längere Zeit pflegebedürftig ist. Soweit ersichtlich wurde die Verwirkbarkeit der Inanspruchnahme von Eltern-/Pflegezeit bislang noch nicht diskutiert.

(a) Keine Verwirkung der Inanspruchnahme von Elternzeit

Der Verwirkbarkeit steht zunächst nicht entgegen, dass ein Verzicht auf die zwingenden Normen des BEEG bzw. des PflegeZG ausscheidet. Wie bereits ausgeführt, sind Verzicht und Verwirkung grundsätzlich voneinander zu trennen und lassen keine Rückschlüsse auf die Zulässigkeit des jeweils anderen Rechtsinstituts zu, soweit keine ausdrückliche gesetzliche Regelung (z.B. § 77 Abs. 4 Satz 3 BetrVG, § 4 Abs. 4 Satz 2 TVG) besteht.[1407]

Gleichwohl scheidet eine Verwirkung des Gestaltungsrechts aus, soweit es die Inanspruchnahme von Elternzeit betrifft. § 15 Abs. 2 Satz 1 BEEG begrenzt den Anspruch auf Elternzeit bis zur Vollendung des dritten Lebensjahres eines Kindes. Die Möglichkeit zur Geltendmachung des Rechts ist damit zeitlich fest umrissen. Der Arbeitgeber muss daher innerhalb dieses Zeitraums mit der Geltendmachung des Gestaltungsrechts durch den Arbeitnehmer rechnen. Aufgrund des durch den Gesetzgeber zeitlich fest begrenzten Zeitraums steht gleichzeitig fest, dass die Rechtsausübung innerhalb dieser Zeitspanne nicht illoyal verspätet erfolgt. Damit scheidet die Verwirkung mangels Zeit- und Umstandsmoment aus. Denkbar ist in der o.a. Fallgestaltung allenfalls, dem Arbeitnehmer die Inanspruchnahme wegen eines Verstoßes gegen das Verbot *des venire contra factum proprium* zu versagen.

---

zu, wenn er die Verwirkung als Folge des Verstoßes gegen die Nachweispflicht heranzieht. Die Verwirkung dient demgegenüber dem Vertrauensschutz, nicht der Sanktion von Obliegenheits- oder Pflichtverstößen.

1406 ErfK/*Gallner*, PflegeZG § 3 Rn. 4 m.w.N.

1407 S.o. Kap.2 B.I.1.

(b) Verwirkbarkeit der Inanspruchnahme von Pflegezeit

Im Rückschluss zu diesen Erwägungen ist demgegenüber grundsätzlich von der Verwirkbarkeit des Gestaltungsrechts zur Inanspruchnahme von Pflegezeit auszugehen. Das PflegeZG enthält keine dem § 15 Abs. 2 Satz 1 BEEG vergleichbare Vorschrift. Hat der Arbeitnehmer daher besonderes Vertrauen begründende Umstände an den Tag gelegt, aufgrund derer der Arbeitnehmer auf die Nichtgeltendmachung der Inanspruchnahme von Pflegezeit vertrauen durfte, ist die Verwirkung zu bejahen.

Hinsichtlich der konkreten Tatbestandsvoraussetzungen können mangels einschlägiger Rechtsprechung lediglich bedingt Aussagen getroffen werden. Zeit- und Umstandsmoment setzen auch hier Kenntnis des Verpflichteten vom Recht des Berechtigten voraus. Insbesondere muss dem Arbeitgeber also die Pflegebedürftigkeit des Angehörigen des Arbeitnehmers bekannt sein. Auch insoweit gilt jedoch, dass die bloße Nichtinanspruchnahme der Pflegezeit für sich genommen kein besonderes Vertrauen begründendes Verhalten darstellt. Ebenfalls nicht vertrauensbegründend wirkt der Umstand, dass ein Arbeitnehmer in der Vergangenheit für einen anderen oder sogar den gleichen Angehörigen keine Pflegezeit in Anspruch genommen hat. Zum einen handelt es sich insoweit um Umstände, die zeitlich vor dem nunmehr neu entstandenen Gestaltungsrecht liegen. Zum anderen liegt mit dem aktuellen Pflegefall, auch wenn es sich z.B. um einen erneut pflegebedürftig gewordenen Angehörigen handelt, ein neuer Sachverhalt vor. Insoweit muss der Arbeitgeber erst noch schutzwürdiges Vertrauen entwickeln.

cc) Zwischenergebnis

Die Verwirkbarkeit des Sonderkündigungsschutzes nach § 18 Abs. 1 Satz 1 BEEG wie auch nach § 5 Abs. 1 PflegeZG ist ausgeschlossen. Da das Entstehen des Sonderkündigungsschutzes mit dessen Geltendmachung zusammen fällt, scheidet bereits die Entstehung von Vertrauen in die Nichtgeltendmachung aus.

Der Verwirkung des Gestaltungsrechts zur Inanspruchnahme von Elternzeit steht die gesetzliche Fristenregelung des § 15 Abs. 2 Satz 1 BEEG entgegen. Die Rechtsausübung innerhalb der Frist ist nicht illoyal verspätet. Zudem muss der Arbeitgeber in dieser Zeit mit der Rechtsausübung rechnen. Zeit- und Umstandsmoment scheiden daher aus. Demgegenüber kommt mangels entsprechender Fristbindung im PflegeZG eine Verwirkung des Gestaltungsrechts zur Inanspruchnahme von Pflegezeit grundsätzlich in Betracht.

d) Verwirkung der klageweisen Geltendmachung der Unwirksamkeit einer Kündigung aufgrund Verstoßes gegen den Sonderkündigungsschutz

Von der Verwirkung des Sonderkündigungsschutzes ist die Frage zu trennen, bis zu welchem Zeitpunkt der Arbeitnehmer die Unwirksamkeit einer Kündigung wegen Verstoßes gegen den Sonderkündigungsschutz (§ 9 Abs. 1 MuSchG; § 85 SGB IX; § 18 Abs. 1 BEEG; § 5 Abs. 1 PflegeZG) gerichtlich geltend machen kann, ohne mit dem Einwand der Verwirkung konfrontiert zu werden. Insoweit geht es also nicht um die Verwirkung des Sonderkündigungsschutzes, sondern um die Verwirkung des Rechts, die Unwirksamkeit einer Kündigung aus einem bestimmten Grund geltend zu machen.

Kündigt der Arbeitnehmer, ohne dass die Kündigung von der zuständigen Stelle zuvor für zulässig erklärt wurde, ist die Kündigung nach § 134 BGB nichtig. Gemäß § 4 Satz 4 KSchG läuft die Frist zur Anrufung des Arbeitsgerichts (§ 4 Satz 1 KSchG) erst von der Bekanntgabe der Entscheidung der Behörde an den Arbeitnehmer ab, soweit die Kündigung der Zustimmung einer Behörde bedarf.

aa) H.M. in Rechtsprechung und Literatur

Nach der h.M. in Rechtsprechung und Literatur gilt § 4 Satz 4 KSchG grundsätzlich in allen Fällen, in denen die Kündigung aufgrund des gesetzlichen Sonderkündigungsschutzes einer vorherigen behördlichen Zustimmung bedarf. Bei der Anwendbarkeit im Einzelfall ist jedoch zu differenzieren. Hat der Arbeitgeber keine Kenntnis von den Umständen, die den Sonderkündigungsschutz begründen (insbesondere von der Schwangerschaft, Schwerbehinderteneigenschaft), findet § 4 Satz 4 KSchG keine Anwendung. Der Arbeitnehmer muss daher innerhalb der Frist des § 4 Satz 1 KSchG Kündigungsschutzklage erheben, gestützt auf die Nichtigkeit der Kündigung nach § 134 BGB. Kündigt der Arbeitgeber dagegen trotz Kenntnis der Zustimmungsbedürftigkeit, ohne die Zustimmung bei der zuständigen Behörde beantragt zu haben, soll der Arbeitnehmer mangels Anlaufen der 3-Wochen-Frist des § 4 Satz 1 KSchG die Unzulässigkeit der Kündigung bis zur Grenze der Verwirkung rügen können.[1408]

bb) Bewertung

Die Verwirkung der klageweisen Geltendmachung der Unwirksamkeit einer Kündigung wegen Verstoßes gegen den Sonderkündigungsschutz scheidet nach den allgemeinen Grundsätzen aus.

Soweit § 4 Satz 1 KSchG Anwendung findet, stellt dies auch die h.M. nicht in Frage. Mit der starren Fristenregelung hat der Gesetzgeber festgelegt, innerhalb welcher Frist die Unwirksamkeit der Kündigung durch den Arbeitnehmer geltend zu machen ist. Daher ist eine illoyal verspätete Geltendmachung ausgeschlossen. Die fristgerechte Geltendmachung ist nicht illoyal. Zudem muss Arbeitgeber

---

1408 *BAG*, Urt. v. 03.07.2003 – 2 AZR 487/02, NZA 2003, 1335; Urt. v. 13.02.2008 – 2 AZR 864/06, NZA 2008, 1055; Urt. v. 19.02.2009 – 2 AZR 286/07, NZA 2009, 980; *Hiebert*, S. 42, mit zahlreichen weiteren Nachweisen zur h.M., S. 50 Fn. 183. Der Anwendungsbereich von § 4 Satz 4 KSchG war nach der Neuregelung des Kündigungsschutzgesetzes (Gesetz zu Reformen am Arbeitsmarkt vom 24.12.2003, BGBl. I, S. 3002) stark umstritten, insbesondere mit Blick auf den neu geschaffenen § 5 Abs. 1 Satz 2 KSchG und dem Erfordernis, alle Unwirksamkeitsgründe innerhalb der Frist des § 4 Satz 1 KSchG geltend machen zu müssen. Ausführlich zum Streitstand: *Hiebert*, S. 35 ff. m.w.N.

aufgrund der gesetzlichen Vorgabe innerhalb der Klagefrist mit der Geltendmachung der Unwirksamkeit der Kündigung rechnen. Die Frist wirkt daher auch hier vertrauensausschließend.[1409]

Kündigt der Arbeitgeber trotz Kenntnis der Zustimmungsbedürftigkeit ohne Zustimmung der zuständigen Behörde, scheidet die Verwirkung ebenfalls aus. Entgegen der h.M. kann der Arbeitnehmer die Unzulässigkeit der Kündigung mangels Anlaufen der Dreiwochenfrist des § 4 Satz 1 KSchG daher nicht bis zur Grenze der Verwirkung rügen.

Der Arbeitgeber ist schon aus allgemeinen Erwägungen heraus nicht schutzbedürftig. Er verhält sich gesetzeswidrig, wenn er trotz Kenntnis der Zustimmungsbedürftigkeit bewusst kündigt, ohne die Zustimmung einzuholen. Würde man die Verwirkbarkeit dagegen bejahen, würde somit eine gesetzwidrig erlangte Position in eine rechtmäßige umgewertet. Eine derartige Umwertung ist der Rechtsordnung bei Bösgläubigkeit des Handelnden jedoch fremd, wie sich auch den Wertungen der §§ 162, 932 Abs. 2, 937 Abs. 2 BGB entnehmen lässt. Ein Vertrauen in den dauerhaften Bestand einer gesetzwidrig erlangten Position ist nicht schutzbedürftig. Bezweckt die Verwirkung schon nicht, den Verpflichteten vorzeitig von seiner Verpflichtung zu befreien[1410], kann sie erst recht nicht bezwecken, den Verpflichteten gerade aufgrund seines gesetzeswidrigen Verhaltens von seiner Verpflichtung zu befreien.

Darüber hinaus scheidet auch die Entwicklung tatsächlichen Vertrauens aus. Die Kündigung bedarf einer behördlichen Zulässigkeitserklärung. Diese ist nur in besonderen Fällen und selbst dann nur ausnahmsweise zu erteilen (§ 9 Abs. 3 Satz 1 MuSchG; § 18 Abs. 1 Satz 2 BEEG; § 5 Abs. 2 Satz 1 PflegeZG). Im Verfahren ist der betroffene Arbeitnehmer zu beteiligen.[1411] Dieses Beteiligungsrecht und damit die Möglichkeit, die Unwirksamkeit der Kündigung geltend zu machen, nimmt der Arbeitgeber dem Arbeitnehmer durch sein Verhalten. Auch in Anlehnung an den Rechtsgedanken des § 162 Abs. 2 BGB kann der Arbeitgeber daher nicht tatsächlich darauf vertrauen, dass der Arbeitnehmer seine im Verwaltungsverfahren vereitelte Rechtsposition nicht im Wege der Kündigungsschutzklage geltend machen wird. Dies gilt umso mehr, als der Gesetzgeber mit § 4 Satz 4 KSchG gerade die Wertung zum Ausdruck bringt, dass der Berechtigte sein Recht zeitlich unbegrenzt geltend machen kann.

Nimmt der Arbeitgeber zudem wissentlich eine gemäß § 134 BGB nichtige Handlung vor, ist nicht ersichtlich, warum die Geltendmachung der Nichtigkeit durch den Arbeitnehmer jemals illoyal verspätet sein soll. Dies gilt umso mehr, als es allein in der Hand des Arbeitgebers liegt, durch ordnungsgemäßes Durchlaufen des behördlichen Zustimmungsverfahrens den Lauf der Klagefrist in Gang zu setzen und damit Rechtssicherheit zu schaffen.

1409 Vgl. hierzu bereits Kap.3 B.VIII.2.

1410 Vgl. *BAG*, Urt. v. 24.05.2006 – 7 AZR 201/05, NZA 2006, 1364.

1411 Vgl. § 87 Abs. 2 SGB IX; *Buchner/Becker*, MuSchG § 9 Rn. 243, BEEG § 18 Rn. 31.

cc) Zwischenergebnis

Das Recht, die Unwirksamkeit einer Kündigung wegen Verstoßes gegen den Sonderkündigungsschutz gerichtlich geltend zu machen, kann nicht verwirken. Soweit ein derartiger Verstoß innerhalb der Frist des § 4 Satz 1 KSchG geltend zu machen ist, steht die gesetzliche Frist der Erfüllung von Zeit- und Umstandsmoment entgegen. Die Rechtsausübung innerhalb der Frist ist nicht illoyal verspätet. Zudem muss der Berechtigte in dieser Zeit mit der Rechtsausübung rechnen.

Der Arbeitnehmer kann die Unzulässigkeit der Kündigung nach § 4 Satz 4 KSchG zeitlich grundsätzlich unbefristet rügen, wenn der Arbeitgeber trotz Kenntnis der Zustimmungsbedürftigkeit ohne Zustimmung der zuständigen Behörde gekündigt hat. Entgegen der h.M. scheidet der Eintritt der Verwirkung mangels Schutzbedürftigkeit aus. Die Verwirkung bezweckt nicht, den Verpflichteten gerade aufgrund seines gesetzeswidrigen Verhaltens von seiner Verpflichtung zu befreien. Zudem kann er kein Vertrauen auf die Nichtgeltendmachung entwickeln. Somit wird die gerichtliche Geltendmachung der Unwirksamkeit der Kündigung durch die Verwirkung nicht zeitlich begrenzt.

3. Sonstige Rechte im Zusammenhang mit der Kündigung

a) Nichteinhaltung der Kündigungsfrist

Hält der Arbeitgeber die Kündigungsfrist nicht ein, führt dies nicht zur Unwirksamkeit der Kündigung.[1412] Streitig ist allerdings, ob die Nichteinhaltung der Kündigungsfrist innerhalb der Frist des § 4 Satz 1 KSchG geltend zu machen ist.[1413] Hieran knüpft die Frage an, ob bzw. unter welchen Voraussetzungen das Recht verwirken kann, die Nichteinhaltung der Kündigungsfrist geltend zu machen.

aa) Rechtsprechung und Literatur

Das Bundesarbeitsgericht geht davon aus, dass das Recht verwirken kann, sich auf die Nichteinhaltung der Kündigungsfrist zu berufen. Dies müsse erst recht gelten, wenn schon das Recht verwirken könne, sich auf die Unwirksamkeit einer Kündigung zu berufen. Denn die Nichteinhaltung der Kündigungsfrist führe nicht zur Unwirksamkeit der Kündigung, sondern nur zu einem späteren Beendigungszeitpunkt des Arbeitsverhältnisses.[1414]

In dem entschiedenen Fall hatte die Klägerin die zunächst fristgemäß gegen die Betriebsveräußerin erhobene Kündigungsschutzklage zurückgenommen. Sechs

1412 *BAG*, Urt. v. 18.04.1985 – 2 AZR 197/84, NZA 1986, 229. Str. ist jedoch, unter welchen Voraussetzungen die nicht fristgemäße Kündigung in eine Kündigung zum nächstmöglichen Termin auszulegen (§§ 133, 157 BGB) oder umzudeuten (§ 140 BGB) ist.

1413 Ausführlich ErfK/*Kiel*, KSchG § 4 Rn. 5; BeckOKArbR/*Kerwer*, KSchG § 4 Rn. 20 f., jeweils m.w.N.

1414 *BAG*, Urt. v. 21.08.2008 – 8 AZR 201/07, NZA 2009, 29.

Monate später machte sie gegen die Betriebserwerberin klageweise einen Wiedereinstellungsanspruch geltend. Sie berief sich darauf, dass zum Zeitpunkt des Betriebsübergangs zwischen ihr und der Betriebsveräußerin ein Arbeitsverhältnis bestanden habe, da diese die ordentliche Kündigungsfrist nicht eingehalten habe. Das Gericht sah das Zeitmoment als erfüllt an.

Weiter führte es aus, dass Streitgegenstand der Klage die Frage sei, ob ein Arbeitsverhältnis anlässlich der Kündigung zu dem beabsichtigten Termin aufgelöst worden sei. Aufgrund der Klagerücknahme habe die Veräußerin davon ausgehen dürfen, dass die Klägerin mit der Kündigung, auch zum genannten Termin, einverstanden sei, zumal diese nichts Gegenteiliges erklärt habe. Dieses Vertrauen habe die Klägerin durch weiteres Zuwarten bis zur erneuten Klageerhebung bestärkt. Daher sei auch das Umstandsmoment erfüllt.

Die Literatur folgt dem Bundesarbeitsgericht, wonach die Nichteinhaltung der Kündigungsfrist nicht der Frist des § 4 Satz 1 KSchG unterliegen soll, sondern lediglich der Verwirkung. Deren Tatbestandsvoraussetzungen konkretisiert sie jedoch nicht näher.[1415]

bb) Bewertung

Das Recht zur Geltendmachung der Nichteinhaltung der Kündigungsfrist kann nach den allgemeinen Grundsätzen verwirken. Dies gilt jedoch nur dann, wenn man davon ausgeht, dass die Nichteinhaltung auch außerhalb der Frist des § 4 Satz 1 KSchG geltend gemacht werden kann.[1416]

Das Zeitmoment beginnt mit Zugang der Kündigung zu laufen. Ab diesem Zeitpunkt ist das Recht ausübbar, sich auf die Nichteinhaltung der Kündigungsfrist zu berufen.[1417]

Beim Umstandsmoment begründet wie schon mehrfach ausgeführt die bloße Untätigkeit, d.h. vorliegend insbesondere die Nichterhebung einer Klage über längere Zeit, für sich genommen kein Vertrauen. Gleiches gilt für die Klagerücknahme (vgl. § 269 Abs. 6 ZPO).[1418] Nach der gesetzlichen Wertung des § 269 Abs. 6 ZPO

1415 Vgl. z.B. KR/*Spilger*, BGB § 622 Rn. 140; ErfK/*Kiel*, KSchG § 4 Rn. 5; H/W/K/*Quecke*, KSchG § 4 Rn. 6; MüArbRHb/*Berkowsky*, § 126 Rn. 27; *Quecke*, RdA 2004, 86 (98); *Genenger*, RdA 2010, 274 (279).

1416 Geht man dagegen von der Fristbindung aus, ist die Verwirkung ausgeschlossen. Die Rechtsausübung innerhalb der Frist ist nicht illoyal verspätet. Zudem muss der Berechtigte in dieser Zeit mit der Rechtsausübung rechnen. Zeit- und Umstandsmoment scheiden damit aus.

1417 Dies verkennt das BAG im Urteil vom 21.08.2008 (8 AZR 201/07, NZA 2009, 29) ebenfalls.

1418 Wie hier *BAG*, Urt. v. 09.07.1958 – 2 AZR 438/56, NJW 1958, 1988; Urt. v. 20.05.2008 – 9 AZR 219/07, NZA 2008, 1237; Urt. v. 20.04.2011 – 4 AZR 368/09, NZA-RR 2011, 609; a.A. in einem Urteil zur Prozessverwirkung Urt. v. 02.11.1961 – 2 AZR 66/61, DB 1962, 172; ebenso Thüsing/Laux/Lembke/*Wiehe*, KSchG § 4 Rn. 4; MüKo/*Roth*/*Schubert*, BGB § 242 Rn. 374.

steht dem Kläger nach einer Klagerücknahme eine neue Klageerhebung frei. Schon deshalb kommt ihr keine vertrauensbegründende Wirkung zu.[1419]

Einzelfallabhängig ist zu beurteilen, inwieweit Umstände in Zusammenhang mit der Beendigung des Arbeitsverhältnisses besonderes Vertrauen begründen können. Als vertrauensbegründender Umstand kann z.B. ein rechtskräftig abgeschlossenes Kündigungsschutzverfahren in Betracht kommen, in dessen Rahmen der Arbeitnehmer allein die Sozialwidrigkeit der Kündigung gerügt hatte. Hat der Gekündigte nach Ausscheiden aus dem Arbeitsverhältnis noch Rechte aus dem Arbeitsverhältnis geltend gemacht (Gratifikationsansprüche etc.) und ist ein nicht unerheblicher weiterer Zeitraum vergangen, kann dies ebenfalls vertrauensbegründend wirken.

Allein, dass der ehemalige Arbeitnehmer einen neuen Arbeitsvertrag mit einem Dritten abschließt, begründet dagegen kein besonderes Vertrauen. Denn die Wirksamkeit der Kündigung war zwischen den ursprünglichen Vertragsparteien – spätestens nach Ablauf der Frist nach § 4 Satz 1 KSchG – unstreitig. Sie spiegelt sich in der Begründung eines neuen Arbeitsverhältnisses nur wieder. Dies lässt jedoch keine Rückschlüsse auf die (Nicht-)Geltendmachung einer zu kurz bemessenen Kündigungsfrist zu.

Aus demselben Grund begründet die Abwicklung des Arbeitsverhältnisses (z.B. Aushändigung der Arbeitspapiere, Zeugniserteilung etc.) für sich genommen ebenfalls kein besonderes Vertrauen; zumal sich die Fehlerhaftigkeit der zu kurz bemessenen Kündigungsfrist in den Papieren lediglich fortsetzt. Ohne weitere Anhaltspunkte ist daher nicht davon auszugehen, dass der ehemalige Arbeitnehmer

---

1419 *BAG*, Urt. v. 09.07.1958 – 2 AZR 438/56, NJW 1958, 1988; Urt. v. 20.05.2008 – 9 AZR 219/07, NZA 2008, 1237; Urt. v. 20.04.2011 – 4 AZR 368/09, NZA-RR 2011, 609. Widersprüchlich daher Urt. v. 01.04.1981 – 4 AZR 80/79, juris; Urt. v. 21.08.2008 – 8 AZR 201/07, NZA 2009, 29. Auch im Übrigen überzeugt letzteres, auch o.a. Urteil nicht. Das *BAG* geht davon aus, der Arbeitgeber habe wegen etwaiger betrieblicher und wirtschaftlicher Belastungen ein besonders schutzwürdiges Interesse zu wissen, ob ein zum Zeitpunkt der Einstellung des Geschäftsbetriebes gekündigter Arbeitnehmer die Beendigung seines Arbeitsverhältnisses zum Kündigungstermin akzeptiere. Diese typisierte Annahme ist schon mit dem Zweck der Verwirkung (Vertrauensschutz im konkreten Einzelfall) nicht vereinbar. Zudem ist nicht ersichtlich, dass die vermeintlich aus der Unsicherheit resultierenden Belastungen bei Aufgabe des Betriebes größer sind, als bei dessen Weiterführung. Weiter wertet das *BAG* den Umstand als vertrauensbegründend, dass die Veräußerin sich gegenüber der Erwerberin vertraglich zum Schadensersatz für den Fall verpflichtet habe, dass Arbeitnehmer nach § 613a BGB auf diese übergehen. Es gibt kein schutzwürdiges Interesse des Veräußerers, das aus einer betrieblichen oder wirtschaftlichen Belastung infolge der Unsicherheit ob der Beendigung des Arbeitsverhältnisses folgen soll. Liegt ein Betriebsübergang vor, gehen die Arbeitsverhältnisse auf den Erwerber über. Die Belastungen resultieren somit allein aus der von der Veräußerin mitgetragenen Vertragsgestaltung.

mit ihrer Entgegennahme zum Ausdruck bringt, mit dem tatsächlichen Beendigungstermin einverstanden zu sein.

Zuletzt scheidet das Umstandsmoment dann aus, wenn der Arbeitgeber die Kündigungsfrist unwissentlich zu kurz bemessen hat. In diesem Fall hat er keine Kenntnis vom Recht des Berechtigten. Daher kann er auch kein Vertrauen in dessen Nichtgeltendmachung entwickeln.

cc) Zwischenergebnis

Das Recht zur Geltendmachung der Nichteinhaltung der Kündigungsfrist kann verwirken. Dies gilt jedoch nur, wenn man davon ausgeht, dass die zu kurz bemessene Kündigungsfrist nicht innerhalb der Frist des § 4 Satz 1 KSchG zu rügen ist; andernfalls scheiden Zeit- und Umstandsmoment aufgrund der starren Frist aus. Im Übrigen wird die Verwirkung in der Praxis nur selten zu bejahen sein, da das Umstandsmoment kaum jemals erfüllt sein wird. Die bloße Untätigkeit (Nichterheben einer Klage) begründet kein besonderes Vertrauen. Zudem wird aufgrund der Beendigung des Arbeitsverhältnisses regelmäßig kein Kontakt zwischen den ehemaligen Vertragsparteien bestehen. Die Entwicklung von Vertrauen wird daher beim Arbeitgeber schon mangels Kenntnis der vertrauensbegründenden Umstände ausscheiden.

b) Nachschieben von Kündigungsgründen

Nach § 626 Abs. 2 Satz 3 BGB muss der Kündigende dem anderen Teil auf Verlangen den Kündigungsgrund unverzüglich schriftlich mitteilen. Hiervon zu trennen ist das sog. Nachschieben von Kündigungsgründen, d.h. das Ergänzen oder Ersetzen der ursprünglichen Begründung der Kündigung durch weitere Kündigungsgründe.[1420] Hinsichtlich vor der Kündigung entstandener Gründe ist dies nach h.M. zulässig, unabhängig davon, ob sie dem Kündigenden bei Kündigungszugang bekannt waren.[1421] Allerdings macht die h.M. eine Einschränkung bei der außerordentlichen Kündigung. „Gründe, die dem Kündigenden länger als zwei Wochen vor Zugang der Kündigung bekannt" waren (vgl. § 626 Abs. 2 BGB), „dürfen nur dann unterstützend zur Rechtfertigung herangezogen werden, wenn die früheren Vorgänge mit den innerhalb der Ausschlussfrist bekannt gewordenen in einem so engen sachlichen Zusammenhang stehen, dass die neuen Vorgänge ein weiteres und letztes Glied in der Kette der Ereignisse bilden, die zum Anlass der Kündigung genommen worden sind".[1422]

Da der Kündigende in dem o.a. Rahmen daher grundsätzlich zeitlich unbegrenzt Kündigungsgründe nachschieben kann, soll nachfolgend untersucht werden, ob die Verwirkung ausnahmsweise eine solche Grenze bilden kann.

1420 KR/*Fischermeier*, BGB § 626 Rn. 178.

1421 Vgl. statt vieler KR/*Fischermeier*, BGB § 626 Rn. 176 ff. m.w.N.

1422 KR/*Fischermeier*, BGB § 626 Rn. 187, mit zahlreichen weiteren Nachweisen.

aa) Rechtsprechung

Das Bundesarbeitsgericht hat sich bislang nicht direkt zur Verwirkung des Nachschiebens von Kündigungsgründen geäußert. Allerdings führte es in einem Urteil zur Verwirkung des ordentlichen Kündigungsrechts aus: „Es ist eine bloße Frage der (Prozeß-)Taktik, ob sich ein Arbeitgeber, der sich zur Kündigung entschlossen hat, sofort auf alle ihm bekannten Kündigungsgründe beruft, oder ob er sich zunächst mit der Geltendmachung einzelner Kündigungsgründe begnügt, z.B. weil er diese für leichter darstellbar und sicher erfolgversprechend ansieht. Materiellrechtlich kann er weitere Gründe jederzeit nachschieben, wenn er dies für opportun hält und wenn er auf deren Geltendmachung nicht verzichtet hat".[1423]

bb) Literatur

Schwerdtner sieht in der Verwirkung eine zeitliche Grenze für das Nachschieben von Kündigungsgründen. So soll der Kündigende dann keine Gründe mehr nachschieben können, wenn er bei der Kündigungserklärung bereits Gründe angegeben hat, später weitere Gründe nachschiebt und damit den Eindruck erweckt, alle die Kündigung rechtfertigenden Gründe abschließend offenbart zu haben.[1424]

cc) Bewertung

Das Nachschieben von Kündigungsgründen kann nicht verwirken. Nach hier vertretener Ansicht stellt das Nachschieben von Kündigungsgründen bereits keine

---

1423 *BAG*, Urt. v. 20.08.1998 – 2 AZR 736/97, ZTR 1998, 565. Im Urt. v. 30.01.1963 – 2 AZR 143/62, NJW 1963, 1267, erwähnt das Gericht beiläufig die Verwirkung, lässt aber nicht erkennen, ob in der Bedeutung der illoyal verspäteten Rechtsausübung oder des Rechtsverlusts infolge rechtlich missbilligten Verhaltens. In der Instanzrechtsprechung hat das *LAG Sachsen-Anhalt* die Verwirkung in einem Fall bejaht, in dem der Arbeitgeber einen ihm bekannten Kündigungsgrund über zwei Jahre nach Kündigungsausspruch nachgeschoben hatte (Urt. v. 15.11.1995 – 3 Sa 1016/94, PersR 1996, 323).

1424 *Schwerdtner*, ZIP 1981, 809, (811), unter Verweis auf *OLG Stuttgart*, Urt. v. 27.02.1979 – 12 U 171/77, WM 1979, 1296; ebenso KR/*Fischermeier*, BGB § 626 Rn. 179, 190; einschränkend KR/*Griebeling*, KSchG § 1 Rn. 245, wonach regelmäßig das Umstandsmoment ausscheide. Das *OLG Stuttgart* wiederum nimmt für seine Auffassung Bezug auf die Entscheidungen *BGH*, Urt. v. 05.05.1958 – II ZR 245/56, BB 1958, 667, und *BAG*, Urt. v. 05.05.1977 – 2 AZR 297/76, NJW 1978, 723. Der BGH lehnte das Nachschieben im entschiedenen Fall jedoch wegen Verstoßes gegen Treu und Glauben ab, ohne diesen in einer verspäteten Geltendmachung zu erblicken. Das Urteil des BAG betraf demgegenüber bereits nur die Verwirkung des Kündigungsrechts, nicht des Nachschiebens von Kündigungsgründen. Die Verwirkbarkeit ebenfalls bejahend H/B/D/*Bröhl*, BGB § 626 Rn. 150; Moll/*Ulrich*, § 43 Rn. 96. A.A. wohl Thüsing/Laux/Lembke/*Steljes*, BGB § 242 Rn. 10.

eigenständige, verwirkbare Rechtsposition dar. Unabhängig davon scheidet auch nach den allgemeinen Grundsätzen regelmäßig die Erfüllung des Umstandsmoments aus.[1425]

Nur bei subjektiven Rechten kann davon gesprochen werden, ihre Ausübung stehe in Widerspruch zu der länger andauernden Nichtausübung, die beim Verpflichteten einen entsprechenden Vertrauenstatbestand begründet hat.[1426] Das subjektive Recht ist allein das Kündigungsrecht. Das Nachschieben von Kündigungsgründen erschöpft sich in der bloßen Mitteilung des Sachverhalts, der zum Zeitpunkt des Kündigungsausspruchs vorlag und das Kündigungsrecht erst begründet hat. Eine eigenständige, verwirkbare Rechtsposition liegt nicht vor. Dafür spricht schon, dass bei einer außerordentlichen Kündigung nachträglich bekannt gewordene Gründe auch unabhängig von der Frist nach § 626 Abs. 2 Satz 1 BGB nachgeschoben werden können.[1427]

Gegen die Verwirkbarkeit spricht auch nachfolgende Kontrollüberlegung: Vorbehaltlich einzelner gesetzlicher (§ 9 Abs. 3 Satz 2 MuSchG, § 22 Abs. 3 BBiG) oder vertraglich vereinbarter Regelungen ist der Arbeitgeber nicht verpflichtet, eine Kündigung zu begründen. Allerdings kann der Arbeitnehmer gemäß § 626 Abs. 3 Satz 2 BGB[1428] die Angabe der Kündigungsgründe verlangen. Der Arbeitgeber muss in diesem Fall die Gründe „wahrheitsgemäß und vollständig angeben".[1429] Bei einem Verstoß macht sich der Arbeitgeber zwar schadensersatzpflichtig, die Kündigung ist jedoch nach h.M. nicht sozialwidrig.[1430] Würde man dagegen die Verwirkung zulassen, würde dies dazu führen, dass der Arbeitgeber einzelne Kündigungsgründe nicht nachschieben dürfte. Die Kündigung wäre daher ggf. sozialwidrig. Damit würde der Arbeitgeber bei unterlassener Mitteilung der Gründe im Ergebnis schlechter stehen, als wenn er dem Begründungsverlangen des Arbeitnehmers nicht ordnungsgemäß nachgekommen wäre.

Selbst wenn man diesen Erwägungen nicht folgen wollte, ist die Verwirkung faktisch ausgeschlossen. Es sind keine besonderes Vertrauen begründende Umstände ersichtlich, die das Umstandsmoment erfüllen würden.

Die materiell-rechtliche Verwirkung schützt das tatsächliche Vertrauen in die Nichtgeltendmachung einer Rechtsposition. Vorliegend hat der Arbeitgeber regelmäßig jedoch überhaupt keinerlei Veranlassung sein Recht (Begründung der

---

1425 In der Tendenz ebenso KR/*Griebeling*, KSchG § 1 Rn. 245.

1426 *BGH*, Urt. v. 21.10.2005 – V ZR 169/04, NJW-RR 2006, 235, unter Verweis auf Beschl. v. 01.07.1994 – BLw 95/93, WM 1994, 1944.

1427 *BAG*, Urt. v. 04.06.1997 – 2 AZR 362/96, NZA 1997, 1158; Urt. v. 18.01.1980 – 7 AZR 260/78, NJW 1980, 2486.

1428 Bei der ordentlichen Kündigung aufgrund einer arbeitsvertraglichen Nebenpflicht, KR/*Griebeling*, KSchG § 1 Rn. 238.

1429 KR/*Fischermeier*, BGB § 626 Rn. 38.

1430 Vgl. statt vieler KR/*Griebeling*, KSchG § 1 Rn. 239; KR/*Fischermeier*, BGB § 626 Rn. 37, 39, jeweils m.w.N.

Kündigung bzw. Nachschieben von Kündigungsgründen) auszuüben. Die Nichtgeltendmachung der Rechtsposition stellt daher den Normalfall dar, ohne dass es eines tatsächlichen Vertrauens bedürfte.

Bei der außerordentlichen Kündigung ist die Entwicklung tatsächlichen Vertrauens zudem per se ausgeschlossen. Durch Ausspruch einer außerordentlichen Kündigung hat der Arbeitgeber deutlich gemacht, das Arbeitsverhältnis in jedem Fall beenden zu wollen. Der Arbeitnehmer kann daher nicht darauf vertrauen, dass der Arbeitgeber keine weiteren Gründe nachschieben oder nicht aus den gleichen Gründen erneut kündigen wird.[1431]

Hinsichtlich der ordentlichen Kündigung hat das Bundesarbeitsgericht zutreffend ausgeführt, dass es sich um eine bloße Frage der (Prozeß-)Taktik handelt, ob der Arbeitgeber sofort alle oder zunächst nur einzelne Kündigungsgründe anführt.[1432] Unabhängig davon, ob es auch nach dieser Aussage nahe liegt, die Verwirkbarkeit an sich bereits in Zweifel zu ziehen: Der Arbeitnehmer kann nicht darauf vertrauen, dass der Arbeitgeber keine weiteren Kündigungsgründe nachschiebt. Denn er kann nicht ausschließen, dass dies allein prozesstaktischen Überlegungen geschuldet ist. Deswegen erfüllt auch der von *Schwerdtner* geschilderte Beispielsfall[1433] nicht die Verwirkungsvoraussetzungen. Erfolgte die Angabe von Kündigungsgründen dort auf Verlangen des Arbeitnehmers, hätte sich der Arbeitgeber allenfalls schadensersatzpflichtig gemacht. Denn die Angabe der Kündigungsgründe erfolgte nicht „wahrheitsgemäß und vollständig“[1434]. Ein Verwirkungsfall läge dann jedoch schon nicht vor.

dd) Zwischenergebnis

Das Nachschieben von Kündigungsgründen kann nach allgemeinen Grundsätzen nicht verwirken. Die gegenteilige h.M. im Schrifttum ist abzulehnen. Das Nachschieben von Kündigungsgründen stellt bereits keine eigenständige, verwirkbare Rechtsposition dar. Zudem sind keine besonderes Vertrauen begründende Umstände ersichtlich, die das Umstandsmoment erfüllen würden. Die Nichtgeltendmachung des Rechts, d.h. keine Kündigungsgründe nachzuschieben, bildet vielmehr den Regelfall.

1431 *BAG*, Urt. v. 20.08.1998 – 2 AZR 736/97, ZTR 1998, 565; Urt. v. 25.11.1982 – 2 AZR 21/81, DB 1984, 883.

1432 *BAG*, Urt. v. 20.08.1998 – 2 AZR 736/97, ZTR 1998, 565. Unabhängig davon ist der Arbeitnehmer im Rahmen der Kündigungsschutzklage ausreichend durch die Verteilung der Darlegungs- und Beweislast sowie durch Präklusionsvorschriften (§ 46 Abs. 2 ArbGG i.V.m. § 296 ZPO) geschützt. Eines weitergehenden Schutzes durch die Verwirkung bedarf es daher schon nicht.

1433 *Schwerdtner*, ZIP 1981, 809, (811).

1434 KR/*Fischermeier*, BGB § 626 Rn. 38.

II. Anfechtung der auf Abschluss eines Arbeits-/ Aufhebungsvertrages gerichteten Willenserklärung

Im Zusammenhang mit der Beendigung des Arbeitsverhältnisses soll zuletzt die Verwirkung des Rechts zur Anfechtung von Willenserklärungen untersucht werden.[1435] Die größte Relevanz entfaltet die Anfechtung von Willenserklärungen im Arbeitsrecht im Hinblick auf Arbeits- und Aufhebungsverträge[1436], sei es auf Grundlage von § 119 Abs. 1 BGB oder § 123 Abs. 1 BGB.[1437] Nachfolgend soll untersucht werden, ob bzw. unter welchen Voraussetzungen eine Verwirkung des Anfechtungsrechts in Betracht kommt.

1. Rechtsprechung

a) § 119 BGB

Es existiert bislang keine arbeitsgerichtliche Rechtsprechung, die sich mit einer Verwirkung des Anfechtungsrechts nach § 119 BGB auseinandersetzt.[1438]

b) § 123 Abs. 1 BGB

Nach der Rechtsprechung des Bundesarbeitsgerichts kann das Recht verwirken, die auf Abschluss eines Arbeits- oder Aufhebungsvertrages gerichteten Willenserklärungen nach § 123 Abs. 1 BGB anzufechten.[1439]

1435 Aufgrund der vergleichbaren Problematik werden Aufhebungsverträge mitbehandelt, auch wenn die erfolgreiche Anfechtung der diesen zu Grunde liegenden Willenserklärungen zum Fortbestand des Arbeitsverhältnisses führt. Zur prozessualen Geltendmachung der Nichtigkeit eines angefochtenen Aufhebungsvertrages (Prozessverwirkung), s.u. Kap.3 B.III.3.d). Zur materiell-rechtlichen Verwirkung vgl. *Hromadka*/FS Zöllner, 785 (795 ff.); *Franz*, S. 507 f.

1436 Zur Anfechtung einer Verzichtserklärung vgl. *ArbG Köln*, Urt. v. 05.10.2004 – 4 (8) Ca 9680/04, EzAÜG § 123 BGB Nr. 1.

1437 Umstritten ist dabei, inwieweit Rückabwicklungsschwierigkeiten und Gesichtspunkte des Arbeitnehmerschutzes Einschränkungen der Anfechtung bei Arbeitsverträgen rechtfertigen, vgl. statt vieler Staudinger/*Singer*, § 119 Rn. 111 m.w.N.

1438 Zwar spricht das *BAG* im Urteil vom 14.12.1979 (7 AZR 38/78, NJW 1980, 1302) von einer „Verwirkung" des Anfechtungsrechts nach § 119 Abs. 2 BGB. Es ließ die Anfechtung jedoch daran scheitern, dass diese nicht unverzüglich i.S.d. § 121 BGB erfolgte. Sonst finden sich keine Ausführungen zum Zeit- oder Umstandsmoment. Daher ist nicht von der Verwirkung im Sinne der illoyal verspäteten Rechtsausübung auszugehen.

1439 Auch die Instanzgerichte gehen von der grundsätzlichen Verwirkbarkeit des Rechts nach § 123 BGB aus. Im entschiedenen Fall bejaht: *LAG Köln*, Urt. v. 13.05.1994 – 13 Sa 247/94, ARST 1994, 177; Urt. v. 03.05.2000 – 2 Sa 78/00, ZTR 2001, 43. Verneint: *Thüringer Landesarbeitsgericht*, Urt. v. 23.07.1997 – 4 Sa 165/96, juris; *LAG Hamm*, Urt. v. 06.11.2003 – 8 (16) Sa 1072/03, juris.

aa) Anfechtung bei Aufhebungsverträgen
Es liegt lediglich ein Urteil des Bundesarbeitsgerichts vor, in dem die Anfechtung nach § 123 Abs. 1 BGB einen Aufhebungsvertrag betraf.[1440] Der Kläger hatte die Anfechtung 11 Monate nach Vertragsschluss bzw. einen Monat vor dem im Aufhebungsvertrag vereinbarten Ende des Arbeitsverhältnisses erklärt. Das Gericht ging nicht darauf ein, ob damit das Zeitmoment erfüllt sei. Vielmehr führte es aus, dass es aufgrund der zur Anfechtung eingeräumten Jahresfrist (§ 124 Abs. 1 BGB) und der Regelung des § 144 Abs. 1 BGB zur Bejahung der Verwirkung ganz besonderer Umstände bedürfe. Andernfalls drohten diese gesetzlichen Vorgaben durch § 242 BGB ausgehöhlt zu werden. Solche besonderen Umstände lägen nicht vor. Der Kläger habe „nach Abschluss des Aufhebungsvertrags lediglich vereinbarungsgemäß weitergearbeitet, ohne durch besondere Handlungen oder Äußerungen bei der Beklagten einen Vertrauenstatbestand geweckt zu haben." Dies erfülle nicht das Umstandsmoment.

bb) Anfechtung bei Arbeitsverträgen
Dagegen hat das Bundesarbeitsgerichts schon mehrfach zur Verwirkung in Fällen entschieden, in denen die Anfechtung nach § 123 Abs. 1 BGB Arbeitsverträge betraf.

In einem Fall lagen zwischen Kenntniserlangung und Anfechtungserklärung 10 Monate. Das Bundesarbeitsgericht bejahte die Erfüllung des Zeitmoments. Zuvor war eine außerordentliche Kündigung am Widerspruch des Personalrats gescheitert. Einen Aufhebungsvertrag hatte der Kläger abgelehnt. Aufgrund der nachfolgenden, achtmonatigen, vorbehaltslosen Weiterbeschäftigung bis zur Anfechtung durfte er daher davon ausgehen, dass die Beklagte das Arbeitsverhältnis nicht mehr auflösen wolle. Damit sei das Umstandsmoment erfüllt.[1441]

In der Mehrzahl der Fälle verneinte das Bundesarbeitsgericht dagegen die Erfüllung der Verwirkungsvoraussetzungen jeweils mit der gleichen Begründung. Das Zeitmoment sei bei einer Anfechtungserklärung innerhalb von siebeneinhalb (bzw. fünf) Monaten nach Kenntniserlangung nicht erfüllt. Hinsichtlich des Umstandsmoments habe der Kläger nicht vorgetragen, dass die Beklagte zu erkennen gegeben habe, die Prüfung der Vorwürfe sei abgeschlossen, sodass eine Anfechtung nicht mehr erfolgen werde.[1442]

1440 *BAG*, Urt. v. 28.11.2007 – 6 AZR 1108/06, NZA 2008, 348. Aus der Instanzrechtsprechung: *LAG Hamm*, Urt. v. 24.08.2011 – 3 Sa 397/11, juris.

1441 *BAG*, Urt. v. 13.04.2000 – 2 AZR 258/99, RzK I 9h Nr. 34.

1442 *BAG*, Urt. v. 28.05.1998 – 2 AZR 549/97, NZA 1998, 1052; Urt. v. 20.05.1999 – 2 AZR 320/98, NZA 1999, 975; Urt. v. 16.12.2004 – 2 AZR 148/04, ZTR 2005, 379, wobei das Gericht keine Ausführungen zum Umstandsmoment macht. Dort erfolgte die Anfechtung zudem bereits nach drei Wochen.

2. Literatur

Das zivilrechtliche Schrifttum bejaht die Verwirkbarkeit des Anfechtungsrechts nach § 119 Abs. 1 BGB, ohne jedoch die Verwirkungsvoraussetzungen zu konkretisieren.[1443] Überwiegend geht auch die arbeitsrechtliche Literatur davon aus, dass das Anfechtungsrecht aus Treu und Glauben nach dem Grundsatz der Verwirkung eingeschränkt ist, „wenn der Anfechtungsgrund objektiv für die Durchführung des Arbeitsverhältnisses keine Bedeutung mehr hat."[1444] Hinsichtlich der Verwirkung des Anfechtungsrechts nach § 123 Abs. 1 BGB folgt die Literatur der Rechtsprechung.[1445]

Speziell für den Fall, dass der Arbeitgeber den Arbeitnehmer durch rechtswidrige Androhung einer Kündigung zum Abschluss eines Aufhebungsvertrages bewegt hat, bejaht *Hromadka* eine Verwirkung des Anfechtungsrechts nach drei Wochen (§ 2 Satz 2 KSchG analog).[1446]

Dagegen lehnt *Franz* eine Verwirkung des Anfechtungsrechts nach § 123 Abs. 1 BGB ab. Der Arbeitgeber müsse binnen der Jahresfrist (§ 124 Abs. 1 BGB) immer mit der Ausübung des Anfechtungsrechts rechnen. Mit Blick auf das eigene Verhalten (widerrechtliche Drohung, arglistige Täuschung) sei für ihn zudem das Fortbestehen des Arbeitsvertrages erkennbar.[1447]

1443 Staudinger/*Singer*, § 119 Rn. 105; MüKo/*Kramer*, BGB § 119 Rn. 141; NK-BGB/*Feuerborn*, § 119 Rn. 22; Soergel/*Hefermehl*, § 121 Rn. 11.

1444 ErfK/*Preis*, BGB § 611 Rn. 363; A/P/S/*Preis*, K Rn. 60. Ebenso Mues/Eisenbeis/*Laber*, Teil 1 Rn. 697; Backmeister/*Trittin*/Mayer, BGB § 611 Rn. 225. I.E. ebenso, jedoch ohne den Verwirkungsbegriff zu gebrauchen: MüArbRHb/*Richardi*/*Buchner*, § 34 Rn. 31.

1445 A/P/S/*Rolfs*, Aufhebungsvertrag Rn. 96; *Giesing*, S. 197. Ebenso im allgemeinen Zivilrecht: *BGH*, Urt. v. 28.04.1971 – VIII ZR 258/69, NJW 1971, 1795; Staudinger/*Singer*/*v. Finkenstein*, § 124 Rn. 9; MüKo/*Kramer*, BGB § 124 Rn. 9; Erman/*Arnold*, BGB § 124 Rn. 23; PWW/*Ahrens*, § 124 Rn. 1; Soergel/*Hefermehl*, § 124 Rn. 5.

1446 *Hromadka*/FS Zöllner, 785 (790 ff.). Dies ist abzulehnen. Eine Verwirkung infolge reinen Zeitablaufs scheidet dogmatisch aus. Das Umstandsmoment würde entwertet und die gesetzliche Verjährungssystematik unterlaufen. Zudem ist die Ansicht *Hromadkas* nicht mit dem Verwirkungszweck zu vereinbaren, Vertrauensschutz im Einzelfall zu schaffen. Ebenso *Giesing*, S. 197; *Burkardt*, S. 233 ff., die zudem zutreffend die von *Hromadka* befürwortete Beschränkung auf den Fall der Androhung einer Kündigung als nicht überzeugende Differenzierung ablehnen. *Burkardt* weist zudem zutreffend darauf hin, dass die Vergleichbarkeit mit der Änderungskündigung nicht überzeugt, da der Arbeitnehmer dort das Angebot unter Vorbehalt annehmen kann (S. 234). Die Frist des § 2 Satz 2 KSchG könne daher nicht analog herangezogen werden.

1447 *Franz*, S. 506 f. Ebenso *Burkardt*, S. 233 ff.

3. *Bewertung*

a) Zu § 123 Abs. 1 BGB

Eine Verwirkung des Anfechtungsrechts nach § 123 Abs. 1 BGB scheidet nach allgemeinen Grundsätzen aus.

Der Gesetzgeber hat für die Ausübung des Anfechtungsrechts die starre Jahresfrist des § 124 Abs. 1 BGB vorgesehen. Eine derartige Regelung schließt die Verwirkung aus. Die Rechtsausübung in der vorgegeben Zeit ist nicht illoyal verspätet. Zudem muss der Verpflichtete innerhalb der Frist mit der Rechtsausübung gerade rechnen.[1448] Auch das Bundesarbeitsgericht geht davon aus, dass der Arbeitgeber nach §§ 123, 124 Abs. 1 BGB ein Jahr lang damit rechnen muss, dass ein Aufhebungsvertrag angefochten wird, zu dem er den Arbeitnehmer durch widerrechtliche Drohung bewogen hat.[1449] Allerdings versäumt es das Bundesarbeitsgericht, daraus konsequent den Ausschluss der Verwirkung zu folgern.[1450]

§ 124 Abs. 3 BGB steht der hier vertretenen Auffassung nicht entgegen. Danach ist die Anfechtung ausgeschlossen, wenn seit der Abgabe der Willenserklärung zehn Jahre verstrichen sind, d.h. die Frist des § 124 Abs. 1 BGB mangels Entdeckung der Täuschung bzw. Ende der Zwangslage (§ 124 Abs. 2 Satz 1 BGB) nicht angelaufen ist. Die o.a. Erwägungen lassen sich jedoch auch auf den Zehnjahreszeitraum übertragen.

Selbst wenn man dem nicht folgen wollte: In beiden Alternativen des § 123 Abs. 1 BGB scheidet die Entwicklung von Vertrauen aus.

Gemäß § 124 Abs. 2 Satz 1 Alt. 1 BGB beginnt die Frist bei der Täuschungsanfechtung mit Entdeckung der Täuschung durch den Anfechtungsberechtigten. Vor diesem Zeitpunkt hat der Berechtigte keine Kenntnis von seinem Recht. Die Unkenntnis ist auf das Verhalten des Verpflichteten zurückzuführen, der arglistig getäuscht hat. Die Verwirkung ist jedoch dann ausgeschlossen, wenn die Unkenntnis des Berechtigten von seinem Recht auf das Verhalten des Verpflichteten zurückgeht. Dieser kann dann nicht auf die Nichtgeltendmachung des Rechts

---

1448 Ebenso *Franz*, S. 506 f.; *Burkardt*, S. 235.

1449 *BAG*, Urt. v. 06.11.1997 – 2 AZR 162/97, NZA 1998, 374.

1450 *Franz*, S. 506 f., und *Burkardt*, S. 235, verneinen ebenfalls zutreffend die Verwirkbarkeit, allerdings ohne überzeugende Begründung. Sie wählen bereits den falschen Ansatzpunkt des für die Verwirkung maßgeblichen Vertrauens. Der Verpflichtete muss lediglich auf die Nichtgeltendmachung des Rechts vertrauen, hier also des Anfechtungsrechts. Dass der Arbeitgeber den Fortbestand des Arbeitsverhältnisses erkennen kann, ist demnach nicht maßgeblich. Zudem wird insoweit unterstellt, dass der Berechtigte sein Recht immer ausübt. Dies ist gerade mit Blick auf das Anfechtungsrecht unzutreffend. Der Gesetzgeber hat bewusst von der Nichtigkeit als automatische Rechtsfolge der arglistigen Täuschung oder widerrechtlichen Drohung abgesehen. Vielmehr hat der Berechtigte ein Wahlrecht, ob er am Vertrag trotz Täuschung oder Drohung festhalten will oder dessen Nichtigkeit durch Ausübung des Anfechtungsrechts herbeiführt, MüKo/*Kramer*, BGB § 124 Rn. 2 m.w.N.

vertrauen.[1451] Somit scheitert die Verwirkung des Anfechtungsrechts in der Täuschungsalternative an der Entwicklung tatsächlichen Vertrauens.

Auch bei der Anfechtung wegen widerrechtlicher Drohung scheidet die Verwirkung mangels Entwicklung tatsächlichen Vertrauens aus. Nach § 124 Abs. 2 Satz 1 Alt. 2 BGB läuft die Anfechtungsfrist mit Ende der Zwangslage an. Denn erst dann kann der Berechtigte frei über die Ausübung seines Wahlrechts entscheiden.[1452] Dies bedeutet jedoch gleichzeitig, dass der Verpflichtete kein Vertrauen auf die Nichtausübung des Rechts entwickeln kann, solange die Zwangslage andauert. Denn die Nichtausübung des Rechts in der andauernden Zwangslage ist nach der gesetzgeberischen Wertung gerade der Regelfall. Eine Vertrauensentwicklung und damit die Verwirkung käme daher erst mit Ende der Zwangslage in Betracht. Dann läuft jedoch die Jahresfrist nach § 124 Abs. 1 Abs. 2 Satz 1 Alt. 2 BGB an und die Verwirkung scheidet aus o.a. Erwägungen aus.

Bejaht man dennoch entgegen der hier vertretenen Auffassung die Verwirkbarkeit des Anfechtungsrechts, ist nicht ersichtlich, wann die Tatbestandsvoraussetzungen in der Praxis jemals erfüllt sein sollten. Ist die für das Zeitmoment erforderliche Zeitspanne verstrichen, wird sich regelmäßig die Frage stellen, ob das Anfechtungsrecht nicht bereits wegen § 144 BGB[1453] oder mangels objektiver Relevanz des Anfechtungsgrundes ausscheidet. Für die Verwirkung bleibt dann kein Raum mehr.

b) Zu § 119 BGB

Auch eine Verwirkung des Anfechtungsrechts nach § 119 BGB scheidet nach allgemeinen Grundsätzen aus.

Nach § 121 Abs. 1 Satz 1 BGB muss die Anfechtung ohne schuldhaftes Zögern (unverzüglich) erfolgen, nachdem der Anfechtungsberechtigte von dem Anfechtungsgrund Kenntnis erlangt hat. Aus den o.a. Erwägungen schließt auch hier die gesetzliche Frist die illoyal verspätete Rechtsausübung (Zeitmoment) wie auch das Vertrauen in die Nichtausübung (Umstandsmoment) aus. Zwar handelt es sich insoweit im Gegensatz zu § 124 Abs. 1 BGB nicht um eine starre Frist.[1454] Jedoch normiert § 121 Abs. 1 Satz 1 BGB als Ausnahme zum allgemeinen Grundsatz eine

---

1451 S.o. B.IV.

1452 Vgl. MüKo/*Kramer*, BGB § 124 Rn. 4.

1453 In diesem Sinne auch die bereits o.a. Rechtsprechung des BAG (Urt. v. 28.11.2007 – 6 AZR 1108/06, NZA 2008, 348).

1454 Bei der Anfechtung von auf Abschluss eines Arbeitsvertrages gerichteter Willenserklärungen zieht das BAG die Frist des § 626 Abs. 2 BGB zur Konkretisierung der Unverzüglichkeit i.S.d. § 121 Abs. 1 Satz 1 BGB heran, ohne diese als Höchstfrist zu begreifen; unklar ist, ob dies für Aufhebungsverträge entsprechend gilt (Urt. v. 14.12.1979 – 7 AZR 38/78, NJW 1980, 1302; Urt. v. 21.02.1991 – 2 AZR 449/90, NZA 1991, 719; A/P/S/*Rolfs*, BGB § 611 Rn. 92 m.w.N.). Bei der Jahresfrist nach § 124 Abs. 1 BGB lehnt es eine „Konkretisierung" ab (Urt. v. 19.05.1983 – 2 AZR 171/81, DB 1984, 298).

Pflicht zum Tätigwerden („unverzüglich"). Daher ist bereits keine Konstellation ersichtlich, in der der Berechtigte einerseits ohne schuldhaftes Zögern, andererseits aber mit illoyaler Verspätung sein Recht ausgeübt haben soll.

Mit Kenntnis des Berechtigten von seinem (Anfechtungs-)Recht beginnt die Ausschlussfrist nach § 121 Abs. 1 Satz 1 BGB zu laufen. Daher käme eine Verwirkung theoretisch nur dann in Betracht, wenn der Verpflichtete aufgrund des Verhaltens des Berechtigten davon ausgehen durfte, dieser werde sein Recht nicht mehr ausüben. Zwar tritt die Verwirkung grundsätzlich auch ohne Kenntnis des Berechtigten von seinem Recht ein. Denn das Verhalten des Berechtigten ist aus Sicht eines objektiven Betrachters zu beurteilen.[1455] Vorliegend weiß der Verpflichtete jedoch positiv, dass mit Kenntnis des Berechtigten von dessen Recht die Ausschlussfrist zu laufen beginnt. Übt der Berechtigte sein Recht daher nicht aus, hat der Verpflichtete im Rückschluss positive Kenntnis davon, dass der Berechtigte keine Kenntnis von seinem Recht hat. Dann kann er jedoch aus dem Verhalten des Berechtigten kein tatsächliches Vertrauen auf die Nichtgeltendmachung des Anfechtungsrechts entwickeln.

Zuletzt ist zu beachten, dass die Bildung von Vertrauen voraussetzt, dass der Verpflichtete Kenntnis vom Recht des Berechtigten hat. Andernfalls kann er nicht auf dessen Nichtgeltendmachung vertrauen. Hat der Erklärungsempfänger (Verpflichteter) jedoch den Irrtum des Erklärenden (Berechtigten) erkannt, diesen nicht aufgeklärt und beruft er sich nunmehr auf „das objektiv Erklärte", scheidet bereits die Anfechtung aus.[1456] Auf die Verwirkung kommt es dann nicht mehr an. Geht der zur Anfechtung berechtigende Irrtum zudem auf ein Verhalten des Verpflichteten zurück, wird eine Unkenntnis des Berechtigten von seinem Recht regelmäßig auf das Verhalten des Verpflichteten zurückzuführen sein. Die Verwirkung scheidet dann aus. Auch darüber hinaus sind keine Fälle der Irrtumsanfechtung nach § 119 Abs. 1 Alt. 1 und Alt. 1, Abs. 2 BGB ersichtlich, in denen der Verpflichtete Vertrauen auf die Nichtgeltendmachung des Anfechtungsrechts entwickeln könnte.

Mittelbar wird die hier vertretene Auffassung auch dadurch bestätigt, dass die Befürworter der Verwirkbarkeit des Anfechtungsrechts keine (von der Rechtsprechung entschiedenen) Fälle nennen[1457], in denen die Verwirkung in Betracht kommen soll.

1455 *RG*, Urt. v. 27.10.1931, RGZ 134, 38; *BGH*, Urt. v. 12.03.2008 – XII ZR 147/05, NJW 2008, 2254-2256; *BAG*, Urt. v. 13.07.2006 – 8 AZR 382/05, NZA 2006, 1406; *Siebert*, S. 173; *Stauder*, S. 79.

1456 MüKo/*Kramer*, BGB § 119 Rn. 50 (zu § 119 Abs. 1 Satz 1 Alt. 2 BGB) und Rn. 62 (zu § 119 Abs. 1 Satz 1 Alt. 1 BGB).

1457 Eine Ausnahme bildet Soergel/*Hefermehl*, § 121 Rn. 11, der auf *RG*, Urt. v. 12.04.1921, RGZ 102, 87 verweist. In dem entschiedenen Fall verweigerte das Reichsgericht jedoch dem Anfechtenden unter Verweis auf die allgemeine Arglisteinrede (s.o. Kap.2 B.I.1) sich auf den Irrtum zu berufen. Ein Fall der illoyal verspäteten Rechtsausübung lag demgegenüber auch hier nicht vor.

4. *Zwischenergebnis*

Das Anfechtungsrecht nach § 119 BGB wie auch nach § 123 BGB kann nach den allgemeinen Grundsätzen nicht verwirken. Die gegenteilige Ansicht der h.M. ist abzulehnen. Die Fristen nach §§ 121, 124 BGB schließen jeweils die Erfüllbarkeit von Zeit- und Umstandsmoment aus.

III. Abschließende Bewertung

Soweit die Verwirkung einzelner Rechte in Zusammenhang mit der der Beendigung des Arbeitsverhältnisses ausscheidet, ist dies jeweils allein den allgemeinen Grundsätzen der Verwirkung geschuldet, nicht arbeitsrechtsspezifischen Besonderheiten. Der Ausschluss erfolgt nicht aus arbeitnehmerschützenden Gesichtspunkten heraus, insbesondere nicht wegen einer besonderen Bedeutung des (Sonder-)Kündigungsschutzes oder der strukturellen Unterlegenheit des Arbeitnehmers. Das Bedürfnis, gerade im Arbeitsverhältnis schnell Klarheit und damit Rechtssicherheit zu gewinnen, rechtfertigt ebenfalls keine Herabsetzung der Verwirkungsvoraussetzungen. Letzteres haben insbesondere die Ausführungen zur Verwirkung des ordentlichen Kündigungsrechts gezeigt: Als Gestaltungsrecht kann es zeitlich unbegrenzt ausgeübt werden. Gleichzeitig stehen der Bestand und die wirtschaftliche Existenz des Arbeitnehmers in Frage. Dennoch rechtfertigt dies dogmatisch keine Modifikation der Verwirkungsvoraussetzungen.

D. Exkurs

Wie schon mehrfach in dieser Arbeit angesprochen, ist die materiell-rechtliche Verwirkung von der prozessualen Verwirkung zu trennen. Da in Rechtsprechung und Literatur vielfach widersprüchliche Aussagen hinsichtlich der Abgrenzung wie auch der konkreten Tatbestandsvoraussetzungen bestehen, soll ihr im nachfolgenden Exkurs nachgegangen werden.

I. Prozessverwirkung

Von der illoyal verspäteten Ausübung des materiellen Rechts ist nach h.M. die illoyal verspätete Ausübung prozessualer Rechte zu trennen. Nachfolgend soll dabei allein der Frage nachgegangen werden, ob das „Recht“ verwirken kann, Klage zu erheben.[1458] Unklar ist insoweit bereits, ob solch eine verwirkbare Rechtsposition überhaupt existiert. Die Unklarheiten setzen sich bei Terminologie[1459] und Voraussetzungen einer möglichen Verwirkung fort.

1458 Zur Verwirkung sonstiger prozessualer Befugnisse vgl. *Griebeling*, S. 92 ff. Aus der neueren Rechtsprechung vgl. z.B. *BGH*, Beschl. v. 30.11.2010 – VI ZB 30/10, MDR 2011, 62 (Verwirkung des Beschwerderechts gegen die Zurückweisung des Antrags auf Prozesskostenhilfe).

1459 „Klagemöglichkeit“, „Klagebefugnis“, „Klagbarkeit“, „Klagerecht“, „Rechtsschutzanspruch“, „Justizanspruch“, „Rechtsschutzgewährleistungsanspruch“, so *Dütz*,

1. Rechtsprechung

Das Bundesarbeitsgericht bejaht in ständiger Rechtsprechung die Existenz einer prozessrechtlichen Verwirkung.[1460] Gleiches gilt für das Bundesverfassungsgericht[1461], das Bundesverwaltungsgericht[1462] wie auch die überwiegenden Senate des Bundesgerichtshofs.[1463]

Die Gerichte verwenden dabei keine einheitliche Terminologie. Das Bundesarbeitsgericht spricht meist von der Verwirkung der „Klagebefugnis", des „Rechts, Klage zu erheben" oder stuft „die Möglichkeit zur gerichtlichen Klärung einer

---

NJW 1972, 1025 (1026) unter Verweis auf *Baumgärtel*, ZZP 75 (1962), 385 ff.; *Dahns*, S. 12 ff.

1460 *BAG*, Urt. v. 02.11.1961 – 2 AZR 66/61, DB 1962, 172; Urt. v. 07.03.1980 – 7 AZR 177/78, DB 1980, 1498; Urt. v. 02.12.1999 – 8 AZR 890/98, NZA 2000, 540; Urt. v. 05.02.2009 – 6 AZR 151/08, DB 2009, 1710; Urt. v. 25.11.2010 – 2 AZR 323/09, NZA 2011, 821; Urt. v. 09.02.2011 – 7 AZR 221/10, NZA 2011, 854. *Kettler*, NZA 2001, 928 (931) Fn. 62 ff. m.w.N.

1461 *BVerfG*, Beschl. v. 26.01.1972 – 2 BvR 255/67, NJW 1972, 675 (Verwirkung der Befugnis zur Anrufung des Gerichts nach Art. 19 Abs. 4 Satz 1 GG); Beschl. v. 04.03.2008 – 2 BvR 2111/07, 2 BvR 2112/07, NStZ 2009, 166 (Verwirkung des „Rechtsschutzbedürfnisses" einer Beschwerde gegen eine Einstellung nach § 170 Abs. 2 StPO). Vgl. auch Beschl. v. 14.12.2004 – 2 BvR 1451/04, NJW 2005, 1855.

1462 *BVerwG*, Urt. v. 10.08.2000 – 4 A 11.99, NVwZ 2001, 206; Urt. v. 25.01.1974 – 4 C 2.72, MDR 1974, 696; Urt. v. 16.05.1991 – 4 C 4.89, NVwZ 1991, 1182; Beschl. v. 23.06.1989 – 4 B 100.89, NVwZ 1990, 263. Aus neuerer Zeit vgl. z.B. *OVG Thüringen*, Beschl. v. 25.11.2008 – 4 ZKO 462/01, DÖV 2009, 468 (Verwirkung des „prozessualen Klagerechts"), m.w.N. zur verwaltungsgerichtlichen Rechtsprechung; *BayVGH*, Beschl. v. 02.09.2011 – 7 ZB 11.1033, DÖV 2012, 123 (Verwirkung des „Klagerechts" bzw. „der Befugnis zur Anrufung der Gerichte"); *VG Augsburg*, Urt. v. 22.03.2012 – Au 5 K 09.1819, n.v. (Verwirkung der „Befugnis zur Anrufung der Gerichte" bzw. des „Rechtsschutzbedürfnisses").

1463 *BGH*, Urt. v. 10.10.1962 – V ZR 189/60, MDR 1963, 40 (Verwirkung des Einspruchs gegen ein Versäumnisurteil); Beschl. v. 25.03.1965 – V BLw 25/64, NJW 1965, 1532; Beschl. v. 23.02.1989 – BLw 11/88, NJW-RR 1989, 768 (jeweils Verwirkung des „Beschwerderechts"); Urt. v. 22.09.1983 – IX ZR 90/82, MDR 1984, 226 (Verwirkung des „prozessualen Klagerechts"); Urt. v. 22.09.1983 – IX ZR 90/78, RzW 1981, 155; Urt. v. 18.10.1979 – IX ZR 31/79, MDR 1980, 394 (jeweils Verwirkung des „Klagerechts"). Vgl. auch Urt. v. 17.05.1999 – II ZR 293/98, NJW 1999, 2522; Urt. v. 22.01.1987 – IX ZR 215/86, MDR 1987, 580; Urt. v. 14.01.1982 – IX ZR 29/80, MDR 1982, 664 (jeweils Verwirkung des „Klagerechts"). Dagegen die Verwirkbarkeit der Klagebefugnis bei der Leistungsklage verneinend: Urt. v. 21.02.1990 – VIII ZR 216/89, BB 1990, 950, da es keinen „Vertrauensschutz des Gegners gegen eine Inanspruchnahme im Klagewege" gebe; Urt. v. 15.02.1995 – VIII ZR 93/94, NJW 1995, 1488.

Rechtsposition" als „eine eigenständige Befugnis" ein, „die verwirken kann".[1464] Teils differenziert es nicht zwischen Prozessverwirkung und materieller Verwirkung[1465], teils lässt es offen, ob es sich im Streitfall um eine prozessuale oder materiell-rechtliche Verwirkung handelt.[1466]

Bereits 1961 hatte das Bundesarbeitsgericht ausdrücklich auf die Trennung zwischen prozessualer und materiell-rechtlicher Verwirkung hingewiesen.[1467] In einer jüngeren Entscheidung hat es nunmehr erneut zwischen den Voraussetzungen der Verwirkung des Klagerechts („Prozessverwirkung") und der materiell-rechtlichen Verwirkung unterschieden.[1468] Zur Prozessverwirkung führte das Gericht aus:

„Nach ständiger Rechtsprechung [...] kann das Recht, eine Klage zu erheben, verwirkt werden mit der Folge, dass eine gleichwohl erhobene Klage unzulässig ist. Das Klagebegehren ist verwirkt, wenn der Anspruchsteller die Klage erst nach Ablauf eines längeren Zeitraums erhebt (*Zeitmoment*) und dadurch ein Vertrauenstatbestand beim Anspruchsgegner geschaffen wird, dass er gerichtlich nicht mehr belangt werde. Hierbei muss das Erfordernis des Vertrauensschutzes das Interesse des Berechtigten an der sachlichen Prüfung des von ihm behaupteten Anspruchs derart überwiegen, dass dem Gegner die Einlassung auf die nicht innerhalb angemessener Frist erhobene Klage nicht mehr zumutbar ist (*Umstandsmoment*). Durch die Annahme einer prozessualen Verwirkung darf der Weg zu den Gerichten nicht in unzumutbarer, aus Sachgründen nicht zu rechtfertigender Weise erschwert werden [...]. Das ist bei den an das Zeit- und Umstandsmoment zu stellenden Anforderungen zu berücksichtigen".[1469]

1464 *BAG*, Urt. v. 07.03.1980 – 7 AZR 177/78, DB 1980, 1498; Urt. v. 02.12.1999 – 8 AZR 890/98, NZA 2000, 540; Urt. v. 05.02.2009 – 6 AZR 151/08, DB 2009, 1710, wo das Gericht auch vom „Institut der Prozessverwirkung" spricht; Urt. v. 25.11.2010 – 2 AZR 323/09, NZA 2011, 821. Vgl. im Übrigen zur Terminologie die obigen Fußnoten zu den Rechtsprechungsnachweisen der einzelnen Gerichte.

1465 Vgl. aus neuerer Zeit: *BAG*, Urt. v. 23.02.2010 – 2 AZR 659/08, NZA 2011, 411, zur oben (Kap.3 B.XI.2.b)) behandelten Verwirkung des Sonderkündigungsschutzes nach § 85 SGB IX. Zu Recht daher früher bereits kritisch RGRK/*Dörner*, BGB § 620 Rn. 167 m.w.N. zur älteren Rechtsprechung.

1466 *BAG*, Urt. v. 25.11.2010 – 2 AZR 323/09, NZA 2011, 821; Urt. v. 28.05.1998 – 2 AZR 615/97, NZA 1998, 1167. Vgl. auch Urt. v. 21.08.2008 – 8 AZR 201/07, NZA 2009, 29. Teils hat das BAG auch offen gelassen, ob bei Leistungsansprüchen eine prozessuale Verwirkung überhaupt in Betracht komme (Urt. v. 18.05.1999 – 9 AZR 682/98, NZA 1999, 1350), teils ob sich die Tatbestandsvoraussetzungen materiell-rechtlicher und prozessualer Verwirkung unterscheiden (Urt. v. 20.01.1999 – 7 AZR 715/97, NZA 1999, 671).

1467 *BAG*, Urt. v. 02.11.1961 – 2 AZR 66/61, DB 1962, 172.

1468 *BAG*, Urt. v. 09.02.2011 – 7 AZR 221/10, NZA 2011, 854, Rn. 12 ff. und Rn. 30 ff.

1469 *BAG*, Urt. v. 09.02.2011 – 7 AZR 221/10, NZA 2011, 854.

2. *Literatur*

a) H.M.: Keine prozessuale Verwirkung neben der materiell-rechtlichen Verwirkung

Insbesondere im zivilprozessualen Schrifttum lehnt die überwiegende Meinung eine eigenständige prozessuale Verwirkung neben der materiell-rechtlichen Verwirkung ab.[1470]

Die Parteien könnten zwar vertraglich über den materiell-rechtlichen Anspruch disponieren. Jedoch könnten sie nicht auf den Justizgewährleistungsanspruch verzichten. Daher scheidet nach Ansicht von *Gottwald* eine selbstständige, prozessuale Verwirkung der Klagbarkeit aus.[1471] *Roth/Schubert* befürchten, dass andernfalls das durch Art. 19 Abs. 4 GG, Art. 20 Abs. 3 i.V.m. Art. 2 Abs. 1 GG und Art. 6 Abs. 1 EMRK geschützte Recht auf effektiven Rechtsschutz unterlaufen würde.[1472]

Dütz lehnt die prozessuale Verwirkung ab. Es sei kaum festzustellen, dass der Verpflichtete zwar mit der außergerichtlichen Geltendmachung materieller Rechte rechnet, gleichzeitig aber darauf vertraut, nicht gerichtlich in Anspruch genommen zu werden Zudem sei bei der Verwirkung des Rechtsschutzes nicht das Verhältnis der Vertragsparteien betroffen, sondern das zwischen Kläger und staatlichem Gericht. In diesem Verhältnis könne kein Vertrauen entstehen. Jedenfalls fehle es an der Schutzbedürftigkeit.[1473]

Baumgärtel lehnt die prozessuale Verwirkung ebenfalls ab, differenziert jedoch: Nicht verwirkbar sei die Klagemöglichkeit, d.h. „die grundsätzlich jedermann offenstehende Möglichkeit, durch Klageerhebung eine Rechtsbehauptung zur Entscheidung zu stellen“[1474]. Gleiches gelte für den Anspruch auf

1470 B/L/A/H, Einl. III Rn. 65; R/S/G, § 89 Rn. 24; *Dütz*, S. 191 ff.; *Henckel*, S. 114 ff.; *ders.*, NJW 1972, 1025 ff.; *Speer*, S. 71 f.; *Baumgärtel*, ZZP 75 (1962), 385 ff.; *Mittenzwei*, NJW 1974, 1884 f.; Palandt/*Grüneberg*, § 242 Rn. 89; FS Zöllner/*Hromadka*, 785 (794 f.) m.w.N. Nach MüKo/*Roth*/*Schubert*, BGB § 242 Rn. 335, „sollte“ die Prozessverwirkung ausscheiden; ähnlich KR/*Rost*, KSchG § 7 Rn. 38, wonach die Geltendmachung der Unwirksamkeit einer Kündigung für sich schutzwürdig sei und nicht durch Verwirkung abgeschnitten werden sollte. *Dahns*, S. 152, lehnt i.E. die Prozessverwirkung ab und will bei prozessualen Vertrauenstatbeständen die Klage wegen materiell-rechtlicher Verwirkung als unbegründet abweisen. Differenzierend *Zeiss*, S. 142 ff., der nur bei Gestaltungsklagen eine prozessuale Verwirkung bezogen auf den Rechtsschutzanspruch bejaht. Bei der Abmahnung die Prozessverwirkung ablehnend *Bernstein*, S. 154 f. Ausführlich zur Verwirkung prozessualer Befugnisse: *Griebeling*, S. 38 ff. Vgl. zum Ganzen auch *Dahns*, Die Unmöglichkeit der Klageverwirkung im deutschen Recht, 1966.

1471 R/S/G, § 89 Rn. 24.

1472 MüKo/*Roth*/*Schubert*, BGB § 242 Rn. 335 m.w.N. Ihm insoweit folgend KR/*Rost*, KSchG § 7 Rn. 38; FS Zöllner/*Hromadka*, 785 (794 f.).

1473 *Dütz*, S. 191 ff.; *ders.*, NJW 1972, 1025 (1027) jeweils m.w.N.; ebenso *Mittenzwei*, NJW 1974, 1884 (1885).

1474 *Baumgärtel*, ZZP 75 (1962), 385 (391). Ebenso *Dahns*, S. 80 ff.

Rechtsschutzgewährung, d.h. auf „Durchführung eines Verfahrens nach dem Prozeßrecht“ und Verbescheidung.[1475] Beide Rechte beträfen das Verhältnis Kläger – Gericht (Staat). In diesem Verhältnis existiere kein Vertrauen, das die Verwirkung schützen müsste. Entsprechendes gelte auch für eine Verwirkung der Klagbarkeit, d.h. der „Befugnis, gegen den Betroffenen [...] im Gerichtswege vorzugehen“[1476]. Die Verwirkung würde in diesem Fall zum Auseinanderfallen von materiellem Recht und Prozessrecht führen. Der Verpflichtete werde hierdurch entgegen Sinn und Zweck der Verwirkung übermäßig begünstigt. Dieser habe lediglich darauf vertraut, dass der Berechtigte sein Recht nicht gerichtlich geltend machen werde. Faktisch führe die prozessuale Verwirkung der Klagbarkeit jedoch dazu, dass auch das materiell-rechtliche Recht nicht mehr durchsetzbar sei. Darauf habe der Verpflichtete nicht vertraut.[1477]

Nach Ansicht von *Griebeling* ist bei der prozessualen Verwirkung auf die Prozessführungsbefugnis abzustellen. Er lehnt jedoch deren Verwirkung bei Leistungs- und Feststellungsklagen ab.[1478] Für die Prozessführungsbefugnis genüge grundsätzlich die Behauptung, ein Recht als eigenes bzw. das Bestehen eines Rechts geltend zu machen. Bestehe das Recht, könne der Rechtsinhaber es außergerichtlich wie gerichtlich geltend machen, ohne die Prozessführungsbefugnis gesondert darlegen zu müssen. Auf deren Verwirkung könne der Verpflichtete daher nicht vertrauen. Zudem würden andernfalls das materielle Recht und das Prozessrecht dauerhaft auseinanderfallen: Der Verpflichtete bliebe materiell-rechtlich verpflichtet, während der Berechtigte sein Recht prozessual nicht durchsetzen könne. Ein selbstständiges, nur auf die gerichtliche Nichtgeltendmachung gerichtetes Vertrauen könne daher weder anerkannt werden noch sei ein solches schutzwürdig.[1479] Dagegen bejaht *Griebeling* bei Gestaltungsklagen die Verwirkbarkeit der Prozessführungsbefugnis. In diesen Fällen erfolge die Rechtsgestaltung allein durch den Richter. Sie könne also nur gerichtlich durchgesetzt werden. Daher könne Vertrauen auf die gerichtliche Nichtgeltendmachung entwickelt werden. Die Gefahr eines Auseinanderfallens von materiellem Recht und Prozessrecht bestehe nicht.[1480]

1475 *Baumgärtel*, ZZP 75 (1962), 385 (392).

1476 *Baumgärtel*, ZZP 75 (1962), 385 (394). Die Verwirkbarkeit der Klagbarkeit ebenfalls ablehnend *Dahns*, S. 118 ff.

1477 *Baumgärtel*, ZZP 75 (1962), 385 (397 ff.).

1478 I.E. ebenso *Zeiss*, S. 143 ff.

1479 *Griebeling*, S. 69 ff.

1480 *Griebeling*, S. 77 ff.; i.E. ebenso *Zeiss*, S. 145 f., der jedoch auf den „Rechtsschutzanspruch als prozessuale Befugnis“ abstellt. A.A. *Baumgärtel*, ZZP 75 (1962), 385 (388), der gerade wegen der Tatsache, dass das Gestaltungsrecht nur gerichtlich ausgeübt werden könne, in diesem Fall die materiell-rechtliche Verwirkung bejaht, sodass eine eigenständige prozessuale Verwirkung ausscheide.

b) M.M: Eigenständige prozessuale Verwirkung

Dagegen bejahen *Hesse u.a.* zumeist unter Verweis auf entsprechende Urteile eine prozessuale Verwirkung.[1481]

Die arbeitsrechtliche Literatur diskutiert die Verwirkung dabei zumeist im Rahmen von §§ 4, 13 KSchG. Grundsätzlich müssen alle Unwirksamkeitsgründe innerhalb der Frist der §§ 4, 13 KSchG durch Klage geltend gemacht werden. Nach Fristablauf gilt die Kündigung als rechtswirksam (§ 7 KSchG). Innerhalb dieser kurzen Frist verneinen *Friedrich u.a.* die Verwirkung. Eine Begrenzung der Klagemöglichkeit durch die Verwirkung komme nur bei solchen Gründen in Betracht, die der Arbeitnehmer auch nach Ablauf der Klagefrist rügen könne.[1482] Ob die Verwirkung dabei prozessualer oder materiell-rechtlicher Natur ist und auf welches Recht sie sich bezieht, lassen die einzelnen Autoren regelmäßig nicht erkennen.

3. Bewertung

a) Eigenständige prozessuale Verwirkung

aa) Verwirkbare Rechtsposition: Prozessführungsbefugnis" („Klagebefugnis") bzw. „Antragsbefugnis"

Die prozessuale Verwirkung (Prozessverwirkung) existiert als selbstständiges Rechtsinstitut neben der materiell-rechtlichen Verwirkung. Verwirkbare Rechtsposition ist die Prozessführungsbefugnis.

1481 A/P/S/*Hesse*, KSchG § 7 Rn. 12; Schaub/*Linck*, § 132 Rn. 51; AR-Blattei SD 1720/*Kossens* Rn. 96.; Lansnicker/*Lansnicker*, § 2 Rn. 143; *Schilken*, S. 69; *Schellhammer*, Prozess, Rn. 1275; Thomas/Putzo/*Reichold*, Vorbem § 511 Rn. 37; Natter/Groß/*Pfitzner*, § 46 Rn. 29; *Konzen*, S. 265 ff.; *Kettler*, NZA 2001, 928 (931 f.). Bei sofortiger Beschwerde: Zöller/*Heßler*, 567 Rn. 9 f. Ebenfalls differenzierend *Löwisch/Rieble*, § 4 Rn. 640, wonach die Prozessverwirkung nicht das materielle Recht aus dem Tarifvertrag beschränke, sondern das Klagerecht. Da dieses kein Recht aus dem Tarifvertrag sei, hindere § 4 Abs. 4 Satz 2 TVG die Prozessverwirkung nicht. Offen gelassen bei *Otto*, Präklusion, S. 33. Unklar *Caspers*, RdA 2001, 28 (29).

1482 KR/*Friedrich*, KSchG § 13 Rn. 386 ff.; K/D/Z/*Däubler*, KSchG § 4 Rn. 13; BeckOKArbR/*Rolfs*, KSchG § 1 Rn. 99; A/P/S/*Preis*, D VII 3 Rn. 109; H A/P/S/*Hesse*, KSchG § 4 Rn. 12; /B/D/*Berger*, KSchG § 4 Rn. 5; F/G/M/N/*Fiebig/Spengler*, BGB § 623 Rn. 42 f.; *v. Hoyningen-Huene/Linck*, § 4 Rn. 5; *Löwisch/Spinner*, § 7 Rn. 6; Moll/*Boewer*, § 48 Rn. 10; Thüsing/Laux/Lembke/*Waas/Gabrys*, KSchG § 1 Rn. 199; MüKo/*Roth/Schubert*, BGB § 242 Rn. 374; Düwell/Lipke/*Kloppenburg*, § 46 Rn. 252 ff.; *Raab*, RdA 2004, 321 (326). Zu § 17 TzBfG: A/P/S/*Backhaus*, TzBfG § 17 Rn. 4; zu § 625 BGB: D/H/S/W/*Griebeling*, BGB § 625 Rn. 26, H/B/D/*Boecken*, BGB § 625 Rn. 12. Zu § 111 Abs. 2 Satz 5 ArbGG: Moll/*Moll/Altenburg*, § 1 Rn. 82; H/B/D/*Treber*, ArbGG § 111 Rn. 15. Die Anwendung von § 242 BGB auf die gerichtliche Geltendmachung von Rechten bejahend: *Larenz*, § 10 II h, S. 143 f.

Das Bundesarbeitsgericht stellt teils begrifflich ähnlich auf eine Verwirkung der „Klagebefugnis" ab[1483], wobei der konkrete Gehalt eines solchen Rechts unklar ist. Denn im zivilprozessualen Schrifttum existiert der Begriff der „Klagebefugnis" nicht. Es handelt sich vielmehr um einen Terminus des verwaltungsgerichtlichen Verfahrens, der „die Geltendmachung einer (zumindest möglichen) Verletzung eigener Rechte" bezeichnet (vgl. § 42 Abs. 2 VwGO).[1484] *Griebeling* hat jedoch überzeugend dargelegt, dass das Bundesarbeitsgericht die „Klagebefugnis" mit dem zivilprozessualen Begriff der „Prozessführungsbefugnis" gleichsetzt.[1485]

Die Prozessführungsbefugnis bezeichnet insoweit nach gängiger Definition im zivilprozessualen Schrifttum „das Recht, einen Prozess im eigenen Namen über ein eigenes oder ein fremdes Recht als Partei zu führen" und zwar gerade gegen diesen Beklagten.[1486] Damit liegt zunächst eine eigenständige Rechtsposition vor. Teilweise wird in Rechtsprechung und Literatur sogar ausdrücklich von einem „Prozessführungsrecht" gesprochen.[1487] Die Prozessführungsbefugnis bildet prozessual das „Gegenstück zur materiellrechtlichen Verfügungsbefugnis".[1488] Es handelt sich damit also auch um ein subjektives Recht, das folglich verwirken kann.

Mit der Prozessführungsbefugnis ist zudem der Rückgriff auf unbestimmte Begriffe wie das „Recht zur Klage" bzw. das „Klagerecht" oder die Annahme eines Rechts *sui generis* entbehrlich.[1489] Dies gilt unabhängig davon, dass schon unklar ist, welchen genauen Inhalt ein derartiges Recht haben soll oder worauf es gründet.[1490]

1483 Z.B. *BAG*, Urt. v. 07.03.1980 – 7 AZR 177/78, DB 1980, 1498.

1484 *Kopp/Schenke*, § 42 Rn. 59; *Schenke*, Rn. 489; S/Z/*Sodan*, § 42 Rn. 26, 365 ff.

1485 *Griebeling*, S. 63 ff. zur grundlegenden Entscheidung des *BAG*, Urt. v. 02.11.1961 – 2 AZR 66/61, DB 1962, 172. Auch den übrigen o.a. Urteilen lässt sich inhaltlich nichts Abweichendes entnehmen, wenn man von der Terminologie („Klagerecht", „eigenständige Rechtsposition" etc.) absieht. Die Vermischung der Begriffe durch Rechtsprechung und Literatur beklagt auch S/Z/*Czybulka*, § 62 Rn. 11 ff., der ausdrücklich zwischen Klagebefugnis und Prozessführungsbefugnis differenziert. Das verwaltungsgerichtliche Schrifttum setzt „Klagebefugnis" und „Klagerecht" gleich, vgl. S/Z/*Sodan*, § 42 Rn. 364 m.w.N.

1486 R/S/G, § 46 Rn. 1 f. Nach Ansicht von S/Z/*Czybulka*, § 62 Rn. 13, „bezieht sich [die Klagebefugnis] auf die Geltendmachung eines eigenen (materiellen) Rechts im Rechtsstreit [...], während die Prozessführungsbefugnis nur voraussetzt, dass das geltend gemachte (teilweise) fremde Recht prozessual geltend gemacht werden darf".

1487 Aus der Rechtsprechung vgl. z.B. *BGH*, Beschl. v. 29.11.2011 – VI ZR 201/10, NJW-RR 2012, 233; Urt. v. 11.08.2010 – XII ZR 181/08, NJW 2010, 3033; B/L/A/H, ZPO Grdz. § 50 Rn. 22.

1488 P/G/*Gehrlein*, § 50 Rn. 33.

1489 Vgl. *BAG*, Urt. v. 07.03.1980 – 7 AZR 177/78, DB 1980, 1498; Urt. v. 02.12.1999 – 8 AZR 890/98, NZA 2000, 540; Urt. v. 05.02.2009 – 6 AZR 151/08, DB 2009, 1710.

1490 Insofern läge zwar die Koppelung an das (behauptete) materielle Recht nahe. Dies ist jedoch als Rückfall in aktionenrechtliches Denken abzulehnen.

Das „Rechtsschutzbedürfnis“ bzw. „Rechtsschutzinteresse“ scheidet als verwirkbare Rechtsposition ebenfalls aus, auch wenn dies mit Blick auf eine neuere Entscheidung des Bundesverfassungsgerichts jedenfalls nicht vorn vornherein ausgeschlossen scheint.[1491] Bezogen auf das Zivilrecht versteht man als „Rechtsschutzbedürfnis allgemein das berechtigte Interesse des Klägers daran“, „zur Erreichung des begehrten Rechtsschutzes ein Zivilgericht in Anspruch zu nehmen“.[1492] Demnach ergibt sich bereits aus dieser Definition, dass das Rechtsschutzbedürfnis sich in einem rechtlichen Interesse erschöpft. Damit scheidet das Rechtsschutzbedürfnis als verwirkbare Rechtsposition einer prozessualen Verwirkung schon deshalb aus, weil das Rechtsschutzbedürfnis selbst kein subjektives Recht ist.[1493]

Zuletzt scheidet die „Klagbarkeit“ als verwirkbares Recht der Prozessverwirkung ebenfalls aus.[1494] Betrachtet man die gesetzlich geregelten (temporären) Ausschlüsse der Klagbarkeit wie z.B. §§ 1297, 1958 BGB oder § 15a EGZPO[1495], zeigt sich, dass die „Klagbarkeit“ eines Anspruchs eine Eigenschaft dieses Anspruchs ist. Sie ist lediglich Bestandteil eines materiellen Rechts. Insoweit liegt schon keine eigenständig ausübbare Rechtsposition vor, die verwirken kann. Ist ein Anspruch „klagbar“, heißt dies zudem, dass er gerichtlich geltend gemacht werden kann. Das für die Prozessverwirkung erforderlich Vertrauen muss sich jedoch nicht darauf

---

1491 „Ein Rechtsschutzinteresse ist zu bejahen, solange der Rechtsschutzsuchende gegenwärtig betroffen ist und mit seinem Rechtsmittel ein konkretes praktisches Ziel erreichen kann [...]. So kann das Rechtsschutzbedürfnis auch entfallen, wenn die verspätete Geltendmachung eines Anspruchs gegen Treu und Glauben verstößt. Dies ist anzunehmen, wenn der Berechtigte sich verspätet auf sein Recht beruft und unter Verhältnissen untätig bleibt, unter denen vernünftigerweise etwas zur Wahrung des Rechts unternommen zu werden pflegt [...]. Das öffentliche Interesse an der Wahrung des Rechtsfriedens kann in derartigen Fällen verlangen, die Anrufung des Gerichts nach langer Zeit untätigen Zuwartens als unzulässig anzusehen“, *BVerfG*, Beschl. v. 04.03.2008 – 2 BvR 2111/07, 2 BvR 2112/07, NStZ 2009, 166; Beschl. v. 14.12.2004 – 2 BvR 1451/04, NJW 2005, 1855. Allerdings legen die Ausführungen des Gerichts eher nahe, dass die prozessuale Verwirkung auch das Rechtsschutzbedürfnis entfallen lässt. Ebenso S/Z/*Sodan*, § 42 Rn. 361 m.w.N.; a.A. *BayVGH*, Urt. v. 31.03.1993 – 20 B. 92.1859, NVwZ-RR 1994, 241, der zwischen der Verwirkung des Klagerechts und dem fehlenden Rechtsschutzbedürfnis differenziert; *Griebeling*, S. 66 m.w.N.

1492 Thomas/Putzo/*Reichold*, Vorbem § 253 Rn. 26.

1493 I.E. ebenso *Griebeling*, S. 66, der eine Verwirkung ablehnt, da das Rechtsschutzbedürfnis sich im Verhältnis Kläger – Gericht auswirke, die Verwirkung aber das Verhältnis Kläger – Beklagte(r) betreffe.

1494 In diesem Sinne jedoch *Steinke*, S. 58, unter Verweis auf *Schilken*, Rn. 182; *Baumgärtel*, ZZP 75 (1962), 385 (391).

1495 Beispiele nach Thomas/Putzo/*Reichold*, Vorbem § 253 Rn. 33 mit weiteren Beispielen.

beziehen, dass ein Recht nicht gerichtlich geltend gemacht werden kann. Stattdessen muss der Verpflichtete darauf vertrauen, dass der Berechtigte ein Recht nicht gerichtlich geltend machen wird.

bb) Keine Gründe, die den Ausschluss der prozessualen Verwirkung bedingen

Die gegen die Prozessverwirkung als eigenständiges Rechtsinstitut insbesondere vom Schrifttum vorgebrachten Gründe überzeugen nicht.

Die Anerkennung der prozessualen Verwirkung birgt nicht die Gefahr, dass das Recht auf effektiven Rechtsschutz (Art. 19 Abs. 4 GG, Art. 20 Abs. 3 i.V.m. Art. 2 Abs. 1 GG und Art. 6 Abs. 1 EMRK) unterlaufen wird.[1496] Die vorgenannten Normen gewähren zwar einen Anspruch auf effektiven Rechtsschutz. Sie enthalten aber kein Gebot zu seiner Maximierung.[1497] Daher stehen beispielsweise auch prozessuale Ausschlussfristen (Klage-, Rechtsmittfristen etc.) dem Recht auf effektiven Rechtsschutz nicht entgegen.[1498] Zudem richten sich Art. 19 Abs. 4 GG, Art. 20 Abs. 3 i.V.m. Art. 2 Abs. 1 GG gegen die öffentliche Gewalt. Die prozessuale Verwirkung betrifft dagegen allein die Vertrauensentwicklung zwischen den Prozessparteien.[1499] Auch aus der Vereinbarkeit prozessualer Fristen mit dem Gebot effektiven Rechtsschutzes folgt, dass es der Prozessverwirkung nicht zwingend entgegenstehen kann. Denn bei prozessualen Fristen führt allein ihr Ablauf und damit ein „weniger" zum Rechtsverlust. Dagegen bedarf es für die Verwirkung zusätzlich noch des Umstandsmoments.[1500]

Dass eine Prozessverwirkung kaum jemals festzustellen sei, mag ein Problem der Darlegungs- und Beweislast sein, schließt die prozessuale Verwirkung jedoch nicht zwingend aus.[1501]

1496 So MüKo/*Roth/Schubert*, BGB § 242 Rn. 335 m.w.N. Ihm insoweit folgend KR/*Rost*, KSchG § 7 Rn. 38; FS Zöllner/*Hromadka*, 785 (794 f.).

1497 Dreier/*Schulze-Fielitz*, Art. 19 Rn. 81.

1498 Dreier/*Schulze-Fielitz*, Art. 19 Rn. 97 ff.; Mangold/*Huber*, Art. 19 Rn. 472, der zutreffend darauf verweist, dass derartige Fristen nur „das Art. 19 Abs. 4 innewohnende Optimierungsgebot" begrenzen.

1499 Daher setzen *Baumgärtel*, ZZP 75 (1962), 385 (391 f.), und *Dütz*, S. 191 ff.; *ders.*, NJW 1972, 1025 (1027) am falschen Punkt an. Zudem führt die Prozessverwirkung zur Abweisung der Klage als unzulässig. Sie wirkt sich damit allein im Verhältnis zwischen den Prozessparteien aus.

1500 Dies würdigt auch die Rechtsprechung zu wenig, wenn sie bei der prozessualen Verwirkung in erster Linie mit Blick auf Art. 19 Abs. 4 GG betont, dass der Zugang zu den Gerichten nicht unzulässig erschwert werden dürfe, was über Zeit- und Umstandsmoment zu berücksichtigen sei, vgl. z.B. *BAG*, Urt. v. 09.02.2011 – 7 AZR 221/10, NZA 2011, 854.

1501 So aber *Dütz*, S. 191 ff.; *ders.*, NJW 1972, 1025 (1027) jeweils m.w.N.

Auch überzeugt der gegen die Prozessverwirkung vorgebrachte Einwand nicht, dass sie zum Auseinanderfallen von materiellem Recht und Prozessrecht führt.[1502] Dies ist keine Eigenart der prozessualen Verwirkung. Auch bei der materiell-rechtlichen Verwirkung kommt es zum Auseinanderfallen. Denn diese lässt die prozessuale Rechtsposition unberührt: Die Klage ist zulässig, aber unbegründet, da das materielle Recht erloschen ist. Dagegen führt die Prozessverwirkung zur Abweisung der Klage als unzulässig[1503], während das materielle Recht unberührt bleibt.

Faktisch wird dies zwar regelmäßig die Uneinbringlichkeit des materiellen Rechts zur Folge haben. Dies führt jedoch nicht zur Besserstellung des Verpflichteten, der lediglich auf Verwirkung der Klagbarkeit vertraut hat.[1504] Im Gegenteil: Bei der materiell-rechtlichen Verwirkung erlischt das Recht. Bei der prozessualen Verwirkung ist es lediglich nicht mehr gerichtlich durchsetzbar. Der Berechtigte kann sogar noch darüber verfügen.[1505] Eine Besserstellung des Verpflichteten im Vergleich zur materiell-rechtlichen Verwirkung liegt also gerade nicht vor. Der Verpflichtete wird nicht „besser“ gestellt, sondern lediglich „anders“.[1506]

cc) Exkurs: Beschlussverfahren

Die prozessuale Verwirkung existiert als selbstständiges Rechtsinstitut auch im Beschlussverfahren. Verwirkbare Rechtsposition ist die Antragsbefugnis.

Prozessverwirkung meint allgemein die Verwirkung der Prozessführungsbefugnis. Sie kommt bei allen Arten von Klagen in Betracht. Im arbeitsgerichtlichen Beschlussverfahren (§§ 80 ff. ArbGG) entspricht die Antragsbefugnis der zivilprozessualen Prozessführungsbefugnis.[1507] Aus den o.a. Erwägungen heraus ist daher entsprechend von einer Verwirkbarkeit der Antragsbefugnis auszugehen. Dem stehen weder Besonderheiten des Beschlussverfahrens in Abgrenzung zum Urteilsverfahren (Amtsermittlungsgrundsatz etc.) noch sonstige Erwägungen entgegen.[1508]

1502 *Baumgärtel*, ZZP 75 (1962), 385 (397 ff.); *Griebeling*, S. 69 ff..

1503 S.u. Kap.3 D.I.3.b)cc).

1504 *Baumgärtel*, ZZP 75 (1962), 385 (397 ff.).

1505 *Baumgärtel*, ZZP 75 (1962), 385 (398), der selbst darauf verweist, dass dem Berechtigten beispielsweise die Aufrechnungsmöglichkeit verbleibt.

1506 Daher ist die prozessuale Verwirkung nicht nur auf Gestaltungsklagen beschränkt (a.A. *Griebeling*, S. 69 ff.).

1507 ErfK/*Koch*, ArbGG § 81 Rn. 10.

1508 I.E. ebenso *BAG*, Beschl. v. 18.09.1984 – 3 ABR 71/82, juris, wonach der Grundsatz von Treu und Glauben auch das Verfahrensrecht beherrsche, sodass im Beschlussverfahren ebenfalls das Recht verwirken könne, eine Position gerichtlich geltend zu machen.

b) Verwirkungsvoraussetzungen

aa) Zum Zeitmoment

Auch bei der Prozessverwirkung richtet sich die erforderliche Zeitspanne beim Zeitmoment nach den Umständen des Einzelfalls. Es existieren keine Regel- oder Mindestfristen zu seiner Erfüllung.[1509]

Darüber hinaus scheidet die prozessuale Verwirkung nach den allgemeinen Grundsätzen dann aus, wenn Fristen zur Klageerhebung existieren. Die fristgerechte Geltendmachung eines Rechts ist nicht illoyal. Zudem muss der Verpflichtete innerhalb der Frist mit der klageweisen Geltendmachung rechnen. Die Frist wirkt daher in Bezug auf das Umstandsmoment vertrauensausschließend. Deshalb scheidet eine prozessuale Verwirkung bei Kündigungsschutz- sowie Bedingungs- und Befristungskontrollklagen vor Ablauf von weiteren sechs Monaten nach Ablauf der Klagefrist aus. Denn der Arbeitgeber kann aufgrund der Regelung des § 5 Abs. 3 KSchG (i.V.m. §§ 17 Satz 2, 21 TzBfG) innerhalb dieses Zeitraums auf die Nichterhebung einer Klage nicht vertrauen.[1510]

bb) Zum Umstandsmoment

Bevor einzelne Umstände auf ihre besonderes Vertrauen begründende Wirkung untersucht werden, soll zunächst der Bezugspunkt des für die Prozessverwirkung erforderlichen schutzwürdigen Vertrauens herausgearbeitet werden.

(1) Bezugspunkt des konkreten Vertrauens

Das Umstandsmoment ist erfüllt, wenn der Verpflichtete aufgrund des Verhaltens des Berechtigten davon ausgehen durfte, dass dieser keinen Prozess im eigenen Namen über ein eigenes oder ein fremdes Recht als Partei gegen ihn führen werde.

Dagegen bejaht das Bundesarbeitsgericht die Verwirkung, „wenn der Anspruchsteller die Klage erst nach Ablauf eines längeren Zeitraums erhebt (*Zeitmoment*)

1509 Vor Neufassung des § 4 KSchG (Gesetz zu Reformen am Arbeitsmarkt vom 24.12.2003, BGBl. I, S. 3002) griff das *BAG* außerhalb des Anwendungsbereichs des KSchG zur Konkretisierung des Zeitmoments auf die Drei-Wochen-Frist des § 4 KSchG zurück (*BAG*, Urt. v. 09.01.1987 – 2 AZR 37/86, juris). Es bejahte daher das Zeitmoment teilweise bereits fünfeinhalb bzw. sechseinhalb Monate nach Kündigungszugang (*BAG*, Urt. v. 30.06.1988 – 2 AZR 49/88, RzK III 1b 12; Urt. v. 24.09.1986 – 7 AZR 46/85, juris). In diesem Sinne auch Urt. v. 20.05.1988 – 2 AZR 711/87, NZA 1989, 16 (11 Monate); Urt. v. 02.12.1999 – 8 AZR 890/98, NZA 2000, 540; Parallelentscheidung: Urt. v. 02.12.1999 – 8 AZR 889/98, juris (jeweils 22 Monate). Zur Instanzrechtsprechung vgl. Urt. v. 20.05.1988 – 2 AZR 711/87, NZA 1989, 16, m.w.N. sowie z.B. *ArbG Bielefeld*, Urt. v. 22.11.1984 – 4 Ca 2338/84, NZA 1985, 187; *LAG Hamm*, Urt. v. 21.11.1985 – 10 Sa 1630/84, RzK I 10c Nr. 9 (jeweils einen Monat); *LAG Berlin*, Urt. v. 13.05.1985 – 9 Sa 5/85, RzK I 10c Nr. 8 (drei Monate). Zustimmend KR/*Rost*, KSchG § 7 Rn. 39.

1510 I.E. ebenso *BAG*, Urt. v. 09.02.2011 – 7 AZR 221/10, NZA 2011, 854; dem folgend A/P/S/*Hesse*, KSchG § 4 Rn. 12.

und dadurch ein Vertrauenstatbestand beim Anspruchsgegner geschaffen wird, dass er gerichtlich nicht mehr belangt werde [und] [...] das Erfordernis des Vertrauensschutzes das Interesse des Berechtigten an der sachlichen Prüfung des von ihm behaupteten Anspruchs derart überwieg[t], dass dem Gegner die Einlassung auf die nicht innerhalb angemessener Frist erhobene Klage nicht mehr zumutbar ist (*Umstandsmoment*)".[1511]

Dies ist ungenau. Die bloße Untätigkeit des Berechtigten allein schafft nie besonderes Vertrauen. „Die Klage[erhebung] erst nach Ablauf eines längeren Zeitraums" kann daher für sich nicht vertrauensbegründend wirken. Bezugspunkt des Vertrauens ist vielmehr, wie es das Bundesarbeitsgericht ausdrückt, das „gerichtlich nicht mehr belangt werde[n]".

Insoweit muss der Verpflichtete darauf vertraut haben, dass ein konkretes Recht ihm gegenüber nicht mehr gerichtlich geltend gemacht wird. D.h. es ist von einer konkreten Betrachtungsweise zur Bestimmung des Bezugspunktes schutzwürdigen Vertrauens auszugehen. Dagegen reicht es nicht aus, wenn der Verpflichtete nur allgemein darauf vertraut hat, gerichtlich nicht belangt zu werden. Zum einen ist die verwirkbare Rechtsposition die Prozessführungsbefugnis, d.h. „das Recht, einen Prozess im eigenen Namen über ein eigenes oder ein fremdes Recht als Partei zu führen" und zwar gerade gegen diesen Beklagten.[1512] Die Prozessführungsbefugnis erstreckt sich demnach auf ein bestimmtes (behauptetes) materielles Recht. Zum anderen gewährt die Verwirkung konkreten, nicht abstrakten Vertrauensschutz. Ein schutzwürdiges Vertrauen, von niemandem (jemals) verklagt zu werden, existiert nicht: Dies lässt sich schon dem formellen Parteibegriff der ZPO entnehmen, wonach die Parteieigenschaft von der materiellen Rechtslage unabhängig ist.[1513] Zudem kann es sich insoweit lediglich um eine Erwartung handeln, nicht jedoch um tatsächliches Vertrauen.

Gleichwohl ist zu beachten, dass im Regelfall vor Klageerhebung eine (schuldrechtliche) Beziehung zwischen den Beteiligten bestanden haben wird, aus der der Rechtsstreit resultiert (hier: Arbeitsverhältnis). Insoweit ist es grundsätzlich möglich, dass der frühere Arbeitgeber nach Beendigung des Arbeitsverhältnisses Vertrauen darauf entwickeln kann, dass der Arbeitnehmer keinerlei Rechte mehr aus diesem gerichtlich geltend machen wird. Mit anderen Worten: Der ehemalige Arbeitgeber muss im Beispielsfall nicht konkret genau darauf vertrauen, dass der Berechtigte seinen Anspruch auf ein qualifiziertes Zeugnis, die Nichteinhaltung der Kündigungsfrist, die variable Vergütung für das letzte Geschäftsjahr etc. nicht mehr gerichtlich geltend machen wird. Hat er jedoch konkret auf die gerichtliche Nichtgeltendmachung einzelner Rechte vertraut, ist die Klage wegen prozessualer Verwirkung lediglich insoweit unzulässig. Entscheidend kommt es hier auf die

1511 *BAG*, Urt. v. 09.02.2011 – 7 AZR 221/10, NZA 2011, 854.

1512 R/S/G, § 46 Rn. 1 f.

1513 Vgl. R/S/G, § 40 Rn. 1 ff.

konkreten, besonderes Vertrauen begründenden Umstände an, anhand derer der Umfang der Prozessverwirkung zu bestimmen ist.

(2) Konkrete, besonderes Vertrauen begründende Umstände

Bei der Prüfung des Umstandsmoments der Prozessverwirkung sind auch die Ausführungen zum Umstandsmoment bei der materiell-rechtlichen Verwirkung der einzelnen Rechte zu berücksichtigen. Die Prozessführungsbefugnis bildet prozessual das „Gegenstück zur materiellrechtlichen Verfügungsbefugnis“[1514]. Insoweit werden häufig vertrauensbegründende Umstände vorliegen, die beim Umstandsmoment beider Arten der Verwirkung zu berücksichtigen sein können. Wie bereits ausgeführt, sind an die prozessuale Verwirkung aufgrund des notwendigen Vertrauens in die gerichtliche Nichtgeltendmachung jedoch speziellere Anforderungen zu stellen. Daher führt auch die bloße, widerspruchslose Hinnahme von Sozialplanleistungen führt nicht zwingend dazu, dass der Arbeitgeber darauf vertrauen kann, der Arbeitnehmer werde eine Kündigung hinnehmen, ohne Kündigungsschutzklage zu erheben.[1515] Entsprechendes kann auch für die Entgegennahme eines Zeugnisses gelten.[1516]

Auch für die Prozessverwirkung gilt, dass die Rücknahme einer zunächst erhobenen Kündigungsschutzklage mit Blick auf die gesetzliche Wertung des § 269 Abs. 6 ZPO kein Vertrauen begründet.[1517]

Darüber hinaus scheidet nach den allgemeinen Grundsätzen die Annahme pauschalierten Misstrauens aus. Daher muss der Arbeitgeber auch nicht grundsätzlich damit rechnen, dass sich der Arbeitnehmer die gerichtliche Geltendmachung seiner Rechte im Insolvenzverfahren vorbehält.[1518] Dies gilt schon deshalb, weil das Insolvenzverfahren vom gerichtlichen Verfahren zu trennen ist. Außerdem spricht gegen diese pauschale Annahme, dass der Gläubiger es sich im Insolvenzfall

1514 P/G/*Gehrlein*, § 50 Rn. 33.

1515 *BAG*, Urt. v. 30.06.1988 – 2 AZR 49/88, RzK III 1b 12.

1516 *BAG*, Urt. v. 19.05.1988 – 2 AZR 596/87, NZA 1989, 461. Parallelentscheidung: Urt. v. 19.05.1988 – 2 AZR 667/87, juris; a.A. Urt. v. 24.09.1986 – 7 AZR 46/85, juris. Dort hatte der Arbeitnehmer allerdings zusätzlich die Aushändigung der Arbeitspapiere unter Hinweis auf die fristlose Kündigung verlangt, ein qualifiziertes Zeugnis ohne Rüge des Beendigungszeitpunkts erbeten und dem Personalrat eine Einmischung in die Kündigung schriftlich untersagt. Inhaltlich ist die Entscheidung jedoch wegen der zwischenzeitlich neugefassten §§ 4, 13 KSchG überholt. Der Aspekt der Aushändigung der Arbeitspapiere findet sich auch bei *BAG*, Urt. v. 28.05.1998 – 2 AZR 615/97, NZA 1998, 1167.

1517 S.o. Kap.3 C.I.3.a)bb). Wie hier *BAG*, Urt. v. 20.05.2008 – 9 AZR 219/07, NZA 2008, 1237; Urt. v. 20.04.2011 – 4 AZR 368/09, NZA-RR 2011, 609; a.A. in einem Urteil zur Prozessverwirkung Urt. v. 02.11.1961 – 2 AZR 66/61, DB 1962, 172; ebenso Thüsing/Laux/Lembke/*Wiehe*, KSchG § 4 Rn. 4; MüKo/*Roth*/*Schubert*, BGB § 242 Rn. 374.

1518 So aber *BAG*, Urt. v. 09.01.1987 – 2 AZR 37/86, juris.

aufgrund von Wirtschaftlichkeitserwägungen regelmäßig überlegen wird, ob er überhaupt einen Prozess führt. Zudem macht der Gläubiger seine Rechte im Insolvenzverfahren regelmäßig dadurch geltend, dass er sie beim Insolvenzverwalter anmeldet (§§ 174 ff. InsO). Ob der Insolvenzverwalter oder ein anderer Insolvenzgläubiger diese dann bestreiten (§ 179 InsO) und damit erst die Klagemöglichkeit (§ 180 InsO) schaffen, ist offen.

In einem anhängigen Verfahren scheidet die Prozessverwirkung aus.[1519] Die verwirkbare Rechtsposition der prozessualen Verwirkung ist die Prozessführungsbefugnis. In einem anhängigen Verfahren hat der Berechtigte dieses Recht jedoch bereits ausgeübt. Zudem scheidet eine Vertrauensbildung aus, wenn das Ruhen des Verfahrens auf Antrag der Parteien angeordnet wurde (§ 251 ZPO). Denn der Verpflichtete hat sich dann mit der „Nichtgeltendmachung" (Fortführung des Prozesses) einverstanden erklärt. Außerdem kann der Verpflichtete durch Terminsantrag jederzeit Rechtssicherheit herbeiführen. Daher ist er auch nicht schutzbedürftig. Selbst wenn man dem nicht folgen wollte, scheidet die Prozessverwirkung wenigstens in der Konstellation des § 54 Abs. 5 ArbGG aus. Die Frist von sechs Monaten, nach der die Klage als zurückgenommen fingiert wird, schließt die illoyal verspätete Rechtsausübung (Zeitmoment) bzw. die Vertrauensentstehung (Umstandsmoment) aus. Denn innerhalb der gesetzlichen Frist ist die Rechtsausübung nicht illoyal verspätet. Zudem muss der Verpflichtete innerhalb der Frist mit der Rechtsausübung rechnen.

Inwieweit es dem Beklagten zuzumuten ist, sich gegen die Klage zu verteidigen, ist für die Erfüllung des Umstandsmoments nicht maßgeblich.[1520] Wie bei der materiell-rechtlichen Verwirkung folgt die Unzumutbarkeit der Rechtsausübung aus der Verbindung von Zeitablauf (Zeitmoment) und Vertrauen (Umstandsmoment). Die Zumutbarkeit ist dagegen weder ein eigenständiges Tatbestandsmerkmal der Verwirkung noch Ausdruck einer vorzunehmenden Interessenabwägung.[1521]

cc) Rechtsfolge der Prozessverwirkung

Sind Zeit- und Umstandsmoment der prozessualen Verwirkung erfüllt, ist die Klage als unzulässig abzuweisen.[1522] Aufgrund des Auseinanderfallens von materiellem Recht und Prozessrecht lässt die Prozessverwirkung jedoch das materielle Recht unberührt. Insbesondere erfüllt oder indiziert sie nicht die Verwirkung des klageweise geltend gemachten materiellen Rechts.

c) Zwischenergebnis

Die prozessrechtliche Verwirkung existiert als selbstständiges Rechtsinstitut neben der materiell-rechtlichen Verwirkung. Sie führt zur Abweisung der Klage als

---

1519 A.A. für Ausnahmefälle *BAG*, Urt. v. 25.11.2010 – 2 AZR 323/09, NZA 2011, 821.

1520 So aber *BAG*, Urt. v. 13.07.2010 – 9 AZR 287/09, AP Nr. 47 zu § 1 TVG Altersteilzeit.

1521 S.o. Kap.2 B.IV.

1522 *BAG*, Urt. v. 02.11.1961 – 2 AZR 66/61, DB 1962, 172; Urt. v. 09.01.1987 – 2 AZR 126/86, juris; Urt. v. 09.02.2011 – 7 AZR 221/10, NZA 2011, 854.

unzulässig. Bei dem verwirkten Recht handelt es sich um die Prozessführungsbefugnis bzw. im Beschlussverfahren um die Antragsbefugnis. Diese ist verwirkt, wenn der Berechtigte die Klage erst nach Ablauf eines längeren Zeitraums erhebt (*Zeitmoment*) und der Verpflichtete aufgrund des Verhaltens des Berechtigten davon ausgehen durfte, dass dieser keinen Prozess im eigenen Namen über ein eigenes oder ein fremdes Recht als Partei gegen ihn führen werde (*Umstandsmoment*).

d) Exkurs: Geltendmachung der Nichtigkeit eines Aufhebungsvertrages/Vergleichs nach Anfechtung

Abschließend soll noch kurz untersucht werden, wann die Geltendmachung der Nichtigkeit eines Aufhebungsvertrages bzw. eines Vergleichs prozessual verwirkt ist.[1523]

aa) Rechtsprechung

In einem älteren Fall hatte die Beklagte den gerichtlichen Vergleich zehn Monate nach dessen Abschluss angefochten. Das Bundesarbeitsgericht sah das Zeitmoment als erfüllt an. Bis zu diesem Zeitpunkt hatte die Beklagte erhebliche Zahlungen auf den Vergleich geleistet. Aufgrund dieses Verhaltens nach Vergleichsabschluss sei auch das Umstandsmoment erfüllt.[1524]

Dagegen hatte die Klägerin in einem neueren Fall über ein Jahr nach Zugang der Anfechtungserklärung Klage erhoben. Das Bundesarbeitsgericht erachtete das Zeitmoment als nicht erfüllt. Zudem habe die Klägerin nach erfolgter Anfechtung stets unter Klageandrohung mit den Beklagten verhandelt. Auch sei das Vertrauen der Beklagten darauf, es werde keine Klageerhebung erfolgen, nicht schutzwürdig. Angesichts ihrer eigenen widerrechtlichen Drohung kannte sie die Unwirksamkeit des Aufhebungsvertrages bzw. musste sie sie kennen (§ 142 Abs. 2 BGB). Daher sei auch das Umstandsmoment nicht erfüllt.[1525]

bb) Literatur

Nach Ansicht von *Burkardt* müsse der Arbeitgeber mit einer gerichtlichen Geltendmachung rechnen, wenn der Arbeitnehmer den Aufhebungsvertrag außergerichtlich angefochten habe. Warte der Arbeitnehmer jedoch zu und entwickle der Arbeitgeber Vertrauen, könne ausnahmsweise das materielle Recht verwirken, die Unwirksamkeit des Aufhebungsvertrages geltend zu machen.[1526] Beim Zeitmoment könne § 4 Satz 1 KSchG in den Fällen herangezogen werden, in denen die Unwirksamkeit des Aufhebungsvertrages nicht auf einer arbeitnehmerschützenden Norm

1523 Zur Verwirkung von materiellen Rechten nach Abschluss eines nichtigen Aufhebungsvertrages vgl. *Schewiola*, S. 24 ff.

1524 *BAG*, Urt. v. 05.08.1969 – 1 AZR 441/68, DB 1969, 1995.

1525 *BAG*, Urt. v. 06.11.1997 – 2 AZR 162/97, NZA 1998, 374. Ebenso *Franz*, S. 506.

1526 *Burkardt*, S. 235.

beruhe. Denn der am Abschluss des Aufhebungsvertrages mitwirkende Arbeitnehmer könne nicht besser gestellt werden, als ein „fremdbestimmt" gekündigter.[1527]

Hromadka lehnt die prozessuale Verwirkung per se ab.[1528] Allerdings müsse die Unwirksamkeit eines Aufhebungsvertrages infolge einer Anfechtung nach § 123 BGB gemäß §§ 4, 13 KSchG analog binnen drei Wochen gerichtlich geltend gemacht werden. Denn unterliege bereits die Geltendmachung einer unwirksamen Kündigung §§ 4, 13 KSchG, müsse dies erst recht gelten, wenn der Arbeitnehmer nach einer Anfechtung nach § 123 BGB die Unwirksamkeit eines Aufhebungsvertrages geltend machen wolle.[1529]

cc) Bewertung

Im Ergebnis bestehen bei der gerichtlichen Geltendmachung der Unwirksamkeit eines Aufhebungsvertrages bzw. eines Vergleichs nach Anfechtung keine Besonderheiten im Hinblick auf die prozessuale Verwirkung. Es ist daher auf obige Ausführungen zu verweisen.[1530] Das erforderliche Vertrauen muss sich hier ebenfalls speziell auf die gerichtliche Nichtgeltendmachung beziehen.[1531] Daher werden in der Praxis auch insoweit die Prozessverwirkungsvoraussetzungen nur selten erfüllt sein. Insoweit verbieten sich - wie für die Verwirkung allgemein - pauschalisierte Annahmen in Bezug auf das Vertrauen. Der Arbeitgeber muss nach der Anfechtung nicht automatisch mit der gerichtlichen Geltendmachung der Unwirksamkeit rechnen.[1532]

1527 *Burkardt*, S. 361 f.

1528 FS Zöllner/*Hromadka*, 785 (793 ff).

1529 FS Zöllner/*Hromadka*, 785 (795 ff).

1530 S.o. Kap.3 B.III.3.b).

1531 Daher ist die Entscheidung des *BAG*, Urt. v. 05.08.1969 – 1 AZR 441/68, DB 1969, 1995, abzulehnen. In dieser vermischt es unzutreffend Aspekte der materiellrechtlichen und prozessualen Verwirkung. So kann das Zeitmoment der Prozessverwirkung erst nach der materiell-rechtlichen Anfechtung zu laufen beginnen. Für das notwendige Vertrauen auf das Unterlassen der Klageerhebung ist es daher irrelevant, welche Zahlungen bereits auf den Vergleich geleistet wurden. Entsprechendes gilt für die zweite Entscheidung (*BAG*, Urt. v. 06.11.1997 – 2 AZR 162/97, NZA 1998, 374). Anknüpfungspunkt des Vertrauens ist bei der prozessualen Verwirkung die Prozessführungsbefugnis. Hiervon zu trennen ist der rein materielle Aspekt des Kennens bzw. Kennen müssens (§ 142 Abs. 2 BGB) der Unwirksamkeit des Aufhebungsvertrages. So wenig wie aus dem Bestehen des Anfechtungsrechts zwingend auf dessen Ausübung geschlossen werden kann, so wenig kann aus der vollzogenen Anfechtung gefolgert werden, dass die Unwirksamkeit der Vereinbarung in jedem Fall gerichtlich geltend gemacht werden wird.

1532 A.A. *Burkardt*, S. 235.

dd) Zwischenergebnis

Bei der gerichtlichen Geltendmachung der Unwirksamkeit eines Aufhebungsvertrages bzw. eines Vergleichs nach Anfechtung bestehen keine Besonderheiten bei der prozessualen Verwirkung. In der Praxis werden die Verwirkungsvoraussetzungen aufgrund der tatsächlichen Umstände allerdings nur selten erfüllt sein.

4. Abschließende Bewertung

Die Prozessverwirkung steht als eigenständiges Rechtsinstitut neben der materiell-rechtlichen Verwirkung. Das verwirkbare Recht ist die Prozessführungsbefugnis. Diese ist verwirkt, wenn der Berechtigte die Klage erst nach Ablauf eines längeren Zeitraums erhebt (*Zeitmoment*) und der Verpflichtete aufgrund des Verhaltens des Berechtigten davon ausgehen durfte, dass dieser keinen Prozess im eigenen Namen über ein eigenes oder ein fremdes Recht als Partei gegen ihn führen werde (*Umstandsmoment*).

Im Ergebnis wird der prozessualen Verwirkung bei ordnungsgemäßer Prüfung ihrer Tatbestandsvoraussetzungen nur wenig Bedeutung beizumessen sein. Denn der Verpflichtete muss nicht nur wie bei der materiell-rechtlichen Verwirkung auf die Nichtgeltendmachung des Rechts vertrauen. Vielmehr muss er aufgrund besonderer Umstände speziell darauf vertraut haben, gerichtlich nicht in Anspruch genommen zu werden. Das begründete Vertrauen darauf, nicht noch mit Rechten aus dem früheren Arbeitsverhältnis konfrontiert zu werden, erfüllt dagegen in Verbindung mit dem Zeitmoment allenfalls die materiell-rechtliche Verwirkung. Ohne zusätzlich vertrauensbegründende Umstände im Hinblick auf eine gerichtliche Nichtgeltendmachung, scheidet die prozessuale Verwirkung aus. Hinzu kommt ein weiterer Bedeutungsverlust im Arbeitsrecht: Gerade hier existieren häufig gesetzliche Klagefristen (z.B. § 4 KSchG, § 17 TzBfG) oder vertragliche Ausschlussfristen zur gerichtlichen Geltendmachung von Rechten. Diese schließen die Prozessverwirkung aus.

II. Angrenzende Problemkreise

Mit Blick auf die Eigenständigkeit der Prozessverwirkung gegenüber der materiell-rechtlichen Verwirkung soll noch kurz auf (vermeintlich) angrenzende Probleme eingegangen werden.

1. Innerhalb der §§ 4, 13 KSchG geltend zu machende Unwirksamkeitsgründe

Grundsätzlich müssen alle Unwirksamkeitsgründe innerhalb der Frist der §§ 4, 13 KSchG klageweise geltend gemacht werden, nach Fristablauf gilt die Kündigung als rechtswirksam (§ 7 KSchG). Die materiell-rechtliche Verwirkung scheidet ebenso wie die Prozessverwirkung bereits aufgrund der gesetzlich normierten Klagefrist der §§ 4, 13 KSchG aus. Die Rechtsausübung innerhalb der Frist ist nicht illoyal verspätet. Zudem muss der Verpflichtete innerhalb der Frist mit der Klageerhebung rechnen. Eine Vertrauensbildung kommt daher nicht in Betracht. Die Fristenregelung der §§ 4, 13 KSchG stehen demnach der materiell-rechtlichen wie auch der prozessualen Verwirkung entgegen.

Auch nach wohl überwiegend vertretener Auffassung ist eine Verwirkung des „Klagerechts" innerhalb der Frist der §§ 4, 13 KSchG ausgeschlossen. Die Verwirkung des „Klagerechts" soll nur hinsichtlich solcher Gründe in Betracht kommen, die der Arbeitnehmer auch nach Ablauf der Klagefrist des § 4 KSchG rügen könne.[1533]

Dem ist zwar im Ergebnis zuzustimmen, nicht aber in der Begründung (s.o.). Im Übrigen überzeugt die Begründung der h.M. auch deshalb nicht, weil sie nicht ausreichend zwischen der prozessualen und der materiell-rechtlichen Verwirkung differenziert. Indem der Arbeitnehmer sich auf einen Unwirksamkeitsgrund beruft, macht er eine subjektive Rechtsposition in Form eines Einwands geltend.[1534] Die (Un-)Wirksamkeit der Kündigung hat die (Un-)Begründetheit der Kündigungsschutzklage zur Folge. *Schomburg* hat daraus zutreffend gefolgert, dass die Verwirkung des Unwirksamkeitseinwands allein von materiell-rechtlicher Bedeutung ist. Dagegen ist bei der prozessualen Verwirkung die Klage ohne weitere Prüfung als unzulässig abzuweisen.[1535] Dieses Ergebnis wird auch durch die gesetzliche Regelung des § 7 KSchG gestützt. Danach ist bei Fristversäumnis die Klage als unbegründet, nicht als unzulässig abzuweisen.[1536]

Abschließend ist darauf hinzuweisen, dass die Klagefrist nicht bei Kündigung durch den Arbeitnehmer gilt. Demnach kommt insoweit eine prozessuale Verwirkung zu Lasten des Arbeitgebers nach den o.a. Grundsätzen in Betracht.[1537]

2. *Außerhalb der §§ 4, 13 KSchG geltend zu machende Unwirksamkeitsgründe*

Relevanz entfaltet die Verwirkung daher nur in den Fällen, in denen die zur Unwirksamkeit einer Kündigung führenden Gründe nicht innerhalb der Frist der §§ 4, 13 KSchG geltend gemacht werden müssen (z.B. Verstoß gegen das

---

1533 K/D/Z/*Däubler*, KSchG § 4 Rn. 13; BeckOKArbR/*Rolfs*, KSchG § 1 Rn. 99; A/P/S/*Preis*, D VII 3 Rn. 109; H/B/D/*Berger*, KSchG § 4 Rn. 5; KR/*Friedrich*, KSchG § 13 Rn. 386 ff.; *v. Hoyningen-Huene/Linck*, § 4 Rn. 5; *Löwisch/Spinner*, § 7 Rn. 6; Thüsing/Laux/Lembke/*Waas/Gabrys*, KSchG § 1 Rn. 199; MüKo/*Roth/Schubert*, BGB § 242 Rn. 374; *Raab*, RdA 2004, 321 (326).

1534 *Schomburg*, S. 142.

1535 *Schomburg*, S. 143; s.o. Kap.3 D.I.3.b)cc).

1536 Daher erfolgte auch oben die Differenzierung zwischen der Verwirkung des Sonderkündigungsschutzes und der (gerichtlichen) Geltendmachung der Unwirksamkeit einer Kündigung wegen Verstoßes gegen Sonderkündigungsschutzvorschriften.

1537 I.E. ähnlich H/B/D/*Bröhl*, BGB § 626 Rn. 145.

Schriftformerfordernis des § 623 BGB[1538], Berufung auf die unterlassene oder fehlerhafte Massenentlassungsanzeige nach § 17 KSchG[1539], die Geschäftsunfähigkeit des Kündigenden[1540] oder seine Kündigungsberechtigung[1541] etc.).

Auch für die außerhalb der §§ 4, 13 KSchG geltend zu machenden Unwirksamkeitsgründen ist zwischen der Geltendmachung der Unwirksamkeitsgründe (materiell-rechtliche Verwirkung) und der Prozessverwirkung zu differenzieren.[1542] Dem Unwirksamkeitseinwand kommt wiederum allein materiell-rechtliche Bedeutung zu. Insbesondere ist er von der Verwirkung des Rechts zur Prozessführung zu trennen.[1543] Da sich hinsichtlich der letzteren keine Besonderheiten ergeben, ist auf die obigen Ausführungen zu verweisen.[1544] Lediglich kurz ist auf das Zeit- und Umstandsmoment der materiell-rechtlichen Verwirkung der Geltendmachung von Unwirksamkeitsgründen einzugehen.

a) Literatur[1545]

aa) Auffassungen zum Zeitmoment

Für ein kurzes Zeitmoment werden Fristen wie § 4 KSchG und § 17 TzBfG ins Feld geführt. Diese zeigten nach Ansicht von *Opolony*, dass über die Wirksamkeit der Beendigung des Arbeitsverhältnisses zeitnah entscheiden werden solle.[1546] Da die Kündigung eines Arbeitsverhältnisses immer zu einer raschen Abwicklung dränge, sollen einige Monate ausreichen.[1547]

Nach Ansicht von *Däubler* soll bei der Bestimmung der Dauer des Zeitmoments berücksichtigt werden wie schwierig es für den Arbeitnehmer war, die zur

1538 Ausführlich zur Thematik: *Eberle*, NZA 2003, 1121; zahlreiche Einzelnachweise zu Rechtsprechung und Literatur finden sich diesbzgl. auch bei *Genenger*, RdA 2010, 274 (276) Fn. 19.

1539 Strittig ist hier bereits, ob bzw. wann ein Unwirksamkeitsgrund vorliegt, vgl. statt vieler A/P/S/*Hesse*, KSchG § 4 Rn. 10a m.w.N. Unter Verwirkungsgesichtspunkten vgl. FS DAV/*Kliemt*, 1237 (1252); *Urban*, S. 224.

1540 Vgl. hierzu insbesondere *Raab*, RdA 2004, 321 (326).

1541 Die Anwendung des § 4 Satz 1 KSchG im Zusammenhang mit der Kündigung durch einen (vollmachtlosen) Vertreter ist in Rechtsprechung und Literatur umstritten. Vgl. statt vieler: *Genenger*, RdA 2010, 274 (277 ff.). Zu weiteren Nachweisen vgl. BeckOKArbR/*Kerwer*, KSchG § 4 Rn. 18.

1542 Ebenso allgemein: *Schomburg*, S. 142 ff.; zu § 623 BGB: *Eberle*, NZA 2003, 1121 (1123).

1543 Vgl. *Schomburg*, S. 143; s.o. Kap.3 D.I.3.a)aa).

1544 S.o. Kap.3 D.I.3.c).

1545 Die in der Literatur vertretenen Ansichten sind mit Blick auf die oftmals ungenügende Differenzierung zwischen der Geltendmachung der Unwirksamkeitsgründe (materiell-rechtliche Verwirkung) und der Prozessverwirkung nur bedingt aussagekräftig.

1546 AR-Blattei SD 1020.3/*Opolony* Rn. 223.

1547 *Löwisch/Spinner*, § 7 Rn. 6. Ebenso Thüsing/Laux/*Lembke*, BGB § 623 Rn. 88, wonach zwei bis drei Monate die Obergrenze bilden sollen.

Beurteilung der Rechtslage erforderlichen Fakten zu ermitteln und ob der Arbeitnehmer bedroht oder getäuscht wurde.[1548]

Nach Ansicht von *Kliemt* soll sich ein Arbeitnehmer nicht mehr auf einen Verstoß gegen §§ 17 ff. KSchG berufen können, wenn er über sechs Monaten hinweg die unterbliebene oder fehlerhafte Massenentlassungsanzeige nicht gerügt hat.[1549] So hätte eine zeitnahe Rüge den Arbeitgeber veranlasst, den Verstoß zu korrigieren und erneut zu kündigen.[1550]

bb) Auffassungen zum Umstandsmoment

Beim Umstandsmoment sollen sich nach Auffassung von *Däubler* die zu berücksichtigenden Umstände entweder aus dem Verhalten des Arbeitnehmers oder des Arbeitgebers ergeben können, so z.B. wenn letzterer einen frei gewordenen Arbeitsplatz wieder besetzt habe.[1551]

Raab vertritt hinsichtlich der fehlenden Geschäftsfähigkeit die Auffassung, dass diese für die Gegenseite oftmals nicht erkennbar sei. In diesem Fall scheitere eine Verwirkung des Rechts, sich auf die infolge der Geschäftsunfähigkeit unwirksame Erklärung berufen zu können, regelmäßig bereits daran, dass dem Verpflichteten die verwirkbare Rechtsposition unbekannt sei.[1552] Auch in den Fällen, in denen der Arbeitnehmer die Kündigung gemäß „§§ 180, 174 BGB wegen fehlender oder nicht nachgewiesener Vertretungsmacht“ zurückgewiesen habe, scheide die Verwirkung in der Regel aus. Insoweit könne der Arbeitgeber aufgrund der Zurückweisung schon kein Vertrauen auf die weitere Nichtgeltendmachung entwickeln.[1553]

Auch bei Verstoß gegen das Schriftformerfordernis nach § 623 BGB soll nach Auffassung von *Raab* die Verwirkung ausscheiden. Dem Gesetzeswortlaut des § 4 KSchG lasse sich deutlich entnehmen, dass nach dem Willen des Gesetzgebers nur eine schriftliche Kündigung den Fristlauf auslöse. Der Arbeitnehmer dürfe daher eine z.B. mündlich erfolgte Kündigung ignorieren, ohne Rechtsnachteile befürchten zu müssen.[1554]

b) Eigene Auffassung

aa) Zum Zeitmoment

Beim Zeitmoment ist zunächst von der allgemeinen Definition auszugehen, wonach der Berechtigte sein Recht über einen längeren Zeitraum nicht geltend

1548 K/D/Z/*Däubler*, KSchG § 13 Rn. 33 f. m.w.N.

1549 Zum Streit, ob überhaupt ein Unwirksamkeitsgrund vorliegt vgl. statt vieler A/P/S/*Hesse*, KSchG § 4 Rn. 10a m.w.N.

1550 FS DAV/*Kliemt*, 1237 (1252).

1551 K/D/Z/*Däubler*, KSchG § 13 Rn. 35, 37.

1552 *Raab*, RdA 2004, 321 (326), der aber unzutreffend auf die Unkenntnis des „Berechtigten“ verweist.

1553 *Raab*, RdA 2004, 321 (326).

1554 *Raab*, RdA 2004, 321 (326).

gemacht haben darf. Mit Blick auf den Einzelfallcharakter der Verwirkung scheidet die Annahme von Mindest- oder Regelfristen aus.[1555] Insbesondere ist das Zeitmoment hinsichtlich einzelner Unwirksamkeitsgründe nicht länger (oder kürzer) zu bemessen. Die Tatsache allein, dass es um die Kündigung eines Arbeitsverhältnisses geht, rechtfertigt wie gezeigt keine Verkürzung des Zeitmoments per se.[1556]

Jedoch ist bereits bei den Unwirksamkeitsgründen, die fristgebunden geltend gemacht werden müssen, mit Blick auf die Regelung des § 5 Abs. 3 KSchG die Bildung von Vertrauen innerhalb eines Zeitraums von sechs Monaten nach Ablauf der Klagefrist ausgeschlossen.[1557] Dies muss erst recht für die nicht fristgebundene Geltendmachung gelten. Daher wird das Zeitmoment kaum jemals vor Ablauf von sechs Monaten nach Ausspruch der Kündigung erfüllt sein.

Wurde der Arbeitnehmer dagegen bedroht oder getäuscht, ist die Bestimmung des Zeitmoments regelmäßig entbehrlich.[1558] Eine Verwirkung scheidet schon mangels schutzwürdigen Vertrauens des Arbeitgebers aus.

bb) Zum Umstandsmoment

Es sind nur bedingt Fälle vorstellbar, in denen das Umstandsmoment erfüllt ist. Denn der Verpflichtete (regelmäßig also der Arbeitgeber) muss aufgrund des Verhaltens des Berechtigten darauf vertraut haben, dass dieser einen speziellen Unwirksamkeitsgrund nicht mehr geltend macht. Erschwerend kommt auch hier hinzu, dass die Beendigung des Arbeitsverhältnisses häufig mit der Beendigung des tatsächlichen Kontakts einhergeht. Ein ggf. vertrauensbegründendes Verhalten des Berechtigten wird dem Verpflichteten daher regelmäßig verborgen bleiben, während der bloße Zeitablauf für sich genommen kein besonderes Vertrauen begründet. Vor diesem Hintergrund wird die Verwirkung in der Praxis regelmäßig ausscheiden.

Zuzustimmen ist der von *Raab* vertretenen Auffassung hinsichtlich der fehlenden Geschäftsfähigkeit. Ist diese für die Gegenseite nicht erkennbar, scheidet die

1555 A.A. FS DAV/*Kliemt*, 1237 (1252) wonach sich ein Arbeitnehmer nicht mehr auf einen Verstoß gegen §§ 17 ff. KSchG berufen können soll, wenn er diesen über sechs Monate hinweg nicht gerügt hat. Insoweit konstituiert *Kliemt* zu Lasten des Arbeitnehmers eine Pflicht bzw. Obliegenheit zum Tätigwerden, die gesetzlich nicht vorgesehen ist. Zudem würde die Auffassung von *Kliemt* zur Bejahung der Verwirkung infolge reinen Zeitablaufs führen. Denn der bloßen Untätigkeit des Arbeitnehmers würde vertrauensbegründende Wirkung zugemessen.

1556 S.o. Kap.3 B.II.1.

1557 S.o. Kap.3 B.II.1, wenn auch zur prozessualen Verwirkung.

1558 A.A. K/D/Z/*Däubler*, KSchG § 13 Rn. 33 f. m.w.N. Soweit *Däubler* (a.a.O.) zudem bei der Dauer des Zeitmoments die Schwierigkeit der Sachverhaltsaufklärung heranziehen will, bleibt nicht nur die Definition des Begriffs „schwierig" unklar. Auch begründet er dies nicht. Zudem führt er ohne zwingende Notwendigkeit einen weiteren unbestimmten Rechtsbegriff ein. Dieser führt eher zu mehr Rechtsunsicherheit, denn zur weiteren Konkretisierung des Verwirkungstatbestands.

Verwirkung regelmäßig bereits daran, dass dem Verpflichteten die verwirkbare Rechtsposition unbekannt ist.[1559] Die Entwicklung von Vertrauen in die Nichtgeltendmachung ist daher nach den allgemeinen Grundsätzen ausgeschlossen. Ebenfalls zutreffend führt *Raab* aus, dass es regelmäßig am verwirkungsrelevanten Vertrauen beim Arbeitgeber fehle, wenn der Arbeitnehmer die Kündigung gemäß „§§ 180, 174 BGB wegen fehlender oder nicht nachgewiesener Vertretungsmacht" zurückgewiesen habe.[1560]

c) Zwischenergebnis

Bei den außerhalb der Frist der §§ 4, 13 KSchG geltend zu machenden Unwirksamkeitsgründen ist eine genaue Differenzierung zwischen dem Recht, sich auf die Unwirksamkeit der Kündigung zu berufen (materiell-rechtliche Verwirkung) und der prozessualen Verwirkung erforderlich. Bei der materiell-rechtlichen Verwirkung rechtfertigt der bloße Kündigungskontext keine Verkürzung des Zeitmoments. Für das Umstandsmoment muss der Verpflichtete aufgrund des Verhaltens des Berechtigten darauf vertrauen, dass dieser einen speziellen Unwirksamkeitsgrund (fehlende Schriftform, etc.) nicht mehr geltend macht. Praktisch werden daher nur selten Fälle vorliegen, in denen das Umstandsmoment erfüllt ist.

3. Verkürzung und Verlängerung der Arbeitszeit (§ 8 Abs. 1 TzBfG, § 15 Abs. 5 Satz 1 BEEG, § 81 Abs. 5 SGB IX und § 9 TzBfG)

Nachfolgend soll die Verwirkung bei der Verlängerung und Verkürzung der Arbeitszeit untersucht werden. Rechtlich ist diese deshalb interessant, weil hierfür Klagefristen fehlen.

Die Analyse der Verwirkung erfolgt dabei zunächst ausschließlich mit Blick auf § 8 Abs. 1 TzBfG, da lediglich für diese Vorschrift Rechtsprechung und Literatur die Verwirkung diskutieren. Anschließend soll untersucht werden, inwieweit sich die zu § 8 Abs. 1 TzBfG gefundenen Ergebnisse auf sonstige Tatbestände der Verkürzung und Verlängerung der Arbeitszeit (insb. § 15 Abs. 5 Satz 1 BEEG, § 81 Abs. 5 SGB IX und § 9 TzBfG) übertragen lassen.

a) Rechtsprechung

Soweit ersichtlich hat sich bislang nur das Arbeitsgericht Düsseldorf mit der Verwirkung des Teilzeitanspruchs nach § 8 Abs. 1 TzBfG befasst.[1561] Im entschiedenen

---

1559 *Raab*, RdA 2004, 321 (326), der aber unzutreffend auf die Unkenntnis des „Berechtigten" verweist.

1560 *Raab*, RdA 2004, 321 (326).

1561 *ArbG Düsseldorf*, Urt. v. 19.11.2007 – 3 Ca 4863/07, AiB 2009, 312, mit ablehnender Anm. *Lorenz*, AiB 2009, 313. Soweit das *BAG* an anderer Stelle von der Verwirkung des Ablehnungsrechts des Arbeitgebers gegen das Teilzeitbegehren spricht (Urt. v. 18.02.2003 – 9 AZR 356/02, NZA 2003, 911), verwendet es den

Fall hatte die Arbeitnehmerin nach Ablehnung des Teilzeitantrags ihr Teilzeitbegehren über zwei Monate nicht weiterverfolgt. Dies reichte nach Ansicht des Gerichts zur Erfüllung des Zeitmoments aus. Da die Klägerin nach Ablehnung des Teilzeitantrages durch die Arbeitgeberin dieser schriftlich mitgeteilt hatte, den Teilzeitantrag nicht weiter verfolgen zu wollen, sah es auch das Umstandsmoment als erfüllt an.

b) Literatur

Allgemein diskutiert die Literatur die Verwirkungsproblematik im Zusammenhang mit der Frage, ob bei Ablehnung der begehrten Arbeitszeitveränderung eine Klagefrist einzuhalten ist.

Nach Ansicht von *Pauly/Osnabrügge* soll der Arbeitnehmer den Anspruch nach § 8 Abs. 1 TzBfG innerhalb von drei Wochen nach Ablehnung durch den Arbeitgeber klageweise geltend machen müssen (§ 4 Satz 1 KSchG analog). Bei Nichterhebung der Klage könne der Arbeitgeber spätestens einen Monat nach Zugang der Ablehnung (vgl. § 8 Abs. 5 Satz 1 TzBfG) davon ausgehen, „dass eine klageweise Geltendmachung nicht mehr erfolgen wird, sodass er einer gleichwohl erhobenen Klage Verwirkung entgegenhalten kann."[1562]

Lorenz geht in Anlehnung an die verwaltungsgerichtlichen Widerspruchs- und Verfahrensfristen (§§ 70, 74 VwGO) von einer Monatsfrist ab dem Tag des gewünschten Teilzeitbeginns aus.[1563] *Ülger* vertritt eine Geltendmachungsfrist von drei Monaten.[1564]

Ohne zur Dauer des Zeitmoments konkreter zu werden, befürworten *Schmalenberg u.a.* mit Blick auf die Regelungssystematik in § 8 Abs. 5 Satz 1 TzBfG bzw. der Notwendigkeit rascher Klarheit der Verhältnisse eine schnelle Verwirkung des Teilzeitanspruchs.[1565] Andere Autoren bejahen eine klageweise Geltendmachung auch noch nach längerer Zeit.[1566] *Boewer* spricht sich allgemein gegen starre Mindest-/Höchst- bzw. Regelfristen aus.[1567]

Das Umstandsmoment soll nach Auffassung von *Lorenz u.a.* dann erfüllt sein, wenn der Arbeitnehmer nach Ablehnung seines Teilzeitbegehrens über den Zeitpunkt des beantragten Teilzeitbeginns hinaus seine Arbeitsleistung zu unveränderten Bedingungen erbringe.[1568] So könne der Arbeitgeber nach Ansicht von *Mengel* grundsätzlich auf die (gerichtliche) Nichtdurchsetzung vertrauen, wenn

---

Begriff der Verwirkung nicht im Sinne der illoyal verspäteten Rechtausübung. Vgl. hierzu *Boecken/Joussen*, § 8 Rn. 115.

1562 *Pauly/Osnabrügge*, § 12 Rn. 185.

1563 *Lorenz*, S. 216.

1564 *Ülger*, S. 91, ohne Begründung und Angabe des Beginns des Zeitmoments.

1565 H/W/K/*Schmalenberg*, TzBfG § 8 Rn. 54; Annuß/Thüsing/*Mengel*, § 8 Rn. 228.

1566 *H/K/Z*, Rn. 185.

1567 Boewer, § 8 Rn. 272.

1568 *Lorenz*, S. 216. Ebenso *Ülger*, S. 90; *Gehring*, S. 54 f.; H/W/K/*Schmalenberg*, TzBfG § 8 Rn. 54.

nach Ablehnung des Verringerungsbegehrens mehrere Monate vergangen seien.[1569] Im Übrigen verweisen viele Autoren lediglich auf die allgemeinen Grundsätze der Verwirkung.[1570] *Korinth* und *Lorenz* schließen die Verwirkung des Stammrechts (§ 8 TzBfG) aus. Der Arbeitnehmer soll daher jedenfalls nach Ablauf von zwei Jahren (§ 8 Abs. 6 TzBfG) erneut einen Teilzeitanspruch geltend machen könne.[1571]

Soweit ersichtlich differenziert nur *Laux* zwischen prozessualer[1572] und materiell-rechtlicher Verwirkung. Eine materiell-rechtliche Verwirkung des Rechts auf Arbeitszeitverringerung soll jedoch allenfalls bei Anträgen in Betracht kommen, mit denen die Zustimmung zur Änderung der Arbeitszeit zu einem Zeitpunkt in der Vergangenheit geltend gemacht wird.[1573]

c) Bewertung

aa) Gegenstand der Verwirkung

Die Mehrzahl der o.a. Autoren differenziert nicht bzw. nicht zutreffend zwischen der materiell-rechtlichen und der prozessualen Verwirkung. Sie behandeln die Verwirkungsproblematik daher unter dem Aspekt der Klagefrist. Zutreffend ist dagegen wie folgt zu differenzieren: Gegenstand der materiell-rechtlichen Verwirkung ist allein den Anspruch auf Arbeitszeitverringerung.[1574] D.h. durfte der Arbeitgeber nach längerer Zeit und aufgrund des Verhaltens des Arbeitnehmers darauf vertrauen, dass dieser den Anspruch auf Arbeitszeitverringerung nicht mehr geltend machen werde. Dagegen betrifft die Prozessverwirkung vorliegend die Frage, ob der Berechtigte die Klage auf Arbeitszeitverringerung erst nach Ablauf eines längeren Zeitraums erhoben hat (*Zeitmoment*) und der Verpflichtete aufgrund des Verhaltens des Berechtigten davon ausgehen durfte, dass dieser keinen Prozess in eigenem Namen über die Verringerung der Arbeitszeit gegen ihn führen werde (*Umstandsmoment*).

In Bezug auf § 8 Abs. 1 TzBfG existieren keine Besonderheiten hinsichtlich der Prozessverwirkung. Insoweit ist daher auf die obigen Ausführungen zu verweisen.[1575] Bezüglich der materiell-rechtlichen Verwirkung gilt Folgendes:

1569 Annuß/Thüsing/*Mengel*, § 8 Rn. 228.

1570 Meinel/*Heyn*/Herms, § 8 Rn. 119; ErfK/*Preis*, TzBfG § 8 Rn. 54; Arnold/Gräfl/*Vossen*, § 8 Rn. 192; *Hamann*, BB-Spezial 6/2005, 2 (9).

1571 *Korinth*, ArbRB 2010, 129 (130); *Lorenz*, AiB 2009, 312 (314).

1572 Ausdrücklich die „Verwirkung des Klagerechts" bejahend *Boecken*/*Joussen*, § 8 Rn. 155.

1573 *Laux*/Schlachter, § 8 Rn. 333.

1574 Der Anspruch richtet sich auf Abgabe einer Willenserklärung durch den Arbeitgeber in Form der Zustimmung zur Änderung des Arbeitsvertrags, *BAG*, Urt. v. 19.08.2003 – 9 AZR 542/02, ZTR 2004, 542; ErfK/*Preis*, TzBfG § 8 Rn. 2; *Gotthardt*, NZA 2001, 1183; *Hromadka*, NJW 2001, 400 (403).

1575 S.o. Kap.3 B.II.1.b).

bb) Zum Zeitmoment

Zur Erfüllung des Zeitmoments darf der Berechtigte sein Recht über einen längeren Zeitraum nicht geltend gemacht haben. Mit Blick auf den Einzelfallcharakter der Verwirkung scheidet die Annahme von Mindest- oder Regelfristen aus.[1576] Für solche Fristen besteht weder bei § 8 Abs. 1 TzBfG[1577] noch für die Verwirkung sonstiger Rechte eine Rechtsgrundlage. Zudem würde andernfalls der bloße Zeitablauf zur Verwirkung führen und die gesetzliche Verjährungssystematik unterlaufen. Die Verwirkung bezweckt allein den Schutz berechtigten Vertrauens. Daher rechtfertigt die (vermeintliche) Notwendigkeit rascher Klarheit der Verhältnisse keine Verkürzung des Zeitmoments.[1578]

Abschließend ist darauf hinzuweisen, dass die Verwirkungsproblematik nicht auf die Fallgestaltung beschränkt ist, dass der Arbeitnehmer nach Ablehnung seines Teilzeitbegehrens durch den Arbeitgeber untätig bleibt. Tatsächlich kommt eine Verwirkung grundsätzlich bereits vor einer Ablehnung des Arbeitgebers in Betracht. Denn entscheidend für das Zeitmoment der Verwirkung ist lediglich die Ausübbarkeit eines Rechts.

cc) Zum Umstandsmoment

In der Praxis wird das Umstandsmoment nur selten erfüllt sein. Soweit der Arbeitgeber den Antrag zu Unrecht abgelehnt hat (vgl. § 8 Abs. 4, Abs. 5 Satz 3 TzBfG), bedarf es besonderer Umstände, um Vertrauen zu schaffen. Denn der Ablehnung ging regelmäßig die ausdrückliche Geltendmachung des Verringerungsbegehrens durch den Arbeitnehmer voraus (vgl. § 8 Abs. 5 Satz 1 TzBfG). Die bloße Untätigkeit nach Ablehnung, insbesondere das Unterlassen einer zeitnahen Klageerhebung, begründet dieses Vertrauen nicht. Dies gilt umso mehr, als keine gesetzliche Verpflichtung zum Tätigwerden nach Ablehnung des Antrags besteht. Ein vertrauensbegründender Umstand kann jedoch dann zu bejahen sein, wenn der Berechtigte zunächst (schriftlich) mitgeteilt hatte, den Teilzeitantrag nicht weiter verfolgen zu wollen.[1579]

Für den grundsätzlich denkbaren Fall einer Verwirkung noch vor Ablehnung des Arbeitgebers (s.o.) sind nur bedingt vertrauensbegründende Umstände vorstellbar. Allgemein muss der Arbeitgeber aufgrund des Verhaltens des Arbeitnehmers darauf vertraut haben, dass dieser keinen Anspruch auf Arbeitszeitverringerung geltend machen werde. Problematisch ist dabei, wie konkret das erforderliche Vertrauen sein muss, von der Darlegungs- und Beweislast ganz zu schweigen. So wird ein Arbeitgeber kaum jemals auf die Nichtgeltendmachung

---

1576 So zutreffend zu § 8 Abs. 1 TzBfG *Boewer*, § 8 Rn. 272. A.A. *Pauly/Osnabrügge*, § 12 Rn. 185; *Lorenz*, S. 216; *Ülger*, S. 91.

1577 Zutreffend: *Hamann*, BB-Spezial 6/2005, 2 (9).

1578 Vgl. hierzu bereits Kap.3 B.II.1.b)cc)(2). A.A. Annuß/Thüsing/*Mengel*, § 8 Rn. 228. I.E. ebenso H/W/K/*Schmalenberg*, TzBfG § 8 Rn. 54.

1579 *ArbG Düsseldorf* Urt. v. 19.11.2007 – 3 Ca 4863/07, AiB 2009, 312.

einer Arbeitszeitverringerung einschließlich der konkreten Verteilung vertrauen. Andererseits kann ein Arbeitgeber nicht darauf vertrauen, dass ein Arbeitnehmer niemals eine Arbeitszeitverringerung geltend machen wird. Denn insoweit kann es sich allenfalls um eine Erwartung handeln, nicht jedoch um ein schützenswertes Vertrauen.

Im Übrigen ist für das Umstandsmoment auf die allgemeinen Grundsätze zurückzugreifen. Danach erfüllt die Untätigkeit des Berechtigten, d.h. die bloße Nichtgeltendmachung seines Rechts, nicht das Umstandsmoment. Daher begründet allein der Umstand, dass der Arbeitnehmer nach Ablehnung seines Teilzeitbegehrens über den Zeitpunkt des beantragten Teilzeitbeginns hinaus seine Arbeitsleistung zu unveränderten Bedingungen erbringt, kein besonderes Vertrauen.[1580] Zudem kommt der Arbeitnehmer lediglich seiner arbeitsvertraglich geschuldeten Verpflichtung nach, nämlich der Erbringung der Arbeitsleistung.

Etwas anderes ergibt sich für das Umstandsmoment auch nicht aus dem ergebnislosen Durchlaufen des Verfahrens nach § 8 Abs. 2, Abs. 3 und Abs. 5 TzBfG. Dies rechtfertigt kein pauschalisiertes Vertrauen darauf, dass der Arbeitnehmer sich mit dem Ergebnis abgefunden hat, nur weil er nicht zeitnah Klage erhoben hat. Vielmehr würde dies im Ergebnis auch hier zur Statuierung einer gesetzlich nicht vorgesehenen Handlungspflicht führen.

Vertrauensausschließend kann sich der Umstand auswirken, dass das Teilzeitbegehren des Arbeitnehmers im einstweiligen Rechtsschutz an der fehlenden Eilbedürftigkeit gescheitert ist. In diesem Fall kann der Arbeitgeber ohne Hinzutreten weiterer Umstände nicht darauf vertrauen, dass der Arbeitnehmer die Angelegenheit auf sich beruhen lässt. Denn der Arbeitnehmer hatte sein Recht nicht nur durch seine Antragsstellung gegenüber dem Arbeitgeber (§ 8 Abs. 2 Satz 1 TzBfG) geltend gemacht, sondern zusätzlich noch gerichtlich.

dd) Zwischenergebnis

Bislang wird nicht ausreichend zwischen materiell-rechtlicher und prozessualer Verwirkung im Rahmen des § 8 Abs. 1 TzBfG differenziert. Die materiell-rechtliche Verwirkung betrifft allein den Anspruch auf Arbeitszeitverringerung. Jedoch wird das Umstandsmoment praktisch nur selten erfüllt sein. Soweit der Arbeitgeber den Antrag zu Unrecht abgelehnt hat, bedarf es besonderer Umstände, um Vertrauen zu schaffen. Denn der Ablehnung ging regelmäßig die ausdrückliche Geltendmachung des Verringerungsbegehrens durch den Arbeitnehmer voraus. Das Unterlassen zeitnaher Klageerhebung nach Ablehnung der Arbeitszeitverringerung begründet insoweit kein besonderes Vertrauen.

Dagegen geht es bei der Prozessverwirkung um die Frage, ob der Berechtigte die Klage auf Arbeitszeitverringerung erst nach Ablauf eines längeren Zeitraums erhoben (*Zeitmoment*) hat und der Verpflichtete aufgrund des Verhaltens des

---

1580 A.A. *Lorenz*, S. 216. Ebenso *Ülger*, S. 90; *Gehring*, S. 54 f.; H/W/K/*Schmalenberg*, TzBfG § 8 Rn. 54; Annuß/Thüsing/*Mengel*, § 8 Rn. 228.

Berechtigten davon ausgehen durfte, dass dieser keinen Prozess in eigenem Namen über die Verringerung der Arbeitszeit gegen ihn führen werde (*Umstandsmoment*). Insoweit gelten die oben zur Prozessverwirkung angestellten Erwägungen.

d) Übertragbarkeit auf andere Tatbestände

Nachfolgend soll untersucht werden, ob bzw. inwieweit sich die vorstehenden Ergebnisse auf sonstige Tatbestände der Verkürzung oder Verlängerung der Arbeitszeit übertragen lassen.

aa) Arbeitszeitverkürzung (Teilzeitanspruch)

(1) § 15 Abs. 5 Satz 1 BEEG

Gemäß § 15 Abs. 5 Satz 1 BEEG hat der Arbeitnehmer unter den Voraussetzungen des § 15 Abs. 7 BEEG Anspruch auf Verringerung der Arbeitszeit.

Anders als bei § 8 Abs. 1 TzBfG sieht das Gesetz zwar mit § 15 Abs. 7 Satz 5 BEEG ausdrücklich vor, dass der Arbeitnehmer Klage erheben kann, soweit der Arbeitgeber der Verringerung der Arbeitszeit nicht oder nicht rechtzeitig zustimmt. Die Klage ist jedoch nicht fristgebunden. Rechtlich ergibt sich daher keine Abweichung zur Situation bei § 8 Abs. 1 TzBfG.

Auch im Übrigen sind keine Besonderheiten ersichtlich, die hinsichtlich der Verwirkungsvoraussetzungen bei § 15 Abs. 5 BEEG eine von § 8 Abs. 1 TzBfG abweichende Beurteilung erfordern. Daher ist auf obige Ausführungen zu verweisen.

(2) § 81 Abs. 5 Satz 2 SGB IX

Nach § 81 Abs. 5 Satz 2 SGB IX haben Schwerbehinderte Anspruch auf Teilzeitbeschäftigung, wenn die kürzere Arbeitszeit wegen Art oder Schwere der Behinderung notwendig ist.[1581] „Die Behinderung und ihre Auswirkungen müssen kausal für die [...] Verringerung der Arbeitszeit sein“[1582]. Es bedarf keiner vorhergehenden Vertragsänderung. Der Anspruch entsteht bei Vorliegen der gesetzlichen Voraussetzungen. Insbesondere muss der Arbeitnehmer bei Weigerung des Arbeitgebers nicht Leistungsklage auf Abgabe einer zustimmenden Willenserklärung erheben (§ 894 ZPO) wie bei § 8 Abs. 1 TzBfG.[1583]

Zwar kommt insoweit grundsätzlich ebenfalls eine Verwirkung des Anspruchs in Betracht. In der Praxis werden die Tatbestandsvoraussetzungen der Verwirkung jedoch kaum jemals erfüllt sein. Da das Recht auf Arbeitszeitverringerung erst dann entsteht, wenn eine verkürzte Arbeitszeit wegen Art oder Schwere der

---

1581 § 81 Abs. 5 Satz 3 SGB IX ist neben § 8 TzBfG anwendbar, *Knittel*, § 81 Rn. 289 m.w.N. Jedoch gelten für diesen weder eine Sperrfrist (§ 8 Abs. 6 TzBfG) noch Beschränkungen bzgl. der Dauer des Arbeitsverhältnisses (§ 8 Abs. 1 TzBfG) oder Betriebsgröße (§ 8 Abs. 7 TzBfG).

1582 E/A/S/*Adlhoch*, § 81 Rn. 116.

1583 *Knittel*, § 81 Rn. 279 m.w.N.; a.A. *ArbG Bonn*, Urt. v. 20.06.2001 – 2 Ca 1414/01, NZA 2001, 974.

Behinderung notwendig ist, scheidet vor diesem Zeitpunkt eine Verwirkung aus. Das Recht ist vorher noch nicht ausübbar bzw. entstanden, sodass das Zeitmoment nicht zu laufen beginnt.

Nach diesem Zeitpunkt wird die Verwirkung in der Praxis regelmäßig am notwendigen Vertrauen und damit an der Erfüllung des Umstandsmoments scheitern. Zumeist wird der Arbeitgeber keine Kenntnis von einer rechtsbegründenden Änderung der Art oder Schwere der Behinderung haben. Damit scheidet auch ein Vertrauen auf die Nichtgeltendmachung der Arbeitszeitverringerung aus. Entsprechendes gilt, wenn der Arbeitgeber zwar Kenntnis von der Änderung der Art oder Schwere der Behinderung hat, aber nicht beurteilen kann, ob die Änderung rechtlich einen Anspruch auf Arbeitszeitverringerung begründet.

Auch sind keine besonderen Umstände ersichtlich, aufgrund derer ein Arbeitgeber schutzwürdiges Vertrauen darauf entwickeln kann, dass ein schwerbehinderter Mensch, unabhängig beispielsweise von der weiteren Entwicklung der Behinderung (Verstärkung der Art oder Schwere etc.), eine Arbeitszeitverringerung niemals geltend machen wird. Insoweit kann es sich allenfalls um eine Erwartung handeln, nicht jedoch um ein schützenswertes Vertrauen.

Sollte demgegenüber im Einzelfall die Verwirkung zu bejahen sein, kann diese nur den einmal entstanden Anspruch zum Erlöschen bringen. Ändern sich dagegen Schwere oder Art der Behinderungen dergestalt, dass erneut eine Arbeitsverkürzung notwendig ist, steht die Verwirkung dem neu entstandenen Anspruch nicht entgegen.

bb) Arbeitszeitverlängerung nach § 9 TzBfG

Nach § 9 TzBfG hat ein Teilzeitarbeitnehmer Anspruch auf Verlängerung seiner Arbeitszeit, wenn bei Besetzung eines freien, angemessenen Arbeitsplatzes kein besserer Bewerber vorhanden ist.[1584]

Auch hier sind nur bedingt Fälle vorstellbar, in denen die Verwirkungsvoraussetzungen erfüllt sein werden. Der Anspruch setzt voraus, dass der Arbeitnehmer dem Arbeitgeber den Wunsch nach einer Verlängerung seiner vertraglich vereinbarten Arbeitszeit angezeigt hat. Damit wird eine Verwirkung vor diesem Zeitpunkt regelmäßig ausscheiden. Zwar kann das Zeitmoment bereits dann anlaufen, wenn ein Recht ausübbar ist. Der Anspruch nach § 9 TzBfG setzt jedoch einen konkreten, freien Arbeitsplatz voraus. Demgegenüber sind keine besonderen Umstände ersichtlich, aufgrund derer ein Arbeitgeber schutzwürdiges Vertrauen darauf entwickeln kann, dass ein Arbeitnehmer niemals unabhängig von einem konkreten freien Arbeitsplatz ein Verlängerung geltend machen wird. Insoweit kann es sich allenfalls um eine Erwartung handeln, nicht jedoch um ein schützenswertes Vertrauen.

1584 *BAG*, Urt. v. 15.08.2006 – 9 AZR 8/06, NZA 2007, 255; ErfK/*Preis*, TzBfG § 9 Rn. 2 m.w.N.

Hat der Arbeitnehmer jedoch einmal den Wunsch nach einer Veränderung von Dauer und Lage angezeigt, korrespondiert damit die Verpflichtung des Arbeitgebers, den Arbeitnehmer über frei werdende Arbeitsplätze zu informieren (§ 7 Abs. 2 TzBfG).[1585] Somit stellt sich das Verwirkungsproblem in der Praxis regelmäßig nicht. Entweder nimmt der Arbeitnehmer den benannten Arbeitsplatz in Anspruch oder er lehnt ihn ab bzw. reagiert nicht. In letzterem Fall wird der Arbeitgeber den freien Arbeitsplatz nachbesetzen. Damit erlischt der Anspruch mangels freien Arbeitsplatzes. Eine Verwirkung kommt daher grundsätzlich nur in Fällen in Betracht, in denen der Arbeitsplatz über einen längeren Zeitraum nicht nachbesetzt wurde.

Hat der Arbeitgeber den Arbeitnehmer jedoch entgegen § 7 Abs. 2 TzBfG nicht informiert, scheidet eine Verwirkung aus allgemeinen Erwägungen heraus aus. Denn der Arbeitgeber hat als Verpflichteter die Unkenntnis des Berechtigten von seinem Recht herbeigeführt.[1586]

e) Zwischenergebnis

Ansprüche auf Verlängerung oder Verkürzung der Arbeitszeit können grundsätzlich verwirken. In der Praxis wird jedoch aufgrund der tatsächlichen Umstände (z.B. fehlende Kenntnis von einer rechtsbegründenden Änderung der Art oder Schwere der Behinderung, § 81 Abs. 5 Satz 2 SGB IX) kaum jemals das Umstandsmoment zu bejahen sein. Darüber hinaus sind keine Gemeinsamkeiten hinsichtlich der Verwirkung von Ansprüchen auf Verlängerung und Verkürzung der Arbeitszeit ersichtlich, die über die Anwendung der allgemeinen Verwirkungsgrundsätze hinausgehen.

4. Abschließende Bewertung

Die (vermeintlich) zur Prozessverwirkung angrenzenden Problemkreise haben mit dieser lediglich gemeinsam, dass Rechtsprechung und Literatur nicht ausreichend zwischen materiell-rechtlicher und prozessualer Verwirkung differenzieren. In der Folge werden teilweise Probleme unzutreffend der Prozessverwirkung zugeordnet, obgleich die materiell-rechtliche wie auch prozessuale Verwirkung schon aus allgemeinen Grundsätzen heraus ausscheidet (so z.B. bei Geltendmachungsfristen wie §§ 4, 13 KSchG). Mit diesen lassen sich in allen Fällen vermeintlich arbeitsrechtsspezifische Besonderheiten sachgerecht lösen.

1585 ErfK/*Preis*, TzBfG § 9 Rn. 1, § 7 Rn. 5.

1586 Vgl. Kap.2 B.IV.

Kapitel 4: Zusammenfassung der wesentlichen inhaltlichen Ergebnisse

A. Zur Verwirkung allgemein

1. Die Verwirkung ist ein eigenständiges Rechtsinstitut. Sie basiert auf Gewohnheitsrecht. Rechtsgrundlage der Verwirkung ist weder „Richterrecht" noch § 242 BGB, letzteres auch nicht in der Ausprägung des Verbots des *venire contra factum proprium*.
2. Der Tatbestand der Verwirkung besteht aus einem Zeit- und einem Umstandsmoment. Daneben existieren keine weiteren Tatbestandsmerkmale. Insbesondere ist nicht zu prüfen, ob die verspätete Rechtsausübung des Berechtigten für den Verpflichteten unzumutbar ist. Hat der Verpflichtete im Vertrauen auf die Nichtausübung des Rechts durch den Berechtigten disponiert, führt dessen verspätete Rechtsausübung allein zur Unzumutbarkeit.
3. Für das Zeitmoment darf der Berechtigte sein Recht über einen längeren Zeitraum nicht geltend gemacht haben. Hierfür existieren keine Regel-, Mindest- oder Höchstfristen.
4. Die h.M. zieht die Dauer der Verjährungsfrist bei der Bestimmung des Zeitmoments heran. In dieser Pauschalität trifft dies nicht zu. Die Dauer der Verjährungsfrist kann vielmehr nur einzelfallabhängig berücksichtigt werden. so z.B. wenn es um die Verwirkung eines einzigen Anspruchs auf Grundlage eines Lebenssachverhalts geht. Beruhen dagegen mehrere Ansprüche auf demselben Lebenssachverhalt, die aber unterschiedlichen Verjährungsfristen unterliegen, ist die Dauer der Verjährungsfrist nicht zu berücksichtigen.
5. Verjährung und Verwirkung sind voneinander zu trennende Rechtsinstitute. Die Verwirkung kann auch vor der Verjährung eintreten. Ihr Tatbestand besteht gerade nicht aus Verjährungsfrist plus Umstandsmoment. Die Verwirkung schützt zudem konkretes Vertrauen, während die Verjährung vor unbekannten Forderungen Schutz bietet.
6. Rechte, die einer Geltendmachungsfrist unterliegen, da sie andernfalls verfallen (Klagefrist, Ausschlussfrist etc.), können nicht verwirken. Derartige Geltendmachungsfristen schließen die Erfüllung des Zeitmoments und des Umstandsmoments (zu diesem vgl. Ziffer 11) aus. Für die Erfüllung des Zeitmoments ist meist schon die Fristdauer zu kurz. Zudem ist die Rechtsausübung innerhalb der Frist nicht illoyal verspätet. Auch für die im Rahmen der Verwirkung erforderliche Einzelfallbetrachtung bleibt kein Raum. Denn die Geltendmachungsfrist bildet eine starre, zeitliche Grenze für den Bestand des Rechts.

   Anderes gilt nach der fristwahrenden Geltendmachung eines Rechts. Fortan kann dieses nach den allgemeinen Grundsätzen verwirken.

7. Das Umstandsmoment ist erfüllt, wenn der Berechtigte unter Umständen untätig geblieben ist, die den Eindruck erweckten, dass er sein Recht nicht mehr geltend machen will, sodass der Verpflichtete sich darauf einstellen durfte, nicht mehr in Anspruch genommen zu werden.

   Die Nichtausübung eines Rechts allein, d.h. die bloße Untätigkeit, erfüllt aber noch nicht das Umstandsmoment. Ebenso wenig erfüllt oder indiziert das Zeitmoment allein das Umstandsmoment.
8. Der Geldwert eines Rechts (insbesondere die Anspruchshöhe) ist weder beim Zeit- noch beim Umstandsmoment zu berücksichtigen. Gleiches gilt für den Gesetzeszweck. Die Bedeutung des Rechts für den Betroffenen spielt ebenfalls keine Rolle. Die Verwirkung ist vielmehr wirtschaftlich und rechtlich neutral.
9. Macht ein Dritter ein Recht gerichtlich geltend, kann der Verpflichtete in einem Parallelfall dennoch Vertrauen auf die Nichtgeltendmachung eines gleich gelagerten Rechts durch dessen Inhaber entwickeln. Die parallel gelagerte Klage des Dritten schließt nicht automatisch die Entwicklung von Vertrauen und damit das Umstandsmoment aus. Treten vielmehr zusätzliche vertrauensbegründende Umstände hinzu, können diese das Umstandsmoment erfüllen.
10. Der Verpflichtete kann die Verwirkung nicht gezielt herbeiführen. Insbesondere kann er nicht selbst vertrauensbegründende Umstände schaffen.
11. Geltendmachungsfristen schließen die Erfüllung des Umstandsmoments aus (zum Zeitmoment s.o. Ziffer 6). Denn der Verpflichtete muss während des Fristlaufs mit der Rechtsausübung rechnen. Die Frist schließt zudem die Entwicklung besonderen Vertrauens in die Nichtgeltendmachung des Rechts aus. Denn die Nichtgeltendmachung allein führt zum Rechtsverlust, ohne dass es weiterer vertrauensbegründender Umstände bedarf.
12. Die Verwirkung hat den dauerhaften Untergang des Rechts zur Folge. Sie ist materiell-rechtlich wie auch prozessual als Einwendung zu qualifizieren. D.h. die Rechtswirkungen treten bereits mit Entstehen ein, nicht erst mit der Geltendmachung der Verwirkung. Im Prozess ist sie von Amts wegen zu beachten.
13. Die prozessuale Verwirkung (Prozessverwirkung) existiert als selbstständiges Rechtsinstitut neben der materiell-rechtlichen Verwirkung. Sie führt zur Abweisung der Klage als unzulässig. Bei dem verwirkten Recht handelt es sich um die Prozessführungsbefugnis bzw. im arbeitsgerichtlichen Beschlussverfahren um die Antragsbefugnis.

   Die Prozessführungsbefugnis ist verwirkt, wenn der Berechtigte die Klage erst nach Ablauf eines längeren Zeitraums erhebt (*Zeitmoment*) und der Verpflichtete aufgrund des Verhaltens des Berechtigten davon ausgehen durfte, dass dieser keinen Prozess im eigenen Namen über ein eigenes oder ein fremdes Recht als Partei gegen ihn führen werde (*Umstandsmoment*).

B. Zur Verwirkung im Individualarbeitsrecht

1. Der Bundesgerichtshofs ist der Ansicht, dass bei der Verwirkung die Besonderheiten des jeweiligen Rechtsgebiets zu berücksichtigen sind. Dem ist nicht zu folgen. Zumindest ergeben sich für das Individualarbeitsrecht keine derartigen Besonderheiten. Im Gegenteil konnte gezeigt werden, dass im Arbeitsrecht allein die allgemeinen Verwirkungsgrundsätze gelten. Mit diesen lassen sich vermeintlich arbeitsrechtsspezifische Besonderheiten sachgerecht lösen.
2. Im Arbeitsrecht finden sich allerdings gesetzliche Tatbestände, die die Verwirkung ausschließen (z.B. § 77 Abs. 4 Satz 3 BetrVG; § 4 Abs. 4 Satz 2 TVG etc.). Alle anderen Rechte sind indessen uneingeschränkt verwirkbar.
   Die Schutzbedürftigkeit des Arbeitnehmers, die Bedeutung des Rechts für den Inhaber (z.B. betriebliche Altersversorgung) oder vermeintlich arbeitsrechtsspezifische Erwägungen schließen die Verwirkung nicht aus. Scheidet die Verwirkung eines Rechts ausnahmsweise aus (z.B. Rentenstammrecht), beruht dies allein auf den allgemeinen Grundsätzen der Verwirkung.
3. Die Schuldrechtsreform hat mit Verkürzung der Regelverjährung von 30 Jahren (§ 195 BGB a.F.) auf drei (§ 195 BGB) die Bedeutung der Verwirkung nicht verringert. Dies gilt zumindest für das Individualarbeitsrecht. Früher verjährten arbeitsrechtliche Ansprüche teilweise schon nach zwei Jahren (§ 196 Abs. 1 Nr. 8, 9 BGB a.F.); zudem begann die Verjährung bereits mit Entstehen des Anspruchs (§ 198 BGB a.F.). Die Reform des Verjährungsrechts hat also die Regelverjährung verlängert. Die Zahl der arbeitsgerichtlichen Entscheidungen zur Verwirkung ist nach Inkrafttreten der Schuldrechtsreform ebenfalls nicht gesunken.
4. Die Verwirkung von Rechtsverhältnissen im Ganzen und damit auch von Arbeitsverhältnissen ist ausgeschlossen.
5. Die allgemeinen Grundsätze der Verwirkung finden auch auf Bestandsstreitigkeiten und Ansprüche, die sich infolge der Beendigung des Arbeitsverhältnisses ergeben, uneingeschränkte Anwendung. Dies gilt ungeachtet des Umstands, dass solche Fälle aus Gründen der Rechtssicherheit der schnellen Klärung bedürfen. Die Verwirkungsvoraussetzungen sind dennoch nicht zu modifizieren, z.B. durch Abkürzung des Zeitmoments o.ä.
6. Die Verwirkung bezweckt allein den Vertrauensschutz. Sie hat keine spezifisch arbeitnehmerschützende Funktion. Insbesondere dient sie nicht dazu, die strukturelle Unterlegenheit des Arbeitnehmers gegenüber dem Arbeitgeber auszugleichen.
7. Entsprechend gelten für beide Vertragsparteien die gleichen Voraussetzungen, unter den die Verwirkung eintritt. Daher verwirken die Rechte einer Vertragspartei weder langsamer noch schneller als die der anderen.
8. Auch wenn allgemein keine Mindestfrist zur Erfüllung des Zeitmoments existiert (s.o. Kap. 4 A. Ziffer 4), bejaht das Bundesarbeitsgericht das Zeitmoment kaum jemals vor Ablauf von wenigstens sieben Monaten.

9. Gesetzliche Rechte verwirken unter den gleichen Voraussetzungen wie vertragliche. Auch die Rechtsnatur (Gestaltungsrecht, Anspruch etc.) hat keinen Einfluss auf die Verwirkungsvoraussetzungen.
10. Sämtlich Zahlungsansprüche verwirken im Arbeitsrecht unter jeweils gleichen Voraussetzungen, ohne dass es auf Höhe und Rechtsgrundlage des Anspruchs (regelmäßiges Arbeitsentgelt, Entgeltfortzahlung, Rückzahlung von Fortbildungskosten o.ä.) ankäme.
11. Schadensersatzansprüche sind wie Zahlungsansprüche zu behandeln und verwirken daher nach vorgenannten Regeln. Der Grad des anspruchsbegründenden Verschuldens ist weder beim Zeit- noch beim Umstandsmoment zu berücksichtigen.
12. In den meisten Fällen schließen die allgemeinen Grundsätze die Verwirkung von Beschäftigungsansprüchen aus.

    So entsteht der (allgemeine) Beschäftigungsanspruchs täglich fortlaufend neu und geht wieder unter. Da das Zeitmoment jedoch frühestens mit der Entstehung bzw. Fälligkeit des Anspruchs zu laufen beginnt, kann schon kein längerer Zeitraum verstreichen.

    Entsprechendes gilt für den Weiterbeschäftigungsanspruch nach § 102 Abs. 5 Satz 1 BetrVG. Gewichtige Stimmen begreifen § 102 Abs. 5 Satz 1 BetrVG zwar nicht als Beschäftigungsanspruch im eigentlichen Sinn, sondern als Gestaltungsrecht. Dieses unterliegt jedoch nach überwiegender Auffassung einer Geltendmachungsfrist. Eine solche schließt die Erfüllung von Zeit- und Umstandsmoment aus (s.o. Kap. 4 A. Ziff. 5, 10).

    Das Weiterbeschäftigungsverlangen nach § 78a Abs. 2 Satz 1 BetrVG unterliegt einer dreimonatige Geltendmachungsfrist. Diese schließt die Erfüllung von Zeit-und Umstandsmoment aus (s.o. Kap. 4 A. Ziff. 5, 10).

    Im Ergebnis kann daher nur der Weiterbeschäftigungs-/Wiedereinstellungsanspruch nach Wegfall des Kündigungsgrundes verwirken. Dies setzt jedoch voraus, dass dieser – entgegen teils gewichtiger Stimmen in Rechtsprechung und Literatur – keiner Geltendmachungsfrist unterliegt.
13. Das Recht zum Ausspruch einer Abmahnung und der Anspruch auf Entfernung einer Abmahnung aus der Personalakte verwirken unter gleichen Voraussetzungen. In beiden Fällen hat der Berechtigte das Recht, nicht jedoch die Pflicht zeitnah abzumahnen bzw. die Abmahnung anzugreifen. Daher verwirkt auch das eine Recht nicht schneller als das andere.
14. Ansprüche im Urlaubsrecht verwirken im Grundsatz unter jeweils gleichen Voraussetzungen. Die besondere Bedeutung des Urlaubsrechts schließt die Verwirkung weder aus noch unterwirft sie sie erhöhten Anforderungen. Vielmehr gelten auch dort die allgemeinen Grundsätze der Verwirkung.

    Es ist jedoch zu beachten, dass diese teilweise die Verwirkung von Ansprüchen im Urlaubsrecht ausschließen. Verwirken können daher im Ergebnis nur der Urlaubsentgeltanspruch (eingeschränkt) sowie Ansprüche auf Urlaubsabgeltung und Urlaubsgeld. Im Einzelnen:

Der Urlaubsanspruch verwirkt nicht, weil er an das Urlaubsjahr bzw. den Befristungszeitraum (§ 7 Abs. 3 BUrlG) gebunden ist. Wie bei den Geltendmachungsfristen schließt die starre zeitliche Bindung die Erfüllung von Zeit- und Umstandsmoment aus (s.o. Kap. 4 A. Ziff. 5, 10).

Entsprechendes gilt für den Urlaubsentgeltanspruch, solange der Arbeitgeber den Urlaubsanspruch nicht erfüllt. Denn der Urlaubsentgeltanspruch ist Bestandteil eines einheitlichen Urlaubsanspruchs. Darüber hinaus kommt eine Verwirkung des Urlaubsentgeltanspruchs grundsätzlich nach den für Zahlungsansprüche geltenden Voraussetzungen in Betracht.

Ansprüche auf Urlaubsabgeltung und Urlaubsgeld verwirken als Zahlungsansprüche unter jeweils gleichen Voraussetzungen wie sonstige Zahlungsansprüche im Arbeitsrecht.

15. Rechte aus der betrieblichen Altersversorgung verwirken im Grundsatz nach den allgemeinen Regeln. Auch insoweit gilt, dass ihre besondere Bedeutung die Verwirkung weder ausschließt noch sie erhöhten Anforderungen unterwirft.

Allerdings scheidet die Verwirkung nach ihren allgemeinen Grundsätzen im Recht der betrieblichen Altersversorgung in vielen Fällen aus:

- Der Berechtigte kann die Rentenanwartschaft als aufschiebend bedingten Anspruch nicht ausüben. Der Verpflichtete kann daher schon kein Vertrauen auf die Nichtgeltendmachung der Rentenanwartschaft entwickeln.
- Der Versorgungsverschaffungsanspruch und das Rentenstammrecht sind vor Eintritt des Versorgungsfalles noch nicht entstanden. Daher kann das Zeitmoment nicht anlaufen. Zudem kann der Verpflichtete auf die Nichtgeltendmachung eines noch nicht entstandenen Rechts nicht schutzwürdig vertrauen, sodass auch die Erfüllung des Umstandsmoments ausscheidet.
  Nach Eintritt des Versorgungsfalls kommt eine Verwirkung zwar grundsätzlich in Betracht. In der Praxis dürften jedoch aufgrund vorangegangener Auseinandersetzungen (Versorgungsverschaffungsanspruch) bzw. des Ausscheidens des Arbeitnehmers aus dem Arbeitsverhältnis (Rentenstammrecht) kaum jemals besonderes Vertrauen begründende Umstände vorliegen, die das Umstandsmoment erfüllen.
- Die Verwirkung des Anpassungsanspruchs nach § 16 BetrAVG scheidet aus. Der Versorgungsempfänger muss nach der Rechtsprechung des Bundesarbeitsgerichts eine Anpassungsentscheidung bis zum nächsten Anpassungsstichtag rügen. Wie bei den Geltendmachungsfristen schließt die starre zeitliche Bindung daher die Erfüllung von Zeit- und Umstandsmoment aus (s.o. Kap. 4 A. Ziff. 5, 10).

Im Ergebnis können daher nur

- einzelne Rentenleistungsansprüche,
- das Anpassungsrecht des Arbeitgebers bei planwidriger Überversorgung,
- das Abfindungsrecht gemäß § 3 Abs. 4 BetrVG sowie
- der Versorgungsverschaffungsanspruch und das Rentenstammrecht nach Eintritt des Versorgungsfalls verwirken.

16. Für den Anspruch auf Zeugniserteilung (bzw. „Berichtigung") bestehen keine Besonderheiten. Er verwirkt daher nach den allgemeinen Grundsätzen. Der Anspruch auf Erteilung eines Zwischenzeugnisses verwirkt dabei unter den gleichen Voraussetzungen wie derjenige auf Endzeugniserteilung. Entsprechendes gilt für einfache und qualifzierte Zeugnisse.

Nach Ansicht des Bundesarbeitsgerichts ist die Erfüllung des Zeugnisanspruchs nach längerer Zeit insbesondere mit Blick auf die dann nicht mehr zu gewährleistende Zeugniswahrheit unzumutbar und erfüllt daher das Umstandsmoment. Dem ist nicht zu folgen. Kann der Arbeitgeber ein Zeugnis nach längerer Zeit nicht mehr erteilen (Ausscheiden des Vorgesetzten, fehlendes Erinnerungsvermögen etc.), ist ihm die Zeugniserteilung unmöglich. Damit ist der Anspruch auf Zeugniserteilung nach § 275 BGB ausgeschlossen, ohne dass es auf die Verwirkung noch ankäme.

17. Das Recht zum Widerspruch beim Betriebsübergang nach § 613a Abs. 6 BGB kann verwirken. Hierfür müssen die beteiligten Arbeitgeber darauf vertraut haben, dass der Arbeitnehmer sein Widerspruchsrecht nicht ausüben wird, nicht dass der Arbeitnehmer (ordnungsgemäß) unterrichtet wurde. Letzteres ist regelmäßig allein für die Frage relevant, welche Voraussetzungen an die vertrauensbegründenden Umstände zu stellen sind.

Nach den allgemeinen Grundsätzen scheidet die Verwirkung des Widerspruchsrechts aus, wenn die beteiligten Arbeitgeber

- schon nicht wussten, dass ein Betriebsübergang vorliegt. Denn dann war ihnen auch unbekannt, dass dem Arbeitnehmer ein Widerspruchsrecht zusteht. Folglich konnten sie auf dessen Nichtausübung auch nicht vertrauen.
- den Arbeitnehmer bewusst nicht über sein Widerspruchsrecht unterrichtet haben. Denn die Unkenntnis des Berechtigten von seinem Recht ist auf ein bewusstes Verhalten des Verpflichteten zurückzuführen. Die beteiligten Arbeitgeber können daher nicht darauf vertrauen, dass der Arbeitnehmer sein Widerspruchsrecht nicht ausübt. Außerdem schützt die Verwirkung vor illoyal verspäteter Inanspruchnahme. Dieses Schutzes bedürfen die beteiligten Arbeitgeber nicht. Sie können den Arbeitnehmer jederzeit ordnungsgemäß nachunterrichten und damit die Widerspruchsfrist (§ 613a Abs. 6 BGB) in Gang setzen.
- schon nicht wussten, dass die Unterrichtung fehlerhaft war. Denn sie gehen in diesem Fall davon aus, den Arbeitnehmer ordnungsgemäß unterrichtet zu haben und dass nach Ablauf der vermeintlich in Gang gesetzten Widerspruchsfrist das Widerspruchsrecht erloschen ist. Damit scheidet die Entwicklung von Vertrauen auf die Nichtgeltendmachung eines bestehenden Rechtes aus. Vielmehr vertrauen die beteiligten Arbeitgeber allenfalls auf das Nichtbestehen eines Rechts.

Die beteiligten Arbeitgeber können sich wechselseitig auf die Kenntnis des anderen vom vertrauensbegründenden Verhalten des Arbeitnehmers berufen. Umgekehrt müssen sich jedoch auch die Kenntnis vertrauensausschließender Umstände zurechnen lassen.

Allgemein bejaht das Bundesarbeitsgericht das Umstandsmoment, wenn der Arbeitnehmer über den Bestand seines Arbeitsverhältnisses rechtlich disponiert hat. Dem ist nicht zu folgen. Das Widerspruchsrecht ist ein Gestaltungsrecht aus dem Arbeitsverhältnis. Wurde das Arbeitsverhältnis durch Disposition beendet, gibt es keine Grundlage mehr für ein Widerspruchsrecht. Auf die Verwirkung kommt es dann schon nicht mehr an.

Das Bundesarbeitsgericht spricht der Disposition über den Bestand des Arbeitsverhältnisses zudem eine sehr starke vertrauensbegründende Wirkung zu. Es lässt daher teils siebeneinhalb Monate zur Erfüllung des Zeitmoments ausreichen. Damit verliert das Zeitmoment jedoch nahezu jede eigenständige Bedeutung. Vielmehr führt im Ergebnis allein das durch die Disposition geschaffene Vertrauen zum Rechtsverlust. Insoweit liegt der Rückgriff auf das Verbot des *venire contra factum proprium* nahe, für das der Zeitablauf gerade keine Rolle spielt.

Das Umstandsmoment ist regelmäßig dann erfüllt, wenn die Vertragsparteien im Rahmen einer Vertragsänderung den gesamten Arbeitsvertrag zum Gegenstand ihrer rechtsgeschäftlichen Willensbildung gemacht haben. So bringt der Arbeitnehmer aus Sicht eines objektiven Betrachters deutlich zum Ausdruck, dass er den Erwerber kraft eigener, privatautonomer Entscheidung als neuen Arbeitgeber anerkennt. Die Verpflichteten dürfen daher darauf vertrauen, dass der Arbeitnehmer sein Widerspruchsrecht nicht mehr ausübt. Das Zeitmoment ist dabei als Korrektiv für missbräuchliche Vertragsänderungen heranzuziehen, die allein der aktiven Herbeiführung der Verwirkung des Widerspruchsrechts dienen. Umstände, die sich lediglich in der regulären Fortführung des Arbeitsverhältnisses erschöpfen (widerspruchslose Weiterarbeit, Änderung einzelner Vertragsbedingungen etc.), erfüllen dagegen nicht das Umstandsmoment.

18. Anders als das Widerspruchsrecht kann das Fortsetzungsverlangen nach Betriebsübergang nicht verwirken. Der Arbeitnehmer muss nach der Rechtsprechung seine Weiterbeschäftigung innerhalb von einem Monat nach Kenntnis von den den Betriebsübergang ausmachenden tatsächlichen Umständen verlangen. Diese Geltendmachungsfrist schließt die Erfüllung von Zeit- und Umstandsmoment aus (s.o. Kap. 4 A. Ziff. 5, 10).
19. Ist eine vorformulierte Klausel (Allgemeine Geschäftsbedingung) unwirksam, scheidet die Verwirkung des dann geltenden Rechts (§ 306 Abs. 2 BGB) in der Regel nach den allgemeinen Grundsätzen aus:
    - Weiß der Arbeitgeber nicht, dass die Klausel unwirksam ist, kennt er auch nicht die Rechtsfolge des § 306 Abs. 2 BGB. Ohne Kenntnis von dem (dann anwendbaren) Recht konnte er jedoch auf dessen Nichtgeltendmachung durch den Arbeitnehmer kein Vertrauen entwickeln.
    - Weiß der Arbeitgeber, dass die Klausel unwirksam ist, nicht aber der Arbeitnehmer, beruht die Unkenntnis des Arbeitnehmers von seinem Recht nach § 306 Abs. 2 BGB auf dem Verhalten des Arbeitgebers. Denn dieser

hat die unwirksame Klausel verwendet. Der Arbeitgeber konnte daher kein schutzwürdiges Vertrauen auf die Nichtgeltendmachung entwickeln.

Ausnahmsweise kommt die Verwirkung jedoch auch bei einer unwirksamen Klausel in Betracht. Kennen beide Vertragsparteien die Unwirksamkeit der Klausel und das infolgedessen geltende Recht (§ 306 Abs. 2 BGB), kann dieses Recht nach den allgemeinen Grundsätzen verwirken.

20. Das gesamte Direktionsrecht, d.h. das Direktionsrechts an sich, kann nicht verwirken.

Schon das Zeitmoment ist nicht erfüllbar. Das Direktionsrecht wirkt leistungskonkretisierend oder leistungsausfüllend. Bezogen auf die konkrete Leistungssituation entsteht es somit ständig neu. Das Zeitmoment beginnt jedoch frühestens mit Fälligkeit bzw. Ausübbarkeit eines Rechts zu laufen. Daher kann das Zeitmoment allenfalls bezogen auf die konkrete Situation anlaufen, nicht jedoch hinsichtlich des Direktionsrechts an sich.

Die Erfüllung des Umstandsmoments scheidet ebenfalls aus. Neben seiner leistungskonkretisierenden oder –ausfüllenden Wirkung erfasst das Weisungsrecht gerade auch Ordnung und Verhalten des Arbeitnehmers. Es existiert daher kein Arbeitsverhältnis, in dem der Arbeitgeber nicht wenigstens von Zeit zu Zeit sein Weisungsrecht ausübt. Schon deshalb kann der Arbeitnehmer kein Vertrauen darauf entwickeln, dass der Arbeitgeber das Weisungsrecht an sich, d.h. in jeglicher Ausformung, zukünftig nicht mehr ausüben wird.

Theoretisch kann jedoch das Recht verwirken, das Direktionsrecht im Einzelfall, d.h. in einer bestimmten Art und Weise auszuüben. Die Verwirkungsvoraussetzungen werden allerdings kaum jemals vorliegen. Die tatsächlichen Umstände im Arbeitsverhältnis ändern sich aufgrund des fortgesetzten Leistungsaustauschs ständig. Bezogen auf die konkrete Einzelsituation wird nur selten ein ausreichend langer Zeitraum zur Erfüllung des Zeitmoments verstreichen. Zudem muss der Arbeitnehmer darauf vertrauen, dass der Arbeitgeber sein Direktionsrecht in bestimmter Art und Weise gerade nicht ausübt.

Soweit sich das Direktionsrecht insoweit zudem bereits konkretisiert hat, kommt es auf die Verwirkung überhaupt nicht mehr an.

21. Ansprüche auf Verlängerung und Verkürzung der Arbeitszeit verwirken unter jeweils gleichen Voraussetzungen. Allerdings differenziert die h.M. dabei häufig nicht ausreichend zwischen deren materiell-rechtlicher und prozessualer Verwirkung:

Die materiell-rechtliche Verwirkung betrifft allein den Anspruch auf Arbeitszeitänderung an sich (§ 9 TzBfG, § 15 Abs. 5 Satz 1 BEEG etc.).

Dagegen ist bei der Prozessverwirkung zu prüfen, ob der Berechtigte die Klage auf Arbeitszeitänderung erst nach Ablauf eines längeren Zeitraums erhoben hat (*Zeitmoment*) und der Verpflichtete aufgrund des Verhaltens des Berechtigten davon ausgehen durfte, dass dieser keinen Prozess in eigenem Namen über die Änderung der Arbeitszeit gegen ihn führen werde (*Umstandsmoment*).

22. Das Gestaltungsrecht zur Inanspruchnahme von Elternzeit (§ 15 BEEG) kann nicht verwirken. § 15 Abs. 2 Satz 1 BEEG begrenzt den Zeitraum innerhalb

dessen das Recht ausgeübt werden kann. Aus den gleichen Erwägungen wie zu den Geltendmachungsfristen (s.o. Kap. 4 A. Ziff. 5, 10) scheidet die Verwirkung daher aus.

Dagegen kann das Gestaltungsrecht zur Inanspruchnahme von Pflegezeit (§ 3 PflegeZG) nach den allgemeinen Grundsätzen verwirken, da keine § 15 Abs. 2 Satz 1 BEEG vergleichbare Frist existiert.

23. Das Anfechtungsrecht nach § 119 BGB wie auch nach § 123 BGB kann nach den allgemeinen Grundsätzen nicht verwirken. Die Fristen nach §§ 121, 124 BGB schließen jeweils die Erfüllbarkeit von Zeit- und Umstandsmoment aus (s.o. Kap. 4 A. Ziff. 5, 10).
24. Die Verwirkbarkeit des Rechts zur außerordentlichen Kündigung ist ausgeschlossen. Nach h.M folgt dies bereits daraus, dass es sich bei § 626 Abs. 2 Satz 1 BGB um eine gesetzliche Konkretisierung der Verwirkung handelt. Dem ist nicht zu folgen. Nach § 626 Abs. 2 Satz 1 BGB führt der bloße Zeitablauf zum Rechtsverlust, ohne dass es auf ein Umstandsmoment noch ankäme. Eine Konkretisierung der Verwirkung scheidet schon deshalb aus. Vielmehr ist die Verwirkung des Kündigungsrechts deshalb ausgeschlossen, weil § 626 Abs. 2 Satz 1 BGB als Ausschlussfrist der Erfüllbarkeit des Zeit- und Umstandsmoments entgegensteht (s.o. Kap. 4 A. Ziff. 5, 10).
25. Das Recht zur ordentlichen Kündigung und das Kündigungsrecht nach § 15 Abs. 4 TzBfG können nach den allgemeinen Grundsätzen verwirken. Dies gilt ungeachtet dessen, dass durch eine Kündigung regelmäßig auch die wirtschaftliche Lebensgrundlage des Arbeitnehmers in Frage steht und die Situation der schnellen rechtlichen Klärung bedarf (vgl. § 4 Satz 1 KSchG).
26. Die Verwirkbarkeit des Sonderkündigungsschutzes scheidet nach den allgemeinen Verwirkungsgrundsätzen aus:
    - Bei Kenntnis des Arbeitgebers von der Schwangerschaft bzw. des Entbindungszeitraums greift der Sonderkündigungsschutz nach § 9 Abs. 1 MuSchG automatisch. Einer besonderen Geltendmachung durch die Arbeitnehmerin bedarf es nicht.
    - Bei Unkenntnis des Arbeitgebers muss die Arbeitnehmerin den Sonderkündigungsschutz innerhalb der Frist des § 9 Abs. 1 Satz 1 HS 1 und 2 MuSchG geltend machen. Diese Geltendmachungsfrist schließt die Erfüllbarkeit von Zeit- und Umstandsmoment aus (s.o. Kap. 4 A. Ziff. 5, 10).
    - Nach der Rechtsprechung des Bundesarbeitsgerichts muss der Arbeitnehmer den Arbeitgeber innerhalb von drei Wochen nach Zugang der Kündigung über seine Schwerbehinderung bzw. Gleichstellung informieren, wenn diese dem Arbeitgeber unbekannt war oder für ihn nicht offenkundig ist. Diese Geltendmachungsfrist schließt die Erfüllbarkeit von Zeit- und Umstandsmoment (s.o. Kap. 4 A. Ziff. 5, 10) und damit die Verwirkbarkeit des Sonderkündigungsschutzes nach § 85 SGB IX aus.
    - Der Sonderkündigungsschutzes nach § 18 Abs. 1 Satz 1 BEEG und § 5 Abs. 1 PflegeZG entsteht mit Ankündigung der Eltern-/Pflegezeit. Rechtsentstehung und Geltendmachung fallen also zusammen. Daher

scheidet bereits die Entstehung von Vertrauen in die Nichtgeltendmachung aus.

Allgemein gilt zudem, dass dann, wenn der Arbeitgeber den Sonderkündigungsschutz schon nicht kennt, er auch kein Vertrauen auf dessen Nichtgeltendmachung entwickeln kann.

27. Von der Verwirkbarkeit des Sonderkündigungsschutzes ist die Frage zu trennen, bis zu welchem Zeitpunkt der Arbeitnehmer die Unwirksamkeit einer Kündigung wegen Verstoßes gegen den Sonderkündigungsschutz gerichtlich geltend machen. Auch in letzterem Fall scheidet die Verwirkung nach allgemeinen Grundsätzen aus:
   - Soweit ein derartiger Verstoß innerhalb der Frist des § 4 Satz 1 KSchG geltend zu machen ist, schließt schon diese die Erfüllbarkeit von Zeit- und Umstandsmoment aus (s.o. Kap. 4 A. Ziff. 5, 10).
   - Kündigt der Arbeitgeber im Übrigen bewusst ohne die zur Kündigung erforderliche Zustimmung der zuständigen Behörde eingeholt zu haben, scheidet die Verwirkung mangels schutzwürdigen Vertrauens aus. Die Verwirkung bezweckt nicht, den Verpflichteten gerade aufgrund seines gesetzeswidrigen Verhaltens von seiner Verpflichtung zu befreien.
28. Das Recht zur Geltendmachung der Nichteinhaltung der Kündigungsfrist kann nur dann verwirken, wenn man davon ausgeht, dass die zu kurz bemessene Kündigungsfrist nicht innerhalb der Frist des § 4 Satz 1 KSchG gerügt werden muss. Andernfalls schließt die Frist die Erfüllbarkeit von Zeit- und Umstandsmoment aus (s.o. Kap. 4 A. Ziff. 5, 10).
29. Das Nachschieben von Kündigungsgründen kann nach allgemeinen Grundsätzen nicht verwirken. Es liegt bereits keine eigenständige, verwirkbare Rechtsposition vor. Zudem bildet die Nichtgeltendmachung des Rechts, d.h. keine Kündigungsgründe nachzuschieben, gerade den Regelfall. Dieser schließt die Entwicklung besonderen Vertrauens auf die Nichtgeltendmachung und damit das Umstandsmoment aus.
30. Soweit die Frist nach §§ 4, 13 KSchG Anwendung findet, sind die materiellrechtliche und die prozessuale Verwirkung ausgeschlossen. Die Frist schließt die Erfüllbarkeit von Zeit- und Umstandsmoment aus (s.o. Kap. 4 A. Ziff. 5, 10).
31. Bei den außerhalb der Frist der §§ 4, 13 KSchG geltend zu machenden Unwirksamkeitsgründen ist eine genaue Differenzierung zwischen dem Recht, sich auf die Unwirksamkeit der Kündigung zu berufen (materiell-rechtliche Verwirkung) und der prozessualen Verwirkung (s.o. Kap. 4 A. Ziff. 13) erforderlich.

   Das Recht, sich auf die Unwirksamkeit der Kündigung zu berufen, kann nach den allgemeinen Grundsätzen verwirken. Der Kündigungskontext rechtfertigt keine Ausnahme hiervon, insbesondere keine Verkürzung des Zeitmoments (s.o. Kap. 4 B. Ziff. 25). Für das Umstandsmoment muss der Verpflichtete aufgrund des Verhaltens des Berechtigten darauf vertrauen, dass dieser gerade einen speziellen Unwirksamkeitsgrund (z.B. fehlende Schriftform, etc.) nicht mehr geltend macht.

Kapitel 5: Schlussbetrachtung

Bereits 1889 kritisierte *Otto von Gierke* am Entwurf des BGB, dass der wirtschaftlich Schwache und Unerfahrene bei der Ausgestaltung des Schuldrechts nur unzureichend berücksichtigt worden sei und forderte daher insbesondere im Bereich der Dauerschuldverhältnisse Korrekturen, namentlich für die Dienst- und Arbeitsverträge.[1587] Zwischenzeitlich hat sich die Arbeitswelt wie auch die sie regelnden Gesetze stark verändert. Inwieweit die Aussage *von Gierkes* beispielsweise mit Blick auf die derzeit umstrittene „Leiharbeit“[1588] bzw. „Zeitarbeit“[1589] (Arbeitnehmerüberlassung) weiterhin aktuelle Relevanz beanspruchen kann, mag vorliegend dahinstehen. Die vorliegende Arbeit hat jedenfalls gezeigt, dass die Verwirkung kein taugliches Mittel ist, ein Ungleichgewicht im Arbeitsrecht zu korrigieren, z.B. durch Bejahen geringerer Anforderungen an die Verwirkung zu Gunsten des Arbeitnehmers.

Abschließend sollen noch kurz einzelne Aspekte der Verwirkung beleuchtet werden, die über den vorgegeben Rahmen der Untersuchung hinausgehen.

A. Normierung der Verwirkung?

Die Forderung einer gesetzlichen Normierung der Verwirkung begleitet die Verwirkungsdiskussion seit jeher.[1590] Tatsächlich sprechen hierfür mehrere Aspekte. Wie bereits zu Beginn der Untersuchung dargelegt, entwickelte sich die Verwirkung aus dem praktischen Bedürfnis nach einer zeitlichen Begrenzung von Rechten. Wie die vorliegenden Ausführungen gezeigt haben, besteht dieses Bedürfnis uneingeschränkt fort. Insbesondere hat auch die Schuldrechtsmodernisierung entgegen anderslautender Aussagen die Bedeutung der Verwirkung nicht vermindert.[1591] Das BGB lässt sich daher mit seiner nur unzureichend zeitlichen Begrenzung von Rechten weiterhin als lückenhaft betrachten.

Weiter spricht für eine Normierung, dass die kodifikatorische Ersetzung einer nach h.M. zu § 242 BGB gebildeten Fallgruppe bzw. von Gewohnheitsrecht

1587 *Gierke*, S. 191; *Bommel*, S. 114 f. Ausführlich zur Bedeutung *von Gierkes* für die Entwicklung der Verwirkung: *Bommel*, S. 103 ff.

1588 Diktion der IG Metall. Die „Leiharbeit“ überwiegend ablehnend als „(K)eine Lebensgrundlage“, „(K)eine Übergangslösung“ und „(Un)Gerechtigkeit“ u.a. im Schwarzbuch Leiharbeit: http://www.igmetall.de/cps/rde/xbcr/internet/docs_ig_metall_xcms_185067_185068_2.pdf.

1589 Diktion der Bundesvereinigung der Deutschen Arbeitgeberverbände. Die „Zeitarbeit“ bejahend unter den Aspekten „Beschäftigungsmotor“ und „Einstieg in Arbeit“: http://www.arbeitgeber.de/www/arbeitgeber.nsf/id/DE_Zeitarbeit.

1590 *Tschischgale*, S. 99; *Erdmann*, S. 21; *Groscurth*, S. 8; *Siebert*, S. 157 f.; *Klausing*, JW 1935, 1841 (1842); *Möhl*, JW 1935, 3522 (3524). Zuletzt *Jung*, ZfSH/SGB 1988, 16 (23).

1591 So MüKo/*Roth*/*Schubert*, BGB § 242 Rn. 337. Erman/*Hohloch*, BGB § 242 Rn. 126.

dogmatisch klarer und unter dem Aspekt der Rechtsstaatlichkeit vorzugswürdig erscheint. Eine Kodifizierung wäre zuletzt mit Blick auf die Rechtsqualität der Verwirkung auch nicht ungewöhnlich wie schon der Vergleich der Entwicklung der „positiven Forderungsverletzung" zeigt. Diese stützte man zunächst auf Treu und Glauben (§ 242 BGB).[1592] Später ersetzte die gewohnheitsrechtliche Anerkennung § 242 BGB als Rechtsgrundlage[1593], bis der Gesetzgeber die „positive Forderungsverletzung" schließlich im Zuge der Schuldrechtsmodernisierung normierte.

Allerdings wäre der durch eine Normierung gewonnene Mehrwert als gering einzustufen. Mag eine gesetzliche Regelung zwar dogmatisch eindeutig und aus rechtsstaatlichen Gesichtspunkten vorzuziehen sein: Die Probleme im Zusammenhang mit der Verwirkung sind nicht ihrer Anerkennung oder ihrer (gewohnheitsrechtlichen) Rechtsgrundlage geschuldet. Denn die Verwirkung wird heute nicht mehr ernsthaft in Zweifel gezogen. Die Probleme entstehen vielmehr bei der konkreten Anwendung der Verwirkung. Insoweit kann eine Normierung jedoch keine Abhilfe schaffen. Aufgrund ihres umfassenden Anwendungsbereichs müsste sich eine Normierung in der Formulierung einer Generalklausel mit unbestimmten Rechtsbegriffen erschöpfen. Wie die Fülle von Rechtsprechung und Literatur zu § 242 BGB und anderen Generalklauseln jedoch zeigt, trägt die bloße Existenz einer einfachgesetzlichen Grundlage weder zur Rechtssicherheit noch zur Rechtsklarheit zwingend bei.

Auch stellt sich die Situation bei der Verwirkung anders als bei der Normierung der oben beispielhaft erwähnten „positiven Vertragsverletzung" dar. Die „positive Vertragsverletzung" wurde für Verträge entwickelt, für die ursprünglich keine gesetzlichen Gewährleistungsregelungen vorgesehen waren, z.B. für Dienst- und Arbeitsverträge.[1594] Im Zuge der Schuldrechtsmodernisierung wurde diese Regelungslücke im allgemeinen Schuldrecht zu Gunsten eines einheitlichen Systems geschlossen (§§ 280 Abs. 1, 241 Abs. 2 BGB). Zwar wäre die Schaffung eines neuen, eigenen Abschnitts 6 „Verwirkung" nach den Abschnitten 4 („Fristen, Termine [§§ 186 – 193]") und 5 („Verjährung [§§ 194 – 218]") denkbar, um gleichsam ein einheitliches System der zeitlichen Begrenzung von Rechten zu schaffen. Im Ergebnis überzeugt dies jedoch nicht. Hält man die Verwirkung mit der ganz h.M. grundsätzlich in der gesamten Rechtsordnung für anwendbar, ist eine gesetzliche Regelung im allgemeinen Teil des BGB – wie auch an anderer Stelle – wenig zielführend. Alternativ ließe sich die Verwirkung entweder in allen Bereichen der Rechtsordnung gesetzlich regeln oder man könnte ihr ähnlich wie § 242 BGB die Bedeutung eines allgemeinen Rechtssatzes zusprechen. Ersteres erscheint wenig praktikabel, Letzteres schafft keinen Mehrwert, der über den *Status quo* hinausginge. Schon 1948 hatte *Ahl* daher im Ergebnis zutreffend ausgeführt, dass

---

1592 *BGH*, Urt. v. 13.11.1953 – I ZR 140/52, NJW 1954, 229; Staudinger/*Looschelders/Olzen*, § 242 Rn. 95.

1593 Vgl. statt vieler Staudinger/*Looschelders/Olzen*, § 242 Rn. 95 m.w.N.

1594 *Brox/Walker*, § 24 Rn. 3.

eine Normierung bloß § 242 BGB erläutern würde. Nach seiner Auffassung sei vielmehr eine Positivierung des übrigen Rechts der Normierung von Generalklauseln vorzuziehen.[1595]

Auch wenn letzterer Gedanke im Hinblick auf den möglichen Anwendungsbereich der Verwirkung weder praktikabel noch wünschenswert erscheint, ist ihm doch eine gewisse Berechtigung nicht abzusprechen. Die Schwierigkeiten bei der konkreten Anwendung der Verwirkung sind teils hausgemachten Problemen geschuldet. Aufseiten des Gesetzgebers ist beispielsweise die Neufassung des § 4 KSchG anzuführen. Die Verwirkungsproblematik würde sich dort bereits nicht stellen, wenn der Gesetzgeber konsequent wie im ursprünglichen Gesetzesentwurf vorgesehen[1596], die Klagefrist auf alle Unwirksamkeitsgründe erstreckt hätte.[1597] Aufseiten der Rechtsanwender ist z.B. die Verwirkung des Widerspruchsrechts nach § 613a BGB anzuführen und das vielfach verfolgte Bestreben, eine als nicht praktikabel empfundene Regelung *contra legem* über die Verwirkung zu korrigieren.[1598]

Abschließend ist daher festzuhalten, dass einer gesetzlichen Normierung zwar der Vorzug dogmatischer Klarheit wie auch ggf. größerer Akzeptanz durch die Normanwender[1599] zugebühren würde. Da jedoch kein echter Mehrwert im Vergleich zum *Status quo* erzielt würde, insbesondere nicht im Hinblick auf die eigentlichen Probleme (Anwendbarkeit, konkrete Verwirkungsvoraussetzungen im Einzelfall), ist eine Normierung als nicht zielführend abzulehnen.

B. Begrifflichkeit: Vermeidung von Mehrdeutigkeiten

Bei der Untersuchung von Rechtsprechung und Literatur war oftmals nicht eindeutig erkennbar, ob der Begriff der Verwirkung im Sinne einer illoyal verspäteten Rechtsausübung verwendet wurde. Neben Unklarheiten hinsichtlich Grundlage und Voraussetzungen der Verwirkung ist dies der Tatsache geschuldet, dass der Verwirkungsbegriff sowohl im allgemeinen wie auch speziell im juristischen Schrifttum mit mehreren Bedeutungen besetzt ist.[1600] Gerade im juristischen Sprachgebrauch ergeben sich Überschneidungen. So wird die Verwirkung im Sinne „ein Recht verlieren" gebraucht. Gleichzeitig ist der Rechtsverlust Rechtsfolge der Verwirkung. Wünschenswert wäre daher im Sinne der Rechtsklarheit, wenn Gesetzgeber und Rechtsanwender den Begriff der Verwirkung im juristischen Sinne zukünftig ausschließlich für die illoyal verspätete Rechtsausübung verwenden.

1595 *Ahl*, S. 81 f.

1596 Gesetzentwurf der Bundesregierung v. 18.06. 2003, BR-Drucks. 421/03 v. 19.06. 2003.

1597 I.E. ebenso *Eberle*, NZA 2003, 1121 (1126).

1598 S.o. Kap.3 B.VII.1.

1599 Insoweit, als der unausgesprochene Makel des Richter- bzw. Gewohnheitsrechts entfiele.

1600 S.o. Kap.2 A.II.

Schriften zum deutschen und europäischen Arbeitsrecht

Herausgegeben von Frank Bayreuther

Band 1 Petra Hamann: Die Kündigung wegen häufiger Kurzerkrankungen. 2009.

Band 2 Robert K. Strecker: „Turboprämie" und Sozialplan. 2009.

Band 3 Julia Rath: Die pauschale Abgeltung von Überstunden im Arbeitsvertrag. 2010.

Band 4 Jens Jensen: Der Freiwilligkeitsvorbehalt bei Entgeltleistungen. Rechtsdogmatik und AGB-Kontrolle. 2010.

Band 5 Enrico Meier: Die unterlassene Änderungskündigung als Unwirksamkeitsgrund der Beendigungskündigung. 2011.

Band 6 Jonas Zäh: Die arbeitsrechtlichen Aspekte des § 11 Wertpapiererwerbs- und Übernahmegesetz. Unter Berücksichtigung der Frage, unter welchen Voraussetzungen der Bieter bei einem öffentlichen Angebot i.S.d. WpÜG verpflichtet ist, Angaben zu seinen Absichten zu machen. 2011.

Band 7 Claudia Voggenreiter: Betriebliche Mitbestimmung im Diskriminierungsrecht. 2011.

Band 8 Lars Weinbrenner: Der Sonderkündigungsschutz im Pflegezeitgesetz. 2011.

Band 9 Julian Schmidt: Quotenorientierte Einstellungs- und Beförderungsentscheidungen nach § 5 AGG. Eine rechtsvergleichende Untersuchung positiver Maßnahmen und US-amerikanischer Affirmative Action. 2012.

Band 10 Hendrik Gülker: Die Geltungserstreckung günstigerer Tarifverträge im Anwendungsbereich des AentG. Eine verfassungsrechtliche Analyse. 2012.

Band 11 Steffen Jankowiak: Das behördliche Betriebsübergangsverlangen nach Art. 4 Abs. 5 Verordnung (EG) Nr. 1370/2007 bei der Vergabe von Aufträgen im öffentlichen Personenverkehr. 2012.

Band 12 Falko Daub: Das Erwerberkonzept. Arbeitsrechtliche Aspekte von Erwerberkonzepten bei der übertragenden Sanierung. 2013.

Band 13 Marthe J. Schwarzbach: Die Geltung von Tarifverträgen in Frankreich. 2013.

Band 14 Esther Kollar: Gesundheitsschutz als Aufgabe der Betriebs- und Tarifparteien. Eine Untersuchung zu Beteiligungs- und Mitbestimmungsrechten aus dem Betriebsverfassungsgesetz und zur Zulässigkeit einer tarifvertraglich etablierten Arbeitnehmervertretung zum Gesundheitsschutz. 2015.

Band 15 Oliver Deeg: Die Verwirkung im Individualarbeitsrecht. 2015.

www.peterlang.com